Police Authorities & Field Operation

경찰권한과 경찰현장 운용

경찰학 각론

최선우 지음

도서출판 그린

서 문

민주주의와 법치주의 이념을 토대로 한 근대국가가 등장한 이래로 국가는 범죄와 무질서 문제 등에 대해 제도적으로 민주적·전문적인 국가조직을 만들어 이를 통제하고자 노력을 해 왔다. 경찰을 포함한 검찰, 법원, 교정과 같은 형사사법기관이 바로 그것이다. 이러한 형사사법기관이 존재함으로써 국민의 자유와 권리가 보장되고, 공공의 안녕과 질서유지가 이루어지고 있음은 분명한 사실이지만, 여전히 소수 지배권력집단의 권력유지 수단으로 악용되고 있는 것 또한 부인하기 어렵다. 따라서 지배권력집단 및 형사사법기관 종사자들은 민주주의 본질과 가치를 분명히 인식하고, 그에 부합하는 역할을 수행할 수 있도록 부단히 노력해야 할 것이다.

경찰은 형사사법의 첫 단계로서 범죄예방과 범죄수사, 그리고 수많은 위험발생의 방지 등을 목적으로 국민과 1년 365일, 1일 24시간 가장 일상적으로 상호작용하는 대표적인 국가조직이라 할 수 있다. 경찰은 이러한 목적을 달성하기 위하여 일선현장에서 적지 않은 재량권을 가지고, '물리적 강제력'(物理的 强制力)을 행사할 수 있는 국가공권력의 상징으로 인식되고 있다. 따라서 경찰은 공권력을 행사과정에서 공정하게 법을 집행하고, 인권을 보호하는 일은 무엇보다도 중요하다.

「경찰학」(警察學, Police Science)은 이러한 경찰현상을 체계적·과학적으로 분석하여 이론적으로 정립하고, 이를 토대로 경찰실무에 유용하게 적용할 수 있는 법칙성 내지 예측가능성을 높이는 역할을 한다고 본다. 그런데, 경찰현상은 매우 복잡·다양하기 때문에 경찰학 영역 역시 방대한 것이 사실이다. 따라서 경찰학을 크게 「경찰학 총론」과 「경찰학 각론」으로 구분하여 접근할 필요가 있다. 경찰학 총론에서는 경찰개념, 경찰이념과 윤리, 경찰역사, 경찰조직·인사·예산 등을 다루고, 경찰학 각론에서는 경찰권한을 바탕으로 경찰현장운용 즉, 생활안전·수사·교통·경비·정보·보안·외사경찰과 같은 경찰기능을 다루는 방식이다.

이 책은 이러한 경찰학 영역에서 경찰학 각론 분야를 중심으로 접근하고자 하였다. 차후에 기회가 주어지는 대로 경찰학 총론 역시 발간하고자 한다. 바라건대, 독자들이 이 책을 통해서 경찰현장에서 요구되는 경찰권한 및 경찰기능에 대한 전문적인 지식 및 문제해결을 위한 지혜 내지 영감을 얻을 수 있기를 기대한다.

이 글을 통해 이 책에 많은 관심과 격려, 조언을 해주신 여러 선후배 교수님들께 감사의 마음을 전한다. 또 동료교수로써 한결 같이 함께 해주신 김경태교수님께도 감사의 마음을 전한다. 그리고 이 책을 발간하는데 많은 도움을 주신 그린출판사 윤덕우 사장님께도 진심으로 감사의 마음을 전한다. 끝으로 이 자리를 통해 사랑하는 아내와 아이들에게 늘 미안하고, 감사하는 마음을 전한다. 모두에게 건강과 행운이 함께 하기를 기원한다.

2021년 가을날

진월동 연구실에서 최선우 씀

차 례

제1편

경찰권한론

제1장 서 론

경찰은 범죄와 무질서 등 각종 위험으로부터 국민의 자유와 권리를 보호하고, 공공의 안녕질서를 유지하기 위한 수많은 활동을 수행하고 있다. 이러한 조직의 목표를 달성하기 위한 경찰조직은 체계적으로 구축되고,[1] 관련 경찰업무는 세분화되어 운용됨은 물론이다.

이러한 세분화된 경찰업무를 경찰기능(警察機能)이라 하는데, 이는 경무, 정보화장비, 생활안전·지구대(파출소 포함), 수사, 교통, 경비, 정보, 보안, 외사, 감사, 홍보 등으로 나뉜다. 그리고 이러한 경찰기능 가운데 일선현장에서 이루어지는 경찰활동을 '경찰현장운용'(警察現場運用, Police Field Operation)이라고 한다. 이러한 경찰현장운용은 생활안전, 수사, 교통, 경비, 정보, 보안, 외사경찰로 크게 나눌 수 있다.

그런데, 경찰현장운용과 관련된 각 경찰부서가 구조적으로는 분화(생활안전, 수사, 교통, 경비, 정보, 보안, 외사 등)되어 있지만, 실제 업무수행과정에 있어서는 그 경계가 명확하지 않은 경우가 적지 않다고 본다. 범죄와 무질서 문제는 정치·경제·사회문화의 복잡·다양한 역학관계 속에서 발생하는 것이기 때문이다. 그리고 각각의 경찰현장운용은 상호배타적이라기보다는 상호의존적·보완적으로 이루어질 때 그 효과가 극대화될 수 있다고 본다.

한편, 경찰이 주어진 조직목표 달성을 위해서 현장운용이 효율적으로 이루어지기 위해서는 담당업무를 수행하는 경찰에게 일정한 권한(權限)이 부여되어야 한다. 범죄와 같은 위험방지 및 범죄수사 등의 업무를 효율적으로 수행하기 위해서는 위법한 행위 등을 한

1) 2019년 12월 현재 경찰조직은 경찰청(1개), 시·도경찰청(18개), 경찰서(255개), 지구대(585개), 파출소(1,436개)로 구성되어 있다. 여기에 경찰인력은 122,913명으로 경찰관 1인당 담당인구는 422명이고, 경찰예산은 약 11조원에 이르고 있다. 경찰청(2020), 경찰통계연보, pp. Ⅰ-Ⅲ.

당사자에 대해서 일정한 '물리적 강제력'(物理的 强制力)을 행사하지 않으면 안 될 상황이 적지 않게 발생하기 때문이다.

여기에서 권한이라는 것은 일반적으로 '타인에게 명령·강제할 수 있는 합법적(合法的)인 힘'을 말한다. 국가는 경찰이 주어진 업무를 수행하는데 필요한 권한을 적지 않게 부여하고 있다. 이러한 경찰권한은 자신들이 봉사하고 보호하는 '국민이 부여한 것'(국민주권주의)이며, 보다 구체적으로는 국가의 입법작용(立法作用)에 의해 명문화된 것이라 할 수 있다.[2] 이러한 경찰권한은 ㉠ 기본적·표준적 권한, ㉡ 행정경찰권한, 그리고 ㉢ 사법경찰권한 등으로 구분할 수 있다.

그런데, 자유민주사회에서 경찰이 존재하는 이유는 개인 내지 국민의 일상생활을 강제 및 규제하기 위한 것이 아니라 궁극적으로 '봉사하고 보호'(serve and protect)하기 위한 것이다. 따라서 경찰의 물리적 강제력은 가능한 한 우선적인 수단이라기보다는 최후의 수단으로 불가피한 경우에 행사되어야 한다고 본다.

생각건대, 경찰현장운용과정에서 이루어지는 제반 활동은 어떠한 형식 없이 막연하게 이루어지는 것은 아니라고 본다. 그것은 목표(Goals), 목적(Objectives), 정책(Policies), 절차(Procedures) 등을 토대로 하여 매우 체계적인 진행과정을 거쳐 이루어지는 것이다. 그런데 경찰은 범죄와 무질서 대응, 그리고 봉사 및 보호활동 등 수많은 업무를 다루고 있기 때문에 업무와 관련된 모든 내용을 하나하나 법으로 규제하는 것은 결코 쉬운 일이 아니다.

따라서 헌법에서 보장하고 있는 인권을 침해하지 않는 범위 내에서 행사 할 수 있는 적지 않은 재량권(裁量權)을 경찰에게 부여하고 있다. 그리고 이와 더불어 경찰은 일종의 '치안전문가'로서 관련분야에 대한 높은 지식과 지혜, 그리고 기술을 갖추고 있어야 할 것을 요구하고 있다.

이러한 재량권과 전문성을 바탕으로 경찰은 사회구성원들 간의 복잡한 의사소통과정을 이해하고, 그 속에서 발생 가능한 범죄와 같은 수많은 위험 요소에 대해 효율적으로 대응을 할 수 있어야 한다. 그러나 이는 결코 쉬운 일이 아니다. 경찰이 현장에서 직면한 어떠한 사건(예컨대, 수많은 범죄사건, 교통사고, 집회시위 등)은 그 자체적으로 복잡한 역학관계를 가지고 있기도 하고, 더 나아가 우리사회 전반에 걸친 근본적인 모순과 연계될 수도 있는 것이기 때문이다.

---

2) Kären M. Hess and Henry M. Wrobleski(1993), Police Operation, N.Y.: West Publishing Company, p. 1.

따라서 경찰은 무엇보다도 자신에게 주어진 직무를 효율적으로 수행하기 위해서는 일반시민, 피해자, 용의자, 목격자 등의 헌법적인 권리를 침해하지 않는 범위 내에서 이들을 적절하게 통제할 수 있는 역량(전문적 지식과 기술, 육체적 능력, 그리고 인간관계 능력 등) 갖추고 있어야 한다. 그리고 그러한 과정에서 자신이 수집한 정보를 체계적으로 기록·정리·분석하여 사건해결의 중요한 단서(端緖)로 활용할 수 있어야 한다.

제2장 경찰권한의 의의

제1절 국가권력과 경찰권한

1. 국가권력의 의의

경찰이 일선현장에서 관련 직무를 원활하게 수행하기 위해서는 이들에게 일정한 권한(權限, authority)을 부여해 주어야 한다. 경찰에게 '책임에 상응하는 권한'(authority commensurate with responsibility)을 부여하는 것은 조직의 목표달성에 있어서 매우 중요한 의미를 갖기 때문이다.

경찰권한을 이해하기 위해서는 먼저 국가권력을 이해할 필요가 있다.[1] 국가권력이라는 것은 주권(主權)과 통치권(統治權)을 의미한다. 주권은 국가의사를 전반적·최종적으로 결정하는 최고의 권력을 말하며, 그것은 대내적으로 최고이고 대외적으로 독립된 권력을 의미한다. 어떠한 정치적 통일체가 국가이기 위해서는 이와 같은 의미의 주권을 가져야 한다. 또한 국가이기 위해서는 국가적 조직을 유지하고, 국가적 목표를 구체적으로 실현하기 위한 현실적인 권력으로서의 지배권 즉, 통치권이 존재해야 한다.

이러한 통치권은 그 발동형식에 따라 입법권(立法權)·행정권(行政權)·사법권(司法

1) 권력(權力, Power)의 개념을 명확하게 내리는 것은 어려운데, 이를테면 '개인 또는 집단이 다른 개인 또는 집단의 행동을 자기의 뜻대로 하게 만드는 방법으로 통제하는 힘'이라고 할 수 있다. 이러한 힘이 정치적 기능을 다하기 위하여 조직되는 경우에는 정치권력이라고 하며, 단적으로 공권력(公權力) 또는 국가권력이라고도 한다. 이러한 국가권력은 경찰, 검찰, 군대, 교도소 등과 구체적인 형태로 나타나는데, 근대국가 이후 법치주의 원리를 바탕으로 합법화되고 있는 점이 특색이다. 바꿔 말하면, 권력의 합법적 행사가 바로 권한(權限)인 것이다. 따라서 권력과는 달리 권한의 행사가 정당성을 갖기 위해서는 일정한 합의 또는 근거에 기초를 두어야 한다. 법치국가에서 말하는 일정한 합의는 바로 법(法)에 의한 수권(授權)이라 할 수 있다. 따라서 권한이라는 것은 법에 근거를 둔 권력, 곧 '타인을 명령·강제할 수 있는 합법적인 힘'이라고 볼 수 있을 것이다. 이러한 개념적 접근이 필요한 이유는 통치권의 개념과 이의 유형화(이른바 '입법권·사법권·행정권')에서 '권력'과 '권한'의 개념이 특별한 개념구분 없이 통용되고 있기 때문이다.

權)으로 나누어진다. 이와 같은 통치권은 헌법에 근거를 갖는 국가의사(國家意思)의 힘이며, 일반적으로 국민에게 '명령하고 강제하는 것'을 그 본질로 한다. 그러나 통치권이 언제나 명령·강제의 형태로만 발동되는 것이 아니고, 비권력적 국가작용인 관리작용이나 국고작용(國庫作用)[2] 등에 의하여 통치목적을 실현하는 경우도 있다.[3]

통치권 가운데 행정권이라는 것은 공익 또는 국가목적을 실현하는 작용이라고 볼 수 있다. 행정을 임무 또는 목적에 따라 분류한다면, 크게 ㉠ 질서행정, ㉡ 조세행정, ㉢ 급부행정 등으로 구분할 수 있다.

국가목적의 본질은 체제유지(體制維持)에 있다고 보며, 따라서 동서양을 막론하고 국가행정의 전형은 바로 군대 및 경찰행정과 같은 질서행정과 이것을 뒷받침하기 위한 조세행정이라고 할 수 있다. 급부행정은 어떻게 보면 20세 이후 근대국가의 산물이라고 할 수 있다. 그리고 이러한 국가 행정권은 국가의 통치권의 일부이기 때문에 원래 국가에 속하는 것이나, 지방자치단체 또는 사인에게 위임하는 경우도 있다. 경찰에서 본다면, 자치경찰(自治警察)과 경찰활동의 민영화(民營化)는 바로 이를 반영한 것이다.

주지하는 바와 같이, 대한민국의 행정권은 대통령을 수반(首班, the head)으로 하는 정부에 속한다(헌법 제66조 제4항). 우리가 여기에서 논의하고자 하는 경찰권한 역시 행정권의 한 형태라고 볼 수 있으며, 따라서 법제상으로 경찰권한은 행정부 수반인 대통령에게서 비롯된다고 볼 수 있다.[4] 따라서 국가경찰에 관한 사무를 총괄하고 경찰청 업무를 관장하며, 소속 공무원 및 각급 국가경찰기관의 장을 지휘감독하고 있는 경찰청장에

---

2) 국고작용은 국가가 공권력의 주체로서 우월한 지위에서 행하는 행정 작용이 아니라, 단순한 재산권의 주체로서 일정한 물품의 구매, 건물임대계약 등 국가가 개인과 사적인 거래를 하는 일을 말한다. 위키백과(https://ko.wikipedia.org).

3) 통치권(統治權, Powers of sovereignty)은 국민과 국토를 지배하는 국가의 최고권력을 의미한다. 흔히 주권의 의미로 쓰이기도 하나 주권과는 다른 개념이며, 주권이 국가의사를 결정하는 원동력인 데 비하여 통치권은 주권에 의하여 결정된 국가의사를 실현시키기 위한 권력이다. 국가권력이라고 할 때는 보통 이 통치권을 뜻한다. 통치권은 국가에 전속하는 무조건적 권력이지만, 단일불가분(單一不可分)은 아니며 또 무제한의 권력도 아니다. 오늘날의 국가에서는 통치권을 국민 전체의 복리를 위하여 행사할 의무를 국가가 지며, 이에 위반할 때는 그 담당자가 주권자에 대하여 책임을 져야 한다. 통치권은 그 실질적 내용에 따라 ① 영토 내에 있는 모든 사람과 사물에 대한 지배권으로서의 영토고권(領土高權), ② 국가구성원에 대한 속인적(屬人的) 지배권으로서의 대인고권(對人高權), ③ 국가의 조직을 스스로 결정하는 자주조직권[權限高權]으로 구분되며, 그 형식적 내용에 따라 입법권·행정권·사법권으로 나누어진다. 권영성(1991), 헌법학원론, 서울: 법문사, p. 136.

4) 한편, 검찰권(檢察權)은 행정권의 한 작용이지만 사법권과 밀접한 관계가 있다. 즉, 형사사법(刑事司法)의 공정성을 확립하기 위하여 사법권의 독립정신이 이 검사제도에도 준용되어, 넓은 의미에서 검사는 준사법기관의 지위를 가진다는 점에 있어서 일반 행정기관과는 다른 특수성을 가진다. 그런데, 경찰 역시 형사사법에 있어서 범죄수사(犯罪搜査)의 주체로서 중요한 기능을 하고 있으며, 따라서 검찰과 마찬가지로 비록 행정권의 한 요소이지만 형사사법의 중요한 구성요소를 이루고 있다고 본다. 경찰에 대한 이러한 시각은 역사적으로 영미법계(英美法系) 국가에서 보다 큰 비중을 두고 받아들여지고 있다.

대한 임명권한을 대통령이 가지고 있음은 물론이다(국가경찰과 자치경찰의 조직 및 운영에 관한 법률 제14조 제2항 및 제3항). 이러한 국가 통치권과 행정권, 그리고 경찰권의 관계는 다음과 같이 나타낼 수 있다.

〈통치권과 행정권, 경찰권 관계〉

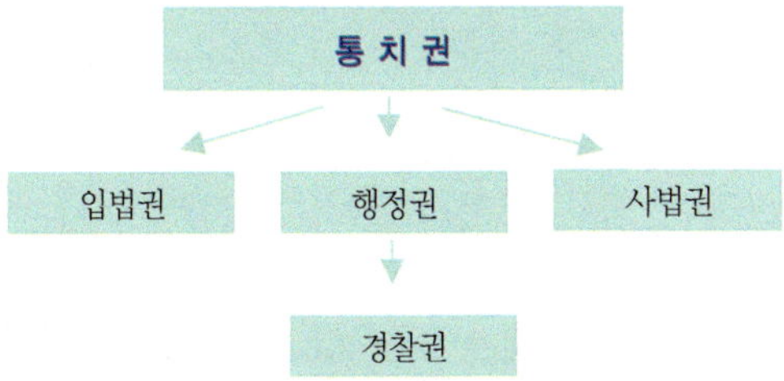

한편, 이러한 행정권에서 비롯된 경찰권의 영역은 역사적 과정을 거치면서 새롭게 정립되고 있다. 일반적으로 '공공의 안녕과 질서유지를 위한 행정'을 이른바 '질서행정'(秩序行政)이라고 한다. 과거에는 이러한 질서행정 전체를 '경찰'(警察)이라고 불렀으나(실질적 의미의 경찰), 오늘날에는 이의 범위는 점차 좁혀지고 있다. 예컨대, 보건·위생, 영업, 건축, 소방과 같은 특수행정 분야에서의 질서행정작용은 각기 다른 이름으로 불리고 있다.[5]

이러한 과정에서 경찰권의 고유 영역은 형식적·제도적 의미의 경찰(경찰청을 정점으로 하는 경찰조직)로 정립되어 오늘에 이르고 있다.

2. 경찰권한의 개념과 특징

1) 경찰권한의 개념

따라서 경찰권한(警察權限, police authority)이라는 것은 경찰이 하나의 기관으로서 개인과 국가를 위하여, 국민주권주의에 근거한 국가의 행위로써 유효(有效)하게 관련 업무를 처리할 수 있는 능력 또는 업무의 범위라고 할 수 있다.[6]

이러한 점에서 경찰관할(警察管轄)이라고도 한다. 즉, 관할이라는 것은 경찰권한이 미

---

5) 김남진(1993), 행정법 I, 서울: 법문사, p. 49.

6) 권한(權限)은 타인에 대하여 일정한 법률효과(法律效果)를 발생시킬 수 있는 자격을 의미한다. 권한은 권리(權利)와 유사하지만, 권리는 자신을 위하여 가지는 법률상의 힘인 점에 대하여 권한은 타인을 위하여 법률효과를 발생시킬 수 있는 일정한 지위 또는 자격이라는 점에서 다르다.

치는 범위를 의미하는 것인데, 그 내용과 범위는 헌법·법률 또는 이에 근거한 명령에서 결정된다. 보통 사항적(事項的)·지역적(地域的)·인적(人的) 범위에 따라 그 한계가 일정하게 정해진다.[7]

경찰관할

① 사항적 관할

사항관할(事項管轄) 또는 사물관할(事物管轄)이라는 것은 경찰기관이 처리할 수 있고 또는 처리해야 하는 사무(직무, 임무, 책무)의 범위를 말한 것이다. 이와 관련하여 예컨대, 경찰관직무집행법 제2조(직무의 범위)에서 '㉠ 국민의 생명·신체 및 재산의 보호, ㉡ 범죄의 예방·진압 및 수사, ㉢ 범죄피해자 보호, ㉣ 경비, 주요인사(人士)경호 및 대간첩·대테러 작전 수행, ㉤ 치안정보의 수집·작성 및 배포, ㉥ 교통의 단속과 위해의 방지, ㉦ 외국 정부기관 및 국제기구와의 국제협력, ㉧ 그 밖의 공공의 안녕과 질서유지'로 규정하고 있는 것을 들 수 있다.

이러한 경찰기관의 사항 관할은 법령에서 정해진다. 그리고 특별법이 일반법에 우선한다는 원칙에 따라 특별경찰기관의 사항 관할이 일반경찰기관의 권한에 우선한다. 예컨대, 의회경찰이나 법정경찰이 그 관할 내에서는 일반경찰기관에 우선한다.

② 지역적 관할

지역관할(地域管轄)이라는 것은 경찰기관이 자신의 직무상의 권한(사항관할)을 행사할 수 있는 공간적·지리적인 영역을 말한다. 경찰청장은 국가경찰관청으로서 원칙적으로 대한민국의 모든 지역이 관할에 해당되지만 하급경찰관청(시·도경찰청장·경찰서장)의 지역관할은 제한되어 있다.

따라서 경찰청장의 관할 아래 각 시·도경찰청장별로 관할구역이 일정부분 나뉘고, 시·도경찰청장의 관할 아래 각 경찰서장의 관할구역으로 일정 부분 나뉘어 있다. 따라서 예컨대, 각 경찰서장은 자신의 관할구역에서 발생하는 위험이나 장해를 방지 또는 제거하는 역할을 하게 된다. 여기에서 주의할 것은 관할구역의 판단에 있어서 장해자(즉, 위험을 야기한 자)의 주소지나 거주지가 결정적인 것은 아니라는 점이다. 경찰상 보호해야하는 이익이 침해되거나 위협을 받는 지역이 기준이 된다.

한편, 다른 행정관청(해양수산부 소속 해양경찰)이나 삼권분립의 원칙에 따른 국회와 대법원, 그리고 국제법적 관계에 의한 외교공관·주택 및 주한미군 지위협정(SOFA)에 의한 미군 등은 경찰의 지역관할이 미치지 못하는 한계가 있다.

---

7) 사항적·지역적·인적 관할 외에도 형식적 관할 내지 형식적 한계가 있다. 즉, 경찰관청의 권한행사의 형식이 제한되는 경우가 있는데, 이를 형식적 한계라고 볼 수 있다. 예컨대, 치안에 관한 부령제정권은 원칙적으로 행정자치부장관(現 행정안전부장관)이 가지는 것과 같다. 김남진(2002), 경찰행정법, 서울: 경세원, p. 33.

③ 인적 관할

인적 관할은 넓은 의미에서 경찰기관의 권한이 어떤 사람에게 적용되는가와 관련된다. 경찰기관의 권한은 원칙적으로 자연인·법인·내국인·외국인을 불문하고 모든 사람에게 적용된다. 그러나 국내법적으로는 대통령과 국회의원, 국제법적으로는 외교사절과 주한미군에 대한 일정한 한계가 있다.

먼저, 대통령은 '내란 또는 외환의 죄를 범한 경우를 제외하고는 재직 중 형사상의 소추를 받지 아니한다'고 하여 불소추특권을 인정하고 있다(헌법 제84조). 또 국회의원은 '현행범인인 경우를 제외하고는 회기 중 동의 없이 체포 또는 구금되지 아니한다. 그리고 국회의원이 회기 전에 체포 또는 구금된 때에는 현행범인이 아닌 한 국회의 요구가 있으면 회기 중 석방된다'고 하여 불체포특권을 인정하고 있다(헌법 44조 제1항 및 제2항).

그리고 외교사절은 외교관계에 관한 비엔나협약(1961) 및 영사관계에 관한 비엔나협약(1963)에 의해서 제한되며, 주한미군은 주한미군 지위협정(SOFA)에 의해서 제한된다.

이와 같이 경찰이 관할 즉, 주어진 한계 내에서 관련업무를 처리하는 것은 그 기관의 권한인 동시에 책무(責務)라 할 수 있다. 그리고 주어진 권한을 벗어나는 행위 또는 '무권한'(無權限)의 행위는 하자가 있는 행위로서 일정한 효력이 발생하지 못한다. 그런데, 경찰이 사인(私人)과 동일한 위치에서는 이와 같은 관련업무를 수행하기가 어렵기 때문에, 경찰에게 일정한 힘(power)을 부여해줄 필요가 있다. 이러한 점에서 경찰권한은 '타인에게 명령·강제할 수 있는 합법적(合法的)인 힘'을 의미한다.

한편, 경찰권한에 대한 체계적인 접근을 위해서는 기본적으로 경찰개념을 다시 한번 정립할 필요가 있다고 본다. 경찰개념을 통해서 경찰권한의 내용과 한계를 기본적으로 설정할 수 있기 때문이다. 경찰을 개념적으로 정의하면 "범죄·무질서 등 각종 위험으로부터 개인의 자유와 권리를 보호하고, 공공의 안녕과 질서를 유지하기 위하여 통치권에 근거하여 국민(또는 개인)에게 명령·강제, 그리고 봉사하는 행정경찰작용 및 사법경찰작용"을 의미한다고 할 수 있다.

이러한 경찰개념을 분석해보면, ㉠ 범죄·무질서 등 각종 위험으로부터 국민의 자유와 권리보호, 공공의 안녕과 질서유지라는 목표(目標)를 제시하고 있다. 그리고 그러한 목표 달성을 위하여, ㉡ 명령·강제와 같은 권력적(權力的)·규제적(規制的)인 수단과 봉사라는 비권력적(非權力的)·비규제적(非規制的)인 수단을 제시하고 있다. 그리고 이러한 경찰수단을 크게 ㉢ 행정작용과 사법작용 등으로 구분하고 있다. 물론, 이러한 개념정의는 형식적·제도적 경찰 즉, 경찰법상의 일반경찰기관(一般警察機關, General Police Organization)을 의미하는 것이다.

여기에서 경찰권한 문제는 이러한 경찰의 목표달성을 위한 '수단'과 관련된 문제라 할 수 있다. 즉, 행정경찰권한(行政警察權限)은 기본적으로 범죄·무질서 등 위험과 관련하여 사전예방적 업무를 수행하기 위한 것이며, 사법경찰권한(司法警察權限)은 사후대응적 업무를 수행하기 위해 필요한 것이다. 한편, 이러한 행정경찰권한과 사법경찰권한의 성격을 동시에 가지면서, 일선에서 경찰업무를 수행하는데 요구되는 가장 핵심적인 권한을 체계화시킨 것이 바로 경찰관직무집행법상의 기본적·표준적 경찰권한(基本的·標準的 警察權限)이라고 할 수 있다.

2) 경찰권한의 특징

경찰권한은 '권한'이라는 그 자체의 속성상 본질적으로 권력적·규제적인 특징을 가지고 있다고 볼 수 있다. 후술하겠지만, ㉠ 즉시강제(卽時强制)의 성격을 갖는 경찰의 기본적·표준적 권한, ㉡ 범죄 등 위험발생 방지와 관련된 행정경찰의 허가·명령·강제 권한, ㉢ 사후대응을 위한 사법경찰의 수사 및 즉결심판 청구권한 등은 이와 같은 권력적·규제적인 특징을 기본적으로 가지고 있다.

물론, 모든 경찰활동이 강제력을 가진 경찰권한을 기초로 하여 이루어지지지는 않는다. 경찰활동 중에는 이와 같은 권력적·규제적 수단을 통해 상대방의 의사에 관계없이 국가의 의사를 관철하는 작용이 있는가 하면, 권력적·규제적 수단을 동원하지 아니하고도 달성할 수 있는 비권력적·비규제적인 요소도 얼마든지 존재하기 때문이다.

경찰의 역할: 법집행·질서유지·대민봉사

오늘날 전통적으로 경찰에서 강조되어온 법집행(Law Enforcement)과 질서유지(Order Maintenance)뿐만 아니라 대민봉사(Civil Service) 역시 중요한 역할로 인식되고 있다. 대민봉사는 본질적으로 서비스 대상자에게 일정한 혜택을 제공하기 위한 것이며, 거기에 어떠한 물리적 강제력이 수반될 필요는 없다.

따라서 여러 연구 결과, 경찰이 비권력적·비규제적 활동을 위해 80%이상의 시간을 소비하고 있다는 사실을 발견하였다. 한편, 클러카스(Klockars)는 경찰이 처리하는 문제들의 90% 이상이 대민봉사를 위한 시민의 요구에 대응해서 이루어진다고 보고 있다.

이처럼 경찰활동의 많은 부분은 범죄 및 무질서와 관련된 법집행과 직접적인 관계가 없다고 본다. 예컨대, 범죄예방을 위한 순찰활동 등, 교통사고 예방 및 사후처리, 자살의 방지, 길을 잃거나 가출한 아동 및 청소년 선도보호, 일상의 위험에 노출되기 쉬운 노약자 보호, 각종 사고 피해자 등의 긴급지원, 시민들을 대상으로 한 안전교육 및 홍보 등을 들 수 있다.[8)]

이러한 경찰권한이 갖는 속성으로서, 그것이 행사되는 상대방에게 복종을 요구할 수 있으며, 정당성이 부여된 권력으로서 조직 내의 공식적 역할과 결부되며, 역할 담당자들의 관계를 설정하는 변수라 할 수 있다. 따라서 어떤 면에서 권한은 '분화된 조직단위와 역할들을 통합(統合)'하여 조직 내의 안정된 질서를 유지하게 해주는 기능도 갖는다고 볼 수 있다.[9)]

요약건대, 모든 조직에 있어서 '권한'(權限) 문제는 가장 핵심이 되는 쟁점 가운데 하나라고 할 수 있다. 권한이 있는 곳에 권력이 있고, 그 속에서 정치와 예산, 합법성과 위법성 등 수많은 문제가 복잡하게 얽혀 있기 때문이다. 이는 경찰조직에 있어서도 예외는 아니다.

경찰조직은 복잡한 외부환경(정치집단, 검찰·법원·교정, 군, 대통령경호처, 국가정보원, 국민 등)과 내부 환경(계급구조, 업무구조, 혈연·지연·학연 등)에 둘러싸여 있다. 이 속에서 주어진 목표달성을 위해서는 무엇보다도 조직을 체계적으로 구조화하고, 각 구성원들에게 직위와 역할에 부합하는 일정한 권한이 부여하고, 한편으로는 이를 적절히 통제할 수 있는 수단이 강구되어야 한다. 경찰조직의 운영에 있어서 적절한 권한설정과 배분 문제는 조직의 성패와 직결된다고 본다.

제2절 경찰권한의 근거

1. 경찰권한의 법률유보원칙

경찰은 범죄 및 무질서와 같은 위험으로부터 개인의 자유와 권리를 보호하고 공공의 안녕과 질서를 유지한다는 미명하에 일정한 원칙과 기준이 없이 자의적(恣意的)으로 권한을 행사하여 국민 또는 개인의 자유를 제한하거나 일정한 희생과 강요를 해서는

---

8) Denny F. Pace(1991), Community Relation Concept, Incline Village, Nev.: Copperhouse Publishing Company, pp. 20-21.; Carl B. Klockars(1985), The Idea of Police, Newbury Park: Sage Publishing Company, p. 103.; 미야타 사부로우(宮田三郞)/한귀현 역(2003), 일본경찰법, 한국법제연구원, p. 9.; 최선우(2010), 경찰과 커뮤니티, 서울: 대왕사, pp. 148-150.

9) 이종수 외(1998), 새행정학, 서울: 대영문화사, p. 341.

안 된다.

따라서 전형적인 침해행정(즉, 인권침해의 여지가 많은 국가행정)이라 할 수 있는 경찰권한의 행사에는 당연히 법적인 근거가 있어야 한다. 이러한 법률유보원칙(法律留保原則)은 오늘날 법치국가(法治國家)에 널리 수용되고 있는 중요한 기본원칙 중의 하나인 것이다.

이와 관련하여 대한민국 헌법에서도 '국민의 모든 자유와 권리는 국가안전보장·질서유지 또는 공공복리를 위하여 필요한 경우에 한하여 법률(法律)로써 제한할 수 있으며, 제한하는 경우에도 자유와 권리의 본질적인 내용을 침해할 수 없다'고 규정하고 있다(제37조 제2항).

따라서 경찰권한의 행사는 법률유보원칙에 따라 국회에서 제정한 법률의 근거와 법률이 정한 범위 내에서만 행사되어야 한다. 물론, 법률의 구체적인 위임이 있으면 행정입법(行政立法)의 형식으로 제정된 법규명령(法規命令)도 포함된다. 그리고 비상계엄이나 긴급명령이 발령되는 경우에는 그러한 명령도 법적 근거가 될 수 있다.[10)]

행정입법

① 행정입법의 의미

행정입법(行政立法)이란 일반적으로 입법부(立法府)인 국회가 아닌 행정부 등 행정주체가 규범을 정립·제정하는 것을 말한다(행정입법은 실정법상의 용어가 아니라 학문상의 용어이다).

사실, 법치주의에 충실하기 위해서는 입법부인 국회가 제정한 법률에 의해 경찰을 포함한 국가행정의 조직과 작용이 이루어져야 한다. 그러나 국회가 모든 사항을 예측하여 법률로 정한다는 것은 사실상 불가능한 일이다. 따라서 예컨대, 치안환경 변화에 능동적으로 대처하기 위하여 기본적인 목적·요건·내용만을 국회가 정하고 세부적인 사항은 정부로 하여금 정하게 하는 것이 바람직한 바, 여기에 행정입법의 필요성이 제기된다.

② 행정입법의 종류와 특징

이러한 행정입법에는 크게 법규명령(法規命令)과 행정규칙(行政規則)이 있다. 전형적으로 ㉠ 법규명령은 '법률유보상의 수권에 근거하여 행정권이 정립하는 규범으로서 국민과의

10) ① 대통령은 내우·외환·천재·지변 또는 중대한 재정·경제상의 위기에 있어서 국가의 안전보장 또는 공공의 안녕질서를 유지하기 위하여 긴급한 조치가 필요하고 국회의 집회를 기다릴 여유가 없을 때에 한하여 최소한으로 필요한 재정·경제상의 처분을 하거나 이에 관하여 법률의 효력을 가지는 명령을 발할 수 있다(헌법 제76조 제1항). ② 대통령은 국가의 안위에 관계되는 중대한 교전상태에 있어서 국가를 보위하기 위하여 긴급한 조치가 필요하고 국회의 집회가 불가능한 때에 한하여 법률의 효력을 가지는 명령을 발할 수 있다(제76조 제2항).

관계에서 일반 구속적(외부적 구속효과)인 규범'이라 할 수 있다. 반면 ㉡ 행정규칙은 '법률유보사항 없이 행정권 내부의 고유한 권한으로서 그 조직과 활동을 규율(내부적 구속효과)하는 일반추상적인 명령으로서 법규적인 성질을 갖지 않는 것'으로 정의된다.
물론, 법률상의 수권에 근거하여 발령되는 대통령령·총리령·부령에 규정된 법규명령 중에도 사항 그 자체의 성질상 외부적 구속효과가 없고 내부적 구속효과만 있는 것도 있는가 하면, 법률상 수권 없이 대통령령·총리령·부령의 형식의 행정규칙으로 발령되는 고시에 규정되는 사항 중에 외부적 구속효과를 갖는 것도 있을 수 있기 때문에 양자의 구분이 명확하게 이루어지지는 않는다.[11]

그러나 불문법인 관습법(慣習法)은 권력적·규제적인 경찰권한 행사의 법적인 근거가 된다고 볼 수 없다.[12] 형법에서도 죄형법정주의(罪刑法定主義) 원칙에 따라 관습형법(慣習刑法)이 금지되어 있다. 한편, 수익적인 경찰작용(예컨대, 노약자 보호, 길 안내와 같은 대민봉사)은 반드시 법률적 근거가 요구되는 것은 아니다.

2. 경찰권한의 법률유보 방법과 관련 문제

이처럼 경찰이 일정한 권한을 행사하기 위해서는 법률에 근거를 두어야 하는데, 법률유보와 관련하여 다음과 같이 고려해야 할 두 가지 사항이 있다. ㉠ 경찰권한을 직접적으로 명시하지 않고 직무만을 규정한 것으로 충분히 권한을 행사할 수 있는 것인지의 문제이다. 그리고 ㉡ 경찰권한 관련규정이 명시되어 있을 때, 그것이 일반적(一般的)·개괄적(概括的)인 수권(授權)으로 충분한 것인지, 아니면 개별적(個別的)·구체적(具體的)인 수권이 필요한 것인지에 관한 것이다.

1) 직무규정과 권한규정

먼저, 경찰이 직무수행과 관련된 권한을 행사하기 위해서는 직무규정(職務規定)의 존재로 충분한 것인지, 아니면 그와 같은 직무규정 외에 별도의 특별한 권한규정(權限規定)

11) 행정입법에 대한 자세한 내용은 홍정선(2004), 행정법원론(상), 서울: 박영사, pp. 175-220 참조.

12) 관습법은 입법기관에 의해 제정된 것이 아니고 일상생활에서 관행으로 행해지는 법을 말한다. 이는 불문법 가운데 하나로서 제정법(制定法) 즉, 성문법(成文法)이 국가법 체계의 대부분을 차지하는 근대국가에서 입법기관에 의해 의도적으로 제정되지 않은 규범 가운데 법적 효력을 부여할 만한 규범적 실체를 말한다. 이러한 관습법은 현행법의 결함과 빈틈을 메우기 위해서 필요하다고 보고 있다. 이에 따라 현행 민법(民法)과 상법(商法)은 관습법에 대해 성문제정법에 대한 보충적 효력을 인정하고 있다(민법 제1조, 상법 제1조). 따라서 예컨대, 수목의 집단 및 미분리(未分離)된 과실의 소유권 이전에 관한 명인방법(明認方法), 관습법상의 법정지상권(法定地上權), 분묘기지권(墳墓基地權), 동산의 양도담보 등 관습법상의 제도들이 인정되고 있다.
다음백과(http://100.daum.net/encyclopedia).

이 필요한 것인지를 살펴볼 필요가 있다.

직무규정은 경찰이 수행하는 직무의 범위 또는 업무의 범위를 규정한 것이다. 그것은 경찰기관의 활동에 대한 외부적 한계를 나타낸 것으로, 경찰기관이 공익을 위하여 활동할 수 있는지의 '여부'(與否)를 규정한 것이다. 반면 권한규정은 경찰에 의한 직무수행의 여부가 아니라 '방법'(方法)을 규정한 것이다. 즉, 직무는 경찰이 무엇을 하는가의 문제이고, 권한은 직무를 어떻게 수행할 수 있는가의 문제이다.[13)]

특히, 권한규정은 법치국가원리 또는 헌법 제37조 제2항에[14)] 근거하여 경찰이 사인(私人)의 자유와 권리를 침해할 수 있는 법적 근거를 말하는 것으로 이해된다. 바꿔 말하면, 경찰의 직무수행이 사인의 권리를 침해하게 된다면, 침해의 근거로서 권한규정이 필요하게 되는 것이다.

따라서 직무규정과 권한규정은 구분될 필요가 있다.[15)] 예컨대, 경찰이 범죄수사의 직무를 수행한다고 하여 임의적인 강제연행 등 어떠한 수단이라도 도입·적용할 수 있는 것은 아니며, 다만 법이 허용한 침해수단만을 행사할 수 있는 것과 같다.

독일과 일본의 직무규정과 권한규정 관계

① 독일의 직무규정과 권한규정

독일의 경우에는 통일경찰법모범초안에서 제1조(경찰의 직무) 제1항과 제8조(일반적 권한)를 각각 직무규정과 권한규정으로 함으로써 양자의 구분하는 경향이 있다. 이와 같은 견해가 법치국가의 요건에 충실한 것은 의문이 없으나, 독일에서도 직무규정과 권한규정의 구분이 갖는 의의에 관해서는 많은 논의가 이루어지지 않고 있는 실정이다.[16)]

---

13) 홍정선(2007), 경찰행정법, 서울: 박영사, p. 265.

14) 국민의 모든 자유와 권리는 국가안전보장 · 질서유지 또는 공공복리를 위하여 필요한 경우에 한하여 법률로써 제한할 수 있으며, 제한하는 경우에도 자유와 권리의 본질적인 내용을 침해할 수 없다(헌법 제37조 제2항).

15) 홍정선(2007), 앞의 책, p. 265.

16) 통일경찰법모범초안 제1조(경찰의 직무) ① 경찰은 공공의 안녕 또는 질서에 대한 위험을 방지하는 것을 그 직무로 한다(이하생략). 제8조(일반적 권한) ① 경찰은 제9조~제24조에서 경찰의 권한을 특별히 규정하고 있지 않아도 구체적인 경우에 현존하는 공공의 안녕 또는 질서에 대한 위험을 방지하기 위하여 필요한 조치를 할 수 있다. ② 다른 법률에서 경찰에게 일정한 직무를 부여하고 있다면, 관련 직무의 수행을 위하여 그 법에서 규정하고 있는 권한을 갖는다. 그러한 법률이 경찰의 권한을 규정하지 않고 있다면, 경찰은 이 법률에 따라 자신에게 귀속된 권한을 행사할 수 있다. 볼프 R. 쉔케(1998)/서정범 역(2001), 독일경찰법론, 서울: 세창출판사, pp. 313-315.; 서정범(1992), "경찰권발동에 관한 연구: 그의 요건, 대상 및 정도를 중심으로," 고려대학교 박사학위논문, p. 51 재인용.

② 일본의 직무규정과 권한규정

일본의 경우에도 양자의 구분이 필요하다고 보는 경향이 있으며, 따라서 일본 경찰법 제2조(경찰의 책무) 제1항에[17] 대해서 경찰의 직무수행과 관련된 일반적인 내용을 규정하고 있는 직무규정으로 보고 있다.[18] 즉, 직무규정이라는 것은 경찰이 어떠한 업무를 해야 하는가 하는 문제를 규정한 것으로서 그것 자체만 가지고 권력적·침해적 권한행위를 할 수 있는 것은 아니라는 것이다.

다만, 직무규정은 비권력적·비규제적 행위 또는 조치(즉, 국민의 권리 및 권리를 제한하지 않는 활동)를 할 수 있는 근거가 된다. 예컨대, 순찰, 긴급전화 대응, 침해적 내용에 이르지 않는 정보수집 등에 의한 내사, 도로의 장해물 제거, 행방불명자의 수색, 경찰업무에 관한 홍보활동 등은 직무규정에 의해서도 이루어질 수 있다.

우리나라의 경우에도 이 같은 문제에 관하여 두 가지로 견해가 대립하고 있다고 볼 수 있다.[19] 첫째로 「국가경찰과 자치경찰의 조직 및 운영에 관한 법률」(약칭: 경찰법) 및 「경찰관직무집행법」 상의 직무규정은 경찰관청과 그 구성원인 경찰관의 권한을 일반적·개괄적으로 규정하는 것이 보통이며, 그것은 선언적 의미를 가지고 있는 것에 불과하다. 따라서 경찰이 일정한 권한을 행사하기 위해서는 직무규정 외에 특별한 권한규정에 의한 수권(授權)이 필요하다. 이렇게 했을 때 법률유보원칙(法律留保原則)의 의의가 있다는 것이다.

둘째, 그런데 경찰이 대외적인 활동을 하기 위해서는 이처럼 직무규정 외에 별도의 권한규정을 필요로 하는 것이 원칙이지만, 직무규정에만 근거하여 활동할 수 있는 경우를 완전히 배제할 수 없다는 것이다. 물론, 경찰의 조치가 국민의 자유와 권리영역을 침해하지 않는 경우에는 직무규정에만 근거하여도 활동할 수 있다고 하여야 할 것이므로, 이러한 문제는 주로 경찰이 권력적·규제적 수단으로 국민의 권리영역을 침해하는 경우에 발생한다.

---

17) 일본경찰법 제2조(경찰의 책무) 경찰은 개인의 생명, 신체 및 재산의 보호에 임해서 범죄의 예방, 진압 및 수사, 피의자의 체포, 교통의 단속 기타 공공의 안전과 질서의 유지를 담당하는 것을 그 책무로 한다. 경찰청 기획관리실(1995), 일본경찰법 해설, p. 20.

18) 미야타 사부로우(宮田三郎)/한귀현 역(2003), 앞의 책, pp. 47-49.

19) 서정범(1992), 앞의 논문, p. 23 재인용.

경찰의 임무·직무의 범위

이상 국가경찰과 자치경찰의 조직 및 운영에 관한 법률 제3조(경찰의 임무)와 경찰관직무집행법 제2조(직무의 범위)에서는 경찰의 임무 내지 직무를 다음과 같이 규정하고 있다.

① 국민의 생명·신체 및 재산의 보호
② 범죄의 예방·진압 및 수사
③ 범죄피해자의 보호[20]
④ 경비, 요인경호 및 대간첩·대테러 작전 수행
⑤ 공공안녕에 대한 위험의 예방과 대응을 위한 정보의 수집·작성 및 배포
⑥ 교통의 단속과 위해의 방지
⑦ 외국 정부기관 및 국제기구와의 국제협력
⑧ 그 밖에 공공의 안녕과 질서유지

그렇다면, 예컨대, 경찰관직무집행법 제2조가 권한규정의 성격도 갖는 것으로 보고, 이 조항에만 근거하여 경찰권한의 행사(권력적·규제적 작용)를 인정할 수 있는지의 여부이다. 이 문제와 관련하여 군도시과 소속 단속계 직원인 청원경찰(請願警察)이[21] 경찰관직무집행법 제2조에 따라 허가 없이 창고를 주택으로 개축하는 것을 단속한 것은 정당한 공무집행에 속한다고 한 대법원판결은 주목된다.[22]

이 판결은 경찰관직무집행법 제2조가 단순한 직무규정인지 아니면 권한규정으로서의 성격도 함께 갖는지에 대해 분명하지 못한 상황에서 대법원이 이 조항을 권한규정의 성질을 아울러 갖는 것으로 보았다는 점에 의의가 있다.

---

20) 경찰관직무집행법상의 경찰의 직무 가운데 범죄피해자의 보호(제2조 제2의2)가 새롭게 규정되었다. 주지하는 바와 같이 「범죄피해자 보호법」(2006년 제정)에서는 국가가 수사 및 재판 과정에서 범죄피해자 보호 등을 위한 정보를 범죄피해자에게 제공하도록 의무화하고 있으며, 현재 경찰·검찰·법원 등에서 정보를 제공하고 있다. 그러나 위와 같은 정보 제공이 안내문을 교부하는 방식 등으로 이루어져 범죄피해자가 보호를 받을 수 있다는 사실을 제대로 인지하지 못하여 적극적인 보호를 받지 못하는 경우가 발생하고 있다. 이에 범죄피해자를 1차적으로 접하는 경찰의 직무에 '범죄피해자 보호'를 명시함으로써 범죄피해자를 경찰이 적극적으로 보호하도록 하고, 범죄피해자가 적시에 필요한 지원을 받을 수 있게 하려는 것이다.

21) 청원경찰(請願警察)은 청원경찰의 배치 결정을 받은 자(즉, 청원주)와 배치된 기관·시설 또는 사업장 등의 구역을 관할하는 경찰서장의 감독을 받아 그 경비구역만의 경비를 목적으로 필요한 범위에서 경찰관직무집행법(警察官職務執行法) 따른 경찰관의 직무를 수행하는 자를 의미한다(청원경찰법 제3조).

22) 경상남도 양상군 도시과 단속계 요원으로 근무하고 있는 청원경찰관인 공소 외 김창성 및 이성주가 원심판시와 같이 1984년 12월 29일에 경상남도 양상군 장안면 임광리 115에 있는 피고인의 집에서 피고인의 형 공소 외 박○○가 허가 없이 창고를 주택으로 개축하는 것을 단속하는 것은 그들의 정당한 공무집행에 속한다고 할 것이다. 따라서 이를 폭력으로 방해한 판시 소위를 공무집행방해죄로 다스린 원심조치는 정당하고 이에 위법이 있다고 할 수 없다. 대법 1986.1.28., 85도2448.

2) 권한규정에 의한 경찰권한의 부여 방법

위에서 경찰의 직무규정과 권한규정의 관계 또는 양자의 구분 필요성 등에 대해서 살펴보았다. 그렇다면, 경찰의 권한규정이 요구될 때, 어떠한 형식으로 존재해야 하는가 하는 문제가 제기된다. 법률에 따라 '경찰권한의 부여' 즉, 수권(授權)하는 방법은 크게 3가지로 나눌 수 있다.

㉠ 일반경찰법상의 일반조항에 의한 일반수권(一般授權)
㉡ 일반경찰법상의 개별조항에 의한 특별수권(特別授權)
㉢ 특별경찰법상의 개별조항에 의한 특별수권(特別授權)

우리나라의 법제상 '㉡'과 '㉢'이 인정되고 있음은 의문이 없다. 그런데, 첫 번째인 일반경찰법상 일반 조항에 따른 권한 부여 방법이 인정되는지의 여부에 대해서는 견해가 일치하지 않고 있다. 한편, 특별경찰법(즉, 개별경찰법)은 일반법에 우선하는 것(特別法優先原則)이므로, '㉢'의 법적 근거가 '㉡'에 우선하고, '㉡'의 법적 근거가 '㉠'의 법적 근거에 우선한다.[23]

(1) 일반경찰법상의 일반조항에 의한 권한 부여

① 일반적 수권조항의 의미

먼저, 일반경찰법상 일반조항에 의한 권한 부여 방식에 대해서 살펴보자. 여기에서 일반경찰법(一般警察法)이라는 것은 범죄 및 무질서 등에 대한 위험방지 및 제거 등과 관련하여 일반적인 규정을 하고 있는 법을 말한다.

그리고 일반경찰법은 형식적·제도적 의미의 경찰에 관한 일반법을 의미한다. 일반경찰법상 대표적인 권한규정은 경찰청을 정점으로 하는 경찰조직 구성원들의 활동의 근거가 되는 '경찰관직무집행법'(警察官職務執行法)을 들 수 있다.

그리고 '일반조항'(一般條項)이라는 말은 어떠한 권한과 관련하여 개별적·구체적으로 특정(特定, specification)하여 규정하지 않고, 포괄(包括的)·개괄적(槪括的)으로 규정한 것을 말한다. 그런데 실질적 법치주의(實質的 法治主義) 아래에서 법이 일반적으로 규정될 경우, 법적 안정성 또는 예측 가능성은 지켜지기 어렵게 된다. 특히, 개인의 자유와 권리를 침해할 여지가 강한 경찰권한 행사와 관련된 규정을 이처럼 일반적으로 규정했을

23) 홍정선(2007), 앞의 책, pp. 215-216.

경우 그 문제는 적지 않게 발생할 가능성을 안게 된다.

② 일반적 수권조항의 존재 여부

그러나 이러한 점에도 불구하고, 경찰권한의 법적 근거는 일반적 수권조항의 형태로도 존재할 수 있다는 점에 주의할 필요가 있다.[24]

현행 우리나라 경찰법규상 권한행사와 관련된 일반조항을 찾아보기는 어렵다.[25] 다만, 경찰관직무집행법 제2조(직무의 범위)의 제7호 '그 밖에 공공의 안녕과 질서유지'는 직무를 규정한 것이지만 일정 부분 '일반조항으로서의 권한규정'의 성격을 갖는다고 볼 수 있다.[26]

그 이유는 앞에서 설명한 바와 같이, 대법원은 관련사건에서 직무규정인 경찰관직무집행법 제2조(직무의 범위)를 권한규정으로서의 성격을 아울러 가지고 있다고 판단했기 때문이다.[27] 그리고 특히, 이 가운데 제7호 '그 밖에 공공의 안녕과 질서의 유지'를 실정법상 일반 적 수권조항으로 이해하였다는 점이다.

사실, 경찰권한 행사와 관련하여 일반경찰법(一般警察法)의 지위를 가지고 있는 경찰관직무집행법에 '불법적인 건축행위'를 단속할 수 있는 구체적인 권한규정은 없다고 볼 수 있다.[28] 그러나 대법원이 경찰관직무집행법 제2조 제7호 '그 밖에 공공의 안녕과 질서의 유지'에 근거하여 경찰관(청원경찰관)이 '불법적인 건축행위를 단속한 것은 정당하다'고 판결한 것은 이를 경찰권한 행사의 일반적 수권조항으로 보았다는 것을 의미한다.

③ 일반적 수권조항의 필요성

대법원의 판례에도 불구하고 경찰법에서 위와 같은 일반적 수권조항의 존재를 인정할

---

24) 독일의 경우, 각 지방(Land)에서는 예로부터 일반적 수권조항과 개별적 수권조항이 함께 적용되어 왔다. 일반적 수권조항의 전형으로서는 "경찰행정청은 현행법의 범위 안에서 공공의 안녕 또는 질서를 위협하는 위험으로부터 공중 또는 개인을 보호하기 위하여 의무적합적 재량에 따라 필요한 조치를 해야 한다"라고 규정한 프로이센 경찰행정법(Pr. PVG, 1931) 제14조 1항의 전통을 계승하여 '경찰은 공공의 안녕 또는 질서에 대한 위험방지를 위하여 필요한 조치를 할 수 있다'고 규정한 통일경찰법모범초안(MEPolG) 제8조를 들 수 있다. 물론, 독일에서도 오늘날 경찰권한 행사와 관련된 불확정 개념(예컨대, 공공의 안녕과 질서 등)이 학설 및 판례에 의해 정교화되었고, 동시에 경찰법상의 개별적 수권조항이 제정되어 일반적 권한규정에 대한 실질적 의미가 많이 상실되었다. 홍정선(2007), 앞의 책, pp. 266-267.

25) 위의 책, pp. 265-267.

26) 김남진(2002), 앞의 책, p. 132.

27) 대법 1986.1.28., 85도2448.

28) 당시의 건축법상 건축행위에 대한 단속을 취할 수 있는 권한은 시장 또는 군수와 같은 일반행정기관에 부여되어 있었다(제42조 제1항). 이러한 사정에도 불구하고 대법원에서 경찰관직무집행법 제2조(직무의 범위) 제7호 '그 밖에 공공의 안녕과 질서유지' 규정을 근거로 청원경찰의 공무집행을 정당한 것으로 판단한 것이다. 서정범(1992), 앞의 논문, p. 24.

수 있는지, 있다면 일반적 수권조항에 근거하여 경찰권한을 행사할 수 있는지에 대해서는 여전히 찬반론이 제기되고 있다.[29)]

㉠ 부정적 입장

먼저, 부정하는 입장에서는 경찰권한의 행사는 권력적 작용으로서 법률유보(法律留保)를 본질적인 것으로 요구하기 때문에 이를 행사하기 위해서는 일반적 수권조항의 존재만으로는 불충분하다는 견해이다. 즉, 법률유보의 원칙상 경찰권한의 행사를 위해서는 개별적인 법규정에 의한 구체적인 법적 수권을 필요로 한다는 입장이다.

㉡ 긍정적 입장

일반적 수권조항의 필요성을 긍정하는 입장에서는 다음과 같은 근거를 제시하고 있다. 첫째, 과학기술의 발전과 사회적 사정의 변화 등으로 인해 입법자가 예상할 수 없는 경찰상의 위해가 발생하는 경우, 미리 규정된 개별적인 수권규정에 의하여 해결되지 못하는 경우가 존재하므로 이를 대비하기 위하여 일반적 수권조항이 필요하다는 것이다.

둘째, 일반적 수권조항의 내용을 이루는 '불확정 법개념'(不確定 法槪念: '공공의 안녕', '질서', '위험' 등)들은 학설과 판례에 의하여 상세하게 정해질 수 있는 것이므로, 일반적 수권조항의 적용영역이 일반의 가치관에 따라 결정되는 경우, 그의 내용·목적 및 범위가 충분히 특정될 수 있다.

셋째, 일반적 수권조항에 근거하여 경찰권한의 행사가 이루어지는 경우, 적용되는 법원칙, 이른바 '조리(條理)상의 한계'가 충분히 발달되어 있다는 점이다. 따라서 일반적 수권조항의 확대해석 및 그에 근거한 경찰권한 행사의 오남용은 모두 사법심사의 대상이 되어 통제가 가능하다는 것이다.

생각건대, 일반적 수권조항은 '공공의 안녕 혹은 질서에 대한 위험'이라고 하는, 일견 막연하고 포괄적인 요건 아래 경찰권한을 행사할 수 있게 함으로써 경찰권한의 행사가 남용될 우려가 존재한다.

그러나 일반적 수권조항은 어디까지나 제2차적·보충적으로만 적용되며(이른바 '보충성의 원칙'), 또한 긍정설이 정당하게 지적하고 있는 것처럼 학설과 판례에 의하여 일반적 수권조항의 내용·목적 및 범위가 충분히 상세화되고 그의 의미도 분명해졌기 때문에 일정 부분 허용 가능하다고 본다.

29) 이하 위의 논문, pp. 24-27 재구성.

더욱이 일반적 수권조항이란 용어가 법적 용어로 확립되었음을 고려할 때, 이 개념의 적용을 주저할 필요는 없다고 생각한다. 따라서 불확정 법개념을 사용하고 있는 일반적 수권조항에 근거하여 경찰권한을 발동하는 것이 법치국가의 원칙, 특히 법률유보의 원칙에 전적으로 반(反)한다고 보는 것은 타당하지 않다고 본다.

보충성의 원칙

법적용에 있어서 보충성(補充性)의 원칙은 널리 적용된다. 일반법과 특별법(개별법)의 관계에서 특별법(개별법)이 우선적으로 적용되고(특별법우선의 원칙), 일반법은 그 밖의 경우에 보충적으로 적용된다.[30] 이러한 관점에서 특별법인 개별경찰법(個別警察法)의 개별적 수권조항이 일반경찰법(一般警察法)의 개별적 수권조항에 우선한다.

이는 일반경찰법 내의 수권조항에서도 적용된다. 즉, 일반경찰법 내의 개별적 수권조항이 일반적 수권조항에 우선하여 적용된다. 일반적 수권조항은 개별적 수권조항이 존재하지 않았을 때, 그 한도에서만 적용되는데 이를 '일반적 수권조항의 보충성'이라고 한다. 따라서 예컨대, 경찰관직무집행법 제2조 제7호 '그 밖의 공공의 안녕과 질서유지'는 직무규정이면서 동시에 일정 부분 일반적 수권조항으로서, 보충적으로 적용된다.

이러한 일반적 수권조항은 예외적으로 다음과 같은 경우에 보충적으로 적용된다고 할 수 있다.[31]

① 개별적 수권조항이(명시적으로 혹은 의미상) 별도로 일반적 수권조항의 적용을 허용한 때

② 개별적 수권조항이 관련된 사안에 있어서 경찰이 개입하기 위한 요건과 허용되는 조치를 모두 규정하고 있지 못할 때

③ 일반적 수권조항을 통해 구체적인 경우를 내용상 분명하게 파악하거나, 일정한 경우를 규율하기 위해서 이에 의존하는 것이 불가피한 때

---

30) 특별법우선의 원칙과 보충성의 원칙이 동일한 의미를 갖는 것은 아니다. 이는 다른 관점에서도 설명이 가능하다. 형법의 적용과 관련하여 보충성 원칙을 살펴본다면, '형법 이외의 다른 통제수단에 의하여 법익보호의 목적을 달성할 수 없는 경우에만 형법의 적용이 정당화된다'는 것도 이에 해당한다. 예컨대, 「선거관리위원회법」 제14조의2 규정(선거법위반행위에 대한 중지, 경고 등) 즉, 선관위에서 중지, 경고, 시정명령 등 처분으로 선거질서유지의 보호법익을 달성할 수 있는 경미(輕微)한 사항(현저히 공정을 해하는 중대한 위반 제외)에 대하여 수사기관이 수사하여 기소하는 것은 보충성의 원칙에 반하여 허용되지 아니한다. 형법은 가장 강력한 제재를 부과하므로 최후의 수단으로서만 그 정당성을 갖는 것이므로 경미한 위반사항은 제외하고, 중대한 법익침해(法益侵害)로 제한되어야 한다. 특히, 자연범인 형법이 아니라 행정목적 달성을 위한 행정법에 의한 행정벌의 경우, 형법을 적용하게 되면 과잉 문제가 제기될 수 있다.

31) 서정범(1992), 앞의 논문, pp. 27-28.

(2) 일반경찰법상의 개별적 조항에 의한 권한 부여

① 개별적 수권조항의 의미

현행법상 범죄 및 무질서 등에 대한 위험방지 및 제거 등과 관련하여 일반적인 규정을 하고 있는 일반경찰법은 경찰관직무집행법(警察官職務執行法, 1953년 제정)이라 할 수 있다. 위에서 경찰관직무집행법 제2조(직무의 범위)는 직무규정으로서, 그리고 일정 부분 권한규정으로서 일반적 수권(특히, '그 밖에 공공의 안녕과 질서유지')조항으로서의 의미도 아울러 가지고 있다는 점을 살펴보았다.

여기에서 논의하는 일반경찰법인 경찰관직무집행법상의 개별적(個別的) 규정은 이러한 일반적 수권조항(즉, 제2조) 외의 권한규정을 말한다. 경찰관직무집행법 제3조(불심검문) 부터 이하 제10조의4(무기의 사용)에 이르는 조항 상당 부분이 이에 해당한다(이에 대한 세부적인 내용은 다음 장에서 살펴보기로 한다).

일반경찰법(경찰관직무집행법)상의 개별적 권한규정
① 불심검문 권한(제3조) ② 보호조치 등 권한(제4조) ③ 위험발생의 방지 등 권한(제5조) ④ 범죄의 예방과 제지 권한(제6조) ⑤ 위험방지를 위한 출입 권한(제7조) ⑥ 사실의 확인 등 권한(제8조) ⑦ 정보의 수집 등 권한(제8조의2) ⑧ 국제협력 권한(제8조의3) ⑨ 경찰장비의 사용 등 권한(제10조) ⑩ 경찰장구의 사용 권한(제10조의2) ⑪ 분사기 등의 사용 권한(제10조의3) ⑫ 무기의 사용 권한(제10조의4) 등

경찰의 권한규정은 원칙적으로 일반적이어서는 안 되고, 구체적(具體的)이고 개별적(個別的)인 형태로 존재하고, 그에 따른 권한행사의 한계를 명확히 해야 한다. 이렇게 함으로써 경찰권한 행사의 오남용에 따른 인권침해를 최소화할 수 있기 때문이다. 따라서 경찰관직무집행법상의 불심검문(제3조), 보호조치(제4조), … 무기사용(제10조의4) 등 각 권한규정은 개별적인 형식으로 존재함은 물론이다.

이처럼 경찰관직무집행법은 일반경찰법으로서 ㉠ 직무규정 이면서 일반적 수권조항(제2조)으로서, 그리고 ㉡ 개별적 수권조항(제3조에서 제10조의4에서 해당 조항)으로서의 성격을 모두 가지고 있음을 알 수 있다.

② 개별적 수권조항의 특징

경찰관직무집행법은 과거에서 현재에 이르는 동안 일반경찰기관인 경찰이 일선현장에서 직무를 수행하는데 요구되는 관련 권한을 '표준적·전형적'(標準的·典型的)으로 규정하고 있다고 할 수 있다.[32] 따라서 경찰의 '표준적 직무행위'라는 것은 경찰조직이 계속 존속해 오는 동안 '경험적으로 터득한' 또는 '학습된 행동규칙'(learned behavior rules)이라고 할 수 있을 것이다.

경찰관직무집행법에 의한 개별적 수권조항에 의한 권한의 행사(즉, 표준적 직무조치)는 일반적으로 행정경찰작용(行政警察作用)으로서의 성질을 갖는 것으로 인식되고 있지만, 아울러 사법경찰작용(司法警察作用)로서의 성질(예컨대, 불심검문, 범죄의 제지, 사실의 확인, 경찰장비의 사용 등)도 적지 않게 가지고 있음은 물론이다.

이러한 경찰권한의 행사는 상대방 등에게 작위(作爲)·부작위(不作爲)·수인(受忍)의 의무 등을 부과한다. 그리고 이러한 조치는 법관이 발부한 영장(令狀, the warrant)이 요구되지 아니한다. 즉, 영장주의(令狀主義)의 예외가 되는 셈인데, 여기에 경찰관직무집행법상의 개별적 수권에 의한 권한의 행사가 갖는 또 하나의 특징이라고 할 수 있다.[33]

한편, 불확정성을 특징으로 하는 일반적 수권조항과는 달리 개별적 수권조항은 보다 구체적이기 때문에, 이에 근거하여 경찰권한을 행사하는 경우, 이의 한계는 개별조항의 해석을 통하여 밝혀질 수 있다. 예컨대, 경찰이 경찰관직무집행법 제3조에 의해 특정인에 대한 불심검문(不審檢問)을 한다면, 이의 요건 및 한계는 이 규정 자체(제1항~7항에 이르는 내용)에 구체적으로 들어있음을 알 수 있다.

물론, 개별조항에 의하여 경찰권한을 행사하는 경우에도 재량이 인정되며, 그 한도에서 '조리상의 한계'(경찰 소극목적의 원칙, 공공의 원칙, 비례의 원칙, 평등의 원칙, 책임의 원칙, 보충성의 원칙 등)가 논해질 수 있다. 그러나 이 경우에 있어서는 일반조항에 의하여 경찰권한이 행사되는 경우와 같이 여러 법원칙 또는 조리상의 한계가 포괄적으로

32) 우리나라 경찰관직무집행법(警察官職務執行法)은 제2차 세계대전 종전 후에 제정된 일본의 경찰관직무집행법(1948)을 거의 그대로 계수(繼受)하여 1953년 12월 법률 제299호로 제정·공포되었다. 이후 경찰현실에 부응하기 위하여 전문개정(1981) 하는 등 여러 차례 내용을 개정하여 오늘에 이르고 있다. 한국형사정책연구원(1995), 경찰관직무집행법에 관한 연구, pp. 26-27.

33) 홍정선(2007), 앞의 책, pp. 225-226.

적용되지는 않는다고 본다.

예컨대, 경찰관직무집행법 제3조 제1항(불심검문)에서 '㉠ 수상한 행동이나 그 밖의 주위 사정을 합리적으로 판단하여 볼 때 어떠한 죄를 범하였거나 범하려 하고 있다고 의심할 만한 상당한 이유가 있는 사람, ㉡ 이미 행하여진 범죄나 행하여지려고 하는 범죄행위에 관한 사실을 안다고 인정되는 사람을 정지시켜 질문할 수 있다'라고 규정하고 있는데, 이에 의하여 경찰권한을 행사(즉, 불심검문)하는 경우, 위에서 말하는 조리상의 한계가 포괄적으로 적용될 여지는 없다고 보는 것이다.

여기에 바로 '경찰권한의 근거와 한계'(또는 경찰권한 행사의 요건과 효과)를 논의하는 데 있어서 일반조항에 의하는 경우와 개별조항에 의하는 경우를 구분하여 살펴보는 이유가 있는 것이다.

(3) 특별경찰법상의 개별적 조항에 의한 권한 부여

범죄 및 무질서 등 위험의 방지·제거 목적을 위한 법규정은 경찰관직무집행법과 같은 일반경찰법 외에 수많은 특별경찰법(개별경찰법)이 있다.

이러한 특별경찰법에는 풍속영업의 규제에 관한 법률, 도로교통법, 총포·도검·화약류 등의 안전관리에 관한 법률, 집회 및 시위에 관한 법률, 형법, 경범죄처벌법, 가정폭력범죄의 처벌에 관한 특례법, 소년법, 국가보안법 등 수많은 법률이 있다.

이와 같이 경찰권한 행사의 실제에 있어서 특별경찰법에 따른 경찰활동 범위는 매우 넓고 방대하다. 그리고 특별경찰법은 범죄처벌 등을 통한 범죄통제의 목적을 본질로 하는 형법·특별형법(예컨대, 국가보안법, 경범죄처벌법 등)도 있지만 상당 부분은 개별적인 행정목적을 달성하기 위해 부수적으로 벌칙규정을 두고 있는 행정법규(예, 도로교통법, 총포·도검·화약류 등의 안전관리에 관한 법률, 집회 및 시위에 관한 법률 등)이라 할 수 있다.

따라서 경찰은 이와 같은 수많은 특별경찰법에 의해 부여된 개별적 권한을 가지고 일선현장에서 관련 업무(생활안전, 수사, 교통, 경비, 정보, 보안, 외사 등)를 수행하게 된다.[34] 이에 대한 세부적인 내용은 후술하는 경찰현장운용 부분에서 살펴보기로 한다.

---

34) 종래 경찰행정법 영역에서는 실질적 의미의 (행정)경찰개념에서 접근하고 있다. 이에 따라 현행 경찰관청(경찰청 등)이 담당하는 업무를 포함한 모든 질서행정관청과 관련된 보건, 식품, 도로, 교통, 건축, 영업, 안전, 집회시위, 외국인, 문화예술, 재난 등을 그 대상으로 삼았다. 그러나 오늘날 형식적·제도적 의미의 경찰개념이 정립된 현 시점에서, 이들 모두를 경찰행정법 영역에서 다루는 것은 문제가 있다고 본다. 따라서 이 책에서는 형식적·제도적 의미의 경찰과 직접적으로 관련된 경찰활동 즉, 생활안전, 수사, 교통, 경비, 정보, 보안, 외사경찰의 소관 업무 및 권한을 중심으로 살펴보고자 한다.

제3절 경찰권한의 한계

1. 경찰권한 행사와 조리상의 한계

1) 조리상의 한계의 의의

그런데, 이상에서 살펴본 바와 같이 권력적·규제적인 경찰권한 행사에 관한 내용을 법에 규정하고 있다고 할지라도 경찰기관은 그러한 법령의 범위 안에서 아무런 제한 없이 자유롭게 행사할 수 있는 것은 아니다.

즉, 경찰권한 행사에 대한 법규상의 한계(즉, 법률유보원칙) 외에도, 일정한 한계를 정할 필요가 있는데 이것이 바로 '조리(條理)상의 한계'이다.[35] 이러한 조리상의 한계 역시 경찰법을 지배하는 '법원'(法源)이라고 할 수 있으며, 따라서 이와 관련하여 상당부분 헌법상에서 규정되어 있다.

위에서 살펴본 바와 같이, 경찰법규에 경찰권한 행사와 관련된 규정들을 모두 예상하여 입법화(立法化)한다는 것은 불가능하다. 그렇기 때문에 경찰관직무집행법 제2조(직무의 범위)에 대해서 직무규정이자 권한규정 즉, 일반적 수권조항으로서 성격을 아울러 가지고 있다고 보는 것이다.

그리고 비록 개별적으로 수권규정을 두고 있다 할지라도, 각 규정을 살펴보면, '주위의 사정을 합리적으로 판단하여', '범죄의 사실을 안다고 인정되는 사람', '필요하다고 인정할 때에는 필요한 조치를 취할 수 있다' 등과 같이 추상적인 불확정개념(不確定概念)으로 규정되어 있는 것이 현실이다. 더욱이, 이에 더하여 '주의의 사정', '필요한 정도' 등과 같이 경찰의 개인적 판단에 맡기는 이른바 '재량'(裁量, discretion)을 적지 않게 부여하지 않을 수 없는 것이 현실이다.

이러한 추상적인 불확정 개념의 사용과 재량권의 행사는 비단 행정경찰작용에 국한되지 않는다고 본다. 경찰을 포함한 검찰·법원·교정에 이르는 형사사법(刑事司法) 전반에 걸쳐 재량권 행사의 여지는 적지 않다고 보며, 따라서 사법경찰작용에 있어서도 재량권의 행사는 광범위하게 이루어질 수 있다. 그렇기 때문에 헌법 차원에서 특히, 형사절차에서 야기될 수 있는 인권침해 문제를 우려하여 이에 대한 명문규정을 적지 않게 두고 있는

35) 조리(條理)라는 것은 사물의 본질적 법칙 즉, 상식이나 사회통념, 도리, 도덕, 신의성실 등을 의미하는 것으로 수많은 사람들이 인정하는 공통적인 규범이라 할 수 있다.

것이다(재량행위 문제는 후술하기로 한다).

일반적으로 경찰법원리상의 한계(즉, 조리상의 한계)와 관련하여 ㉠ 경찰소극목적의 원칙, ㉡ 경찰공공의 원칙, ㉢ 경찰비례의 원칙, ㉣ 경찰평등의 원칙, ㉤ 경찰책임의 원칙 등이 논의되고 있다.[36]

사실, 경찰권한 행사에서 논의되고 있는 조리상의 한계에 관한 논의는 독일에서 일반적 수권조항에 근거하여 경찰권한을 행사하는 경우에 적용되는 법원칙에서 발전된 것이다.[37] 이러한 점에서 볼 때, 조리상의 한계 문제는 주로 행정경찰의 권한행사와 관련된 것이라고 볼 수 있다. 그러나 이러한 조리상의 한계 문제는 사법경찰의 권한행사에 있어서도 마찬가지로 적용될 수 있음은 물론이다.

한편, 이러한 조리상 한계는 '절대적인 법칙'(法則)이 아닌 하나의 '원칙'(原則)이기 때문에 '예외'(例外, exception)가 존재한다는 점에 주의할 필요가 있다.

2) 조리상의 한계의 종류

(1) 경찰소극목적의 원칙

경찰소극목적(警察消極目的)의 원칙이란 경찰권한은 사회공공의 안녕과 질서의 유지에 대한 위해의 방지·제거라는 소극적 목적을 위해서만 발동될 수 있다는 원칙이다. 헌법 제37조 제2항에 따르면, 국가의 임무에는 국가의 안전보장, 질서유지, 공공복리 세 가지가 있는데, 이 가운데 경찰권한은 특히 질서유지(秩序維持)와 관련된 개념으로 볼 수 있다(물론, 안전보장과 공공복리가 전적으로 배제되는 것은 아니라고 본다).

따라서 경찰권한이 적극적인 복리증진을 위한 적극적 목적을 위하여 발동되거나 군정(軍政) 등과 같이 국가목적을 위해서는 행사될 수 없으며, 이처럼 경찰소극목적의 원칙을 벗어난 것은 위법한 것이 될 수 있다.

다만, 이 경찰소극목적의 원칙은 경찰개념(즉, 경찰국가에 대한 법치국가의 경찰개념 정립과정에서 도입된 '소극적 질서유지')으로부터 당연히 나오는 것으로서 특별한 의미를 갖는 것이 아니라는 견해도 있다. 그러나 조리상의 한계 자체가 경찰권한의 목적과 그 실질적 개념에서 도출되는 내재적인 법원칙의 천명이라는 점에서 이 원칙 역시 조리상의 한계로 보아야 할 것이다.

---

36) 김남진(2002), 앞의 책, pp. 135-144.; 홍정선(2007), 앞의 책, pp. 268-272.; 김창윤·이창한·최선우 외 13인 공저(2012), 경찰학, pp. 309-317.

37) 김남진(2002), 앞의 책, p. 131.

경찰의 소극적 개입

대륙법계의 근대경찰 형성과정에서 '소극적 질서유지'(消極的 秩序維持) 개념은 중요한 의미를 가지고 있다. 이는 대륙법계 경찰 특히, 행정경찰 영역에서 형성·발전된 것이다. 그런데, 소극적 개념은 사법경찰작용에서 당연히 적용되는 것이다. 이미 발생한 사건에 대응하는 사법작용은 과거지향적인 것이며, 따라서 특별한 경우를 제외하고는 장래에 범죄를 저지를 것까지를 우려하여 적극적으로 처벌할 수는 없는 일이다.
사법경찰작용의 근거가 되는 형벌에 있어서 예비(豫備, 범행결의를 실천에 옮기기 위하여 물적으로 준비하는 행위)와 음모(陰謀, 2인 이상의 범행의 결의를 상호 합의 하는 행위)는 범죄실행의 착수 이전 단계에 일어나는 것이므로 원칙적으로 형사처벌의 대상이 되지 않는다. 따라서 형법에서는 '범죄의 음모 또는 예비행위가 실행의 착수에 이르지 아니한 때에는 법률에 특별한 규정이 없는 한 벌하지 아니 한다'고 규정(제28조)하고 있다.[38)]

(2) 경찰공공의 원칙

경찰공공(警察公共)의 원칙이란 경찰권한은 원칙적으로 사회질서 위협에 직접적인 영향이 없는 개인의 사익(사생활·사주소·민사상의 법률관계, 통신의 비밀 등)에 대해서는 관여할 수 없다는 것을 의미한다. 사생활·사주소불가침의 원칙은 헌법상의 원칙(제16조, 제17조, 제18조 등)을 경찰법에 적용한 것이다.

헌법에서 규정하고 있는 사주소불가침의 원칙은 특히, 형사절차와 관련된 것이다. 즉, 모든 국민은 주거의 자유를 침해받지 아니한다고 규정하고 있는데, 이를 위해 경찰 등 형사사법기관이 주거에 대한 압수나 수색을 할 때에는 검사의 신청에 의하여 법관이 발부한 영장(令狀)을 제시하도록 하고 있다(제16조 단서).

따라서 경찰권한이 이 원칙에 위반하여 행사된 경우에는 위법한 것이 되며, 경찰권한이 이 한계를 벗어나 국민의 권리와 이익을 침해한 때에는 일반적으로 국가배상 등에 의하여 구제받을 수 있다.

① 사생활불가침의 원칙

경찰은 사회공공의 질서와 직접 관계없는 개인의 사생활(私生活)이나 행동에는 간섭해서는 안 된다. 다만 개인의 사생활일지라도 정신착란 또는 음주로 인하여 자기 또는 타인의 생명·신체·재산에 위해를 미칠 우려가 있는 자의 보호조치라든지 전염병환자에 대한 강제격리·수용조치 등 사회질서에 직접적인 관계가 있는 것은 예외적으로 경찰권한 행사의 대상이 된다.

---

38) 신동운(2010), 형법총론, 서울: 법문사, p. 455.

② 사주소불가침의 원칙

경찰은 공중과 직접 접촉되지 않는 사주소(私住所) 내에서의 행동은 사회질서에 직접 영향을 미치지 않는 한 관여할 수 없다. 여기에서 사주소란 개인의 주거용 가택뿐만 아니라 회사·사무소·창고·연구실 등과 같이 비거주건축물도 포함된다. 그러나 흥행장·음식점·여관·역 등과 같이 항상 불특정다수인에게 이용이 개방되어 있는 장소는 사주소에 포함되지 않는다.

원래, 이 원칙은 그 행위가 만약 공공의 장소에서 행하여진다면 당연히 금지되어야 할 행동이라도 그것이 사주소 내에서 행하여진다면 원칙적으로 사회공공의 안녕과 질서에 영향을 미치지 아니하므로 각자의 자유에 맡기고 질서유지행정권의 대상이 되지 않는다는 취지이다.

한편, 사주소불가침에도 한계가 있다. 즉, 사주소 내의 행위가 공공의 안녕이나 질서에 직접 중대한 장해를 가져오는 경우(예: 지나친 소음 및 고성, 악취, 진동 등)에는 경찰의 개입이 가능하게 된다.

① 가정폭력에 대한 경찰의 개입 확대

최근 가정폭력 문제가 크게 증가하고 있고, 인권침해의 사각지대 가운데 하나로 지적되고 있다. 가정폭력이라는 것은 '가정구성원 사이의 신체적, 정신적 또는 재산상 피해를 수반하는 행위'를 말하는 것이다(가정폭력범죄의 처벌 등에 관한 특례법 제2조 제1호).
따라서 법적으로 가정폭력에 대한 경찰의 개입 및 이에 대한 권한행사가 확대되었는데, 이는 종래 사생활·사주소에 대한 경찰의 소극적 개입에서 일정부분 적극적으로 개입을 도모하고자 한 것이라 할 수 있다. 경찰의 적극적 개입은 다음과 같은 사법경찰의 역할 등에서 찾을 수 있다.

② 가정폭력범죄에 대한 경찰의 응급조치

진행 중인 가정폭력범죄에 대하여 신고를 받은 사법경찰관리는 즉시 현장에 나가서 다음의 조치를 하여야 한다.
㉠ 폭력행위의 제지, 가정폭력행위자·피해자의 분리
㉡ 「형사소송법」 제212조에 따른 현행범인의 체포 등 범죄수사
㉢ 피해자를 가정폭력 관련 상담소 또는 보호시설로 인도(피해자가 동의한 경우만 해당)
㉣ 긴급치료가 필요한 피해자를 의료기관으로 인도
㉤ 폭력행위 재발 시 제8조에 따라 임시조치를 신청할 수 있음을 통보
㉥ 제55조의2에 따른 피해자보호명령 또는 신변안전조치를 청구할 수 있음을 고지(이상 가정폭력범죄의 처벌 등에 관한 특례법 제5조).

③ 민사관계불간섭의 원칙

민사상의 법률관계 또는 권리관계에 경찰은 개입할 수 없다. 그것은 직접 공공의 안녕이나 질서에 위해를 가하는 것은 아니기 때문이다. 이는 개인의 재산권의 행사, 친족권의 행사, 민사상의 계약 등은 개인 사이의 사적인 관계에 그치고, 그 권리의 침해나 채무의 불이행에 대하여는 사법권에 의하여 보호되므로, 경찰이 관여할 사항이 아니라는 것을 의미한다.

따라서 예컨대, 경찰이 사인간의 가옥임대차에 관한 분쟁에 개입하거나, 민사상의 채권집행에 관여하거나 범죄의 종료 후 범죄로 인하여 생긴 손해를 배상시키려고 한 행위는 그 직무상의 행위로 볼 수 없는 위법행위라 할 것이다.

그러나 민사상의 법률관계라 할지라도 당사자의 사익에 그치지 않고 그것이 동시에 공중의 안전·위생·풍속·교통 기타 사회공공의 안녕과 질서에 영향을 미치는 경우에는 경찰의 개입이 가능하다.

예컨대, 암표매매 행위는 민사상의 특정인의 이해관계를 벗어나 사회공공에 직접적인 위해를 가하는 경우라 할 수 있다. 또 화약류의 양도·양수와 같은 민사상의 거래에 경찰상의 허가(許可)를 필요로 하는 경우도 있다.

① 암표매매의 단속

다음에 해당하는 사람은 20만원 이하의 벌금, 구류(1일 이상 30일 미만) 또는 과료(2천원 이상 5만원 미만)의 형으로 처벌한다.
흥행장, 경기장, 역, 나루터, 정류장, 그 밖에 정하여진 요금을 받고 입장시키거나 승차 또는 승선시키는 곳에서 웃돈을 받고 입장권·승차권 또는 승선권을 다른 사람에게 되판 사람(암표매매: 경범죄처벌법 제3조 제2항 제4호).

② 화약류의 양도·양수 등의 제한

화약류를 양도하거나 양수하려는 자는 행정안전부령으로 정하는 바에 따라 그 주소지 또는 화약류의 사용장소를 관할하는 경찰서장의 허가(許可)를 받아야 한다. 다만, 다음 각 호의 어느 하나에 해당하는 경우에는 그러하지 아니하다(이하 생략)(총포·도검·화약류 등의 안전관리에 관한 법률 제21조 제1항).

(3) 경찰비례의 원칙

① 경찰비례원칙의 의의

비례원칙(比例原則)이란 경찰권한 행사의 목적(目的)과 그 목적을 실현하기 위한 수단

(手段)의 관계에서 도출된다.

경찰수단은 경찰목적을 실현하는데 ㉠ 적합하고 또한 ㉡ 최소 침해를 가져오는 것이어야 할 뿐만 아니라, 아울러 ㉢ 그 수단의 도입으로 인해 생겨나는 침해가 의도하는 이익·효과를 능가하여서는 안 된다는 원칙을 말한다.[39] 바꿔 말하면, 경찰권한의 행사는 달성하려고 하는 공공의 안녕과 질서의 유지라는 필요성과 사인의 권리에 대한 침해가 비례관계를 가져야 한다는 의미를 말한다.

오늘날 비례원칙은 국가권력 행사의 모든 영역(입법·행정·사법)에서 고려되어야 할 헌법적 요청으로 이해되고 있다. 비례원칙의 대표적인 헌법적 근거는 제37조 제2항에서 말하는 '필요한 경우'에서 찾을 수 있으며, 그에 따라 비례원칙을 충족했는가 여부는 국가권력행사의 정당성을 판단하는 기준으로 작용하고 있다. 즉, 기본권 제한입법과 관련하여 기본권 제한의 목적·형식·방법 및 내용상의 한계를 분명히 함으로써 비례원칙을 채택하고 있는 것이다.

그리고 헌법 제12조 제1항의 적법절차(適法節次) 조항에서 수사비례원칙(搜査比例原則)을 이끌어 낼 수 있다. 범죄수사에서 비례원칙은 국가권력을 제한하고 수사절차에서 관련 당사자들의 기본권 제한을 가능한 축소시키는 역할을 한다.[40] 한편, 경찰관직무집행법에서도 제1조 2항에서 '이 법에 규정된 경찰관의 직권은 그 직무수행에 필요한 최소한도 내에서 행사되어야 하며 남용하여서는 아니 된다'는 규정은 경찰비례의 원칙을 직접적으로 규정한 것이라 할 수 있다.

② 경찰비례원칙의 내용

헌법 제37조 제2항에서 말하는 '필요한 경우'란 바로 (광의의)비례원칙(적합성의 원칙+필요성의 원칙+상당성의 원칙)을 뜻하는 것으로 행정경찰과 사법경찰 영역에서 중요한 법원칙으로서 해석된다.[41] 판례에서도 비례원칙을 인정하고 있음은 물론이다.

위해성 장비의 사용

경찰관은 범인의 체포 또는 도주의 방지, 타인 또는 경찰관의 생명·신체에 대한 방호, 공무집행에 대한 항거의 억제를 위하여 필요한 때에는 최소한의 범위 안에서 가스총을 사용

39) 홍정선(2007), 앞의 책, pp. 53-54.

40) 배종대·이상돈·정승환(2009), 신형사소송법, 서울: 홍문사, p. 90.

41) 홍정선(2007), 앞의 책, pp. 55-58.; 형사소송법 제199조는 '수사에 관하여는 그 목적을 달성하기 위하여 필요한 조사를 할 수 있다'고 규정하고 있는데, 여기서 '필요한'이란 비례원칙의 세 가지 부분원칙을 포괄하는 것이다. 배종대·이상돈·정승환(2009), 앞의 책, p. 90.

할 수 있다.
그러나 가스총은 통상의 용법대로 사용하는 경우 사람의 생명 또는 신체에 위해를 가할 수 있는 이른바 '위해성 장비'(危害性 裝備)로서 그 탄환은 고무마개로 막혀 있어 사람에게 근접하여 발사하는 경우에는 고무마개가 가스와 함께 발사되어 인체에 위해를 가할 가능성이 있다.
따라서 이를 사용하는 경찰관으로서는 인체에 대한 위해를 방지하기 위하여 상대방과 근접한 거리에서 상대방의 얼굴을 향하여 이를 발사하지 않는 등 가스총 사용시 요구되는 최소한의 안전수칙을 준수함으로써 장비사용으로 인한 사고발생을 미리 막아야 할 주의의무가 있다.[42]

㉠ 적합성의 원칙

경찰이 도입하는 수단은 그 목적을 달성하는데 법적으로나 사실상으로 적합해야 한다는 것을 의미한다. 경찰권한의 행사는 공공의 안녕질서에 대한 위험의 방지에 적합하고, 그를 시행하는 것이 사실적 혹은 법적으로 가능하여야 한다. 따라서 경찰의 직무수행에 적합하지 않거나 무용한 조치, 사실적 혹은 법적으로 불가능한 조치 등은 적합성의 원칙에 반한다고 볼 수 있다.

㉡ 필요성의 원칙

최소 침해의 원칙이라고도 하며, 이 원칙은 일정한 목적을 달성할 수 있는 수단이 여러 가지인 경우에 경찰은 개인이나 공중에게 가장 적은 침해나 부담을 주는 수단을 선택해야 한다는 것을 의미한다.

예컨대, 자동차에 의하여 야기된 교통체증이 자동차를 옮김으로 인하여 제거될 수 있다면 그의 견인(牽引)은 허용되지 않는다.

㉢ 상당성의 원칙

이는 좁은 의미의 비례원칙이라고도 하는데, 경찰의 어떠한 권한행사가 경찰목적의 실현에 적합하고 필요한 경우라고 하더라도 이를 행사함에 따른 불이익이 그것에 의해 초래되는 이익보다 큰 경우에는 그 조치를 취해서는 안 된다는 것을 의미한다(이를 균형성의 원칙이라고도 한다). '버찌나무에 앉아 있는 참새를 쫓기 위해 대포를 쏘아서는 안 된다'는 독일 고사는 이 원칙을 잘 표현하고 있다. 따라서 예컨대, 경찰이 단순 절도범을 제압할 목적으로 총기를 사용하여 사망에 이르게 하였다면, 이는 상당성을 벗어난 행위라

42) 대법 2003.3.14., 2002다57218.

고 할 수 있다.

상당성의 원칙의 적용에 있어 요구되는 이익형량을 함에 있어서 특히 그때그때의 위협을 받는 보호법익의 가치와 경찰의 개입으로 인하여 위험을 야기한 사람에게 발생할 것이 예상되는 손해의 중요도 및 손해발생의 개연성 정도로 고려되어야 한다. 그 결과, 그때그때의 위협을 받는 보호법익보다 더 고차원적인 이익이 존재하는 경우에는 경찰의 개입이 부적당한 것으로 해석될 수 있다.

(4) 경찰평등의 원칙

경찰평등(警察平等)의 원칙은 경찰권한 행사에 있어서 성별·종교·사회적 신분 등을 이유로 차별이 있어서는 안 된다는 원칙을 말한다. 이는 헌법에서 규정하고 있는 평등의 원칙(제11조)을 경찰 영역에서 표현한 것이다.[43)]

이 헌법상의 평등의 원칙은 경찰권한의 행사를 포함한 모든 국가작용에 예외 없이 적용되어야 한다. 다만, 대통령, 국회의원, 주한미군, 그리고 외교사절 등에 대해서는 일정부분 예외가 허용된다.

과거에는 이 원칙은 조리상의 한계로 거론되지 않았던 것이나, 현재는 헌법상의 명시적 원칙 또는 그에서 도출되는 헌법적 효력을 가지는 일반원리로서 권력적·침익적 작용인 경찰권한의 행사에 있어서 중요한 제한 원칙으로 인식되고 있다.

(5) 경찰책임의 원칙

경찰책임(警察責任)의 원칙이란 경찰권한은 경찰상 위험의 발생 또는 위험의 제거에 책임이 있는 자에게 행사되어야 한다는 원칙을 말한다. 경찰책임의 유형에는 행위책임, 상태책임, 혼합책임, 그리고 긴급상태책임의 경우가 있다.

행위책임은 자연인(自然人)이나 법인(法人)이 자신의 행위나 자신을 위하여 행동하는 타인의 행위를 통해서 공공의 안녕이나 질서에 위험을 야기하였다면, 그러한 장해에 대하여 지는 책임을 말한다. 상태책임은 자기의 물건으로 인해 관련 위험을 야기하였을 때 부담하는 책임을 말한다. 혼합책임은 행위책임과 상태책임이 결합하여 위험을 가져오는 경우를 말한다.

한편, 예외적으로는 경찰상 위험의 발생과 무관한 자에게 행사되는 경우도 있다. 즉, 경찰책임이 없는 자에 대해서도 책임을 물을 수 있다는 의미이다. 경찰상 긴급상태가 바

43) 모든 국민은 법 앞에 평등하다. 누구든지 성별·종교 또는 사회적 신분에 의하여 정치적·경제적·사회적·문화적 생활의 모든 영역에 있어서 차별을 받지 아니한다(헌법 제11조 제1항).

로 그것이다. 경찰은 공공의 안녕이나 질서에 대한 위험의 극복을 위하여 경우에 따라서는 장해를 야기한 자가 아닌 자에 대하여 경찰권한을 행사하지 않으면 안 되는 경우도 있다.

경찰상 긴급상태에서의 경찰개입은 보다 엄격하여야 함은 물론이다. 긴급상태책임과 관련하여 예컨대, 경범죄처벌법상의 '공무원 원조불응'(公務員 援助不應)을 들 수 있다.

긴급상태 책임

다음에 해당하는 사람은 10만원 이하의 벌금, 구류 또는 과료(科料)의 형으로 처벌한다. 눈·비·바람·해일·지진 등으로 인한 재해 또는 화재·교통사고·범죄 그 밖의 급작스러운 사고가 발생한 때에 그곳에 있으면서도 정당한 이유 없이 관계공무원 또는 이를 돕는 사람의 현장출입에 관한 지시에 따르지 아니하거나 공무원이 도움을 청하여도 이에 응하지 아니한 사람(공무원 원조불응: 경범죄처벌법 제3조 제1항 제29호).

2. 경찰권한 행사와 재량

1) 경찰재량행위의 의의

이상과 같이 경찰권한 행사는 원칙적으로 법적인 근거에 의해 이루어져야 함을 알 수 있다. 그러한 권한행사의 법적 근거는 기본적으로 개별적인 형태로 존재해야 하지만 예외적으로 일반적인 형태로도 존재할 수 있다고 볼 수 있다. 그리고 그러한 권한행사는 법적인 한계뿐만 아니라 조리상의 한계에 의해서 통제될 수 있음을 살펴보았다.

경찰은 이러한 법적인 한계와 조리상의 한계의 영역에서 일정한 재량권(裁量權)을 가지고 있다. 경찰권한 행사와 관련하여 법(法)과 조리(條理)에 의해 일정한 한계를 정하고 있지만, 그러한 법규정 내용과 조리의 개념(소극목적, 공공, 비례, 평등, 책임 등) 속에는 상당부분 추상적·불확정적인 개념이 들어있다.

추상적·불확정적 법개념의 예

불심검문 : 경찰관은 다음의 어느 하나에 해당하는 사람을 정지시켜 질문할 수 있다.
① 수상한 행동이나 그 밖의 주위 사정을 합리적으로 판단하여 볼 때 어떠한 죄를 범하였거나 범하려 하고 있다고 의심할 만한 상당한 이유가 있는 사람
② 이미 행하여진 범죄나 행하여지려고 하는 범죄행위에 관한 사실을 안다고 인정되는 사람(이상 경찰관직무집행법 제3조 제1항)

따라서 직무수행과정에서 일차적으로 그에 대한 '판단여지(判斷餘地)의 문제'가 존재하고, 이차적으로 재량권(裁量權) 행사 문제가 남게 된다.[44] 사실, 경찰은 직무수행과정에서 범죄 내지 사고 등 위험한 상황을 직면하게 되면, 그에 대한 판단을 해야 하고, 그러한 판단결과에 따른 적절한 재량권을 행사하여 대응해야 한다.

한편, 「도로교통법」과 같은 행정경찰 관련 법규정에는 '~할 수 있다'(can)와 같은 형식이 많이 존재하는데, 이는 법규정 자체에 경찰에 재량권을 부여한 것으로 볼 수 있다. 그리고 「형사소송법」과 같은 사법경찰 관련 법규정은 '~하여야 한다 또는 ~한다'(must)와 같은 형식으로 존재한다. 사법경찰 관련 법규정에도 '~할 수 있다'와 같은 형식이 적지 않게 존재함은 물론이다.

이러한 '~하여야 한다 또는 ~한다'와 같은 '기속행위'(羈束行爲) 법형식은 재량권의 여지가 없을 것 같지만, 그 속에서도 적지 않게 존재한다고 본다. 왜냐하면, 재량 이전에 판단의 여지는 여전히 자의적(恣意的)인 요소가 많기 때문이다.

어쨌든, 경찰은 행정경찰과 사법경찰 영역에서 관련권한을 행사하는 과정에서 광범위한 재량권을 행사하고 있는 것이 사실이다. 이러한 점에서 경찰권한 행사와 관련하여 법적인 한계, 조리상의 한계, 그리고 재량행위는 상호 밀접하게 관련되어 있음을 알 수 있다.

도넛 이론(Donut Theory)

경찰재량과 관련하여 코헨(Cohen)은 이른바 '도넛 이론'(Donut Theory)을 주장하였다. 그에 따르면 "재량이란 도넛의 두께 정도와 같은 것이다. 도넛이 두께가 크면 재량권이 큰 것이고, 두께가 작으면 재량권은 작은 것이다. 따라서 경찰재량은 사안(事案)에 따른 '상대적 개념'(相對的 槪念)이다."

"따라서 도넛의 두께 범위 밖은 재량권을 벗어난 것이다. 바꿔 말하면, 도넛을 둘러싸고 있는 안팎 경계까지가 법규정과 조리상에서 허용하고 재량의 영역이라고 볼 수 있고, 그것을 벗어나면 재량권을 벗어난 행위가 된다"고 하였다.[45]

---

44) ① 경찰이 갖는 재량과 편의주의를 동일한 것으로 파악하였으나, 재량은 법률에 의하여 개별적으로 인정된 범위 내에서의 경찰권한 행사의 결정·선택의 자유를 의미하는데 대하여, 편의주의는 전체 국가행정의 법으로부터의 자유로운 영역을 의미하므로 양자는 구분할 필요가 있다고 보기도 한다. 김남진(1978.8), "행정상의 편의주의," 월간고시, p. 27.; 서정범(1992), 앞의 논문, p. 129.; ② 한편, 경찰의 판단여지를 재량과 구분하기도 하고, 또 판단여지 역시 재량의 한 형태로 보기도 한다. 판례는 판단여지를 재량으로 보고 있다. 판례는 어떠한 불확정적인 경찰상태를 판단하는 것 자체까지도 재량행위의 범주로 보고 있다. 홍정선(2007), 앞의 책, pp. 85-86.

45) H. Cohen(1985), A Dilemma for Discretion, in Heffernan and Stroup(eds.), Police Ethics: Hard Choices in Law Enforcement, NY.: John Jay Press, pp. 5-6.

한편, 경찰재량과 권련하여 데이비스(Davis)는 "경찰권한의 조리상의 한계가 작위(作爲) 또는 부작위(不作爲)의 과정에서 경찰에게 어떠한 선택의 여지를 남겨 놓을 때마다 재량권을 행사하게 된다"고 보았다. 또한 "어떠한 행위를 하는 것뿐만 아니라 하지 않는 것도 하나의 재량권 행사에 해당된다"고 하였다.[46)]

(1) 경찰편의주의에 의한 경찰재량행위

경찰권한이 행사되기 위한 일반적 요건이 충족된 경우(즉, 인권침해 내지 공공의 안녕 또는 질서에 대한 위험의 존재 등), 경찰은 그에 개입할 권한을 갖게 된다. 여기에서 장래의 위험방지를 위한 목적 달성을 위하여 일반적으로 '~할 수 있다'는 규정형식을 취하고 있다. 따라서 경찰의 위험방지 목적을 권한행사는 원칙적으로 편의주의(便宜主義)가 적용된다.

이 경우, 경찰이 그러한 위험에 개입할 의무(義務)를 갖는 것은 아니며, 그에 대한 경찰권한 행사의 범위와 종류에 관한 결정은 여전히 경찰의 의무적합적 재량(義務適合的裁量)에 달려 있다. 이처럼 경찰의 권한행사는 그의 의무적합적 재량에 따른다는 것 즉, 공공의 안녕 혹은 질서에 대한 위험이 존재하는 경우 그에 대한 개입여부의 결정권(決定權) 및 선택권(選擇權)은 경찰에게 있다는 법원칙을 경찰편의주의(警察便宜主義)라고 한다.[47)]

그러나 주의할 것은 이처럼 경찰편의주의가 적용된다고 하여 경찰의 개입 여부의 결정이 전적으로 그의 자의적(恣意的) 판단에 맡겨져 있는 것은 아니다.[48)]

(2) 경찰법정주의와의 관계

이러한 경찰편의주의와 대립되는 개념으로 경찰법정주의(警察法定主義)가 있다.

법정주의는 주로 형사절차에서 발견된다. 예컨대, 「형사소송법」 제195조(검사와 사법경찰관의 관계 등)에서 '검사와 사법경찰관은 수사, 공소제기 및 공소유지에 관하여 서로 협력하여야 한다(제1항)'과 같은 경우이다.

---

46) K. C. Davis(1969), Discretionary Justice: A Preliminary Inquiry, Louisiana: Louisiana University Press, p, 4.; 장석헌(1996), "경찰재량행위의 결정요인에 관한 연구," 동국대학교 박사학위논문, p. 11 재인용.

47) 서정범(1992), 앞의 논문, p. 129.

48) 다만, 법치주의가 지배하는 오늘날에도 경찰편의주의가 통용될 수 있는데, 그 이유는 첫째, 구체적인 직무가 시간적·공간적으로 충돌되거나 인적·물적 수단이 한정된 경우에 경찰은 보다 중요한 직무를 수행할 수 있어야 한다. 둘째, 경찰은 공공의 안녕 혹은 질서유지가 자신이 개입하는 것 이외의 다른 방법으로 보장되거나 보장될 수 있을 때에는 개입하지 않을 수 있어야 한다. 셋째, 사소한 것은 무시될 수 있어야 한다는 점 등을 들 수 있다. 위의 논문, p. 130.

또 제197조(사법경찰관리)에서 '경무관, 총경, 경정, 경감, 경위는 사법경찰관으로서 범죄의 혐의가 있다고 사료하는 때에는 범인, 범죄사실과 증거를 수사한다(제1항). 경사, 경장, 순경은 사법경찰리로서 수사의 보조를 하여야 한다(제2항)'와 같은 규정을 들 수 있다.

이처럼 형사소송법상의 '~할 수 있다'가 아니라 '~하여야 한다 또는 ~한다'라는 규정은 검사 및 사법경찰관리에게 그에 대한 고유한 자기결정권(自己決定權)을 인정하지 않고, 일정한 '법적 의무'(法的 義務)를 부담하고 있다. 이를 경찰법정주의라 한다.[49)]

따라서 이상과 같은 경찰법정주의는 '기속행위'(羈束行爲)를 의미한다고 볼 수 있다. 즉, 어떠한 법규상의 일정한 구성요건이 충족되면 경찰기관은 반드시 어떠한 권한을 행사하거나 하지 말아야 하는 것을 말한다. 기속행위는 법정주의에 의해 일정한 결정권과 선택권을 부여하지 않는 것이라 할 수 있다.

재량행위와 기속행위의 불명확성 존재

재량행위와 기속행위가 명확히 구분되지 않는 경우도 있다. 따라서 판례는 관련법령에 대한 종합적인 판단을 전제로 하여 양자를 구분해야 한다고 보았다. 이는 일률적으로 규정지을 수는 없고, 당해 처분의 근거가 된 규정의 형식이나 체제 또는 문언에 따라 개별적으로 판단해야 할 것이다.[50)]

한편, 행정경찰 권한에서도 경찰편의주의에 의한 재량권 행사가 널리 적용되지만, 경찰법정주의에 의한 기속행위가 존재함은 물론이다. 경찰허가(警察許可)가 대표적이다.

예컨대, 「경비업법」 제4조(경비업의 허가)에서 '경비업을 영위하고자 하는 법인은 도급받아 행하고자 하는 경비업무를 특정하여 그 법인의 주사무소의 소재지를 관할하는 시·도경찰청장의 허가를 받아야 한다(제1항)'는 규정이 이에 해당된다.

또 동법 제19조(경비업 허가의 취소 등)에서 '허가관청은 경비업자가 일정한 경우(예컨대, 허위 그 밖의 부정한 방법으로 허가를 받은 때 등)에 해당하는 때에는 그 허가를 취소하여야 한다(제1항 제1호)'는 규정이 이에 해당된다.

49) 그러나 이러한 법정주의에도 불구하고 현실적으로 얼마든지 재량권을 행사할 수 있음은 물론이다. 즉, 인지한 범죄사건에 대한 수사는 의무적이지만, 수사를 하는 과정에서는 재량권(즉 '~할 수 있다') 행사 할 수 있기 때문이다. 예컨대, '수사에 관하여는 그 목적을 달성하기 위하여 필요한 조사를 할 수 있다'(형사소송법 제199조 제1항)는 규정은 바로 그것이다. 그리고 형사소송법상에서 수사와 관련하여 '~할 수 있다'고 한 규정은 얼마든지 있다.

50) 대법 1989.10.24., 88누9312.; 대법 1997.12.26., 97누15418.

그리고 「도로교통법」 제80조(운전면허)에서 '자동차등을 운전하려는 사람은 시·도경찰청장으로부터 운전면허를 받아야 한다(제1항)'는 규정도 마찬가지이다.

이처럼 허가관청인 시·도경찰청장은 허가 및 취소 등에 있어서 결정과 선택할 수 있는 재량의 여지는 없는 것이다.[51] 물론, 허가행위에 있어서도 재량권이 행사 되는 경우(예컨대, 「사행행위 등 규제 및 처벌 특례법」상의 영업허가 등)가 있다.

2) 경찰재량행위의 유형

주지하는 바와 같이 범죄를 포함한 모든 종류의 위험방지 및 제거를 위한 수단을 법률에서 개별적으로 확정해두는 것은 불가능한 일이다. 오히려 경찰이 각종 위험에 탄력적으로 대응하기 위해 경찰에 재량권한을 부여하는 것이 효율적일 뿐만 아니라, 일정부분 불가피하다고 본다.

따라서 경찰편의주의에 따라 경찰에게 허용된 재량은 두 단계로 구성된다. 즉, 경찰에게 허용된 재량권한은 ㉠ 경찰이 특정한 상황에 개입할 것인가를 결정하는 결정재량(決定裁量)과 ㉡ 여러 가지 대안 중에서 어떤 행위를 할 것인가를 선택하는 선택재량(選擇裁量)이 바로 그것이다.

(1) 결정재량

공공의 안녕과 질서에 대한 위험이 존재한다는 것이 확인된 경우, 경찰은 우선 자신이 개입하는 것이 공익, 균형의 원칙 및 합목적성의 원칙에 부합되는지를 판단하여, 그 판단결과에 따라 '개입 여부'(介入 與否)를 자신의 책임 아래 결정할 수 있다.

따라서 그러한 경찰의 판단이 적절한 것이라면, 개인의 인권침해 또는 공공의 안녕과 질서에 대한 위험이나 장해가 있는 경우라 할지라도 '아무런 행위를 하지 않는 것'이 적법(適法)할 수도 있다.[52] 즉, 개입을 하지 않는 것도 재량이라고 할 수 있다.

주지하는 바와 같이, 최근 우리사회에 지속적·반복적 괴롭힘(이른바 '스토킹)의 위험성과 그 피해의 심각성이 문제시되어 입법적 대응이 모색되고 있다. 그러나 현실적으로 모든 스토킹(stalking)에 경찰이 개입을 결정하여 보호하는 것은 한계가 있다.[53]

---

51) 대법 1984.9.11., 83누658.; 대법 2000.1.28., 97누4098 참조.

52) 서정범(1992), 앞의 논문, p. 132.; 홍정선(2007), 앞의 책, p. 91.

53) 스토킹은 '은밀히 다가서다'(stalk)에서 파생되어 명사화(stalking)된 일종의 신종 사회 범죄로 상대방의 의사와 관계없이 자신의 소유욕을 충족시키기 위해 남을 괴롭히는 행위를 말한다.
다음백과(https://100.daum.net/encyclopedia).

따라서 예컨대, 경찰관직무집행법상 경찰에게는 일정한 재량권이 부여되어 있으므로, 경찰은 의무에 합당한 판단과 재량에 따라 권한을 행사하면 되는 것이지, 반드시 어떠한 행위를 하여야할 의무를 부담하고 있는 것은 아니다. 따라서 재량행위에 해당하는 경우, 경찰에 대한 개입청구권(介入請求權)은 존재하지 않는다고 본다.

그러나 예외적으로 재량권이 영(零)으로 수축하는 경우(예컨대, 발생한 사건이 긴박하고, 심각한 경우 등)에는 경찰의 부작위는 위법한 것이 되며, 따라서 당사자는 경찰에 대한 개입을 요구·청구할 수 있다.

이처럼 경찰권한의 행사는 원칙적으로 경찰의 독자적인 판단에 의해 이루어지지만, 예외적으로 재량권이 영(零)으로 수축하는 경우에는 경찰에 대한 개입청구권이 존재할 수 있다.[54]

재량권 영(零)으로의 축소 예

그런데 공공의 안녕 혹은 질서에 대한 위험이나 장애가 손해를 가져오는 것이 명백하고, 또 그 손해가 경찰이 수인할 수 있는 유해성의 한계를 벗어나는 특별한 경우에는 결정재량이 영(零, zero)으로 수축되기도 한다. 이 경우 경찰의 부작위(不作爲)가 국가배상법이 정하는 요건을 구비하는 경우에는 국가는 당연히 국가배상책임을 진다.
이와 같은 재량권이 영으로 축소하는 것과 관련하여, 특히 중요한 법익(신체, 생명 등)에 대한 급박한 위험이 존재하는 경우, 중대한 손해의 발생이 임박해 있거나 이미 발생하고 있어 경찰이 개입하지 않을 경우 재량권 행사에 하자가 있는 것으로 될 때, 그리고 평등의 원칙이 개입을 상요할 때 등을 들 수 있다.

① 윤락여성 보호에 대한 경찰의 부작위 책임

윤락녀들이 윤락업소에 감금된 채로 윤락을 강요받으면서 생활하고 있음을 쉽게 알 수 있는 상황이었다.
이러한 사정에도 불구하고 경찰관이 이러한 감금 및 윤락 강요행위를 제지하거나 윤락업주들을 체포·수사하는 등 필요한 조치를 취하지 아니하고 오히려 업주들로부터 뇌물을 수수하며 그와 같은 행위를 방치한 것은 경찰관의 직무상 의무에 위반하여 위법하므로, 국가는 이로 인한 정신적 고통에 대하여 위자료를 지급할 의무가 있다.[55]

② 지속적·반복적 괴롭힘에 대한 경찰의 부작위 책임

가해자가 피해자를 살해하기 직전까지 오랜 기간에 걸쳐 원한을 품고 집요하게 피해자를

54) 홍정선(2007), 앞의 책, p. 96.

55) 대법 2004.9.23., 2003다49009.

괴롭혀 왔고, 이후에도 피해자의 생명·신체에 계속 위해를 가할 것이 명백하여 피해자의 신변이 매우 위험한 상태에 있어 피해자가 살해되기 며칠 전 범죄신고와 함께 신변보호를 요청하고 가해자를 고소하였다.
이 경우, 범죄신고와 함께 신변보호요청을 받은 파출소 소속 경찰관들이나 고소장 접수에 따라 피해자를 조사한 지방경찰청 담당 경찰관들은 사태의 심각성을 깨달아 수사를 신속히 진행하여 가해자의 소재를 파악하는 등의 조치를 취해야 한다. 아울러 피해자에 대한 범죄의 위험이 일상적인 수준으로 감소할 때까지 피해자의 신변을 특별히 보호해야할 의무가 있다.[56]

③ 살인사건에 대한 경찰의 부작위 책임

이른바 '오원춘 사건' 당시 피해자의 신고전화를 받고도 허술하게 대응한 경찰의 행태가 결국 피해자의 사망을 초래했다고 법원이 인정하였다. 대법원은 오원춘에게 납치·살해된 ㄱ씨(28·여)의 유족 4명이 국가를 상대로 낸 손해배상 청구소송 상고심에서 "원고에 대한 위자료뿐 아니라 재산상 손해도 인정해야 한다"며 사건을 서울고법으로 돌려보냈다.
재판부는 "사건 당시 경찰이 피해자의 신고 내용만 제대로 확인했다면 그가 살아있던 시점에 범행 현장을 발견했을 가능성이 크다"며 "경찰의 늑장 대응과 피해자 사망과의 인과관계를 인정하지 않은 원심의 판단을 받아들일 수 없다"고 하였다. 이번 판결은 향후 파기환송심에서 피해자 사망에 따른 재산상 손해까지 더 폭넓게 배상해야 한다는 취지로 풀이된다. 앞서 원심은 경찰의 늑장 대응은 인정했으나, 구조 기회박탈에 따른 위자료 2130만원만 인정하였다.[57]

④ 독일의 띠톱판결(1960)

행정개입청구권의 법리는 1960년 독일 연방행정재판소의 띠톱판결에서 정립되었다. 이 사안은, 주거지역에 설치된 석탄제조업체에서 사용하는 띠톱(절단용 기계)에서 배출되는 먼지와 소음 등으로 피해를 받고 있던 인근주민이 행정청에게 건축법규상의 금지처분을 발할 것을 청구하였다. 이에 관할행정청은 이 업소의 조업은 건축관계법규에 위반되지 않는 것이라 하여 기각하였고, 이에 인근주민들이 기각처분에 대한 취소소송을 제기하였다. 베를린 고등법원은 원고에게는 건축법규에 기한 특정처분을 청구할 수 있는 권리가 없다고 보고 원고의 청구를 기각하였다. 그러나 연방재판소는 행정법상의 일반수권조항의 해석에 있어, 첫째 인근주민의 '무하자 재량행사 청구권'(無瑕疵 裁量行使 請求權)을 인정하고,[58] 둘째 재량권의 영으로의 수축이론에 의거하여 원고의 청구를 인용하였다.[59]

---

56) 대법 1998.5.26., 98다11635.

57) 오원춘은 2012년 4월1일 ㄱ씨를 납치해 성폭행하려다 실패하자 살해하였다. ㄱ씨는 납치된 직후 전화로 구조요청을 했지만 경찰은 신고 내용을 제대로 파악하지 않고 늑장 출동해 논란이 됐다. 유족들은 "초동 수사가 미흡해 고귀한 생명을 잃었다"며 국가를 상대로 3억6000만원의 손해배상을 청구하였다. 경향신문(2016. 07. 27.)

(2) 선택재량

경찰이 위와 같은 결정재량에 근거하여 위험방지 및 제거를 위하여 개입하겠다고 결정하였다면, 이번에는 상황에 대응하는 필요한 구체적인 조치 또는 수단 가운에 어떠한 것을 선택할지를 판단해야 한다. 왜냐하면 경찰의 구체적인 조치 또는 수단은 여러 가지 방법으로 이루어질 수 있기 때문이다.

특히, 일반적 수권조항은 경찰에게 단지 필요한 조치만을 포괄적으로 허용하고 있기 때문에, 주어진 상황에 대한 경찰의 선택재량은 구체적 사정에 따라 결정될 수밖에 없는 일이다.

이상과 같은 결정재량과 선택재량의 결과에 문제가 제기되었을 경우에는 사법심사의 대상이 됨은 물론이다. 특히, 다수의 수단 가운데 선택된 재량권한을 행사했을 경우, 법치국가의 요청인 과잉금지(過剩禁止)의 원칙(즉, 비례원칙)이 적용된다.

따라서 예컨대, 경찰관은 피의자를 체포하는 동시에 자기 또는 타인의 생명·신체에 대한 방호 등을 위하여 여러 가지 수단 가운데 총기를 선택하여 사용하였고(경찰관직무집행법 제10조의4), 그것으로 인해 피의자가 사망하였다면, 그에 대한 사법적 판단 문제(정당방위와 업무상과실치사의 적용 여부)가 제기될 수 있는 것이다.

---

58) 무하자 재량행사 청구권(無瑕疵 裁量行使 請求權)이란 재량행위 영역에서 개인이 행정청에 대하여 종국처분에 이르는 과정에 있어서 하자 없는 적법한 재량처분을 요구하는 공권(公權)을 말한다. 이는 행정청에 재량권이 부여된 경우에(결정재량이든 선택재량이든 불문), 상대방 기타 이해관계인이 행정청에 대하여 하자 없는 재량권 행사를 청구하는 공권을 말한다(광의설, 다수설). 재량행위의 경우에는 무하자 재량행사 청구권이 인정되고, 행정개입청구권은 원칙상 인정되지 않지만 재량권이 영으로 수축하는 경우에는 무하자 재량행사 청구권이 행정개입청구권으로 전화되어 행정개입청구권이 인정된다.

59) 이 판례는 행정청의 개입 여부는 원칙적으로 재량이지만, 일정한 상황 아래에서는 재량권이 영으로 수축되고, 이 때 개인은 행정당국에 대해 당해 조치를 취할 것을 청구할 수 있는 권리를 가진다고 판시하였다는 점에서 종래 판례에 대한 획기적인 전환점을 이룬 것으로 평가되고 있다. 위키백과(https://ko.wikipedia.org).

제4절 경찰권한의 체계와 유형화

1. 경찰권한의 체계

오늘날 사회가 복잡·다양해짐에 따라 국가행정에 대한 사회적 기대는 보다 확대되고 있는 경향이 있다. 과거 경찰국가의 위험성에도 불구하고 소극적 질서유지에 국한되었던 경찰개념에서 적극적인 공공복리 증진자로서의 역할을 다시 요구하고 있는 것이 현실이다.

따라서 경찰은 단순한 권력적·규제적 권한 행사자가 아닌 서비스제공자로서 수많은 사회적 기대에 부응하기 위해 노력하고 있다. 이에 따라 경찰의 행위형식 즉, 권한행사 유형 및 방법 역시 다양해지고, 학문적으로 그것을 일정한 기준에 따라 체계화시키고자 한 것이다.

앞의 제2장에서 경찰권한 행사의 법적 근거와 관련하여 일반적 수권조항과 개별적 수권조항, 그에 대한 조리상의 한계와 재량 등을 중심으로 살펴보았다. 이러한 경찰권한에 대한 기본적 이해를 바탕으로 이 장에서는 경찰권한을 ㉠ 기본적·표준적 경찰권한, ㉡ 행정경찰권한, ㉢ 사법경찰권한으로 체계화시켜 살펴보기로 한다.

〈경찰권한의 기본체계〉

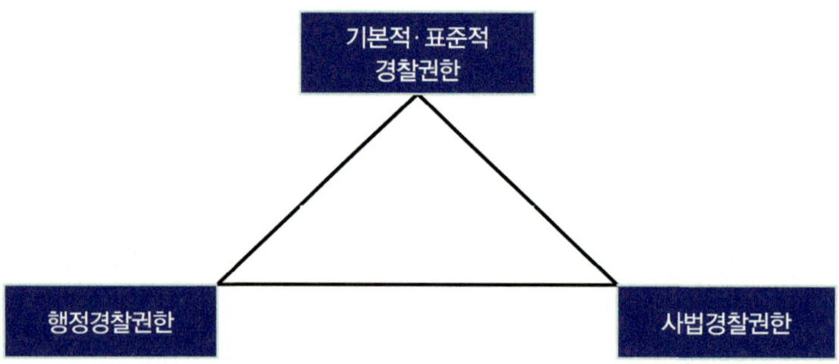

다만 주의할 것은 이러한 경찰권한의 체계화는 논의의 편의상 이루어진 것이며 상대적이다. 따라서 보는 관점에 따라 여러 가지 성격을 동시에 갖는 경우도 있고, 이의 경계가 불명확한 부분도 있음은 물론이다.[60] 이러한 문제는 특히, 경찰관직무집행법에서 규정하

60) ① 경찰관직무집행법상의 기본적·표준적 경찰권한은 '즉시강제권한'으로 분류하였는데, 이는 행정경찰권한에

고 있는 권한 내용에서 많이 나타난다. 경찰관직무집행법이라는 것이 경찰이 일선현장에서 직무수행에 필요한 가장 핵심적인 권한(즉, 기본적·표준적 권한)들을 모아서 규정하다 보니, 거기에는 여러 가지 성격이 복합적으로 나타날 수밖에 없다고 본다.

〈경찰권한의 내용〉

구 분	권한 내용	법적 근거
기본적·표준적 경찰권한	① 즉시강제 권한 • 불심검문 • 보호조치 등 • 위험발생의 방지 등 • 범죄의 예방과 제지 • 위험방지를 위한 출입 • 경찰장구의 사용 • 분사기 등의 사용 • 무기의 사용 ② 비권력적·비규제적 권한 • 사실의 확인 등 • 정보의 수집 등 • 국제협력	일반경찰법[경찰관직무집행]에 의한 개별적 수권
	① 국민의 생명 · 신체 및 재산의 보호(중간생략) ⑧ 그 밖에 공공의 안녕과 질서유지	일반경찰법[경찰관직무집행법 제2조]에 의한 일반적 수권
행정경찰 권한	① 경찰허가 권한 ② 경찰명령 권한 ③ 경찰강제 권한 • 경찰직접강제 • 경찰대집행 등 ④ 경찰조사 권한 ⑤ 경찰벌부과 권한 ⑥ 비권력적 권한 • 경찰지도 등	개별경찰법에 의한 개별적 수권
사법경찰 권한	① 범죄수사 권한 • 임의수사 • 강제수사 ② 즉결심판청구 권한 ③ 훈방 권한 등	개별경찰법에 의한 개별적 수권

서 분류한 경찰강제권한의 하나로 볼 수도 있고, 또 논자에 따라 즉시강제권한의 일부는 직접강제권한의 성질(예, 제5조의 위험발생 방지 및 제6조의 범죄의 예방과 제지, 제10조의4 무기의 사용 등)을 가지고 있다고 보기도 한다. 김남진(2002), 경찰행정법, 서울: 경세원, p. 227.; ② 경찰관직무집행법상의 불심검문(제3조)은 즉시강제권한으로 보고 있지만, 이를 경찰조사권한으로 보기도 한다. 김동희(2006), 행정법(Ⅱ), 서울: 박영사, p. 198.; 정하중(2005), 행정법 각론, 경기: 법문사, p. 240.; ③ 그리고 사법경찰기능도 아울러 가지고 있다고 볼 수 있다. 예컨대, 불심검문(제3조) 등은 경우에 따라서는 수사의 단서로 파악되는 등 전형적인 사법경찰작용의 하나로서의 의미도 갖는다. 신동운(2005), 형사소송법, 서울: 법문사, pp.74-75.; ④ 또 경찰장비의 사용·경찰장구의 사용·분사기의 사용·무기의 사용(제10조~제10조의4) 역시 사법경찰로서의 기능도 아울러 가지고 있다고 본다. 이 밖에도 경찰관직무집행법상의 위험방지를 위한 출입(제7조 제2항), 사실의 확인 등(제8조) 역시 경찰상의 즉시강제의 성격 외에 비권력적인 다른 성격도 가지고 있다고 볼 수 있다. 이상과 같은 점에서 경찰관직무집행법은 기본적·표준적 경찰권한을 규정하고 있는 '일반법'(一般法)으로 볼 수 있을 것이다.

그리고 후술하겠지만, 행정경찰권한과 사법경찰권한으로 구분하는 것 역시 대륙법계 특히, 프랑스의 경찰개념에서 비롯된 것이기 때문에 영미법계 국가에서는 논의 자체가 의미가 없다. 다만, 우리나라의 근대경찰의 탄생과 발전과정은 이들 대륙법계와 영미법계 요소를 모두 직·간접적으로 계수하고 있고, 따라서 이러한 특징들이 복잡하게 얽혀 있다.

2. 경찰권한의 유형화

1) 기본적·표준적 경찰권한

기본적·표준적 경찰권한이라는 것은 경찰이 직무를 수행하는 과정에서 가장 기본적으로 요구되는 것이라 할 수 있다. 이는 경찰이 과거부터 현재에 이르기까지 오랫동안 현장에서 경험적으로 주어진 직무를 수행하는 과정에서 꼭 필요한 가장 기본적인 권한이라고 할 수 있다.

사실, 일선현장에서 이루어지는 경찰활동은 예방적 차원에서 최대한의 성과를 내는 것이 가장 바람직하다. 즉, 사건이 발생하기 전에 적절한 조치가 취해지는 것이야말로 최선의 전략이라는 점에 대해서는 이론의 여지가 없다. 따라서 일선현장에서 이루어지는 경찰활동은 기본적으로 예방적 조치에 초점을 두는 것이 바람직하다.

그러나 경찰이 모든 잠재적 위험사태를 예측하여 사전예방하는 것은 한계가 있으며, 따라서 사후대응적 조치가 이루어지는 경우도 적지 않다. 그리고 경우에 따라서는 예방적 차원에서 대응을 한 것이 사실은 사후대응을 한 것으로 나타날 수도 있다.

예컨대, 어떠한 사람이 범죄를 행하려고 하는 수상한 행동을 보이는 상황에서 경찰이 불심검문(不審檢問, stop and frisk)을 하였는데(경찰관직무집행법 제3조), 이미 범죄를 행한 사실을 적발하게 되는 경우가 있다. 이러한 경우, 경찰이 행사한 불심검문은 예방적 차원에서 의도된 것(행정경찰작용)이지만 결과적으로 사후대응적 차원에서 이루어진 것(사법경찰작용)으로 볼 수 있다.

(1) 기본적·표준적 경찰권한의 일반법

이러한 기본적·표준적 경찰권한의 행사와 관련된 일반경찰법이 바로 경찰관직무집행법(警察官職務執行法, 1953년 제정)이다.

경찰관직무집행법은 '국민의 자유와 권리 및 모든 개인이 가지는 불가침의 기본적 인권을 보호하고 사회공공의 질서를 유지하기 위한 경찰관(경찰공무원만 해당됨)의 직무수행

에 필요한 사항을 규정함을 목적'으로 하고 있다(제1조 제1항).[61)]

경찰이 일선현장에서 직무를 수행할 때, 기본적으로 이 법을 적용할 상황들이 적지 않다. 따라서 이 법에 규정된 경찰관의 권한행사는 그 직무수행에 필요한 최소한도 내에서 행사되어야 하며 남용(濫用)되어서는 안 된다(제2항).

따라서 이 법에 규정된 '경찰관의 의무에 위반하거나 직권을 남용하여 다른 사람에게 해를 끼친 사람은 1년 이하의 징역이나 금고'에 처하도록 하고 있다(제12조).

경찰의 구호조치 위반으로 인한 국가배상책임

경찰서 지구대의 경찰관이 교통사고를 일으켜 조사를 받던 자로부터 '고혈압 증상으로 교통사고를 냈고 머리가 아프니 병원에서 치료받고 싶다'는 요구를 받고, 그를 병원 응급실로 데려가 혈압 등을 측정하는 조치를 취하였다.
그러나 그가 벌금미납으로 지명수배 중이라는 연락을 받고 응급실 담당의사에게 그의 상태나 필요한 조치 등에 관하여 문의도 하지 않은 채, 그를 응급실에서 데리고 나와 경찰서로 신병을 인계하였다. 그의 신병을 인계받은 경찰서의 경찰관도 그가 침을 흘리고 발음을 부정확하게 하는 등 뇌경색 전조증상을 보여 그의 친구가 병원 후송을 수차례 요청하였음에도 이를 거절한 채, 검사의 인치지휘를 받아 형집행장의 제시도 없이 그를 노역장에 유치하였다.
이로 인해 그가 상당한 시간 동안 적절한 치료를 받을 수 있는 기회를 상실하여, 뇌경색의 악화로 치료 종결 후에도 좌측편마비라는 후유장애가 남는 손해를 입게 되었다. 이 사건에서 그 손해가 병원 후송 등 적절한 구호조치를 취하지 않은 경찰관들의 과실에 의한 직무위반행위와 형집행 과정에서의 위법행위로 인하여 발생한 것으로 보아 국가배상책임을 인정하였다.[62)]

(2) 기본적·표준적 경찰권한의 직무 범위와 특징

① 기본적·표준적 경찰권한의 직무 범위

기본적·표준적 경찰권한과 관련된 직무 범위는 경찰관직무집행법 제2조(직무의 범위)

61) 한편, 제주특별자치도 자치경찰공무원 역시 자치경찰사무를 수행함에 있어서 국가경찰공무원과 마찬가지로 기본적으로 경찰관직무집행법을 준용을 하도록 하고 있다. 그러나 모두 준용되는 것은 아니며, 경찰관직무집행법 내용 가운데 사실의 확인 등(제8조), 유치장(제9조) 등은 적용이 되지 않는다. 그리고 자치경찰공무원의 무기(권총·소총·도검 등, 제10조의4)사용도 제한을 받도록 하고 있다. 즉, 무기를 휴대·사용할 수 있는 자치경찰공무원은 도지사의 신청에 의하여 제주자치도 시·도경찰청장의 승인을 얻은 자에 한(限)하도록 하고 있다(제주특별자치도 설치 및 국제자유도시 조성을 위한 특별법 제96조 및 제97조).

62) 광주고법 2010.3.17., 2008나6556.

에서 '㉠ 국민의 생명·신체 및 재산의 보호, ㉡ 범죄의 예방·진압 및 수사, ㉢ 범죄피해자 보호, ㉣ 경비, 주요 인사(人士) 경호 및 대간첩·대테러 작전 수행, ㉤ 공공안녕에 대한 위험의 예방과 대응을 위한 정보의 수집·작성 및 배포, ㉥ 교통 단속과 교통 위해(危害)의 방지, ㉦ 외국 정부기관 및 국제기구와의 국제협력, ⓞ 그 밖에 공공의 안녕과 질서유지'로 규정하고 있다.

② 기본적·표준적 경찰권한의 특징

경찰은 이상과 같은 직무의 범위 내에서 기본적·표준적 경찰권한을 행사하게 된다. 그런데, 경찰이 일선현장에서 실시하는 기본적인 직무수행과정(불심검문, 보호조치, 위험발생의 방지, 무기사용 등)은 시간적 여유를 두고 접근할 수 있는 성질의 것이 아니라 항상 예측 불가능성 및 잠재적 위험성을 띠고 있으며, 아울러 긴박성을 띠고 있다.

이러한 점 때문에 기본적·표준적 경찰권한은 상당부분 '즉시강제'(卽時强制)의 성격을 가지고 있다고 볼 수 있다. 물론, 경찰관직무집행법에서 규정하고 있는 경찰권한의 내용이 모두 즉시강제의 성격을 띠고 있는 것은 아니다.

또 일부에서는 경찰관직무집행법은 일반적으로 위험방지사무와 관련된 행정경찰(行政警察) 업무를 규정한 법이라고 본다. 대륙법계의 영향을 많이 받은 근현대 한국경찰의 역사적 관점에서 본다면 이러한 행정경찰 중심의 견해는 수긍이 간다. 그러나 경찰관직무집행법 속에는 사법경찰(司法警察)의 성격(특히, 불심검문, 범죄의 제지, 경찰장구의 사용, 분사기 등의 사용, 무기의 사용 등) 역시 분명하게 가지고 있다고 본다.

예컨대, 무기사용이 전제가 되는 경찰권한의 행사는 행정경찰작용인 위험방지 및 범죄예방에서부터 사법작용인 범인의 체포와 수사에까지 각 사례마다 다르고, 행정경찰의 목적을 달성하기 위한 경찰권한의 행사가 사법경찰로 이행되는 경우가 대단히 많다. 즉, 경찰이 무기를 사용하는 것이 경우에 따라서는 범인의 범죄행위 이후 체포를 위한 작용일 수도 있으며, 자기 또는 타인의 생명·신체에 대한 방호를 위한 작용일 수도 있는 것이다. 따라서 양자 간의 한계선을 긋고 법적 성격을 운운하는 것은 문제가 있다.[63)]

그런데 기본적·표준적 경찰권한이라는 것은 예방적 차원에서 이루어지는 행정경찰권한인지, 아니면 사후대응적 차원에서 이루어지는 사법경찰권한의 성질을 가지고 있는지를 명확히 구분하는 것은 한계가 있다고 본다. 일정한 상황에서는 이들 양자의 구분이 이

63) 서재근(1995), "일본 행정경찰과 사법경찰에 관한 연구," 공안행정학논총(서재근박사 정년기념논문집), p. 311.

루어지는 경우도 있지만 이를 구분하여 논의하는 것 자체가 의미가 없는 경우도 있기 때문이다.

요약건대, 기본적·표준적 경찰권한은 범죄 등 위험방지를 위한 사전예방적 행정경찰(行政警察)과 이미 발생한 범죄 등 위험의 제거를 위한 사후대응적 사법경찰(司法警察)로서의 성격을 아울러 가지며, 그 경찰행위의 특성상 사실행위로서 명령과 집행이 동시에 일어난다고 볼 수 있다.

바꿔 말하면, 기본적·표준적 경찰권한은 행정경찰권한과 사법경찰권한을 포괄하는(즉, 이의 성격 여부를 묻지 않고) 경찰이 일선 현장에서 직무를 수행하는 과정에서 필요한 가장 기본적인 권한이라고 이해하는 것이 바람직하다고 본다. 중요한 것은 이 법의 성격이 아니라 경찰직무수행에 있어서 경찰목표를 달성하기 위해서 어떻게 하면 이를 보다 효율적으로 운용해야 하는가에 있다고 본다.

③ 기본적·표준적 경찰권한과 영장주의와의 관계

경찰관직무집행법상의 기본적·표준적 경찰권한은 상당부분이 즉시강제(卽時强制)의 성격을 가지고 있으며, 따라서 개인의 자유와 권리를 구속하는 강제력을 가지고 있다.

그런데 헌법에서 모든 국민은 신체의 자유를 가진다고 규정하고 있으며, 국민의 신체적 자유 등을 제한·구속하는 행위를 하기 위해서는 검사의 신청에 의하여 법관이 발부한 영장(令狀)을 제시하도록 하고 있다(제12조).

또 모든 국민은 헌법에 의해서 주거의 자유를 침해받지 아니한다고 규정하고 있으며, 따라서 주거에 대한 압수나 수색할 때에는 검사의 신청에 의하여 법관이 발부한 영장을 제시하도록 하고 있다(제16조).[64)]

여기에서 영장주의(令狀主義)는 사법작용에만 적용되고, 기본적·표준적 경찰권한은 행정작용에 해당되기 때문에 이의 적용을 받지 않는다거나, 헌법에서 행정작용의 경우에는 명시적으로 표현하는 바가 없다거나 하는 식의 논의는 의미가 없다고 본다. 이는 행정경찰과 사법경찰의 성격과 관련되는 것이 아니라 직무수행상의 긴박성에 따른 즉시강제

64) ① 사전영장주의(事前令狀主義)는 인신보호를 위한 헌법상의 기속원리이기 때문에 인신의 자유를 제한하는 모든 국가작용의 영역에서 존중되어야 한다. 그러나 헌법 제12조 제3항 단서에서도 사전영장주의의 예외를 인정하고 있는 것처럼 사전영장주의를 고수하다가는 도저히 행정목적을 달성할 수 없는 지극히 예외적인 경우에는 형사절차에서와 같은 예외가 인정된다. ② 따라서 구(舊) 사회안전법(1989. 6. 16. 법률 제4132호에 의해 '보안관찰법'이란 명칭으로 전문 개정되기 전의 것) 제11조 소정의 동행보호규정은 재범의 위험성이 현저한 자를 상대로 긴급히 보호할 필요가 있는 경우에 한하여 단기간의 동행보호를 허용한 것이라 할 수 있다. 따라서 그 요건을 엄격히 해석하는 한, 동 규정 자체가 사전영장주의를 규정한 헌법규정에 반한다고 볼 수는 없다. 대법 1997.6.13., 96다56115.

상황에 초점을 맞추어야 하기 때문이다.

바꿔 말하면, 경찰권한 행사 가운데 즉시강제 수단 즉, 경찰관직무집행법에서 규정하는 보호조치, 위험발생방지 등 표준처분은 영장주의의 예외 즉, 영장 없이 이루어지는 강제처분(强制處分)이라 할 수 있다. 왜냐하면, 이러한 수단은 공공의 안녕과 질서의 유지를 위해 매우 빈번히 도입되는 것으로서 그때마다 영장주의를 관철시킬 수 없는 것이고, 이 때문에 경찰관직무집행법은 표준처분이라는 특별구성요건을 둔 것이라고 이해하는 것이 합리적이기 때문이다.

한편, 이러한 경우, 현행범(現行犯)의 요소가 다분히 있기 때문에 영장제도의 예외사항에 해당되는 것이라고 볼 수 있다는 지적도 있다.[65] 예컨대, 한 가택에 화재가 발생하여 경찰관이 위험발생의 방지 및 피해자 구조 차원에서 출입(경찰관직무집행법 제7조)을 하였는데, 그 안에 방화범으로 간주되는 자가 있는 경우에는 그에 대한 현행범체포(사법작용)를 할 수 있을 것이다. 이 경우 당연히 영장주의가 적용되지 않는다.

2) 행정경찰권한과 사법경찰권한

(1) 행정경찰권한과 사법경찰권한의 비교·역사적 논의

경찰은 국가행정기관의 중요한 구성요소 가운데 하나로서 범죄 등 각종 위험으로부터 공공의 안녕과 질서유지와 관련된 사전예방적 차원의 행정경찰권한을 가지고 있다. 한편, 국가형벌권을 실현하는 형사사법기관의 하나로서 사후대응적인 사법경찰권한(수사권한 등)을 가지고 있다. 다만, 이러한 경찰권한의 귀속 정도는 국가마다 차이가 있다.

주지하는 바와 같이 우리의 경찰제도는 문호개방(1876) 이후, 갑오개혁(1894), 그리고 일제강점기(1910~1945) 등을 거치면서 대륙법계(大陸法系)의 영향을 많이 받았다. 이에 따라 경찰은 사회공공의 안녕과 질서유지를 위하여 통치권에 의거하여 국민에게 명령·강제하는 권력적 작용으로 정의되어 왔으며, 이러한 경찰이 사용하는 통치권적 권한을 일반적으로 행정경찰권한이라고 하였다.

한편, 우리나라는 대륙법계의 영향뿐만 아니라 미군정(1945~1948)기를 거치면서 영미법계(英美法系)의 영향을 받아 경찰의 고유한 권한으로서 비록 제한적이지만 사법경찰권한을 인정하고 있다.[66]

---

65) 홍정선(2007), 경찰행정법, 서울: 박영사, pp. 424-425.

66) 우리나라는 경찰조직상으로 행정경찰과 사법경찰로 이원화되어 있지 않으며, 일반경찰기관(즉, 경찰법상의 형식적·제도적 경찰)이 양자를 모두 담당하고 있다. 다만, 현행 형사소송법 사법경찰관리(제197조)의 규정에 의해 경무관, 총경, 경정, 경감, 경위는 사법경찰관(司法警察官)으로서 범인, 범죄사실과 증거를 수사하고, 경사,

생각건대, 대륙법계는 중앙집권적인 국가경찰의 특성 때문에 경찰권한의 오남용 문제가 노정되어 왔고, 따라서 프랑스의 경우 권력분립의 논리에 따라 행정경찰과 사법경찰의 분리가 이루어졌다고 볼 수 있다. 그리고 독일의 경우, 지나치게 확대된 행정경찰의 활동범위를 점차적으로 정비하고자 하는 노력의 일환으로 행정경찰의 탈경찰화 즉, 실질적 의미의 경찰에서 형식적 의미의 경찰로 발전하면서 경찰개념을 정립하였다고 볼 수 있다.

반면, 영미법계는 지방분권적인 자치경찰의 특성을 가지고 발전하였기 때문에(또 대륙법계 국가의 경찰과 같은 방대한 행정경찰권한을 가지고 있는 것도 아니기 때문에) 대륙법계 국가의 경찰보다는 상대적으로 권한의 오남용 문제가 상대적으로 적다고 볼 수 있다. 따라서 범죄통제를 위한 사전예방적 조치와 사후대응적 조치가 경찰이라는 단일조직에 의해 일련의 과정으로서 전개되었다고 본다.

이 때문에 영미법계에서는 행정경찰(범죄예방 기능 등)과 사법경찰(범죄수사 기능 등)의 구분 자체가 없다. 사실, 본질적으로 행정경찰과 사법경찰활동은 불가분리성(不可分離性)을 가지고 있다고 본다.[67)]

(2) 행정경찰권한과 사법경찰권한의 특징

행정경찰권한은 허가·명령·강제 등의 권력적 수단과 조사·지도·계몽 등의 비권력적 수단을 사용하여 위험을 방지하거나 제거함으로써 사회공공의 안녕과 질서유지를 위한 제반활동과 관련된 것이다. 이러한 행정경찰권한의 행사는 주로 사전예방적 차원에서 이루어진다.

반면, 사법경찰권한은 현실적으로 위험(특히, 범죄)이 발생한 경우에 형사소송법 등의 수권에 의하여 범죄사실을 수사하고, 범인 및 증거의 발견·수집·보전하기 위하여 행사하는 임의수단과 강제수단을 사용하는 제반 활동과 관련된 것이다. 사법경찰권한의 행사는 일반적으로 사후대응적 차원에서 이루어진다.[68)]

경장, 순경은 사법경찰리(司法警察吏)로서 수사의 보조업무를 하도록 하고 있다.

67) 그런데, 영미법계 경찰은 범죄예방 및 범죄수사 권한뿐만 아니라 기소권한(起訴權限)까지 행사해 왔다. 이는 영미의 사인소추주의(私人訴追主義) 전통에서 경찰이 중요한 역할을 해온 까닭이다. 특히, 영국 근대경찰의 출발이라 할 수 있는 1829년 런던수도경찰청 창설 이후 경찰은 시민을 대신하여 기소업무를 담당해왔다고 볼 수 있다. 그러나 형사사법 각 기관(경찰, 검찰, 법원, 교정)의 견제와 균형(check and balance)은 매우 중요한 의미를 갖는다. 즉, 수사와 기소의 본질적 특성에 비추어 볼 때, 경찰이 기소권한까지 행사함으로써 발생하는 부작용은 적지 않다고 볼 수 있다. 따라서 영국의 경우 1985년 국립기소청(Crown Prosecution Service)을 설치하여 수사와 기소를 일정부분 분리함으로써 경찰권한의 행사 영역을 재정비 한 것은 역사적 의의가 있으며, 우리나라에 시사하는 바가 매우 크다고 본다.

경찰의 현장운용 즉, 경찰기능 가운데 생활안전·교통·경비경찰 등의 활동은 행정경찰과 관련되며, 수사·보안경찰 등의 활동은 사법경찰과 관련된다고 본다. 그러나 조직편제상 수사기능을 별도로 구분하여 이에 전반적·중추적인 수사업무를 부여한 것이며, 따라서 다른 경찰기능 역시 일정부분 수사활동을 하고 있는 것이 현실이다. 따라서 경찰기능에 있어서 행정경찰과 사법경찰 양자를 명확하게 이분(二分)하는 것은 어려운 일이다.

이상과 같은 행정경찰과 사법경찰의 권한행사는 풍속영업의 규제에 관한 법률, 도로교통법, 집회 및 시위에 관한 법률, 소년법, 형법·형사소송법, 경범죄처벌법, 국가보안법 등 수많은 개별법에 근거를 두고 이루어진다.

---

68) 형사소송법상 사법경찰(司法警察)은 수사경찰(搜査警察)을 의미한다. 그런데, '사법'(司法, Justice)이라는 용어는 수사(搜査, Investigation)라는 용어보다는 훨씬 포괄적이라는 점에 주의할 필요가 있다. 그리고 형사사법에 있어서 경찰이 범죄수사와 관련된 업무를 중심으로 하지만 이에 전적으로 국한되는 것은 아니다. 범죄수사 외에 경미한 범죄에 대한 처벌을 요구할 수 있는 경찰서장의 즉결심판청구 권한, 그리고 극히 일부지만 훈방권한까지 행사할 수 있기 때문이다.

제3장

기본적·표준적 경찰권한

위에서 살펴본 바와 같이 기본적·표준적 경찰권한은 경찰관직무집행법에 근거를 두고 있다. 이는 일반적으로 경찰이 상대방(위험발생을 야기한 사람 등)에게 어떠한 시간적 여유를 주고 조치를 취하는 것이 아니라, 경찰목적의 달성을 위한 긴박한 상황에서 즉시적으로 어떠한 조치를 취할 필요성이 있을 때 행사된다.

이러한 점에서 일반적으로 경찰의 즉시강제(卽時强制)의 성격을 가졌다는 것은 앞에서 언급한 바와 같다. 이는 어떠한 경찰명령 내지 경찰하명에 의한 사전(事前)의 의무부과 없이 상대방의 신체 또는 재산에 실력을 가하여 경찰목적을 실현하는 권한행사를 말한다.

이러한 즉시강제는 두 가지 경우에 행해질 수 있다. 하나는 눈앞의 급박한 위해를 방지·제거하기 위한 것이며, 다른 하나는 성질상 미리 의무를 명할 수 없어 즉시 행해지는 경우이다.[1)]

아래에서는 경찰관직무집행법상에서 규정하고 있는 기본적·표준적 경찰권한에 대해서 살펴보기로 한다.

1) 다만, 의무의 명령과 경찰의 실력행사 사이의 시간적 간격이 어느 정도 일 때, 그것이 즉시강제인지 직접강제인지는 명확하지 않다. 통상적으로 경찰관직무집행법상의 기본적·표준적 직무조치를 전형적인 경찰의 즉시강제 권한으로 보기도 하지만, 이 가운데 위험발생의 방지(제5조), 범죄의 예방과 제지(제6조), 무기의 사용(제10조의 4)은 즉시강제가 아니라 직접강제라고 보기도 한다. 그 이유는 이들의 경우 비록 짧은 시간이지만 경찰관이 경고(警告) 또는 명령(命令)을 발한 다음에 그에 응하지 않을 경우 실력행사(무기사용 등)를 하기 때문이다. 그러나 이러한 구분은 이해를 위한 것일 뿐 이론적·실질적으로 큰 의미를 부여할 필요는 없다고 본다.

제1절 불심검문

1. 불심검문의 의의

불심검문(不審檢問, stop and frisk)이라는 것은 경찰이 일정한 상황하에 특정인을 대상으로 권한을 행사하는 권력적 사실행위라 할 수 있다. 이러한 불심검문은 범죄행위의 우려가 있는 경우는 물론이고, 현실적으로 범죄행위가 행하여진 이후에도 이루어지므로 행정경찰권한의 행사와 더불어 범죄수사의 전 단계로서 이루어지는 사법경찰권한의 행사라고 볼 수 있다.

이러한 불심검문은 경찰관직무집행법과 형사소송법, 주민등록법, 의무경찰대 설치 및 운영에 관한법률 등에 근거를 두고 있다. 다만, 불심검문을 거부해도 현행법상 처벌규정이 없어 처벌할 수는 없다.[2)]

2. 불심검문 요건과 대상

현행법상 불심검문의 요건 및 대상과 관련하여 '경찰관은 다음의 어느 하나에 해당하는 사람을 정지시켜 질문할 수 있다'고 규정하고 있다(경찰관직무집행법 제3조 제1항 각호).

㉠ 수상한 행동 그 밖의 주위의 사정을 합리적으로 판단하여 어떠한 죄를 범하였거나, 범하려 하고 있다고 의심할 만한 상당한 이유가 있는 사람

㉡ 이미 행하여진 범죄나 행하여지려고 하는 범죄행위에 관하여 그 사실을 안다고 인정되는 사람

따라서 불심검문의 대상은 반드시 직접적으로 범죄행위와 관련된 사람에 국한하지 않고 이에 가세하거나 이를 목격한 사람 등에 대하여 광범위하게 행하여질 수 있다고 본다.

다만, 불심검문은 경찰관이 '수상한 거동 기타 주의의 사정을 합리적으로 판단', 즉 통상의 사회평균인이 판단할지라도 의심이 갈만한 상황이어야 하기 때문에 단순히 역이나 터미널, 노점상 등과 같은 장소에서 마구잡이식으로 이루어지는 것은 요건판단에 있어서 문제가 제기될 수 있다.

이러한 불신검문은 범죄처벌의 목적이 아니기 때문에 형사책임능력이 없는 형사미성년

2) 이하 홍정선(2007), 앞의 책, pp. 227-239.; 조철옥(2008), 경찰학개론, 서울: 대영문화사, pp. 172-174 재구성.

자(14세 미만), 심신장애자도 그 대상이 될 수 있다. 그리고 불심검문은 후술하겠지만 임의동행이나 흉기조사를 포함하며, 자동차검문도 불심검문에 해당한다고 본다.

한편, 자동차검문의 허용한계가 문제될 수 있다. 자동차검문은 교통검문·경계검문·긴급수배검문 등이 있다.[3] 이러한 자동차검문의 경우, 트렁크 내부 등 눈에 보이지 않는 곳에 대한 검사는 상대방의 동의가 있는 경우에 한하여 가능하다. 그리고 자동차검문시 정차하지 않고 도주하는 경우, 준현행범으로 간주하여 형사소송법에 의한 강제가 가능하다.[4]

경찰추적의 정당성 여부

교통법규 위반 차량이 순찰차의 정지지시를 무시하고 그 추적을 피하여 과속으로 신호를 위반하면서 도주하다가 교통사고가 발생하였다. 이 경우 교통법규 위반 차량이 정지지시를 무시하고 도주한 것은 소위 '거동수상자'로서 다른 어떤 범죄에 관계가 있는 것이라고 판단할 수 있는 상황이라고 할 수 있다.
따라서 경찰추적의 필요성 및 상당성이 인정되고 또한 사고 당시는 야간으로 인적이나 차량의 통행이 한산하여 제3제의 피해가 발생할 수 있는 구체적 위험성을 예측할 수 있었다고 보기 어렵다. 그리고 다른 순찰차량과의 공조체제 등 다른 조치를 취할 가능성이 희박한 점 등을 고려할 때, 경찰관의 위 추적행위는 직무를 벗어난 위법한 과잉추적으로 보기 어렵다. 따라서 피해자에 대한 국가의 손해배상책임은 인정되지 않는다.[5]

3. 불심검문의 방법

경찰관직무집행법에서는 경찰관이 행사할 수 있는 불심검문의 내용으로 ㉠ 정지·질문, ㉡ 흉기소지여부 조사, ㉢ 임의동행을 기본으로 하고 있다. 그리고 질문, 조사, 임의동행을 요구하는 경찰관은 당사자에게 자신의 신분을 표시하는 증표를 제시하면서 소속과 성명을 밝히고 그 목적과 이유를 설명하여야 한다(경찰관직무집행법 제3조 제4항).

이는 질문을 당하는 사람의 사익보호를 위한다는 취지도 아울러 가지고 있다. 따라서 이 조항에 반하는 경찰관의 직무집행 행위는 위법한 직무집행 행위가 되어 국가배상의 원인이 될 수 있다.

3) 경계검문과 긴급수배검문은 명시적인 법적 근거가 없는 까닭에 허용여부에 논란이 있으나, 전자는 경찰관직무집행법 제3조 제1항에서, 후자는 형사소송법상의 임의수사에 관한 규정을 근거로 이를 허용는 것이 타당하다고 본다.

4) 조철옥(2008), 앞의 책, p. 172.

5) 광주지법 1999.4.22., 97가합9989.

경찰관이 이러한 절차를 거쳐 질문을 하게 되면 당사자는 질문에 응해야 할 의무가 발생한다고 본다. 그러나 질문 및 흉기의 소지여부 조사, 그리고 임의동행에 의한 조사시 당사자는 형사소송에 관한 법률에 의하지 아니하고는 신체를 구속당하지 아니하며, 그 의사에 반하여 답변을 강요당하지 아니한다(제3조 제7항). 질문자체에는 영장주의(令狀主義)가 적용되지 않지만, 신체구속에는 당연히 영장주의가 적용된다.

그리고 경찰관직무집행법상의 질문은 상대방의 임의적인 협력(답변)을 전제로 하는 성격도 갖는다고 본다. 즉, 질문을 받은 당사자는 질문에 대하여 수인의 의무를 지고 정지하게 되지만, 질문에 대하여 진술의무를 부담하지는 않는다고 본다. 이처럼 불심검문과정상의 진술과정은 강제성이 없기 때문에 과연 그 실효성(實效性)을 확보하기가 쉽지 않은 것이 사실이다.

그리고 상당히 애매한 부분이지만, 질문을 하는 경찰관은 당사자에게 진술을 거부할 수 있음을 반드시 알려야 하는 것은 아니라고 본다. 질문자체가 형사절차의 일환인 수사를 의미하는 것은 아니기 때문이다. 그러나 범죄의 증거를 수집할 목적으로 질문한다면 진술을 거부할 수 있음을 알려야 한다고 본다.

1) 정지·질문

(1) 정지

정지는 경찰관이 거동수상자를 발견한 경우에 대상자의 본래 통행행동을 일시적으로 멈추게 하는 것을 말한다. 질문을 한 정지는 피질문자에게 행동의 자유의 일시정지를 가져올 수 있다. 그러나 이러한 일시정지는 침해의 경미성(輕微性)으로 인해 헌법 제12조가 보장하는 기본권인 '신체의 자유의 침해'에 해당하지 않는다.

경찰관의 정지수단으로는 보행자의 경우는 구두나 경적 등을 통하여 가던 길을 멈추게 하고, 자동차나 자전거 등은 경적과 수신호를 통하여 정차시키고 경우에 따라서는 하차시킬 수 있다.

한편, 질문을 위한 정지의 성질은 하명(下命)에 해당하지만, 이에 불응하는 경우에 대한 강제수단은 특별하게 없다. 따라서 현행법상으로 질문을 위해 정지를 요구하였으나, 이에 불응하여도 강제적으로 정지시킬 수는 없다(형사소송절차에 따라 강제하는 것은 별개의 문제이다). 정지를 위해 경찰관이 상대방에게 가하는 행위가 '강제적인 행위'에 해당하는지의 여부는 객관적·합리적으로 판단할 사항이라고 본다.

따라서 경찰관의 정지는 원칙적으로 요구나 설득과 같은 임의수단(任意手段)에 의하여야 한다. 다만, 예외적으로 사태의 긴급성, 혐의의 정도, 필요성과 상당성 등을 고려하여 강제에 이르지 않는 정도의 유형력 행사, 즉 앞을 가로막고 정지를 시키거나 추적하거나 상대편의 팔을 잡아 정지시키는 정도는 허용된다고 할 수 있다. 그러나 실력을 행사하더라도 그것은 질문을 위한 일시적 정지에 그쳐야 한다.

(2) 질문

불심검문상의 질문은 무엇인가를 알기 위한 행위 즉, 정보수집활동이다. 따라서 질문은 성질상 경찰조사의 성질을 갖는다고 본다. 이러한 질문은 비권력적인 사실행위이며, 질문에 행정절차상의 사전통지가 필요한 것은 아니다.

질문은 불심검문의 핵심으로서 정지와 후술하는 동행요구는 질문을 위한 수단에 불과하다. 경찰관은 질문내용으로 거동수상자에게 성명, 주소, 행선지, 소지품의 내용 등을 물어 봄으로써 의심을 풀거나 경찰목적상 필요한 사항을 알아내는 것을 말한다.

2) 흉기의 소지여부 조사

경찰관은 불심검문시에 흉기의 소지여부를 조사할 수 있다(경찰관직무집행법 제3조 제3항). 흉기의 소지여부 조사는 당해인의 신체나 소지품에 대한 검색을 전제로 한다.[6]

(1) 신체의 자유 침해에 대한 영장주의 문제

헌법에서는 '체포·구속·압수 또는 수색(搜索)을 할 때에는 적법한 절차에 따라 검사의 신청에 의하여 법관이 발부한 영장(令狀)을 제시하여야 한다. 다만, 현행범인 경우와 장기 3년 이상의 형에 해당하는 죄를 범하고 도피 또는 증거인멸의 염려가 있을 때에는 사후에 영장을 청구할 수 있다'고 규정하고 있다(헌법 제12조 제3항).

따라서 불심검문에 의한 흉기의 소지여부 조사는 헌법에서 규정한 '신체의 자유'에 대한 침해문제가 제기될 수 있다. 흉기의 소지여부 조사는 영장 없이 이루어지는 강제조사의 성격을 갖는다. 따라서 흉기의 소지여부 조사 역시 일종의 '수색'이기 때문에 논자에 따라 경찰관직무집행법 규정 자체의 문제가 있다고 보기도 한다.

그러나 흉기의 소지여부 조사는 상황의 긴박성·중요성(즉, 흉기의 사용으로 다시 범죄가 행해지는 것을 방지하는 의미) 차원에서 이루어지는 것이라 할 수 있다. 그리고 이로

---

6) 다만, 현행법상으로는 단지 '흉기의 소지여부'를 조사할 수 있다고 하고 있는데, 불심검문 자체가 범죄와 관련하여 상당한 개연성이 있는 자를 대상으로 조사를 하는 것이므로 '흉기 등 범죄행위와 관련된 물건(서류, 옷가지 등)의 소지여부'를 조사할 수 있도록 하는 규정으로 개정하는 것도 필요하다고 본다.

인한 신체의 자유의 침해가 경미한 것으로 보아 영장주의의 예외로 보는 것이 타당하다고 본다.

(2) 흉기의 소지여부 조사방법과 한계

흉기의 소지여부 조사와 관련하여 질문 등 의사(意思)에 의한 조사는 특별한 문제가 없겠지만, 신체의 조사는 기본적으로 '동성'(同性)인 경찰관에 의해 이루어져야 한다고 본다. 즉, 여성에 대한 신체의 조사는 여성경찰관이 해야 한다는 의미이다. 그렇다면, 흉기의 소지여부 조사는 어디까지 이루어질 수 있는가?

구체적으로 본다면 ㉠ 신체상태 및 소지품의 외부 관찰, ㉡ 소지품에 대한 질문, ㉢ 흉기의 임의 제시, ㉣ 당사자의 의복을 가볍게 만지거나 소지품의 외부를 손으로 만지는 방법, ㉤ 당사자의 승낙 없이 호주머니에 손을 넣거나 가방 등을 직접 열어보는 방법 등이 있다.

흉기의 소지여부 조사는 영장 없이 이루어지는 강제조사라고 한다면, 이러한 방법을 모두 활용할 수 있다고 본다. 그러나 그 방법의 활용에는 비례원칙(比例原則: 수단과 목적의 균형)이 준수되어 한정된 목적 범위 내에서 필요한 최소한도의 강제력이 허용된다고 본다. 바꿔 말하면, 잠재적 위험성과 흉기소지의 개연성이 클 경우, 내부검사를 할 수 있는 것이지 무조건 허용될 수는 없는 것이다.

3) 임의동행

(1) 임의동행의 의의와 필요성

이상과 같이 경찰관은 불심검문에 의해 타인에 대해 정지·질문, 그리고 경우에 따라서는 흉기의 소지여부를 조사할 수 있다. 그런데, 그 장소에서 상기의 질문 등을 하는 것이 그 사람에게 불리하거나 교통의 방해가 된다고 인정되는 때에는 질문하기 위하여 부근의 경찰서·지구대·파출소 또는 출장소(이하 '경찰관서'라 함)에 동행할 것을 요구할 수 있다(경찰관직무집행법 제3조 제2항).

그리고 상대방의 동의가 있는 경우에는 경찰관서가 아니라도 무방하다고 본다. 예컨대, 질문 장소가 마땅하지 않을 경우 당사자의 동의 아래 인근의 다른 지역으로 장소를 옮겨 질문 할 수 있을 것이다.

한편, 질문과 마찬가지로 동행을 요구할 경우, 경찰관은 자신의 신분을 표시하는 증표를 제시하면서 소속과 성명을 밝히고 질문이나 동행의 목적과 이유를 설명하여야 하며,

동행 장소를 밝혀야 한다(제3조 제4항).

(2) 임의동행의 성질과 판단기준

임의동행(任意同行)은 강제(强制)가 아닌 말 그대로 '임의'(任意)에 의한 것이다. 따라서 경찰관의 동행요구가 있는 경우, 당해인은 경찰관의 동행요구를 '거절'할 수 있다(경찰관직무집행법 제3조 제2항). 동행요구는 당사자의 협력을 전제로 하는 비강제적인 수단이기 때문이다.

임의동행인지 강제동행인지의 판단은 평균인을 기준으로 하여 본인의 의사로서 동행에 승낙하였는가 아닌가를 판단해야 한다. 따라서 경찰의 강제나 심리적 압박에 의해 동행을 승낙하고 동행하였다면, 그러한 동행은 임의동행이 아니라 강제연행으로 불법행위가 된다. 또 경찰관이 동행요구를 거부하는 자를 강제로 동행하게 한다면, 그것은 불법행위에 해당하며, 국가는 국가배상법에 따른 배상책임을 져야 한다. 강제동행에 대항하는 행위는 공무집행방해죄를 구성하지 않는다.[7)]

위법한 임의동행

긴급구속(緊急拘束) 당시에 헌법 및 형사소송법에 규정된 바와 같이 피의자에 대하여 범죄사실의 요지, 체포 또는 구속의 이유와 변호인을 선임할 수 있음을 말하고, 변명할 기회를 준 후가 아니면 긴급구속을 할 수 없다.
따라서 이러한 절차를 준수하지 않고, 연행될 것을 명백히 거부하는 피의자를 강제로 연행한 것은 임의동행에 해당된다고 볼 수 없는 부당한 신체의 구속이라고 할 것이다.[8)]

(3) 임의동행의 요건

먼저, 임의동행은 그 장소에서 질문하는 것이 그 사람에게 불리하거나 교통의 방해가 된다고 인정되는 경우에 가능하다. 주의할 것은 질문하는 것이 경찰관에게 불리한 경우에 동행요구를 할 수는 없다.

다음으로 임의동행은 당사자의 '동의'(同意)를 그 요건으로 하는 것이다. 따라서 경찰관으로부터 임의동행 요구를 받은 경우, 당사자는 이를 거절할 수 있을 뿐만 아니라 임의동행 후 언제든지 경찰관서에서 퇴거할 자유가 있다.[9)]

---

7) 경찰관이 임의동행을 요구하며 손목을 잡고 뒤로 꺾어 올리는 등으로 제압하자 거기에서 벗어나려고 몸싸움을 하는 과정에서 경찰관에게 경미한 상해를 입힌 경우, 위법성이 결여된 행위이다. 대법 1999.12.28., 98도138.

8) 대법 1995.5.26., 94다37226.

(4) 임의동행의 시간상 제한

경찰관의 동행요구에 따라 동행을 한 경우, 경찰관은 당사자를 6시간 초과하여 경찰관서에 머무르게 할 수 없다(경찰관직무집행법 제3조 제6항). 당사자의 동의가 있다고 하여 6시간을 초과하여 계속 경찰관서에 머물게 할 수 있다면, 6시간의 제한을 둔 법의 근본 취지가 사라진다고 본다. 따라서 6시간을 초과하여 당사자를 경찰관서에 머무르게 하는 것은 불법행위에 해당한다.

그리고 6시간이 경과하기 전이라도 동행사유가 소멸되면 즉시 내보내야 함은 물론이다. 바꿔 말하면, 임의동행을 한 경우 6시간을 초과하여 경찰관서에 머물게 할 수 없다고 규정하고 있다고 하여 그 규정이 임의동행한 자를 6시간 동안 경찰관서에 구금하는 것을 허용하는 것은 아니라는 점이다.[10]

(5) 가족 등에 대한 연락기회 부여 및 변호인의 조력을 받을 권리에 대한 고지

임의동행을 한 경우 경찰관은 당사자의 가족 또는 친지 등에게 동행한 경찰관의 신분, 동행 장소, 동행 목적과 이유를 고지하거나 본인으로 하여금 즉시 연락할 수 있는 기회를 부여해야 한다. 아울러 변호인(辯護人)의 조력을 받을 권리가 있음을 고지하여야 한다(경찰관직무집행법 제3조 제5항).

이 조항은 임의동행을 한 자의 인신보호(人身保護)를 위한 것으로서 경찰관의 직무상 의무로 규정하고 있다. 이 조항은 예외 없이 적용되어야 한다고 본다. 경찰관이 만약 이 조항이 규정하는 직무상의 의무를 불이행하게 되면, 국가배상법상 배상책임의 문제를 가져온다.

4) 질문, 흉기소지여부의 조사 결과

경찰관이 질문(임의동행에 의한 질문 포함)과 흉기의 소지여부 등의 조사를 한 결과, 범죄를 범하였다는 사실이 밝혀진다면, 형사절차로 전환하게 될 것이다.

---

9) 대법 1997.8.22., 97도1240.

10) 대법 1997.8.22., 97도1240.

불심검문(임의동행)과 형사절차로의 전환 문제

형사소송법 제199조(수사와 필요한 조사)에서는 '수사에 관하여는 그 목적을 달성하기 위하여 필요한 조사를 할 수 있다. 다만, 강제처분은 이 법률에 특별한 규정이 있는 경우에 한하며, 필요한 최소한도의 범위 안에서만 하여야 한다'고 규정(제1항)하여, 임의수사의 원칙(任意搜査 原則)을 명시하고 있다.

따라서 수사관이 수사과정에서 당사자의 동의를 받는 형식으로 피의자를 수사관서 등에 동행하는 것은, 상대방의 신체의 자유가 현실적으로 제한되어 실질적으로 체포와 유사한 상태에 놓이게 된다. 이처럼 영장(令狀)에 의하지 않고 그 밖의 강제성을 띤 동행은 이를 억제할 방법도 없어서 제도적으로는 물론 현실적으로도 임의성(任意性)이 보장되지 않을 뿐만 아니라, 아직 정식의 체포·구속단계 이전이라는 이유로 상대방에게 헌법 및 형사소송법이 체포·구속된 피의자에게 부여하는 각종의 권리보장 장치가 제공되지 않는 등 형사소송법의 원리에 반하는 결과를 초래할 가능성이 크다.

따라서 수사관이 동행에 앞서 피의자의 동행을 거부할 수 있음을 알려 주었거나 동행한 피의자가 언제든지 자유로이 동행과정에서 이탈 또는 동행 장소로부터 퇴거할 수 있었음이 객관적인 사정에 의하여 명백하게 입증된 경우에 한하여, 그 적법성이 인정되는 것으로 보는 것이 타당하다.

한편, 형사소송법 제200조(피의자의 출석요구)에 의하여 검사 또는 사법경찰관이 피의자에 대하여 임의적 출석을 요구할 수는 있겠으나, 그 경우에도 수사관이 단순히 출석을 요구함에 그치지 않고 일정한 장소로의 동행을 요구하여 실행한다면 본 법리가 적용되어야 한다. 그리고 행정경찰 목적의 경찰활동으로 행하여지는 경찰관직무집행법 제3조(불심검문) 제2항 소정의 질문을 위한 동행요구도 형사소송법의 규율을 받는 수사로 이어지는 경우에는 역시 위의 법리가 적용되어야 한다.[11]

(1) 현행범·준현행범에 대한 강제처분 가능

불심검문 결과에 따라서는 현행범(現行犯) 또는 준현행범(準現行犯)으로 체포될 수도 있을 것이다.[12] 물론, 현행범으로 체포를 하려면 피체포자가 현행범 또는 준현행범이어야

11) 대법 2006.7.6., 2005도6810.

12) ① 범죄의 '실행 중'이거나 '실행의 즉후(卽後)'인 자를 현행범이라고 한다(형소법 제211조 제1항). 현행범인은 누구든지 영장 없이 체포할 수 있고, 긴급체포와 함께 영장주의의 예외에 속한다. 여기에서 범죄는 형법상의 구성요건에 해당하고 위법성조각사유와 책임조각사유가 없음이 명백한 경우를 가리킨다. 따라서 형사미성년자는 현행범인으로 체포할 수 없다. 그리고 범죄의 실행의 즉후인자는 범죄행위의 실행행위를 종료한 직후의 자를 말한다. 범행직후란 범죄혐의의 명백성과 범인의 명백성이 판단될 수 있을 정도의 시간적·공간적 접착성이 있는 경우를 말한다. 배종대·이상돈·정승환(2009), 신형사소송법, 서울: 홍문사, p. 127. ② 준현행범인은 현행범인은 아니지만 형사소송법에 의해 현행범인으로 간주되는 자를 말한다. 형사소송법은 ㉠ 범인으로 호창(呼唱)되어 추적되고 있는 자, ㉡ 장물이나 범죄에 사용되었다고 인정함에 충분한 흉기 기타의 물건을 소지하고 있는 자, ㉢ 신체 또는 의복류에 현저한 증적(證跡)이 있는 자, ㉣ 누구임을 물음에 대하여 도망하려 하는 자를

하고, 체포사유가 있어야 하고, 현행범 체포의 비례성이 있어야 한다. 비례성 차원에서 볼 때, 경미한 범죄에 대해서는 인권보장 취지에서 현행범 체포가 제한된다.[13)]

기타 수배자조회 등을 통하여 긴급체포(緊急逮捕)나 사전구속영장 또는 체포영장 발부자 또는 기소중지자(起訴中止者)일 경우에도 강제수사가 가능하다.

(2) 경범죄처벌법상의 처벌 가능

흉기의 소지여부 조사결과, 흉기가 발견되면 경범죄처벌법에 근거하여 체포·처벌 할 수 있다. 경범죄처벌법에서는 '흉기의 은닉휴대: 칼·쇠몽둥이 등 사람의 생명 또는 신체에 중대한 해를 입히는 데 사용될 연장이나 쇠톱 등 집 그 밖의 건조물에 침입하는 데 사용될 연장을 정당한 이유 없이 숨기어 지니고 다니는 사람'에 대해서 10만원 이하의 벌금, 구류 또는 과료의 형으로 처벌할 수 있다고 규정하고 있다(제2조 제2호).

(3) 폭력행위 등 처벌에 관한 법률상의 처벌 가능

폭력행위 등 처벌에 관한 법률은 '집단적 또는 상습적으로 폭력행위 등을 범하거나 흉기 또는 그 밖의 위험한 물건을 휴대하여 폭력행위 등을 범한 사람 등을 처벌함을 목적'으로 하고 있다(제1조).

그리고 이 법에서 우범자(虞犯者, 범죄를 저지를 우려가 있는 자)에 대한 처벌규정을 두고 있다. 즉 '정당한 이유 없이 이 법에 규정된 범죄에 공용(供用)될 우려가 있는 흉기나 그 밖의 위험한 물건을 휴대하거나 제공 또는 알선한 사람은 3년 이하의 징역 또는 300만원 이하의 벌금에 처한다'고 하고 있다(제7조).

불심검문의 요건·방법 및 정당성 여부

① 불심검문의 요건과 방법

경찰관이 경찰관직무집행법 제3조 제1항에 규정된 불심검문 대상자의 해당 여부를 판단함에 있어서는 불심검문 당시의 구체적 상황은 물론 사전에 얻은 정보나 전문적 지식

현행범인으로 간주하고 있다(제211조 제2항). 여기서 '㉣'의 경우, 주로 경찰관의 불심검문이 해당될 것이나 사인(私人)이 묻는 경우라도 상관없다고 본다. 그런데, 이 요건은 범행에 대한 직접적인 관련성이 희박할 수 있으므로 다른 상황과 종합하여 충분히 죄를 범하였다고 인정될 만한 경우에만 준현행범인으로 간주하는 것이 옳다고 본다.

13) 다액 50만원 이하의 벌금, 구류 또는 과료에 해당하는 죄의 현행범인에 대해서는 범인의 주거가 분명하지 않을 경우에만 그 체포가 허용된다(형사소송법 제214조). 물론, 현행범 체포는 구속이 아니라 구속을 포함한 수사활동 전반의 관철 가능성을 확보하기 위한 일시적인 자유박탈이므로, 구속의 비례성이 위반되는 경미한 사건에서도 현행범체포의 비례성은 충족될 수 있다. 배종대·이상돈·정승환(2009), 앞의 책, p. 129.

등에 기초하여 불심검문 대상자인지 여부를 객관적·합리적인 기준에 따라 판단하여야 한다.
따라서 반드시 불심검문 대상자에게 형사소송법상 체포나 구속에 이를 정도의 혐의가 있을 것을 요한다고 할 수는 없다. 그리고 경찰관은 불심검문 대상자에게 질문을 하기 위하여 범행의 경중, 범행과의 관련성, 상황의 긴박성, 혐의의 정도, 질문의 필요성 등에 비추어 그 목적 달성에 필요한 최소한의 범위 내에서 사회통념상 용인될 수 있는 상당한 방법으로 그 대상자를 정지시킬 수 있고 질문에 수반하여 흉기의 소지 여부도 조사할 수 있다.[14)]

② 원심판결

원심에서는 이 사건 전에 발생한 강도강간미수 사건 피의자의 인상착의와 피고인의 인상착의가 다소 일치하지 않는다거나 혹은 비슷하다고 단정할 수 없다는 이유를 들어 피고인이 불심검문 대상자가 될 수 없다고 판단하였다.
이러한 판단을 토대로 설령 불심검문 대상자가 된다고 하더라도 피고인이 경찰관의 경찰공무원증 제시에도 불구하고 도망감으로써 불심검문에 응하지 않으려는 태도를 분명히 하였다. 그러나 경찰관들이 피고인을 차량으로 추적하여 앞을 가로막으면서까지 검문을 요구한 행위는 언어적 설득을 넘어선 유형력의 행사로서 답변을 강요하는 것이어서 불심검문의 방법적 한계를 일탈한 위법한 행위에 해당한다.
따라서 적법한 공무집행을 전제로 하는 공무집행방해죄는 성립할 수 없으며, 이러한 위법한 불심검문에 대항하는 과정에서 이루어진 상해행위도 정당방위로서 위법성이 조각된다고 판단하여 피고인에게 무죄를 선고하였다.

③ 대법판결

그러나 원심의 위와 같은 판단은 다음과 같은 이유에서 이를 그대로 수긍하기 어렵다.
첫째, 우선 피고인이 이 사건 불심검문 대상자가 될 수 있는지에 관하여 사실관계를 살펴보면 다음과 같다.
원심판결 이유 및 원심이 적법하게 채택한 증거들에 의하면, 이 사건 당시 경찰관들이 피고인을 불심검문하려던 장소는 이 사건 발생 하루 및 이틀 전에 각 발생한 강도강간미수 사건이 발생한 지역이었고, 시간대도 위 강도강간미수 사건이 발생하였던 시각과 비슷한 무렵이었다.
그리고 위 강도강간미수 사건의 용의자에 관하여 '20~30대 남자, 신장 170cm 가량, 뚱뚱한 체격, 긴 머리, 둥근 얼굴, 상의 흰색 티셔츠, 하의 검정색 바지, 검정색 신발 착용' 및 '키 175cm 가량, 마른 체형, 안경 착용'이라는 등으로 그 인상착의가 대략적으로 신고되었다. 경찰관들은 위 강도강간미수 사건의 피의자와 관련된 사전 정보를 지득하고 있었는

14) 대법 2012.9.13., 2010도6203 판결 참조.

데, 피고인의 인상착의가 경찰관들이 지득하고 있던 사전 정보와 상당 부분 일치하였다. 불심검문 법리에 비추어 살펴보면, 경찰관들이 피고인을 불심검문 대상자로 삼은 조치는 피고인에 대한 불심검문 당시의 구체적 상황과 자신들의 사전 지식 및 경험칙에 기초하여 객관적·합리적 판단과정을 거쳐 이루어진 것이다. 따라서 비록 피고인의 인상착의가 미리 입수된 용의자에 대한 인상착의와 일부 일치하지 않는 부분이 있다고 하더라도 그것만으로 경찰관들이 피고인을 불심검문 대상자로 삼은 조치가 위법하다고 볼 수는 없다.
둘째, 경찰관들의 피고인에 대한 이 사건 불심검문이 위법한 것인지에 관하여 살펴보면 다음과 같다.
불심검문 법리에 비추어 살펴보면, 경찰관들이 피고인을 정지시켜 질문을 하기 위하여 추적하는 행위도 그것이 범행의 경중, 범행과의 관련성, 상황의 긴박성, 혐의의 정도, 질문의 필요성 등에 비추어 그 목적 달성에 필요한 최소한의 범위 내에서 사회통념상 용인될 수 있는 상당한 방법으로 이루어진 것이라면 허용된다 본다.
이 사건 불심검문은 강도강간미수 사건의 용의자를 탐문하기 위한 것으로서 피고인의 인상착의가 위 용의자의 인상착의와 상당 부분 일치하고 있었을 뿐만 아니라 피고인은 경찰관이 질문하려고 하자 막바로 도망하기 시작하였다는 것이다.
이러한 경우 원심으로서는 경찰관들이 피고인을 추적할 당시의 구체적인 상황, 즉 경찰관들이 피고인에게 무엇이라고 말하면서 쫓아갔는지, 그 차량에 경찰관이 탑승하고 있음을 알 수 있는 표식이 있었는지, 피고인으로부터 어느 정도 거리에서 어떤 방향으로 가로막으면서 차량을 세운 것인지, 차량의 운행속도 및 차량 제동의 방법, 피고인이 그 차량을 피해 진행해 나갈 수 있는 가능성, 피고인이 넘어지게 된 경위 및 넘어진 피고인에 대하여 경찰관들이 취한 행동을 면밀히 심리하여 경찰관들의 이 사건 추적행위가 사회통념상 용인될 수 있는 상당한 방법으로 이루어진 것인지 여부를 판단하였어야 할 것이다.
그러나 원심은 이러한 사실을 살펴보지 않은 채, 단지 그 판시와 같은 이유만으로 경찰관들의 불심검문이 위법하다고 단정하여 공무집행방해죄 및 상해죄의 공소사실에 대하여 모두 무죄를 선고하하였다. 이와 같은 원심의 판단에는 불심검문에 관한 법리를 오해하여 필요한 심리를 다하지 아니한 잘못이 있다. 이를 지적하는 상고이유 주장은 이유 있다.
셋째, 다만 이 사건 기록에 의하면, 피고인은 자신을 추격하는 경찰관들을 피하여 도망하다가 넘어졌다는 점이다.
당시는 새벽 02:20경으로 상당히 어두웠던 심야였고, 경찰관들도 정복이 아닌 사복을 입고 있었다. 자신을 추격하는 차량(일반 승용차였던 것으로 보임)을 피하려다 넘어진 피고인은 주변에 고성으로 '경찰을 불러달라'고 요청하여 지나가던 택시기사도 이 소리를 듣고 정차하였던 사실 등을 알 수 있다.
여기에 피고인은 원심 법정에 이르기까지 일관하여 이 사건 경찰관들을 소위 '퍽치기'를 하려는 자들로 오인하였던 것이라고 진술하고 있는 사정 등을 종합하면, 피고인은 당시 경찰관들을 치한이나 강도로 오인함으로써 이 사건 공무집행 자체 내지 그 적법성이나 자신의 경찰관들에 대한 유형력 행사의 위법성 등에 관하여 착오를 일으켰을 가능성을 배제하기 어렵다.
따라서 원심으로서는 당시 피고인이 자신이 처한 상황을 어떻게 인식하였는지, 피고인에게 착오가 인정된다면 그러한 착오에 정당한 사유가 존재하는지 여부 등에 관하여 면밀히 심리한 다음 범죄성립이 조각될 수 있는지 여부를 신중히 판단하여야 한다는 점을 덧붙여 지적하여 둔다.
따라서 나머지 상고이유에 대하여 더 나아가 판단할 필요없이 원심판결을 파기하고 사건을 원심법원에 환송하기로 하여, 관여 대법관의 일치된 의견으로 주문과 같이 판결한다.[15)]

제2절 보호조치

1. 보호조치의 의의

경찰관은 수상한 행동이나 그 밖의 주위의 사정을 합리적으로 판단하여 '일정한 사유' 해당함이 명백하고 응급구호(應急救護)가 필요하다고 믿을 만한 상당한 이유가 있는 사람을 발견하였을 때에는 보건의료기관이나 공공구호기관에 긴급구호를 요청하거나 경찰관서에 보호하는 등 적절한 조치를 할 수 있다(경찰관직무집행법 제4조 제1항).

경찰관직무집행법에서는 이를 '보호조치'(保護措置)라고 부르고 있다. 이러한 보호조치와 관련된 경찰권한을 행사하기 위해서는 '구체적인 위험의 존재'가 필요하다.[16)] 보호조치에는 ㉠ 강제보호(强制保護)와 ㉡ 임의보호(任意保護)가 있는데, 여기에서의 보호조치는 위험방지(危險防止)를 목적으로 하는 것이며, 따라서 범죄수사의 목적으로 활용될 수는 없다고 본다.

이러한 경찰상의 보호조치가 적절하게 이루어질 경우 국민의 복리증진에도 도움이 되

15) 대법 2014.2.27., 2011도13999.

16) 경찰의 보호조치 과정에서 피보호자에 대한 경찰장구(수갑·포승·경찰봉 등)의 사용 문제가 제기될 수 있다. 생각건대, 피보호자의 보호를 위하여 수갑 등을 사용하는 것은 허용되지 않는다고 본다. 다만, 정신착란 또는 술취한 상태로 인하여 자기 또는 타인의 생명·신체와 재산에 위해를 가하려고 하는 자, 자살을 기도하는 자, 그리고 보호사유가 소멸하기 전임에도 불구하고 경찰의 보호로부터 이탈하려고 하는 자에 대해서는 수갑 등을 사용할 수도 있을 것이다. 물론, 경찰장구의 사용은 경찰관직무집행법 제10조의2(경찰장구의 사용)가 규정하는 범위 안에서만 가능하다고 본다.

고, 또 사회질서유지 차원에서도 필요하다고 본다. 위험한 사람에 대해서는 강제로 감금하고, 도움을 필요로 하는 사람에 대해서는 도움을 제공해 줄 수 있기 때문이다.

그러나 그것이 오남용 되었을 경우 헌법 제12조에서 보장하고 있는 개인의 자유에 대한 침해를 가져다줄 수도 있다. 과거의 경험에 비추어 볼 때, 이를 악용할 가능성도 없지 않다고 본다. 왜냐하면 경찰이 행사하는 보호조치는 당사자에게 수인의무를 가져오는 법적 행위로서 이 가운데 특히, 강제보호조치는 '대인적 즉시강제'(對人的 卽時强制)의 성질을 갖기 때문이다. 그리고 임의보호조치는 '비권력적 사실행위'(非權力的 事實行爲)의 성질을 갖는다고 본다.

따라서 경찰이 행사하는 보호조치와 관련하여 '~적절한 조치를 취할 수 있다'고 규정하여 재량행위 형식으로 규정하고 있다. 물론, 재량권행사에 있어서 하자가 없어야 한다. 그리고 경우에 따라서는 재량권이 영(零, zero)으로 수축될 수도 있다.

경찰의 보호조치 불행사 책임

긴급구호와 같은 경찰의 보호조치 권한은 일반적으로 담당 경찰관의 전문적 판단에 기초한 합리적인 재량에 위임되어 있는 것이다.
그러나 그렇다고 하더라도 구체적 상황 아래에서 경찰관에게 그러한 조치권한을 부여한 취지와 목적에 비추어 볼 때, 그러한 권한을 행사하지 않은 것이 현저하게 불합리하다고 인정되는 경우에는 문제가 있다. 즉, 그러한 보호조치 권한의 불행사는 법령에 위반하는 행위에 해당하게 되어 국가배상법상의 다른 요건이 충족되는 한, 국가는 그로 인하여 피해를 입은 자에 대하여 국가배상책임을 진다.[17]

2. 보호조치의 방법과 담당기관

1) 보호조치의 방법

(1) 강제보호: 감금유치

강제보호(强制保護)라는 것은 보호대상자의 의사와 관계없이 이루어지는 조치를 말한다. 강제보호는 감금을 위한 유치라고 할 수 있으며, 다음과 같은 사람을 대상으로 경찰은 적절한 조치를 할 수 있다(경찰관직무집행법 제4조 제1항 제1호 및 제2호).

㉠ 정신착란을 일으키거나 술에 취하여 자신 또는 다른 사람에게 생명·신체와 재산에

17) 대법 1996.10.25., 95다45927.

위해를 끼칠 우려가 있는 사람

㉡ 자살을 시도하는 사람

여기에서 정신착란 또는 술에 취한 상태에 있는 사람이란 모두 통상적인 의사능력, 판단능력과 통제력이 상실된 상태에 있는 사람들이다. 주의할 것은 이러한 예방적인 차원의 경찰상의 강제보호 즉 감금유치는 범죄수사와 관련하여 허용되는 체포·구금과는 구분되어야 한다는 점이다.

(2) 임의보호: 보호유치

임의보호(任意保護)라는 것은 보호대상자의 거부의 의사표시가 없는 경우에만 이루어질 수 있는 조치를 말한다. 따라서 임의보호는 강제보호와는 달리 감금을 위한 유치가 아니라 보호를 위한 유치라 할 수 있다.

이러한 임의보호는 '미아, 병자, 부상자 등으로서 적당한 보호자가 없으며 응급구호가 필요하다고 인정되는 사람'에 대해서 이루어진다. 주의할 점은 임의보호의 특성상 당사자가 이를 거절하는 경우에는 이루어질 수가 없다는 점이다(경찰관직무집행법 제4조 제1항 제3호).

여기에서 미아, 병자, 부상자란 모두 스스로 집이나 병원으로 찾아갈 능력이 없다는 특징을 갖는다. 따라서 병약한 노인이나 임산부 등도 임의보호의 대상자가 될 수 있다. 그런데 문제는 당사자가 이를 거절하는 경우 보호치를 할 수 없다는 점에서 발생한다.

왜냐하면 일정한 보호자가 없고, 응급을 필요로 하는 데에도 경찰이 보호조치를 할 수 없으면 인권의 보호 및 질서유지 면에서 문제가 생기기 때문이다. 입법상 잘못 규정된 사례라고 본다.[18] 이러한 문제는 위에서 언급한 '인권과 질서의 딜레마'인 셈이다.

경찰 도움 거부한 취객, 골목에 누웠다가 택시에 참변

경찰의 도움을 거부한 취객이 골목길에 누워있다가 택시에 치여 숨지는 사고가 발생하였다. 2021년 7월 7일 서울 강남경찰서에 따르면 전날 오후 11시 20분경 서울 강남구 신사동에서 술에 취해 골목길에서 누워있던 회사원 A(54)씨가 우회전하던 택시에 치여 병원으로 옮겨졌지만 끝내 숨졌다.

사고가 나기 전 경찰은 A씨에 대한 주취자 신고를 받고 출동했지만, A씨는 경찰관의 도움을 완강히 거부하면서 자진 귀가하겠다는 의사를 밝히고, "집에는 연락하지 말아달라"

18) 이상안(2005), 경찰행정학, 서울: 대명출판사, p. 8.

고 요청한 것으로 알려졌다.
A씨의 얼굴에 긁힌 자국 등이 있어 119 구급대가 현장에 도착해 치료하고자 했지만, 그는 구급대의 치료 역시 거부했다. 경찰은 A씨가 계속 도움을 거부하자 현장을 떠났다.
경찰이 확보한 현장 폐쇄회로(CC)TV에는 사고가 발생하기 직전 A씨가 갑자기 길에서 쓰러졌고, 이를 인지하지 못한 택시가 그를 치는 장면이 담겨있다. 경찰은 택시 기사를 교통사고처리특례법상 치사혐의로 입건하였다.[19]

2) 보호조치의 담당기관

(1) 보건의료기관과 공공구호기관

경찰이 보호 사유 즉, 강제보호와 임의보호를 필요로 하는 사람을 발견한 때에는 보건의료기관 또는 공공구호기관에 긴급구호(緊急救護) 요청을 할 수 있다.[20] 이 경우 보건의료기관이나 공공구호기관은 정당한 이유 없이 긴급구호를 거절할 수 없다(경찰관직무집행법 제4조 제1항 및 제2항).

여기에서 정당한 이유는 객관적으로 판단되어야 할 것이다. 그리고 정당한 이유 없이 거부하면, 그에 따른 형사책임을 질 수도 있다.

응급의료의 거부에 대한 책임

「응급의료에 관한 법률」에서는 '응급의료기관등에서 근무하는 응급의료종사자는 응급환자를 항상 진료할 수 있도록 응급의료업무에 성실히 종사하여야 한다. 응급의료종사자는 업무 중에 응급의료를 요청받거나 응급환자를 발견하면 즉시 응급의료를 하여야 하며, 정당한 사유 없이 이를 거부하거나 기피하지 못한다'고 규정하고 있다(제6조 제1항 및 제2항).
위와 같은 사항을 위반하여 응급의료를 거부 또는 기피한 응급의료종사자는 3년 이하의 징역 또는 3천만원 이하의 벌금에 처하도록 하고 있다(제60조 제3항 제1호).

19) 연합뉴스(2021. 07. 07.).

20) 경찰관직무집행법의 해석상 여기에서의 보호의료기관으로는 각종 공공병원과 보건소를 들 수 있다. 사설의료기관을 여기에 포함시키는 것은 무리가 있다고 본다. 다만, 주위에 공공병원과 보건소가 없는 경우 예외적으로 해당된다고 본다. 왜냐하면 공적의무(公的義務)의 수행은 공공기관에서 수행하는 것이 원칙이기 때문이다. 그리고 공공구호기관으로는 아동복지법 등 사회행정법에서 규정하는 각종 기관(아동보호소, 부녀보호소, 양로원, 고아원 등)을 들 수 있으며, 국가나 지방자치단체로부터 지원을 받는 구호기관도 포함된다고 본다. 홍정선(2007), 앞의 책, p. 242.

(2) 경찰관서의 보호 및 관련 문제

경찰관은 긴급구호를 요하는 사람을 발견하였을 때에는 경찰관서에 보호할 수 있다(경찰관직무집행법 제4조 제1항).

따라서 경찰관서에는 강제보호 및 임의보호와 같은 긴급보호를 위해서 일정한 보호실을 둘 필요가 있다. 그러나 현행법상 이에 대한 별도의 규정은 없으며, 따라서 적절한 보호실이 제대로 마련되어 있는지도 의문이다. 그렇다고 해서 유치장(留置場)에 보호할 수는 없다. 유치장보호는 위법(違法)이다.[21]

한편, 보건의료기관이나 공공구호기관에서의 보호기간에는 제한이 없으나, 경찰관서에서의 보호는 24시간을 초과할 수 없도록 하고 있다(제4조 제7항). 경찰관서에서의 보호에 기간상의 제한을 둔 것은 혹시 있을 수도 있는 경찰권한의 오남용을 방지하는 한편, 경찰의 업무부담을 경감시키기 위한 것이라 할 수 있다. 따라서 만약 경찰관이 구속영장을 발부 받지 못하고 24시간을 초과하여 경찰관서 보호실에 유치하는 것은 위법한 구금이다.

경찰관서의 보호시간 초과 문제

경찰서 조사대기실은 조사대기자 등의 도주방지와 경찰업무의 편의 등을 위한시설로서 그 안에 대기하고 있는 사람들의 출입이 제한되는 시설이라면, 일단 그 장소에 유치되는 사람은 그 의사에 기하지 아니하고 일정장소에 구금되는 결과가 된다.
따라서 경찰관직무집행법상 정신착란자, 주취자, 자살기도자 등 응급의 구호를 요하는 자에 대해 24시간을 초과하지 아니하는 범위 내에서 경찰관서에 보호조치할 수 있는 시설로 제한적으로 운영되는 경우를 제외하고는 구속영장을 발부받음이 없이 조사대기실에 유치하는 것은 영장주의에 위배되는 위법한 구금이 된다.[22]

그리고 경찰관서에 보호조치를 하는 경우에 피구호자가 휴대하고 있는 무기·흉기 등 위험을 야기할 수 있는 것으로 인정되는 물건은 경찰관서에 임시영치 할 수 있도록 하고 있다(제4조 제3항). 임시영치기간은 10일을 초과할 수 없다(제4조 제7항). 이러한 임시영치는 영장 없이 이루어지는 강제처분 즉, 대물적 즉시강제(對物的 卽時强制)의 성격을 갖는다고 볼 수 있다.

---

21) 유치장은 경찰서 및 지방해양경찰관서에 법률이 정한 절차에 따라 체포·구속되거나 신체의 자유를 제한하는 판결 또는 처분을 받은 자(예컨대, 현행범으로 체포된 자, 긴급체포된 자, 즉결심판에 의해 구류형을 선고받은 자 등)를 수용하기 위한 공간이다(경찰관직무집행법 제9조).

22) 대법 1995.5.26., 94다37226.

3) 사후조치

(1) 가족 등에 통지

경찰관이 위에서 설명한 강제보호 또는 임의보호와 같은 보호조치를 한 때에는 지체 없이 이를 피구호자의 가족·친지 기타의 연고자에게 그 사실을 통지하여야 하며, 연고자가 발견되지 아니할 때에는 피보호자를 적당한 공중보건의료기관이나 공공구호기관에 즉시 인계하여야 한다(경찰관직무집행법 제4조 제4항).

(2) 경찰서장 등에 보고

경찰관은 보호조치로서 피구호자를 공중보건의료기관 또는 공공구호기관에 인계한 때에는 즉시 그 사실을 소속 경찰서장에게 보고하여야 한다(경찰관직무집행법 제4조 제5항). 경찰서장에 대한 보고는 인권침해 여지 등의 문제가 발생하지 않도록 하기 위한 조치라고 할 수 있다.

(3) 감독행정청 등에 통보

경찰관으로부터 보호조치의 보고를 받은 소속 경찰서장은 대통령령이 정하는 바에 의하여 구호대상자를 인계한 사실을 지체 없이 해당 공중보건의료기관 또는 공공구호기관의 장 및 그 감독행정청(예컨대, 시장, 군수, 구청장 등)에 통보하여야 한다(경찰관직무집행법 제4조 제6항).

제3절 위험발생의 방지

1. 위험발생의 방지의 의의

경찰관은 사람의 생명 또는 신체에 위해를 미치거나 재산에 중대한 손해를 끼칠 우려가 있는 천재(天災), 사변(事變), 인공구조물의 파손이나 붕괴, 교통사고, 위험물의 폭발, 위험한 동물 등의 출현, 극도의 혼잡, 그 밖의 위험한 사태가 있을 때에는 일정한 조치를 할 수 있다(경찰관직무집행법 제5조 제1항). 경찰관직무집행법에서는 이를 위험발생의 방지라고 규정하고 있다.

2. 위험발생의 방지의 요건

따라서 이러한 위험발생의 방지 조치는 '㉠ 사람의 생명 또는 신체에 위해를 미치거나 ㉡ 재산에 중대한 손해를 끼칠 우려가 있는 위험한 사태'가 있는 경우에 가능하다(경찰관 직무집행법 제5조 제1항 단서).

이러한 위험한 사태의 예로는 위에서 살펴 본 바와 같이 천재, 사변, 인공구조물의 파손이나 붕괴, 교통사고, 위험물의 폭발, 위험한 동물 등의 출현, 극도의 혼잡 등 위험한 사태를 들고 있다. 천재는 자연재해(예컨대, 화산폭발, 대홍수 등), 사변은 사회적 변란(예컨대, 전쟁, 내란, 폭동 등), 인공구조물의 파손이나 붕괴는 이로 인한 공작물의 불안전한 상태를 의미한다고 본다. 그리고 위험한 동물은 미친개, 멧돼지 등의 출현을 들 수 있다.

3. 위험발생의 방지의 방법

1) 경고

이러한 위험발생의 방지를 위해 경찰관은 먼저, 그 장소에 집합한 사람(시설 이용자 등), 사물의 관리자(예컨대, 주택 주거자, 자동차의 운전자, 동물의 주인, 흥행사업의 주최자 등) 기타 관계인에게 필요한 경고(警告)를 발할 수 있다(경찰관직무집행법 제5조 제1항 제1호).

경찰이 위험발생의 방지와 관련하여 우선 경고를 발함으로써 현장에 있는 사람들이나 관계자가 스스로의 판단으로 위해방지의 조치를 취할 것이라는 기대를 할 수 있으며, 따라서 가능한 한 강제력의 행사를 피하고자 하는 것이다. 경고를 받은 사람들은 수인의무를 부담하게 되며, 상대방이 경고에 복종하지 않을 경우에는 그 후속조치로서 강제조치를 취하는 등 그 사태에 적당한 방법을 사용할 수가 있다.[23)]

그리고 경찰은 위험발생의 방지를 위한 구체적인 방법으로서 일정한 장소를 출입하지 말 것을 또는 일정한 장소로부터 떠날 것을 명령(命令)할 수가 있다. 이는 일종의 즉시강제의 성질을 갖는다고 본다. 한편, 경고는 위험이 존재한다는 것을 알리고 동시에 위험에 대비하도록 하는 행위로서 지도·권고 등의 성격으로 보기도 한다. 경고는 위험의 존재와 대비를 알리는 사실행위일 뿐, 상대방에게 법적 효과를 가져다주는 행정행위는 아니라는 것이다(즉, 비권력적 사실행위로서 경찰지도의 성격을 갖는다고 보기도 한다).

23) 조철옥(2008), 앞의 책, p. 177.

2) 억류 또는 피난

경찰관은 특히, 긴급을 요할 때에는 위해를 받을 우려가 있는 사람을 필요한 한도 내에서 억류하거나 피난시키는 조치를 취할 수 있다(제5조 제1항 제2호).

특히, 긴급을 필요로 한다는 것은 위험에 대한 사전경고를 발할 만큼 충분한 시간적 여유가 있는 것이 아니라 위험의 현실화가 목전에 직면하였다는 것을 의미한다. 필요한 한도는 일종의 비례의 원칙에 따라야 한다는 의미이다.

3) 기타의 방법

이 밖에도 경찰관은 사람의 생명과 신체, 그리고 재산의 보호를 위해 일정한 장소에 있는 사람, 사물의 관리자, 그 밖의 관계인에게 위해를 방지하기 위하여 '필요하다고 인정되는 조치'를 하게 하거나 직접 그 조치를 할 수 있다(경찰관직무집행법 제5조 제1항 제3호).

여기에서 필요하다고 인정되는 조치는 일종의 '불확정 개념'으로서 그것이 인정되는지의 여부에 대한 판단은 객관적으로 이루어져야 할 것이다. 이러한 기타의 방법 역시 경찰명령으로서 성격을 가지며, 이에 불응하면 경범죄처벌법(輕犯罪處罰法)상의 처벌(공무원원조불응죄, 제3조 제1항 제29호)을 받을 수 있다.

이처럼 경찰관이 관계자에게 위해방지를 위해 필요한 조치명령을 내릴 수도 있고, 또 경우에 따라서는 직접 조치를 취할 수도 있다. 예컨대, 최근 도심지에 자주 출몰하는 멧돼지를 유해조수(有害鳥獸) 감시단 또는 경찰이 사살(射殺)하는 경우를 들 수 있다.

이러한 경찰관의 위험발생의 방지와 관련하여 '...을 할 수 있다'라고 규정하여 재량권을 부여하고 있다. 그러나 경우에 따라서는 그러한 재량권 역시 영(零)으로 수축될 수도 있을 것이다. 그리고 재량권이 영으로 수축된 경우에는 경찰관의 부작위가 위법한 것이 되고, 따라서 국가배상책임이 인정될 수 있다.

경찰의 위험발생 방지 불행사 책임

경찰관직무집행법 제5조(위험발생의 방지 등)는 경찰관이 인명 또는 신체에 위해를 미치거나 재산에 중대한 손해를 끼칠 우려가 있는 위험한 사태가 있을 때에는 일정한 조치를 취할 수 있다고 규정하여 형식상 경찰관에게 재량에 의한 직무수행 권한을 부여한 것처럼 되어 있다.

그러나 경찰관에게 그러한 권한을 부여한 취지와 목적에 비추어 볼 때, 구체적인 사정에 따라 경찰관이 그 권한을 행사하여 필요한 조치를 취하지 않은 것이 현저하게 불합리하다

고 인정되는 경우에는 그러한 권한의 불행사는 직무상의 의무를 위반한 것이 되어 위법하게 된다.[24)]

경찰관은 이상과 같은 위험발생의 방지를 위한 조치(경고, 억류·피난, 기타)를 한 때에는 지체 없이 이를 소속 경찰관서의 장에게 보고하도록 하고 있다. 또 그러한 보고를 받은 경찰관서의 장은 관계기관의 협조를 구하는 등 적당한 조치를 하여야 한다(경찰관직무집행법 제5조 제3항 및 제4항).

4. 대간첩작전 등의 특례

한편, 위에서 살펴본 위험발생의 방지에 대한 특례가 있다. 즉, 경찰관서의 장은 대간첩 작전의 수행 또는 소요사태(騷擾事態)의 진압을 위하여 필요하다고 인정되는 상당한 이유가 있을 때에는 대간첩 작전지역 또는 경찰관서·무기고 등 국가중요시설(國家重要施設)에 대한 접근 또는 통행을 제한하거나 금지할 수 있도록 하고 있다(경찰관직무집행법 제5조 제2항).

대간첩작전(예컨대, 침투간첩 체포·사살 등) 또는 소요사태 발생(예컨대, 대규모 불법시위 등)은 일종의 위험한 상황이라고 할 수 있다. 따라서 대간첩 작전지역을 통제함으로써 불의의 사고를 방지하고, 또 소요군중들이 경찰관서·무기고 등에 난입하여 발생할 수 있는 위험상황(예컨대, 무기탈취 등)을 예방하는 것은 매우 중요한 의미를 갖는다.

물론, 이러한 경찰조치(접근 또는 통행 제한·금지)는 그것이 필요하다고 인정되는 상당한 이유가 있을 때에 적용된다. 주의할 것은 대간첩 작전지역, 또는 경찰관서·무기고 등 국가중요시설에 대한 접근 또는 통행을 제한하거나 금지할 수 있는 권한을 가진 자는 경찰관이 아니고 '경찰관서의 장(長)'이다.

그리고 대간첩작전지역 또는 경찰관서·무기고 등 국가중요시설에 대한 접근 또는 통행을 제한하거나 금지를 한 경찰관서의 장은 관계기관의 협조를 구하는 등 적당한 조치를 하여야 한다(제5조 제4항).

---

24) 대법 1998.8.25., 98다16890.

제4절 범죄의 예방과 제지

1. 범죄의 예방과 제지의 의의

경찰관은 범죄행위가 목전(目前)에 행하여지려고 하고 있다고 인정될 때에는 이를 예방하기 위하여 관계인에게 필요한 경고(警告)를 하고, 그 행위로 인하여 사람의 생명·신체에 위해를 끼치거나 재산에 중대한 손해를 끼칠 우려가 있어 긴급한 경우에는 그 행위를 '제지'(制止)할 수 있다(경찰관직무집행법 제6조).

앞에서는 일반적인 위험발생의 방지와 관련된 것을 살펴보았다면, 여기에서는 위험 가운데 특히, 범죄와 관련된 위험의 예방에 관한 것이라고 할 수 있다. 경찰관이 경고를 발하거나 그 행위를 제지할 수 있는 범죄행위의 종류에는 제한이 없다. 모든 종류의 범죄가 경고와 제지의 대상이 된다. 경고는 비권력적 사실행위로서 경찰지도의 성격을 갖지만, 범죄의 제지는 대인적인 즉시강제의 성격을 갖는다.

2. 범죄의 예방과 제지의 요건과 방법

1) 예방을 위한 경고

범죄예방과 제지를 위한 경찰권한 행사는 크게 두 가지 방식으로 이루어질 수 있다. 먼저, 범죄행위가 목전에 행하여지려고 하고 있다고 인정될 때에는 이를 예방하기 위하여 관계인에게 필요한 경고(警告)를 발할 수 있다.

여기에서 목전이란 '범죄행위가 실현될 수 있는 급박함'을 의미하고, 범죄란 모든 형벌법령에 저촉되는 일체의 행위를 말한다. 범죄실행의 예비·음모의 직전도 해당한다고 볼 수 있다. 관계인은 범죄행위가 실행되려고 하는 상황에 직·간접적으로 관계가 있는 모든 사람을 의미한다.

이러한 경고의 방법(구두, 경적, 확성기 사용 등)에는 특별한 제한이 없다고 본다. 경고는 비권력적 사실행위로서 행정행위는 아니다(경고의 성격은 앞에서도 언급했지만 권력적이냐 비권력적이냐 하는 문제는 주어진 상황에 따라서 판단해야 할 것이다).[25]

---

25) 조철옥(2008), 앞의 책, p. 178.; 독일에서는 경고(설명·성명·공고·고시 등)는 공법상의 사실행위로서 특별한 행위형식으로 볼 수 있을 정도로 독자성을 가지고 있다. 독일연방행정판소는 '경고는 국가권위의 활용과 목적성 개념요소'로 파악하고 있다. 따라서 이러한 징표가 있으면, 기본권 침해가 있는 것이 된다. 이 때문에 경찰권한 행사 영역에서 경고에는 법률의 근거가 필요하며, 단순한 직무규정으로는 충분하지 않다고 본다. 홍정선(2007), 앞의 책, pp. 359-361.

2) 긴급상황에 대한 제지

그리고 위와 같은 상황으로 인하여 사람의 생명·신체에 위해를 미치거나 재산상에 '중대한 손해'를 끼칠 우려가 있어 긴급을 요하는 경우에는 그 행위를 제지(制止)할 수 있도록 하고 있다.

여기에서 중대한 손해는 불확정 개념으로 판단의 여지가 적용될 수 있다. 제지라는 것은 물리적 강제력(신체상의 힘, 경찰장구의 사용 등) 등을 범죄행위를 실행에 옮기지 못하도록 하는 것으로서 대인적인 즉시강제의 성격을 갖는다고 볼 수 있다.

경찰장구의 사용에는 경찰관직무집행법 제10조의2에 따라야 함은 물론이다. 그리고 제지를 위해 사전에 반드시 경고를 거쳐야 하는 것은 아니며, 제지의 수단은 비례의 원칙을 준수해야 한다.

제5절 위험방지를 위한 출입

1. 위험방지를 위한 출입의 의의

위험방지를 위한 출입은 경찰이 천재지변, 사고, 범죄 등을 방지하거나 피해자를 구조하기 위하여 다른 사람의 사적 건물, 차량, 공개된 시설, 그리고 특정지역 등에 출입하는 것을 의미한다.

이때 경찰관은 출입시에 관리자 등에게 신분증을 제시해야 하며, 함부로 관계인의 정당한 업무를 방해해서는 안 된다(경찰관직무집행법 제7조 제4항).

2. 위험방지를 위한 출입의 유형과 요건

1) 긴급출입

경찰관은 제5조(위험발생의 방지) 및 제6조(범죄의 예방과 제지)에서 규정한 위험한 사태가 발생하여 사람의 생명·신체 또는 재산에 대한 위해가 '임박'(臨迫, impending)한 때에 그 위해를 방지하거나 피해자를 구조하기 위하여 부득이하다고 인정하면 '합리적으로 판단'하여 '필요한 한도 내'에서 다른 사람의 토지·건물·배 또는 차에 출입할 수 있다(경찰관직무집행법 제7조 제1항). 이러한 출입을 긴급출입(緊急出入)이라고 부른다.

그런데, 헌법에서는 국민의 주거(住居)의 자유(自由)를 보장하고 있다.[26] 이러한 주거권은 국민의 기본권으로서, 주거에 대한 압수나 수색을 할 때에는 검사의 신청에 의하여 법관이 발부한 영장(令狀)을 제시하도록 하고 있다(제16조). 따라서 주거자의 동의 없는 가택출입, 검색은 현재의 사람의 생명·신체·자유·물건의 안전 등에 대한 '위험방지 목적'으로만 가능하다고 할 수 있다.

이러한 긴급출입은 타인의 토지·건물 또는 선차 내에 들어가는 것을 의미한다. 긴급출입은 상대방의 동의(同意)를 요하지 않는 강제조치로서 현실적 위해를 제거할 필요가 절박하기 때문에 경찰하명(警察下命)에 의하여 의무를 부과할 시간적 여유가 없을 때 행사하는 '대가택적 즉시강제'라 할 수 있다. 따라서 타인이 경찰관의 정당한 출입을 거부하면 공무집행방해죄에 의해 처벌될 수 있다.

그런데, 이러한 긴급출입은 경찰재량에 의해 무조건적으로 가능한 것이 아니고, 직면한 위해가 '절박한 때'에 관련 위험의 방지나 피해자의 구조를 위해서만 가능하다. 또 '부득이하다고 인정할 때'에만 출입할 수 있다. 따라서 다른 적절한 방법으로 위험을 방지할 수 있다면 출입할 수 없다고 본다(보충성의 원칙).

그리고 '합리적으로 판단하여 필요한 한도 내에서' 출입할 수 있다고 규정하고 있는데, 경미한 장해제거를 위한 출입은 필요한 한도 내에 해당하지 않는다고 본다. 출입 후 위험방지의 목적을 달성하기 위하여 일정한 수단(불심검문, 동행요구, 위험발생의 방지, 범죄의 제지 등)을 활용할 수 있을 것이다. 그러나 이러한 긴급출입은 위험방지를 목적으로 하기 때문에 범죄수사를 목적으로 출입할 수 없음은 물론이다.

2) 예방출입

흥행장(興行場, 입장료를 받고 연극이나 영화, 서커스 등의 구경거리를 보여 주는 장소), 여관, 음식점, 역(驛), 그 밖에 많은 사람이 출입하는 장소의 관리자나 그에 준하는 관계인은 경찰관이 범죄나 사람의 생명·신체·재산에 대한 위해를 예방하기 위하여 해당 장소의 영업시간이나 해당 장소가 일반인에게 공개된 시간에 그 장소에 출입하겠다고 요

26) 주거의 개념은 넓게 해석되어야 한다. 좁은 의미의 주거(예컨대, 침실과 거실) 뿐만 아니라 그 밖의 부속공간(예컨대, 마루, 창고, 정원 등)까지도 포함된다. 그리고 헌법상의 주거개념에는 그밖에도 천막(텐트), 호텔의 객실, 학생의 기숙사도 포함된다. 근로자, 경영자의 업무공간 역시 포함된다. 따라서 사법상의 법인(法人)도 주거권의 주체가 될 수 있다. 요약컨대, 사실상 거주에 제공되는 공간은 널리 주거에 포함된다고 볼 수 있다. 위의 책, p. 253.

구하면 정당한 이유 없이 그 요구를 거절할 수 없다(경찰관직무집행법 제7조 제2항).

이러한 출입을 예방출입(豫防出入)이라고 부른다. 이 경우의 출입은 기본적으로 경찰조사(警察調査)의 성격을 갖는다고 본다. 그런데, 위의 긴급출입은 위해가 절박하고 부득이한 경우에 이루어지는 것이지만 예방출입의 경우에는 단순한 조사를 위해서도 출입할 수 있다고 본다. 물론, 그것도 범죄수사 목적이 아닌 범죄 및 각종 위해에 대한 예방목적이어야 한다.

생각건대, 개인의 프라이버시권이 강하게 요구되는 사적(私的)인 공간·장소에 대해서 경찰이 출입하기 위해서는 위의 긴급출입과 같은 상황에서 가능하다고 본다. 즉, 이러한 공간은 경찰의 예방출입은 허용되지 않는다고 본다. 그러나 흥행장·여관·음식점·역 등 이른바 '경찰상의 공개된 장소'는 누구나 접근할 수 있는 공개된 장소이므로 일반예방적 차원의 예방출입 역시 일정 조건 아래 가능하다고 본다.

따라서 위험방지의 목적으로 경찰이 개인사업장 등에 출입하는 경우 관리자 등은 정당한 이유가 없는 한 경찰관의 출입을 거절할 수 없다. 정당한 이유는 불확정 개념인데, 예컨대, 위의 공개된 장소가 아니라는 주장은 정당한 이유라고 볼 수 있다. 어쨌든, 정당한 이유가 없는 한 관리자 등은 경찰관의 출입에 수인의무를 진다. 물론, 이 경우 상대방은 영업 또는 공개시간이 아니라는 것만을 이유로 경찰관의 출입요구를 거절할 수도 있다. 따라서 예방출입은 상대방의 동의를 요하며, 영업시간이나 공개시간이 경과한 후에 출입하고자 하는 경우에는 긴급출입의 요건을 갖추었을 때 가능하다고 본다.

3) 대간첩작전 검색

경찰관은 대간첩작전 수행에 필요한 때에는 작전지역 안에 있어서의 제7조 제2항에 규정된 장소(흥행장·여관·역 기타 다수인이 출입하는 장소)의 안을 검색할 수 있다(경찰관직무집행법 제7조 제3항). 검색이란 물건이나 사람을 직접 찾는 행위 등을 말한다. 이처럼 대간첩작전 수행에 필요한 경우에는 공개된 장소에 한하여 법관의 영장이나 관계인의 동의 없이 영업시간이나 공개시간이 아니라도 검색이 가능하다고 본다.

제6절 사실의 조회·확인 및 출석요구

1. 사실의 조회·확인

1) 사실의 조회·확인의 의의

경찰관서의 장(長)은 직무수행에 필요하다고 인정되는 상당한 이유가 있을 때에는 국가기관이나[27] 공사단체(公私團體) 등에 직무수행에 관련된 사실을 조회(照會)할 수 있다. 다만, 긴급을 요할 때에는 소속경찰관으로 하여금 현장에 나가 해당 기관 또는 단체의 장의 협조를 얻어 그 사실을 확인하게 할 수 있다(경찰관직무집행법 제8조 제1항).

이러한 사실의 조회·확인(그리고 출석요구)은 비권력적 사실행위로서 즉시강제의 수단에 포함되지 않는다고 볼 수 있다.

2) 사실의 조회·확인의 방법 및 요건

(1) 사실조회·확인의 방법

사실조회의 주체는 경찰관 개인이 아니라 경찰관서의 장(長)이다. 경찰관서의 개념은 명백하지 않지만, 이는 경찰관직무집행법 제3조 제2항에서 규정하는 경찰서, 지구대, 파출소 또는 출장소를 포함하는 의미라고 볼 수 있다. 조회의 방법에는 제한이 없다고 본다. 따라서 서면뿐만 아니라 구두로고 가능하다. 조회의 상대방은 '국가기관 또는 공사단체 등' 포괄적이기 때문에 단체의 실질을 갖추지 못한 공동체를 총칭한다고 본다.

(2) 사실조회·확인의 요건

경찰관직무집행법 제8조 제1항에서 사실의 조회는 '직무수행'에 '필요하다고 인정되는 상당한 이유가 있는 경우'에 할 수 있다고 규정하고 있다. 따라서 직무의 내용에는 그것이 경찰의 직무범위 내에 있는 한 제한이 없다고 본다.

경찰의 직무범위는 경찰관직무집행법 제2조에서 규정되어 있다. 따라서 사실조회는 경찰의 직무수행과 관련하여 포괄적으로 적용될 수 있는 것으로 해석할 수 있다. 그리고 여기에서 말하는 '상당한 이유'는 불확정 개념으로서 이에 대해서는 경찰관서의 장이 합리

27) 행정청은 다음에 해당하는 경우에는 다른 행정청에 행정응원을 요청할 수 있다. ① 법령 등의 이유로 독자적인 직무수행이 어려운 경우, ② 인원·장비의 부족등 사실상의 이유로 독자적인 직무수행이 어려운 경우, ③ 다른 행정청에 소속되어 있는 전문기관의 협조가 필요한 경우, ④ 다른 행정청이 관리하고 있는 문서(전자문서를 포함)·통계 등 행정자료가 직무수행을 위하여 필요한 경우(행정절차법 제8조).

적으로 판단할 사항이라고 본다.

한편, 사실조회가 행정목적이 아닌 수사목적을 위해서는 이루어질 수 없다고 하며, 이는 '형사소송법상의 조사'와 그 성질을 달리한다고 보기도 한다.[28)]

그러나 앞에서 언급한 바와 같이 경찰관직무집행법은 직무수행과 관련된 기본적·표준적 경찰권한의 행사와 관련된 내용을 명시한 규정이라고 본다. 따라서 전적으로 사법경찰작용을 그 범위에서 배제시킬 필요는 없다고 본다. 이 규정은 하나의 '일반조항'(一般條項)으로서의 성격을 가지고, 범죄수사 등에 있어서는 개별법 또는 특별법에 의한 '개별조항'이 우선적으로 적용된다고 보면 될 것이다(아니면 임의수사의 한 형식으로도 볼 수 있을 것이다).

3) 사실의 조회·확인의 구속력

(1) 국가기관이나 지방자치단체

사실조회를 요청 받은 국가기관이나 지방자치단체는 경찰이 아닌 다른 행정청이 처리하는 것이 보다 효율적이라고 판단하거나, 아니면 조회에 응함으로써 고유의 직무수행이 현저히 지장 받을 것으로 인정되는 명백한 이유가 있는 경우가 아닌 한 조회에 응해야 할 것이다(행정절차법 제8조 제2항 단서). 그리고 행정응원을 요청받은 행정청은 응원을 거부하는 경우 그 사유를 응원을 요청한 행정청에 통지해주도록 하고 있다(제8조 제4항).

이러한 경우, 사실확인은 행정기관 상호간의 협력관계가 문제시 되는데, 궁극적으로 조직 이기주의가 아닌 국가와 국민의 권리보호를 위한다는 차원에서 유기적인 상호관계를 구축하는 것은 중요하다고 본다.

(2) 기타 단체

그러나 국가기관이나 지방자치단체가 아닌 그 밖의 단체의 경우에는 조회에 응하여야 할 의무가 있다고 보기는 어렵다고 본다. 경찰관서의 사실조회는 비권력적(非權力的) 사실행위(事實行爲)이기 때문이다.

28) 조철옥(2008), 앞의 책, p. 181.; 홍정선(2007), 앞의 책, p. 257.; 형사소송법 제199조(수사와 필요한 조사) ① 수사에 관하여는 그 목적을 달성하기 위하여 필요한 조사를 할 수 있다. 다만, 강제처분은 이 법률에 특별한 규정이 있는 경우에 한하며, 필요한 최소한도의 범위 안에서만 하여야 한다. ② 수사에 관하여는 공무소 기타 공사단체에 조회하여 필요한 사항의 보고를 요구할 수 있다.

2. 출석요구

1) 출석요구의 의의

경찰관은 다음의 직무를 수행하기 위하여 필요하면 관계인에게 출석하여야 하는 사유·일시 및 장소를 명확히 적은 출석 요구서를 보내 경찰관서에 출석할 것을 요구할 수 있다(경찰관직무집행법 제8조 제2항 각호).

㉠ 미아를 인수할 보호자 확인
㉡ 유실물을 인수할 권리자 확인
㉢ 사고로 인한 사상자(死傷者) 확인
㉣ 행정처분을 위한 교통사고 조사에 필요한 사실 확인

여기에서 출석요구의 주체는 경찰관이 할 수 있는 것으로 되어있다. 그러나 경찰권한은 단일하고, 통일적이어야 하기 때문에 경찰관이 아니라 경찰관서의 장이 출석요구서를 보낼 수 있다고 해석해야 할 것이다.

이러한 출석요구에 불응(不應)한다고 하여 이를 강제할 수 있는 수단이 없다. 즉, 출석요구가 있다고 하여 출석의무가 발생하는 것은 아니다. 출석하지 않았다고 하여 처벌이 가해지는 것도 아니고, 출석이 강제되는 것도 아니다. 따라서 출석요구는 출석의무를 부과하는 행정행위로 보기는 어렵다. 이 역시 사실조회와 마찬가지로 비권력적 사실행위로 볼 것이다.

다만, 이처럼 경찰권한 행사에 있어서 구속력이 없다는 것은 경우에 따라서는 문제가 있다고 본다. 출석요구 대상자가 이에 응하지 않을 경우 어떻게 할 수 없고, 또 그로 인해 어떠한 문제가 발생할 수도 있기 때문이다.

2) 출석요구의 사유와 방법

경찰관의 출석요구의 사유는 위에서 언급한 관련사실의 확인을 위해 필요한 때에 가능하다. 다만, 이러한 종류의 출석요구에 국한되지 않고 다른 사건에 대해서도 가능하다고 본다. 경찰관은 직무수행과 관련하여 위험방지 등의 목적을 위하여 관계자에게 출석요구를 할 수 있다고 보며, 이는 사인(私人)의 임의적 협력을 요하는 사실행위로 이해되기 때문이다.

출석요구 상대방은 관련 관계자 된다. 경찰의 출석요구는 출석을 요하는 사유, 일시 및 장소를 명확히 한 출석요구서에 의한다. 법문이 명시적으로 출석요구서를 규정하고 있지만, 출석요구를 사인의 임의적 협력을 전제로 하는 사실행위로 이해하는 한, 전화나 팩스 등으로 출석을 요구할 수도 있다고 본다.

'정보의 수집 등' 관련규정 신설

① 정보의 수집 등의 의의

위에서 경찰관직무집행법상의 '사실의 조회·확인'(제8조)에 대해서 살펴본 바 있다. 이에 더하여 2020년 12월에 '정보의 수집 등'의 규정(제8조의2)이 신설되었다.

이에 따라 '경찰관은 범죄·재난·공공갈등 등 공공안녕에 대한 위험의 예방과 대응을 위한 정보의 수집·작성·배포와 이에 수반되는 사실의 확인을 할 수 있다'고 규정하였다(제8조의2 제1항). 이러한 정보의 수집 등의 규정은 사실의 조회·확인과 마찬가지로 비권력적 사실행위로서 즉시강제에 포함되지 않음은 물론이다.

② 정보의 수집 등의 규정 도입 배경

경찰관직무집행법은 경찰관의 직무 중 하나로 치안정보의 수집·작성 및 배포를 규정(제2조 제4호)하고 있으나 '치안정보'(治安情報)의 개념이 모호하여 이를 근거로 경찰이 자의적으로 광범위한 정보 수집활동을 할 수 있다는 우려가 계속되어 왔다.

따라서 종래의 '치안정보'의 개념을 '공공안녕에 대한 위험의 예방과 대응을 위한 정보'로 수정하였다. 그리고 경찰관이 수집·작성·배포와 이에 수반되는 사실의 확인을 할 수 있는 정보의 범위 및 처리 기준 등을 대통령령(경찰관직무집행법 시행령)으로 구체적으로 정할 수 있는 위임 근거를 마련하고자 하였다.

민감정보 및 고유식별정보의 처리

경찰공무원은 경찰관직무집행법 제2조에 따른 경찰관의 직무를 수행하기 위하여 불가피한 경우 「개인정보 보호법」 제23조에 따른 건강에 관한 정보, 동법 시행령 제18조 제2호에 따른 범죄경력자료에 해당하는 정보, 제19조에 따른 주민등록번호, 여권번호, 운전면허의 면허번호 또는 외국인등록번호가 포함된 자료를 처리할 수 있다(경찰관직무집행법 시행령 제8조).

제7절 국제협력

1. 국제협력의 의의

경찰청장은 경찰관직무집행법에 따른 경찰관의 직무수행을 위하여 외국 정부기관, 국제기구 등과 자료 교환, 국제협력 활동 등을 할 수 있다(경찰관직무집행법제8조의2).

앞에서 언급한 바와 경찰관직무집행법상의 기본적·표준적 권한은 경찰이 '과거부터 현재에 이르기까지 오랫동안 현장에서 경험적으로 주어진 직무를 수행하는 과정에서 요구되는 가장 기본적이고 표준적인 권한'이라고 할 수 있다.

세계화·국제화가 보편화된 오늘날 외국인 관련 범죄사건은 급증하고 있는 것이 현실이며, 이에 대한 적절하고 체계적인 대응을 위한 국제협력(國際協力)은 매우 중요한 의미를 가진다고 본다. 이러한 점에서 경찰의 기본적·표준적 권한의 행사 규정으로서 경찰관직무집행법에 국제협력 관련조항을 신설(2014. 5.20)한 것은 의미가 있다고 본다.

2. 국제협력의 성격

국제협력 규정에 의하여 경찰이 다른 외국기관 등에 대해 어떠한 강제력(强制力)을 행사할 수 있는 것은 결코 아니다. 이는 비권력적(非權力的) 사실행위(事實行爲)일 뿐이다.

한편, 경찰관직무집행법상의 국제협력 규정이 예방적 차원의 행정경찰권한으로서의 의미를 가지고 있는 것인지, 아니면 사후대응적 차원의 사법경찰권한으로서의 성격도 아울러 가지고 있는지를 살펴볼 필요가 있다.

현재, 형사사법(범죄수사, 재판 등)과 관련된 국제협력에 대해서는 「국제형사사법공조법」에 구체적인 규정이 마련되어 있다.[29] 그러나 그 이외의 위험방지 또는 예방경찰작용과 관련된 국제협력에 대한 경찰법상의 일반 규정이 마련되어 있지 않은 실정이다. 이러한 점에서 경찰조직은 경찰관직무집행법상에 국제협력 조항을 신설하였고, 이는 예방적 차원의 행정경찰권한으로서의 의미를 갖는다고 그 취지를 밝히고 있다.

이는 경찰청이 경찰관직무집행법에 '국제협력' 조항을 신설한 이유에서 밝힌 내용이다. 그러나 국제협력 조항은 예방적 차원의 행정경찰권한으로서의 성격뿐만 아니라 사후대응

---

29) 이 법은 형사사건의 수사 또는 재판과 관련하여 외국의 요청에 따라 실시하는 공조(共助) 및 외국에 대하여 요청하는 공조의 범위와 절차 등을 정함으로써 범죄를 진압하고 예방하는 데에 국제적인 협력을 증진함을 목적으로 한다(국제형사사법 공조법 제1조).

적 사법경찰권한으로서의 성격을 아울러 갖는다고 봐도 특별한 문제가 없다고 본다.

본질적으로 경찰관직무집행법은 행정경찰과 사법경찰의 성격을 모두 갖는 기본적·표준적 경찰권한으로서의 위상(位相)을 가지고 있기 때문이다. 또한 예방적 차원의 원활하고, 상호 유기적인 국제협력관계의 구축이 되어 있을 때, 사후대응 역량을 보다 극대화할 수 있다고 본다. 행정경찰과 사법경찰의 불가분리성(不可分離性)은 여기에서도 그대로 적용된다고 할 수 있다.

따라서 경찰관직무집행법상의 국제협력은 일반적 수권조항으로 보고, 「국제형사사법공조법」은 관련 사법경찰작용의 개별법으로 인식하면 될 것이다. 경찰조직 스스로가 경찰관직무집행법을 행정경찰과 관련된 기본적·표준적 경찰권한으로만 인식하지 말고, 사법경찰을 포함하는 기본적·표준적 경찰권한으로 인식해야 할 것이다.

제8절 경찰장비의 사용

1. 경찰장비의 의의

경찰관은 직무수행 중 경찰장비를 사용할 수 있다. 다만, 사람의 생명이나 신체에 위해를 가할 수 있는 경찰장비(이를 '위해성 경찰장비'라 함)를 사용할 때에는 필요한 안전교육과 안전검사를 받은 후 사용하여야 한다(경찰관직무집행법 제10조 제1항).

1) 경찰장비의 유형

여기에서 말하는 '경찰장비'(警察裝備)라 함은 무기, 경찰장구(警察裝具), 최루제(催淚劑)와 그 발사장치, 살수차(撒水車), 감식기구(鑑識機具), 해안 감시기구, 통신기기, 차량·선박·항공기 등 경찰이 직무수행을 위하여 필요한 장치와 기구를 말한다(경찰관직무집행법 제10조 제2항).

경찰관직무집행법 제10조에 따라 경찰공무원이 직무를 수행할 때 사용할 수 있는 사람의 생명이나 신체에 위해를 끼칠 수 있는 경찰장비의 종류·사용기준 및 안전관리 등에 관한 사항을 구체적으로 규정하기 위하여 대통령령으로 「위해성 경찰장비의 사용기준 등에 관한규정」(약칭: 위해성 경찰장비규정)을 두고 있다. 이 위해성 경찰장비규정에서는 경찰장비의 종류를 다음과 같이 구분하고 있다.

㉠ 경찰장구: 수갑, 포승(捕繩), 호송용 포승, 경찰봉, 호신용경봉, 전자충격기, 방패 및 전자방패

㉡ 무기: 권총, 소총, 기관총(기관단총을 포함), 산탄총, 유탄발사기, 박격포, 3인치포, 함포, 크레모아(Claymore mine, 대인지뢰), 수류탄, 폭약류 및 도검

㉢ 분사기·최루탄 등: 근접분사기, 가스분사기, 가스발사총(고무탄 발사겸용을 포함) 및 최루탄(그 발사장치 포함)

㉣ 기타장비: 가스차, 살수차, 특수진압차, 물포, 석궁(石弓), 다목적발사기 및 도주차량 차단장비

2) 경찰장비 사용의 성격

경찰장비의 사용은 그 자체적으로 경찰상 즉시강제(卽時强制)의 성질을 갖는다. 이러한 경찰장비의 사용은 앞에서 설명한 경찰관직무집행법상의 보호조치(제4조), 위험발생의 방지(제5조), 범죄의 예방과 제지(제6조), 위험방지를 위한 출입(제7조) 등에서 규정하는 경찰목적을 달성하기 위해 활용되는 하나의 즉시강제 또는 조사수단으로서의 성질도 갖는다.[30)]

경찰상의 즉시강제라는 것은 위험이 존재하거나 장해의 발생이 목전에 급박한 경우, 성질상 개인에게 의무를 명해서는 경찰목적을 달성할 수 없거나 또는 미리 의무를 명령할 시간적 여유가 없는 경우에 경찰집행기관이 직접 개인의 신체나 재산에 실력을 가하여 경찰목적 달성에 필요한 상태를 실현하기 위한 경찰권한의 행사를 말한다.

3) 경찰장비 사용의 요건

사람의 생명 또는 신체에 위해를 끼칠 수 있는 '위해성 경찰장비'는 '필요한 최소한도'에서 사용하도록 하고 있다(경찰관직무집행법 제10조 제4항). 그동안 위해성 경찰장비의 사용으로 인한 인권침해 문제가 끊임없이 제기되어 온 것이 사실이다. 따라서 경찰관직무집행법 개정(2014.5.20.)으로 이에 대한 요건과 절차로서 '위해성 경찰장비에 대한 필요한 최소한도의 사용' 내용을 명시하였다. 이는 위해성 경찰장비의 사용시 특히, 비례원칙(比例原則)이 적용되어야 한다는 것을 의미한다.

30) 홍정선(2007), 앞의 책, p. 260.

다만, 경찰관직무집행법에서는 경찰장비의 사용과 관련된 개별 조항 즉, 경찰장구의 사용(제10조의2), 분사기 등의 사용(제10조의3), 무기의 사용(제10조의4) 규정에 각각 '필요한 한도' 또는 '필요한 최소한의 범위' 등의 내용으로 명확히 규정하고 있기 때문에 위와 같이 별도로 규정한 실익은 크게 없다(향후, 경찰관직무집행법상의 경찰장비관련 규정은 개정 내지 보완할 필요가 있다고 본다).

한편, 경찰관이 경찰장비를 함부로 개조(改造)하거나 경찰장비에 임의의 장비를 부착하여 일반적인 사용법과 달리 사용함으로써 다른 사람의 생명·신체에 위해를 끼치지 못하도록 하였다(10조 제3항).

그리고 새로운 경찰장비의 도입에 대한 요건을 강화하였다. 즉, 경찰청장은 위해성 경찰장비를 새로 도입하려는 경우에는 대통령령(大統領令)으로 정하는 바에 따라 안전성 검사를 실시하여 그 안전성 검사의 결과보고서를 국회 소관 상임위원회(常任委員會)에 제출하여야 하고, 이 경우 안전성 검사에는 외부 전문가를 참여시키도록 한 것이다(제10조 제5항).

2. 경찰장구의 사용

1) 경찰장구의 개념

경찰장구(警察裝具)라는 것은 경찰관이 휴대하여 범인 검거와 범죄 진압 등 직무수행에 사용하는 수갑, 포승(捕繩), 경찰봉, 방패 등을 말한다(경찰관직무집행법 제10조의2 제2항). 이외에도 호신용경봉, 전자충격기, 전자방패 등도 경찰장구에 포함된다(위해성 경찰장비규정 제2조 제1호).

2) 경찰장구 사용의 요건과 방법

경찰관은 다음의 직무를 수행하기 위하여 필요하다고 인정되는 상당한 이유가 있을 때에는 그 사태를 합리적으로 판단하여 필요한 한도에서 경찰장구를 사용할 수 있다(경찰관직무집행법 제10조의2 제1항 각호).

㉠ 현행범이나 사형·무기 또는 장기 3년 이상의 징역이나 금고에 해당하는 죄를 범한 범인의 체포 또는 도주의 방지

㉡ 자신이나 다른 사람의 생명·신체의 방어 및 보호

㉢ 공무집행에 대한 항거(抗拒)의 제지

(1) 수갑 등의 사용 기준

수갑·포승 또는 호송용포승은 영장집행 등의 경우에 사용할 수 있고, 또 자살방지 등을 위해서도 사용할 수 있다.

먼저, 경찰관은 체포·구속영장을 집행하거나 신체의 자유를 제한하는 판결 또는 처분을 받은 자를 법률이 정한 절차에 따라 호송하거나 수용하기 위하여 필요한 때에는 최소한의 범위 안에서 수갑·포승 또는 호송용포승을 사용할 수 있다(위해성 경찰장비규정 제4조).

수갑·포승 사용의 정당성

무죄추정(無罪推定)을 받는 피의자라고 할지라도 그에게 구속의 사유가 있어 구속영장이 발부, 집행된 이상 신체의 자유가 제한되는 것은 당연한 것이다.
특히, 수사기관에서 구속된 피의자의 도주, 항거 등을 억제하는데 필요하다고 인정할만한 상당한 이유가 있는 경우에는 필요한 한도 내에서 수갑이나 포승을 을 사용할 수 있는 것이다. 따라서 이러한 조치가 무죄추정의 원칙에 위배되는 것이라고는 할 수 없다.[31)]

그리고 경찰관은 범인·술에 취한 사람 또는 정신착란자의 자살 또는 자해기도를 방지하기 위하여 필요한 때에는 수갑·포승 또는 호송용포승을 사용할 수 있다. 이 경우 경찰관은 소속 국가경찰관서의 장(경찰청장, 시·도경찰청장, 경찰서장, 기타 경무관·총경·경정 또는 경감을 장으로 하는 국가경찰관서의 장)에게 그 사실을 보고해야 한다(위해성 경찰장비규정 제5조).

(2) 경찰봉과 호신용경봉의 사용 기준

경찰관은 불법집회·시위로 인하여 발생할 수 있는 타인 또는 경찰관의 생명·신체의 위해와 재산·공공시설의 위험을 방지하기 위하여 필요한 때에는 최소한의 범위 안에서 경찰봉 또는 호신용경봉을 사용할 수 있다(위해성 경찰장비규정 제6조).

경찰관이 경찰봉 또는 호신용경봉을 사용하는 때에는 사람의 생명 또는 신체에 대한 위해를 최소화하도록 주의하여야 한다(제7조).

31) 대법 1996.5.14., 96도561.

(3) 전자충격기 등의 사용 제한

경찰관은 14세미만의 자 또는 임산부에 대하여 전자충격기 또는 전자방패를 사용하여서는 안 된다. 그리고 경찰관은 전극침(電極針) 발사장치가 있는 전자충격기를 사용하는 경우 상대방의 얼굴을 향하여 전극침을 발사하여서는 안 된다(위해성 경찰장비규정 제8조).

3. 분사기·최루탄의 사용

1) 분사기·최루탄의 개념

앞에서 살펴본 바와 같이 분사기·최루탄 등은 '근접분사기, 가스발사총(고무탄 발사겸용 포함) 및 최루탄(그 발사장치 포함)'으로 정의하고 있다(위해성 경찰장비규정 제2조 제3항).

2) 분사기·최루탄의 사용 요건과 한계

경찰관은 다음의 직무를 수행하기 위하여 부득이한 경우 '현장책임자(現場責任者)의 판단'으로 필요한 최소한의 범위 안에서 분사기(「총포·도검·화약류 등의 안전관리에 관한 법률」에 따른 분사기를 말하며, 그에 사용하는 최루 등의 작용제 포함함) 또는 최루탄을 사용할 수 있다(경찰관직무집행법 제10조의3 각호).

㉠ 범인의 체포·도주의 방지

㉡ 불법집회·시위로 인한 자신이나 다른 사람의 생명·신체와 재산 및 공공시설의 안전에 대한 현저한 위해의 발생 억제

이러한 분사기와 최루탄은 최루가스를 통해 사람의 신체와 정신에 일시적인 기능장해를 야기하는 물건이지 사람의 살상을 목적으로 하는 물건은 아니다. 그러나 분사기와 최루탄의 사용은 경우에 따라서는 사람의 생명이나 신체에 중대한 침해를 가져올 수도 있으므로, 이의 사용은 비례원칙을 준수하여야 함은 물론이다. 즉, 통상의 용법에 따라 필요한 최소한의 범위 안에서 이를 사용하여야 한다.

이러한 분사기나 최루탄, 살수차, 그리고 후술하는 경찰관직무집행법 제10조의4의 규정에 의한 무기를 사용하는 경우 그 책임자는 사용일시, 사용장소, 사용대상, 현장책임자, 종류, 수량 등을 기록하여 보관하도록 하고 있다(경찰관직무집행법 제11조).

기록의 보관은 이처럼 인명피해가 있는 경찰장비 사용에 대한 통제수단(統制手段)이라

고 할 수 있다.

(1) 근접분사기, 가스발사총의 사용 제한

따라서 경찰관은 범인의 체포 또는 도주방지, 다른 사람 또는 경찰관의 생명·신체에 대한 방호, 공무집행에 대한 항거의 억제를 위하여 필요한 때에는 최소한의 범위 안에서 가스발사총을 사용할 수 있다. 이 경우 경찰관은 1미터 이내의 거리에서 상대방의 얼굴을 향하여 이를 발사하여서는 안 된다(위해성 경찰장비규정 제12조 제1항).

(2) 최루탄의 사용제한

경찰관은 최루탄발사기로 최루탄을 발사하는 경우 30도 이상의 발사각을 유지하여야 하고, 가스차·살수차 또는 특수진압차의 최루탄발사대로 최루탄을 발사하는 경우에는 15도 이상의 발사각을 유지하여야 한다(위해성 경찰장비규정 제12조 제2항).[32]

4. 무기의 사용

1) 무기의 개념

경찰관직무집행법상 '무기'(武器)라 함은 사람의 생명이나 신체에 위해를 가할 수 있도록 제작된 권총, 소총, 도검(刀劍) 등을 말한다(경찰관직무집행법 제10조의4 제2항). 위해성 경찰장비규정에서는 무기를 권총, 소총, 기관총(기관단총을 포함), 산탄총, 유탄발사기, 박격포, 3인치포, 함포, 크레모아, 수류탄, 폭약류 및 도검으로 정의 하고 있다(제10조의4 제2조 제2호).

경찰관의 무기사용은 사람의 생명이나 신체에 중대한 위해를 가져올 수 있기 때문에 공동체사회에서 중요문제가 된다. 따라서 경찰관의 무기사용에 관해서는 법률로 엄격히 규제해야 하는 것은 당연하다. 이러한 의미에서 경찰관직무집행법상의 무기사용 규정(제10조의4)은 매우 중요한 의미를 갖는다.

여기에서 무기사용의 주체는 경찰공무원이라 할 수 있으며, 특정한 직무와 계급에 국한을 두고 있지 않다. 바꿔 말하면, 모든 경찰관은 경찰공무원법(제20조 제2항)에 의해 무기를 휴대할 수 있고, 경찰관직무집행법(제10조의4)에 의하여 무기를 사용할 수 있다고 본다.

---

32) 이 밖의 ① 가스차, 살수차, 특수진압차, 물포, ② 석궁, ③ 다목적발사기, ④ 도주차량차단장비 등의 사용기준 등에 대해서는 위해성 경찰장비규정 제13조~제16조 참조.

제주특별자치도 자치경찰공무원의 경찰관직무집행법 준용과 무기사용의 한계

① **경찰관직무집행법의 준용**

제주특별자치도의 자치경찰공무원이 자치경찰사무를 수행함에 있어서는 경찰관직무집행법 불심검문(제3조), 보호조치 등(제4조), 위험발생의 방지(제5조), 범죄의 예방과 제지(제6조)), 위험방지를 위한 출입(제7조), 그리고 경찰장비의 사용 등(제10조), 경찰장구의 사용(제10조의2), 분사기 등의 사용(제10조의3), 무기의 사용(제10조의4), 사용등록의 보관(제11조), 벌칙(제12조)의 규정을 준용(準用)하도록 하고 있다(제주특별자치도 설치 및 국제자유도시 조성을 위한 특별법(약칭: 제주특별법), 제96조 제1항).

따라서 자치경찰공무원의 경우에는 경찰관직무집행법상의 사실의 확인 등(제8조), 정보의 수집 등(제8조의2), 국제협력(제8조의3), 유치장(제9조)는 적용되지 않음을 알 수 있다.

② **무기사용의 한계**

그런데, 제주특별자치도 자치경찰공무원의 무기사용은 위와 같은 준용규정에도 불구하고 일정한 한계가 있다.

즉, 도지사의 신청으로 제주자치도경찰청장의 승인을 받은 자치경찰공무원만 무기를 휴대·사용할 수 있다(제주특별법 제97조 제1항). 그리고 자치경찰공무원이 무기를 사용한 경우에는 무기의 사용자와 사용 일시·장소·대상·경위를 소속 자치경찰단장을 거쳐 즉시 제주자치도경찰청장에게 통보하도록 하고 있다(제2항).

2) 무기의 사용 요건

경찰무기의 사용은 생명에 치명적인 위해를 가할 수 있기 때문에 매우 제한적으로 사용될 필요가 있다. 물론, 경찰직무수행에 있어서 최선의 방법은 가능한 한 무기를 사용하지 않고 경찰목표를 달성하는 길이라 할 수 있다. 따라서 현행법에서도 무기사용에 대해 엄격하게 규제하고 있음은 물론이다.

(1) 일반요건

경찰관의 무기사용과 관련하여 다음을 위하여 필요하다고 인정되는 상당한 이유가 있을 때에는 그 사태를 '합리적으로 판단'하여 '필요한 한도'에서 무기를 사용할 수 있도록 규정하고 있다(경찰관직무집행법 제10조의4 제1항 본문). 이러한 세 가지는 일반요건(一般要件)이라고 본다.

㉠ 범인의 체포·도주의 방지

㉡ 자신이나 다른 사람의 생명·신체에 대한 방호 및 보호

㉢ 공무집행에 대한 항거의 제지를 위하여 '필요하다고 인정되는 상당한 이유'가 있을 때

(2) 특수요건

그러나 이러한 세 가지 일반요건에 해당한다고 해서 무기사용이 모두 허용되는 것은 아니다. 다음의 어느 하나에 해당할 때를 제외하고는 사람에게 위해를 주어서는 안 된다고 하고 있기 때문이다(제10조의4 제1항 각호).[33] 이를 특수요건(特殊要件)이라고 할 수 있다.

① 형법에 규정된 정당방위와 긴급피난에 해당할 때

㉠ 정당방위에 해당할 때

정당방위(正當防衛)라는 것은 현재의 위법한 공격에 대항하여 행사하는 정당한 방위행위를 말한다. 이와 관련하여 형법에서는 '자기 또는 타인의 법익(法益)에 대한 현재(現在)의 부당(不當)한 침해(侵害)를 방위하기 위한 행위는 상당한 이유가 있는 때에는 벌하지 아니한다'고 규정하고 있다(제21조 제1항).[34] 경찰관은 이러한 상황에서 무기를 사용할 수 있다.

정당방위의 법률요건은 '자기 또는 타인의 법익에 대한 현재의 부당한 침해를 방위하기 위한 행위로서 상당한 이유가 있는 때'이다. 이에 대하여 법률효과는 '벌하지 아니한다'이다. 이 때 '벌하지 아니한다'는 것은 위법성(違法性)이 조각(阻却)된다는 뜻이다. 구성요건에 해당하는 행위이지만 위법성이 조각되어 범죄가 성립하지 않는다는 것을 의미한다.[35]

---

33) ① 경찰의 무기사용과 관련하여 ㉠ 위해를 수반하지 않는 무기의 사용과 ㉡ 위해의 수반이 허용되는 무기사용으로 나누기도 한다. 이러한 견해에 의한다면 무기의 사용은 사람에게 위해를 가지지 않도록 사용해야 한다는 것이 원칙이라고 한다(예컨대, 경고나 겨누기만 하는 경우, 그리고 위협 발사하는 경우 등). 즉, 무기를 상대방에게 직접적으로 사용하지 않고 경고의 수단 등으로 사용함으로써 범죄 진압이나 질서유지 목적을 달성해야 한다는 것이다. 그리고 그러한 기준으로서 ㉠의 경우에 해당하는 것은 일반요건, ㉡의 경우는 특수요건에 해당한다고 설명하고 있다. 장영민·박기석(1995), 경찰관직무집행법에 관한 연구, 한국형사정책연구원, p. 190.; 홍정선(2007), 앞의 책, p. 420. ② 그러나 무기는 최후의 수단으로서 본질적으로 위해를 수반할 수밖에 없는 상황에 직면하여 사용하는 것이며, 그러한 과정에서 경고 등으로 범죄진압이 이루어지면 더욱 효과적일 것이다. 그러나 그것은 부수적인 결과에 불과한 것이지 처음부터 그러한 목적을 가졌다고 보기는 어렵다. 즉, 무기사용규정 자체가 그것을 목적으로 한 것은 아니라고 본다. 따라서 위 경찰관직무집행법의 무기사용 규정은 이처럼 '㉠'과 '㉡'으로 구분하여 열거한 것은 아니라고 보며, 최후수단으로서 어떠한 경우에 무기를 사용할 수 있는가를 설명한 규정이라고 본다.

34) 정당방위의 행위가 그 정도를 초과한 때에는 정황에 의하여 그 형을 감경 또는 면제할 수 있다. 이 경우에 그 행위가 야간 기타 불안스러운 상태 하에서 공포, 경악, 흥분 또는 당황으로 인한 때에는 벌하지 아니한다'고 규정하고 있다(형법 제21조 제2항·제3항). 이 규정은 긴급피난의 규정에도 준용한다(형법 제22조 제3항).

㉡ 긴급피난에 해당할 때

정당방위는 현재의 위법한 공격행위로부터 법익침해의 위험을 제거하기 위하여 인정되는 위법성조각사유이다. 그런데, 법익침해의 위험은 사람의 위법한 공격행위에 의하여 일어날 뿐만 아니라 물건이나 자연력, 그리고 경우에 따라서는 사람의 적법한 행위에 의해서도 발생할 수 있다. 이와 같은 법익침해의 위험을 발생시키는 일련의 사유를 위난(危難)이라고 한다.

따라서 긴급피난(緊急避難)이라는 것은 법익에 대한 현재의 위난을 피하기 위한 행위를 의미한다. 이와 관련하여 형법에서는 '자기 또는 타인의 법익에 대한 현재의 위난을 피하기 위한 행위는 상당한 이유가 있는 때에는 벌하지 아니한다'고 규정하고 있다(제22조 제1항). 정당방위와 마찬가지로 '벌하지 아니 한다'라고 규정한 것은 위법성이 조각되기 때문에 범죄가 성립하지 않는다는 의미이다.[36]

한편, 긴급피난과 관련하여 형법에서는 '위난을 피하지 못할 책임이 있는 자에 대하여는 위의 규정을 적용하지 아니 한다'고 하고 있다(제22조 제1항, 제2항). 이처럼 위난을 피하지 못할 책임이 있는 자는 경찰, 군인, 소방관, 의사, 선장 등을 들 수 있다. 물론, 이러한 특칙은 특별한 의무로 인하여 일반인과 동일한 상태 하에서 피난행위를 금지할 뿐이고, 긴급피난이 절대적으로 금지되어 일방적인 희생을 강요하는 것은 아니라고 본다.

② **다음의 어느 하나에 해당할 때**

다음의 어느 하나에 해당하는 때에 그 행위를 방지하거나 그 행위자를 체포하기 위하여 무기를 사용하지 아니하고는 다른 수단이 없다고 인정되는 상당한 이유가 있을 때에 무기를 사용할 수 있다(경찰관직무집행법 제10조의4 제1항 제2호 각목).

---

35) 이에 대한 자세한 논의는 신동운(2010), 형법총론, 서울: 법문사, pp. 265-285.

36) ① 물건이나 자연력 등에 의하여 발생하는 법익침해의 위험상태에 대해서는 적법·위법을 논할 수 없다고 본다. 이러한 판단은 옳고 그름을 논할 수 있는 인간의 행위에 대해서만 가능하기 때문이다. 이에 대하여 법익침해의 위험상태를 야기하는 사람의 행위는 위법한 것이 아닌 한 적법한 것으로 판단된다. 부정(不正, 옳고) 대 정(正, 그름)의 관계에서만 정당방위가 성립된다고 볼 때 긴급피난은 그 적용영역이 매우 넓은 위법성조각사유라고 할 수 있다. ② 그러나 긴급피난이 인정되는 것은 정당방위에 비하여 쉽지가 않다. 정당방위는 현재의 위법한 공격에 대하여 인정되는 적법한 방위행위이다. 즉 공격행위에 대하여 정당방위는 부정(不正) 대 정(正)의 관계에 있다. 이에 대하여 긴급피난은 주로 위법하지 아니한 법익침해의 위험상황에 대하여 인정되는 적법한 피난행위이다. 위난에 대하여 긴급피난은 대부분 정(正) 대 정(正)의 관계에 있다. 따라서 긴급피난은 정당방위에 비하여 훨씬 더 엄격한 요건 하에 인정되는 위법성조각사유라 할 수 있다. 이에 대한 자세한 논의는 위의 책, pp. 285-302.

㉠ 사형·무기 또는 장기 3년 이상의 징역이나 금고에 해당하는 죄를 범하거나 범하였다고 의심할 만한 충분한 이유가 있는 사람이 경찰관의 직무집행에 항거하거나 도주하려고 할 때

㉡ 체포·구속영장과 압수·수색영장을 집행하는 과정에서 경찰관의 직무집행에 항거하거나 도주하려고 할 때

㉢ 제3자가 '㉠' 또는 '㉡'에 해당하는 사람을 도주시키려고 경찰관에게 항거할 때

㉣ 범인이나 소요를 일으킨 사람이 무기·흉기 등 위험한 물건을 지니고 경찰관으로부터 3회 이상 물건을 버리라는 명령이나 항복하라는 명령을 받고도 따르지 아니하면서 계속 항거할 때

③ 대간첩작전 수행과정

그리고 대간첩작전 수행 과정에서 무장간첩이 항복하라는 경찰관의 명령을 받고도 따르지 아니할 때에 무기를 사용할 수 있다(제10조의4 제1항 제3호).

그리고 경찰관은 대간첩·대테러작전 등 국가안전에 관련되는 작전을 수행할 때에는 개인화기 외에 공용화기(公用火器)를 사용할 수 있다(제10조의4 제3항).

무기(권총) 사용의 엄격성

경찰관은 범인의 체포, 도주의 방지, 자기 또는 타인의 생명·신체에 대한 방호, 공무집행에 대한 항거의 억제를 위하여 무기를 사용할 수 있다. 그러나 이 경우에도 무기는 목적달성에 필요하다고 인정되는 상당한 이유가 있을 때 그 사태를 합리적으로 판단하여 필요한 한도 내에서 사용해야 한다.

경찰관의 무기사용이 이러한 요건을 충족하였는지의 여부는 범죄의 종류, 죄질, 피해법익의 경중, 위해의 급박성, 저항의 강약, 범인과 경찰관의 수, 무기의 종류, 무기사용의 태양, 주변의 상황 등을 고려하여 사회통념상 상당하다고 평가되는 지의 여부에 따라 판단하여야 한다. 특히, 사람에게 위해를 가할 위험성이 큰 권총의 사용에 있어서는 그 요건을 더욱 엄격하게 판단해야 한다.[37)]

37) 대법 2004.5.13., 2003다57956.; 대법 2004.3.25., 2003도3842.

3) 무기의 사용 절차

(1) 경고

경찰관은 경찰관직무집행법 제10조의4의 규정에 의하여 사람을 향하여 권총 또는 소총을 발사하고자 하는 때에는 미리 구두 또는 공포탄에 의한 사격으로 상대방에게 경고(警告)하여야 한다. 다만, 다음에 해당하는 경우로서 부득이한 때에는 경고하지 아니할 수 있다(위해성 경찰장비규정 제9조).

㉠ 경찰관을 급습하거나 타인의 생명·신체에 대한 중대한 위험을 야기하는 범행이 목전에 실행되고 있는 등 상황이 급박하여 특히 경고할 시간적 여유가 없는 경우
㉡ 인질·간첩 또는 테러사건에 있어서 은밀히 작전을 수행하는 경우

(2) 필요한 최소한의 범위 내 사용

경찰관은 경찰관직무집행법 제10조의4의 규정에 의하여 권총 또는 소총을 사용하는 경우에 있어서 범죄와 무관한 다중의 생명·신체에 위해를 가할 우려가 있는 때에는 이를 사용하여서는 안 된다. 다만, 권총 또는 소총을 사용하지 아니하고는 타인 또는 경찰관의 생명·신체에 대한 중대한 위험을 방지할 수 없다고 인정되는 때에는 필요한 최소한의 범위 안에서 이를 사용할 수 있다(위해성 경찰장비규정 제10조 제1항).

그리고 경찰관은 총기 또는 폭발물을 가지고 대항하는 경우를 제외하고는 14세미만의 자 또는 임산부에 대하여 권총 또는 소총을 발사하여서는 안 된다(제10조 제2항). 한편, 경찰관은 공공의 안전을 위협하는 동물을 사살하기 위하여 부득이한 때에는 권총 또는 소총을 사용할 수 있다(제11조).

4) 무기의 사용 한계

(1) 비례의 원칙

경찰관의 무기사용에 있어서 일반적으로 경찰권한 행사에서 적용되는 이른바 '조리(條理)상의 한계'가 적용될 수 있는데, 이 가운데 법규로 명시되면서 더욱 의미를 가지는 것은 비례원칙이라고 할 수 있다. 이러한 점에서 무기를 사용할 때 비례원칙을 엄격히 준수하는 것은 매우 중요한 의미를 갖는다.

경찰관 무기사용 규정 즉, 경찰관직무집행법에서 '필요하다고 인정되는 상당한 이유가 있을 때에는 필요한 한도 내에서 무기를 사용할 수 있다'(제10조의4 제1항)고 하는 내용들은 비례원칙을 명시적으로 규정하고 있는 것이다.

무기사용의 수단성(手段性)

경찰의 무기, 특히 총기의 사용은 그 자체가 목적이 아니라고 본다. 총기사용은 경찰목적을 달성하기 위한 수단일 뿐이다. 따라서 특별한 상위가치 또는 목적달성 없는 총기사용은 예상할 수도 없으며, 이루어져서는 안 된다. 이는 총기사용에 있어서 비례원칙(比例原則)이 반드시 적용되어야 함을 의미한다.
총기사용은 개개인의 신체의 온전성에 영향을 미치는 국가권력작용이기 때문에 헌법 제10조(인간의 존엄과 가치), 헌법 제12조(신체의 자유)에 의거하여 법률의 근거 하에서만 사용이 가능하다. 현행법상 그 근거로 경찰관직무집행법 제10조의4를 들 수 있다. 이러한 총기사용의 요건은 엄격해야 한다. 총기사용의 허용과 관련하여 특히 어려운 문제는 생명박탈의 위험성을 전제로 사람에 대한 총기사용이 과연 가능한가 하는 것이다.

(2) 보충성의 원칙

한편, 경찰관직무집행법에서 '...무기를 사용하지 아니하고는 다른 수단이 없다고 인정되는 상당한 이유가 있을 때...'에 무기를 사용할 수 있다(제10조의4 제1항 제1·2·3호)고 하여 보충성(補充性)의 원칙을 적용하고 있다. 바꿔 말하면, 통상의 용법에 따라 필요한 최소한의 범위 안에서 이를 사용하여야 한다.

그러나 이러한 보충성의 원칙은 대간첩 작전 수행에서는 적용되지 않는다고 본다(제10조의4 제1항 제4호). 즉, 무장간첩이 경찰관의 투항명령을 받고도 이에 불응하는 경우에는 무기를 사용하지 아니하고는 다른 수단이 없다고 인정되는 상당한 이유가 고려되지 않는다. 무장간첩은 국가안전 또는 공공의 안녕질서를 근본적으로 위협하는 상황이기 때문에 이에 대한 무기사용의 보충성의 원칙은 적용되지 않는다고 본다.

무기사용 사례

① 사건의 개요와 법적 검토

㉠ 사건의 개요

경찰관 A가 범죄 용의자 K를 제압하기 위하여 총기를 사용하였는데, 이로 인해 K가 사망하게 되었다. 이 사건에서 K의 부인 M(유가족)은 경찰관 A의 행위에 대해 업무상 과실치사죄(業務上 過失致死罪)로 소송을 제기하였고, 이에 대해 경찰관 A는 정당방위(正當防衛)를 주장하였다.

㉡ 법적 검토

이 사건과 관련하여 적용될 수 있는 법은 경찰관직무집행법 제10조의4(무기의 사용), 형법 제268조(업무상 과실치사상), 형법 제21조(정당방위) 제1항 등이라고 할 수 있다.

가. 경찰관직무집행법 10조의 4(무기의 사용) 제1항 : 경찰관은 범인의 체포, 범인의 도주 방지, 자신이나 다른 사람의 생명·신체의 방어 및 보호, 공무집행에 대한 항거의 제지를 위하여 필요하다고 인정되는 상당한 이유가 있을 때에는 그 사태를 합리적으로 판단하여 필요한 한도에서 무기를 사용할 수 있다. 다만, 다음의 어느 하나에 해당할 때를 제외하고는 사람에게 위해를 끼쳐서는 아니 된다(이하 생략).

나. 형법 제268조 (업무상과실·중과실 치사상) : 업무상 과실 또는 중대한 과실로 인하여 사람을 사상에 이르게 한 자는 5년 이하의 금고 또는 2천만원 이하의 벌금에 처한다.

다. 형법 제21조 (정당방위) : 자기 또는 타인의 법익에 대한 현재의 부당한 침해를 방위하기 위한 행위는 상당한 이유가 있는 때에는 벌하지 아니한다(이하 생략).

② 사건의 배경

㉠ 경찰관 A를 업무상과실치사로 공소하게 된 배경

- 진주경찰서 동부파출소 소속 경찰관인 A(이 사건에서는 '피고인'이 됨)는, 2001년 11월 27일 밤에 동료 경찰관인 B와 함께 순찰차를 타고 동부파출소 관내를 순찰하고 있었다. 이 때 진주경찰서 상황실로부터 K라는 사람이 술병으로 타인을 찌른 사건이 인근에 있는 상대파출소 관내에서 발생하였으니 이를 지원하라는 무선지령을 받고 지원 출동하였다. 출동경찰은 상대파출소에 도착하여 난동을 부린 K의 부인 M으로부터 K가 현재 그의 주거지인 진주시 상대동 소재 꽃집에 있다는 말을 듣고 밤 11시 50분 경 부인 M과 함께 위 꽃집에 도착하였다.
- 꽃집에 도착하여 동료 경찰관 B는 주위에 있는 막대기를 들고 앞장서고, 경찰관 A는 권총을 꺼내 안정장치를 풀고 B의 뒤에 서서 따라 위 꽃집 안으로 걸어 들어갔다. 꽃집에는 이에 앞서 이웃주민 N이 와 있었다. 경찰은 N에게 K가 어디에 있느냐고 묻는 순간, K가 세면장에서 나오면서 경찰관 A와 B에게 "당신들 뭐야, 이 밤에 왜 왔어? 빨리 가!"라고 소리를 지르며 경찰관 A와 B가 서있는 곳으로 나오다가 이를 말리는 이웃주민 N과 몸싸움을 하므로, 경찰관 A, B는 그만둘 것을 종용하였음에도 듣지 않았다.
- 이후 계속하여 K는 이웃주민 N과 몸싸움을 하다가 그를 바닥에 넘어뜨렸다. 이후 출입문 쪽으로 달려 나오며 경찰관 A와 B를 넘어뜨리고, 넘어진 동료 경찰관 B의 몸 위에 올라 타 몸싸움을 하였다. 이를 본 경찰관 A는 넘어져 있는 상태에서 소지하고 있던 권총으로 공포탄 1발을 발사하였다. 그러나 K는 이에 굴복하지 않고 계속 동료경찰관 B의 몸 위에서 그의 목을 누르는 등의 물리력을 행사하여 일어나지 못하게 하였다.
- 이러한 경우, 총기를 소지한 경찰관으로서는 구체적인 사태를 합리적으로 판단하

여 가급적 총기사용을 자제하여야 할 뿐만 아니라 가령 총기를 사용하더라도 그 상대방의 대퇴부 이하를 조준하여 발사하여야 할 업무상의 주의의무가 있음은 물론이다. 그런데, 사건 당시 경찰관 A와 B 2명이 현장에 출동하여 1명의 범인을 검거하는 상황이라면, 이들이 힘을 합하면 총기를 사용하지 않고도 범인을 제압할 수 있다고 본다. 그렇지 않다고 하더라도 최소한 경찰관 2명의 힘이면 경찰관 B가 K의 몸 밑에 깔린 상황을 해소하고 함께 K에게 대항할 수 있을 것이다. 따라서 총기를 사용하기 전에 먼저 K에게 달려들어 경찰관 B가 일어날 수 있도록 도와주고 아울러 K에게 대항할 궁리를 했어야 할 것이다.

- 그럼에도 불구하고 경찰관 A는 K가 동료 경찰관 B의 몸 위에서 몸싸움을 하는 과정에서 B의 허리춤에 손을 대는 것을 보고는 K가 B의 총을 꺼낼지도 모른다고 성급하게 생각하고 당황하게 된 것이다. 이 때문에 경찰관 A는 사태를 합리적으로 판단하여 가급적이면 총기가 아닌 다른 방법으로 조치를 취했어야 함에도 불구하고 곧바로 K를 향하여 권총을 발사한 것이다. 더욱이 A가 권총을 발사할 때 대퇴부 이하를 제대로 조준하지 못하고 과실로 인하여 탄환이 K의 흉부를 관통하게 하여 이해 12월 3일 08시 55분경 진주시 칠암동 90 소재 경상대학교 병원에서 폐혈증 등으로 사망하게 한 것이다.

㉡ 피고인(총기를 사용한 경찰관 A)의 주장

- 총기로 인해 사망한 K(피해자)는 진주시내 일반부 씨름대회에서 우승할 정도로 힘이 센 사람이어서 동료 경찰관 B나 A(피고인)가 몸싸움을 통하여 K를 제압할 수 없었다. 더욱이 K가 B를 넘어뜨린 상태에서 권총을 잡으려고 하고 있어서 A가 K에게 달려들어 B가 일어날 수 있도록 도와줄 수도 없는 위협적이고 급박한 상황이었기 때문에 권총을 발사할 수밖에 없었다.
- 그리고 K가 동료경찰관 B의 몸 위에 올라앉은 채로 위에서 누른 상태에서 몸을 움직이고 있었으므로 K의 대퇴부 이하를 조준하여 총을 발사하기도 어려운 상황이었다. 따라서 A의 총기사용 행위는 당시 상황으로 보아 정당방위에 해당한다.

③ 원심과 고등법원의 판결

- 이 사건에 대해 원심(창원지방법원)은 경찰관 A(피고인)가 현장으로 가기 전에 사건발생 관할인 상대파출소에서 근무하는 경찰관 C로부터, '관할 파출소장이 현장으로 오고 있으니 총기는 사용하지 말고 대치만 하고 있어라'는 당부를 들은 사실이 있다. 그리고 당시 난동을 부린 K는 부인인 M의 신고와는 달리 칼로 아들을 위협하는 등 인질극을 벌이고 있지 않았다. 그리고 K는 아무런 무기나 흉기를 휴대하고 있지 않았다. 아울러 현장에는 경찰관 2명(A와 B)이 있는데다가 K의 부인 M과 그녀의 연락을 받고 미리 와 있던 이웃주민 N이 있어서 유사시 어느 정도의 도움을 줄 수 있었던 사실을 인식할 필요가 있다.

- 아울러 피고인 A(총기를 사용한 경찰관)는 K가 동료경찰 B의 허리 부위에 차고 있는 권총을 빼앗으려고 하는 등 긴박한 상황이었다는 주장하고 있는데 이러한 주장은 진술에 일관성이 없다고 본다. 즉, A의 주장과 관련하여 당사자인 B는 K의 몸 밑에 깔린 상태에서 K와 몸싸움을 벌였으므로 K가 자신의 권총을 빼앗으려 하였는지에 대하여 가장 잘 알 수 있다고 볼 수 있다. 그런데, 최초 경찰 진술 시에 B는 K의 손이 자신의 허리 부분에 닿으려고 했다는 등의 진술을 하지 않았고, 두 번째 조사시에 그러한 내용을 A로부터 들었다고 진술하였다. 그 이후부터 K의 손이 권총을 차고 있는 허리 부위에 닿는 것을 느꼈다고 진술하는 등 진술에 일관성이 없다.
- 따라서 K가 경찰관 B의 권총을 꺼내려 했다는 A의 진술 및 B의 일부 진술은 그대로 믿기 어렵다는 이유로 이를 받아들이기가 어렵다. 사정이 위와 같다면, 경찰관인 피고인 A가 공포탄 발사에 이어 근접한 거리에서 피해자 K의 몸을 향한 실탄발사로 나아간 것은 사회통념상 총기사용의 허용범위를 벗어난 것으로 상당성을 결하였다고 보는 것이 상당하다. 따라서 정당방위에 해당하지 않는다고 판단하여 이 사건 공소사실을 유죄로 인정한 제1심판결을 그대로 유지하였다.

④ 대법원의 사건재해석과 최종판결

㉠ 사건재해석

- 그러나 원심의 위와 같은 판단은 수긍하기 어렵다. 사건기록에 의하면, K의 처인 M은 진주경찰서 사건발생 관할인 상대파출소에 찾아가 파출소 내 근무자인 C에게 '남편이 집에서 칼로 아들을 위협하고 있다'고 신고하면서 경찰관의 출동을 요청하였다. 이에 따라 지원출동 나온 경찰관 A와 B가 함께 자신의 집인 위 꽃집으로 왔던 것이다.
- 한편 사망자 K는 경찰관 A와 B가 위 꽃집으로 출동하기 직전인 2001년 11월 27일 11시 20분경 진주시 상대동 소재 "한잔 드시게" 주점에서 후배인 P와 술을 마시고 있었다. 술을 마시면서 K는 자신의 처인 M과 이혼해야 하겠다는 등의 말을 하였고, 이에 대해 후배인 P는 이혼을 만류하는 등 서로 이야기를 나누다가 K가 갑자기 맥주병을 깨뜨려 후배인 P의 목을 찔렀다. 이에 신고를 받고 출동한 위 관할 상대파출소 소속 경찰관인 2명은 상처를 입은 P를 병원으로 후송하는 사이에 K는 위 주점 인근에 있는 자신의 집인 꽃집으로 도주한 것이다.
- 그 후 K의 부인 M은 상대파출소에 찾아와 위에서 본 바와 같이 위급한 상황을 신고하면서 경찰관의 출동을 요청하였고, 본서 상황실의 지령에 따라 상대파출소에 도착한 인근 동부파출소 소속 경찰관 A(피고인)와 B는 그곳 근무자인 C로부터 K가 술집에서 맥주병을 깨 다른 사람의 목을 찌르고 현재 집으로 도주하여 칼로 아들을 위협하고 있으니 신속하게 출동하여 총은 쏘지 말고 대치만 하고 있으라고 당부하였다.

- 이에 경찰관 A와 B는 순찰차에 K의 부인 M을 태워 위 꽃집으로 출동하였다. 한편, K의 부인 M은 가족과 평소 친하게 지내는 이웃주민 N에게 '…씨, 집에 한번 와 보세요'라는 말을 하고 전화를 끊어버리자 부부싸움을 하는 것으로 생각하고 즉시 위 꽃집으로 달려갔다. 그러나 전화를 한 M은 집에 없고 K가 혼자서 꽃집 안쪽 끝의 세면장에서 양치질을 하고 있는 것을 보고는 (별일 없다고 생각하고) 그대로 돌아오려고 할 때 경찰관 A와 B가 그날 11시 59분경에 위 꽃집에 도착하였다.
- 이때 동료경찰관 B는 권총을 허리에 찬 채 나무막대기를 들고 먼저 들어가고 경찰관 A는 권총을 빼어 들고 그 뒤를 따라 꽃집 안으로 들어갔다. 동료경찰관 B가 꽃집 안으로 들어가면서 위 이웃주민 N에게 '어떻게 된 겁니까?'라고 물었다. 그 순간 K가 위 꽃집 안쪽 세면장에서 나오면서 '당신들 뭐야? 이 밤에 왜 왔어? 빨리 가!'라고 소리를 지르며 경찰관 B와 A 쪽으로 달려들었다. 이웃주민 N이 이를 제지하려고 하자 그를 간단히 넘어뜨린 후 위 동료경찰관 B와 몸싸움을 하게 되었다.
- 진주시 씨름대회에서 우승할 만큼 건장한 체구의 소유자였던 K는 이내 B로부터 나무막대기를 빼앗고 그를 뒤로 밀어붙여 경찰관 A와 B가 거의 동시에 뒤로 넘어지게 되었다. 이어서 K는 동료경찰관 B의 배 위에 올라탄 자세에서 그를 공격하였고 B는 K로부터 빠져나오기 위하여 발버둥치고 있었다. 이러한 상황에서 경찰관A(피고인)는 뒤로 넘어져 있다가 정신을 차리는 순간 K가 손으로 동료경찰관 B의 목을 조이는 등 폭행하고 있는 것을 발견하고 이를 제지하기 위하여 넘어졌다가 일어나 앉은 자세로 공포탄 1발을 발사하여 K에게 경고를 하였다.
- 그러나 K는 동료경찰관 B를 풀어주지 아니한 채 동일한 자세로 몸싸움을 계속하였다. 이에 경찰관 A는 K를 향하여 실탄 1발을 발사하였고, 그 실탄은 K의 우측 흉부 하단 제9번 늑간 부위를 관통하였다. K는 총에 맞은 다음 B에 대한 압박을 풀고 꽃집 밖으로 나와 복부통증을 호소하면서 쓰러졌다. 나중에 확인하여 보니 K는 동료경찰관 B 등과 격투를 할 당시 칼을 소지하지 않고 있었던 것으로 밝혀졌다. K는 즉시 병원에 후송되어 입원치료를 받았으나 간파열 등으로 인한 패혈증으로 2001년 12월 3일 사망하였다.
- 사실관계가 위와 같다면, 상대파출소 근무자인 C로부터 'K가 술집에서 맥주병을 깨 다른 사람의 목을 찌르고 현재 자기 집으로 도주하여 칼로 아들을 위협하고 있다'는 상황을 연락 받고 현장에 도착한 경찰관 A(피고인)로서는, K가 칼을 소지하고 있는 것으로 믿었고 또 그렇게 믿은 데에 정당한 이유가 있었다고 할 것이다.
- 따라서 경찰관 A와 B는 K와의 몸싸움에 밀려 함께 넘어진 상태에서 칼을 소지한 것으로 믿고 있었던 K와 다시 몸싸움을 벌인다는 것은 A 자신의 생명 또는 신체에 위해를 가져올 수도 있는 위험한 행동이라고 판단할 수밖에 없을 것이

다. 따라서 경찰관 A가 공포탄 1발을 발사하여 경고를 하였음에도 불구하고 K가 동료경찰관 B의 몸 위에 올라탄 채 계속하여 그를 폭행하고 있었고, A의 입장에서는 K가 언제 소지하고 있었을 칼을 꺼내어 B나 자신을 공격할지 알 수 없다고 생각하고 있던 급박한 상황에서 B를 구출하기 위하여 K를 향하여 권총을 발사한 것이다.

ⓛ 최종판결

- 이러한 경찰관 A(피고인)의 권총 사용이, 경찰관직무집행법 제10조4 제1항의 허용범위를 벗어난 위법한 행위라거나 A에게 업무상과실치사의 죄책을 지울만한 행위라고 선뜻 단정할 수는 없다(다만 민사상으로 공무원인 피고인의 위와 같은 행위에 관하여 국가가 국가배상책임을 질 것인지 여부는 이와 별도의 관점에서 검토되어야 할 것이며, 이 점은 별론으로 한다). 그럼에도 불구하고, 원심은 이와 달리 경찰관 A가 K를 향하여 실탄을 발사한 행위가 경찰관의 무기사용의 허용범위를 벗어난 위법행위라고 판단하였으니, 거기에는 경찰관직무집행법 제10조의4 제1항 소정의 경찰관 무기사용의 허용범위 및 정당방위 등에 관한 법리를 오해하여 판결에 영향을 미친 위법이 있다. 이를 지적하는 상고이유의 주장은 이유 있다. 그러므로 원심판결을 파기하고, 사건을 원심법원에 환송하기로 하여 주문과 같이 판결한다.

제4장 행정경찰권한

제1절 경찰허가 권한

1. 경찰허가의 의의

1) 경찰허가의 개념

경찰허가(警察許可)란 위해방지를 목적으로 일반적·상대적으로 금지되어 있는 행위를 특정한 경우에 해제하여 적법하게 일정한 행위를 할 수 있게 하는 권한의 행사를 말한다. 허가는 학문상의 개념으로 실정법상으로는 면허·인허·특허·승인 등 여러 가지 용어가 사용되고 있다.[1)]

헌법상 모든 국민은 신체나 직업상 행동의 자유를 보장하고 있지만 그러한 행동이 타인의 자유와 권리를 침해할 위험이 있는 경우에는 그에 대한 금지 또는 제한이 따르기 마련이다. 다만, 어떠한 일정한 조건을 갖추게 되면 그러한 금지 또는 제한을 해제시켜주는 경우가 있다.

예컨대, 개인의 자유를 존중한다고 해서 아무에게나 자유롭게 자동차를 운전할 수 있도록 해서는 안 된다. 자격이 없는 사람이 운전을 하게 되면, 그로 인한 불상사로 인해 수많은 인적·물적 피해가 야기될 수 있기 때문이다. 따라서 「도로교통법」에 의해 '자동차 등을 운전하고자 하는 사람은 시·도경찰청장으로부터 운전면허를 받아야 한다'고 규정함으로써(제80조), 위험방지를 위한 사전 허가조치를 취하고 있는 것이다.

마찬가지로 「사격 및 사격장 안전관리에 관한 법률」에서 '사격장을 설치하려는 자는 경찰서장이나 시·도경찰청장의 허가를 받아야 한다'고 규정하고 있다(제6조).[2)]

---

1) 이철호(2004), 경찰행정법, 서울: 푸른세상, p. 172.

2) 사격이란 총기 또는 석궁을 사용하여 실탄 또는 화살 등을 발사하는 모든 행위를 말하는 것으로(제2조 제1호),

그리고 「사행행위 등 규제 및 처벌 특례법」에서 '사행행위영업(복표, 경품, 현상공모 등)을 하려는 자는 일정한 시설 등을 갖추어 행정안전부령으로 정하는 바에 따라 시·도 경찰청장의 허가를 받아야 한다. 다만, 그 영업의 대상 범위가 둘 이상의 특별시·광역시·도 또는 특별자치도에 걸치는 경우에는 경찰청장의 허가를 받아야 한다'고 규정하고 있다(제4조 제1항).[3]

2) 경찰허가의 종류

경찰허가의 종류는 ㉠ 대인적 허가, ㉡ 대물적 허가, 그리고 ㉢ 혼합적 허가로 구분할 수 있다.

대인적 허가는 운전면허와 같이 개인의 능력이나 자격과 같은 인적 요소를 기준으로 하는 허가를 말한다. 대물적 허가는 어떠한 시설물의 안전성, 적합성 등이 허가절차에서 중심이 되는 허가를 말한다.

한편, 혼합적 허가는 신청자의 자격과 동시에 시설물의 적합성과 안전성이 허가절차에서 동시에 고려되어 이루어지는 허가를 말한다. 경찰허가 대상이 되는 시설은 범죄 및 위험예방 등과 관련된 특성을 반영해야 하기 때문에 혼합적인 성질을 갖는 경우가 많다고 볼 수 있다.

혼합적 허가의 예

혼합적 허가와 관련하여 예컨대, 사격장은 사격을 할 수 있도록 시설을 갖춘 특정 장소를 말하는데, 이러한 사격장(실외사격장, 실내사격장) 허가를 받고자 하는 자는 일정한 구조·위치·설비 및 기준을 갖추고, 안전사고를 방지하기 위하여 대통령령으로 정하는 바에 따라 사격장의 주요 지점에 폐쇄회로 텔레비전을 설치하도록 하는 등의 조건을 갖추도록 하고 있다(사격 및 사격장 안전관리에 관한 법률 제5조).

---

① 공기총(가스를 이용하는 것 포함)사격장 및 석궁사격장을 설치하려는 자는 경찰서장의 허가, 그리고 ② '①' 이외의 사격장을 설치하려는 자는 시·도경찰청장의 허가를 받도록 하고 있다(제6조 제1항 제1호 및 제2호).

3) 사행행위(射倖行爲)란 여러 사람으로부터 재물이나 재산상의 이익(이하 '재물 등'이라 함)을 모아 우연적(偶然的) 방법으로 득실(得失)을 결정하여 재산상의 이익이나 손실을 주는 행위를 말한다. 이러한 사행행위관련 영업에는 ① 복권발행업(福券發行業, 특정한 표찰(컴퓨터프로그램 등 정보처리능력을 가진 장치에 의한 전자적 형태를 포함한다)을 이용하여 여러 사람으로부터 재물 등을 모아 추첨 등의 방법으로 당첨자에게 재산상의 이익을 주고 다른 참가자에게 손실을 주는 행위를 하는 영업), ② 현상업(懸賞業, 특정한 설문 또는 예측에 대하여 그 답을 제시하거나 예측이 적중하면 이익을 준다는 조건으로 응모자로부터 재물 등을 모아 그 정답자나 적중자의 전부 또는 일부에게 재산상의 이익을 주고 다른 참가자에게 손실을 주는 행위를 하는 영업), ③ 그 밖의 사행행위업: 복표발행업과 현상업 외에 영리를 목적으로 회전판 돌리기, 추첨, 경품(景品) 등 사행심을 유발할 우려가 있는 기구 또는 방법 등을 이용하는 영업으로서 대통령령으로 정하는 영업(제2조 제1항 제1호 및 제2호).

이와 같은 사격장 시설이 갖추어야 할 조건과 함께 사격장 허가를 받고자 하는 자가 아래와 같은 경우(결격사유)에는 사격장의 설치허가를 받을 수 없도록 규정하고 있다(사격 및 사격장 안전관리에 관한 법률 제7조 각호).

① 피성년후견인(舊 금치산자)·피한정후견인(舊 한정치산자)·미성년자
② 파산선고를 받고 복권(復權)되지 아니한 사람
③ 마약, 대마(大麻), 그 밖의 향정신성의약품(向精神性醫藥品) 중독자. 다만, 정신과전문의가 사격장설치자로서 적합하다고 인정하는 사람은 예외
④ 금고(禁錮) 이상의 형(刑)을 선고받고 그 집행이 끝나거나 집행을 받지 아니하기로 확정된 후 2년이 지나지 아니한 사람
⑤ 금고 이상의 형을 선고받고 그 집행유예기간 중에 있는 사람
⑥ 이 법이나 「총포·도검·화약류 등의 안전관리에 관한 법률」을 위반하여 벌금 이상의 형을 선고받고 그 집행이 끝나거나 집행을 받지 아니하기로 확정된 후 1년이 지나지 아니한 자
⑦ 동법에 따라 사격장 설치허가가 취소된 날부터 3년이 지나지 아니한 자
⑧ 임원중에 위의 '①'부터 '⑥'까지의 어느 하나에 해당하는 사람이 있는 법인 또는 단체에 해당하는 경우

2. 경찰허가의 법적 성질

1) 수익적 행위

일반적으로 경찰허가는 당사자에게 불이익을 주기 위한 것이 아니라 이익을 주는 수익적 행정행위라고 할 수 있다. 물론, 경우에 따라서는 수익에 부가하여 침익을 동시에 부과하는 경찰허가도 가능하다(예컨대, 통행금지를 일시 해제하되 통행료를 납부하도록 하는 경우).[4)]

2) 기속행위

경찰법령에서 일정한 요건을 구비한 경찰상 허가신청에 대하여 의무적으로 허가할 것을 규정하고 있다면, 경찰기관은 당연히 허가를 해주어야 한다. 이는 재량의 여지가 없는 기속행위(羈束行爲)인 것이다. 예컨대, 운전면허를 받으려는 사람은 운전면허시험에 합격하여야 하고, 시·도경찰청장은 운전면허시험에 합격한 사람에 대하여 행정안전부령으로 정하는 운전면허증을 발급하여야 한다(도로교통법 제85조). 여기에서 경찰기관의 재

4) 홍정선(2007), 앞의 책, p. 346.

량의 여지는 없는 것이다.

그러나 예외적으로 허가관청에 판단의 여지에 따른 '재량(裁量)에 의한 허가'가 있을 수 있다. 그리고 법문에서 허가에 대한 재량권을 명백히 규정하고 있지 않다면, 원칙적으로 기속행위로 보아야 할 것이다. 왜냐하면 요건을 구비한 허가신청에 대하여 허가를 하는 것이 기본권을 최대한 보장하려는 헌법상의 취지에 부합되기 때문이다.

경찰허가의 기속행위 예외: 사행행위의 영업허가

「사행행위 등 규제 및 처벌 특례법」에서 경찰청장이나 시·도경찰청장은 사행행위영업의 허가신청을 받으면 다음의 어느 하나에 해당하는 경우에만 그 영업을 허가할 수 있다(제5조 제1항 각호).

① 공공복리의 증진을 위하여 특별히 필요하다고 인정되는 경우
② 상품을 판매·선전하기 위하여 특별히 필요하다고 인정되는 경우
③ 관광 진흥과 관광객 유치를 위하여 특별히 필요하다고 인정되는 경우[5)]

3) 쌍방적 행위

일반적으로 경찰허가는 수익적인 행위이기 때문에 상대방의 신청(申請)에 의해 이루어지는 경우가 많다. 따라서 통상 신청을 필요로 하는 행위로서 협력을 요하는 행위(즉, 쌍방적 행정행위)라 할 수 있다.

그러나 상대방의 신청 없이 허가가 발령되는 경우도 있다. 예컨대, 시·도경찰청장 또는 경찰서장은 보행자의 통행을 보호하기 위하여 특별히 필요한 때에는 도로에 보행자전용도로를 설치할 수 있다(도로교통법 제28조 제1항). 그리고 차마(車馬)의 운전자는 그러한 보행자전용도로를 통행해서는 안 되지만, 시·도경찰청장 또는 경찰서장은 특별히 필요하다고 인정하는 때에는 보행자전용도로에 차마의 통행을 허용할 수 있다(제28조 제

5) 여기에서 '특별히 필요하다고 인정되는 경우'에 관하여는 대통령령으로 정하고 있다(동법 제5조 제2항). 즉, '특히 필요하다고 인정되는 경우'라 함은 공공의 안녕질서 및 선량한 풍속의 유지에 지장이 없다고 인정되는 경우로서 다음의 경우를 말한다. ① 공공복리의 증진을 위하여 특히 필요하다고 인정되는 경우(천재·지변 기타 이에 준하는 재해구제를 위하여 관계 중앙행정기관의 장이 필요하다고 인정하는 경우, 국가 또는 지방자치단체의 보조 또는 후원을 받는 사회복지사업을 추진하고자 하는 경우, 공공기관에서 공익사업을 위한 재원을 마련하고자 하는 경우), ② 상품의 판매선전을 위하여 특히 필요하다고 인정되는 경우(자기회사에서 생산하는 상품 또는 자가 점포에서 판매하는 상품의 국내외 판매촉진을 위하여 관계중앙행정기관의 장, 특별시장·광역시장 또는 도지사가 필요하다고 인정하는 경우), ③ 관광 진흥과 관광객의 유치촉진을 위하여 특히 필요하다고 인정되는 경우(문화체육관광부장관에게 등록한 관광숙박업 중 1등급이상의 관광호텔 및 관광객 이용시설업 중 종합휴양업소의 동일구내에서 사행행위영업을 하고자 하는 경우), ④ 외국 간을 왕래하는 5천 톤급 이상의 여객선 안에서 사행행위영업을 하고자 하는 경우(동법 시행령 제3조).

2항).[6)]

3. 경찰허가의 효과

1) 경찰금지의 해제

경찰허가는 일반적 금지를 해제하여 자연적 자유를 회복시켜 주는 효과를 갖는다. 즉, 경찰허가 효과의 본질은 자연적 자유에 대한 제한을 해제하는데 그치는 것이며, 그로 인하여 어떠한 권리·능력 기타 법률상의 힘을 부여하는 것은 아니다.

따라서 경찰허가에 의해 사격장 영업을 허가해 준 경우, 그 허가에 의하여 새로운 영업권이 설정되는 것이 아니라 헌법에서 보장하고 있는 영업의 자유권을 적법하게 행사할 수 있는 지위를 부여한 것에 불과한 것이다.[7)]

2) 허가의 효과가 미치는 범위

(1) 대인적·대물적·혼합적 범위

대인적 허가의 효과는 허가(예: 운전면허 등)를 받는 특정인에 한하고, 다른 사람에게 이전·상속될 수 없다. 따라서 허가 받은 본인의 사망에 의하여 그 허가의 효과는 당연 소멸된다.

그러나 대물적 허가(예: 건축허가 등)는 처분의 상대방이 아닌 자에게도 미친다. 즉, 경찰허가가 물건 및 시설물의 객관적 사정에 행하여진 경우에는 그 효과는 허가받은 사람뿐만 아니라 허가의 대상이 된 시설물의 상속인 또는 양수인에게도 그 효과가 미치는 것이 원칙이다.

한편, 혼합적 허가는 인적 요소와 물적 요소를 모두 고려해서 판단할 수밖에 없다고 본다. 예컨대, 사격장, 전당포영업, 총포·화약류제조허가와 같은 혼합적 허가는 신청자의 자격과 동시에 시설물의 적합성과 안전성 등이 고려된다. 따라서 시설물이 적합성과 안전성을 갖추었다고 해서 상속이나 양도에 의해서 당연히 허가의 효과가 이전될 수 없는 것이다. 이러한 시설물이 갖는 특징(위험성 등)으로 인해 오히려 대인적인 요소(신청자의

---

6) 도로교통법에 의한 시·도경찰청장 또는 경찰서장의 차마의 통행의 허용은 차마의 운전자의 신청을 전제로 하지 아니하면서, 이법 본문에 의한 법률상의 통행금지를 해제하는 경찰상 행정행위로서 허가의 성질을 갖는다. 홍정선(2007), 앞의 책, p. 349.

7) 이철호(2004), 앞의 책, p. 179.

자격요건)가 중요하게 다루어져야 한다고 본다.

(2) 지역적 범위

그리고 지역적으로 경찰허가의 효과는 허가관청의 관할구역 안에 미치는 것이 원칙이지만 타구역에 미치는 경우도 적지 않다. 예컨대, 도로교통법상의 운전면허를 취득한 자는 운전면허권자가 시·도경찰청장이지만, 운전면허가 있으면 전국 어디에서나 운전을 할 수 있다.

(3) 다른 법률과의 관계

그리고 경찰허가의 효과는 근거법상의 금지를 해제하는 효과만 있을 뿐 다른 법령상의 금지까지 해제하는 것은 아니라는 점에 주의할 필요가 있다. 예컨대, 경찰공무원이 총포제조업의 허가를 받았다고 해서, 국가공무원법상의 영리행위의 금지의무(제64조 제2항)가 해제되는 것은 아니므로 총포제조업의 허가만으로 영업을 할 수는 없는 것이다.[8)]

제2절 경찰명령 권한

1. 경찰명령의 의의

1) 경찰명령 개념상의 문제

일반적으로 명령(命令)이라는 것은 타인에게 무엇인가를 하도록 시키는 행위('해라', '하지마라' 등)라고 할 수 있다.

따라서 경찰 등 국가공권력이 행사하는 명령적 행위(命令的 行爲)란 사인이 원래부터 가지고 있는 자연적 자유를 제한하여 일정한 행위를 할 의무를 부과하거나 또는 부과된 의무를 해제하는 행위를 말한다.[9)]

8) 위의 책, pp. 182-183.; 홍정선(2007), 앞의 책, pp. 352-353.

9) 명령(命令)과 관련하여 종래 행정법학자들은 경찰명령(警察命令), 법규명령(法規命令), 경찰하명(警察下命), 질서하명(秩序下命) 혹은 경찰처분(警察處分)이라는 용어 등을 사용해 왔으며, 그 명령의 범위와 형식에 있어서 일치된 견해를 보여주지는 못하고 있다(이에 대해서는 후술하기로 한다). 김남진(2002), 앞의 책, pp. 148-168.;

(1) 의무준수의 중요성

인간은 사회적 동물로서 사회적 상호작용을 하면서 살지 않으면 안 된다. 따라서 개인은 자기의 행위나 자기의 지배하에 있는 물건이 공공의 안녕과 질서를 해치지 않도록 노력해야 한다. 그리고 만약 자기의 행위나 물건으로 인하여 공공의 안녕과 질서에 위해가 가해질 우려가 있는 경우에는 그것을 방지하고, 이미 발생한 장해에 대해서는 그것을 제거할 '의무'(義務)를 져야 하는 것이다.[10)]

이처럼 국민 또는 개인이 사회구성원으로써 준수해야할 의무는 헌법과 법률에서 보장하고 있는 개인의 자유와 권리에 대한 본질적 한계이며, 따라서 법치주의 원칙에 따라 헌법과 법률에서 이에 대한 한계를 두고 있음은 물론이다.

(2) 국민의 의무준수 방법

① 경찰법규에 의한 명령

경찰법규에 의한 명령은 법률에서 그와 관련된 의무규정을 명문으로 두고 있는 경우이다. 그렇다면, 경찰법규에서 어떠한 방법으로 국민의 준수의무를 규정하고 있는가? 이와 관련하여 예컨대, 「청소년보호법」 상의 청소년유해행위의 금지에서 '누구든지 다음에 해당하는 행위를 하여서는 아니 된다'고 규정(제30조)하고 있는 것을 들 수 있다.

청소년 유해행위의 금지 명령

① 영리를 목적으로 청소년(만 19세 미만인자)으로 하여금 신체적인 접촉 또는 은밀한 부분의 노출 등 성적 접대행위를 하게 하거나 이러한 행위를 알선·매개하는 행위
② 영리를 목적으로 청소년으로 하여금 손님과 함께 술을 마시거나 노래 또는 춤 등으로 손님의 유흥을 돋우는 접객행위를 하게 하거나 이러한 행위를 알선·매개하는 행위
③ 영리나 흥행을 목적으로 청소년에게 음란한 행위를 하게 하는 행위
④ 영리나 흥행을 목적으로 청소년의 장애나 기형 등의 모습을 일반인들에게 관람시키는 행위
⑤ 청소년에게 구걸을 시키거나 청소년을 이용하여 구걸하는 행위
⑥ 청소년을 학대하는 행위
⑦ 영리를 목적으로 청소년으로 하여금 거리에서 손님을 유인하는 행위를 하게 하는 행위
⑧ 청소년을 남녀 혼숙하게 하는 등 풍기를 문란하게 하는 영업행위를 하거나 이를 목적으로 장소를 제공하는 행위

홍정선(2007), 앞의 책, pp. 304-345.

10) 김남진(2002), 앞의 책, p. 149.

⑨ 주로 차 종류를 조리·판매하는 업소에서 청소년으로 하여금 영업장을 벗어나 차 종류를 배달하는 행위를 하게 하거나 이를 조장하거나 묵인하는 행위

이는 법률에 규정되어 있는 의무로서 어디까지나 '법률형식의 입법 작용'이지 행정작용(행정의 행위형식)은 아니다.

이는 법 즉, 청소년보호법에서 자체적으로 금지를 명령한 것이지 경찰이 어떠한 권력적 작용을 통해서 일반 국민을 상대로 청소년 유해행위의 금지를 명령한 것은 아니라는 점이다. 이처럼 입법 작용을 통해서 법률에서 의무를 규정한 것을 법규상의 명령, 즉 법규명령(法規命令)이라고 한다.

그리고 이러한 법규명령 위반은 자체적으로 효력이 발생하는 것이 아니라 경찰의 행정행위(즉, 단속 등)를 통해서 구체화 된다. 따라서 이러한 법규명령의 실효성은 벌칙(질서법 위반에 대해서는 행정상의 제재, 형사법 위반에 대해서는 형사상의 제재)을 통해 확보됨이 보통이다.[11)]

② 경찰행위에 의한 명령

경찰행위에 의한 명령(命令)은 위의 법규상의 명령과 같이 법률에서 직접적으로 의무 또는 금지규정을 두고 있는 것이 아니라, 의무를 위반했을 때 경찰에게 그에 대한 직접적인 처분권한을 부여하는 경우이다. 즉, '경찰이 직접적으로 명령을 내린다'는 의미에서 '경찰하명'(警察下命) 또는 '경찰처분'(警察處分)이라고 한다.

이와 관련하여 예컨대, 「집회 및 시위에 관한 법률」 제20조(집회 또는 시위의 해산)에서 규정하고 있는 것을 들 수 있다.

집회 또는 시위의 해산 명령

관할 경찰관서장은 다음의 어느 하나에 해당하는 집회 또는 시위에 대하여는 상당한 시간 이내에 자진(自進) 해산할 것을 요청하고 이에 따르지 아니하면 해산(解散)을 명(命)할 수 있다(집회 및 시위에 관한 법률 제20조 제1항).

① ㉠ 헌법재판소의 결정에 따라 해산된 정당의 목적을 달성하기 위한 집회 또는 시위, 또는 ㉡ 집단적인 폭행, 협박, 손괴(損壞), 방화 등으로 공공의 안녕 질서에 직접적인 위협을 끼칠 것이 명백한 집회 또는 시위(제5조 제1항).

11) 위의 청소년 유해행위의 금지 명령규정에서 ①을 위반하면 1년 이상 10년 이하의 징역, ②·③을 위반하면 10년 이하의 징역, ④·⑤·⑥을 위반하면 5년 이하의 징역, ⑦·⑧·⑨를 위반하면 3년 이하의 징역 또는 3천만원 이하의 벌금에 처하도록 하고 있다(청소년보호법 제55조~제58조).

② 해가 뜨기 전이나 해가 진 후에 행하는 옥외집회 또는 시위(제10조).[12)]

③ ㉠ 국회의사당, 각급 법원, 헌법재판소, ㉡ 대통령 관저(官邸), 국회의장 공관, 대법원장 공관, 헌법재판소장 공관, ㉢ 국무총리 공관(다만, 행진의 경우 제외), ㉣ 국내 주재 외국의 외교기관이나 외교사절의 숙소에 해당하는 청사 또는 저택의 경계 지점으로부터 100미터 이내의 장소에서 행하는 옥외집회 또는 시위(제11조)(이하 생략).[13)]

요약건대, 이러한 경찰행위에 의한 명령(즉, 경찰하명 또는 경찰처분)은 일반통치권에 의거하여 경찰목적 달성을 위하여 국민에게 작위(作爲)·부작위(不作爲)·수인(受認)·급부(給付) 등의 의무를 명령하는 일체의 행위로 설명할 수 있다.

그리고 이러한 경찰행위에 의한 명령(즉, 경찰하명 또는 경찰처분)을 위반했을 경우에는 법규명령과 마찬가지로 형사상 및 행정상의 제재(강제집행, 질서벌 등)를 받게 됨은 물론이다.[14)]

(2) 경찰명령 개념의 재정립

이 글에서는 경찰명령(警察命令)은 행정행위에 의한 명령[15)] 즉, 경찰하명(警察下命)을 의미하는 것으로 보고 법규명령은 제외하고자 한다.[16)] 종래 행정법 또는 경찰행정법에서는 법규명령을 경찰명령의 전형으로 보는 경향이 일반적인데, 여기에서는 행정행위에 의한 명령 즉, 경찰하명을 전형적인 경찰명령으로 보고자 한다.

---

12) 다만, 집회의 성격상 부득이하여 주최자가 질서유지인(秩序維持人)을 두고 미리 신고한 경우에는 관할 경찰관서장은 질서 유지를 위한 조건을 붙여 해가 뜨기 전이나 해가 진 후에도 옥외집회를 허용할 수 있다(집회 및 시위에 관한 법률 제10조, 한정위헌).

13) 다만, 다음의 어느 하나에 해당하는 경우로서 외교기관 또는 외교사절 숙소의 기능이나 안녕을 침해할 우려가 없다고 인정되는 때에는 해당하지 아니한다. ① 해당 외교기관 또는 외교사절의 숙소를 대상으로 하지 아니하는 경우, ② 대규모 집회 또는 시위로 확산될 우려가 없는 경우, ③ 외교기관의 업무가 없는 휴일에 개최하는 경우(동법 제11조 제4호 각 목).

14) 위의 집회 또는 시위가 일정한 요건 따라 해산 명령을 받았을 때에는 모든 참가자는 지체 없이 해산하여야 한다(집회 및 시위에 관한 법률 제20조 제2항). 이를 위반한 자는 6개월 이하의 징역 또는 50만원 이하의 벌금·구류 또는 과료에 처한다(제24조).

15) 행정행위(行政行爲)는 법률행위적 행정행위와 준법률행위적 행정행위로 구분하고, 여기에서 법률행위적 행정행위를 다시 명령적 행위와 형성적 행위로 구분하기도 한다. 그리고 명령적 행위는 하명(下命), 허가(許可), 면제(免除)로 구분하고 있다. 홍정선(2007), 앞의 책, p. 317. 그러나 허가는 별도로 살펴보았고, 여기에서는 명령적 행위 즉, 하명(下命)을 중심으로 살펴보기로 한다.

16) 법률에서 금지한 것은 법률 그 자체에 의한 금지인 것이지 경찰이 어떠한 명령을 통해서 금지한 경찰명령(警察命令)은 아니라고 본다. 후술하겠지만 경찰벌(警察罰) 특히, 경찰형벌 역시 형법 또는 특별형법 위반에 대한 국가형벌권에 의한 처벌을 의미하는 것이지 그것이 별도의 경찰형벌을 구성하는 것은 아니다. 마찬가지로 위에서 법률에서 금지한 것은 국민으로서 준수해야할 의무(義務)로 표현하면 충분한 것이며, 따라서 이를 경찰의무(警察義務)로 개념정의 하는 것 역시도 억지로 끼워 맞춘 견강부회(牽强附會)에 불과한 것이라고 본다.

이러한 경찰하명의 법적 근거는 일반경찰법으로서 경찰관직무집행법과 개별경찰법으로서 수많은 법(풍속영업의 규제에 관한 법률, 도로교통법, 집회 및 시위에 관한 법률 등)에서 찾아 볼 수 있다.

2. 경찰명령의 형식

경찰명령(경찰하명)은 특정인이나 특정다수인에 대해 행사되는 작위, 부작위, 수인·급부를 명령하는 처분(處分)을 말한다. 이러한 경찰하명은 경찰기관이 위험방지 등의 임무수행을 위해 활용하는 중요한 행위형식이라고 할 수 있다. 경찰하명은 경찰처분 또는 질서하명 등으로 불리기도 한다.

(1) 작위명령

개념적으로 작위(作爲)라는 것은 '의식적으로 행한 적극적인 행위'를 말한다. 따라서 작위명령(作爲命令)이라는 것은 경찰목적을 달성하기 위하여 어떠한 대상자에게 적극적으로 어떠한 행위를 할 것을 요구하는 것이라 할 수 있다.

이러한 작위명령의 한 예로써 경찰관직무집행법상의 위험발생의 방지를 위한 위험물 제거 명령을 들 수 있다.

이와 관련하여 "경찰관은 사람의 생명 또는 신체에 위해를 끼치거나 재산에 중대한 손해를 끼칠 우려가 있는 천재(天災), 사변(事變), 인공구조물의 파손이나 붕괴, 교통사고, 위험물의 폭발, 위험한 동물 등의 출현, 극도의 혼잡, 그 밖의 위험한 사태가 있을 때에는 ... 그 장소에 있는 사람, 사물의 관리자, 그 밖의 관계인에게 위해를 방지하기 위하여 필요하다고 인정되는 조치(措置)를 하게 하거나 직접 그 조치를 할 수 있다"고 규정하고 있다(경찰관직무집행법 제5조 제1항).

(2) 부작위명령

부작위(不作爲)라는 것은 작위와 반대로 '마땅히 해야 할 것으로 기대되는 일정한 행위를 하지 않는 일'을 말한다. 따라서 부작위명령이라는 것은 경찰목적을 달성하기 위하여 어떠한 대상자에게 어떠한 행위를 하지 말 것을 요구하는 것이라 할 수 있다.

이러한 부작위명령의 한 예로써 경찰관직무집행법상의 위험발생의 방지를 위한 통행제한 또는 금지 명령을 들 수 있다.

이오 관련하여 "경찰관서의 장은 대간첩 작전의 수행이나 소요(騷擾) 사태의 진압을 위하여 필요하다고 인정되는 상당한 이유가 있을 때에는 대간첩 작전지역이나 경찰관서·무기고 등 국가중요시설에 대한 접근 또는 통행을 제한(制限)하거나 금지(禁止)할 수 있다" 고 규정하고 있다(경찰관직무집행법 제5조 제2항).

한편 도로교통법상에도 그 예를 찾을 수 있다. 이와 관련하여 "경찰공무원은 도로의 파손, 화재의 발생이나 그 밖의 사정으로 인한 도로에서의 위험을 방지하기 위하여 긴급히 조치할 필요가 있을 때에는 필요한 범위에서 보행자나 차마의 통행을 일시 금지하거나 제한할 수 있다"고 규정하고 있다(도로교통법 제6조 제4항).

(3) 수인명령

수인(受認)이라는 것은 '어떠한 요구사항을 그대로 받아들이는 것' 말한다.

따라서 수인명령이라는 것은 경찰목적을 달성하기 위하여 어떠한 대상자에게 어떠한 요구를 했을 때 그대로 그 요구사항을 수용하라는 것이라 할 수 있다. 이러한 수인명령의 예로써 경찰관직무집행법상의 불심검문에 응할 의무를 들 수 있다.

이와 관련하여 "경찰관은 ㉠ 수상한 행동이나 그 밖의 주위 사정을 합리적으로 판단하여 볼 때 어떠한 죄를 범하였거나 범하려 하고 있다고 의심할 만한 상당한 이유가 있는 사람, ㉡이미 행하여진 범죄나 행하여지려고 하는 범죄행위에 관한 사실을 안다고 인정되는 사람의 하나에 해당하는 경우 그 사람을 정지시켜 질문할 수 있다"고 규정하고 있다(경찰관직무집행법 제3조 제1항).

(4) 급부명령

급부(給付)라는 것은 '금전적인 지급 또는 이행' 등의 의미를 가지고 있다.

따라서 급부명령이라는 것은 경찰목적을 달성하기 위하여 어떠한 대상자에게 금전적인 지급 등을 요구하는 것이라 할 수 있다.

이러한 급부명령의 예로써 도로교통법상의 과태료납부 의무 등을 들 수 있다. 이와 관련하여 도로교통법에서는 "다음의 어느 하나에 해당하는 사람에게는 20만원 이하의 과태료를 부과한다"고 규정하고 있다(도로교통법 제160조 제2항 각 호).

㉠ 물이 고인 곳을 운행할 때에는 고인 물을 튀게 하여 다른 사람에게 피해를 주는 일이 없도록 할 것

㉡ 자동차의 앞면 창유리와 운전석 좌우 옆면 창유리의 가시광선(可視光線)의 투과율이 대통령령으로 정하는 기준보다 낮아 교통안전 등에 지장을 줄 수 있는 차를 운전하지 아니할 것(다만, 요인(要人) 경호용, 구급용 및 장의용(葬儀用) 자동차는 제외)

㉢ 동승자에게 좌석안전띠를 매도록 하지 아니한 운전자

㉣ 동승자에게 인명보호 장구를 착용하도록 하지 아니한 운전자
㉤ 어린이통학버스에 탑승한 어린이나 영유아의 좌석안전띠를 매도록 하지 아니한 운전자
㉥ 고속도로 등에서의 준수사항을 위반한 운전자
㉦ 운전면허증 갱신기간에 운전면허를 갱신하지 아니한 사람
㉧ 어린이가 개인형 이동장치를 운전하게 한 어린이의 보호자 등

3. 경찰명령의 효과

이러한 작위·부작위·수인·급부와 같은 경찰명령(경찰하명)은 개별사건을 규제한다. 그리고 경찰명령(경찰하명)을 받은 상대방은 작위·부작위·수인·급부 등 관련의무를 지게 된다.

이와는 달리 경찰법상의 명령(즉, 법규명령)은 불특정 다수인을 대상으로 하는 추상적인 사건을 규율한다는 점에서 차이가 있다. 물론, 외부적 효과를 갖는다는 점에서 양자는 동일하다.[17)]

제3절 경찰강제 권한

1. 경찰강제의 의의

1) 경찰강제의 개념

경찰강제(警察强制) 또는 경찰강제집행이라는 것은 위의 경찰명령(즉, 경찰하명)에 의한 의무(작위·부작위·수인·급부 등)를 부과하였는데, 의무자가 스스로 이를 이행하지 않은 경우에 이의 실효성을 확보하기 위한 수단 가운데 하나라고 볼 수 있다.[18)] 바꿔 말

17) 홍정선(2007), 앞의 책, pp. 339-340.
18) 사인(私人) 간에는 한쪽이 권리를 가지고 다른 한쪽이 의무를 지고 있는 경우에 있어서, 그 의무자가 의무를 스스로 이행하지 않은 경우, 원칙적으로 법원에 소송을 제기하는 방법을 통해 그 의무를 강제하는 수밖에 없다. 이에 대해 경찰 등 국가행정 주체는 경찰명령(경찰하명 또는 경찰처분)을 통해 부과한 의무를 의무자가 스스로

하면, 경찰법상 구체적인 의무 불이행이 발생한 경우, 경찰기관이 권한을 행사하여 해당 의무자에게 신체 또는 재산에 직접 실력을 가하여 그 의무를 이행하게 하거나 또는 그 의무가 이행된 것과 같은 상태를 실현하는 것을 말한다.

이러한 경찰강제는 ㉠ 직접강제와 ㉡ 대집행, 그리고 ㉢ 강제징수 및 이행강제금으로 구분할 수 있다. 우리나라는 아직까지 직접강제에 대한 일반법은 없고, 대집행에 관한 일반법으로서 「행정대집행법」과 강제징수에 관한 일반법으로서 「국세징수법」을 들 수 있다.

2) 경찰강제의 특징

이러한 경찰강제는 언제나 개별적·구체적인 의무불이행(義務不履行)을 전제로 한다. 또 경찰강제는 법원의 힘을 빌리지 아니하고 '경찰 스스로의 힘으로 의무이행을 강제' 할 수 있는 점에서 특색이 있다.

그리고 경찰강제는 미리 법규명령 또는 경찰하명을 통해서 의무를 부과하였음에도 불구하고, 상대방이 그 의무를 이행하지 않을 경우에 행해진다는 점에서, 사전에 의무를 명하지 않고 곧바로 행해지는 즉시강제(卽時强制)와 구분된다.[19] 그러나 경찰강제(직접강제, 대집행, 강제징수)와 경찰 즉시강제 모두 '강제'(强制)를 중요수단으로 사용한다는 점에서는 동일하다고 본다.

2. 경찰강제의 유형

1) 직접강제

직접강제(直接强制)라는 것은 의무자가 의무를 불이행할 때, 경찰기관이 직접 의무자의 신체 또는 재산에 실력을 가하여 의무자가 직접 의무를 이행한 것과 같은 상태를 실현하도록 하는 권한행사라고 할 수 있다. 이러한 경찰의 직접강제는 작위의무의 불이행뿐만 아니라 부작위의무나 수인의무를 불이행한 경우에도 활용될 수 있다.

이러한 직접강제는 경찰기관이 직접 행사하고, 후술하는 대집행 역시 직접행사(또는 제3자로 하여금 대신 행사)토록 한다는 점에서는 동일하다고 본다.

이행하지 않는 경우에 직접 또는 간접적으로 실력을 행사하여 의무이행을 확보할 수 있다. 이러한 경찰명령의 실효성 확보수단(의무이행 확보수단)으로서 여기에서 살펴보는 경찰강제와 후술하는 경찰벌 등이 있다. 김남진(2002), 앞의 책, p. 166.

19) 위의 책, p. 226.; 홍정선(2007), 앞의 책, p. 401.

다만, 직접강제는 시간적으로 계고(戒告)와 실행(實行)간에 긴박성이 있으며, 따라서 계고 없이 바로 직접강제를 할 수도 있다. 그러나 대집행은 목전(目前)에서 직접이루어지기 보다는 일정한 절차를 거쳐 이루어진다는 점에서 차이가 있다.

우리나라는 이러한 직접강제에 대한 일반법은 없다.[20] 최근 개별법에서 직접강제에 관하여 규정하고 있는 경우가 늘고 있으며, 따라서 경찰법에 이에 관한 일반법을 마련하는 것이 바람직하다고 본다.[21]

경찰의 직접강제와 관련된 개별법으로 도로교통법상의 위험방지를 위한 조치를 들 수 있다.

즉, 경찰공무원은 자동차 등 운전자가 무면허운전 등의 금지(제43조), 술에 취한 상태에서의 운전 금지(제44조), 과로한 때 등의 운전 금지(제45조)의 규정을 위반하여 자동차 등을 운전하고 있다고 인정되는 경우에는 차를 '일시정지'시키고 그 운전자에게 '자동차 운전면허증을 제시할 것을 요구'할 수 있다(제47조 제1항).

이 경우 경찰공무원은 자동차등을 운전하는 사람에 대하여는 정상적으로 운전할 수 있는 상태가 될 때까지 운전의 금지를 명하고 차를 이동시키는 등 필요한 조치를 할 수 있도록 하고 있다(제47조 제2항).

2) 대집행

(1) 대집행의 의의

경찰 대집행(代執行)이라는 것은 경찰명령(경찰하명)을 받은 의무이행자가 이를 행하지 않은 경우, 경찰이 대신 하거나 또는 제3자로 하여금 이를 대신하도록 하는 것을 말한다. 단, 모든 의무이행을 대신하는 것이 아니라 경찰이나 제3자가 대신하여 행여도 특별한 문제가 없는 의무를 말한다.[22]

---

20) 독일 바이에른 국립경찰직무법 제5장(제53조~제69조)에 경찰강제가 규정되어 있다. 이 법에서는 경찰강제의 수단으로 대집행(제55조), 강제금(제56조), 직접강제(58조)를 규정하고 있다. 직접강제와 관련하여, '경찰은 고려할 다른 강제수단이 없거나, 있다고 하여도 효과를 기대할 수 없거나 또는 비합목적적일 때에는 직접강제를 행사할 수 있다. 직접강제의 종류와 적용방법은 제60조 이하에 의한다'고 규정하고 있다(제58조). 이 법에서는 직접강제의 수단으로 총기사용, 수갑 등을 들고 있다. 홍정선(2007), 앞의 책, pp. 402-404.; 앞에서 설명한 우리나라 경찰관직무집행법상의 위험발생의 방지(제5조), 위험방지를 위한 출입(제7조), 무기사용(제10조의4) 등을 즉시강제가 아닌 직접강제의 성격을 갖는 것으로 보기도 한다. 김남진(2002), 앞의 책, p. 227.

21) 위의 책, p. 228.; 홍정선(2007), 앞의 책, p. 402.

22) 대집행의 대상은 법률에 의거한 경찰관청의 명령에 의한 행위(즉, 경찰하명) 뿐만 아니라 법률(법률의 위임에 의한 명령, 지방자치단체의 조례 포함)에 의하여 직접명령(즉, 법규명령)되는 경우도 포함된다(행정대집행법 제2조 단서).

즉, 경찰청과 같은 행정청의 명령에 의한 행위로서 타인이 대신하여 행할 수 있는 행위를 의무자가 이행하지 아니하는 경우로서, 아래와 같은 때에는 당해 행정청은 스스로 의무자가 하여야 할 행위를 하거나 또는 제삼자로 하여금 이를 하게 하여 그 비용을 의무자로부터 징수할 수 있다(행정대집행법 제2조 단서).

㉠ 다른 수단으로써 그 이행을 확보하기 곤란하고 또한
㉡ 그 불이행을 방치함이 심히 공익을 해할 것으로 인정될 때

행정대집행법은 대집행에 대한 일반법이기 때문에, 다른 법률에서 따로 정하고 있는 경우에는 그 법에 따르고, 그러한 규정이 없는 경우에는 이 법이 정하는 바에 의하도록 하고 있다(행정대집행법 제1조).

개별법으로는 도로교통법상의 경찰대집행의 예를 들 수 있다. 도로교통법에서 주차위반 등의 차에 대하여 대집행에 의하여 이동·보관·공고·매각 또는 폐차 등을 규정하고 있다. 그리고 그 비용징수에 관하여는 행정대집행법 조를 적용하도록 하고 있다(도로교통법 제35조 제6항).

그리고 개별법에서 대집행과 같은 규정이 없더라도 행정대집행법이 정한 요건에 충족하는 한 경찰기관은 이를 할 수 있다고 본다.[23] 여기에서 말하는 요건이라는 것은 경찰하명에 대한 '공법상의 의무'로서 '이행을 확보할 다른 수단이 없고', 또한 '불이행을 방치함으로써 심히 공익을 해할 것으로 인정될 때' 등을 들 수 있을 것이다.

(2) 대집행의 절차

① 계고

대집행처분을 하려함에 있어서는 먼저, 상당한 이행기한을 정하여 그 기한까지 이행되지 아니할 때에는 대집행을 한다는 뜻을 미리 문서(文書)로써 계고(戒告: 의무의 이행을 독촉)하여야 한다(행정대집행법 제3조 제1항). 이 경우, 행정청은 상당한 이행기한을 정함에 있어 의무의 성질·내용 등을 고려하여 사회통념상 해당 의무를 이행하는 데 필요한 기간이 확보되도록 하여야 한다(제3조 제1항 하단).

② 통지

다음으로, 의무자가 전항의 계고를 받고 지정기한까지 그 의무를 이행하지 아니할 때

23) 김남진(2002), 앞의 책, p. 227.

에는 당해 경찰관청은 대집행영장(代執行令狀)으로써 대집행을 할 시기, 대집행을 시키기 위하여 파견하는 집행책임자의 성명과 대집행에 요하는 비용의 계산에 의한 견적액을 의무자에게 통지하여야 한다(행정대집행법 제3조 제2항).

그런데 긴박한 상황(예컨대, 불법주차로 인해 교통사고의 위험이 있는 경우 등)에서는 이러한 통지절차 없이 가능하다.

이에 따라 행정대집행법에서는 비상시 또는 위험이 절박한 경우에 있어서 당해 행위의 급속한 실시를 요하여 위와 같은 수속을 취할 여유가 없을 때에는 그 수속을 거치지 아니하고 대집행을 할 수 있도록 하고 있다(제3조 제3항). 이 경우는 경찰상 즉시강제의 성격을 갖는다고 본다.

③ 실행

그리고 의무자가 지정된 기한까지 의무를 이행하지 않으면, 당해 경찰관청은 스스로 의무자가 해야 할 행위를 하거나 또는 제3자로 하여금 그 행위를 하도록 하고 있다(행정대집행법 제4조 단서).

④ 비용징수

끝으로, 대집행에 필요한 비용은 의무자가 부담해야 한다. 대집행에 요한 비용의 징수에 있어서는 실제에 요한 비용액과 그 납기일을 정하여 의무자에게 문서로써 그 납부를 명하여야 한다(행정대집행법 제5조). 당해 경찰관청은 실제에 소요된 비용과 그 납기일을 정하여 의무자에게 문서로써 그 납부를 명하여야 한다. 의무자가 그 비용을 납부하지 않으면, 당해 경찰관청은 대집행에 소요된 비용을 국세징수법에 의하여 징수할 수 있다(제6조 제1항).

강제징수와 이행강제금

① 강제징수

강제징수(强制徵收)는 금전급부의무의 불이행이 있을 때, 일반적으로 국세징수법이 정하는 바에 따라 이루어진다.

강제징수는 예컨대, 도로교통법상의 주차위반차량에 대한 대집행과정에서 이루어질 수 있다. 도로교통법에서는 주차위반차량에 대하여 대집행(이동·보관·공고·매각 또는 폐차 등)을 하고, 그 비용징수와 관련하여 행정대집행법의 규정을 적용한다고 규정하고 있다(제35조 제6항). 그리고 행정대집행법에서는 대집행에 요한 비용은 국세징수법의 예에 의하여 징수할 수 있다고 규정하고 있다(제6조 제1항). 국세징수법상의 징수는 관할 세무서장이 행한다.

② **이행강제금**

이행강제금(履行强制金) 또는 강제금(强制金)은 작위·부작위 등의 의무불이행이 있는 경우에, 일정액의 금액을 납부하게 됨을 계고(戒告)하여 심리적 압박을 줌으로써 의무이행의 확보를 도무하는 강제수단이라 할 수 있다.

이행강제금은 의무 위반행위에 대한 제재로써 벌금형과 같은 형벌 또는 과태료와 같은 처벌이 아니다. 바꿔 말하면, 이는 이미 행한 불법에 대한 속죄를 위한 처분이 아니라 장래에 행위의 이행의 확보를 위한 강제수단이다. 강제금에 관한 일반적인 법규정은 없으며, 개별법(예컨대, 「건축법」 등)으로 존재한다.[24)]

제4절 경찰벌 부과 권한

1. 경찰벌의 의의

1) 경찰벌의 개념

(1) 경찰벌의 개념상의 문제

경찰벌(警察罰)이라는 것은 경찰법상의 의무위반행위에 대하여, 그 상대방에게 과하는 경찰법상의 일종의 '처벌'(處罰)을 의미한다. 이러한 경찰벌은 '과거의 의무위반 행위'에 대하여 과해지는 것인데, 처벌규정이 존재함으로써 의무자에게 심리적 압박을 가하여 간접적으로 의무이행을 확보하는 기능도 갖는다고 본다. 일종의 일반예방효과 기능도 한다는 의미이다.

종래에 경찰벌은 처벌내용에 따라 ㉠ 경찰형벌(警察刑罰)과 ㉡ 경찰질서벌(警察秩序罰)로 구분하고 있다.[25)] 경찰형벌이란 경찰법상 의무위반에 대한 제재로서 형법에 규정

24) 건축법 제80조(이행강제금)에서 '건축물 허가권자는 위반 건축물 등에 대한 조치 등에 따라 시정명령을 받은 후 시정기간 내에 시정명령을 이행하지 아니한 건축주 등에 대하여는 그 시정명령의 이행에 필요한 상당한 이행 기한을 정하여 그 기한까지 시정명령을 이행하지 아니하면 일정한 이행강제금을 부과하도록 규정하고 있다(제1항).

25) 김남진(2002), 앞의 책, p. 243.; 홍정선(2007), 앞의 책, p. 397.; 이철호(2004), 앞의 책, p. 241.

(제41조)되어 있는 형벌(사형, 징역, 금고, 구류, 자격정지, 자격상실, 벌금, 과료)이 가해지는 경찰벌을 말한다. 경찰질서벌이란 경찰법상 의무위반에 대한 제재로서 형법상의 형벌이 아닌 행정법규상의 제재 즉, 과태료(過怠料) 등이 부과되는 경찰벌을 말한다.

그런데, 이러한 '경찰벌'이라는 용어 사용에 있어서 다음과 같은 점을 분명히 해야 한다. 즉, '경찰벌'이라는 용어를 사용하기 위해서는 '처벌'의 주체가 '경찰'이어야 한다는 점이다. 경찰이 어떠한 위반행위에 대해 주체적으로 처벌권을 행사 할 수 있을 때, 그것을 '경찰벌'이라고 불러야지, 경찰관련 법규에 처벌규정(벌칙)이 있다고 해서 그것을 경찰벌이라고 표현해서는 안 된다는 의미이다.[26]

근대 일본경찰의 경찰형벌권 부과 사례

근대 일본경찰의 경우, 경찰서장은 위경죄즉결례(違警罪卽決例, 1885)에 근거를 둔 형벌권(구류, 과료)을 행사하였다.

일본 최초의 서구식 근대법전은 1880년에 제정되어 1882년에 시행된 형법과 치죄법(治罪法, 1890년에 이를 대신하여 형사소송법이 제정됨)이라 할 수 있다. 당시의 일본 형법은 1810년 프랑스 형법을 모방하여 범죄를 중죄(重罪)·경죄(輕罪)·위경죄(違警罪)로 삼분하였다. 여기에서 위경죄에 해당되는 경우, 형벌로서 원칙적으로 구류(拘留)와 과료(科料)만을 부과할 수 있도록 하였다.

그런데 당시의 형사소송법이라 할 수 있는 치죄법에서는 위경죄의 재판을 치안재판소(治安裁判所)에서 관할하도록 하였지만, 현실적인 문제(재판소 설치상황, 법관 및 검사의 수 등)로 인해 일부지역을 제외하고는 위경죄에 대한 재판을 종전과 마찬가지로 경찰서장이 관장하게 되었으며, 그 재판에 대한 항소와 상고를 인정하지 않았다.

이후 확산되는 일본시민의 민권운동(民權運動)을 규제하기 위해 경찰의 권한은 계속 확대되었고, 1885년 위경죄즉결례의 제정에 의해 항구적인 제도로 고착되었다. 이 위경죄즉결례에 의해 위경죄에 대한 형벌부과 권한은 경찰서장에게 귀속되어 있었다. 이 법에서 예심절차는 규문주의(糾問主義)적 성격이 강하고, 피고인을 밀실에 감금하는 것이 가능하였으며, 변호인 선임도 허용하지 않았다. 이 위경죄즉결례는 1947년에 폐지되었다. 이 밖에도 일본에서는 경찰서장의 경미한 범죄에 대한 형벌권 행사와 관련하여 경찰범처벌령(警察犯處罰令, 1907)이 제정되어 적용되다가 1948년에 폐지되었다.

---

26) 예컨대, 소방기본법 제25조(강제처분 등) 제1항에 '소방본부장, 소방서장 또는 소방대장은 사람을 구출하거나 불이 번지는 것을 막기 위하여 필요할 때에는 화재가 발생하거나 불이 번질 우려가 있는 소방대상물 및 토지를 일시적으로 사용하거나 그 사용의 제한 또는 소방활동에 필요한 처분을 할 수 있다'고 규정하고 있다. 그리고 동법 제51조(벌칙)에서 '제25조 제1항에 따른 처분을 방해한 자 또는 정당한 사유 없이 그 처분에 따르지 아니한 자는 3년 이하의 징역 또는 1천 500만원 이하의 벌금에 처한다'고 규정하고 있다. 종래의 경찰벌 논리대로라면, 이러한 처벌규정은 행정벌로서 '소방벌'(消防罰)이라고 불러야 할 것이다.

요약건대, 일본은 메이지유신(明治維新, 1868)이래 위경죄즉결례와 경찰범처벌령에 의한 위경죄 처벌 외에 경찰관청에 의한 형벌부과를 허용한 법규는 없었던 것으로 보인다.[27)]

생각건대, 형법이 아닌 행정법에 형벌규정이 명시되어 있다 할지라도, 특별히 예외적인 경우를 제외하고는 그것에 대한 처벌권 또는 재판권한은 사법부에 있는 것이 원칙이다.

바꿔 말하면, 형벌의 구성요건의 소재지가 행정법일지라도 위반행위에 대한 법률효과가 형벌인 이상 형법의 일반원칙은 엄격하게 준수되어야 한다는 것이다.[28)] 오늘날 권력분립의 원칙상 국가형벌권 행사 권한은 사법부에 귀속되어 있는 까닭이다.

형법상의 형벌과 행정법상의 행정형벌의 구분 문제

전통적으로 행정법학에서는 행정벌에는 행정형벌(사형, 징역, 금고, 자격상실, 자격정지, 벌금, 구류, 과료, 몰수)과 행정질서벌(과태료)이 포함된다고 하면서, 행정형벌에 관한 법규, 즉 행정형법은 행정의 특수성으로 인하여 형법과 구별되는 독자적인 원리에 의해 규율되어야 한다고 보았다.

이와 같은 '행정형법'(行政刑法)이라는 개념은 독일에서 형법 및 형사소송법 개정논의가 전개되는 과정에서 생성되었는데, 특히 골드슈미트(J. Goldschmidt)에 의하여 체계적으로 정립되었다. 그에 의하면 행정형법이란 행정상의 의무 위반에 대한 행정청의 형벌부과를 규정한 법규를 말한다. 그러나 1952년 질서위반법(OWiG)이 제정된 이후에는 행정청에 의한 형벌부과 규정이 점차 사라지고, 행정청이 행정상의 의무불이행을 확보하기 위해 부과할 수 있는 제재수단은 행정질서벌(과태료)로 한정되었다. 따라서 독일에서 행정형법이라는 개념은 의미를 잃었다고 볼 수 있다. 일본에서는 미노베 다쯔기츠(美濃部達吉)가 독일의 행정형법이론을 계수한 이래, 후쿠다 타이라(福田平) 등에 의해 계속 발전하여 일본의 주류이론으로 정착되었다. 한국에서도 이들의 행정형법 이론이 거의 그대로 계수되

27) 山中永之佑(1994), 日本近代法論, 東京: 法律文化社, pp. 119-140.; 김용세(2001), "행정질서벌과 형사제재의 관계: 질서위반행위의 효과적 통제방안에 관한 연구," 형사정책연구 제12권 제2호, pp. 40-47.

28) 형법 및 특별형법은 특정 위반행위에 대한 처벌 자체를 목적으로 만든 법률이다. 예컨대, 형법 제250조에서는 '사람을 살해한 자는 사형, 무기 또는 5년 이상의 징역에 처한다'고 규정하고 있다. 특별형법으로서 성매매알선 등 행위의 처벌에 관한 법률 제18조 제1항에서 '폭행이나 협박으로 성을 파는 행위를 하게 한 사람 등은 10년 이하의 징역 또는 1억원 이하의 벌금에 처한다'고 규정하고 있다. 반면, 행정법은 국가행정 본연의 목적을 달성하기 위해 제정된 것이고, 그러한 목적달성을 위한 법규정을 위반하였을 때, 그에 대한 처벌규정을 별도로 규정하고, 그 처벌이 형사처벌에 해당될 때 이를 행정형벌이라고 한다. 예컨대, 「집회 및 시위에 관한 법률」은 '적법한 집회(集會) 및 시위(示威)를 최대한 보장하고 위법한 시위로부터 국민을 보호함으로써 집회 및 시위의 권리 보장과 공공의 안녕질서가 적절히 조화를 이루도록 하는 것을 목적으로 하고 있다'(제1조). 그러면서도 일정한 위반행위에 대한 형사처벌 조항(예컨대, 집회 및 시위에 대한 방해를 했을 경우 3년 이하의 징역 또는 300만원 이하의 벌금형에 처함)을 두고 있다(제22조).

었다.[29)]

따라서 한국과 일본은 독일에서조차 의미를 잃고 있는 골드슈미트의 고전적 행정형법이론을 그대로 끌어안고 있는 셈이다. 즉, 오늘날 한국과 일본의 경우, 경찰과 행정청에서 실제 형벌권을 행사하지 않음에도 불구하고 경찰벌 또는 행정벌이라는 이름으로 개념정립을 하고 있는 것이다. 바꿔 말하면, 형법 위반사범과 행정법규 위반사범에 대한 형벌부과를 위한 형사절차는 원칙적으로 동일하며, 행정관청의 개입여지는 없다. 이에 대해서 형법학에서는 당연히 이를 긍정하고 있다. 법적으로도 특별한 규정이 없는 한 형법총칙(대한민국 형법 제8조, 일본형법 제8조)이 적용되며, 형사소송법에 정한 절차에 따라야 함은 물론이다.

이러한 사정에도 불구하고 행정법학계에서는 형법상의 형벌과 행정법상의 행정형벌을 구분하여 양자를 구분하고 있다.[30)] 생각건대, 형법이든 행정법이든 형벌과 관련된 위반사항에 대해서는 원칙적으로 동일하게 다루고, 다만 행정법 위반사항 가운데 행정청이 부과하는 질서벌(과태료)을 별도로 다루면 충분하다고 본다.

경찰벌에 대한 접근도 마찬가지이다. 행정법학에서는 종래에 논의된 '행정벌' 개념을 용어상 '경찰벌'로 바꾼 것에 지나지 않기 때문이다. 더욱이 문제가 되는 것은 한국경찰은 행정법학자들이 말하는 대륙법계식의 행정경찰에 국한되지 않는다는 점이다. 경찰의 범죄수사 기능은 형사사법에 있어서 매우 중요한 비중을 차지하고 있기 때문이다. 행정법학의 시각이라면, 경찰은 비단 행정법규 위반에 대한 행정벌(경찰벌)에 관련될 뿐만 아니라 형사법규 위반에 대한 형사벌에도 관련되기 때문에 이 또한 경찰벌로 표현해도 된다는 논리이다.

요약건대, 경찰은 형법 및 특별형법 위반에 대한 형사소송법상의 범죄수사 기능 등을 수행하고 있으며, 따라서 경찰벌을 행정형벌에 국한시킬 이유가 전혀 없는 것이다. 그러나 행정벌과 마찬가지로 경찰벌이라는 개념은 행정청 혹은 경찰관청이 그러한 처벌권한을

29) 이에 대한 자세한 내용은 김용세(2001), 앞의 논문 참조.

30) ① 한국과 일본의 통설은 윤리침해 여부를 기준으로 행정범과 형사범을 구별하고 있다. 형사범은 본래부터 반사회적·반윤리적 속성을 지니지만 행정범은 행위자체가 반윤리적인 속성을 지니는 것이 아니라 법령의 규정에 위반함으로써 비로서 반사회성이 인정된다는 것이다. ② 이 주장은 경찰국가시대에 독일에서 주장되었던 자연범(自然犯)과 법정범(法定犯)의 구별이론으로부터 유래한 것이지만, 자연범과 법정범의 구별은 상대적인 것으로서 실질적 의미를 인정할 수 없다는 것이 현대 형법학계의 일반적 견해이다. 행정법학계의 통설도 행정범과 형사범의 구별기준인 '윤리성'은 시대와 상황에 따라 상대적·유동적이기 때문에 행정범도 형사범으로 전환될 수 있다고 보고 있다. 그러나 행정범과 형사범의 구별이 유동적이고 행정범은 상황에 따라 형사범으로 전환될 수 있다는 것은 결국 양자를 구별할 실체적 기준이 존재하지 않는다고 고백하는 것과 다름없다. ③ 이처럼 행정범과 형사범 사이의 실체적 구별이 불가능할 뿐만 아니라 절차상의 차별조차 인정되지 않는 상황에서 행정형법을 형법으로부터 독립된 독자적인 법 영역으로 취급할 근거는 없다. 행정형법원론의 원산지라고 할 수 있는 독일에서도 행정형법이라는 개념은 그 의미를 잃었다. 그럼에도 불구하고 행정형법이라는 독자적인 법영역을 인정하고자 하였기 때문에 한국과 일본의 행정형법론은 기술한 바와 같은 개념적 혼란에 빠지고 만 것이다. 위의 논문, pp. 77-78.; 생각건대, 오늘날 행정벌(행정범)과 형사벌(형사범)의 구별은 실정법의 규정을 근거로 해석론적으로 접근할 수밖에 없다고 본다.

행사할 수 있을 때, 사용할 수 있는 용어라고 본다. 따라서 종래와 같이 사형, 징역, 금고, 자격상실, 자격정지, 벌금, 구류, 과료, 몰수에 이르는 모든 형벌을 경찰벌로 간주하는 것도 문제가 있다고 본다.
이러한 상황에서 굳이 경찰벌이라는 용어를 사용하고자 한다면, 경찰이 행사할 수 있는 처벌 또는 제재권한을 전제로 한 것이어야 한다고 본다. 이와 관련하여 형사소송절차의 특별형태인 통고처분 권한을 들 수 있다(그러나 이것은 엄밀한 의미에서의 형벌권 행사는 아님은 물론이다). 따라서 경찰이 행사할 수 있는 질서벌로서 과태료 부과 권한 등으로 국한시켜야 한다고 본다.

⑵ 경찰벌의 개념 재정립

따라서 경찰벌이라는 것은 행정관청인 경찰기관에 관련 위반행위에 대한 처벌권한을 부여한 규정이 있을 때 성립하는 것이다. 즉, 경찰이 주체적으로 처벌권한을 행사할 수 있을 때, 그것을 경찰벌이라고 불러야 한다는 것을 의미한다.

이러한 요건을 충족한 경찰벌 부과 권한은 ㉠ 질서벌로서 과태료(過怠料) 부과 권한과 ㉡ 범칙행위에 대한 통고처분을 통한 범칙금(犯則金) 부과 권한을 들 수 있다.

다만 후술하겠지만, 여기에서 경찰이 행사하는 범칙금 부과 권한은 질서벌인 동시에 형벌의 성격을 아울러 가지고 있다고 볼 수 있다. 즉, 범칙금은 실제에 있어서는 질서벌이지만 형식에 있어서는 형벌로 볼 수도 있을 것이다. 어쨌든, 경찰의 범칙금부과 권한을 질서벌로 간주한다면 이는 행정경찰권한에 해당되는 것(위험방지를 목적으로 하는 행정경찰의 대표적인 예외)이며, 형벌로 간주한다면 이는 사법경찰권한으로 볼 수 있을 것이다. 아래에서는 이를 질서벌로 간주하여 살펴보기로 한다.

2) 경찰벌과 구별개념

(1) 경찰벌과 징계벌의 구별

경찰벌은 일반 사인(私人)을 대상으로 경찰법관련 의무위반에 가해지는 제재이지만 징계벌(懲戒罰)은 특별법률관계 또는 특수신분관계에 의해 경찰조직 내부질서 문란자(예컨대, 경찰권한을 오남용한 경찰관 등)에게 가해지는 제재인 점에서 다르다.

따라서 양자는 그 목적, 대상, 권력의 기초 등에 있어 차이가 있기 때문에, 양자를 함께 부과하는 것은 일사부재리(一事不再理)원칙에 저촉되지 않는다.[31)]

---

31) 김남진·김연태(2004), 행정법Ⅰ, 서울: 법문사, pp. 460-461.

(2) 경찰벌과 이행강제금의 구별

경찰벌과 이행강제금은 일종의 '금전적 제재'라는 점에서 동일하다. 그러나 경찰벌은 경찰상 '과거'(過去, past)의 의무위반에 대한 제재이지만, 이행강제금은 의무불이행이 있는 경우 '장래'(將來, future)의 의무이행을 확보하기 위한 강제집행의 수단으로 과하여지는 점에서 차이가 있다.

(3) 경찰벌과 형사벌의 구별문제

경찰벌과 형사벌은 형식적인 점에서 '처벌'(處罰)이 주어진다는 점에서 양자는 동일하다. 다만, 종래의 관점에서와 같이 경찰벌을 경찰형벌과 경찰질서벌을 포함하는 개념을 본다면, 양자는 차이 가 있다. 그리고 이 책에서와 같이 경찰벌을 질서벌 등으로 국한시킬 때에도 형사벌과 구분됨은 물론이다.

2. 경찰벌의 유형

1) 과태료 부과 권한

(1) 과태료의 개념

경찰벌의 대표적인 형태로서 경찰법규의 의무위반에 대한 질서벌로서 과태료(過怠料) 부과 권한을 들 수 있다.[32] 질서벌인 과태료는 '경찰상 질서위반에 대한 제재로서 의무위반의 정도가 비교적 가볍고, 간접적으로 공공질서를 교란할 위험이 있는 행위에 대하여 부과되는 금전적 처벌'로 정의할 수 있다.[33]

이러한 과태료는 과거의 의무위반에 대한 제재이지만, 의무자에게 심리적 압박을 가함으로써 간접적으로 의무이행을 강요하는 기능을 아울러 가지고 있다고 볼 수 있다. 물론,

32) 과태료개념 외에 '과징금'(課徵金)이라는 것이 있다. 과징금은 행정상 의무위반을 통하여 경제적 이익을 획득한 자에게 그 이익을 박탈하는 금전적 제재라 할 수 있다. 이와 관련하여 일본은 '사적 독점금지 및 공정거래 확보에 관한 법률'(1977)을 제정하였는데, 우리나라는 이를 계수하여 '독점규제 및 공정거래에 관한 법률'(1980)을 제정하여 이의 적용범위를 확대하고 있다. 과징금은 불법행위를 통하여 부정한 이익을 박탈한다는 의미와 함께, 사업자가 행정법규를 위반하여 사업을 추진하였더라도 그 이익만 박탈하고 사업을 계속하게 함으로써 사업자 본인과 사업이용자의 편의를 도모하는 기능을 수행한다. 일반적으로 과징금은 상대적으로 그 액수가 매우 크다. 예컨대, 시멘트 가격 담합으로 쌍용양회는 공정거래위원회로부터 2016년에 과징금 874억원을 부과(2020년 대법원 확정) 받은 바 있다. 그러나 외형상으로는 과징금이 불법한 영업이익의 박탈이라는 특성을 가지지만, 실질적으로는 행정 의무위반에 대한 금전적 제재라는 성격을 가지기 때문에 과태료와 명확하게 구별되지는 않는다. 박영도·박수헌(1993), 과징금제도의 현황과 개선방안, 한국법제연구원, p. 31.; 박윤흔(1998), 최신행정법강의(상), 서울: 박영사, pp. 617-619.

33) 강구철(1998), 강의행정법(Ⅰ), 서울: 형설출판사, p. 606.

이렇게 되기 위해서는 과태료 부과 액수가 심리적 압박을 가할 정도로 충분히 많아야 할 것이다.

그러나 한편으로는 형벌상의 벌금(5만원 이상), 과료(2천원 이상 5만원 미만)보다 질서벌인 과태료가 지나치게 많이 책정될 경우에도 문제가 있다고 본다. 다만, 우리나라는 종래 형벌에 처하였던 것을 질서벌로 대체하는 작업이 광범위하게 진행되어 왔다고 볼 수 있다. 이는 전과자의 양산을 방지하고 금전상의 징수를 용이하게 하려는 의도로 이해되기도 한다.

(2) 과태료 부과 요건과 내용

질서벌은 형벌과는 달리 반윤리성(反倫理性)이 희박하므로 고의·과실과 같은 주관적 요건을 문제 삼지 않고, 객관적 법규위반이 있으면 질서벌을 과할 수 있는 것으로 보고 있다.

경찰이 질서벌로서 의무위반행위에 대한 과태료 부과·징수와 관련하여 여러 경찰행정법에서 찾아 볼 수 있다. 예컨대, 도로교통법에서는 객관적인 일정한 위반 사항에 대하여 500만원 이하의 과태료 부과(예: 교통안전교육기관 운영의 정지 및 폐지신고를 하지 아니한 사람 등) 및 20만원 이하의 과태료 부과(예: 동승자에게 좌석 안전띠를 매도록 하지 아니한 운전자 등)규정을 두고 있다(제160조 제1항~제3항 참조).

그러나 예외적으로 위반자에게 의무를 탓할 수 없는 정당한 사유가 있는 경우에는 과태료를 부과할 수 없도록 하고 있다. 따라서 도로교통법상 과태료 사유가 발생한 경우에도 불구하고 예컨대, '차 또는 노면전차를 도난당하였거나 그 밖의 부득이한 사유가 있는 경우 등'에서는 과태료 처분을 할 수 없도록 하고 있다(제160조 제4항). 판례도 같은 입장이다. 한편, 과태료에는 소멸시효(消滅時效)가 적용되지 않는다.

과태료의 특징

과태료와 같은 행정질서벌은 행정질서유지를 위한 의무의 위반이라는 객관적인 사실에 대하여 과하는 제재이므로 반드시 현실적인 행위자가 아니라도 법령상 책임자로 규정된 자에게 부과되고, 원칙적으로 위반자의 고의·과실을 요하지 않는다. 그러나 위반자가 그 의무를 알지 못하는 것이 무리가 아니었다고 할 수 있어 그것을 정당시 할 수 있는 사정이 있을 때 또는 그 의무의 이행을 그 당사자에게 기대하는 것이 무리라고 하는 사정이 있을 때 등 그 의무 해태를 탓할 수 없는 정당한 사유가 있을 때에는 이를 부과할 수 없다.[34]

34) 대법 1994.8.26., 94누6949.; 대법 2000.5.26., 98두5972.

과태료의 제재는 범죄에 대한 형벌이 아니므로 그 성질상 처음부터 공소시효(형사소송법 제249조)나 형의 시효(형법 제78조)에 상당하는 것은 있을 수 없고, 이에 상당하는 규정도 없으므로 일단 한번 과태료에 처해질 위반행위를 한 자는 그 처벌을 면할 수는 없는 것이다.[35)]

한편, 「총포 · 도검 · 화약류 등의 안전관리에 관한 법률」(약칭: 총포화약법)에서도 경찰의 과태료 부과· 징수가 규정되어 있다. 즉, 동법에서는 일정한 의무위반 행위(예: 폐업 및 휴업신고를 하지 아니하거나 거짓으로 신고를 한 자 등)에 대하여 300만원 이하의 과태료를 부과· 징수하도록 하고 있다(제74조 제1항).

(3) 과태료 부과 방법과 한계

국가행정차원에서 이루어지는 과태료 부과는 ㉠ 법원이 부과결정을 하는 경우와 ㉡ 경찰관청과 같은 주무관청이 부과· 징수하되 상대방이 이의를 제기하면 법원이 부과결정을 하는 방법이 있다.

경찰관청과 같은 주무관청이 부과· 징수하는 경우는 다음과 같다. 즉, 경찰관청으로서 시·도경찰청장 등은 도로교통법 제160조 제1항부터 제3항까지의 규정에 따른 과태료와 관련하여 부과· 징수 권한을 행사하도록 하고 있다(제161조 제1항 제1호). 또 일정한 경우(전용차로 통행위반, 정차 또는 주차규정을 위반한 경우 등)에는 시장 등이 이를 행사하도록 하고 있다(제3호).

또 총포 · 도검 · 화약류 등의 안전관리에 관한 법률상의 의무위반에 대한 과태료는 대통령령이 정하는 바에 의하여 소관에 따라 경찰청장, 시 · 도경찰청장 또는 경찰서장이 부과 · 징수하도록 하고 있다(제74조 제2항). 여기에서 경찰청장의 과태료 부과 · 징수권한을 시 · 도경찰청장에게 위임하고 있으며, 이 경우 시 · 도경찰청장은 부과 · 징수처리 상황을 경찰청장에게 보고하도록 하고 있다(동법 시행령 제83조 제3항).

그런데, 이러한 경찰관청의 과태료 부과처분에 상대방이 이의를 제기하면 그것 자체로서 경찰관청의 부과처분은 효력을 잃게 된다. 이러한 과태료에 관한 재판은 행정소송절차가 아니다. 즉, 과태료에 관한 재판은 「비송사건절차법」에 따라 법원이 직권으로 개시하는 것이라 할 수 있다.[36)]

---

35) 대법 2000.8.24., 2000마1350.

36) ① 행정기관의 과태료 부과처분에 대하여 그 상대방이 이의를 제기함으로써 「비송사건절차법」(非訟事件節次法)에 의한 과태료의 재판을 하게 된다. 비송사건은 소송절차에 의하지 아니하고, 간이하고 탄력적으로 처리하는 사건을 말한다. 과태료부과 사건은 다른 법령에 특별한 규정이 없는 경우를 제외하고는 과태료에 처할 자의

한편, 형벌과 질서벌(과태료)은 모두 처벌의 일종이지만, 그 목적이나 성질이 다르다고 볼 수 있다. 따라서 질서벌인 과태료 부과 후에 형벌을 부과한다고 하여도 일사부재리(一事不再理)의 원칙에 반하는 것은 아니다.[37] 판례의 태도도 이와 같다.

질서벌인 과태료와 형사벌의 관계

행정법상의 질서벌인 과태료의 부과처분과 형사처벌은 그 성질이나 목적을 달리하는 별개의 것이므로 행정법상의 질서벌인 과태료를 납부토록 한 후에 형사처벌을 한다고 하여 이를 일사부재리의 원칙에 반하는 것이라고 할 수는 없다.
이와 관련하여 자동차의 임시운행 허가를 받은 자가 그 허가 목적 및 기간의 범위 안에서 운행하지 아니한 경우에...만일 임시운행 허가기간을 넘어 운행한 자가 등록된 차량을 가지고 그러한 행위를 한 경우라면 과태료의 제재만으로 되겠지만, 무등록 차량을 가지고 그러한 행위를 한 경우라면 과태료와 별도로 형사처벌의 대상이 된다.[38]

2) 범칙행위에 대한 범칙금 부과 권한

(1) 범칙행위와 범칙금의 개념

위에서 살펴본 바와 같이 형벌법규를 위반한 범죄행위(犯罪行爲)는 형벌범으로 다루어 형사처벌(사형, 징역, 금고, 자격상실, 자격정지, 벌금, 구류, 과료, 몰수)을 하고, 행정법규 상의 의무위반행위에 대해서는 질서범이라 하여 행정상 처벌(즉, 과태료)을 하고 있다.

그런데, 이것과는 별도로 현행법상 일정한 법규위반에 대해서 '범칙행위'(犯則行爲)라고 부르는 제재 또는 처벌이 존재하고 있다. 범칙행위에 대해서는 형벌(刑罰)상의 벌금·과료, 질서벌(秩序罰)상의 과태료 부과와 마찬가지로 금전상의 제재 즉, '범칙금'(犯則金)을 납부하도록 하고 있다.

주소지의 지방법원의 관할로 하고 있다(비송사건절차법 제247조). ② 과태료 재판을 하게 되는 경우, 법원은 당초 행정기관의 과태료 부과처분을 심판의 대상으로 하여 그 당부를 심사한 후 이의가 있다고 인정하여 그 처분을 취소하거나 이유가 없다는 이유로 이의를 기각하는 재판을 하는 것이 아니다. 즉, 법원은 직권으로 과태료 부과요건이 있는지를 심사하여 그 요건이 있다고 인정하면 새로이 위반자에 대하여 과태료를 부과하는 것이다. 따라서 행정기관의 과태료 부과처분에 대하여 상대방이 이의를 제기하여 그 사실이 비송사건절차법에 의한 과태료의 재판을 해야 할 법원에 통지되면 당초의 행정기관의 부과처분은 그 효력을 상실한다고 할 것이다. 따라서 이미 효력을 상실한 피청구인의 과태료 부과처분의 취소를 구하는 이 사건 심판청구는 권리보호의 이익이 없다. 헌재 1998.9.30., 98헌마18.

37) 홍정선(2007), 앞의 책, p. 401.; 그러나 형벌과 질서벌은 넓은 의미의 처벌이고, 따라서 동일한 위반행위에 대한 처벌이라는 점에서 병과가 불가능하다고 보기도 한다. 김남진(2002), 앞의 책, p. 244.; 박윤흔(2004), 최신행정법강의(하), 서울: 박영사, p. 660.; 김철용(2006), 행정법(Ⅱ), 서울: 박영사, p. 390.

38) 대법 1996.4.12., 96도158.

경범죄처벌법·도로교통법상의 범칙행위

① 경범죄처벌법상의 범칙행위

경범죄처벌법을 보면,[39] 이 법에서 규정하고 있는 경범죄를 저지른 자에 대해서는 10만원~60만원 이하의 벌금(罰金), 구류(拘留) 또는 과료(科料)의 형으로 처벌한다고 규정하고 있다(제3조 제1항~제3항).[40]

한편, 이 법에서 이러한 경범죄 가운데서 그 죄질의 정도가 경미한 위반행위를 '범칙행위'로 규정하고 있다. 즉, 경범죄처벌법 제3조(경범죄 종류) 가운데 제1항과 제2항 각호에 해당하는 위반행위를 말한다. 제3항에서 규정한 '㉠ 관공서에서의 주취소란, ㉡ 거짓신고'는 범칙행위에서 제외된다(제6조 제1항 단서).

따라서 경범죄처벌법 제3조(경범죄의 종류) 제1항과 제2항에서 규정하고 있는 '44개 항목'에 대한 위반행위에 대해서는 비록 10~20만원 이하의 벌금, 구류 또는 과료의 형으로 처벌한다고 규정하고 있음에도 불구하고, 특별한 경우를 제외하고는 범칙금(犯則金)으로 처벌에 대신한다고 한 것이다.[41] 이를 '경범죄 처벌의 특례'로 규정하고 있다(제6조~제9조).

② 도로교통법상의 범칙행위

도로교통법에서도 범칙행위 규정을 두고 있다(제156조, 제157조상의 수많은 위반 행위). 즉, 경범죄처벌법과 마찬가지로 도로교통법 제156조, 제157조를 위반한 행위에 대해서 20만원 이하의 벌금, 구류 또는 과료의 형으로 처벌한다고 규정하고 있음에도 불구하고 특별한 경우를 제외하고는 범칙금으로 처벌에 대신한다고 한 것이다.[42] 이를 '범칙행위의 처리에 관한 특례'로 규정하고 있다(제162조~제166조).

---

39) 경범죄처벌법(輕犯罪處罰法)은 국민의 일상생활에서 빈번하게 발생하는 비교적 경미한 비도덕적인 범죄와 이에 대한 처벌을 규정한 실질적 의미의 형법(刑法)이라고 볼 수 있다. 김일수(1987), "경범죄처벌법의 제문제," 대한변호사협회지, p. 26.; 정덕장(1994), 경범죄처벌법, 서울: 법원사, p. 3.

40) ① 제1항에 해당하는 빈집 등에의 침입 등 40개 항목에 대해서는 10만원 이하의 벌금, 구류(1일 이상 30일 미만) 또는 과료(2천 원 이상 5만원 미만)의 형으로 처벌하고, ② 제2항에 해당하는 출판물의 부당게재, 거짓광고, 업무방해, 암표매매 4개 항목에 대해서는 20만원 이하의 벌금, 구류, 과료의 형의로 처벌하도록 하였다. 한편, 2013년 법개정으로 처벌내용이 강화되었다. 즉 ③ 제3항에 해당하는 ㉠ 관공서에서의 주취소란, ㉡ 거짓신고 2개 항목에 대해서는 60만원 이하의 벌금, 구류, 과료의 형으로 처벌하도록 한 것이다.

41) 범칙자(犯則者)란 범칙행위를 한 사람으로서 다음의 어느 하나에 해당하지 아니하는 사람을 말한다. ① 범칙행위를 상습적으로 하는 사람, ② 죄를 지은 동기나 수단 및 결과를 헤아려볼 때 구류처분을 하는 것이 적절하다고 인정되는 사람, ③ 피해자가 있는 행위를 한 사람, ④ 18세 미만인 사람(경범죄처벌법 6조 제2항).

42) 범칙자(犯則者)란 범칙행위를 한 사람으로서 다음의 어느 하나에 해당하지 아니하는 사람을 말한다. ① 범칙행위 당시 운전면허증 등 또는 이를 갈음하는 증명서를 제시하지 못하거나 경찰공무원의 운전자 신원 및 운전면허 확인을 위한 질문에 응하지 아니한 운전자, ② 범칙행위로 교통사고를 일으킨 사람. 다만, 「교통사고처리 특례법」 제3조 제2항 및 제4조에 따라 업무상과실치상죄·중과실치상죄 또는 이 법 제151조의 죄에 대한 벌을 받지 아니하게 된 사람은 제외한다(도로교통법 제162조 제2항).

(2) 범칙행위의 성격

이처럼 경범죄처벌법과 도로교통법 등에서 범칙행위에 대해서 폭넓게 적용하고 있음을 알 수 있다. 그런데, 이 범칙행위에 대한 범칙금 부과는 매우 독특한 위치에 놓여 있다. 관련법규 위반에 대한 금전상의 처벌이라는 것은 분명한데, 그것의 성격이 형벌법규상의 형벌범(刑罰犯)에 해당하는지 아니면 행정법규 상의 질서범(秩序犯)에 해당하는지 분명하지가 않기 때문이다.

사실, 경범죄처벌법과 도로교통법 모두 범칙행위의 처벌은 벌금·구류·과료라는 형벌에 그 근간을 두고 있다. 그러나 실제에 있어서 경미한 범죄에 대해서 형벌의 이름으로 처벌할 경우에는 수많은 전과자(前科者)를 양산해 낼 우려가 있다. 경범죄처벌법과 도로교통법상의 수많은 범칙행위는 우리가 일상생활에서 부지불식간에 위반하기 쉬운 행위들이기 때문이다. 따라서 이를 형벌이 아닌 질서벌로 전환시켜 처벌할 필요성이 있는 것이다.

그런데 행정법규 위반 즉, 질서벌로서 금전상의 처벌인 과태료(過怠料)가 있다. 그렇다면, 형벌과 질서벌 사이에 변칙적으로 '범칙행위와 범칙금' 이라는 처벌형식을 둔 이유가 무엇인가? 과연 필요한 것인가? 이 문제는 뒤에서 다시 한번 검토해 보기로 한다.

(3) 범칙행위에 대한 범칙금 부과 방법: 통고처분

① 통고처분의 개념과 성격

범칙행위를 한 자에 대한 범칙금 부과는 경찰관청의 통고처분(通告處分)에 의해 이루어진다. 통고처분이라는 것은 경찰관청은 일정한 범칙행위(犯則行爲)를 한 범칙자에게 범칙금(犯則金)을 납부토록 고지서를 발급하고,[43] 범칙자가 그 범칙금을 납부하면 처벌이

---

43) 범칙금액은 경범죄처벌법 제3조 제1항의 위반행위에 대해서는 2만~8만원, 제2항의 위반행위에 대해서는 16만원으로 하고 있다(동법 시행령 별표 참조). 한편 도로교통법에서는 1만원~16만원으로 하고 있다(동법 시행령 별표 8·9·10 참조).

종료되는 과형절차를 말한다.

본질적으로 사법권(司法權)은 법관으로 구성된 법원에 속하는 것이다(헌법 제101조). 따라서 형법 및 특별형법, 그리고 (경찰)행정법을 위반한 자에 대한 처벌권한인 형벌권은 형사법원에 있음은 물론이다. 그리고 이러한 형벌의 형벌부과 절차는 형사소송법에 의하는 것이 원칙이다. 범칙행위가 일종의 범죄행위에 해당된다면, 통고처분은 그에 대한 특별형사소송절차라고 볼 수 있겠지만, 범죄행위가 아닌 질서위반행위라면 그것은 형사소송절차에 앞선 경찰관청에 의한 사전적 처벌절차라고 할 수 있다.[44]

어쨌든, 통고처분은 형벌 또는 질서벌로서 범칙금을 부과하는 절차로서의 의미를 가지고 있다고 본다. 그러면서도 경찰관청에 의해 의사결정이 이루어지기 때문에 통고처분 자체를 하나의 재판으로서의 처분과 같은 성격을 갖는다고 볼 수도 있을 것이다. 그러나 판례에서는 통고처분 자체가 재판으로서의 처분성을 가지고 있는 것은 아니라고 보고 있다.

통고처분의 성격

통고처분은 상대방의 임의의 승복을 그 발효요건으로 하기 때문에 그 자체만으로는 통고이행을 강제하거나 상대방에게 아무런 권리의무를 형성하지 않으므로, 행정심판(行政審判)이나 행정소송의 대상으로서의 처분성을 부여할 수는 없다.
즉, 통고처분에 이의가 있으면 통고내용을 이행하지 않음으로써 고발되어 형사재판절차에서 통고처분의 위법·부당함을 얼마든지 다툴 수 있기 때문에 이것이 법관에 의한 재판을 받을 권리를 침해한다든지 적법절차의 원칙에 저촉된다고 볼 수 없다.[45]

② 통고처분의 불이행

통고처분을 받은 범칙자가 소정의 기간 내에 통고처분의 내용을 이행하지 않으면, 당해 통고처분은 별도의 행위를 기다릴 것 없이 당연히 그 효력을 상실한다. 이때에 경찰서

44) 범칙금제도는 행정청이 법규위반자에 대해 일정액의 범칙금 납부를 통고하고, 그 통고를 받은 자가 일정 기간 내에 이를 납부할 경우에는 해당 범칙행위에 대해 공소를 제기하지 않는다. 그러나 납부하지 않으면 형사절차가 진행되는 제도이다. 즉, 법규위반에 대한 제1차적 처벌 또는 제재 부과 권한이 경찰관청에 귀속되어 있지만, 이에 대한 이의가 있는 때에는 법원에 의한 사법절차로 전환된다는 의미에서 경찰관청과 같은 행정청에 의한 사전적(事前的) 처벌절차라고 할 수 있다. 이러한 범칙금제도는 대량으로 발생하는 경미한 법규위반행위를 간이 신속하게 처리함으로써 법원의 부담을 경감하고 피처분자의 편의를 도모한다는 취지에서 마련된 것이라 할 수 있다. 김용세(2001), 앞의 논문, p. 86.; 그러나 과태료와 마찬가지로 행정의 실효성 확보를 위한 수단이라고 볼 수도 있기 때문에 형벌과 질서벌 양자 간에서 이의 정확한 위치를 찾는 것은 쉽지 않다고 본다.

45) 헌재 1998.5.28., 96헌바4.; 헌재 2003.10.30., 2002얼마275.

장은 지체 없이 즉결심판(卽決審判)을 청구하여야 한다(경범죄처벌법 제9조 제1항, 도로교통법 제165조 제1항).

이러한 즉결심판절차에 따라 관할법원의 판사(지방법원, 지원 또는 시·군법원)은 '피고인'(被告人)에게 20만원 이하의 벌금, 구류 또는 과료에 처할 수 있도록 하고 있다(즉결심판에 관한 절차법 제2조). 이처럼 통고처분 불이행자는 형사상의 '피고인 신분'에 놓고, 또 형사처벌을 받게 된다.

그런데, 통고처분을 받은 범칙자가 그 범칙금을 납부하면 처벌이 종료되기 때문에 논란의 여지는 여전히 남아 있다. 즉, 범칙자가 통고처분의 내용을 이행한 때에는 통고처분은 확정판결과 동일한 효력이 발생하며, 동일사건에 대하여 형사소추를 받지 아니한다. 통고처분을 불복하는 경우에는 통고처분 자체는 당연히 그 효력이 소멸되므로, 행정쟁송을 제기할 수는 없다. 다만, 통고처분을 이행하지 않으면 경찰서장에 의해 즉결심판에 회부될 뿐이다.[46]

한편, 통고처분의 내용을 이행하지 않은 사람은 즉결심판에서 그 통고처분의 위법·부당함을 주장할 수 있다. 그리고 즉결심판의 결과에도 불복하는 사람은 즉결심판을 받은 날로부터 7일 이내에 정식재판을 청구할 수 있다(즉결심판에 관한 절차법 제14조 제1항). 따라서 통고처분 불이행에 대한 경찰서장의 즉결심판 청구권은 일종의 '형사소추권'(刑事訴追權)이라 할 수 있다(이는 사법경찰권한에서 다시 살펴보기로 한다).

범칙행위에 대한 통고처분과 이의 불이행에 따른 절차

(4) 범칙금과 과태료의 관련문제

위에서 범칙금의 개념과 성격 그리고 관련 내용을 살펴보았다. 범칙금은 형벌이면서도 질서벌의 성격을 동시에 갖는다면, 과태료는 전형적으로 질서벌에 해당된다고 볼 수

46) 도로교통법에서 규정하고 있는 경찰서장의 통고처분은 행정소송의 대상이 되는 행정처분이 아니므로 그 처분의 취소를 구하는 소송은 부적법하다. 도로교통법상의 통고처분을 받은 자가 그 처분에 대하여 이의가 있는 경우에는 통고처분에 따른 범칙금의 납부를 이행하지 아니함으로써 경찰서장의 즉결심판청구에 의하여 법원의 심판을 받을 수 있게 될 뿐이다. 대법 1995.6.29., 95누4674.; 대법 1980.10.14., 80누380.

있다.

형벌과 질서벌의 관계를 보면, 형벌은 상대적이지만 비윤리적·반사회적인 성격을 갖는 '자연범'(自然犯)에 대한 처벌의 성격이 강하다면, 질서벌은 비윤리적·반사회적 성격이 약하지만 국가질서 유지를 위해서 필요한 규제내용을 담고 있다고 볼 수 있다. 그렇기 때문에 형벌은 보편적으로 범죄시 되는 경향이 강하다면, 질서벌은 때와 장소에 따라 다르기 마련이다.

바꿔 말하면, 사회적 인식 및 처벌의 정도에 있어서 형벌과 질서벌을 비교해 보면 형벌에 대한 사회적 비난과 처벌수위는 높아야 한다고 본다. 그런데, 처벌의 정도를 보면 오히려 과태료가 범칙행위 또는 범칙금에 비해 훨씬 높은 경우도 적지 않다는 점이다.

예컨대, 도로교통법상에서 보면 범칙행위에 대한 처벌은 20만원 이하의 벌금, 구류, 과료이고 경미한 범칙행위에 대한 범칙금은 1만원~16만원에 처하도록 하고 있다. 그리고 과태료는 500만원 이하 또는 20만원 이하에 처하도록 규정하고 있다(동법 제160조). 한편, 문제는 형벌과 범칙금 납부 대상이 되는 범칙행위와 과태로 납부 대상이 되는 위반행위 간에 명확한 구분기준이 존재하지 않는다는 점이다. 특히 범칙금과 20만원 이하의 과태료 위반행위는 그 구분기준이 더욱 모호하다.

생각건대, 형벌과 질서벌을 명확히 구분하는 것은 어려운 일이라고 본다. 또한 비록 형벌에 해당하는 위반행위를 했다 할지라도 무조건 형사처벌을 하는 것은 전과자(前科者)를 양산해 내는 결과, 더 많은 부작용을 가져올 수 있다고 본다. 특히, 경미한 범죄위반에 대해서 형사처벌(예, 경범죄처벌법 및 도로교통법상의 벌금, 구류, 과료형)은 더욱 그렇다. 예전부터 논의되어온 '단기 자유형'(短期 自由刑)의 폐단도 같은 맥락이다.

그러나 이러한 이유로 형벌도 아니고 질서벌도 아닌 '범칙행위에 대한 범칙금'과 같은 제도를 만들어 놓은 것은 문제가 있다고 본다. 예컨대, 도로교통법 상의 20만원 이하의 범칙금과 과태료는 그 구별이 뚜렷하지가 않다는 점이다(이에 대한 후속연구가 이루어지기를 기대해 본다).

〈범칙행위에 대한 범칙금 대상과 과태료 대상 비교〉

<table>
<tr><th>범칙행위에 대한 범칙금 대상 예(승용차기준)
(도로교통법시행령 제93조 별표 일부)[47)]</th><th>과태료 대상 예
(도로교통법 제160조)</th></tr>
<tr><td>〈12만원 범칙금〉
• 운전자 속도위반(60km/h 초과) 등

〈9만원 범칙금〉
• 운전자 속도위반(40km/h초과 60km/h 이하) 등

〈6만원 범칙금〉
• 운전자 신호·지시 위반
• 운전자 중앙선 침범, 통행구분 위반
• 운전자 속도위반(20km/h초과 40km/h 이하)
• 운전자 횡단보도 보행자 횡단방해
• 긴급자동차에 대한 양보·일시정지 위반
• 운전 중 휴대용 전화사용 등

〈4만원 범칙금〉
• 운전자 일반도로 전용차로 통행위반
• 운전자 주차·정차 금지위반
• 운전자 교차로 통행방법위반
• 운전자 노상시비·다툼 등으로 차마의 통행 방해 행위 등

〈3만원 범칙금〉
• 운전자 속도위반(20km/h 이하)
• 운전자 끼어들기 금지위반
• 운전자 방향전환·진로변경 시 신호 불이행
• 좌석안전띠 미착용 등

〈2만원 범칙금〉
• 운전자 최저속도위반
• 택시의 합승·승차거부·부당요금 징수행위 등</td><td>〈500만원 이하의 과태료〉
• 교통안전교육기관 운영의 정지 또는 폐지 신고를 하지 아니한 사람
• 강사의 인적 사항과 교육 과목을 게시하지 아니한 사람
• 수강료 등을 게시하지 아니하거나 게시된 수강료 등을 초과한 금액을 받은 사람 등

〈20만원 이하의 과태료〉
• 물이 고인 곳의 운행시 고인 물을 튀게 하여 다른 사람에게 피해를 주는 경우
• 자동차의 앞면 창유리와 운전석 좌우 옆면 창유리의 가시광선(可視光線)의 투과율이 대통령령으로 정하는 기준보다 낮아 교통안전 등에 지장을 줄 수 있는 차를 운전한 경우
• 동승자에게 인명보호 장구를 착용하도록 하지 않은 운전자
• 어린이통학버스 안에 신고증명서를 갖추어 두지 않은 어린이통학버스의 운영자
• 고속도로 등에서의 준수사항(좌석 안전띠 작용 등) 위반한 운전자
• 운전면허 갱신기간에 운전면허를 갱신하지 않은 사람
• 정기 적성검사 또는 수시 적성검사를 받지 않은 사람 등</td></tr>
</table>

47) 도로교통법 시행령 제93조 관련 별표 8에도 불구하고 어린이보호구역 및 노인·장애인 보호구역에서 오전 8시부터 오후 8시까지 도로교통법 제5조, 제6조 제1항·제2항·제4항, 제17조제3항, 제27조, 제32조부터 제34조까지 및 제35조제1항의 어느 하나에 해당하는 범칙행위를 한 경우 범칙금액은 별표 10과 같다(도로교통법 제93조 제2항). 즉, 어린이 보호구역 및 노인·장애인 보호구역에서의 위반행위는 그 범칙금액이 보다 많다.

제5절 경찰조사 권한

1. 경찰조사의 의의

경찰조사(警察調査)라는 것은 경찰기관이 관련 업무를 적정하게 수행하기 위해 필요한 자료 또는 정보를 수집하는 사실행위 또는 사실행위와 법적 행위의 합성적 행위라 할 수 있다. 이러한 경찰조사는 반드시 권력적인 조사만을 뜻하는 것은 아니고 비권력적인 것도 포함된다고 본다.[48] 경찰조사는 통상 그 자체가 법적인 효과를 가져오는 행위는 아니고 사실행위에 불과하다. 물론, 경우에 따라서는 상대방에게 수인의무를 발생시키기도 한다.

이러한 경찰조사는 그의 대상에 따라 ㉠ 대인적 조사, ㉡ 대물적 조사, ㉢ 대가택적 조사 등으로 구분할 수 있을 것이다. 조사방법으로는 구두(口頭)와 문서, 개별적·집단적 조사가 이루어질 수 있으며, 적극적 조사(질문, 장부 등 검사, 임검(臨檢),[49] 자료제출 명령)와 소극적 조사(보고의 접수 등)로 나눌 수 있다.

종래에는 경찰조사를 즉시강제의 개념 속에 포함시키기도 하였지만, 오늘날에는 이를 구분하여 논의하고 있다.[50] 즉, 경찰강제는 분명히 권력적 작용이지만, 경찰조사는 권력적 작용 외에도 비권력적 작용이 포함된다고 보는 관점에서는 양자는 차이가 있다. 또 즉시강제와 같은 경우에는 경찰목적 달성과 관련하여 필요한 상태를 실현시키기 위한 조치라면, 경찰조사는 준비·보조 작용으로서 의미를 갖는다고 본다.

2. 경찰조사의 내용

1) 권력적 경찰조사

권력적 경찰조사는 국민의 신체나 재산에 침해를 가져올 수 있기 때문에, 일정한 법률적 근거를 필요로 한다. 권력적 경찰조사를 규정하고 있는 일반법은 없고 개별법에 관련 사항이 규정되어 있다. 거시적으로 본다면 경찰관직무집행법상의 직무의 범위로서 치안정보 즉, '공공안녕에 대한 위험의 예방과 대응을 위한 정보의 수집 등'(제2조 제4호)은

48) 홍정선(2007), 앞의 책, p. 430.; 김남진(2002), 앞의 책, p. 215.

49) 임검(臨檢)이라는 것은 경찰 등 행정 기관의 직원이 직무를 수행하기 위하여 사건이 일어난 현장에 가서 조사하는 일을 말한다.

50) 김남진(2002), 앞의 책, p. 215.; 이철호(2004), 앞의 책, p. 248.

경찰조사와 관련된다고 본다.

그리고 경찰조사라는 것은 그것 자체가 목적이라기보다는 다른 경찰목적을 달성하기 위한 준비작용으로서 기능하기 때문에 일반적으로 권력적 경찰조사라는 것도 경찰강제(즉시강제 및 직접강제 등)와 같은 다른 경찰작용과 결합되어 이루어진다.

따라서 「경찰관직무집행법」 상의 즉시강제 성격을 갖는 불심검문(제3조), 위험발생의 방지(제5조), 범죄의 예방과 제지(6조), 위험방지를 위한 출입(제7조) 등은 치안정보 수집과 관련된 권력적 경찰조사와 연관성을 갖는다고 볼 수 있다.

마찬가지로 「총포·도검·화약류 등의 안전관리에 관한 법률」 상에서 관련 위험물의 판매, 제조, 수출입, 소지 등을 허가 하는 경찰관청(경찰청장, 시·도경찰청장, 경찰서장)은 재해 예방 또는 공공의 안전유지를 위하여 필요하다고 인정되면 관계 공무원으로 하여금 총포·도검·화약류·분사기·전자충격기·석궁의 제조소·판매소 또는 임대소, 화약류저장소, 화약류의 사용장소, 그 밖에 필요한 장소에 출입하여 장부·서류나 그 밖에 필요한 물건을 검사하게 하거나 관계자에 대하여 질문을 하도록 할 수 있다(제44조 제1항).

2) 비권력적 경찰조사

비권력적 경찰조사의 경우에는 국민의 신체나 재산에 직접적인 침해를 가져오는 것은 아니므로 법적 근거를 요하지 않는다고 본다. 다만, 경찰기관의 비권력적 조사는 조직법상의 권한의 범위 내에서만 가능하다고 보아야 할 것이다.

이와 관련하여 「경찰관직무집행법」 상의 사실의 조회·확인, 출석요구는 비권력적 경찰조사에 해당한다고 볼 수 있다. 먼저 사실의 조회·확인과 관련하여 경찰관서의 장(여기서는 지구대·파출소장 포함된다고 봄)은 직무수행에 필요하다고 인정되는 상당한 이유가 있을 때에는 국가기관이나 공사단체 등에 대하여 직무수행에 관련된 사실을 조회(照會)할 수 있다(경찰관직무집행법 제8조 제1항).

또 경찰관서의 장은 미아를 인수할 보호자의 확인, 유실물을 인수할 권리자의 확인, 사고로 인한 사상자의 확인, 그리고 행정처분을 위한 교통사고 조사상의 사실을 확인하기 위하여 필요한 때에는 관계인에게 출석을 요하는 사유·일시 및 장소를 명확히 한 출석요구서에 의하여 경찰관서에 출석할 것을 요구할 수 있다(제8조 제2항).

이상과 같은 사실조회·확인 및 출석요구는 비권력적 사실행위로서 즉시강제의 수단에 포함되지 않는다. 따라서 이러한 출석요구에 불응한다고 하여 이를 강제할 수 있는 수단이 없다.

3. 경찰조사의 한계

모든 경찰조사는 그 조사의 목적에 필요한 범위 내에서만 가능하다. 위법한 목적을 위한 조사는 당연히 허용되지 않는다. 따라서 권력적 경찰조사는 근거가 되는 법규정의 범위 내에서만 가능하다. 또한 비권력적 경찰조사를 포함한 모든 경찰조사는 기본권보장, 비례원칙 등 일반원칙의 범위 내에서만 가능하다고 보아야 할 것이다. 물론, 경찰조사에서 특히 문제가 되는 부분은 권력적 조사라고 할 수 있다.[51)]

1) 개인정보의 수집제한 및 보호

경찰조사는 헌법상의 기본권 보장과 관련하여 개인의 사생활의 비밀과 자유를 침해하지 않도록 해야 할 것이다(헌법 제17조).

여기에서 개인의 사생활보호, 개인의 정보상 자기결정권의 보호 등이 문제된다. 한편, 경찰조사와 관련하여 특히 유의할 점은 수집된 개인정보를 철저히 관리함으로써 개인이 불이익을 받지 않게 해야 한다. 그동안 경찰과 같은 공공기관이 수집한 개인정보를 소홀히 취급함으로써 당사자가 피해를 입는 경우는 수없이 많았던 것이 사실이다.

개인정보의 보호

구(舊) 국군보안사령부가 군과 관련된 첩보수집, 특정한 군사법원 관할 범죄의 수사 등 법령에 규정된 직무범위를 벗어나 민간인들을 대상으로 평소의 동향을 감시·파악할 목적으로 지속적으로 개인의 집회·결사에 관한 활동이나 사생활에 관한 정보를 미행, 망원 활용, 탐문채집 등의 방법으로 비밀리에 수집·관리한 경우, 이는 헌법에 의해 보장된 기본권을 침해한 것으로 불법행위(不法行爲)를 구성한다.[52)]

따라서 경찰은 개인정보를 수집, 이용, 제공, 그리고 관리하는 경우에는 「개인정보 보호법」상의 일정한 절차를 거쳐야 함은 물론이다.

2) 권력적 경찰조사의 영장주의 적용 문제

헌법상의 영장주의(令狀主義)가[53)] 권력적 경찰조사를 위한 질문·검사·가택출입 등의

51) 홍정선(2007), 앞의 책, p. 432.

52) 대법 1998.7.24., 96다42789.

53) 체포·구속·압수 또는 수색을 할 때에는 적법한 절차에 따라 검사의 신청에 의하여 법관이 발부한 영장을 제

경우에 적용될 것인가 하는 문제가 제기된다. 위에서 살펴본 바와 같이 비록 권력적 경찰조사라 할지라도 영장주의를 그대로 적용하는 것은 한계가 있다고 본다. 경찰의 '기본적·표준적 경찰권한'에 의한 경찰조사는 물론이거니와 개별법상의 경찰조사에 있어서도 마찬가지이다.

다만, 경찰조사가 상대방의 신체나 재산에 직접적인 실력을 행사한다든가, 경찰조사가 직접적인 범죄와 관련된 형사책임의 추궁을 목적으로 한 것이라면 사전 영장주의의 원칙이 적용되어야 할 것이다(물론, 긴급을 요하는 경우에는 그렇지 않고, 이 경우에도 침해가 장기적이면 사후영장이 필요하다).

3) 경찰증표의 제시

경찰조사가 이루어질 경우, 그에 따른 일정한 의무가 발생하고 사생활 등의 침해 우려가 있기 때문에 담당 경찰은 자신이 관련권한을 가지고 있음을 명백히 밝힐 필요가 있다.

따라서 예컨대, 경찰공무원이 총포·도검 등의 제조소·판매소 또는 임대소 등 관련 장소에 출입하여 일정한 검사 등을 하고자 하는 경우에는 그 권한을 표시하는 증표를 지니고 관계자에게 이를 제시하도록 하고 있다(총포·도검·화약류 등의 안전관리에 관한 법률 제44조 제2항).

제6절 비권력적 경찰권한

1. 비권력적 경찰권한의 의의

이상에서 행정경찰 영역에서 권력적 경찰권한을 중심으로 이를 몇 가지로 구분하여 살펴보았다.[54] 그러나 경찰이 위험의 방지라는 행정경찰의 목적을 달성하기 위해서 항상

시하여야 한다. 다만, 현행범인인 경우와 장기 3년 이상의 형에 해당하는 죄를 범하고 도피 또는 증거인멸의 염려가 있을 때에는 사후에 영장을 청구할 수 있다(헌법 제12조 제3항). 모든 국민은 주거의 자유를 침해받지 아니한다. 주거에 대한 압수나 수색을 할 때에는 검사의 신청에 의하여 법관이 발부한 영장을 제시하여야 한다(제16조).

54) 경찰권한 가운데 사실행위(事實行爲)로 불리는 것이 있는데, 여기에서는 별도로 다루지 않았다. 통상적으로 경찰의 사실행위는 그것이 어떠한 법적인 효과를 의도하는 것이 아니라 위험의 예방 등 경찰목적 달성을 위한 사

권력적·규제적 권한만을 행사하는 것은 결코 아니다. 경우에 따라서는 비권력적·비규제적(非權力的·非規制的)인 방법으로도 충분히 목적을 달성할 수 있으며, 어떻게 보면 비권력적·비규제적인 방법으로 경찰의 목적을 달성했을 때, 경찰과 국민의 관계개선 그리고 국민의 경찰에 대한 신뢰와 기대는 더 높아질 수 있다고 본다.

그리고 일선경찰업무 현실에 있어서 상당부분은 비권력적·비규제적인 일들이 주를 이루고 있다는 점이다. 이는 다른 나라도 마찬가지이다. 이와 관련하여 연구조사 결과, 경찰이 비권력적·비규제적 활동을 위해 80% 이상의 시간을 소비하고 있다는 사실을 발견하였다.[55] 클러카스(C. Klockars)는 경찰이 처리하는 문제들의 90% 이상이 서비스를 위한 시민의 요구에 대응해서 이루어진다고 하였다.[56]

따라서 어떤 면에서 경찰활동은 범죄 등과 관련된 권력적·규제적인 업무보다는 지역사회에 대한 서비스 관련업무가 대부분이라 할 수 있다. 예컨대, 관할구역 내의 순찰활동 등을 통한 범죄예방 등 안전상태 유지, 교통정리 등 질서유지, 길안내, 자살 방지, 길을 잃거나 가출한 아동 보호, 위험에 노출되기 쉬운 노약자 보호, 사고와 자연재해와 같은 긴급상황이나 위기상황의 처리, 시민들을 대상으로 한 안전교육 등을 들 수 있다.

2. 비권력적 경찰권한의 유형

1) 경찰지도

(1) 경찰지도의 개념

경찰지도(警察指導)라는 것은 경찰기관이 그 소관업무의 범위 내에서 일정한 경찰목적을 달성하기 위하여 특정인에게 일정한 행위를 하거나 하지 아니하도록 지도·권고·조언 등을 하는 제반 활동을 말한다고 볼 수 있다.[57]

실상의 작용이라고 할 수 있다. 예컨대, 저항하는 범죄자에 대한 총기사용, 위험한 동물의 사살, 도로교통상의 위험물 제거와 같은 권력적인 것 외에도 경찰지도, 경찰계몽, 교통교육 등 비권력적인 것도 여기에 해당된다. 이러한 내용은 위의 행정경찰권한 내용에서 어느 정도 언급한 것들이다.

55) Denny F. Pace(1991), Community Relation Concept, Incline Village, Nev.: Copperhouse Publishing Company, pp. 20-21.

56) Carl B. Klockars(1985), The Idea of Police, Newbury Park: Sage Publishing Company, p. 103.

57) 경찰지도 등 행정기관이 행하는 행정지도는 개념적으로 '행정기관이 일정한 공적 목적을 달성하기 위하여 행정객체의 일정한 행위(작위·부작위 등)를 기대하여 행해지는 비권력적·비규제적 사실행위'인 것으로 정의되어 왔다. 그러던 중 1996년에 행정절차법의 제정을 통하여 '행정지도'는 하나의 법률용어가 되었다. 이 법에 따라 '행정지도란 행정기관이 그 소관 사무의 범위에서 일정한 행정목적을 실현하기 위하여 특정인에게 일정한 행위를 하게 하거나 하지 아니하도록 지도, 권고, 조언 등을 하는 행정작용을 말한다'고 규정하고 있다(행정절차법

이러한 경찰지도의 특징은 무엇보다도 직접적으로는 법적 효과(권리·의무의 발생, 변경, 소멸 등을 가져오는 효과)를 가져오지 않는 사실행위(事實行爲)라는 점에 있다. 즉, 법적 효과를 강제하지 않는다는 점이다.

일반적으로 경찰활동상의 사실행위는 그것이 어떠한 법적인 효과를 의도하는 것이 아니라 위험의 방지 등 경찰목적 달성을 위한 사실상의 작용을 의미한다. 따라서 사실행위는 예컨대, 저항하는 범죄자에 대한 총기사용, 위험한 동물의 사살, 도로교통상의 위험물 제거와 같은 권력적·규제적인 것이 아니라 경찰계몽, 경찰지도, 경찰교육 등 비권력적·비규제적인 것을 말한다.

다만, 경찰지도가 사실행위로서 '직접적'으로는 법적 효과를 발생하지는 않지만, '간접적'으로는 법적 효과를 발생시킬 수도 있다는 점이다.

예컨대, 경찰기관이 경찰지도를 잘못하여 타인에게 손해가 발생한 경우, 그 경찰기관이 속하는 행정주체(국가 등) 또는 당해 경찰공무원에게 손해배상의 책임이 발생할 수도 있는 것이다. 그러나 그 '배상책임이라는 법적 효과의 발생은 경찰지도의 간접적 효과이지 직접적 효과가 아니라는 점'에 주의할 필요가 있다.

위법한 경찰지도에 대한 책임

경찰 및 문화공보부 등 관계기관 소속공무원들이 법령상의 근거도 없이 특정 서적에 허위사실이 수록되어 있어 유포 될 경우 국가나 사회의 안녕질서를 해칠 우려가 있다는 등의 이유로 출판업자나 시중 서점에 위 서적을 판매하지 말 것을 '종용한 행위'(즉, 경찰지도로서의 사실행위)는 법적 구속력을 갖는 것은 아니다.
그러나 이는 출판업자 또는 서점에 대하여는 단순히 협조를 구하는 데 불과한 행위라고는 볼 수 없고, 사실상의 강제력이 있어 출판업자의 권리행사에 영향을 미친 위법한 행위라고 보아야 할 것이다. 따라서 위 책자들의 시판 불능으로 인하여 입은 손해는 관계 공무원들의 불법행위와 상당한 인과관계가 있는 것이므로 피고는 그 손해를 배상할 책임이 있다.[58]
그러나 행정지도가 강제성을 띠지 않은 비권력적 작용으로서 행정지도의 한계를 일탈하지 아니하였다면, 그로 인하여 상대방에게 어떤 손해가 발생하였다 하더라도 행정기관은 그에 대한 손해배상책임이 없다.[59]

제2조 제3호).

58) 서울고법 1990.4.6., 89나43571.

59) 대법 2008.9.25., 2006다18228.

(2) 경찰지도의 법적 근거

경찰지도를 포함한 행정지도와 관련하여 일반법은 없다. 행정지도를 규정하고 있는 「행정절차법」(이에 대한 내용은 제48조~제51조 참조)은 이의 일반원칙과 방법을 규정하고 있을 뿐이다. 물론, 개별법령에서 경찰지도의 근거에 관한 규정이 존재한다. 예컨대, 경찰관직무집행법 제5조 제1항의 위험발생의 방지를 위하여 일정한 자에 대하여 필요한 경고(警告)를 하는 것을 경찰지도로 볼 수도 있다.[60)]

그러나 경찰지도는 비권력적·비규제적인 것이므로 법적 근거를 필요로 하지 않는다는 것이 일반적인 견해이다. 경찰지도는 법적 구속력을 갖지 않는 사실행위라는 것이다. 바꿔 말하면, 경찰지도는 비권력적 사실행위기 때문에 이에는 강제가 따라서는 안 된다. 강제가 수반된 경찰지도는 더 이상 '지도'가 아니다.[61)]

(3) 경찰지도 방법

위에서 언급한 행정절차법상의 행정지도(이를 '경찰지도'라 하기로 함)의 방법을 살펴보면 다음과 같다.

① 경찰지도의 원칙

경찰지도는 그 목적 달성에 필요한 최소한도에 그쳐야 하며, 경찰지도의 상대방의 의사에 반하여 부당하게 강요하여서는 아니 된다. 그리고 경찰기관은 경찰지도의 상대방이 경찰지도에 따르지 아니하였다는 것을 이유로 불이익한 조치를 하여서는 아니 된다(행정절차법 제48조 제1항 및 제2항).

② 경찰지도의 방식

경찰지도를 하는 자는 그 상대방에게 그 경찰지도의 취지 및 내용과 신분을 밝혀야 한다. 그리고 경찰지도가 말로 이루어지는 경우에 상대방이 제1항의 사항을 적은 서면의 교부를 요구하면 그 경찰지도 하는 자는 직무 수행에 특별한 지장이 없으면 이를 교부하여야 한다(제49조 제1항 및 제2항).

③ 의견 제출

경찰지도의 상대방은 해당 경찰지도의 방식·내용 등에 관하여 경찰기관에 의견 제출

---

60) 홍정선(2007), 앞의 책, p. 361.

61) 행정절차법에서 행정지도의 원칙으로서 "행정지도는 그 목적 달성에 필요한 최소한도에 그쳐야 하며, 행정지도의 상대방의 의사에 반하여 부당하게 강요하여서는 아니 된다. 행정기관은 행정지도의 상대방이 행정지도에 따르지 아니하였다는 것을 이유로 불이익한 조치를 하여서는 아니 된다"고 규정하고 있다(제48조).

을 할 수 있다(제50조).

④ 다수인을 대상으로 하는 경찰지도

경찰기관이 같은 경찰목적을 실현하기 위하여 많은 상대방에게 경찰지도를 하려는 경우에는 특별한 사정이 없으면 경찰지도에 공통적인 내용이 되는 사항을 공표하여야 한다(제51조).

2) 경찰보호 등

앞에서 언급한 바와 같이 경찰관직무집행법상 위험방지를 위한 보호조치는 크게 강제보호(强制保護)와 임의보호(任意保護)로 구분하였다.

여기에서 비권력적 경찰권한 행사는 임의보호와 관련된 경찰의 조치라고 할 수 있다. 임의보호라는 것은 보호대상자의 거부의 의사표시가 없는 경우에만 이루어질 수 있는 조치를 말한다. 임의보호는 '미아·병자·부상자 등으로서 적당한 보호자가 없으며 응급구호가 필요하다고 인정되는 사람'에 대해서 이루어진다. 그리고 임의보호의 특성상 본인이 이를 거절하는 경우에는 이루어질 수가 없다(경찰관직무집행법 제4조 제1항 제3호).

이 밖에도 경찰은 관할구역 내의 청소년 및 노약자, 장애인 등 수많은 사회적 약자를 위한 보호 및 선도활동 등을 수행하고 있다.

제5장 사법경찰권한

이상에서 범죄 및 각종 위험방지 등 예방적 활동을 주요 목표로 하는 행정경찰권한에 대해서 살펴보았다. 그런데, 이러한 잠재적·현실적인 위험을 모두 예방한다는 것은 사실상 불가능한 일이며, 따라서 각종 사건·사고가 발생하는 것은 비일비재한 것이 현실이다.

이러한 수많은 사건·사고 가운데 그것이 법률상의 위법행위 특히, 그것이 '범죄'로 인식되었을 때, 그에 대한 일정한 형사절차적 조치가 이루어지게 된다. 이는 형법과 특별형법위반 행위뿐만 아니라 각종 행정법규 위반 행위 가운데서도 형법상의 처벌규정을 둔 것은 모두 포함된다.

이러한 범죄가 발생했을 때에는 그에 대한 조치가 진행된다. 이와 관련된 일련의 과정을 '형사절차'(刑事節次, criminal procedures) 또는 '형사사법절차'라고 하며, 이는 '㉠ 수사 → ㉡ 기소 → ㉢ 재판 → ㉣ 행형 및 교정'의 절차를 거치게 된다. 경찰의 사법경찰권한이라는 것은 이러한 형사절차에서 경찰이 행사할 수 있는 법적 권한이라고 할 수 있다. 이와 관련하여 전형적으로 범죄수사 권한(犯罪搜查 權限)이 논의 되지만, 이에 국한하지 않고 경미한 범죄 등에 대한 기소권한이라 할 수 있는 즉결심판청구 권한(卽決審判請求 權限)과 경미한 범죄에 대한 처벌을 면해주는 훈방 권한(訓放 權限)도 그 대상에 포함할 수 있다고 본다.

이러한 점에서 본다면 경찰이 행사할 수 있는 사법경찰권한이라는 관념은 수사경찰 권한보다 포괄적이라고 할 수 있다. 다만, 형사소송법(제197조)상 범죄수사의 직무를 수행하는 경찰을 사법경찰관리(司法警察官吏)로 표현하고 있음에 주의할 필요가 있다.

제1절 경찰수사 권한

1. 경찰수사 권한의 의의

1) 경찰수사 권한의 개념

범죄수사(犯罪搜査, criminal investigation)라는 것은 형사절차의 제1단계로서 '범죄의 혐의 유무의 확인과 범인의 체포 및 증거수집을 위한 수사기관의 활동'을 말한다.[1] 그리고 수사활동이 연속적으로 진행되는 일련의 과정을 수사절차(搜査節次)라고 한다.

여기에서 경찰수사 권한이라는 것은 일련의 수사절차 즉, 수사개시, 수사진행, 그리고 수사종결 과정에서 경찰이 행사할 수 있는 법적인 권한이라고 할 수 있다.

2) 경찰수사 권한의 유형

(1) 경찰수사 개시 권한

경찰수사 개시 권한은 수사기관이 범죄의 혐의 유무를 밝히고자 범인을 발견·확보하고 증거를 수집·보전하는 따위의 일을 시작할 수 있는 권한을 말한다.

경찰과 같은 수사기관은 범죄에 대한 주관적 혐의로 언제든지 수사에 착수할 수 있으며, 그러한 범죄혐의를 갖게 된 원인은 묻지 않는다. 이와 같이 범죄혐의를 두게 된 원인을 수사의 단서(端緖)라고 한다. 형사소송법에서 규정하고 있는 수사의 단서로는 현행범, 고소, 고발, 자수, 변사자의 검시가 있다. 그러나 수사의 단서는 이에 국한되지 않는다. 불심검문(경찰관직무집행법 제3조), 자동차 검문(도로교통법 제47조) 등에 의해서도 가능하다.

(2) 경찰수사 진행 권한

수사라는 것은 일련의 연속과정에 이루어지는 것으로써 수사가 개시됨으로써 이어서 수사가 진행된다고 볼 수 있다. 이러한 수사진행은 임의수사(任意搜査)를 원칙으로 하며, 법률에 특별한 규정이 있는 경우에 강제수사(强制搜査)가 필요한 최소한도의 범위 안에서 허용된다. 예컨대, 영장(令狀)에 의한 수사가 바로 그것이다.

1) 배종대·이상돈·정승환(2009), 신형사소송법, 서울: 홍문사, p. 41.

영장주의(令狀主義) 원칙

모든 국민은 신체의 자유를 가진다. 누구든지 법률에 의하지 아니하고는 체포·구속·압수·수색 또는 심문을 받지 아니하며, 법률과 적법한 절차에 의하지 아니하고는 처벌·보안처분 또는 강제노역을 받지 아니한다(헌법 제12조 제1항).
체포·구속·압수 또는 수색을 할 때에는 적법한 절차에 따라 검사의 신청에 의하여 법관이 발부한 영장을 제시하여야 한다. 다만, 현행범인인 경우와 장기 3년 이상의 형에 해당하는 죄를 범하고 도피 또는 증거인멸의 염려가 있을 때에는 사후에 영장을 청구할 수 있다(헌법 제12조 제3항).

(3) 경찰수사 종결 권한

범죄단서로부터 시작된 수사절차는 수사기관이 공소제기여부를 판단할 수 있는 정도로 그 혐의가 밝혀지게 되면 종결(終結)된다. 과거에는 이러한 수사종결 권한은 검사만이 할 수 있었다. 수사의 주재자는 어디까지나 검사이고, 경찰(사법경찰관)은 검사의 지휘를 받아 수사를 할 수 있을 뿐이기 때문이다.

그러나 2020년 형사소송법 개정(2021.01 시행)으로 검사의 경찰에 대한 수사지휘권이 폐지되고, 상호협력 관계로 재정립되었다. 이로써 1차 수사종결권이 경찰로 이관되었고 볼 수 있다.[2] 이에 따라 경찰은 1차적으로 수사를 종결하고 그 결과를 검사에게 송치하도록 하고 있다.

사법경찰관의 사건송치 등(형사소송법 제245조의5)

사법경찰관은 고소·고발 사건을 포함하여 범죄를 수사한 때에는 다음의 구분에 따른다.
① 범죄의 혐의가 있다고 인정되는 경우에는 지체 없이 검사에게 사건을 송치하고, 관계 서류와 증거물을 검사에게 송부하여야 한다.
② 그 밖의 경우(범죄의 혐의가 없다고 인정되는 경우 등)에는 그 이유를 명시한 서면과 함께 관계 서류와 증거물을 지체 없이 검사에게 송부하여야 한다. 이 경우 검사는 송부받은 날부터 90일 이내에 사법경찰관에게 반환하여야 한다.[3]

2) 경찰조직에서는 2021년 1월 수사경찰 즉, 사법경찰을 총괄하는 국가수사본부(國家搜査本部)를 경찰청 산하의 독립부서로 창설하여 경찰수사의 독립성과 수사역량을 제고하고자 하였다.

3) 검사는 위와 같은 경우(제2호)에 사법경찰관에서 재수사 요청을 할 수 있다. 즉, ① 검사는 제245조의5 제2호의 경우에 사법경찰관이 사건을 송치하지 아니한 것이 위법 또는 부당한 때에는 그 이유를 문서로 명시하여 사법경찰관에게 재수사를 요청할 수 있다. ② 사법경찰관은 제1항의 요청이 있는 때에는 사건을 재수사하여야 한다(형사소송법 제제245조의8 제1항, 제2항).

물론, 수사종결은 공소제기(公訴提起) 또는 불기소처분(不起訴處分)의 형태로 나타나기 때문에 최종 수사종결 권한은 검사가 가지고 있다고 본다. 그리고 공소제기 후에도 검사는 공소유지를 위한 수사를 할 수 있으며, 불기소처분을 한 때에도 언제든지 수사를 재개할 수 있다.

한편, 검사의 수사종결 권한에 대한 예외로서 경찰서장이 행사하는 즉결심판청구권한을 들 수 있다. 즉, 20만원 이하의 벌금, 구류, 과료에 처할 범죄사건으로서 즉결심판절차에 의해 처리될 경미사건의 경우에는 경찰서장이 관할판사에게 즉결심판을 청구함으로써 수사절차를 종결하게 된다(즉결심판에 관한 절차법 제3조 제1항).[4] 이 즉결심판청구권한은 일종의 소추권(訴追權)으로서의 의미를 갖는다(이에 대해서는 뒤에서 상세히 살펴보기로 한다).

내사와 수사

① 내사의 의의

일반적으로 내사(內査)라는 것은 '범죄첩보, 진정·탄원 등 수사민원, 언론보도 등 제반 범죄정보들을 수집하고, 기타 임의적인 수단을 통해 범죄혐의 유무를 확인하는 범죄인지(형사입건) 전(前)의 경찰활동'이라고 정의하고 있다.[5] 따라서 내사는 형사소송법상에서 공식적(公式的)으로 진행되는 수사개시의 전(前) 단계에서 이루어지는 임의적(任意的) 조사활동이라고 할 수 있다.

범죄수사활동의 역동성을 감안하고, 비록 범죄혐의가 구체적으로 없는 상황일지라도 극히 미약하지만 일정부분 범죄와 연관되는 요소가 발견될 수도 있기 때문에 공식적으로 진행되는 수사개시 전 단계에서 사법경찰에게 일정한 재량권을 부여하여 개인의 자유와 권리를 침해하지 않는 범위 내에서 관련 활동을 할 수 있도록 하는 것은 의미가 있다고 본다.

이러한 점에서 볼 때, 형사소송법을 내사의 법적 근거로 삼는 것은 한계가 있다고 본다. 다만, 내사에 대한 법적 근거가 명확하지 않기 때문에 향후 이에 대한 법적 근거를 경찰관직무집행법 등에 제시함으로써 이의 실체를 분명히 하는 것은 필요하다고 본다.[6]

② 내사와 수사의 구분

내사와 수사의 구분은 위에서 언급한 바와 같이, '범죄혐의 유무'가 아니라 '형사입건 유무'에 좌우된다고 볼 수 있다(형식설).

4) 배종대·이상돈·정승환(2009), 앞의 책, p. 209.

5) 정세종(2011), "경찰내사의 활성화방안에 관한 연구," 한국경찰학회보 제13권 제4호, p. 182.

6) 위의 논문, pp. 189-190.

이러한 형식설(形式說)에 따르면, 내사는 어떠한 범죄에 대한 충분한 혐의가 인정되지 않는 단계의 입건 전 조사로서, 입건 후의 수사와는 명백히 구별되는 개념으로 이해되고 있다.

물론, 범죄혐의 유무에 의해 구분되기도 한다(실질설). 실질설(實質說)은 '범죄혐의가 인정되는가? 혹은 인정되지 않는가'라는 점을 기준을 가지고 양자를 구분하고 있다.

실질설의 입장에서 본다면, 범죄혐의가 인정되지 않는 단계에서 이루어지는 조사는 내사에 해당되고, 범죄혐의가 인정되는 단계에서 이루어지는 조사는 수사라는 것이다. 그러나 이러한 실질설의 관점에서 보면 내사와 수사의 경계는 모호해지고, 지극히 담당 사법경찰의 자의적 판단(恣意的 判斷)에 맡길 수밖에 없는 문제가 생긴다.

결국, 내사와 수사를 구분한다면, 형식설 관점에서 형사입건 전후를 기준으로 하는 방법이 보다 설득력을 갖게 된다고 본다. 그리고 공식적 수사개시 전 단계에 해당하는 내사활동은 상대적으로 사법경찰의 재량권을 폭넓게 인정하고 있는 것은 위에서 언급한 바와 같다.

③ 내사의 문제

그런데 형식설 관점에서 본 내사는 가장 중요한 기준이 바로 '형사입건 유무'에 있기 때문에, 그것으로 인한 문제가 내재할 수 있음은 부인하기 어렵다. 비록 범죄혐의가 있는 상태에서 이루어지는 조사활동이라 할지라도 형사입건 전이면 내사에 해당하기 때문에, 경우에 따라서는 이를 악용(惡用)할 우려가 없지 않다는 의미이다. 예컨대, 사법경찰이 내사단계에서 재량권을 남용하여 범죄사건을 임의적으로 종결(終結)하는 문제가 바로 그것이다.

법무부 차관 내정자 택시기사 폭행사건[7]	
2020 11. 6	• 이○○ 법무부차관(당시 변호사), 술에 취해 택시를 탔다가 서초구 자택 앞에 도착해 자신을 깨우는 택시기사의 목을 갑자기 조르고 욕설하는 등 폭행, 택시기사 서울 서초경찰에 신고
11. 7	• 오전 10시경 서초서 담당형사(경사), 출석요구와 함께 택시 안에 놓고 간 물건을 찾아가라고 문자 전송 • 오전 11시 12분경 이○○, 서초서 형사당직팀 사무실을 찾아 유실물 찾아감
11. 8	• 이○○, 택시기사 만나 합의금으로 1천만원 송금하고 합의함. 헤어진 뒤 "(폭행)영상 지우시는 게 어떠냐"고 요구함 • 택시기사, 이○○에게 "지울 필요 있냐, 안 보여주면 되지"라고 말함
11. 9	• 이○○, 서초서 출석요구 응하지 않음 • 택시기사, 서초서에 이○○ 처벌 불원서 제출 • 택시기사, 서초서 1차 조사에서 "영상 복원 시도했으나 폭행 영상 없다"고 진술

7) 연합뉴스(2021. 05. 28.).; CBS노컷뉴스(2021. 06. 04.).; 연합뉴스(2021. 06. 09.).

11.11	• 택시기사, 서초서 2차 조사 • 담당형사, 택시기사에게 "블랙박스 영상 찍어갔다고 들었다"고 말함 • 택시기사, 담당형사에게 30초 분량의 폭행동영상 보여줌 • 담당형사, 택시기사에게 "정차해 있네요. 안 본 걸로 할께요"라고 말함 • 택시기사, 항의 안 함 • (참고) 담당형사는 이를 상부에 보고하지 않은 것으로 조사됨
11.12	• 서초서, 이○○의 범행을 입증할 택시 블랙박스 영상이 없고, 택시 기사와 합의했다는 이유로 특정범죄가중처벌법이 아닌 형법상 단순폭행 혐의를 적용해 사건을 내사 종결(內査終結) • (참고) 형법상의 단순폭행은 '반의사불벌죄'에 해당하지만, 특정범죄 가중처벌 등에 관한 법률(약칭: 특정범죄가중법) 제5조의10에 근거한 '운전자 폭행죄'(정차 포함)는 피해자와 합의가 되었다고 하더라도 처벌을 받도록 되어 있음. 그리고 이러한 죄를 범하여 사람을 상해(傷害)에 이르게 한 경우는 3년 이상의 유기징역에 처하고, 사망에 이르게 한 경우는 무기 또는 5년 이상의 징역에 처하도록 함
12. 2	• 문재인 대통령, 이○○를 신임 법무부 차관에 내정
12.19	• 서초서가 이○○ 차관에게 특정범죄가중법 위반죄가 아닌 반의사불벌죄인 형법상의 폭행죄를 적용해 봐주기 수사를 했다는 의혹 첫 보도됨
12.29	• 검찰, 이○○ 차관 사건을 직접수사하기로 하고, 서울중앙지검 형사5부에 배당
2021 1.24	• 서울경찰청 청문·수사합동조사단, 이○○ 차관의 택시기사 폭행 부실수사 의혹 조사함
1.25	• 서울경찰청, 당초 블랙박스 영상 없다고 발표했으나 사건초기 담당형사가 피해자 조사시 블랙박스 영상 확인했지만 이를 묵살한 것으로 밝혀짐
1.27	• 검찰, 서초서 압수수색
2.16	• 서울경찰청 진상조사단, 이○○ 차관의 택시기사 폭행 사건 담당수사관을 특정범죄가중처벌법상 특수직무유기 혐의로 입건
5.22	• 검찰, 이○○ 차관 피의자 신분으로 소환조사
5.26	• 서초서가 이○○ 차관의 택시기사 폭행 사건 당시, 고위공직자범죄 수사처장 후보로 거론된다는 사실을 알았고, 서울경찰청 생활안전계에 보고했다는 내용 언론에 보도됨
5.28	• 이○○ 차관, 사의 표명
5.30	• 진상조사단(서울경찰청 반부패·공공범죄수사대), 이○○ 차관 피의자신분으로 조사
6. 3	• 문재인 대통령, 이○○ 차관 사표수리
6. 9	• 서울경찰청, 이○○ 전 차관 폭행사건에 외압이나 경찰 윗선의 개입은 없었다고 조사결과 발표 • 서초서 담당형사는 특수직무유기 혐의로 검찰에 송치 예정 • 이○○ 전 차관은 증거인멸 교사 혐의 등으로 검찰에 송치 예정 • 택시기사는 증거인멸 혐의로 검찰에 송치 예정

내사의 명칭을 '입건 전 조사'로 변경

경찰청은 '내사'라는 용어를 '입건 전 조사'로 변경하고 기존 '첩보 내사'에 한정하여 구분하겠다고 밝혔다. 기존 내사 사건은 첩보내사, 진정내사, 신고내사, 기타내사 등으로 분류되어 있었다.
앞으로는 범죄첩보나 기타 범죄에 관한 정보·풍문 등 진상을 확인할 가치가 있는 사안만 '입건 전 조사'로 부르겠다는 의미이다. 나머지는 진정 사건, 신고사건, 기타조사사건 등으로 분류한다. 경찰청 관계자는 "'내사'라는 용어가 별다른 통제 없이 은밀하게 조사한다는 오해와 불신을 유발한다는 측면에서 이를 현실에 맞게 개선한 것"이라고 밝혔다.[8)]

3) 경찰수사 권한의 법적 근거

경찰수사 권한의 법적 근거와 관련하여 「국가경찰과 자치경찰의 조직 및 운영에 관한 법률」(약칭: 경찰법) 제3조(경찰의 임무) 및 「경찰관직무집행법」 제2조(직무의 범위)에 경찰은 '범죄의 예방·진압 및 수사'를 한다고 규정하고 있다.

그런데 이러한 규정 자체만으로 경찰이 수사 권한을 가지고 있는 것으로 보기도 하나,[9)] 전술한 바와 같이 이러한 법적 근거는 권한규정이라기보다는 직무규정이기 때문에 그것만으로 수사에 관한 권한이 구체적·직접적으로 부여되어 있다고 보기는 어렵다고 본다. 따라서 수사권한 규정은 「형사소송법」에 근거를 두고 있다고 볼 수 있다.

2. 경찰수사 기관 등

수사기관은 위에서 살펴본 범죄수사를 할 수 있는 법적 권한이 인정되는 국가기관을 의미한다. 현행 형사소송법상으로는 수사기관으로는 검사(檢事)와 사법경찰관리(司法警察官吏)가 있다. 논의의 편의상 사법경찰관리를 먼저 살펴보기로 한다.

1) 사법경찰관리

사법경찰관리(司法警察官吏)는 (일반)사법경찰관리와 특별사법경찰관리가 있다. 여기에서 사법경찰관리는 '사법경찰관'(司法警察官)과 '사법경찰리'(司法警察吏)를 합친 용어이다.

---

8) 중앙일보(2021. 06. 09.).

9) 신동운(2006), 형사소송법, 서울: 법문사, p. 51.

(1) (일반)사법경찰관리

(일반)사법경찰관리는 경찰청 소속하에 사법경찰의 업무를 수행하는 경찰공무원을 의미한다. 형사소송법에서는 이를 사법경찰관과 사법경찰리로 구분하여 규정하고 있다(제197조).

㉠ 사법경찰관: 경무관, 총경, 경정, 경감, 경위는 사법경찰관(司法警察官)으로서 범죄의 혐의가 있다고 사료하는 때에는 범인, 범죄사실과 증거를 수사한다.
㉡ 사법경찰리: 경사, 경장, 순경은 사법경찰리(司法警察吏)로서 수사의 보조를 하여야 한다.

이처럼 경사, 경장, 순경은 사법경찰리로서 범죄수사의 독립된 주체가 아닌 보조기관으로서 사법경찰관의 지휘 및 감독을 받아 범죄수사 관련업무를 수행함을 알 수 있다.

(2) 특별사법경찰관리

한편, 특별사법경찰관리가 존재한다. 특별사법경찰관리는 경찰청 소속 사법경찰관리 외의 사법경찰의 업무를 수행하는 자를 의미한다. 형사소송법에서는 '삼림, 해사, 전매, 세무, 군수사기관, 그 밖에 특별한 사항에 관하여 사법경찰관리의 직무를 행할 특별사법경찰관리와 그 직무의 범위는 법률로 정한다'고 규정하고 있다(제245조의10 제1항).

이에 따라 특별사법경찰관리의 직무의 범위 등은 「사법경찰관리의 직무를 수행할 자와 그 직무범위에 관한 법률」(약칭: 사법경찰직무법)에 규정되어 있다. 이 법에 따른 특별사법경찰관리는 다음과 같다(제4조~제6조).

㉠ 교도소장 등
㉡ 산림 보호에 종사하는 공무원
㉢ 검사장의 지명에 의한 사법경찰관리

2) 검사

검사 역시 수사권한을 가지고 있다. 따라서 검사는 범죄의 혐의가 있다고 사료하는 때에는 범인, 범죄사실과 증거를 수사하도록 규정하고 있다(형사소송법 제196조).

3) 검사와 사법경찰관의 관계

(1) 검사와 (일반)사법경찰관의 상호협력 관계

현행 형사소송법에서는 검사와 (경찰청 소속) 사법경찰관은 수사, 공소제기 및 공소유지에 관하여 서로 협력(協力)하여야 한다고 규정하고 있다(제195조 제1항).[10] 이는 2020년 2월에 형사소송법을 개정하여 새롭게 신설된 규정이다.[11]

그리고 이에 따른 수사를 위하여 준수하여야 하는 일반적 수사준칙에 관한 사항은 대통령령인 「검사와 사법경찰관의 상호협력과 일반적 수사준칙에 관한 규정」(2020.10 제정)에 정하도록 하고 있다(형사소송법 제195조 제2항).

이 규정은 「형사소송법」 제195조에 따라 검사와 사법경찰관의 상호협력과 일반적 수사준칙에 관한 사항을 규정함으로써 수사과정에서 국민의 인권을 보호하고, 수사절차의 투명성과 수사의 효율성을 보장함을 목적으로 하고 있다(제1조). 이 규정상의 검사와 사법경찰관의 상호협력관련 내용은 다음과 같다.

상호협력

① 상호협력의 원칙(제6조)

㉠ 검사와 사법경찰관은 상호 존중해야 하며, 수사, 공소제기 및 공소유지와 관련하여 협력해야 한다.

㉡ 검사와 사법경찰관은 수사와 공소제기 및 공소유지를 위해 필요한 경우 수사·기소·재판 관련 자료를 서로 요청할 수 있다.

㉢ 검사와 사법경찰관의 협의는 신속히 이루어져야 하며, 협의의 지연 등으로 수사 또는 관련 절차가 지연되어서는 안 된다.

② 중요사건 협력절차(제7조)

검사와 사법경찰관은 공소시효가 임박한 사건이나 내란, 외환, 선거, 테러, 대형참사, 연쇄살인 관련 사건, 주한 미합중국 군대의 구성원·외국인군무원 및 그 가족이나 초청계약자의 범죄 관련 사건 등 많은 피해자가 발생하거나 국가적·사회적 피해가 큰 중요한 사건(이하 "중요사건"이라 함)의 경우에는 송치 전에 수사할 사항, 증거수집의 대상, 법령의 적용 등에 관하여 상호 의견을 제시·교환할 것을 요청할 수 있다.

---

10) 한편, 검찰청 직원으로서 사법경찰관리의 직무를 행하는 자 역시 (일반)사법경찰관리에 해당한다. 그러나 이들은 경찰청 소속의 사법경찰관리와는 그 위상이 다르다. 즉, 검찰청 소속 직원인 사법경찰관은 검사의 지휘를 받아 수사를 해야 한다(형사소송법 제245조의9 제2항). 그리고 검찰청 소속 직원인 사법경찰리는 검사 또는 검찰청 소속 직원인 사법경찰관의 수사를 보조하도록 하고 있다(제3항).

11) 2020년 2월 형사소송법 개정 이전에는 사법경찰관(경무관, 총경, 경정, 경감, 경위)은 '모든 수사'에 관하여 검사의 지휘를 받도록 하고 있다(舊형사소송법 제196조 제1항). 그리고 사법경찰리(경사, 경장, 순경)는 수사의 주체가 되지 못하고, 검사 또는 사법경찰관의 지휘를 받아 수사를 보조하는 수사보조기관으로서의 권한과 의무를 가질 뿐이었다(동조 제5항). 이러한 점에서 볼 때, 형사소송법의 개정을 통한 경찰(즉, 사법경찰관)의 수사주재자로서의 위상확립은 형사사법(刑事司法)에 있어서 매우 큰 역사적 의의가 있다고 볼 수 있다.

③ **검사와 사법경찰관의 협의(제8조)**

㉠ 검사와 사법경찰관은 수사와 사건의 송치, 송부 등에 관한 이견의 조정이나 협력 등이 필요한 경우 서로 협의를 요청할 수 있다. 다만, 일정한 사항에 해당하는 경우에는 상대방의 협의 요청에 응해야 한다(이하 생략).

㉡ 일정한 경우, 해당 검사와 사법경찰관의 협의에도 불구하고 이견이 해소되지 않는 경우에는 해당 검사가 소속된 검찰청의 장과 해당 사법경찰관이 소속된 경찰관서(지방해양경찰관서 포함)의 장의 협의에 따른다.

④ **수사기관협의회(제9조)**

㉠ 대검찰청, 경찰청 및 해양경찰청 간에 수사에 관한 제도 개선 방안 등을 논의하고, 수사기관 간 협조가 필요한 사항에 대해 서로 의견을 협의·조정하기 위해 수사기관협의회를 둔다.

㉡ 수사기관협의회는 일정한 사항에 대해 협의·조정한다(이하 생략).

㉢ 수사기관협의회는 반기마다 정기적으로 개최하되, 위의 어느 한 기관이 요청하면 수시로 개최할 수 있다.

㉣ 위의 각 기관은 수사기관협의회에서 협의·조정된 사항의 세부 추진계획을 수립·시행해야 한다.

㉤ 이상의 규정에서 정한 사항 외에 수사기관협의회의 운영 등에 필요한 사항은 수사기관협의회에서 정한다.

(2) 검사의 (일반)사법경찰관에 대한 비교우위적 권한

그러나 범죄수사에 있어서 이상과 같은 검사와 (일반)사법경찰관과의 상호협력관계에도 불구하고, 실질적으로는 검사가 비교우위적 권한을 가지고 있음은 물론이다. 이러한 내용은 헌법상의 영장청구권, 그리고 형사소송법상의 보완수사요구, 시정조치요구, 수사의 경합 등에서 찾을 수 있다.

① 검사의 영장청구권

무엇보다도 수사진행에 있어서 강제수사 행사의 핵심이라 할 수 있는 영장청구권(令狀請求權)은 검사에게 있기 때문이다. 즉, 헌법에 의해 '체포·구속·압수 또는 수색을 할 때에는 적법한 절차에 따라 검사의 신청에 의하여 법관이 발부한 영장을 제시하도록'하고 있다(헌법 제12조).

② 보완수사요구권

검사는 다음과 같은 경우에 사법경찰관에게 보완수사를 요구할 수 있다(형사소송법 제

197조의2 제1항).

㉠ 송치사건의 공소제기 여부 결정 또는 공소의 유지에 관하여 필요한 경우
㉡ 사법경찰관이 신청한 영장의 청구 여부 결정에 관하여 필요한 경우

사법경찰관은 이와 같은 요구가 있는 때에는 정당한 이유가 없는 한 지체 없이 이를 이행하고, 그 결과를 검사에게 통보하여야 한다(제197조의2 제2항).

그리고 검찰총장 또는 각급 검찰청 검사장은 사법경찰관이 정당한 이유 없이 이와 같은 요구에 따르지 아니하는 때에는 권한 있는 사람에게 해당 사법경찰관의 직무배제 또는 징계를 요구할 수 있고, 그 징계 절차는 「공무원 징계령」 또는 「경찰공무원 징계령」에 따도록 하고 있다(제3항).

③ 시정조치요구 및 사건송치요구권

검사는 사법경찰관리의 수사과정에서 법령위반, 인권침해 또는 현저한 수사권 남용이 의심되는 사실의 신고가 있거나 그러한 사실을 인식하게 된 경우에는 사법경찰관에게 사건기록 등본의 송부를 요구할 수 있다(형사소송법 제197조의3 제1항). 이러한 송부 요구를 받은 사법경찰관은 지체 없이 검사에게 사건기록 등본을 송부하여야 한다(제197조의3 제2항).

사건기록 등본의 송부를 받은 검사는 필요하다고 인정되는 경우에는 사법경찰관에게 시정조치를 요구할 수 있다(제3항). 그리고 사법경찰관은 이러한 시정조치 요구가 있는 때에는 정당한 이유가 없으면 지체 없이 이를 이행하고, 그 결과를 검사에게 통보하도록 하고 있다(제4항).

한편, 이러한 통보를 받은 검사는 시정조치 요구가 정당한 이유 없이 이행되지 않았다고 인정되는 경우에는 사법경찰관에게 사건을 송치할 것을 요구할 수 있고(제5항), 송치요구를 받은 사법경찰관은 검사에게 사건을 송치하여야 한다(제6항).

그리고 검찰총장 또는 각급 검찰청 검사장은 사법경찰관리의 수사과정에서 법령위반, 인권침해 또는 현저한 수사권 남용이 있었던 때에는 권한 있는 사람에게 해당 사법경찰관리의 징계를 요구할 수 있고, 그 징계 절차는 「공무원 징계령」 또는 「경찰공무원 징계령」에 따르도록 하고 있다(제7항).

④ 수사의 경합

검사는 사법경찰관과 동일한 범죄사실을 수사하게 된 때에는 사법경찰관에게 사건을

송치할 것을 요구할 수 있다(제197조의4 제1항).

이러한 요구를 받은 사법경찰관은 지체 없이 검사에게 사건을 송치하여야 한다. 다만, 검사가 영장을 청구하기 전에 동일한 범죄사실에 관하여 사법경찰관이 영장을 신청(申請)한 경우에는 해당 영장에 기재된 범죄사실을 계속 수사할 수 있도록 하고 있다(제2항).

(3) 검사의 특별사법경찰관에 대한 지휘감독

이상에서 살펴 본 바와 같이 검사는 경찰청 소속 (일반)사법경찰과 상호협력관계에 있으면서도 일정부분 비교우위적 권한관계에 있음을 알 수 있다.

그런데, 이와는 달리 검사는 특별사법경찰(삼림, 해사, 전매, 세무, 군수사기관 등)는 원칙적으로 지휘감독(指揮監督) 관계에 놓여 있다. 이에 따라 형사소송법에서는 '특별사법경찰관은 모든 수사에 관하여 검사의 지휘를 받는다'고 규정하고 있다(형사소송법 제245조의10 제2항). 물론, 특별사법경찰관은 범죄의 혐의가 있다고 인식하는 때에는 범인, 범죄사실과 증거에 관하여 수사를 개시·진행하여야 한다고 규정함(제3항)으로써 일정부분 수사권한을 인정하고 있다.

다만, 특별사법경찰관리는 검사의 지휘가 있는 때에는 이에 따라야 하고(제4항), 특별사법경찰관은 범죄를 수사한 때에는 지체 없이 검사에게 사건을 송치하고, 관계 서류와 증거물을 송부하여야 한다고 규정하고 있다(제5항).

3. 경찰수사 권한의 행사 방법

이상과 같이 경찰은 범죄수사와 관련된 권한을 행사하는데 있어서 비록 형사소송법의 개정에 의해 일정부분 개선되었지만 일정부분 한계가 있음을 알 수 있다. 이러한 한계 내에서 경찰이 범죄수사를 하는 방법에는 임의수사(任意搜査)와 강제수사(强制搜査)로 구분된다.

임의수사는 수사방법이 임의적으로 이루어지는 수사를 가리킨다. 이에 반해 강제수사는 강제처분에 의한 수사를 말한다. 강제처분은 형사절차의 진행과 형벌의 집행을 확보하기 위해 일반적으로 강제력을 사용하는 것을 말한다.

형사소송법은 임의수사를 원칙으로 하고, 강제수사는 법률에 '특별한 규정이 있는 경우'에 한하며, '필요한 최소한도의 범위'(비례의 원칙) 안에서만 하도록 하고 있다. 바꿔 말하면 특별한 규정이 없으면 강제처분을 하지 못한다는 것을 의미한다(형사소송법 제199조 제1항 단서).

한편, 임의수사와 강제수사의 구분이 어려운 영역이 적지 않게 존재한다는 점도 유의할 필요가 있다.

1) 임의수사

발생한 범죄에 대한 수사기관의 임의수사 방법이 구체적으로 정해진 것은 아니다. 즉, 수사에 관하여 그 목적을 달성하기 위하여 필요한 조사를 할 수 있도록 하고 있으므로(형사소송법 제199조 제1항), 임의수사의 구체적 방법은 수사기관에서 결정한다고 본다. 다만, 형사소송법에서는 임의수사 가운데 ㉠ 공무소 등에 대한 조회, ㉡ 피의자 신문, ㉢ 참고인 조사, ㉣ 감정·통역·번역의 위촉 등에 관해서는 특별한 규정을 두고 있다.

(1) 공무소 등에의 조회

수사기관은 수사에 관하여 공무소 기타 공사단체에 조회하여 필요한 사항의 보고를 요구할 수 있다(형사소송법 제199조 제2항). 이를 공무소(公務所) 등에의 조회라고 한다. 전과조회, 신원조회 등은 여기에 해당되는 예이다. 수사기관의 조회요청이 있으면 그 상대방인 공무소 등은 이에 협조할 의무가 있으므로 이를 강체처분이라고 보는 견해도 있다. 그러나 공무소 등에 의무의 이행을 강제할 방법이 없고, 또 영장에 의하지 아니하고 조회를 요청할 수 있다는 점에서 이는 임의수사로 보아야 할 것이다.[12]

물론, 공무소에의 조회가 제한되는 경우가 있다. 예컨대, 「금융실명거래 및 비밀보장에 관한 법률」은 "금융회사 등에 종사하는 자는 명의인(신탁의 경우에는 위탁자 또는 수익자를 말함)의 서면상의 요구나 동의를 받지 아니하고는 '그 금융거래의 내용에 대한 정보 또는 자료'(이하 '거래정보 등'이라 함)를 타인에게 제공하거나 누설하여서는 아니 되며, 누구든지 금융회사 등에 종사하는 자에게 거래정보 등의 제공을 요구하여서는 아니 된다"고 규정하고 있다(금융실명거래 및 비밀보장에 관한 법률 제4조 제1항).[13]

다만, 이에 대한 예외사항 가운데 하나로 '법원의 제출명령 또는 법관이 발부한 영장(令狀)에 따른 거래정보 등의 제공을 요구하는 경우'를 들 수 있다(제4조 제1항 제1호).

12) 신동운(2006), 앞의 책, p. 125.; 배종대·이상돈·정승환(2009), 앞의 책, p. 113.

13) 이를 위반한 자는 5년 이하의 징역 또는 5천만원 이하의 벌금에 처한다. 이의 징역형과 벌금형은 병과(併科)할 수 있다(금융실명거래 및 비밀보장에 관한 법률 제6조 제1항, 제2항).

금융거래정보 제공과 영장주의

수사기관이 범죄수사를 목적으로 「금융실명거래 및 비밀보장에 관한 법률」(이하 '금융실명법)에 정한 '거래정보 등'을 획득하기 위해서는 법관의 영장이 필요하다.
신용카드에 의하여 물품을 거래할 때 '금융회사 등'이 발행하는 매출전표의 거래명의자에 관한 정보 또한 금융실명법에서 정하는 '거래정보 등'에 해당하므로, 수사기관이 금융회사 등에 그와 같은 정보를 요구하는 경우에도 법관이 발부한 영장에 의하여야 한다.
그럼에도 수사기관이 영장에 의하지 아니하고 매출전표의 거래명의자에 관한 정보를 획득하였다면, 그와 같이 수집된 증거는 원칙적으로 형사소송법에서 정하는 '적법한 절차에 따르지 아니하고 수집한 증거'에 해당하여 유죄의 증거로 삼을 수 없다.[14)]

이 밖에도 「통신비밀보호법」에 의해서 '누구든지 이 법과 형사소송법 또는 군사법원법의 규정에 의하지 아니하고는 우편물의 검열·전기통신의 감청 또는 통신사실 확인 자료의 제공을 하거나 공개되지 아니한 타인간의 대화를 녹음 또는 청취하지 못한다'고 하고 있다(세부적인 내용은 통신비밀보호법 제3조~6조 참조).

(2) 피의자 신문

피의자 신문(訊問, interrogation)은 검사 또는 사법경찰관이 수사에 필요한 때에 피의자의 출석을 요구하여 진술을 듣는 것을 말한다(형사소송법 제200조). 여기에서 피의자는 출석의무가 없고, 진술거부권(陳述拒否權)이 보장되어 있다.

형사절차에 따른 지위의 변화

일반시민 ⇨ 용의자 ⇨ 피의자 ⇨ 피고인 ⇨ 범죄인

① 용의자(容疑者): 공식적인 형사절차 즉, 수사가 개시되기 전의 의심이 되는 사람.
② 피의자(被疑者): 공식적으로 수사기관의 수사절차를 받아 신문(訊問) 등을 받는 사람으로서, 범죄혐의는 있으나 아직 공소제기가 되지 않은 사람.
③ 피고인(被告人): 범죄혐의가 인정되어 재판의 대상이 된 사람으로서, 검찰이 법원에 공소를 제기하면 그때부터 피고인 신분이 됨.
④ 범죄자(犯罪者): 범죄혐의가 인정되어 법원의 확정판결을 받은 사람.

이는 '모든 국민은…형사(刑事)상 자기에게 불리한 진술을 강요당하지 아니한다'고 규

14) 대법 2013.3.28., 2012도13607.

정되어 있는 헌법상의 권리라고 할 수 있다(헌법 제12조 제2항). 따라서 검사 또는 사법경찰관은 피의자를 신문할 때 진술거부권 등을 고지해야 한다(형사소송법 제244조의3).

진술거부권 등의 고지

검사 또는 사법경찰관은 피의자를 신문하기 전에 다음의 사항을 알려주어야 한다(형사소송법 제244조의3 제1항 각호).

① 일체의 진술을 하지 아니하거나 개개의 질문에 대하여 진술을 하지 아니할 수 있다는 것

② 진술을 하지 아니하더라도 불이익을 받지 아니한다는 것

③ 진술을 거부할 권리를 포기하고 행한 진술은 법정에서 유죄의 증거로 사용될 수 있다는 것

④ 신문을 받을 때에는 변호인을 참여하게 하는 등 변호인의 조력을 받을 수 있다는 것

검사 또는 사법경찰관은 위의 사항에 따라 알려 준 때에는 피의자가 진술을 거부할 권리와 변호인의 조력을 받을 권리를 행사할 것인지의 여부를 질문하고, 이에 대한 피의자의 답변을 조서에 기재하여야 한다. 이 경우 피의자의 답변은 피의자로 하여금 자필(自筆)로 기재하게 하거나 검사 또는 사법경찰관이 피의자의 답변을 기재한 부분에 기명날인(記名捺印: 성명을 기재하고 인장을 찍는 일) 또는 서명(書名)하게 하여야 한다(제244조의3 제2항).

위법한 피의자 신문조서의 증거능력

헌법과 형사소송법의 관련근거에 비추어 보면, 비록 사법경찰관이 피의자에게 진술거부권(陳述拒否權)을 행사할 수 있음을 알려 주고 그 행사 여부를 질문하였다 하더라도, 형사소송법에서 규정한 방식에 위반하여 진술거부권 행사 여부에 대한 피의자의 답변이 자필로 기재되어 있지 아니하거나 그 답변 부분에 피의자의 기명날인 또는 서명이 되어 있지 아니한

사법경찰관 작성의 피의자 신문조서는 특별한 사정이 없는 한 형사소송법에서 정한 '적법한 절차와 방식'에 따라 작성된 조서라 할 수 없으므로 그 증거능력을 인정할 수 없다.[15]

피의자가 거부할 수 있는 진술내용에는 제한이 없다. 예컨대, 진술거부권을 고지하지 않고 작성한 피의자 신문조서(被疑者訊問調書)는 적법한 절차에 따르지 아니하고 수집된 증거로서 증거능력이 인정되지 아니한다(위법수집증거 배제, 형사소송법 제308조의2).

그리고 그 진술이 강제 등(고문, 폭행, 협박, 신체구속의 부당한 장기화 또는 기망 기

15) 대법 2013.3.28., 2010도3359.

타의 방법으로 임의로 진술한 것이 아니라고 의심할 만한 이유가 있는 때)에 의한 자백일 경우에는 증거능력은 인정되지 아니한다(강제 등에 의한 자백배제, 형사소송법 제309조).

물론, 피의자의 범죄혐의가 상당하고 정당한 이유 없이 출석요구에 응하지 않거나 응하지 아니할 우려가 있는 경우에는 체포영장(逮捕令狀)에 의해 체포될 수 있으므로(형사소송법 제200조의2), 그 한도 내에서는 사실상 출석의무가 인정되는 셈이다. 체포영장에 의한 체포는 임의수사가 아닌 강제수사에 해당된다.

(3) 참고인 조사

검사 또는 사법경찰관은 수사에 필요한 때에는 피의자가 아닌 자의 출석을 요구하여 진술을 들을 수 있다(제3자의 출석요구 등, 형사소송법 제221조 제1항). 이것을 참고인(參考人, witness) 조사라고 하는데, 수사절차상 참고인은 피의자가 아닌 제3자라는 점에서 넓은 의미에서 증인(證人)에 해당된다.

그러나 참고인은 수사기관에 어떠한 범죄관련 경험한 사실을 진술하고, 증인은 법원 또는 법관에 대해 진술한다는 점에서 양자는 구별된다. 참고인은 증인과 달리 강제로 소환당하거나 신문당하지 않는다. 또한 증인과 같이 법정에 출석하지 않았다는 이유로 과태료도 부과되지 않고(형사소송법 제151조), 강제로 구인(拘引)되는 제재도 받지 않는다(제152조). 참고인 조사는 어디까지나 임의수사에 속하기 때문이다.[16)]

다만, 범죄수사에 있어서 없어서는 안 될 사실을 알고 있는 자가 출석 또는 진술을 거부하면, 검사는 제1회 공판기일 전에 한(限)하여 판사에게 그에 대한 증인신문을 청구할 수 있다(제221조의2 제1항).[17)]

---

16) 참고인에 대해서는 진술거부권을 고지할 필요는 없다고 본다. 그러나 고문금지와 진술거부권은 그대로 보장됨은 물론이다. 한편, 참고인조사에서도 참고인의 동의를 얻어 영상녹화를 할 수 있도록 하고 있다(형사소송법 제221조 제1항). 또한 참고인을 조사하는 과정도 수사과정의 일부로서 이를 기록하도록 하고 있다(제244조의4 제3항 단서).

17) 증인이 출석하지 아니한 경우의 과태료 등: ① 법원은 소환장을 송달받은 증인이 정당한 사유 없이 출석하지 아니한 때에는 결정으로 당해 불출석으로 인한 소송비용을 증인이 부담하도록 명하고, 500만원 이하의 과태료를 부과할 수 있다. 제153조에 따라 준용되는 제76조제2항·제5항에 따라 소환장의 송달과 동일한 효력이 있는 경우에도 또한 같다. ② 법원은 증인이 제1항에 따른 과태료 재판을 받고도 정당한 사유 없이 다시 출석하지 아니한 때에는 결정으로 증인을 7일 이내의 감치에 처한다...(중략). ⑧ 제1항과 제2항의 결정에 대하여는 즉시항고를 할 수 있다(형사소송법 제151조).

참고인 구인·유치제도

그런데 예외적으로 국가보안법(國家保安法)에서는 특별형사소송규정의 하나로서 참고인 구인·유치(拘引·留置制度)를 규정하고 있다.
이 법에 따라 검사 또는 사법경찰관으로부터 이 법에 정한 죄의 참고인으로 출석을 요구받은 자가 정당한 이유 없이 2회 이상 출석요구에 불응한 때에는 관할법원판사의 구속영장(拘束令狀)을 발부받아 구인할 수 있도록 하고 있다.
그리고 구속영장에 의하여 참고인을 구인하는 경우에 필요한 때에는 근접한 경찰서 기타 적당한 장소에 임시로 유치할 수 있도록 하고 있다(국가보안법 제18조).

(4) 수사상의 감정·통역·번역

검사 또는 사법경찰관은 수사에 필요한 때에는 감정(鑑定: 필체·음성·혈액감정 등)·통역 또는 번역을 위촉(委囑)할 수 있다(형사소송법 제221조 제2항).

수사기관의 위촉을 받은 자는 이를 수락할 의무가 없으며, 감정·통역·번역을 위하여 출석하였다가 퇴거하는 것도 자유이다. 그리고 감정인, 통역인, 번역인은 다른 사람으로 대신할 수 있는 대체성이 있으므로 특정인에 대하여 이를 강제할 필요도 없다. 따라서 수사기관에 의한 수사상의 감정·통역·번역은 임의수사에 속한다.[18)]

한편, 검사가 감정을 위촉하는 경우에 피의자의 정신 또는 신체에 관한 감정을 위하여 감정유치처분(鑑定留置處分)이 필요한 때에는 판사에게 이를 청구하도록 하고 있다(제221조의3 제1항).[19)] 판사는 이의 청구가 상당하도 인정할 때에는 유치처분을 하도록 하고 있다(제2항). 이 경우는 전형적인 강제수사(强制搜査)로서 영장주의의 원칙이 적용된다.
감정위촉을 받은 자는 판사의 허가를 얻어 감정에 필요한 처분을 할 수 있다(제221조의4 제1항).

2) 강제수사

강제처분(强制處分)이라는 것은 소송절차의 진행이나 형벌의 집행을 확보하기 위하여 개인의 기본권을 제한하는 처분을 말한다(반드시 물리적 강제력이 수반될 필요는 없다).

---

18) 이들 감정인, 통역인, 번역인을 신문하는 때에는 조서를 작성하도록 하고 있다(형사소송법 제48조). 감정의 경과와 결과를 기재한 서류는 증거능력이 인정된다(형사소송법 제313조 제2항).

19) 피의자 또는 피고인의 정신 또는 신체에 관한 감정(피의자 또는 피고인이 정신병자인가 아닌가 등의 정신상태, 신체의 상흔(傷痕) 등의 신체적 상태 또는 능력의 감정 등)이 필요한 때에 법원이 기간을 정하여 의사 등의 전문가에게 감정시키기 위하여 병원 기타 적당한 장소에 피고인을 유치하는 강제처분을 말한다(형사소송법 제172조 3항 단서).

강제수사(强制搜査)는 이러한 강제처분이 수반되는 수사의 형태를 말한다. 수사는 임의수사(任意搜査)를 원칙으로 하고 강제처분에 의한 강제수사는 예외적으로 인정된다(형사소송법 제199조 제1항 단서). 이에 따라서 형사소송법은 강제수사의 종류, 요건, 집행절차에 관하여 상세한 규정을 하고 있다.

현행 형사소송법에 규정된 강제처분에는 ㉠ 대인적(對人的) 강제처분인 체포와 구속, ㉡ 대물적(對物的) 강제처분이라 할 수 있는 압수·수색, 그리고 검증이 있다. 그 밖에 수사절차에는 강제처분의 성격을 지니는 수사상의 증거보전(제184조)과 증인신문청구(제221조의2)가 있다.

(1) 체포

수사경찰에 있어서 체포(逮捕, arrest)란 일반적으로 초동수사 단계에서 피의자에게 행해지는 단기간의 신체구속을 의미한다. 이에는 체포영장에 의한 체포, 긴급체포, 현행범체포로 구분된다.

① 체포영장에 의한 체포

체포영장(逮捕令狀)에 의한 체포는 상당한 범죄혐의가 있고, 일정한 체포사유가 존재할 경우 사전영장에 의하여 일정한 시간 동안 구속(拘束)에 선행하여 피의자에게서 인신의 자유를 빼앗는 수사상의 강제처분을 말한다.[20]

㉠ 피의자가 죄를 범하였다고 의심할 만한 '상당한 이유'가 있고, ㉡ 수사기관의 '출석요구에 응하지 아니하거나 응하지 아니할 우려가 있는 때'라는 두 가지 요건이 인정되면, 검사는 자신의 청구에 의하여 그리고 사법경찰관은 검사에게 신청하여 검사의 청구에 의하여, 관할지방법원판사가 발부한 영장에 의하여 피의자를 체포할 수 있도록 하고 있다(형사소송법 제200조의2 제1항).[21]

그리고 체포한 피의자를 구속하고자 할 때에는 체포한 때부터 '48시간 이내'에 구속영장(拘束令狀)을 청구하여야 하고, 그 기간 내에 구속영장을 청구하지 아니하는 때에는 피

20) 체포영장제도는 1997년 1월부터 시행된 이래로 그 이용률이 매우 저조하다. 체포영장은 주로 기소중지(피의자의 소재불명 등의 사유로 수사를 종결할 수 없는 경우)되어 지명수배 중인 피의자를 체포하기 위한 수단으로 이용되는 것으로 보인다. 따라서 실무에서는 체포영장의 유효기간을 1년으로 하여 청구하는 경우가 많고, 이 유효기간을 다시 연장하는 방법 등으로 운용되고 있다. 체포영장제도를 도입함으로써 기존의 탈법적 수사관행이 타파된 것이 아니라 인신구속의 구조가 이중적·이원적 구조로 오히려 확대되었다고 볼 수 있다. 따라서 체포영장제도를 폐지하고 체포영장과 구속영장을 일원화 할 것을 검토할 필요가 있다. 정승환(2005.7), "형사소송법의 체포제도에 대한 재검토-형사소송법 개정안의 인신구속제도와 관련하여, 법조, Vol.54 No.7, p. 59.

21) 다만, 다액 50만원 이하의 벌금, 구류 또는 과료에 해당하는 사건에 관하여는 피의자가 일정한 주거가 없는 경우 또는 정당한 이유 없이 출석요구에 응하지 아니한 경우에 한한다(형사소송법 제200조의2 제1항 하단).

의자를 즉시 석방(釋放)하여야 한다(제200조의2제5항).

그런데, 이러한 체포영장을 발부받기 위해서는 '명백히 체포의 필요성이 인정'되어야 한다(제200조의2 제2항). 즉, 체포영장의 청구를 받은 판사는 체포의 사유가 있다고 인정되는 경우에도 피의자의 연령과 경력, 가족관계나 교우관계, 범죄의 경중 및 태양 기타 제반 사정에 비추어 피의자가 도망할 염려가 없고, 증거를 인멸할 염려가 없는 등 명백히 체포의 필요가 없다고 인정되는 때에는 체포영장의 청구를 기각하여야 한다.

이러한 체포영장은 검사의 지휘에 의하여 사법경찰관리가 집행하도록 하고 있다(형사소송법 제81조 제1항 단서)

사법경찰의 피의자에 대한 권리 고지 의무

사법경찰관리 등이 체포영장을 소지하고 피의자를 체포하기 위해서는 체포 당시에 피의자에 대한 범죄사실의 요지, 구속의 이유와 변호인을 선임할 수 있음을 말하고 변명할 기회를 주어야 한다.

이와 같은 고지는 체포를 위한 실력행사에 들어가기 이전에 미리 하여야 하는 것이 원칙이나, 달아나는 피의자를 쫓아가 붙들거나 폭력으로 대항하는 피의자를 실력으로 제압하는 경우에는 붙들거나 제압하는 과정에서 하거나, 그것이 여의치 않을 경우에라도 일단 붙들거나 제압한 후에는 지체 없이 행하여야 한다.[22]

② 긴급체포

긴급체포(緊急逮捕)는 수사기관이 현행범에 해당하지 않는 피의자에 대해 사전에 체포영장을 발부받기 위해 시간을 지체할 수 없는 긴급한 경우에는 체포영장 없는 인신구속을 일시적으로 허용하는 제도이다.[23] 이러한 긴급체포는 '사건의 중대성'과 '사건의 긴급성'이라는 두 가지 요건이 충족될 때, 허용된다.

㉠ 사건의 중대성

따라서 검사 또는 사법경찰관은 피의자가 사형·무기 또는 장기 3년이상의 징역이나 금고에 해당하는 죄를 범하였다고 의심할 만한 상당한 이유가 있어야 한다(형사소송법 제200조의3 제1항 상단).

22) 대법 2004.8.30., 2004도3212.

23) 인신구속(人身拘束)에 대해서는 영장주의를 원칙으로 하는 것이 '헌법적 형사소송법'의 기본내용이지만, 긴급한 경우에는 영장 없는 구속이 불가피하기 때문에 대부분의 국가에서 긴급구속의 예외를 인정하고 있다. 배종대·이상돈·정승환(2009), 앞의 책, p. 122.

㉡ 사건의 긴급성

그리고 다음의 어느 하나에 해당하는 사유가 있는 경우에 긴급을 요하여 지방법원판사의 체포영장을 받을 수 없는 때에는 그 사유를 알리고 영장없이 피의자를 체포할 수 있다. 이 경우 긴급을 요한다 함은 피의자를 우연히 발견한 경우 등과 같이 체포영장을 받을 시간적 여유가 없는 때를 말한다(형사소송법 제200조의3 제1항 하단).

가. 피의자가 증거를 인멸할 염려가 있는 때

나. 피의자가 도망하거나 도망할 우려가 있는 때

긴급체포의 신중성·엄격성

긴급체포(緊急逮捕)는 영장주의원칙에 대한 예외인 만큼 형사소송법 제200조의3 제1항의 요건을 모두 갖춘 경우에 한하여 예외적으로 허용되어야 한다. 따라서 요건을 갖추지 못한 긴급체포는 법적 근거에 의하지 아니한 영장 없는 체포로서 위법한 체포에 해당하는 것이다.

여기서 긴급체포의 요건을 갖추었는지 여부는 사후에 밝혀진 사정을 기초로 판단하는 것이 아니라, 체포 당시의 상황을 기초로 판단해야 한다. 그리고 이에 관한 검사나 사법경찰관 등 수사주체의 판단에는 상당한 재량의 여지가 있다고 할 것이나, 긴급체포 당시의 상황으로 보아서도 그 요건의 충족 여부에 관한 검사나 사법경찰관의 판단이 경험칙에 비추어 현저히 합리성을 잃은 경우에는 그 체포는 위법한 체포라 할 것이다.

이러한 위법은 영장주의에 위배되는 중대한 것이니 그 체포에 의한 유치 중에 작성된 피의자신문조서는 위법하게 수집된 증거로서 특별한 사정이 없는 한 이를 유죄의 증거로 할 수 없다.[24)]

위에서 살펴본 것처럼 긴급체포의 방법으로서, 검사 또는 사법경찰관은 피의자에게 체포영장이나 구속영장을 받을 수 없는 사유를 알리고 긴급체포를 해야 한다(형사소송법 제200조의3 제1항 단서). 그리고 사법경찰관이 긴급체포를 한 경우에는 즉시 검사의 승인(承認)을 얻어야 한다(제200조의3 제2항).

한편, 검사 또는 사법경찰관이 긴급체포에 의하여 피의자를 체포한 경우 피의자를 구속하고자 할 때에는 지체 없이 검사는 관할지방법원판사에게 구속영장을 청구하여야 하고, 사법경찰관은 검사에게 신청하여 검사의 청구로 관할지방법원판사에게 구속영장(拘束令狀)을 청구해야 한다. 이 경우 구속영장은 피의자를 체포한 때부터 '48시간 이내'에

24) 대법 2002.6.11., 2000도5701.; 서울중앙지법 2009.10.8., 2009노1841.

청구해야 하며, 관련 긴급체포서를 첨부해야 한다(제200조의4 제1항).

따라서 긴급체포한 후 48시간 이내에 구속영장을 청구하지 않거나, 영장청구를 하였지만 발부받지 못한 때에는 피의자를 즉시 석방해야 한다(제2항).

③ 현행범 체포

범죄의 실행 중이거나 실행 직후인 자를 현행범(現行犯)이라고 한다. 현행범인은 누구든지 영장 없이 체포할 수 있다(형사소송법 제212조). 현행범에 대해 영장주의의 예외를 인정하는 것은 범행과 시간적으로 밀접해 있어서 범죄의 명백성이 인정되기 때문이다.

현행범 체포는 구속(拘束)과 같이 집행에서 지켜야할 절차나 형식이 없다. 따라서 수사기관뿐만 아니라 일반시민도 현행범을 체포할 수 있음은 물론이다. 그러나 일반시민은 체포권한만 있고, 체포의무는 없다. 그리고 일반시민이 현행범을 체포한 때에는 '즉시' 검사 또는 사법경찰관리에게 인도해야 한다(제213조 제1항).

다만 현행범으로 체포를 하기 위해서는 일정한 요건이 있어야 한다. 첫째, 피체포자가 현행범(범죄의 실행 중이거나 실행 직후인 자) 또는 준현행범(準現行犯)이어야 하고, 둘째, 체포사유가 있어야 하고,[25] 셋째, 비례성(比例性)이 있어야 한다.[26]

준현행범

다음에 해당하는 자는 현행범인으로 간주(看做)한다(형사소송법 제211조 제2항 각호).
① 범인으로 호창(呼唱)되어 추적되고 있는 때
② 장물이나 범죄에 사용되었다고 인정함에 충분한 흉기 기타의 물건을 소지하고 있는 때
③ 신체 또는 의복류에 현저한 증적이 있는 때
④ 누구임을 물음에 대하여 도망하려 하는 때

25) 현행범체포는 구속과 구별해야 할 필요가 있다. 현행범체포가 범죄사실과 진범인임이 분명한 경우, 또는 그에 준하는 경우에 예외적으로 인정되는 신체구속의 장치로서 일반인에게도 체포권이 인정된다는 점을 감안해 보면 별도로 구속사유를 요구하여 현행범체포에 제한을 가할 필요는 없다고 본다. 따라서 현행범 체포사유라 한다면 현행범이 도망의 우려가 있거나 그의 신분이 즉각 확인될 수 없을 때 정도로 보면 족할 것이며, 따라서 구속사유인 증거인멸위험은 현행범 체포사유가 될 수 없다. 신동운(2006), 앞의 책, p. 158.; 배종대·이상돈·정승환(2009), 앞의 책, p. 129.

26) 경미한 범죄에 대해서는 인권보장의 취지에서 현행범체포가 제한된다. 즉, 다액 50만원 이하의 벌금, 구류 또는 과료에 해당하는 죄의 현행범인에 대하여는 범인의 주거가 분명하지 아니한 때에 한하여 체포할 수 있다(형사소송법 제214조).

현행범의 예

판례는 현행범인을 '시간적으로나 장소적으로 보아 체포를 당하는 자가 방금 범죄를 실행한 범인이라는 점에 관한 죄증(罪證)이 명백히 존재하는 것으로 인정되는 경우'라 보았다.[27]

이와 관련된 사례로 중학교 교사인 甲은 자신이 근무하는 학교의 교장실에 들어가 약 5분 동안 식칼을 휘두르며 교장을 협박하는 등 소란을 피우다가 부모의 만류로 그만두었고, 그 후 40여분 정도 지나서 경찰관들이 출동하여 교장실이 아닌 서무실에서 甲을 연행하려고 하자 甲이 구속영장의 제시를 요구하면서 동행을 거부하는 것을 강제로 자동차에 태워 경찰서로 연행한 사례에 대해 대법원은 甲을 '범죄의 실행직후'에 있는 자로 보기 어렵기 때문에 현행범체포에 해당하지 않는 것으로 판시하였다.[28]

또 다른 예로 교통사고범죄를 일으킨 장소에서 '약 1km 떨어져 있고, 범죄 후 약 10분이 경과한 때'를 범행직후에 해당하지 않는다고 하였다.[29]

(2) 구속

① 구속의 개념

구속(拘束, custody)은 형사절차를 진행하기 위해 피의자(被疑者) 또는 피고인(被告人)의 신체자유를 제한하는 강제처분을 말한다. 형사소송법상의 구속은 구인과 구금을 포함한다(형사소송법 제69조).[30]

구속은 위에서 살펴본 체포에 비하여 보다 장기간 계속된다. 피의자 구속은 수사절차에서 수사기관이 법관의 영장을 발부받아 하는 구속이고, 피고인 구속은 공소제기 후 법원이 피고인을 구속하는 경우이다. 아래에서는 피의자 구속을 중심으로 살펴보기로 한다.

② 구속의 요건

법원은 피의자 내지 피고인이 죄를 범하였다고 의심할 만한 상당한 이유가 있고, 일정한 구속사유가 있는 경우에는 피고인을 구속할 수 있다.

27) 대법 2002.5.10., 2001도300.

28) 대법 1991.9.24., 91도1314.

29) 대법 2000.7.4., 99도4341.

30) 구인(拘引)은 피고인 또는 피의자에 대해 심문하기 위하여 법원 기타의 장소에 인치하는 강제처분을 말하고, 구금(拘禁)은 피고인 또는 피의자를 교도소(미결수용실) 또는 구치소(또는 경찰서 유치장)에 감금하는 강제처분을 말한다. 보통 구속이라고 할 때에는 구금을 의미한다.

㉠ 상당한 이유

피의자 내지 피고인이 죄를 범하였다고 의심할 만한 '상당한 이유'가 있어야 한다(형사소송법 제70조 제1항). 죄를 범하였다고 의심할 만한 상당한 이유 즉, '범죄혐의'는 수사개시의 단서가 될 수 있는 범죄혐의만으로는 불충분하고 피의자가 유죄판결을 받을 '고도의 개연성'이 인정될 수 있는 정도의 범죄혐의 즉, '현저한 범죄혐의'를 말한다. 현저한 범죄혐의의 존재는 검사가 제출한 수사자료를 토대로 법관이 자유심증(自由心證)으로 판단한다.

㉡ 구속사유(형사소송법 제70조 제1항 각호)

가. 피고인이 일정한 주거가 없는 때[31]

나. 피고인이 증거를 인멸할 염려가 있는 때

다. 피고인이 도망하거나 도망할 염려가 있는 때

한편, 상당한 범죄혐의가 있고 도망이나 증거인멸의 위험이 있음에도 불구하고 법관은 영장을 발부할 때 구속의 목적과 구속이라는 수단 사이에 비례관계가 인정되어야 한다.

따라서 법원은 구속사유를 심사함에 있어서 범죄의 중대성, 재범의 위험성, 피해자 및 중요 참고인 등에 대한 위해우려 등을 고려하여야 한다(형사소송법 제70조 제2항).

③ 구속의 절차

피의자가 죄를 범하였다고 의심할 만한 상당한 이유가 있고 구속사유(형사소송법 제70조 제1항)가 있을 때에는 검사는 관할 지방법원판사에게 청구하여 구속영장을 받아 피의자를 구속할 수 있고, 사법경찰관은 검사에게 신청하여 검사의 청구로 관할 지방법원판사의 구속영장을 받아 피의자를 구속할 수 있다(형사소송법 제201조 제1항).

영장주의는 구속절차를 사법적으로 통제함으로써 인권보장을 꾀하기 위한 것이다. 구속영장청구는 서면으로 하며, 검사는 구속의 필요를 인정할 수 있는 자료를 제출하도록 하고 있다(제201조 제2항). 그리고 이러한 영장청구를 받은 지방법원판사는 신속히 구속영장의 발부를 결정하고, 상당하다고 인정할 때에는 구속영장을 발부하도록 하고 있다(제3항 및 제4항).

31) 다액 50만원이하의 벌금, 구류 또는 과료에 해당하는 사건에 관하여는 제1항 제1호(피고인이 일정한 주거가 없는 때)의 경우를 제한 외에는 구속할 수 없다(형사소송법 제70조 제3항).

④ 구속의 기간

㉠ 사법경찰관이 구속기관

사법경찰관이 피의자를 구속한 때에는 10일 이내에 피의자를 검사에게 인치하지 않으면 석방하여야 한다(형사소송법 제202조). 따라서 경찰단계에서 피의자를 구속할 수 있는 기간은 10일이다.

㉡ 검사의 구속기간

검사가 피의자를 구속하거나 또는 사법경찰관으로부터 피의자를 인치 받은 경우에는 10일 안에 공소(公訴)를 제기하지 않으면 석방하여야 한다(제203조).

㉢ 검사의 구속기간 연장

검사는 지방법원판사의 허가를 얻어 10일을 초과하지 않는 한도에서 1회에 한하여 구속기간을 연장할 수 있다(제205조 제1항).

따라서 검찰에서 피의자를 최대한 구속할 수 있는 기간은 20일이다. 그리고 경찰의 구속기간과 검찰의 구속기간을 합치면 최대 30일이 된다.

국가보안법상의 구속기간 연장

그런데, 위에서 살펴본 형사소송법상의 사법경찰관 및 검사의 구속기간 규정에도 불구하고 국가보안법에서는 특별형사소송규정의 하나로 구속기간의 연장 규정을 또다시 두고 있다.

① 사법경찰관의 구속기간 연장 신청에 따른 구속기간 1차 연장

지방법원판사는 국가보안법 제3조~제10조의 죄로서 사법경찰관이 검사에게 신청하여 검사의 청구가 있는 경우에 수사를 계속함에 상당한 이유가 있다고 인정한 때에는 형사소송법 제202조 구속기간의 연장을 1차에 한하여 허가할 수 있다(국가보안법 제19조 제1항). 구속기간의 연장은 10일 이내로 한다(제3항)

② 검사의 구속기간 연장 청구에 따른 구속기간 2차 허가

지방법원판사는 제19조 제1항의 죄로서 검사의 청구에 의하여 수사를 계속함에 상당한 이유가 있다고 인정한 때에는 형사소송법 제203조의 구속기간의 연장을 2차에 한하여 허가할 수 있다(제19조 제2항). 구속기간의 연장은 10일 이내로 한다(제3항)

요약건대, 국가보안법 위반사건은 구속기간이 사법경찰관의 연장 신청에 의해 10일, 검사의 2차 연장 청구에 의해 20일까지 더 연장이 가능하므로 최대 구속기간은 각각 20일(사법경찰관)과 30일(검사)이 된다. 경찰의 구속기간과 검찰의 구속기간을 합치면 최대 50일이 되는 셈이다.

③ 구속기간 연장의 헌법 위반

주의할 것은 국가보안법 위반사건(제3조~제10조) 가운데 제7조(찬양·고무 등) 및 제10조(불고지: 범죄행위를 한 자라는 점을 알면서 이를 수사기관에 알리지 않는 경우에 처벌)의 죄에 관한 구속기간의 연장은 헌법에 위반된다.[32)]

(3) 압수·수색

체포와 구속은 인신에 대한 강제처분 즉, 사람의 자유를 억압하는 대인적 강제처분이라면, 압수수색·검증은 물건 등을 수집·보전하는 대물적 강제처분에 속한다. 이러한 압수수색·검증은 법원과 수사기관에서 이루어지는데, 아래에서는 수사기관을 중심으로 살펴보기로 한다.

① 압수·수색의 개념

압수(押收)는 증거방법으로 의미가 있는 물건이나 몰수가 예상되는 물건의 점유를 취득하는 강제처분이다. 여기에는 압류(押留), 영치(領置)가 있다.[33)]

한편, 수색(搜索)은 압수할 물건이나 피의자 또는 피고인을 발견하기 위한 목적으로 사람의 신체나 물건 또는 일정한 장소를 뒤져 찾는 강제처분을 말한다. 수색은 주로 압수와 함께 행해지고 실무상으로도 압수수색영장(押收搜索令狀)이라는 단일영장을 사용하고 있다.

---

32) ① 형사소송법상의 구속기간(拘束期間)은 헌법상의 무죄추정의 원칙에서 파생되는 불구속 수사원칙에 대한 예외(例外)로서 설정된 기간으로 이 구속기간을 더 연장하는 것은 예외(例外)에 대하여 또 다시 특례(特例)를 설정하는 것이 된다. 따라서 그 예외의 범위를 확장하는 데에는 국가안전보장(國家安全保障)과 질서유지(秩序維持)라는 공익(公益)과 국민의 기본권보장(基本權保障)이라는 상충되는 긴장관계의 비례성 형량(比例性 衡量)에 있어서 더욱 엄격한 기준이 요구되며, 따라서 그 예외의 확장은 극히 최소한에 그쳐야 한다. ② 이와 관련하여 국가보안법 제7조(찬양·고무) 및 제10조(불고지)의 죄는 구성요건(構成要件)이 특별히 복잡한 것도 아니고 사건의 성질상 증거수집이 더욱 어려운 것도 아니다. 그럼에도 불구하고 국가보안법 제19조가 제7조 및 제10조의 범죄에 대하여서까지 형사소송법상의 수사기관에 의한 피의자 구속기간 30일보다 20일이나 많은 50일을 인정한 것은 국가형벌권(國家刑罰權)과 국민의 기본권(基本權)과의 상충관계 형량(上衝關係 衡量)을 잘못하여 불필요한 장기구속을 허용하는 것이다. ③ 결국 헌법 제37조 제2항의 기본권 제한입법(制限立法)의 원리인 과잉금지(過剩禁止)의 원칙을 현저하게 위배하여 피의자의 신체의 자유, 무죄추정의 원칙 및 신속한 재판을 받을 권리를 침해한 것이다. 헌재 1992.4.14., 90헌마82(위헌).

33) 압류는 강제력을 사용하여 유체물(有體物)의 점유를 점유자 또는 소유자의 의사에 반하여 수사기관 또는 법원에 이전하는 강제처분을 말한다. 영치는 소유자 등이 임으로 제출한 물건이나 유류(遺留)한 물건을 계속하여 점유하는 것이다. 이 밖에도 제출명령이 있는데, 일정한 물건의 제출을 명하는 강제처분이다. 다만, 수사기관의 강제처분에는 제출명령은 포함되지 않는다.

② 압수·수색의 절차

수사상의 압수·수색은 증거를 수집·보전하기 위한 강제처분(强制處分)이므로 원칙적으로 영장에 의해야 한다.[34)]

㉠ 검사의 압수·수색

검사는 범죄수사에 필요한 때에는 '피의자가 죄를 범하였다고 의심할 만한 정황이 있고,' '해당 사건과 관계가 있다고 인정할 수 있는 것'에 한정하여 지방법원판사에게 청구하여 발부받은 영장에 의하여 압수·수색을 할 수 있도록 하고 있다(형사소송법 제215조 제1항).

㉡ 사법경찰관의 압수·수색

그리고 사법경찰관이 범죄수사에 필요한 때에는 '피의자가 죄를 범하였다고 의심할 만한 정황이 있고,' '해당 사건과 관계가 있다고 인정할 수 있는 것'에 한정하여 검사에게 신청하여 검사의 청구로 지방법원판사가 발부한 영장에 의하여 압수, 수색을 할 수 있다(형사소송법 제215조 제2항).

(4) 검증

① 검증의 개념

검증(檢證)은 사람, 물건, 장소의 성질·형상을 신체오관(身體五官: 시각·청각·후각·촉각·미각)의 작용으로 인식하는 강제처분을 말한다.

법원의 검증은 증거조사나 증거보전의 방법으로 행해지고 영장을 필요로 하지 않는다. 그러나 수사상의 검증은 증거를 수집·보전하기 위한 강제처분이므로 원칙적으로 영장에 의해야 한다.[35)]

② 검증의 절차

검증의 절차는 위에서 설명한 형사소송법 제215조상의 검사와 사법경찰관의 압수·수색 절차와 동일하다.

---

34) 다만 예외가 존재한다. 즉, 수사상의 압수·수색은 사전영장에 의한 압수·수색(형사소송법 제215조) 외에도 ① 긴급성 등으로 인한 사후영장에 의한 압수·수색(제216조 제3항), 그리고 ② 인신구속에 부수하여 영장 없이 행할 수 있는 압수·수색(제216조 제1항 제2호, 제217조 제1항)이 있다. 이에 대한 내용(검증의 예외 포함)은 배종대·이상돈·정승환(2009), 앞의 책, pp. 187-193 참조.

35) 수사상 검증에도 압수·수색에서 설명한 바와 마찬가지로 사전영장에 의한 검증(제215조) 외에도 사후영장에 의한 검증(제216조 제3항), 그리고 영장 없이 행할 수 있는 검증(제216조 제1항 제2호, 제217조 제1항)이 있다.

이러한 검증의 목적물에는 아무런 제한이 없다. 신체오관의 작용에 의하여 인식가능하면 유체물, 무체물을 가리지 않는다. 즉, 인체(X선 촬영, 신체 내에 삼키거나 숨긴 물건, 강제채혈 등과 사체(死體: 변사자 검시·분묘 발굴 등), 장소 등 어떤 것이라도 상관없다.

① 영장 없는 채혈의 적법성 여부

수사기관이 법원으로부터 영장 또는 감정처분허가장을 발부받지 아니한 채 피의자의 동의 없이 피의자의 신체로부터 혈액을 채취하고 사후에도 지체 없이 영장을 발부받지 아니한 채 혈액 중 알코올 농도에 관한 감정을 의뢰하였다.

이러한 과정을 거쳐 얻은 감정의뢰회보 등은 형사소송법상 영장주의 원칙을 위반하여 수집하거나 그에 기초하여 획득한 증거라 할 수 있다. 따라서 원칙적으로 절차위반행위가 적법절차의 실질적인 내용을 침해하여 피고인이나 변호인의 동의(同意)가 있더라도 유죄의 증거로 사용할 수 없다.[36)]

② 영장에 의한 강제 채뇨의 적법성 여부

피고인은 메트암페타민(일명 '필로폰')을 투약하였다는 마약류 관리에 관한 법률 위반(향정) 혐의를 받았다.

이에 피고인의 소변(30cc), 모발(약 80수), 마약류 불법사용 도구 등에 대한 압수·수색·검증영장을 발부받은 다음 경찰관이 피고인의 주거지를 수색하여 사용 흔적이 있는 주사기 4개를 압수하고, 위 영장에 따라 3시간가량 소변과 모발을 제출하도록 설득하였다.

그러나 이러한 사정에도 불구하고 피고인이 계속 거부하면서 자해를 하자 이를 제압하고 수갑과 포승을 채운 뒤 강제로 병원 응급실로 데려고 가 응급구조사로 하여금 피고인의 신체에서 소변(30cc)을 채취하도록 하여 이를 압수한 사안에서, 피고인의 소변에 대한 영장 집행은 적법하다.[37)]

3) 임의수사와 강제수사의 한계영역

주지하는 바와 같이 강제수사는 임의수사에 비하여 엄격한 법적 규제가 가해지고 있다. 따라서 형사소송법에 따른 요건과 절차를 준수하지 않는다면 그 강제처분은 위법한 것이 된다.

수사기관의 위법행위에 대한 통제로는 형법상의 처벌을 위시하여 국가공무원법 및 경찰공무원법상의 징계, 국가배상법상의 국가배상 등을 생각할 수 있다.

---

36) 대법 2012.11.15., 2011도15258.

37) 대법 2018.7.12., 2018도6219.

그렇지만 어떠한 사건에 대한 형사절차와 관련하여 무엇보다도 중요한 장치는 위법수사(違法搜査)로 인하여 수집된 증거의 능력을 배제하는 것이라고 볼 수 있다(형사소송법 제308조의2 단서).

즉, 위법수집증거 배제(違法蒐集證據 排除)의 원칙에 따라 적법절차에 따르지 아니한 위법행위를 기초하여 증거가 수집된 경우에는 해당 증거뿐만 아니라 그것을 기초로 하여 획득한 2차적 증거에 대해서도 증거능력은 부정되어야 한다.

이와 관련하여 과거에는 위법한 수사에 의하여 획득한 증거물의 증거능력을 부정하고 있지 않았으나,[38] 최근에는 이를 부정하고 있다는 점에 주목할 필요가 있다.

위법수집증거 배제의 원칙

헌법 및 형사소송법의 관련근거를 종합하면, 적법한 절차에 따르지 아니한 위법행위를 기초로 하여 증거가 수집된 경우에는 당해 증거뿐만 아니라 그것을 토대로 하여 획득한 2차적 증거에 대해서도 증거능력은 부정되어야 한다.

다만 위와 같은 위법수집증거 배제의 원칙은 수사과정의 위법행위를 억지함으로써 국민의 기본적 인권을 보장하기 위한 것이다. 따라서 적법절차에 위배되는 행위의 영향이 차단되거나 소멸되었다고 볼 수 있는 상태에서 수집한 증거는 그 증거능력을 인정하더라도 적법절차의 실질적 내용에 대한 침해가 일어나지는 않는다 할 것이니 그 증거능력을 부정할 이유는 없다.

따라서 증거수집 과정에서 이루어진 적법절차 위반행위의 내용과 경위 및 그 관련 사정을 종합하여 볼 때, 당초의 적법절차 위반행위와 증거수집 행위의 중간에 그 행위의 위법 요소가 제거 또는 배제되었다고 볼 만한 다른 사정이 개입됨으로써 인과관계가 단절된 것으로 평가할 수 있는 예외적인 경우에는 이를 유죄 인정의 증거로 사용할 수 있다.[39]

그런데, 수사방법 가운데는 임의수사와 강제수사의 어느 영역에 속하는가에 대하여 논란이 빚어지고 있는 것들이 있다. 이 가운데 특히 현저한 것은 상대방의 동의(同意)를 구실로 한 수사기관의 피의자 연행방법인 임의동행과 그 밖에 전기통신의 감청, 사진촬영, 거짓말탐지기 조사 등이 있다.

임의동행의 문제가 기존의 잘못된 수사관행(搜査慣行)에 대한 법적 통제의 확립을 위한 논의라면, 감청과 사진촬영 등은 새로운 과학적 수사기법의 발달에 따른 법적 대처방안을 모색하는 논의라고 할 수 있다. 이 밖에도 거짓말탐지기의 사용, 보호실유치, 음주

38) 신동운(2006), 앞의 책, p. 111.

39) 대법 2013.3.14., 2010도2094.

운전측정, 계좌추적 등도 문제시된다.[40)]

① 임의동행

임의동행(任意同行)은 수사기관이 피의자의 동의를 얻어 피의자를 수사기관까지 동행하는 것을 말한다. 임의동행에는 형사소송법(제199조 제1항)과 경찰관직무집행법(제3조 제2항)에 의한 두 가지가 있다. 형사소송법상의 임의동행이 긴급체포 또는 구속으로 발전하거나 경찰관직무집행법상의 임의동행이 수사로 이어질 때 그 법적 성질을 둘러싸고 견해 대립이 있으나, 당사자의 의사에 반하는 기본권 제한이 있는 순간부터 강제수사가 개시된다고 볼 수 있다.

임의동행이 말 그대로 '임의에 의한 동행'이 되기 위해서는 피의자가 동행요구를 거절할 수 있어야 한다. 그리고 동행한 경우에도 언제든지 퇴거할 수 있는 자유가 보장되어야 한다. 그렇지 않은 임의동행은 강제수사가 되고, 영장주의에 위반한 인신구속으로 위법하게 된다. 따라서 이에 위반하는 임의동행 행위는 불법체포·감금죄(不法逮捕·監禁罪)에 해당된다.[41)]

따라서 법원은 임의동행이 강제연행이 아니었는가를 살피고, 강제연행으로 이루어진 피의자나 용의자의 진술은 그 증거능력을 배제해야 한다.

적법한 임의동행에 의한 임의수사

수사관이 동행에 앞서 피의자에게 동행을 거부할 수 있음을 알려주었거나 동행한 피의자가 언제든지 자유로이 동행과정에서 이탈 또는 동행 장소로부터 퇴거할 수 있었음이 인정되는 등 오로지 피의자의 자발적인 의사에 의하여 수사관서 등에의 동행이 이루어졌음이 객관적인 사정에 의하여 명백하게 입증된 경우에 한하여 임의동행은 임의수사로서 그 적법성이 인정된다.[42)]

② 전기통신의 감청

감청(監聽)은 수사기관이 다른 사람의 대화를 본인 몰래 청취하는 것을 말한다. 전화

40) 예컨대, 감사원, 공정거래위원회, 금융감독원, 국세청 등은 관련법규에 근거하여 법관의 영장 없이 관할업무의 수행을 위하여 필요한 경우에 계좌추적을 할 수 있다. 이상과 같은 문제에 대한 자세한 논의는 신동운(2006), 앞의 책, pp. 111-124.; 배종대·이상돈·정승환(2009), 앞의 책, pp. 195-103 참조.

41) 재판, 검찰, 경찰 기타 인신구속에 관한 직무를 행하는 자 또는 이를 보조하는 자가 그 직권을 남용하여 사람을 체포 또는 감금한 때에는 7년 이하의 징역과 10년 이하의 자격정지에 처한다. 이의 미수범은 처벌한다(형법 제124조).

42) 대법 2006.7.8., 2005도6810.

감청이 가장 일반적이고, 그 밖의 전자 장비를 이용한 전자감청도 있다. 감청의 법적 성질에 관해서 임의수사설과 강제수사설이 있지만, 「통신비밀보호법」의 제정(1994)으로 강제수사가 되었다고 볼 수 있다.

따라서 수사기관이 대화의 당사자가 되는 경우에는 반드시 영장에 의하여 감청을 청구해야 할 것이다. 판례는 통신당사자의 일방이 대화를 비밀 녹음하는 것은 처벌되지 않으나 통신당사자 일방의 동의를 얻어 제3자가 비밀 녹음하는 행위는 형사처벌의 대상이 된다는 입장을 취하고 있다.[43)]

③ 사진촬영

피촬영자의 의사에 반하는 사진촬영은 초상권(肖像權)을 침해한다는 점에서 강제수사에 속한다고 볼 수 있다. 수사를 목적으로 하는 사진촬영은 상대방이 촬영을 승낙하지 않는 것이 보통일 것이며, 따라서 상대방의 의사에 반하는 사진촬영이 강제수사에 해당한다면 영장 없이 촬영한 사진은 위법수집증거 배제법칙에 의하여 증거능력이 상실된 것이다.

사진촬영의 임의수사성 문제는 주로 범행현장에 있는 범인의 사진촬영, 특히 집회시위 참가자에 대한 사진촬영의 적법성과 관련된다. 또한 최근에는 무인속도측정기나 CCTV에 의한 사진촬영도 논란이 되고 있다. 그리고 드론(Drone: 조종사가 탑승하지 않고 무선전파 유도에 의해 비행과 조종이 가능한 비행기나 헬리콥터 모양의 무인기)에 의한 촬영도 논란의 여지가 없지 않다고 본다.

한편, 사진촬영이 사적 공간이 아닌 공공장소에서 이루어질 경우에는 임의수사라고 보기도 한다. 공개된 장소에 임하는 순간 사람은 누구나 자신의 용모가 타인에게 공개될 것을 예상하고 있다고 생각할 수 있으며, 또 사진촬영에는 피촬영자에게 물리적 강제력이 행사되거나 법적 의무가 부과되는 것도 아니기 때문이다.

그러나 강제수사의 여부를 기본권 침해(즉, 초상권 침해)를 기준으로 판단한다면, 원칙적으로 강제수사라고 볼 수도 있을 것이다. 생각건대, 이 문제는 '수사비례성의 원칙' 차원에서 검토되어야 한다고 본다.

④ 음주운전 측정

누구든지 술에 취한 상태에서 자동차, 노면전차 또는 자전거를 운전하여서는 아니 된다(도로교통법 제44조 제1항). 운전이 금지되는 술에 취한 상태의 기준은 운전자의 혈중

---

43) 신동운(2006), 앞의 책, p. 122.

알코올농도가 0.03% 이상인 경우로 하고 있다(제44조 제4항).

경찰공무원은 교통의 안전과 위험방지를 위하여 필요하다고 인정하거나 술에 취한 상태에서 자동차등을 운전하였다고 인정할 만한 상당한 이유가 있는 경우에는 운전자가 술에 취하였는지를 호흡조사로 측정할 수 있다. 이 경우 운전자는 경찰공무원의 측정에 응하여야 한다(제44조 제2항).

그리고 이에 따른 측정 결과에 불복하는 운전자에 대하여는 그 운전자의 '동의'(同意)를 받아 혈액채취 등의 방법으로 다시 측정할 수 있다(제44조 제3항).

강제연행 상태에서의 음주측정

위법한 강제연행 상태에서 호흡측정 방법에 의한 음주측정을 한 다음, 강제연행 상태로부터 시간적·장소적으로 단절되었다고 볼 수도 없고 피의자의 심적 상태 또한 강제연행 상태로부터 완전히 벗어났다고 볼 수 없는 상황에서 피의자가 호흡측정 결과에 대한 탄핵을 하기 위하여 스스로 혈액채취 방법에 의한 측정을 할 것을 요구하여 혈액채취가 이루어졌다.

그러나 이러한 사정이라 할지라도 그 사이에 위법한 체포 상태에 의한 영향이 완전하게 배제되고 피의자의 의사결정의 자유가 확실하게 보장되었다고 볼 만한 다른 사정이 개입되지 않은 이상, 불법체포와 증거수집 사이의 인과관계가 단절된 것으로 볼 수는 없다. 따라서 그러한 혈액채취에 의한 측정 결과 역시 유죄 인정의 증거로 쓸 수 없다고 보아야 한다. 그리고 이는 수사기관이 위법한 체포 상태를 이용하여 증거를 수집하는 등의 행위를 효과적으로 억지하기 위한 것이므로, 피고인이나 변호인이 이를 증거로 함에 동의하였다고 하여도 달리 볼 것은 아니다.[44)]

이상과 같은 경찰조치를 거부할 경우에는 음주측정 거부죄가 성립한다. 즉 음주운전을 한 운전자 및 경찰의 음주측정을 거부한 운전자는 형사처벌의 대상이 된다.[45)] 이러한 점에서 음주운전의 혐의가 인정된 자에 대한 경찰의 단속행위는 사법경찰작용이 된다고 볼 수 있다. 그러므로 호흡식 음주측정 요구는 강제수사(强制搜査)로 볼 여지가 있다.

그런데 운전자가 음주운전을 하지 않고, 자발적으로 협력하지 않는 한 경찰관은 이를 강제할 권한은 없다. 바꿔 말하면, 음주운전의 혐의가 구체적이지 않은 한, 호흡식 음주

44) 대법 2013.3.14., 2010도2094.

45) 술에 취한 상태에 있다고 인정할 만한 상당한 이유가 있는 사람으로서 제44조 제2항에 따른 경찰공무원의 측정에 응하지 아니하는 사람(자동차등 또는 노면전차를 운전하는 사람으로 한정)은 1년 이상 5년 이하의 징역이나 500만원 이상 2천만원 이하의 벌금에 처한다(도로교통법 제148조의2 제2항).

측정요구는 임의수사(任意搜査)라고 볼 수 있다. 즉, 음주측정 요구 당시 적어도 혈중알코올농도 0.03% 이상의 상태에 있다고 인정할 만한 상당한 이유가 없는 경우(즉, 음주운전의 혐의가 없는 경우)에는 음주측정을 거부하더라도 죄가 되지 않는다고 본다.

경찰의 음주단속은 기본적으로 교통안전과 위험방지를 위한 예방적인 행정경찰작용이기 때문에, 임의수사로서 호흡식 음주측정의 요구도 그것이 교통안전과 위험방지에 필요한 경우에만 허용된다고 본다. 아울러 도로를 차단하고 불특정 다수인을 상대로 실시하는 일제단속식 음주단속은 비례원칙에도 위배된다.[46] 또한 음주측정결과를 유죄의 증거로 삼으려면, 측정결과의 정확성과 객관성이 담보될 수 있는 공정한 방법과 절차에 따라 이루어져야 한다고 본다.[47]

46) 그러나 헌법재판소는 일제단속식 음주단속 자체는 2006년 개정되기 이전의 구(舊)도로교통법 제41조 제2항 전단에 근거를 둔 적법하고, 합헌적인 경찰활동으로 보았다. 다만, 음주운전이 빈번할 것으로 예상되는 장소와 시간 선택, 시민의 불편이 극심한 단속의 자제, 전방지점에서의 사전예고와 단시간 내의 실시 등을 내용으로 하는 과잉금지원칙의 준수 등을 요구하고 있다. 헌재 2004.1.29., 2002헌마 293.

47) 예컨대, 음주측정 기계나 운전자의 구강 내에 남아 있는 잔류 알코올로 인하여 잘못된 결과가 나오지 않도록 미리 필요한 조치를 취하거나 음주측정용 불대의 적절한 교체 등을 들 수 있다. 대법 2006.5.26., 2005도 7528.

제2절 경찰즉결심판청구 권한

1. 즉결심판의 의의

1) 즉결심판의 개념

즉결심판(卽決審判)이란 20만원 이하의 벌금, 구류 또는 과료에 처할 수 있는 '경미한 범죄'에 대하여 지방법원, 지원 또는 시·군법원의 판사가 공판절차에 의하지 아니하고 「즉결심판에 관한 절차법」(약칭: 즉결심판법)에 의해 신속하게 처리하는 심판절차를 말한다(즉결심판에 관한 절차법 제2조).

여기에서 말하는 경미한 범죄란 주로 경범죄처벌법상의 위반행위(예, 무임승차·허위신고 등)를 대상으로 하지만, 형법(예, 폭행·단순도박 등) 및 행정형법상의 위반행위(예, 도로교통법상의 자동차 주정차위반금지 위반이나 향토예비군설치법상의 예비군훈련 불참자 등)도 그 대상이 될 수 있다.

이러한 즉결심판절차를 둔 이유는 약식절차(略式節次)만으로는 폭증하는 경미한 사건에 신속하고 적절한 대응을 할 수 없기 때문이다.[48] 즉결심판절차가 약식절차보다 더욱 사건을 신속하게 처리해도 적법절차의 이념을 깨뜨리지 않는 것은 처리대상인 사건이 주로 범죄입증 명백한 경우라는 점에 있다. 즉결심판절차의 신속한 처리는 피고인을 시간적·정신적 부담으로부터 빨리 해방시켜 줄 수 있는 장점이 있다.

지난 20년간(2000년~2019년) 즉결심판 청구 및 처리현황을 보면, 이의 규모는 결코 적지 않음을 알 수 있다.[49] 그리고 경찰의 관행 변화 및 경찰과 검찰 등 정치적 역학관계에 따라 이의 청구 및 처리 규모가 급격히 감소하다가 다시 증가하여 일정수준에 이르고 있음을 알 수 있다. 최근 검찰에서는 즉결심판제도 자체를 없애기 위해 노력하고 있으며,

48) 경미한 사건의 신속한 처리를 위한 간이절차로 약식절차(略式節次)가 있다. ① 즉결심판절차는 다음 세 가지 관점에서 약식절차와 유사하다. ㉠ 경미사건을 신속하게 처리하기 위하여 확정판결과 동일한 효력이 부여된다. ㉡ 간이절차 즉, 약식재판에 의하는 것이 적당하지 않고 정식재판에 의하는 것이 타당하다고 인정되는 경우에는 법관이 사건을 정식재판에 회부할 수 있다. ㉢ 정식재판의 청구권이 보장된다. ② 그러나 즉결심판절차는 다음 세 가지 점에서 약식절차와 차이가 있다. ㉠ 약식절차는 검사의 청구가 있을 것을 요건으로 하는 데 반해 즉결심판절차의 청구권자는 경찰서장이다. ㉡ 약식절차는 서면심리(書面審理)의 형태를 취하지만 즉결심판절차는 판사가 공개된 법정에서 피고인을 직접 신문하는 차이가 있다. ㉢ 약식명령으로 구류에 처할 수는 없으나 즉결심판철차에 의해서는 가능하다(약식명령은 벌금, 과료, 몰수의 선고만 가능하다). 배종대·이상돈·정승환(2009), 앞의 책, p. 864.

49) 경찰청(2020), 경찰통계연보, pp. 68-69.

검사의 유치장 감찰시 즉결대상자의 선정에 불필요하게 문제를 제기하고 있는 여건을 감안할 때 이의 신중한 운용이 필요하다고 본다. 이를 위해서 각 경찰서마다 통일된 기준을 마련하는 것도 의미 있는 일이다.

〈즉결심판 청구 및 처리현황〉

(단위: 명, 건, 천원)

구 분			2000년	2005년	2010년	2015년	2019년
대상자	계		1,139,224	27,030	59,139	53,627	64,929
	훈 방		450,282	427	12	0	5
	즉심청구	소 계	688,942	26,603	59,127	53,627	64,924
		경 범	74,007	10,793	37,729	28,255	32,433
		특별법범	597,699	10,143	8,692	10,143	8,953
		형법범	17,236	5,667	12,706	15,229	23,538
심판결과	청구기각		521	301	677	1,098	1,643
	무 죄		1,287	402	391	531	623
	선고유예 형면제등		3,226	1,880	3,724	4,561	5,998
	구 류		7,467	836	446	51	37
	벌 금	건 수	223,606	20,969	50,483	46,398	56,078
		금 액	16,651,072	1,856,658	3,769,141	4,024,166	5,210,044
	과 료	건 수	452,835	2,215	3,101	988	545
		금 액	15,585,408	60,787	96,156	34,155	20,319
정 식 재 판 청 구			125	40	114	80	99

* 참고적으로 지난 2002년까지는 즉결심판 청구건수가 매우 많았다. 즉 1998년 1,576,669건, 1999년 1,505,094건, 2000년 1,139,224건, 2001년 1,436,343건, 2002년 749,925건에 이르렀다. 2003년부터 크게 감소하였다. 즉, 2003년 52,233건, 2004년 37,427건, 2005년 27,030건에 이르렀다. 이후 다소 증가하여 위 표에서 보는 바와 같이 년간 5~6만 건에 이르고 있다.

* 2007년부터 훈방 대신 지도장의 활성화로 훈계방면 감소.

2) 즉결심판의 법적 성격

즉결심판에 관한 절차법에 따른 경찰서장의 즉결심판청구 권한의 행사를 기소편의주의의 준용으로 보는 견해도 있으나, 즉결심판절차는 형사소송법상의 공판절차가 아니라 공판 전(前)절차이므로 그 성질상 기소편의주의의 준용으로 보는 것은 한계가 있다고 보기도 한다.

다만, 즉결심판절차는 비록 제한된 범위이기는 하지만 공개된 법정에서 구두주의(口頭主義)와 직접주의(直接主義)를 원칙으로 하여 심리가 이루어지는 점에서 약식절차보다는 공판절차에 가까운 제도이다. 그리고 즉결심판절차 역시 형법상의 형벌을 과하는 절차이며, 따라서 즉결심판이 확정된 때에는 확정판결과 동일한 효력이 부여된다(즉결심판에 관한 절차법 제16조). 이러한 점에서 즉결심판에 관한 절차법은 특별형사소송법(特別刑事訴訟法)이라고 할 수 있다.[50)]

2. 즉결심판청구의 절차

1) 즉결심판청구의 주체

관할 경찰서장은 관할법원에 즉결심판을 청구할 수 있다(즉결심판에 관한 절차법 제3조). 청구권자인 경찰서장의 즉결심판청구는 보통의 공판절차에서 검사의 공소제기에 해당되는 소송행위이다. 따라서 이는 검사의 기소독점주의(起訴獨占主義)에 대한 하나의 예외라고 볼 수 있다.

2) 즉결심판청구 및 심사 방법

즉결심판청구는 관할 경찰서장이 즉결심판청구서를 제출함으로써 이루어진다. 즉결심판청구서에는 피고인의 성명 기타 피고인을 특정할 수 있는 사항, 죄명, 범죄사실과 적용법조를 기재하여야 한다(즉결심판에 관한 절차법 제3조 제2항).

이러한 청구서의 기재사항은 형사소송법상의 공소장의 필요적 기재사항과 동일하다. 약식절차에서는 선고할 형을 검사가 미리 기재해야 하나 즉결심판에서는 선고할 형량을 기재하지 않는다. 한편, 경찰서장은 즉결심판청구와 동시에 즉결심판을 함에 필요한 서류 또는 판사에게 제출해야 한다(제4조).

즉결심판사건의 관할법원은 지방법원, 지원 또는 시·군법원이다(제2조). 다만, 관할에 대한 특례가 적용되어 지방법원 또는 그 지원의 판사는 소속지방법원장의 명령을 받아 소속법원의 관할사무와 관계없이 즉결심판청구사건을 심판할 수 있다(제3조의2).

3. 즉결심판청구사건의 심리 등

1) 즉결심판청구사건의 심리

즉결심판청구가 있는 경우에는 판사는 사건이 즉결심판을 할 수 없거나, 즉결심판절차에 의하여 심판함이 적당하지 아니하다고 인정할 때에는 결정으로 즉결심판의 청구를 기각(棄却)하여야 한다(즉결심판에 관한 절차법 제5조 제1항).

---

50) 배종대·이상돈·정승환(2009), 앞의 책, p. 865.

예컨대, 청구된 사건에 대하여 벌금, 구류, 과료 이외의 형을 선고하는 것이 적당하다고 인정되는 경우나, 사건이 성질이나 양형의 특수성을 고려하여 보통의 공판절차에서 신중하게 심판하는 것이 타당하다고 인정되는 경우 등을 들 수 있다.

경찰서장은 위와 같은 이유로 즉결심판청구가 기각결정 된 경우에는 지체 없이 사건을 관할지방검찰청 또는 지청의 장에게 송치하도록 하고 있다(제5조 제2항).

판사가 기각결정하여 경찰서장이 검사에게 송치한 사건에 대해 반드시 검사는 공소를 제기해야 한다는 견해와 불기소처분(不起訴處分)을 할 수 있다는 견해가 제기된다. 이와 관련하여 검사에게 재량이 있다고 볼 수 있다. 그 이유는 경찰서장의 즉결심판청구의 남용을 방지하고, 즉결심판청구에 대한 법관의 기각결정으로 인하여 청구된 사건은 즉결심판 청구 이전의 상태로 환원된다고 볼 수 있기 때문이다.[51]

2) 즉결심판청구사건의 선고·효력·집행

(1) 형의 선고

즉결심판절차에서 판사가 과할 수 있는 형의 종류는 20만원 이하의 벌금, 구류 또는 과료이다(즉결심판에 관한 절차법 제2조). 또 유죄의 선고뿐만 아니라 무죄·면소(免訴)[52] 또는 공소기각의 선고를 할 수 있다(제11조 제5항). 이는 벌금, 과료 또는 몰수 선고만 가능한 약식절차와 구별되는 점이다.

(2) 형의 효력

즉결심판은 정식재판의 청구기간의 경과, 정식재판청구권의 포기 또는 그 청구의 취하에 의하여 확정판결과 동일한 효력이 생긴다. 정식재판청구를 기각하는 재판이 확정된 때에도 같다(즉결심판에 관한 절차법 제16조).

(3) 형의 집행

㉠ 즉결심판에 의한 형의 집행은 경찰서장(警察署長)이 하고 그 집행결과를 지체 없이 검사에게 보고하여야 한다.

㉡ 구류는 경찰서유치장·구치소 또는 교도소에서 집행하며, 구치소 또는 교도소에서

---

51) 위의 책, p. 867.

52) 면소의 판결: 다음 경우에는 판결로써 면소의 선고를 하여야 한다. ① 확정판결이 있은 때, ② 사면이 있은 때, ③ 공소의 시효가 완성되었을 때, ④ 범죄 후의 법령개폐로 형이 폐지되었을 때(형사소송법 제326조 각호).

집행할 때에는 검사가 이를 지휘하도록 하고 있다.

㉢ 벌금, 과료, 몰수는 그 집행을 종료하면 지체 없이 검사에게 이를 인계하여야 한다. 다만, 즉결심판 확정 후 상당기간 내에 집행할 수 없을 때에는 검사에게 통지하여야 한다. 통지를 받은 검사는 형사소송법(제477조)에 의하여 집행할 수 있다.

㉣ 형의 집행정지는 사전에 검사의 허가를 얻어야 한다(이상 제18조 제1항~제4항).

3) 정식재판의 청구

(1) 정식재판의 청구방법

① 피고인 등의 정식재판의 청구

정식재판을 청구하고자 하는 피고인(법정 대리인 등 포함)은 즉결심판의 선고·고지를 받은 날부터 7일 이내에 정식재판청구서를 경찰서장에게 제출하여야 한다. 정식재판청구서를 받은 경찰서장은 지체 없이 판사에게 이를 송부하여야 한다(즉결심판에 관한 절차법 제14조 제1항).

② 경찰서장의 정식재판의 청구

경찰서장은 즉결심판에 관한 절차법 제11조 제5항의 경우에는 그 선고·고지(즉, 무죄·면소 또는 공소기각)를 한 날부터 7일 이내에 정식재판을 청구할 수 있다. 이 경우 경찰서장은 관할지방검찰청 또는 지청의 검사의 승인을 얻어 정식재판청구서를 판사에게 제출하여야 한다(즉결심판에 관한 절차법 제14조 제2항). 여기에서 검사에게는 정식재판청구권이 없다.

이처럼 경찰서장에게 통상적인 공판절차에서 법원에 심판을 청구할 수 있는 자격을 인정하는 것은 검사의 기소독점주의에 대한 예외를 인정한 것이라 할 수 있다.

(2) 정식재판의 청구 후의 절차

판사는 정식재판청구서를 받은 날부터 7일 이내에 경찰서장에게 정식재판청구서를 첨부한 사건기록과 증거물을 송부하고, 경찰서장은 지체 없이 관할지방검찰청 또는 지청의 장에게 이를 송부하여야 하며, 그 검찰청 또는 지청의 장은 지체 없이 관할법원에 이를 송부하여야 한다(즉결심판에 관한 절차법 제14조 제3항). 한편, 정식재판청구의 포기나 취하 그리고 기각결정에 대해서는 상소에 관한 규정과 약식절차에 관한 규정의 일부가 준용된다(제14조 제4항).

(3) 정식재판의 청구에 대한 심판

정식재판청구가 적법한 때에는 공판절차에 의해 심판하여야 한다. 그리고 즉결심판과 정식재판 사이에도 형사소송법상의 불이익변경금지(不利益變更禁止)원칙이 준용된다고 본다.[53]

따라서 피고인이 정식재판을 청구한 사건에 대해서는 즉결심판의 형보다 중한 형을 선고하지 못한다.[54] 그리고 정식재판청구에 의한 판결이 있는 경우 즉결심판은 효력을 상실한다(즉결심판에 관한 절차법 제15조).

제3절 경찰훈방 권한

1. 경찰훈방 권한의 의의

경찰의 일정한 법규위반자에 대해 훈계방면(訓戒放免, release with warning) 즉, 훈방(訓放)조치를 할 수 있다.

이러한 경찰훈방 권한은 어떠한 법규위반(행정법규, 형벌법규) 행위에 대해서 처벌하기보다는 주변상황을 고려하여 당사자에게 일종의 계도(啓導) 또는 지도(指導) 차원에서 이루어지는 경찰권한의 행사라고 볼 수 있다. 이는 어떤 면에서는 재판권한의 일종으로도 볼 수 있을 것이다. 물론, 이러한 경찰의 훈방 권한은 ㉠ 위반자의 범죄사실이 경미하고, ㉡ 개전의 정이 현저하며, ㉢ 피해자가 없다는 조건이 충족되어야 한다.

이러한 조건이 충족될 경우에 그 대상은 주로 ㉠ 60세 이상 고령자이거나 미성년자, ㉡ 정신박약자나 보행불구자 또는 질병자, ㉢ 주거 및 신원이 확실한 사람, ㉣ 임산부·유아동반자, ㉤ 공무방해나 상습범이 아닌 사람, 고의성이 없는 초범자, ㉥ 기타 경찰서장, 지구대장, 파출소장이 특히 훈방사유가 된다고 인정하는 사람이 해당된다.[55] 이러한 훈

53) 불이익변경의 금지: 피고인이 정식재판을 청구한 사건에 대하여는 약식명령의 형보다 중한 형을 선고하지 못한다(형사소송법 제457조의2).

54) 대법 1999.1.15., 98도2550.

55) 조철옥(2012), 경찰학개론, 서울: 대영문화사, p. 485.

방 권한은 일선 외근경찰 역시 일정 부분 행사할 수 있다고 본다. 그러나 문제는 경찰의 이러한 훈방 권한에 대한 특별한 법적 근거가 마련되어 있지 않다는 점이다.

2. 경찰훈방 권한의 법적 근거와 한계

1) 즉결심판에 관한 절차법

현행법상 경찰의 훈방 권한은 근거와 관련하여 즉결심판에 관한 절차법을 들 수 있다. 즉결심판은 '20만원 이하의 벌금, 구류 및 과료'에 처할 수 있는 경미한 범죄를 대상으로 하는 것이다(제2조).

① 기소편의주의에 의한 훈방 권한 행사

즉결심판에 관한 절차법에 따라 경찰서장은 즉결심판청구 권한을 가지고 있는데(제3조), 형사소송법의 규정준용에 따라 기소편의주의(起訴便宜主義)가 적용된다고 본다.[56)]

따라서 경찰서장은 사안을 면밀히 검토 한 후, 사안에 따른 사정과 형편을 고려하여 훈방 권한을 행사 할 수 있다고 본다. 즉, 이 법에서 규정하고 있는 20만원 이하의 벌금, 구류, 과료의 형에 해당되는지의 여부를 고려하여 사안이 경미한 경우에는 훈방 권한을 행사할 수 있다고 본다.[57)]

② 기소법정주의에 의한 훈방 권한 무존재

한편, 경범죄처벌법(제3조 제1항 및 제2항)과 도로교통법(제156조 및 제157조) 위반하여 범칙행위로 간주된 경우에는 경찰서장은 통고처분(通告處分)을 통해 범칙금을 납부하도록 하고 있다.

그런데, 이러한 통고처분 불이행자(통고처분 받기를 거부하거나 주거 또는 신원이 확실하지 아니한 사람, 납부기간에 범칙금을 납부하지 않은 사람 등)에 대해서는 경찰서장은 '지체 없이' 즉결심판을 '청구하여야 한다'고 하고 있다(경범죄처벌법 제9조 제1항 및 도로교통법 제165조).

이러한 통고처분 불이행자에 대한 처벌은 즉결심판에 관한 절차법에서 즉, '20만원 이

56) 즉결심판절차에 있어서 이 법에 특별한 규정이 없는 한 그 성질에 반하지 아니한 것은 형사소송법의 규정을 준용한다(즉결심판에 관한 절차법 제19조). 한편, 형사소송법 제247조(기소편의주의)에서 검사는 「형법」 제51조(양형의 조건)의 사항을 참작하여 공소를 제기하지 아니할 수 있다고 규정하고 있다.

57) 양형의 조건: 형을 정함에 있어서는 다음 사항을 참작하여야 한다. ① 범인의 연령·성행, 지능과 환경, ② 피해자에 대한 관계, ③ 범행의 동기, 수단과 결과, ④ 범행 후의 정황(형법 제51조).

하의 벌금, 구류, 과료의 형'의 범위 내에서 이루어진다. 그런데, 통고처분 불이행자 등에 대한 경찰서장의 즉결심판청구 권한의 행사는 기소편의주의에 의한 재량권을 인정하지 않고 있다.

이 경우에는 기소법정주의(起訴法定主義)가 적용되며, 이는 위에서 언급한 '특별한 규정이 없는 한 그 성질에 반하지 아니한 것'에 해당하지 않은 특별한 경우인 것이다. 바꿔 말하면, 이 경우에는 형사소송법을 준용할 수 없다는 의미이다.

2) 경찰실무상의 문제

실무상에서 경찰의 훈방 권한 행사는 경우에 따라서는 보다 광범위하게 이루어질 수도 있다고 본다. 예컨대, ㉠ 경범죄처벌법 제3조상의 수많은 위반행위(빈집위반행위, 흉기의 은닉휴대, 폭행 등 예비, 물품강매·호객행위, 광고물 무단부착, 노상방뇨, 의식방해, 구걸행위, 음주소란 등), 그리고 ㉡ 도로교통법 제156조 및 제157조상의 수많은 위반행위(운전자 및 보행자 준수사항 위반 등), ㉢ 그리고 형법 및 특별형법상의 경미한 위반행위(도박 등)에 대해서 일선경찰은 훈방 권한을 행사할 수 있다고 본다.

이렇게 본다면, 훈방의 대상은 즉결심판에 관한 절차법상의 범위를 벗어나서도 이루어질 수 있다고 본다. 그리고 실제 형벌법규 위반행위에 대해서 이루어지는 '훈방 권한의 행사'(비록 그것이 훈계방면이라는 공식적인 절차를 거치는 것은 아니지만 경찰의 묵인하에)는 보다 광범위하다고 본다.[58)]

생각건대, 경찰의 훈방 권한 행사는 통상적으로 재량권 영역이라고 볼 수 있다. 그러나 이러한 재량권 행사가 무한대로 이루어지는 것이 아니라 일정한 법적 테두리 내에서 이루어져야 함은 물론이다. 바꿔 말하면, 경찰이 재량권을 벗어난 훈방 권한을 행사했을 경우에는 그에 대한 책임을 면하기 어려울 것이다.

3) 법원의 태도

판례에서는 이에 대한 별도의 근거를 제시하지 않은 채 사법경찰관리의 훈방 권한을

58) 경찰훈방 권한에 대한 조직내부 근거로는 경찰업무편람(즉결심판청구사무 편)을 들 수 있다. 여기에는 ① 경미한 사범에 대해서는 외근경찰관이 현장에서 훈방할 수 있으며(단, 지도장 활용), ② 파출소장은 외근경찰관이 동행해 온 즉심회부 대상자를 심사하여 1시간 이내에 훈방 또는 즉심회부 여부를 결정하여야 하며, ③ 파출소장이 즉결심판 출석통지서를 교부한 후 관련서류만 경찰서 생활안전과(야간 및 공휴일: 상황실)에 인계한 경우, 방범과장(야간 및 공휴일: 상황실장)은 서류에 의한 예심을 실시하여 훈방, 통고처분, 형사입건 등으로 분류하여 예심결과를 피의자에게 통지하도록 규정하고 있다. 이러한 일선경찰의 훈방 권한 행사는 경찰서장의 권한에 대한 내부위임으로 해석하는 것이 타당하다고 본다.

인정하고 있다. 판례는 위와 같이 경찰서장뿐만 아니라 사법경찰관리의 훈방 권한을 인정하고 있는 점이 특징이다. 판례에서 이러한 훈방 권한이 즉결심판에 관한 절차법에 의해 준용되는 형사소송법상의 기소편의주의 규정에 근거를 둔 것이라는 지적은 많지 않다.[59]

훈방 등 경찰조치의 적법성 문제

① 정실질환자에 대한 경찰조치

정신질환자의 평소 행동에 포함된 범죄 내용이 경미하거나 범죄라고 볼 수 없는 비정상적 행동에 그치고, 그 거동 기타 주위의 사정을 합리적으로 판단하여 보더라도 정신질환자에 의한 집주인 살인범행에 앞서 그 구체적 위험이 객관적으로 존재하고 있었다고 보기 어려운 사건이다.

이 사건에서 경찰관이 그때그때의 상황에 따라 그 정신질환자를 훈방(訓放)하거나 일시 정신병원에 입원시키는 등 경찰관직무집행법의 규정에 의한 긴급구호조치를 취하였고, 정신질환자가 퇴원하자 정신병원에서의 장기 입원치료를 받는 데 도움이 되도록 생활보호대상자 지정 의뢰를 하는 등 그 나름대로의 조치를 취하였다.

따라서 경찰관들이 정신질환자의 살인범행 가능성을 막을 수 있을 만한 다른 조치를 취하지 아니하였거나 입건·수사하지 아니하였다고 하여 이를 법령에 위반하는 행위에 해당한다고 볼 수 없다. 이러한 이유로 사법경찰관리의 수사 미개시 및 긴급구호권 불행사를 이유로 제기한 국가배상청구를 배척한다.[60]

② 불법체류자에 대한 경찰조치

경찰관이 불법체류자의 신병을 출입국관리사무소에 인계하지 않고 훈방(訓放)하면서 통상적인 절차와 달리 이들의 인적사항조차 기재해 두지 아니한 행위는 직무유기죄가 성립한다.[61]

③ 경미한 범죄에 대한 경찰조치

사법경찰관리가 경미한 범죄 혐의사실을 검사에게 인지 보고하지 아니하고 훈방(訓放)한 경우, 그것이 직무유기죄에 해당하지 않는다.

일반적으로 공무원이 직무를 유기한 때라 함은 "공무원이 법령 내규 또는 지시 등에 의해 추상적인 충근(忠勤)의무를 게을리 한 일체의 경우를 지칭하는 것이 아니라 주관적으로 직무집행의사를 포기하고 객관적으로 정당한 이유 없이 직무집행을 하지 아니하는 부작

59) 김재광(2007), 경찰법각론, 서울: 한국법제연구원, p. 170.

60) 대법 1996.10.25., 95다45927.

61) 대법 2008.02.14., 2005도4202.

위상태가 있어 국가기능을 저해하는 경우"를 말한다.
사법경찰관리가 직무집행의사로 위법사실을 조사하여 훈방하는 등 어떤 형태로든지 그 직무집행행위를 하였다면, 형사피의사건으로 입건·수사하지 않았다 하여 곧 직무유기죄가 성립한다고 볼 수는 없다.[62)]

3. 경찰훈방 권한의 법적 근거 확립 방안

아직까지 경찰의 훈방 권한 행사에 대한 특별한 법적 근거가 마련되어 있는 것은 아니다. 다만, 경찰청 훈령인 「(경찰청) 범죄수사규칙」에 경찰훈방에 대한 규정이 있을 뿐이다.

이와 관련하여 즉결심판에 관한 절차법이 어느 정도 관련된다고 본다. 그러나 위에서 살펴본 바와 같이 즉결심판에 관한 절차법 역시 일정한 한계가 있음은 물론이다. 또 경범죄처벌법에 훈방 권한을 규정하는 것도 적당하지 않다고 본다. 훈방은 경범죄처벌법상의 위반행위에 국한되지 않기 때문이다.

형사소송법 제197조를 사법경찰권한(범죄수사권한)의 근거인 동시에 경찰의 훈방 권한의 근거로 삼을 수 있을 것이다. 즉, 이 조항에 의해 사법경찰관에게 훈방에 관한 재량권이 있다고 할 수 있기 때문이다. 그러나 이 조항 역시 훈방에 대한 직접적인 근거규정이 되기는 어렵다는 점은 마찬가지이다.

경찰훈방

① 경찰관은 죄질이 매우 경미하고, 피해 회복 및 피해자의 처벌의사 등을 종합적으로 고려하여 훈방할 수 있다.
② 위와 같은 훈방을 위해 필요한 경우 경찰청장이 정하는 위원회의 조정·심의·의결을 거칠 수 있다.
③ 경찰관은 훈방할 때에는 공정하고 투명하게 하여야 하고 반드시 그 이유와 근거를 기록에 남겨야 한다(이상 경찰청 범죄수사규칙 제45조 각항).

따라서 경찰의 훈방 권한에 대한 보다 명확한 근거를 두기 위해서는 경찰관직무집행법 등에 훈방관련 조항을 신설하는 방안을 검토할 필요가 있다고 본다.[63)] 현재에는 경찰관직무집행법에 이에 대한 구체적인 규정이 없다.

62) 대법 1982.06.08., 82도117.
63) 김재광(2007), 앞의 책, p. 171.

주지하는 바와 같이 경찰관직무집행법이 행정경찰작용 뿐만 아니라 사법경찰작용도 포괄하고 있다. 이 법에서 범죄수사를 경찰의 직무로 규정하고 있고, 훈방은 강제처분과도 무관한 것이기 때문에 굳이 형사소송법 내에 규정할 이유도 없다. 또한 훈방은 종국적 처분이 아닌 잠정적 처분의 성격을 가지므로, 검사의 수사권한을 방해하지도 않는다고 본다.

제2편

경찰현장운용론

제6장 생활안전경찰

제7장 수사경찰

제8장 교통경찰

제9장 경비경찰

제10장 정보경찰

제11장 보안경찰

제12장 외사경찰

제13장 결 론

제6장 생활안전경찰

제1절 생활안전경찰의 의의

1. 생활안전경찰의 개념

생활안전경찰(生活安全警察)은 국민생활의 평온한 상태를 유지하기 위하여 그 위협이 되는 범죄 및 무질서를 사전에 예방하는 경찰의 제반활동을 말한다.[1] 과거에는 이를 '방범경찰'(防犯警察)이라고 하였는데, 생활안전경찰은 방범경찰의 기능을 좀 더 확대한 포괄적인 의미를 갖는다고 본다.

이러한 생활안전경찰의 제반활동은 이미 발생한 범죄를 수사하여 처벌하는데 궁극적인 목적이 있는 것이 아니라 사전에 적극적으로 단속·규제하여 국민들이 이를 준수하도록 하는 예방적 목적을 1차적으로 가지고 있다고 본다(물론, 지역사회에서 발생하는 기초질서 위반사범, 풍속사범, 사행행위 사범 등 생활안전사범에 대한 사후대응적 단속활동 역시 중요한 의미를 가진다).

경찰의 범죄예방 등의 활동을 광의로 해석할 경우, 생활안전기능 활동 뿐만 아니라 수사, 교통, 경비, 정보, 보안, 외사기능 등 모든 경찰활동이 포함된다고 볼 수 있다. 범죄예방이라는 것은 모든 경찰기능이 궁극적으로 지향하는 목표이기 때문이다.

여기에서는 이 가운데 생활안전기능과 관련된 경찰활동 즉, 경찰직제상 경찰청, 시·도경찰청, 경찰서 내의 관련부서의 기능과 지역경찰인 지구대·파출소에서 수행하는 활동을 중심으로 살펴보기로 한다.

1) 2019년 현재 경찰공무원 122,913명(100.0%) 가운데, 경찰직제상 생활안전경찰기능을 담당하는 경찰은 14,405명(약 12.0%)이며, 지구대·파출소에 근무하는 경찰은 49,808(약 41.0%)에 이르고 있다. 지구대·파출소를 생활안전에 포함시키면 64,213명(53.0%)으로 경찰활동에 있어서 매우 큰 비중을 차지하고 있음을 알 수 있다. 경찰청(2020), 경찰통계연보, p. Ⅱ.

2. 생활안전경찰의 특징

생활안전경찰은 어떤 면에서 '커뮤니티 경찰활동'(Community Policing)의 핵심적 주체로서 경찰업무 전반에 대하여 가장 기초적인 출발점과 같은 역할을 하고 있다. 따라서 이에 대한 체계적인 운영과 관리는 전반적인 경찰활동의 성패와 관련하여 매우 중요한 영향을 미친다. 생활안전 경찰활동은 다음과 같은 특징을 가지고 있다.

㉠ **활동대상의 전반성·전방위성** : 모든 경찰기능을 1차적으로 수행하는 기능을 함.

㉡ **다른 경찰기능에 대한 지원성** : 생활안전 고유기능 뿐만 아니라 다른 경찰기능을 1차적으로 수행하는 경우가 많으며, 이후 해당 경찰기능에게 이관.

㉢ **활동대상의 유동성** : 사회환경과 국민의식의 변화에 대응한 지도·단속이 요구되므로 상황에 따라 대상 분야가 일정하지 않고 유동적임.

㉣ **관계법령의 다양성·전문성** : 일선현장에서 적용되는 관련법령은 다양하고 내용도 전문적인 것이 적지 않음.

㉤ **주민과의 접촉성** : 다른 경찰기능에 비해 주민과 가장 밀접하게 접촉하여 관련업무를 수행함.

생활안전경찰은 범죄 및 위험발생 방지, 질서유지, 생활안전사범의 단속, 여성·청소년의 선도 및 보호, 여성대상 범죄 및 청소년범죄의 처리, 생활안전관련 정보의 수집, 민간경비업관리, 기타 지역사회 지원활동 등 여러 가지 업무를 수행하고 있다.[2]

그리고 범죄의 수사와 범인의 체포는 수사경찰의 활동대상이지만 생활안전경찰에서 범죄수사와 범인 검거의 상당한 부분을 차지하며, 관할지역 내의 우범지역과 범죄단체 등에 대한 정보를 수집하고 있다. 또 교통을 단속하고, 교통사고 처리 및 초동조치 등도 담당한다.[3]

한편, 범죄예방은 경찰에게 있어서는 가장 중요하고 핵심적인 활동이며, 범죄사건이 발생한 후에 수행되는 수사경찰의 활동보다 더 중요하다고 할 수 있다. 범죄가 발생한 이후에는 범죄로 인한 피해는 회복이 어렵거나 불가능한 경우가 많으며, 범죄수사 및 범죄자의 교정에 많은 비용이 들게 된다. 그리고 범죄가 발생하면 사회적 관계에서 불안감과 불신, 두려움, 법의 권위 추락 등 부정적 환경이 조성되어 경찰과 시민, 그리고 시민과

---

2) 김충남(2008), 경찰학개론, 서울: 박영사, pp. 384-385.

3) 이러한 점에서 생활안전경찰은 앞의 경찰권한론에서 설명한 ① 경찰관직무집행법상의 기본적·표준적 권한, 그리고 ② 행정경찰권한과 ③ 사법경찰을 포괄적으로 행사하는 경찰활동의 전형이라고 할 수 있다.

시민 간에 부정적인 관계를 형성하여 사회해체현상을 초래할 수도 있다.

〈생활안전경찰의 활동영역〉

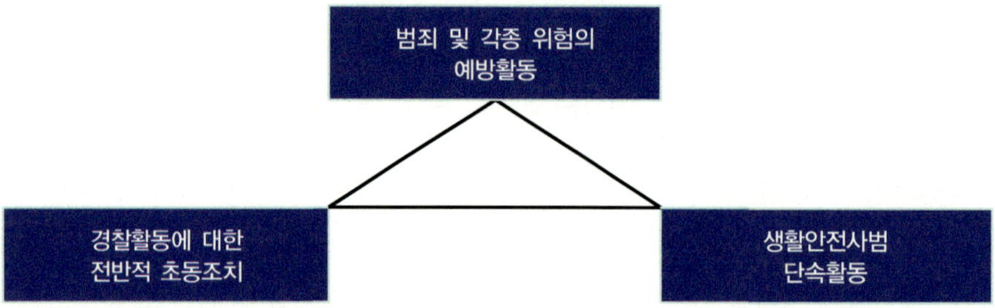

생활안전경찰의 중요성

경찰활동에 있어서 범죄수사보다 범죄예방이 중요하다는 사실은 누구나 공감하는 것이다. 그러나 범죄예방은 그 현실적·개념적 모호성으로 인해 측정과 평가가 어렵다. 반면 범죄수사는 객관적 평가가 상대적으로 용이하다.

시민들은 범죄가 발생한 연후에야 사태의 심각성을 깨닫고 이를 해결한 경찰활동에 박수를 보낸다. 그러나 발생한 범죄피해는 이미 회복하기 어려운 경우가 대부분이다.

반면, 범죄예방활동은 아무리 노력해도 외적으로 그 성과가 나타나지 않는다. 경찰인사에 있어서도 외적으로 평가되는 부분에 많이 의존하는 것이 현실이다 보니 경찰업무의 비중과 조직 내외적 평가는 자연 범죄수사 등에 초점을 두기 마련이다.

수사경과제(搜査警科制)는 있어도 범죄예방경과제가 없는 것은 인식의 부족일까, 아니면 현실적 한계일까. 그리고 범죄예방활동은 모든 국가의 경찰활동에 있어서 공통적이다. 일종의 일반목적(general purpose)의 경찰활동인 셈이다. 반면 범죄수사활동 등은 특별목적(special purpose)의 경찰활동이라 할 수 있다.

따라서 일반목적이 없이 특별목적만을 수행하는 경찰은 우리가 생각하는 전형적인 경찰이라고 보기는 어렵다. 예컨대, 미국 연방범죄수사국(FBI)은 비록 특정한 범죄수사업무를 수행하고 있지만, 이는 우리가 일반적으로 말하는 경찰(General Police)라고 부르기에는 한계가 있다. 현대국가에서 '형식적·제도적 의미의 경찰'은 일정지역을 기반으로 시민과 밀착하여 범죄예방과 대민봉사와 같은 가장 기초적인 업무를 수행하면서, 범죄수사·교통·정보·경비 등 다소 특정화된 업무를 수행하는 경우라고 할 수 있다.

따라서 세계 각국의 경찰에서는 전국적 차원에서 범죄예방대책을 수립하여 실시하고 있으며, 각종 범죄예방 프로그램이 개발되어 경찰을 비롯한 형사사법기관, 공공 및 사설 안전관리요원, 그리고 지역사회 내의 각 기관, 단체 및 시민들의 참여가 활발하게 논의되고 있다. 우리나라에서도 전국적 차원의 범죄대책이 강구되어 실시되고 있으며, 따라서 경찰의 범죄예방활동에 대한 국민들의 기대가 높아지고 있음은 물론이다.

범죄의 유발 요인과 환경설계를 통한 범죄예방

① 범죄의 유발 요인

범죄의 원인 또는 범죄유발 요인을 설명하려는 많은 이론이 있다. 이와 관련하여 셸리(J. F. Shely)는 ㉠ 범행의 동기, ㉡ 범행의 기회, ㉢ 범행의 기술, 그리고 ㉣ 사회적 제재로부터의 자유라는 4가지 요인를 가지고 설명하였다. 그런데 이들 각각의 요인 하나하나는 범행을 설명하는데 필요조건이지만, 충분조건은 되지 못한다. 즉, 어떠한 범행이 가능하기 위해서는 이들 요인이 동시에 상호작용하지 않으면 안 된다.[4)]

② 환경설계를 통한 범죄예방

따라서 범죄예방은 이러한 범죄유발 요인 가운데 어떠한 하나를 제거함으로써 가능하게 된다. 최근에 활발하게 논의되고 있는 범죄예방 전략 가운데 하나인 환경설계를 통한 범죄예방(CPTED: Crime Prevention Through Environmental Design)은 특히, 범행의 기회를 감소시키고 더 나아가 범행의 동기 등을 억제하기 위한 제반 대안을 제시하고 있다.

이와 관련하여 1세대 CPTED는 ㉠ 자연적 감시, ㉡ 자연적 접근통제, ㉢ 영역성 강화, ㉣ 활동성지원, ㉤ 유지 및 관리 등을 통해서 보호대상의 물리적 환경을 강화함으로써 범행의 기회와 동기 등을 감소시키는데 초점을 두고 있다. 그런데, 이러한 1세대 CPTED는 지나치게 물리적 환경을 강조하여 복잡한 사회적·경제적·문화적 측면을 간과하였고, 이로 인해 범죄예방에 일정한 한계가 있다는 점을 인식하게 되었다.

이에 따라 등장한 2세대 CPTED는 기존의 1세대 전략에 ㉠ 사회적 응집, ㉡ 연계성, ㉢ 지역공동체 문화, ㉣ 한계수용량(tipping point) 등을 추가함으로써 범죄예방의 성과를 보다 높이고자 하였다. 이러한 변화는 범죄의 사회문화적 복합성·다양성을 반영하고, 사회적 관계를 통한 범죄예방 가능성을 제시하였다는 점에서 의의가 있다고 볼 수 있다.[5)]

---

4) J. F. Sheley(1987), " Critical Elements of Criminal Behovior Explanation," in J. F. Sheley(ed.), Exploring Crime: Readings in Criminology ana Criminal Justice, C.A.: Wadsworth Publishing Company, pp. 254-262.: 이윤호(2007), 범죄학, 서울: 박영사, p. 197 재인용.

5) 한국셉테드학회 편찬위원회(2015), 셉테드 원리와 운영관리, 한국셉테드학회, pp. 15-16.

3. 생활안전경찰의 법적 근거와 담당 사무

1) 생활안전경찰의 법적 근거

생활안전경찰의 법적 근거는 헌법을 근간으로 하고, 일반법으로서 경찰법 제3조(경찰의 임무), 경찰관직무집행법 제2조(직무의 범위)에 개괄적으로 규정되어 있다. 그리고 생활안전경찰의 사무분장과 관련하여 「경찰청과 그 소속기관 직제」(대통령령) 제11조에 규정되어 있다.

그리고 개별법으로는 풍속영업의 규제에 관한 법률, 경범죄처벌법, 성매매알선 등 행위의 처벌에 관한 법률, 아동·청소년의 성보호에 관한 법률, 총포·도검·화약류 등의 안전관리에 관한 법률, 소년법, 청소년보호법, 즉결심판에 관한 절차법, 경비업법 등 수많은 법을 들 수 있다.

2) 생활안전경찰의 담당 사무

「경찰청과 그 소속기관과 직제」 및 직제 시행규칙에 의하면, 생활안전경찰의 담당 사무는 매우 포괄적이며 다양하다는 것을 알 수 있다. 경찰관서(경찰청)를 기준으로 한다면, 생활안전국에 크게 ㉠ 범죄예방정책과, ㉡ 생활질서과, ㉢ 아동청소년과, ㉣ 여성안전기획과 두고 있다(직제 제11조, 시행규칙 제8조).

생활안전경찰의 담당 사무

① 범죄예방정책과
- ㉠ 범죄예방에 관한 연구 및 계획의 수립
- ㉡ 범죄예방 관련 법령·제도의 연구·개선 및 지침 수립
- ㉢ 범죄예방진단 및 범죄예방순찰 기획·운영
- ㉣ 환경설계를 통한 범죄예방(CPTED) 기획·운영
- ㉤ 협력방범에 관한 기획·연구 및 협업
- ㉥ 경비업에 관한 연구 및 지도
- ㉦ 그 밖에 국 내 다른 과의 주관에 속하지 않는 사항

② 생활질서과
- ㉠ 풍속 및 성매매(아동·청소년 대상 성매매 제외) 사범에 관한 지도·단속
- ㉡ 총포·도검·화약류 등의 지도·단속
- ㉢ 즉결심판청구업무의 지도

㉣ 각종 안전사고의 예방에 관한 사항

③ 아동청소년과
㉠ 소년 비행 방지에 관한 업무
㉡ 소년에 대한 범죄의 예방에 관한 업무
㉢ 비행소년의 보호지도에 관한 업무
㉣ 아동학대의 예방 및 피해자 보호에 관한 업무
㉤ 가출인 및 「실종아동등의 보호 및 지원에 관한 법률」에 따른 실종아동 등과 관련된 정책 수립 및 관리
㉥ 실종사건 지도와 관련 정보의 처리
㉦ 아동·노인·장애인 학대 범죄 유관기관 협력 업무

④ 여성안전기획과
㉠ 여성 대상 범죄의 연구 및 예방에 관한 업무
㉡ 여성 대상 범죄 유관기관과의 교류협력
㉢ 성폭력·가정폭력 예방 및 피해자 보호에 관한 업무
㉣ 스토킹·성매매 예방 및 피해자 보호에 관한 업무
㉤ 성폭력범죄자(성폭력범죄의 처벌 등에 관한 특례법에 따른 신상정보 등록대상자 포함)의 재범방지에 관한 업무

한편, 112시스템이나 지구대·파출소의 운영 및 관리 역시 생활안전경찰 사무를 수행하기 위한 대표적인 활동이라고 할 수 있다. 다만, 2019년 2월에 「경찰청과 그 소속기관 직제」를 개정하여 별도로 「치안상황관리관」을 신설하여 이를 관리하도록 하고 있다(제10조).

치안상황관리관의 담당 사무

① 치안 상황의 접수·상황판단, 전파 및 초동조치 등에 관한 사항
② 치안상황실 운영에 관한 사항
③ 112신고제도의 기획·운영 및 112치안종합상황실 운영 총괄
④ 지구대·파출소 상황관리업무의 기획
⑤ 안전관리·재난상황 및 위기상황 관리기관과의 연계체계 구축·운영

제2절 지역경찰시스템

1. 지역경찰의 의의

위에서 살펴본 바와 같이 경찰청, 시도경찰청, 경찰서 내의 생활안전기능에서 범죄예방, 생활질서, 아동청소년, 여성안전 등 관련 업무를 수행하고 있다. 이러한 경찰활동은 지역경찰시스템을 통해서 보다 현실적으로 이루어지고 있다.

지역경찰(地域警察)이라는 것은 지구대, 파출소 등과 같이 지역사회와 직접적으로 상호작용을 하고 있는 최하위의 지역경찰관서를 의미한다고 볼 수 있다. 지역경찰의 조직 및 운영과 관련하여 경찰청훈령으로 「지역경찰의 조직 및 운영에 관한 규칙」에 마련되어 있다.

이러한 지역경찰은 일정한 관할구역을 기반으로 112순찰 및 도보순찰 활동 등을 통해서 지역사회 내의 범죄예방 및 대응, 질서유지, 대민봉사 등 관련된 업무를 수행하고 있다. 2019년 12월 현재 전국 255개 경찰서 내에 585개 지구대와 1,436개 파출소가 운영되고 있다.[6] 이들 지구대 및 파출소의 지역경찰은 관할구역 내에서 발생하는 대부분의 사건·사고와 관련하여 1차적·초동적인 대응을 한다.

이러한 '지역경찰'과 비교되는 개념은 '전담경찰'(專擔警察: 수사·교통·경비·정보·보안·외사 등)이라고 할 수 있다. 전담경찰은 말 그대로 경찰업무 가운데 특정 부분을 담당하여 그 업무를 전문적·종국적으로 처리하는 것을 말한다.

지역경찰은 지역주민들이 거주하는 커뮤니티와 가장 직접적으로 밀착되어 있기 때문에 경범죄, 강력 범죄, 교통사고, 집회시위, 각종 위험과 재난, 그리고 대민봉사 등 수많은 업무에 직면하게 된다. 이러한 상황에서 지역경찰은 사안이 경미한 범죄 등에 대해서는 직접 처리하기도 하지만, 강력 범죄 등의 경우에는 1차적인 초동조치만을 하고 전담경찰에게 인계하여 처리토록 하고 있다. 이들 지역경찰과 전담경찰의 역할이 조화를 이룰 때 경찰활동의 성과는 극대화될 수 있을 것이다.

생각건대, 오늘날 경찰활동의 패러다임으로 인식되고 있는 커뮤니티 경찰활동(Community Policing)의 관점에서 본다면, 본질적으로 모든 경찰활동(지역경찰과 전담경찰을 포함하는)이 커뮤니티 지향적이어야 한다는 것을 의미하며, 이는 범죄 및 무질서

6) 경찰청(2020), 앞의 책, p. Ⅰ.

상황이 아닌 평상시의 경찰과 시민의 친밀한 상호작용을 통한 예방적 경찰활동이 핵심적인 요소로 인식되고 있다.

그러나 경찰업무의 현실을 본다면, 지구대 및 파출소와 같은 지역경찰 외에 다른 경찰기능(즉, 전담경찰)이 업무수행과정에서 일반시민과 일상적으로 상호작용을 하는 것은 드문 일이다.

따라서 커뮤니티 경찰활동을 미시적으로 접근한다면, 지역경찰과 일반시민의 상호작용으로 인식될 수도 있을 것이다.[7)] 커뮤니티 경찰활동의 구체적 실현과 이의 성패는 어떻게 보면 이들 지역경찰의 역량과 매우 밀접한 관련이 있다는 의미이다. 요약건대, 지역경찰은 치안현장의 최일선에서 활동하는 경찰로서 범죄예방 등에 있어서 핵심적인 역할을 하고, 동시에 평상시에 일반 시민과의 빈번한 상호작용을 하는 경찰의 '얼굴 내지 상징'(trademark)으로서 중요한 역할을 한다는 점이다.

2. 지역경찰의 순찰활동 등

1) 순찰활동

(1) 순찰의 개념

순찰은 지역경찰이 일반적인 경찰임무를 수행하고, 지역 내의 상황을 파악하기 위하여 일정지역을 이동하면서 관찰하는 활동을 말한다. 지역경찰의 순찰활동은 범죄의 예방을 위한 적극적인 행위로서 가장 중요한 기능 가운데 하나라고 할 수 있다.

순찰활동을 통해서 경찰의 존재를 외부에 노출시킴으로써 잠재적 범죄행위를 사전에 예방하는 효과를 기대할 수 있다. 그리고 순찰과정에서 목격한 범죄자 및 위험발생자 대해 적절한 조치(현행범이나 피의자 파악 및 체포 등) 등을 취할 수 있다. 아울러 긴급한 사태에 대해 경찰의 신속한 대응(피해자 및 위난자 등의 보호)을 기대할 수 있다.

그리고 정신병자, 술에 취한 사람, 노약자 등을 보호하고 길안내 등 시민에게 도움을 제공할 수도 있으며, 교통정리 등으로 교통상황을 원활하게 만들 수 있다. 이러한 수많은 활동들이 적절하게 이루어졌을 경우 순찰경찰은 지역사회에서 시민으로부터 신뢰와 존경을 받을 수 있을 것이다.[8)]

---

7) 그리고 거시적으로 본다면, 커뮤니티 경찰활동은 모든 경찰활동의 준거(準據)가 되는 패러다임(Paradigm)이라 할 수 있다. 커뮤니티 경찰활동에 대한 제반 논의는 J.H. Skolnick and D.H. Bayley/최선우 역(2001), 지역사회 경찰활동: 각국의 이슈 및 현황, 서울: 집문당.; 최선우(2017), 커뮤니티 경찰활동, 서울: 박영사 참조.

8) 김충남(2008), 앞의 책, p. 393.

(2) 순찰의 종류

순찰은 구별기준에 따라 다양하게 분류할 수 있는데, 실제 순찰이 이루어질 때에는 여러 가지 형태가 복합적으로 나타나게 된다.[9)]

① 순찰수단에 의한 구분

순찰수단을 기준으로 도보순찰, 자전거순찰, 오토바이순찰, 자동차순찰 등이 있다.

㉠ 도보순찰

도보순찰은 걸어서 관할지역을 순찰하는 방식으로 지역주민과 직접적인 대화 및 개인적인 접촉을 가질 수 있기 때문에 지역주민의 애로사항 및 잠재적인 범죄문제 등을 파악하는데 용이하다.

㉡ 자전거순찰

자전거순찰은 저렴한 경비로 운영할 수 있으며, 도보 순찰보다는 신속성이 있고, 좁은 골목길 등에서 유용하다. 그리고 자전거의 무소음으로 야간순찰시 범죄자에게 쉽게 노출되지 않고, 아울러 대민접촉도 쉽게 할 수 있다.

㉢ 오토바이순찰

오토바이순찰은 자동차가 주행할 수 없는 골목길 순찰에 용이하며, 기동성이 양호하고 가시효과가 비교적 높으나, 안전성이 미흡하고 은밀한 수행이 불가능하다.

㉣ 자동차순찰

자동찰순찰 즉, 112순찰은 기동력이 높아 긴급사태에 신속하게 대처할 수 있고, 가시적인 범죄예방 효과가 높으며, 범죄신고에 대한 즉응체제를 갖출 수 있다. 다만, 시민과의 친밀한 상호작용은 기대하기 어렵다고 본다. 한편, 112 순찰근무 및 야간 순찰근무는 반드시 2인 이상 합동으로 하도록 하고 있다(지역경찰의 조직 및 운영에 관한 규칙 제25조 제2항).

② 순찰노선에 의한 구분

순찰노선을 기준으로 정선순찰, 난선순찰, 요점순찰 및 소구역순찰로 구분할 수 있다.

9) 위의 책, pp. 393-395.

㉠ 정선순찰

정선순찰(routine patrol)은 순찰구역 내의 제반 사정을 고려하여 가급적 관할구역 전반에 미칠 수 있도록 사전에 정하여진 노선을 규칙적으로 순찰하는 방법이다.

정선순찰은 순찰노선이 일정하고, 경찰관이 활동이 규칙적이기 때문에 순찰 중인 현재의 지점이 대략 추정되고, 다음 순찰시간의 추측이 가능하므로 경찰관 근무의 감독 등에 있어서 편리하다. 그러나 범죄자가 경찰관의 순찰활동을 예측할 수 있다는 단점을 가지고 있다. 따라서 정선순찰의 단점을 보완하기 위하여 '역선순찰'이 있는데, 이는 순찰의 순서만을 변화시킨 것으로 이 역시 정선순찰의 한 방법이라 할 수 있다.

㉡ 난선순찰

난선순찰(random patrol)은 순찰노선을 사전에 정하지 않고 순찰경찰관이 임의로 순찰 당시 여러 가지 사정을 고려하여 순찰지역이나 노선을 선정하여 불규칙적으로 순찰하는 방법이다.

난선순찰은 정선순찰의 단점인 시간적·지리적 예측가능성을 방지할 수 있는 반면, 감독 등에 있어서 어려움이 있다. 경찰관리 방식의 개선과 순찰경찰관의 자율적인 근무형태가 정착된다면 범죄예방 측면 특히, 잠재적 범죄자의 범죄심리 억제 등에 있어서 다소 장점이 있을 것으로 기대된다.

㉢ 요점순찰

요점순찰(point patrol)은 관할구역 내에 설정된 주요 지점에서 다른 지점에 이르기까지 일정한 노선 없이, 적절한 통로를 자율적으로 순찰하는 방법이다. 이는 정선순찰과 난선순찰의 절충적인 방법이라 할 수 있다.

㉣ 소구역순찰

소구역순찰 또는 구역책임 자율순찰은 순찰구역 내의 범죄나 사고의 발생상황, 인구분포, 경찰활동 대상의 다소, 기타 범죄유발요인 등을 체계적으로 분석하여 순찰 소구역을 지정하고, 그 소구역에 한하여 자율적인 난선순찰을 하는 방법이다.

이러한 소구역순찰은 예방적인 장점뿐만 아니라 순찰구역 내의 신고사건에 신속히 대응할 수 있고, 담당 책임구역제를 활성화시킬 수 있으며, 병행근무의 수행 등이 용이하다는 장점을 갖는다. 그러나 순찰구역을 지나치게 세분화하면 순찰인원, 장비 등이 많이 소요된다는 단점이 있다.

③ 순찰 인원수에 의한 구분

순찰 인원수를 기준으로 단독순찰과 복수순찰로 구분할 수 있다. 단독순찰은 1인이 행하는 순찰로 한정된 인원으로 넓은 지역을 순찰한다는 장점이 있으나, 다수 범법자에 대한 효과적인 직무수행이 어렵고 불의의 피해위험도 크다. 따라서 야간보다는 가급적 주간에 실시하는 것이 바람직하다고 본다.

이에 대하여 복수순찰은 2인 이상이 실시하는 순찰로 범죄대처능력과 초동조치, 현장의 사건·사고처리 등에서 단독순찰보다 효과가 좋으나, 인원이 많이 소요된다는 단점이 있다. 야간의 경우 강력사건 예상지역, 다중범죄지역, 유흥업소 밀집지역 등은 반드시 복수순찰을 하는 것이 바람직하다고 본다.

④ 순찰복장에 의한 구분

순찰복장을 기준을 제복순찰과 사복순찰로 구분할 수 있다. 제복순찰은 경찰제복을 착용한 상태의 순찰로서 가시성, 위엄과시 등에 의한 범죄예방 효과를 기대할 수 있고, 경찰관의 신분을 별도로 제시함이 없이 직무집행이 용이하나, 현행범체포 및 은밀한 미행이나 잠복근무 등에서는 적절하지 않다.

이에 비하여 사복순찰은 일반 민간인 복장을 착용한 상태의 순찰로 특히 은밀한 수행으로 현행범을 검거하거나 잠복근무의 필요성이 있을 때 유효하다. 그러나 제복순찰이 원칙이며, 특별한 목적이 있을 경우 지구대장 또는 파출소장의 승인하에 사복순찰을 지정할 수 있다.

(3) 순찰의 실시요령

① 순찰계획의 수립

순찰은 경찰관이 정복을 입고 순찰하는 것만으로 임무를 다하는 것이 아니고, 범죄예방과 단속이라는 목적을 실현하는 것이므로 실시계획을 수립하여 임무에 나서는 것이 중요하다. 관할구역 내의 치안현황 및 추진해야 할 근무중점 사항이 무엇인지를 염두에 두고 당일 가장 효과적인 순찰활동을 하려면 언제, 어디서, 무엇을 중점으로 어떻게 순찰할 것인가를 계획하여야 한다.[10)]

② 복장과 휴대품의 확인

순찰경찰관은 주민과 접촉하게 되므로 출발 전 제복과 용모를 확인하여 경찰관으로서

10) 이하 위의 책, pp. 396-397 재인용.

품위와 위력과시에 유의해야 하며 무전기, 권총, 전자충격기, 가스분사기, 수갑, 경적, 수첩, 경찰봉과 야간에는 추가로 손전등 등 경찰장비의 휴대 및 작동 여부를 점검하여야 한다.

③ 순찰구역 등에 대한 명확한 인식

순찰과정에서 가장 중요한 것은 해당 순찰구역이 인적·물적·장소적으로 어떠한 특성을 가지고 있는가 또는 그에 대처하기 위해서는 어떠한 주의가 필요한가 등에 대해 충분히 숙지하고 있어야 한다.

④ 관할구역 및 인접지역의 치안실태 파악

순찰효과는 순찰자의 관찰력과 판단력 여하에 따라 좌우되는 것이므로 순찰경찰관은 오감의 기능을 예리하게 작동하여 모든 인적·물적·장소적 대상으로부터 특이점을 발견할 수 있도록 평소부터 관할구역 및 인접한 지역의 실태를 파악하여 유사시에 적절한 대응이 가능하도록 해야 한다.

⑤ 사건·사고 처리요령의 숙지

순찰은 원칙적으로 단독으로 행하여지는 경우가 많고, 사건·사고에 대한 신고를 접수했을 때 현장에서 초동조치를 해야 하는 경우가 많으므로 평상시 기초적인 사건·사고 처리요령을 숙지하고, 기본 장구나 서식을 휴대하는 것이 바람직하다.

⑥ 경찰관서와 긴밀한 연락 유지

순찰경찰관은 경찰관서에 수시로 연락을 취하여 순찰지역과 시간 등을 알려주는 한편, 경찰관서의 상황과 기타 순찰차의 상황 등을 알 수 있도록 상호 긴밀한 연락체계를 형성하여야 한다.

112시스템의 통합구축과 전국표준화

① 112시스템 통합구축

과거에는 주민의 112신고에 대응하기 위하여 경찰서별로 112신고센터를 설치·운영하고 있었다.[11] 그러나 경찰서별로 112신고를 접수할 경우, 타경찰서 관할로 이동하는 범죄발

11) 112시스템은 범죄신고가 접수되면 그 즉시 신고자의 위치와 전화번호가 모니터화면에 나타나게 함으로써 지령대를 통하여 관할순찰지구대와 사건현장이나 범죄 현장 부근에 있는 경찰관이나 경찰차량에게 지휘하여 범죄현장에 일시로 총집결할 수 있도록 하고 있다. 즉, 이들 경찰대응 요소들이 한 개의 축에서 동시에 같이 움직일 수 있게 자동화된 지휘(Command), 통제(Control), 통신(Communication)의 3대 기능을 통합하여 운영하는 체제를 갖추고 있다. 사이버경찰청(http://www.police.go.kr).

생시 대처가 어렵고, 지역별 치안수요 차이로 인해 신고가 집중되는 일부 경찰서는 신고자가 장시간 대기해야 하는 등 국민불편을 초래하는 사례가 발생하였다. 이에 따라 지방경찰청 중심으로 112신고센터를 통합하게 되었다.

112신고센터를 지방경찰청 중심으로 통합함으로써 납치·날치기·차량절도·빽소니 등 여러 경찰서 관할구역을 이동하는 광역성·기동성 범죄에 대한 대응역량이 높아지고, 통합 112신고센터에서 신고접수시 관할에 관계없이 가장 가까운 순찰차에 출동을 지시하여 범죄·구조현장에 보다 신속하게 도착할 수 있게 되었다. 그리고 경찰서간 관할 다툼을 예방할 수 있음은 물론, 신고시 대기시간을 감소시켜 신속한 신고접수처리를 기대할 수 있게 되었다.

② 112시스템 전국표준화

그런데, 112신고처리라는 동일한 업무에도 지방경찰청별로 각기 다른 소프트웨어를 개발함에 따라 유지보수 예산이 별도로 소요되어 예산낭비를 초래하고, 112시스템이 지방경찰청별로 달라 상호간 경계를 넘나드는 범죄 발생시 효율적인 대응이 어려워 이에 대한 전국표준화가 요구되었다. 따라서 기존에 112신고시스템 통합구축사업은 각 지방경찰청별로 추진해왔으나, 2011년부터는 경찰청에서 주도하여 이를 추진하게 되었다. 이에 따라 2013년 말에 전국 지방경찰청 112신고센터 통합 및 표준화가 가능하게 되었다.[12)] 참고적으로 아래 표에서는 년도별 112신고건수를 보여주고 있다.[13)]

년도별 112신고건수

(단위: 천건)

구 분	2010	2015	2016	2017	2018	2019
신고건수	8,547	1,904	19,567	18,953	18,730	18,967

③ 112요원의 전문성 제고 및 112종합 상황실 운영

2012년 4월 1일 발생한 수원중부 부녀자 살인사건(이른바 '오원춘 사건')과 관련하여 피해자의 112신고를 접수한 112요원의 업무미숙으로 인해 현장조치가 신속하게 이루어지지 못하여 112시스템 전반에 대한 개선의 필요성이 제기되었다.

이와 관련하여 112시스템의 가장 큰 문제점으로 지적된 112요원의 전문성 부족에 대한 대책으로 112요원의 자격기준을 마련하여 기존 근무자 및 신규자를 제대로 평가할 수 있는 기준을 마련하였다. 그리고 인센티브(기존 3조 2교대에서 4조 2교대로 개편, 운영예산 증액, 특별승진·승급 배정 등)를 도입하여 우수 인재를 유입하는 한편, 실습위주의 교육과정

12) 경찰청(2012), 경찰백서, pp. 41-42.; 경찰청(2013), 경찰백서, p. 53.

13) 경찰청(2020), 앞의 책, p. Ⅳ.

을 개설하였고, 체계적인 '112신고 접수지령 매뉴얼'을 제작 배포하였다.
그리고 기존에는 '치안상황실'과 '112지령실'이 분리되어 있어 중요사건 발생시 즉시성 있는 상황판단과 신속한 조치가 어려웠고, 112사건에 대한 판단·지휘에 있어 상황실장이 실질적인 컨트롤타워(control tower)로서의 역할을 수행하는데 한계가 있었다. 이에 경찰은 기존 치안상황실과 112지령실을 통합하여 「112종합상황실」로 개편함과 동시에 24시간 전담 112종합상황실장을 배치하도록 하였다.

112신고의 대응코드

① 112요원은 초기 신고내용을 최대한 합리적으로 판단하여 112신고를 분류하여 업무처리를 한다.
② 접수자는 신고내용을 토대로 사건의 긴급성과 출동필요성에 따라 다음 각 호와 같이 112신고의 대응코드를 분류한다.

㉠ code1 신고 : 다음의 사유로 인해 최우선 출동이 필요한 경우
가. 범죄로부터 인명·신체·재산 보호
나. 심각한 공공의 위험 제거 및 방지
다. 신속한 범인검거
㉡ code2 신고 : 경찰 출동요소에 의한 현장조치 필요성은 있으나 제1호의 code1 신고에 속하지 않는 경우
㉢ code3 신고 : 경찰 출동요소에 의한 현장조치 필요성이 없는 경우(이상 「112종합상황실 운영 및 신고처리 규칙」 제9조)

④ 112신고 총력대응체제 구축

한편, 경찰에서는 신고출동 패러다임을 국민·현장 중심으로 재편하고자 노력하였다. 사실, 종래의 '112신고처리는 지역경찰의 고유 업무'라는 의식과 '내 관할 사건만 처리하면 된다'는 '관할 의식'이 현장 경찰관들 사이에 뿌리 깊게 박혀있었던 부분이 없지 않았다. 이러한 문제를 개선하기 위해서 2014년 9월, 5개 분야에 대한 25개 과제를 내용으로 「112신고 총력대응 체제 구축 계획」을 수립하여 전 경찰기능이 참여할 수 있도록 하였다.

(4) 순찰시 관찰대상

경찰관은 순찰시에 인적, 물적, 장소적 특정 대상에 대한 주의 깊은 관찰을 지속적으로 해야 한다.[14)]

14) 김충남(2008), 앞의 책, pp. 397-398.

① 인적 대상

인적 대상으로는 경찰관직무집행법 제3조(불심검문)에 의한 불심검문 대상자, 제4조(보호조치 등)에 의한 보호조치를 필요로 하는 자, 제5조(위험발생의 방지) 및 제6조(범죄의 예방과 제지)에 의해 경고, 억류, 피난조치 등의 조치를 요하는 자(예컨대, 도로상에서 위험한 행동을 하는 자, 길거리에서 폭력을 행사하려고 하는 자) 등을 들 수 있다.

② 물적 대상

물적 대상으로는 대문·현관 등의 시건장치가 불안전한 집, 부자연한 장소에 장시간 주차하고 있는 자동차, 교통상의 장애물, 도로면의 파손, 위험한 축대나 전주 및 건축물·간판류 등, 광고·벽보 등 게시물, 도로상의 자전거와 같은 방치물건 등을 들 수 있다.

③ 장소적 대상

장소적 대상으로는 ㉠ 우범자(虞犯者)가 잠복 가능한 장소(빈집, 빈터, 공사장, 공원, 교량, 공중화장실 등), ㉡ 군중 운집장소(역, 극장, 유원지, 유흥시설 및 놀이시절, 대규모 음식점·주점 등), ㉢ 교통상 유의장소(교차로, 교량, 건널목, 통학로 등), ㉣ 퇴폐영업이 가능한 장소(도박장, 카바레, 디스코텍, 유흥음식점, 이발소, 숙박업소, 만화가게 등), ㉤ 기타 중요시설(금융기관, 행정기관, 교육기관, 공장, 발전소, 위험물 취급 및 사용 장소 등) 등을 들 수 있다.

어느 심리학자의 실험

미국 스탠포드대학의 심리학자인 짐바르도(P. G. Zimbardo)는 "세워둔 자동차에 대한 '파괴행위' 진행과정에 대한 연구"(1969)를 실시한 후, 이에 대한 실험결과 보고서를 작성하였다.[15)]

"차량 번호판이 없는 한 대의 자동차를 준비하여, 그 자동차의 본넷을 열어 놓은 채 브롱크스(Bronx, 미국 뉴욕주 남동부에 있는 자치구)에 있는 어느 길거리에 주차시켜 놓았다. 그리고 이와 유사한 자동차를 팰러앨토(Palo Alto, 미국 캘리포니아주 샌타클래라 군에 있는 시) 지역의 길거리에 주차시켜 놓았다. 브롱크스에 세워둔 자동차는 방치해 놓은 지 10분 이내에 곧바로 일부의 사람들(vandals)에 의하여 공격을 받게 되었다. 자동차 주변에 처음 도착한 무리 중의 첫 번째는 한 가족(아버지, 어머니, 그리고 어린 아들)이었다. 그들은 차량의 라디에이터와 베터리를 제거하였다. 이후 24시간 이내에 값어치가 나가는 모든 차량부품들은 완전히 분해되어, 사라져 버렸다. 이후 자동차는 마구 파괴되기 시작

15) 임준태, 범죄통제론(2003), 서울: 좋은세상, pp. 498-501 재인용.

하였다. 자동차의 창문은 박살이 났으며, 다른 부품들도 파괴되고 없어졌다. 아이들은 마치 자동차를 운동장처럼 이용하여 그 위에 올라가서 뛰어 놀기 시작하였다. 이러한 파괴행위에 참여한 대다수의 사람은 말쑥하게 차려입은 아주 깔끔한 백인들이었다.
그런데 팰러앨토에 세워 둔 자동차는 1주일이 넘게 아무도 손을 대지 않은 채로 그대로 있었다. 그때 짐바르도는 큰 쇠망치로 자동차의 일부를 부숴버렸다. 그러자 지나가는 사람들이 이에 가담하기 시작하였다. 몇 시간 안에 그 자동차는 완전히 파괴되었다. 이번에도 첫 번째 실험에서 목격된 것처럼 상당히 품행이 단정한 것처럼 보이는 백인들이 파괴행위를 한 것으로 나타났다. 이와 같은 파괴행위를 할 것이라고는 꿈에도 생각하지 않았던 평범한 사람들조차도 자동차 파괴는 정당한 게임거리로 전락하게 된 것이다.
결과적으로 두 지역의 자동차는 모두 파괴되었지만, 브롱크스와 같이 도시의 익명성과 자동차들이 자주 방치되고, 물건들이 자주 도난당하고, 주변 기물들이 파괴되는 지역은 팰러앨토와 같이 개인 소유물에 대한 의식과 법준수에 대한 인식이 있는 지역보다 훨씬 빨리 파괴행위가 시작되었음을 알 수 있다."
이 실험을 통해 여러 가지 의미 있는 결과(즉, 지역사회의 수준에 따른 구성원들의 법준수 태도 등)를 발견할 수 있는데 이 가운데 특히, 깨진창이론(Broken-Window Theory)을 검증하였다고 볼 수 있다. 이러한 관점에서 보면, 만일 깨어진 창문이 신속하게 보수되지 않으면, 그 집에 있는 다른 모든 창문도 곧바로 파괴되기 시작할 것이다. 그리고 도심 중심가의 도로변이나 번화가에서 퇴폐행위나 무질서, 파괴적 행위, 낙서, 위협적인 구걸행위, 나뒹구는 쓰레기, 노상방뇨 등이 방치된다면, 결국 심각한 범죄로 발전될 가능성이 높을 것이다. 이러한 깨진창이론이 경찰활동에 응용되어 이른바 '무관용 경찰활동'(Zero Tolerance Policing) 전략으로 실행되어 '경미한 범죄에 대한 엄격한 대응'이 모색되기도 하였다.[16]

2) 방범심방·진단 등 활동

(1) 방범심방

방범심방(防犯尋訪)이라는 것은 지역경찰관이 관할 구역 내의 주택가, 기업체, 금융기관 및 금은방 등 현금다액 취급업소, 일반상가, 아파트 단지, 다중이 출입하는 건물(호텔, 스포츠센터, 백화점 등), 기타 시설을 방문(訪問)하여 범죄예방, 청소년선도, 안전사고 방지 등의 지도·계몽과 상담 및 연락 등의 업무를 수행하고, 민원사항을 청취하며, 주민의

16) 그러나 주의할 것은 경찰의 무관용(無寬容)적인 태도는 시민과의 거리감과 갈등을 야기할 가능성이 있으며, 따라서 커뮤니티 경찰활동(community policing)은 본질적으로 무관용을 지향하는 것은 아니라는 점이다. 경찰이 경미한 기초질서 위반사범까지 엄격하게 대응을 한다면, 장기적으로 시민과 불편한 관계를 초래할 가능성도 있기 때문이다. 바꿔 말하면, 깨진창이론의 근거에 기초하여 경찰이 관용적인 태도로 사전예방적 접근을 할 것인지, 무관용적인 태도로 사후대응적 접근을 할 것인지에 대해서는 진지한 고민이 필요하다고 본다.

협력을 얻어 예방경찰상의 기초자료를 수집하는 활동을 말한다.[17]

방범심방은 일출 후부터 일몰시간 전에 실시하는 것을 원칙으로 하고, 다만 주민으로부터 야간 방문요청이 있거나 특별한 사유로 인해 경찰서장의 사전 허가와 상대방의 동의를 얻은 때에는 야간에도 실시할 수 있다.

(2) 방범진단

방범진단(防犯診斷)은 위와 같은 방범심방 대상에 대하여 방범상의 제반 시설과 기구의 상황을 점검하여 방범상의 결함을 보완하도록 지도하는 경찰활동을 말한다. 방범진단을 거주자 또는 관리자의 사전승낙을 받아서 실시하되, 1차로 경찰방범활동의 기초단위인 지구대에서 순찰활동이나 방범심방을 통하여 실시하고, 경찰서는 특정 범죄의 집중발생 등 새로운 치안수요가 증가할 때에 파출소의 방범진단 결과를 토대로 2차 진단을 실시한다.

이러한 방범진단은 경찰, 주민역량 등 인적 요소와 비상벨, 보안등 등 제반 물적 요소를 총망라하여 제한 없이 실시함을 원칙으로 하되, 관내 범죄분석 자료를 바탕으로 업종별, 시간별, 죄종별, 지역별로 방범진단의 대상을 분류하고, 범죄자의 침입·도주로, 보호출입구 등 건물설계 상태, 안전장치나 경보기기의 설치 및 작동상태 등 진단대상물과 방범자원에 대한 적정성을 파악하도록 한다. 특히, 해당 대상요소에 대한 과거자료 등 고정관념을 버리고, 원점에서 외부에서 내부로, 내부에서 외부로 중첩 진단을 하는 것이 바람직하다.

(3) 방범홍보

방범홍보(防犯弘報)는 범죄수법, 범죄사례, 범죄분석 등 범죄에 대한 정보와 범죄방지대책을 지역주민에게 알려서 그들이 범죄 및 각종 안전사고의 피해자가 되는 것을 방지하고, 경찰과 지역사회와의 친밀한 관계를 유지하기 위한 제반 활동을 말한다.

일반적으로 지역주민들의 범죄 및 사건·사고에 대한 인식은 대부분 피상적인 경우가

---

17) 방범심방제도는 일제강점기(조선총독부 훈령 제33호, 1922.7)와 해방직후(내부부령 제3호, 1949. 10)부터 실시해 오던 호구조사제도를 변형한 것이다. 경찰편의 위주인 일제 전체주의사회의 잔재로서 고도산업사회의 발전에 따른 치안여건의 변화 및 치안수요의 증가 등으로 사실상 모든 세대에 걸친 호구조사가 불가능하게 되었을 뿐만 아니라 행정의 과학과, 전문화에 따른 각종 자료의 전산화 및 유사업무의 증가 등으로 실효성이 거의 없게 되었다. 따라서 호구조사제도를 폐지하고 방범상담, 청소년선도, 주민계몽, 민원청취 등 적극적인 봉사활동 중심의 방범심방제도를 실시하게 되었다. 특히, 업무상 불필요한 개인의 비밀까지 수집하여 주민들의 거부감을 유발하는 등 문제점을 해소하기 위하여 1987.6.1부터 주민편의 위주의 방범제도를 실시하게 되었다. 이하 김충남(2008), 앞의 책, pp. 398-406 재구성.

많다. 또한 본인이 직접 피해를 입기 전까지는 그 심각성을 알지 못하는 것이 보통이다. 따라서 범죄의 피해사례나 대응요령 등을 홍보하여 그들에게 예방의 필요성을 인식시켜 준다면 범죄의 상당 부분을 예방하거나 피해의 구제가 가능하다고 본다. 또한 범죄에 대한 홍보활동은 많은 사람의 관심을 불러일으키고, 이들의 범죄에 대한 관심은 곧 사회의 범죄에 대한 '비공식적 통제력'을 향상시켜 범죄억제 효과를 가져다준다고 본다.

방범홍보는 홍보내용에 따라 시민들이 손쉽고 자연스럽게 그 정보를 습득할 수 있는 방법으로 한다. 신문, 잡지, 포스터, 전단, 영화, 라디오, 텔레비전, 유선방송, 인터넷 등과 같은 매스미디어를 활용하는 방법과 강연회·간담회 참석, 방범심방, 순찰 등 경찰관이 직접 주민과 접촉을 통하여 홍보하는 방법, 그리고 자율방범단체나 각종 사회단체기관을 통하여 홍보하는 방법이 있다.

(4) 방범정보

방범정보(防犯情報)의 수집은 지역경찰관이 범죄예방활동을 효과적으로 수행하기 위하여 관할 구역 내의 방범에 관한 제반 자료 및 지식을 수집하는 활동으로, 이를 통해서 방범활동계획의 수립, 실행 및 평가의 자료가 된다. 따라서 지역경찰관은 직무수행 과정에서 문제가 있다고 판단된 사항 등에 대해서는 관련 정보를 수집하여 경찰서장에게 보고하는 것이 필요하다.

이를 위해 지역경찰관은 담당구역 내의 범죄발생통계 등을 분석하여 범죄의 종별, 수법, 경향, 발생시간 및 지역 등의 실태를 파악한 후, 일상근무, 방범심방·진단 등 일반적인 범죄예방활동의 기회를 활용하여 광범위하면서도 정확하게 지역주민 사이에 유포되는 범죄와 관련이 있는 사항을 청취하는 것이 바람직하다. 또한 정보원(情報源)은 어느 곳이나 존재하고 있다는 사실을 인식하고 매우 사소한 것이라도 관심을 가지고 주의를 기울일 필요가 있다.

제3절 생활안전사범의 단속

1. 생활안전사범의 의의

생활안전경찰은 지역경찰시스템에 의한 순찰 등 외근활동을 하는 동시에 관할구역 내의 경미한 범죄 위반행위, 성매매, 사행행위, 청소년 비행 등 전통적인 미풍양속(美風良俗)을 저해하는 각종 위반행위에 대한 단속·규제활동을 수행하고 있다. 이러한 위반행위를 생활안전사범(生活安全事犯)이라는 말로 표현하고 있다.

물론, 이들 생활안전사범의 단속활동이 법률상 독특한 위치에 있는 것은 아니다. 종래의 경찰행정법규와 형벌법규의 위반자에 대한 단속의 또 다른 표현이다. 다만, 종래에 생활안전경찰이 이에 대한 단속·규제업무를 전반적으로 수행해 왔기 때문에 이에 대해 생활안전사범이라는 명칭을 사용하는 것일 뿐이다.

생활안전사범에 대한 단속·규제 대상은 그 종류가 매우 광범위하다. 따라서 평상시 이에 대한 충분한 지식 및 신중한 적용이 필요하며, 특별법의 경우 그 종류가 많고 개정이 빈번하므로 사안별 일목요연한 법령의 정리와 최근의 법령 숙지에 노력해야 한다.

2. 주요 생활안전사범의 단속

1) 경범죄사범의 단속

(1) 경범죄사범의 의미

경범죄사범은 경범죄처벌법(輕犯罪處罰法, 1954 제정)을 위반한 행위자를 말한다. 경범죄처벌법은 국민의 일상생활에서 준법정신을 높이고 사회적 도덕심을 향상시켜 사회공공의 안녕질서를 유지하고, 기초질서위반행위 등 비교적 경미한 범죄행위의 단속을 통하여 그 이후에 발생할 수 있는 더 큰 범죄 및 무질서 문제를 사전에 예방하기 위하여 제정되었다.

경범죄처벌법은 비교적 경미한 범죄와 이에 대한 형벌(刑罰)을 규정하고 있다는 점에서 형사실체법 즉, 실질적의미의 형법에 해당한다고 볼 수 있다.[18] 경범죄처벌법은 일상생활에 흔히 발생할 수 있는 도덕적 위반행위 등에 기초를 둔 것이기 때문에, 이 법이 규

18) 김일수(1987.9), "경범죄처벌법의 제문제," 대한변호사협회지, p. 26.

정하는 각종 범죄는 일반적으로 자연범의 범주에 속한다고 본다. 다만, 허위신고, 장난전화 등 일부는 법정범 또는 행정범적인 색채가 있는 것도 사실이다.[19)]

그런데, 이 법을 적용할 때에는 국민의 권리를 부당하게 침해하지 아니하도록 세심한 주의를 기울여야 하며, 본래의 목적에서 벗어나 다른 목적을 위하여 이 법을 적용하여서는 아니 된다는 점을 분명히 하고 있다(제2조). 이 법은 국민이 일상적인 생활에서 빈번하게 위반하기 쉬운 행위에 대해서 규정하고 있기 때문에 경찰이 법적용을 오남용할 경우, 국민의 정상적인 삶에 상당한 불편함을 초래할 우려가 있기 때문이다.

(2) 경범죄의 종류와 처벌 내용

경범죄는 그 종류에 따라 크게 ㉠ 10만원 이하의 벌금, 구류 또는 과료(科料)의 형, ㉡ 20만원 이하의 벌금, 구류 또는 과료의 형, ㉢ 60만원 이하의 벌금, 구류 또는 과료의 형으로 구분된다(제3조 제1항~제3항).

① 10만원 이하의 벌금, 구류 또는 과료(科料)의 형(40개 위반행위)

- 빈집 등에의 침입
- 흉기의 은닉휴대
- 폭행 등 예비
- 시체 현장변경 등
- 도움이 필요한 사람 등의 신고불이행
- 관명 사칭 등
- 물품강매·호객행위
- 광고물 무단부착 등
- 마시는 물 사용방해
- 쓰레기 등 투기
- 노상 방뇨 등
- 의식 방해
- 단체가입 강요
- 자연 훼손
- 타인의 가축·기계 등 무단조작
- 물길의 흐름 방해
- 구걸 행위 등
- 불안감 조성
- 음주 소란 등
- 인근 소란 등[20)]
- 위험한 불씨 사용
- 물건 던지기 등 위험행위
- 인공구조물 등의 관리 소홀[21)]
- 위험한 동물의 관리 소홀
- 동물 등에 의한 행패 등
- 무단 소등
- 공중통로 안전관리 소홀
- 공무원 원조불응[22)]
- 거짓 인적사항 사용
- 미신 요법
- 야간통행제한 위반
- 과다 노출
- 지문채취 불응
- 자릿세 징수 등
- 행렬 방해
- 무단 출입
- 총포 등 조작장난
- 무임승차 및 무전취식
- 장난 전화 등
- 지속적 괴롭힘[23)]

② 20만원 이하의 벌금, 구류 또는 과료(科料)의 형(4개 위반행위)

- 출판물의 부당게재 등
- 거짓 광고
- 업무 방해

19) 정덕장(1994), 경범죄처벌법, 서울: 법원사, p. 3.

• 암표 매매

③ 60만원 이하의 벌금, 구류 또는 과료(科料)의 형(2개 위반행위)

• 관공서에서의 주취 소란
• 거짓 신고

한편, 이 법의 죄를 짓도록 시키거나 도와준 사람은 죄를 지은 사람에 준(準)하여 처벌하도록 하고 있다(제4조). 그리고 이 법에 따라 사람을 처벌할 때에는 그 사정과 형편을 헤아려서 그 형을 면제(免除)하거나 구류와 과료를 함께 과(科)할 수 있도록 하고 있다(제5조).

(3) 경범죄 처벌의 특례

① 범칙행위와 범칙자

그런데, 경범처벌법에서 특례를 두어 경범죄 위반행위 가운데 특별히 '범칙행위'(犯則行爲)라는 용어를 사용하고 있다. 범칙행위라는 것은 경범죄처벌법에서 규정하고 있는 '경미한 위반행'위 가운데 '보다 경미한 위반행위'로 볼 수 있다.

이러한 범칙행위 대상은 경범죄 유형 및 처벌 내용 가운데 10만원 이하의 벌금·과료·구류의 형, 20만원 이하의 벌금·과료·구류의 형을 그 대상으로 하고 있다(경범죄처벌법 제6조 제1항). 그리고 이러한 범칙행위를 한 자를 '범칙자'(犯則者)라서 한다. 그런데, 이러한 사정에도 불구하고 일정한 경우에는 범칙자에 해당되지 않는 경우가 있다(제2항).

범칙자 제외대상

① 범칙행위를 상습적으로 하는 사람
② 죄를 지은 동기나 수단 및 결과를 헤아려볼 때 구류처분을 하는 것이 적절하다고 인정되는 사람

20) 인근 소란 등: 악기·라디오·텔레비전·전축·종·확성기·전동기(電動機) 등의 소리를 지나치게 크게 내거나 큰 소리로 떠들거나 노래를 불러 이웃을 시끄럽게 한 사람.

21) 위험한 동물의 관리 소홀: 사람이나 가축에 해를 끼치는 버릇이 있는 개나 그 밖의 동물을 함부로 풀어놓거나 제대로 살피지 아니하여 나다니게 한 사람.

22) 공무원 원조불응: 눈·비·바람·해일·지진 등으로 인한 재해, 화재·교통사고·범죄, 그 밖의 급작스러운 사고가 발생하였을 때에 현장에 있으면서도 정당한 이유 없이 관계 공무원 또는 이를 돕는 사람의 현장출입에 관한 지시에 따르지 아니하거나 공무원이 도움을 요청하여도 도움을 주지 아니한 사람.

23) 지속적 괴롭힘: 상대방의 명시적 의사에 반하여 지속적으로 접근을 시도하여 면회 또는 교제를 요구하거나 지켜보기, 따라다니기, 잠복하여 기다리기 등의 행위를 반복하여 하는 사람.

③ 피해자가 있는 행위를 한 사람
④ 18세 미만인 사람

범칙자(즉, 경범죄처벌법 제3조 제1항 및 제2항의 각호를 위반한 자) 가운데서, '①, ②, ③'은 그 죄질 등이 나쁘기 때문에 이 법의 원래 취지대로 벌금, 구류 또는 과료의 형에 처해지도록 한 것이다. 그리고 '④'는 연령이 어리기 때문에 형의 면제 등의 대상자로서의 고려될 수 있다는 의미이다.

② 통고처분

이 법에서 말하는 범칙자의 조건(제6조 제1항 및 제2항)에 해당하는 자에 대해서는 경범죄처벌법에서 원칙적으로 처벌하고자 하는 형벌(벌금, 구류 또는 과료) 대신 '범칙금'(犯則金)으로 납부하도록 하고 있다(제6조 제3항).[24)]

따라서 경찰서장 등은 범칙자로 인정되는 사람에 대하여 그 이유를 명백히 나타낸 서면(書面)으로 범칙금을 부과하고, 이를 납부할 것을 통고할 수 있다(제7조 제1항). 이를 통고처분(通告處分)이라고 한다.[25)]

③ 범칙금의 납부

통고처분서를 받은 사람은 통고처분서를 받은 날부터 '10일 이내'에 경찰청장(警察廳長) 등이 지정한 은행, 그 지점이나 대리점, 우체국 등에 범칙금을 납부하여야 한다. 다만, 천재지변이나 그 밖의 부득이한 사유로 말미암아 그 기간 내에 범칙금을 납부할 수 없을 때에는 그 부득이한 사유가 없어지게 된 날부터 '5일 이내'에 납부하여야 한다(제8조 제1항).

이에 따른 납부기간에 범칙금을 납부하지 아니한 사람은 납부기간의 마지막 날의 다음 날부터 20일 이내에 통고받은 범칙금에 그 금액의 '100분의 20을 더한 금액'을 납부하여야 한다(제8조 제2항). 그리고 이에 따른 범칙금을 납부한 사람은 그 범칙행위에 대하여 다시 처벌받지 아니한다(제3항).

24) 범칙금은 형벌(벌금·과료)도 아니고 그렇다고 행정벌(과태료)에도 해당하지 않은 독특한 위치에 있다. 범칙금제도는 도로교통법 제156조와 제157조에서도 광범위하게 적용되고 있다. 이렇게 범칙금제도를 둠으로써 위에서 경범죄처벌법은 실질적의미의 형법으로서의 의미를 가지면서 동시에 행정법의 의미도 가지게 된 것이다.

25) 다만, 일정한 사유에 해당하는 사람은 통고하지 아니하도록 하고 있다. 통고 제외대상: ① 통고처분서 받기를 거부한 사람, ② 주거 또는 신원이 확실하지 아니한 사람, ③ 그 밖에 통고처분을 하기가 매우 어려운 사람(경범죄처벌법 제7조 제1항).

④ 통고처분 불이행자 등의 처리

경찰서장 등은 통고처분 불이행자 등에 대해서는 '지체 없이' 즉결심판을 청구하여야 한다.[26] 다만, 즉결심판이 청구되기 전까지 통고받은 범칙금에 그 금액의 '100분의 50을 더한 금액'을 납부한 사람에 대하여는 그러하지 아니하다(제9조 제1항).

그리고 납부기간에 범칙금을 납부하지 아니한 이유로 즉결심판이 청구된 피고인(被告人)이 통고받은 범칙금에 그 금액의 '100분의 50을 더한 금액'을 납부하고 그 증명서류를 즉결심판 선고 전까지 제출하였을 때에는 경찰서장 등은 그 피고인에 대한 즉결심판 청구를 취소하여야 한다(제9조 제2항).

(4) 경찰의 경범죄 단속처리 방법

① 현장에서의 처리

경범죄사범의 단속과 처리는 시민생활과 직접적인 관계가 있으므로 경찰관은 단속시 선량한 시민에게 피해가 발생하지 않도록 신중을 기하여야 한다. 또 비록 경범죄처벌법을 위반하였다할지라도 무조건적으로 단속을 하는 것에 대해서도 고려해야 한다.

따라서 경범죄사범을 발견하면 상황에 따라서 현장에서 계도(啓導)하거나 범칙금납부통고서를 발부하고, 지구대나 파출소로 동행하여 훈방 또는 즉결심판에 회부하도록 해야 할 것이다.[27]

② 지구대·파출소 및 생활안전과에서의 처리

지구대·파출소 등에 동행된 경범죄사범에 대해서는 1시간 이내에 심사하여 훈계방면, 통고처분, 즉심회부, 형사입건(범죄사실이 중하다고 인정되는 경우 수사과로 이첩하여 형사소성절차를 따르도록 함), 타 기관 이첩(예, 현역에 복무하는 군인으로 밝혀진 경우에는 군 헌병대 등 군수사기관에 이첩) 등의 방법으로 처리하게 된다.

2) 풍속사범의 단속

(1) 풍속사범의 의미

풍속(風俗)이라는 것은 옛날부터 전해 내려오는 생활 전반에 관한 습관을 의미하고, 이러한 풍속 가운데 아름답고, 좋은 것을 미풍양속(美風良俗)이라고 한다.

---

26) 즉결심판 청구대상은 ① 제7조 제1항의 어느 하나에 해당하는 사람(통고처분서 받기를 거부한 사람 등), ② 납부기간에 범칙금을 납부하지 아니한 사람이 이에 해당된다(경범죄처벌법 제9조 제1항).

27) 김충남(2008), 앞의 책, pp. 413-414.

따라서 풍속사범(風俗事犯)이라는 것은 '사회의 선량한 풍속 및 건전한 생활습관에 유해한 영향을 끼치는 행위'를 말하며, 이와 같은 행위를 금지·제한·단속하는 경찰을 '풍속경찰'(風俗警察)이라고 부르기도 한다. 이는 어떠한 법률적 용어가 아니라 경찰이 그러한 풍속과 관련된 위반사범을 단속한다는 의미에서 비롯된 것이다.

이러한 선량한 풍속이나 생활습관은 항상 고정된 관념이 아니라, 어느 특정 시대나 국가에서 일반적으로 용인되고 있는 도덕적 관념과 규범을 말하는 것으로 어떤 행위가 선량한 풍속에 유해한 행위인가는 그 나라의 역사적·문화적 환경에 따라 다르다고 볼 수 있다. 이러한 선량한 풍속의 파괴는 건전한 사회생활을 저해할 뿐만 아니라 범죄의 온상이 되기도 한다. 풍속사범을 처벌하는 규정은 형법에도 있으나, 범죄를 사전에 방지하고 미풍을 보전하기 위해서는 형법상의 벌칙만으로는 불충분하다고 본다.

따라서 이에 적절한 특별 행정법규를 제정하여 선량한 풍속을 해할 우려가 있는 풍속영업에 대하여는 경찰권을 행사하여 지도·감독하고, 기타 위해 행위에 대해서는 이를 단속하도록 하고 있다. 이와 관련된 대표적인 법이 바로 「풍속영업의 규제에 관한 법률(약칭: 풍속영업규제법)」이라 할 수 있다. 이 법은 '풍속영업을 하는 장소에서 선량한 풍속을 해치거나 청소년의 건전한 성장을 저해하는 행위 등을 규제하여 미풍양속을 보존하고 청소년을 유해한 환경으로부터 보호함을 목적'으로 하고 있다(제1조).

(2) 풍속영업의 범위

풍속영업의 범위는 다음의 어느 하나에 해당하는 영업을 말한다(풍속영업규제법 제2조 각호).

① 게임산업진흥에 관한 법률에 따른 게임제공업 및 복합유통게임 제공업

게임제공업이라는 것은 공중(公衆)이 게임물을 이용할 수 있도록 이를 제공하는 영업을 말한다. 예컨대, PC방 등이 이에 해당된다. 복합유통게임제공업이라 함은 게임제공업 또는 인터넷 컴퓨터게임 시설제공업과 이 법에 의한 다른 영업 또는 다른 법률에 의한 영업을 동일한 장소에서 함께 영위하는 영업을 말한다.

② 영화 및 비디오물의 진흥에 관한 법률에 따른 비디오물 감상실업

다수의 구획된 시청실과 비디오물 시청기자재를 갖추고 비디오물을 공중의 시청에 제공(이용자가 직접 시청시설을 작동하여 이용하는 경우를 포함)하는 영업을 말한다.

③ 음악산업진흥에 관한 법률에 따른 노래연습장업

노래연습장업이라는 것은 연주자를 두지 아니하고 반주에 맞추어 노래를 부를 수 있도록 하는 영상 또는 무영상 반주장치 등의 시설을 갖추고 공중의 이용에 제공하는 영업을 말한다. 여기에서는 주류의 판매·제공, 접대부의 고용·알선, 성매매행위 알선·제공은 금지된다.

④ 공중위생관리법의 규정에 따른 숙박업, 목욕장업, 이용업 중 대통령령으로 정하는 것

숙박업이라는 것은 손님이 잠을 자고 머물 수 있도록 시설 및 설비 등의 서비스를 제공하는 영업을 말한다. 다만, 농어촌 민박사업용 시설, 자연휴양림 안에 설치된 시설, 청소년수련시설, 외국인관광 도시민박업용 시설은 제외된다.

목욕장업(沐浴場業)은 물로 목욕을 할 수 있는 시설 및 설비 등의 서비스를 제공하는 영업을 말한다. 다만, 위의 숙박업 영업소에 부설된 욕실, 종합체육시설업의 체온 관리실, 그리고 위의 민박시설 등에 부설된 욕실은 제외된다.

이용업(理容業)은 손님의 머리카락 또는 수염을 깎거나 다듬는 등의 방법으로 손님의 용모를 단정하게 하는 영업을 말한다. 반면 미용업(美容業)은 손님의 얼굴·머리·피부 등을 손질하여 손님의 외모를 아름답게 꾸미는 영업을 말하는 것으로 이용업과 구분된다.

⑤ 식품위생법에 따른 식품접객업 중 대통령령으로 정하는 것

식품접객업 중 대통령령으로 정하는 것은 단란주점영업 및 유흥주점영업을 말한다. 단란주점은 술 판매는 가능하지만 접대부고용은 금지되며, 유흥주점은 술 판매 및 접대부고용이 가능하다.

⑥ 체육시설의 설치·이용에 관한 법률에 따른 무도학원업 및 무도장업

체육시설이란 체육 활동에 지속적으로 이용되는 시설과 그 부대시설을 말한다. 그리고 체육시설업이란 영리를 목적으로 체육시설을 설치·경영하거나 체육시설을 이용한 교습행위를 제공하는 업(業)을 말한다.

이러한 체육시설업에는 ㉠ 등록체육시설업(골프장업, 스키장업 등)과 ㉡ 신고체육시설업(골프연습장업, 당구장업, 무도학원업, 무도장업 등)이 있다.

⑦ 그 밖에 선량한 풍속을 해치거나 청소년의 건전한 성장을 저해할 우려가 있는 영업으로 대통령령으로 정하는 것

(3) 풍속영업자의 준수사항

이상과 같은 풍속영업을 하는 자(허가나 인가를 받지 아니하거나 등록이나 신고를 하지 아니하고 풍속영업을 하는 자를 포함) 및 대통령령으로 정하는 종사자는 '풍속영업을 하는 장소'(풍속영업소)에서 다음의 행위를 하여서는 아니 된다(풍속영업규제법 제3조).

허가 또는 신고를 하지 아니한 풍속영업자의 적용 여부

풍속영업의 규제에 관한 법률은 '풍속영업을 영위하는 장소'에서의 선량한 풍속을 해하거나 청소년의 건전한 육성을 저해하는 행위 등을 규제하여 미풍양속의 보존과 청소년의 보호에 이바지함을 목적으로 하여 제정된 것이다.

이에 따라 같은 법 제3조는 '풍속영업을 영위하는 자' 등이 지켜야 할 금지사항으로서, '풍속영업을 영위하는 장소'에서 윤락행위 또는 음란행위를 하게 하거나 이를 알선 또는 제공하는 행위 등을 규정하고 있다.

풍속영업의 규제에 관한 법률의 입법목적과 위 각 규정의 문언에 비추어 보면 위에서 '풍속영업을 영위하는 장소' 또는 '풍속영업을 영위하는 자'라고 함은 식품위생법 등 개별 법률에서 정한 영업허가나 신고, 등록 유무를 묻지 아니한다.

따라서 같은 법 제2조에서 정한 풍속영업의 범위에 속하는 '영업이 실제로 이루어지고 있는 장소' 또는 '그와 같은 영업을 자신의 책임과 계산하에 실제로 하는 자'를 각각 의미한다고 보아야 한다. 요약건대, 영업허가 등을 받아 적법하게 영업을 하는 장소나 영업자만을 의미하는 것은 아니다.[28]

① 성매매알선 등 행위의 처벌에 관한 법률에 따른 성매매알선 등 행위

성매매알선 등 행위란 '성매매를 알선·권유·유인 또는 강요하는 행위, 성매매의 장소를 제공하는 행위, 성매매에 제공되는 사실을 알면서 자금·토지 또는 건물을 제공하는 행위'를 하는 것을 말한다(성매매알선 등 행위의 처벌에 관한 법률 제2조 제1항 제2호).

이를 위반하여 풍속영업소에서 성매매알선 등 행위를 한 자는 3년 이하의 징역 또는 3천만원 이하의 벌금에 처하도록 하고 있다(제10조 제1항).

② 음란행위를 하게 하거나 이를 알선 또는 제공하는 행위

이를 위반하여 음란행위를 하게 하는 등 풍속영업소에서 준수할 사항을 지키지 아니한 자는 3년 이하의 징역 또는 2천만원 이하의 벌금에 처한다(10조 제2항).

28) 대법 1997.7.11., 96도3404.

③ 음란한 문서 · 도화(圖畵) · 영화 · 음반 · 비디오물, 그 밖의 음란한 물건에 대한 다음의 행위

㉠ 반포(頒布) · 판매 · 대여하거나 이를 하게 하는 행위
㉡ 관람 · 열람하게 하는 행위
㉢ 반포 · 판매 · 대여 · 관람 · 열람의 목적으로 진열하거나 보관하는 행위

이상과 같은 행위를 하게 하는 등 풍속영업소에서 준수할 사항을 지키지 아니한 자는 3년 이하의 징역 또는 2천만원 이하의 벌금에 처한다(10조 제2항).

음란한 물건을 관람하게 하는 행위

풍속영업소인 숙박업소에서 음란한 외국(일본)의 위성방송프로그램을 수신하여 투숙객 등으로 하여금 시청하게 하는 행위는, 풍속영업의 규제에 관한 법률(舊) 제3조 제2호에 규정된 '음란한 물건'을 관람하게 하는 행위에 해당한다.[29)]

④ 도박이나 그 밖의 사행(射倖)행위를 하게 하는 행위

이와 같은 사행행위를 하게 하는 등 풍속영업소에서 준수할 사항을 지키지 아니한 자는 3년 이하의 징역 또는 2천만원 이하의 벌금에 처한다(10조 제2항).

(4) 허가관청의 풍속영영업의 통보

다른 법률에 따라 풍속영업의 허가를 한 자(즉, 허가관청, 인가를 하거나 등록 · 신고를 접수한 자를 포함)는 풍속영업소의 소재지를 관할하는 경찰서장에게 풍속영업자의 성명 및 주소(법인인 경우에는 대표자의 성명과 주소 포함), 풍속영업소의 명칭 및 주소, 풍속영업의 종류의 사항을 알려야 한다(풍속영업규제법 제4조 제1항).

그리고 허가관청은 풍속영업자가 휴업 · 폐업하거나 그 영업내용이 변경된 경우와 그 밖에 대통령령으로 정하는 사유가 발생한 경우에는 경찰서장에게 그 사실을 알려야 한다(제2항).

(5) 경찰서장의 허가관청에 대한 위반사항의 통보

경찰서장은 풍속영업자나 대통령령으로 정하는 종사자가 법에서 금지하고 있는 사항(성매매 알선, 음란행위 알선 · 제공, 음란문서 · 도서 등 반포 등, 사행행위 등 금지)을 위

29) 대법 2010.7.15., 2008도11679.

반하면 그 사실을 허가관청에 알려야 한다. 그리고 과세에 필요한 자료를 국세청장에게 통보하여야 한다(풍속영업규제법 제6조 제1항).

이에 따른 통보를 받은 허가관청은 그 내용에 따라 허가취소·영업정지·시설개수 명령 등 필요한 행정처분을 한 후 그 결과를 경찰서장에게 알려야 한다(제6조 제2항). 한편, 경찰청장 및 지방자치단체의 장은 이에 따른 행정처분을 받은 풍속영업소에 관한 정보를 공유하기 위하여 정보공유시스템을 구축·운영하여야 한다(제6조 제3항).

(6) 경찰의 출입

경찰서장은 특별히 필요한 경우, 경찰공무원에게 풍속영업소에 출입하여 풍속영업자와 대통령령으로 정하는 종사자가 법에서 정한 준수사항을 지키고 있는지를 검사하게 할 수 있다(풍속영업규제법 제9조 제1항). 이에 따라 풍속영업소에 출입하여 검사하는 경찰공무원은 그 권한을 표시하는 증표를 지니고 이를 관계인에게 내보여야 한다(제9조 제2항).

(7) 양벌규정

법인의 대표자나 법인 또는 개인의 대리인, 사용인, 그 밖의 종업원이 그 법인 또는 개인의 업무에 관하여 이 법에서 정한 위반행위를 하면 그 행위자를 벌하는 외에 그 법인 또는 개인에게도 해당 규정의 벌금형을 과(科)하도록 하고 있다. 다만, 법인 또는 개인이 그 위반행위를 방지하기 위하여 해당 업무에 관하여 상당한 주의와 감독을 게을리하지 아니한 경우에는 예외로 하고 있다(풍속영업규제법 제12조).

3) 성매매사범의 단속

(1) 성매매사범의 의미

성매매사범은 성매매, 성매매알선 등 행위, 성매매 목적의 인신매매 등과 관련된 제반 범죄행위를 말한다. 이러한 성매매사범을 단속하기 위하여 「성매매알선 등 행위의 처벌에 관한 법률(약칭: 성매매처벌법)」, 「성매매방지 및 피해자보호 등에 관한 법률(약칭: 성매매피해자보호법), 그리고 아동·청소년을 성범죄로부터 보호하고 이들이 건전한 사회 구성원으로 성장할 수 있도록 하기 위하여 「아동·청소년의 성보호에 관한 법률(약칭: 청소년성보호법)」이 마련되어 있다. 생활안전경찰은 관할구역 내에서 경찰은 이러한 성매매사범에 대한 전반적인 단속활동을 하고 있다. 아래에서는 성매매처벌법을 중심으로 이를 살펴보기로 한다.

① 성매매의 개념

성매매란 불특정인을 상대로 금품이나 그 밖의 재산상의 이익을 수수(收受)하거나 수수하기로 약속하고 다음의 어느 하나에 해당하는 행위를 하거나 그 상대방이 되는 것을 말한다(성매매처벌법 제2조 제1항 제1호).

㉠ 성교행위
㉡ 구강, 항문 등 신체의 일부 또는 도구를 이용한 유사 성교행위

② 성매매알선 등 행위

성매매알선 등 행위란 다음의 어느 하나에 해당하는 행위를 하는 것을 말한다(제2조 제1항 제2호).

㉠ 성매매를 알선, 권유, 유인 또는 강요하는 행위
㉡ 성매매의 장소를 제공하는 행위
㉢ 성매매에 제공되는 사실을 알면서 자금, 토지 또는 건물을 제공하는 행위

③ 성매매 목적의 인신매매

성매매 목적의 인신매매(人身賣買)란 다음의 어느 하나에 해당하는 행위를 하는 것을 말한다(제2조 제1항 제3호).

㉠ 성을 파는 행위 또는 「형법」 제245조에 따른 음란행위를 하게 하거나, 성교행위 등 음란한 내용을 표현하는 사진·영상물 등의 촬영 대상으로 삼을 목적으로 위계(僞計), 위력(威力), 그 밖에 이에 준하는 방법으로 대상자를 지배·관리하면서 제3자에게 인계하는 행위
㉡ '㉠'과 같은 목적으로 「청소년 보호법」 제2조 제1호에 따른 청소년, 사물을 변별하거나 의사를 결정할 능력이 없거나 미약한 사람 또는 대통령령으로 정하는 중대한 장애가 있는 사람이나 그를 보호·감독하는 사람에게 선불금 등 금품이나 그 밖의 재산상의 이익을 제공하거나 제공하기로 약속하고 대상자를 지배·관리하면서 제3자에게 인계하는 행위
㉢ '㉠' 및 '㉡'의 행위가 행하여지는 것을 알면서 '㉠'과 같은 목적이나 전매를 위하여 대상자를 인계받는 행위
㉣ '㉠'부터 '㉢'까지의 행위를 위하여 대상자를 모집·이동·은닉하는 행위

④ 성매매 피해자

성매매 피해자란 다음의 어느 하나에 해당하는 사람을 말한다(제2조 제1항 제4호).

㉠ 위계·위력, 그 밖에 이에 준하는 방법으로 성매매를 강요당한 사람
㉡ 업무관계, 고용관계, 그 밖의 관계로 인하여 보호 또는 감독하는 사람에 의하여 마약류관리에 관한 법률에 따른 마약·향정신성의약품 또는 대마에 중독되어 성매매를 한 사람
㉢ 청소년, 사물을 변별하거나 의사를 결정할 능력이 없거나 미약한 사람 또는 대통령령으로 정하는 중대한 장애가 있는 사람으로서 성매매를 하도록 알선·유인된 사람
㉣ 성매매 목적의 인신매매를 당한 사람(제2조 제1항 제4호).

(2) 금지행위

누구든지 다음의 어느 하나에 해당하는 행위를 하여서는 아니 된다(성매매처벌법 제4조 각호).

㉠ 성매매
㉡ 성매매알선 등 행위
㉢ 성매매 목적의 인신매매
㉣ 성을 파는 행위를 하게 할 목적으로 다른 사람을 고용·모집하거나 성매매가 행하여진다는 사실을 알고 직업을 소개·알선하는 행위
㉤ '㉠', '㉡' 및 '㉣'의 행위 및 그 행위가 행하여지는 업소에 대한 광고행위

성매매처벌법에서는 위와 같은 금지행위를 위반한 경우, 사안에 따라 엄격한 형사처벌을 하고 있다(제18조~제27조 참조).

성매매 관련 처벌의 일부 내용

① 10년 이하의 징역 또는 1억원 이하의 벌금

㉠ 폭행이나 협박으로 성을 파는 행위를 하게 한 사람
㉡ 위계 또는 이에 준하는 방법으로 성을 파는 사람을 곤경에 빠뜨려 성을 파는 행위를 하게 한 사람
㉢ 친족관계, 고용관계, 그 밖의 관계로 인하여 다른 사람을 보호·감독하는 것을 이용

하여 성을 파는 행위를 하게 한 사람

㉣ 위계 또는 위력으로 성교행위 등 음란한 내용을 표현하는 영상물 등을 촬영한 사람 (이상 성매매처벌법 제18조 제1항)

② 7년 이하의 징역 또는 7천만원 이하의 벌금

㉠ 영업으로 성매매알선 등 행위를 한 사람

㉡ 성을 파는 행위를 할 사람을 모집하고 그 대가를 지급받은 사람

㉢ 성을 파는 행위를 하도록 직업을 소개··알선하고 그 대가를 지급받은 사람(이상 제19조 제2항)

③ 3년 이하의 징역 또는 3천만원 이하의 벌금

㉠ 성매매알선 등 행위를 한 사람

㉡ 성을 파는 행위를 할 사람을 모집한 사람

㉢ 성을 파는 행위를 하도록 직업을 소개·알선한 사람(이상 제19조 제1항)

④ 1년 이하의 징역 또는 300만원 이하의 벌금·구류 또는 과료

성매매를 한 사람(제21조 제1항)

(3) 성매매피해자 등의 보호

① 성매매피해자에 대한 처벌특례와 보호

성매매피해자의 성매매는 처벌하지 아니한다(성매매처벌법 제6조 제1항). 검사 또는 사법경찰관은 수사과정에서 피의자 또는 참고인이 성매매피해자에 해당한다고 볼 만한 상당한 이유가 있을 때에는 지체 없이 법정대리인, 친족 또는 변호인에게 통지하고, 신변보호, 수사의 비공개, 친족 또는 지원시설·성매매피해상담소에의 인계 등 그 보호에 필요한 조치를 하여야 한다. 다만, 피의자 또는 참고인의 사생활 보호 등 부득이한 사유가 있는 경우에는 통지하지 않을 수 있다(제2항).

② 불법원인으로 인한 채권 무효

아래의 어느 하나에 해당하는 사람이 그 행위와 관련하여 성을 파는 행위를 하였거나 할 사람에게 가지는 채권은 그 계약의 형식이나 명목에 관계없이 무효(無效)로 한다. 그 채권을 양도하거나 그 채무를 인수한 경우에도 또한 같다(제10조 제1항).

이는 위법·부당한 방법으로 이득을 위하였기 때문에 당사자의 채권을 인정하지 않는 것이라 할 수 있다.

㉠ 성매매알선 등 행위를 한 사람

㉡ 성을 파는 행위를 할 사람을 고용·모집하거나 그 직업을 소개·알선한 사람

㉢ 성매매 목적의 인신매매를 한 사람

따라서 검사 또는 사법경찰관은 이러한 불법원인과 관련된 것으로 의심되는 채무의 불이행을 이유로 고소·고발된 사건을 수사할 때에는 금품이나 그 밖의 재산상의 이익 제공이 성매매의 유인·강요 수단이나 성매매 업소로부터의 이탈방지 수단으로 이용되었는지를 확인하여 수사에 참작해야 한다(제10조 제2항).

(4) 아동·청소년의 성보호

① 아동·청소년의 성보호에 관한 특별법

성매매처벌법에서 규정한 사항에 관하여 「아동·청소년의 성보호에 관한 법률(약칭: 청소년성보호법)」 (2000년 제정)에 특별한 규정이 있는 경우에는 그 법에서 정하는 바에 따르도록 하고 있다(성매매처벌법 제5조).

따라서 청소년성보호법은 특별법에 해당된다. 여기에서 아동·청소년이란 19세 미만의 자(다만, 19세에 도달하는 연도의 1월 1일을 맞이한 자는 제외)를 말한다(청소년성보호법 제2조 제1호).

② 아동·청소년대상 성범죄와 아동·청소년대상 성폭력범죄의 구분

청소년성보호법에서는 아동·청소년대상 성범죄(性犯罪)와 아동·청소년대상 성폭력범죄(性暴力犯罪)로 구분하고 있다(이에 대해서는 청소년성보호법 제2조 제2호 및 제3호 참조).

아동·청소년대상 성범죄와 성폭력범죄의 영역

성범죄

- 성폭력범죄 +
- 성착취물 제작·배포
- 성매매 행위
- 성매매 강요행위
- 성매매 알선영업행위
- 성착취 목적 대화 등

성폭력범죄
- 강간강제추행(예비, 음모 포함)
- 강간 등 상해·치상
- 간음 등
- 강간 등 살인·치사 등

③ 아동·청소년의 성을 사는 행위

아동·청소년대상 성범죄와 관련하여 '아동·청소년의 성을 사는 행위'라는 것은 다음과 같은 의미이다.

'아동·청소년, 아동·청소년의 성(性)을 사는 행위를 알선한 자 또는 아동·청소년을 실질적으로 보호·감독하는 자 등에게 금품(金品)이나 그 밖의 재산상 이익, 직무·편의제공 등 대가를 제공하거나 약속하고 다음의 어느 하나에 해당하는 행위를 아동·청소년을 대상으로 하거나 아동·청소년으로 하여금 하게 하는 것'을 말한다(청소년성보호법 제2조 제4호).

㉠ 성교행위

㉡ 구강·항문 등 신체의 일부나 도구를 이용한 유사성교 행위

㉢ 신체의 전부 또는 일부를 접촉·노출하는 행위로서 일반인의 성적 수치심이나 혐오감을 일으키는 행위

㉣ 자위행위

③ 아동·청소년의 성착취물

그리고 아동·청소년대상 성범죄와 관련하여 '아동·청소년이용 성착취물'이라는 것은 다음과 같은 의미이다.

'아동·청소년 또는 아동·청소년으로 명백하게 인식될 수 있는 사람이나 표현물이 등장하여 위의 아동·청소년의 성을 사는 행위의 어느 하나에 해당하는 행위를 하거나 그 밖의 성적 행위를 하는 내용을 표현하는 것으로서 필름·비디오물·게임물 또는 컴퓨터나 그 밖의 통신매체(通信媒體)를 통한 화상·영상 등의 형태로 된 것'을 말한다(청소년성보호법 제2조 제5호).

④ 아동·청소년대상 성범죄의 처벌과 절차에 관한 특례

청소년성보호법에서는 아동·청소년 대상 성범죄의 처벌과 절차에 관한 특례를 두고 있다(제7조~제33조). 이를 통해 위에서 살펴본 성범죄 및 성폭력범죄에 대한 처벌을 강화하고, 아울러 관련 절차에서 특별규정을 둠으로써 아동·청소년을 성범죄 등으로부터 보호하고자 한 것이다.

특례규정의 일부 내용

① 신고의무자의 성범죄에 대한 가중처벌

아동·청소년 관련 기관·시설 또는 단체의 장과 그 종사자가 자기의 보호·감독 또는 진료를 받는 아동·청소년을 대상으로 성범죄를 범한 경우에는 그 죄에 정한 형의 2분의 1까지 가중처벌한다(청소년성보호법 제18조).

② 공소시효에 관한 특례

㉠ 아동·청소년대상 성범죄의 공소시효는 「형사소송법」 제252조 제1항에도 불구하고 해당 성범죄로 피해를 당한 아동·청소년이 성년(成年)에 달한 날부터 진행한다.

㉡ 아동·청소년에 대한 강간·강제추행 등의 죄(제7조)는 디엔에이(DNA)증거 등 그 죄를 증명할 수 있는 과학적인 증거가 있는 때에는 공소시효가 10년 연장된다.

㉢ 13세 미만의 사람 및 신체적인 또는 정신적인 장애가 있는 사람에 대하여 일정한 죄(강간 등 상해·치상, 강간 등 살인·치사 등)를 범한 경우에는 위 '㉠'과 '㉡'에도 불구하고 「형사소송법」 제249조부터 제253조까지 및 「군사법원법」 제291조부터 제295조까지에 규정된 공소시효를 적용하지 아니한다(이하 생략).

㉣ 일정한 죄(강간 등 살인·치사 등)를 범한 경우에는 위 '㉠'과 '㉡'에도 불구하고 「형사소송법」 제249조부터 제253조까지 및 「군사법원법」 제291조부터 제295조까지에 규정된 공소시효를 적용하지 아니한다(이하 생략)(이상 청소년성보호법 제20조).

③ 친권상실 청구 등

아동·청소년대상 성범죄 사건을 수사하는 검사는 그 사건의 가해자가 피해아동·청소년의 친권자나 후견인인 경우에 법원에 「민법」 제924조의 친권상실선고 또는 같은 법 제940조의 후견인 변경 결정을 청구하여야 한다. 다만, 친권상실선고 또는 후견인 변경 결정을 하여서는 아니 될 특별한 사정이 있는 경우에는 그러하지 아니하다(청소년보호법 제23조 제1항).

4) 위험물 취급사범의 단속

(1) 위험물의 의미

위험물(危險物)은 공중에게 위해를 끼치거나 재산상의 손해를 가져올 위험성이 많은 특수한 물건을 말한다. 경찰의 직무수행 과정에서 시민에게 물리적 안전을 확보하기 위한 위험물의 규제·단속은 경찰에 있어서 중요한 업무라고 할 수 있다.

이러한 위험물과 관련하여 대표적으로 「총포·도검·화약류 등의 안전관리에 관한 법률(약칭: 총포화약법)」을 들 수 있다.

이 법은 '총포·도검·화약류·분사기·전자충격기·석궁의 제조·판매·임대·운반·소지·사용과 그 밖에 안전관리에 관한 사항을 정하여 총포·도검·화약류·분사기·전자충격기·석궁으로 인한 위험과 재해를 미리 방지함으로써 공공의 안전을 유지하는 데 이바지함을 목적'으로 하고 있다(총포화약법 제1조).

① 총포의 개념

총포(銃砲)라는 것은 권총·소총·기관총·포·엽총, 금속성 탄알이나 가스등을 쏠 수 있는 장약총포, 공기총(압축가스를 이용하는 것 포함) 및 총포신·기관부 등 그 부품(이하 '부품'이라 함)으로서 대통령령이 정하는 것을 말한다(총포화약법 제2조 제1항).

② 도검의 개념

도검(刀劍)이라는 것은 칼날의 길이가 15센티미터 이상 되는 칼·검·창·치도(雉刀)·비수 등으로서 성질상 흉기로 쓰여지는 것과 칼날의 길이가 15센티미터 미만이라 할지라도 흉기로 사용될 위험성이 뚜렷이 있는 것 중에서 대통령령이 정하는 것을 말한다(제2조 제2항).

따라서 칼끝이 둥글고 날이 서있지 아니하여 흉기로 사용될 위험성이 없는 도검은 이 법의 규정에 의한 도검으로 보지 아니한다(동법 시행령 제4조 제3항).

도검의 인정 여부

칼날 부분에 날이 서 있지 아니하고, 칼끝 부분도 둥글게 처리되어 있는 진검 유사의 도검은 베기 또는 찌르기가 불가능하므로 흉기로 사용될 위험성이 없어 총포·도검·화약류 등의 단속법 제2조 제2항 소정의 도검에 해당하지 않는다.[30)]

③ 화약류의 개념

화약류라는 것은 화약, 폭약 및 화공품(화공품: 화약 및 폭약을 써서 만든 공작물)을 말한다(이에 대한 세부적인 내용은 제2조 제3항 각호 참조).

④ 분사기의 개념

분사기라는 것은 사람의 활동을 일시적으로 곤란하게 하는 최루(催淚) 또는 질식 등의 작용제를 분사할 수 있는 기기로서 대통령령이 정하는 것을 말한다. 다만, 살균·살충용 및 산업용 분사기를 제외한다(제2조 제4항 및 동법 시행령 제6조의2).

---

30) 대법 2001.4.24., 2000도4689.

⑤ 전자충격기의 개념

전자충격기라는 것은 함은 사람의 활동을 일시적으로 곤란하게 하거나 인명에 위해를 가하는 전류를 방류할 수 있는 기기로서 대통령령이 정하는 것을 말한다. 다만, 산업용 및 의료용 전자충격기를 제외한다(제2조 제5항, 동법 시행령 제6조의3).

⑥ 석궁

석궁이라는 것은 활과 총의 원리를 이용하여 화살 등의 물체를 발사하여 인명에 위해를 줄 수 있는 것으로서 대통령령이 정하는 것을 말한다(제2조 제6항, 동법 시행령 제6조의4).

(2) 제조업의 허가

① 총포·화약류 제조업의 허가

총포·화약류의 제조업(총포의 개조·수리업과 화약류의 변형·가공업 포함)을 영위하고자 하는 사람은 제조소마다 행정안전부령이 정하는 바에 의하여 경찰청장(警察廳長)의 허가를 받아야 한다(총포화약법 제4조 제1항).

제조소의 위치·구조·시설 또는 설비를 변경하거나 제조하는 총포·화약류의 종류 또는 제조방법을 변경하고자 하는 때에도 또한 같다(제4조 제1항 하단).

② 도검·분사기·전자충격기·석궁 제조업의 허가

도검·분사기·전자충격기·석궁의 제조업을 영위하고자 하는 사람은 제조소마다 행정안전부령이 정하는 바에 의하여 제조소의 소재지를 관할하는 시·도경찰청장(市·道警察廳長)의 허가를 받아야 한다(제4조 제2항).

제조소의 위치·구조·시설 또는 설비를 변경하거나 제조하는 도검·분사기·전자충격기·석궁의 종류 또는 제조방법을 변경하고자 하는 때에도 또한 같다(제4조 제2항 하단).

(3) 판매업의 허가

총포·도검·화약류·분사기·전자충격기·석궁의 판매업을 영위하고자 하는 사람은 판매소마다 행정안전부령이 정하는 바에 의하여 판매소의 소재지를 관할하는 시·도경찰청장(市·道警察廳長)의 허가를 받아야 한다(제6조 제1항).

판매소의 위치·구조·시설 또는 설비를 변경하거나 판매하는 총포·도검·화약류·분사기·전자충격기·석궁의 종류를 변경하고자 하는 때에도 또한 같다(제6조 제1항 하단).

(4) 소지의 금지 및 허가

① 총포 등의 소지의 금지

누구든지 법령에 의하여 직무상 총포 등을 소지하는 경우, 제조업자·판매업자·수출입업자 등의 경우를 제외하고는 허가 없이 총포·도검·화약류·분사기·전자충격기·석궁을 소지하여서는 아니 된다(이에 대한 세부 내용은 총포화약법 제10조 각호 참조).

경찰공무원의 총포 등의 소지 허용 여부

경찰공무원은 경찰공무원법에 근거하여 무기를 휴대(携帶)할 수 있고(제26조 제1항), 경찰관직무집행법에 근거하여 무기를 사용(使用)할 수 있다(제10조의4).
그런데, 경찰공무원법의 규정 취지는 경찰공무원이 직무수행을 위하여 필요하다고 인정되는 경우에 한하여 무기를 휴대할 수 있다는 것 뿐이다(마찬가지로 경찰관직무집행법에 근거하여 직무수행상 무기를 사용할 수 있을 뿐이다).
따라서 경찰공무원이라 하여 허가 없이 개인적으로 총포 등을 구입하여 소지하는 것을 허용하는 것은 아니다. 따라서 원심이 피고인의 이 사건 분사기 소지는 개인적으로 이루어진 것이라고 보고 경찰공무원법 등에 의하여 허가 없이 소지할 수 있는 경우에 해당되지 아니한다고 판단한 것은 정당하다.[31)]

② 모의총포 등의 제조·소지·판매의 금지

그리고 누구든지 총포와 아주 비슷하게 보이는 것으로서 대통령령이 정하는 것(이하 '모의총포'라 함)을 제조·판매 또는 소지하지 못한다. 다만, '수출하기 위한 목적'으로 모의총포를 제조·판매 또는 소지하는 경우에는 그러하지 아니하다(제11조 제1항)

그리고 수출하기 위한 목적으로 모의총포를 제조하는 경우에는 행정안전부령이 정하는 바에 의하여 제조소의 소재지를 관할하는 경찰서장(警察署長)에게 신고(申告)하여야 한다(제11조 제3항).

③ 소지의 허가

위와 같이 총포화약법(제10조)으로 총포·도검·화약류·분사기·전자충격기·석궁의 소지를 허용한 사람(제조업자, 판매업자, 수출업자 등) 이외의 자가 이를 소지하려는 경우에는 행정안전부령으로 정하는 바에 따라 다음의 구분에 따라 허가를 받아야 한다(제12조 제1항).

31) 대법 1996.7.30., 95도2408.

㉠ 총포('㉡' 정하는 것은 제외): 주소지를 관할하는 시·도경찰청장

㉡ 총포 중 엽총·가스발사총·공기총·마취총·도살총·산업용총·구난구명총 또는 그 부품: 주소지를 관할하는 경찰서장

㉢ 도검·화약류·분사기·전자충격기 및 석궁: 주소지를 관할하는 경찰서장

다만, '㉠'과 '㉡'의 총포 소지허가를 받으려는 경우에는 신청인의 정신질환 또는 성격장애 등을 확인할 수 있도록 행정안전부령으로 정하는 서류를 허가관청에 제출하여야 한다(제12조 제1항 하단).

소지의 의미

총포화약법(舊, 총포·도검·화약류 등 단속법)에서 말하는 '소지'란 같은 법 소정의 물건의 보관에 관하여 실력지배관계를 갖는 것을 말한다. 따라서 몸 또는 몸 가까이에 소지하는 것뿐만 아니라 자신의 실력지배관계가 미치는 장소에 보관하는 경우에도 같은 법 소정의 '소지'에 해당한다.[32)]

(5) 경찰의 관리 및 감독

① 완성검사

총포·도검·화약류·분사기·전자충격기·석궁의 제조업자, 판매업자 또는 화약류저장소설치자는 그 허가를 받은 날부터 1년 이내에 그 시설 또는 설비에 대하여 허가관청의 검사를 받아야 하며, 그 검사에 합격한 후가 아니면 업무를 시작하거나 시설 또는 설비를 사용할 수 없다(총포화약법 제43조).

다만, 허가관청은 부득이한 사유가 있는 경우에는 1년을 초과하지 아니하는 범위에서 그 기간을 연장할 수 있다(제43조 하단).

② 출입·검사

허가관청은 재해의 예방 또는 공공의 안전유지를 위하여 필요하다고 인정되는 때에는 관계공무원으로 하여금 총포·도검·화약류·분사기·전자충격기·석궁의 제조소·판매소나 화약류저장소 또는 화약류사용장소 그 밖의 필요한 장소를 출입하여 장부·서류 그 밖의 필요한 물건을 검사하게 하거나 관계자에 대하여 질문을 하도록 할 수 있다(제44조 제1항).

---

32) 대법 1999.8.20., 98도1304.

제4절 소년경찰활동

1. 소년경찰활동의 의의

소년경찰활동(少年警察活動)은 실질적으로 청소년에 대한 선도·보호, 유해환경 정화, 소년범죄 처리 등의 업무를 수행하는 제반 경찰활동을 의미한다. 경찰은 일반 형사범죄와 분리하여 청소년범죄의 특수성을 고려하여 생활안전기능에 아동청소년과를 두어 관련 사건을 처리하도록 하고 있다.

이러한 소년경찰활동은 소년의 특성을 이해하고, 소년비행 및 범죄의 예방, 비행소년의 보호, 아동학대의 예방 및 피해자 보호, 비밀의 보장, 관계자의 존중과 신뢰의 획득 등에 초점을 두고 이루어지고 있다.

요약건대, 청소년은 성인과는 다른 특성을 가지고 있기 때문에 생활안전경찰은 이들에 대한 단순한 단속 또는 통제보다는 선도·보호 등을 함께해야 한다. 청소년 보호 및 반사회성 있는 청소년에 대한 형사사법적 접근은 「청소년보호법」과 「소년법」에 각각 규정되어 있다. 아래에서는 이를 중심으로 살펴보기로 한다.

2. 청소년의 선도·보호

「청소년보호법」(1997년 제정)은 '청소년(青少年)에게 ㉠ 유해한 매체물과 약물 등이 청소년에게 유통되는 것과 청소년이 ㉡ 유해한 업소에 출입하는 것 등을 규제하고 청소년을 유해한 환경으로부터 보호·구제함으로써 청소년이 건전한 인격체로 성장할 수 있도록 함'을 목적으로 하기 위하여 마련되었다(제1조).

여기서 청소년이란 만 19세 미만인 사람을 말한다. 다만, 만 19세가 되는 해의 1월 1일을 맞이한 사람은 제외한다(제2조 제1호).

1) 청소년 유해매체물 등

(1) 매체물과 청소년 유해매체물

매체물이라는 것은 '영화 및 비디오물, 게임물, 음반·음악파일·음악영상물, 공연(국악공연 제외), 전기통신을 통한 부호·문언·음향·영상정보, 방송프로그램, 일간신문·특수일간신문·특수주간신문·인터넷신문·인터넷뉴스, 잡지 등 간행물, 출판간행물·전자출판물, 옥외광고물 기타 청소년의 정신적·신체적 건강을 해칠 우려가 있어 대통령령으로 정하는 매체물'을 말한다(청소년보호법 제2조 제2호).

한편, 청소년 유해매체물이라는 것은 '청소년보호위원회가 청소년에게 유해한 것으로 결정하거나 확인하여 여성가족부장관이 고시한 매체물과 각 심의기관이 청소년에게 유해한 것으로 심의하거나 확인하여 여성가족부장관이 고시한 매체물'을 말한다(제2조 제3호).

(2) 청소년 유해약물 등

이는 청소년 청소년 유해약물과 청소년 유해물건으로 구분된다(청소년보호법 제2조 제4호).

① 청소년 유해약물

청소년 유해약물은 주류, 담배, 마약류, 환각물질, 그 밖에 중추신경에 작용하여 습관성·중독성·내성 등을 유발하여 인체에 유해하게 작용할 수 있는 약물 등을 말한다.

② 청소년 유해물건

청소년 유해물건은 청소년에게 음란한 행위를 조장하는 성(性, sex)관련 물건과 청소년에게 음란성·포악성·잔인성·사행성 등을 조장하는 완구류 등을 말한다.

(3) 청소년 유해업소

청소년의 출입과 고용이 청소년에게 유해한 것으로 인정되는 업소로서(청소년 출입·고용금지업소)와 청소년의 출입은 가능하나 고용이 청소년에게 유해한 것으로 인정되는 업소(청소년고용금지업소)를 말한다(청소년보호법 제2조 제5호).

이 경우 업소의 구분은 그 업소가 영업을 할 때 다른 법령에 따라 요구되는 허가·인가·등록·신고 등의 여부와 관계없이 실제로 이루어지고 있는 영업행위를 기준으로 한다(제2조 제5호 하단).

청소년 유해업소

① 청소년 출입·고용금지 업소

㉠ 일반 게임제공업 및 복합유통 게임제공업 중 대통령령으로 정하는 것
㉡ 사행행위영업
㉢ 식품접객업 중 대통령령으로 정하는 것
㉣ 비디오물감상실업·제한관람가 비디오물 소극장업 및 복합영상물제공업

㉤ 노래연습장업 중 대통령령으로 정하는 것
㉥ 무도학원업 및 무도장업
㉦ 전기통신설비를 갖추고 불특정한 사람들 사이의 음성대화 또는 화상대화를 매개하는 것을 주된 목적으로 하는 영업(다만, 전기통신사업법 등 다른 법률에 따라 통신을 매개하는 영업은 제외)
㉧ 불특정한 사람 사이의 신체적인 접촉 또는 은밀한 부분의 노출 등 성적 행위가 이루어지거나 이와 유사한 행위가 이루어질 우려가 있는 서비스를 제공하는 영업
㉨ 청소년유해매체물 및 청소년유해약물 등을 제작·생산·유통하는 영업 등

② 청소년 고용금지 업소

㉠ 청소년게임 제공업 및 인터넷컴퓨터게임 시설제공업
㉡ 숙박업, 목욕장업, 이용업 중 대통령령으로 정하는 것
㉢ 식품접객업 중 대통령령으로 정하는 것
㉣ 비디오물 소극장업
㉤ 유독물영업(다만, 유독물 사용과 직접 관련이 없는 영업으로서 대통령령으로 정하는 영업은 제외)
㉥ 회비 등을 받거나 유료로 만화를 빌려 주는 만화대여업
㉦ 청소년유해매체물 및 청소년유해약물 등을 제작·생산·유통하는 영업 등

리얼돌 체험방에 대한 경찰 단속

경찰청은 여성가족부 및 지방자치단체와 합동으로 리얼돌(사람의 신체를 본뜬 성인용품) 체험방과 관련한 불법행위를 단속하고 있다.
경찰청 관계자는 "대법원이 '리얼돌 수입통관 보류 처분은 위법하다'고 판단한 이후 리얼돌 체험방 영업이 늘고 있다'며 '리얼돌 체험방 자체가 불법은 아니지만, 경찰은 청소년들의 성인식 왜곡을 막기 위해 불법행위를 단속한다'고 밝혔다.
대법원은 2019년 6월 한 리얼돌 수입사가 세관을 상대로 낸 수입통관 보류 처분 취소소송에서 원고의 손을 들어줬다. 개인의 사적이고 은밀한 영역에 대한 국가 개입은 최소화해야 하며, 성 기구를 음란한 물건으로 취급해 수입을 금지하는 것은 신중해야 한다는 취지였다.
지금까지 리얼돌 체험방은 학교 경계로부터 200m 이내에 있는 경우 등에만 제재할 수 있었다. 이에 경찰청은 여가부 등과 협력해 「청소년보호법」 등을 토대로 단속 근거를 마련하였다. 이에 따라 일반인이 통행하는 장소에 리얼돌 체험방 전화번호, 주소·약도, 인터넷 주소(URL) 등의 정보가 담긴 간판이나 광고물을 내걸면 청소년보호법 위반에 해당한다.
리얼돌 체험방 온라인 광고에 청소년 유해 매체물임을 표시하지 않거나 성인인증 등 청소

년 접근을 제한하는 기능을 적용하지 않으면 「정보통신망법」 위반이다. 「건축법」상 위락 시설에 해당하는 리얼돌 체험방에 계단·출구·통로 등 일정한 구조를 갖추지 않으면 건축법 위반에 해당된다.[33)]

2) 청소년 유해매체물 등의 규제

(1) 청소년 유해매체물의 심의·결정

청소년보호위원회는 매체물이 청소년에게 유해한지를 심의하여 청소년에게 유해하다고 인정되는 매체물을 청소년유해매체물로 결정하여야 한다. 다만, 다른 법령에 따라 해당 매체물의 윤리성·건전성을 심의할 수 있는 기관이 있는 경우에는 예외로 한다(청소년보호법 제7조 제1항).

(2) 청소년 유해표시 의무와 포장의무

청소년 유해매체물에 대하여 청소년에게 유해한 것임을 나타내는 표시(청소년유해표시)를 하여야 한다(청소년보호법 제13조).

그리고 청소년유해매체물은 포장하여야 한다. 이 경우 매체물의 특성으로 인하여 포장할 수 없는 것은 포장에 준하는 보호조치를 마련하여 시행하도록 하고 있다(제14조).

(3) 청소년 유해매체물·유해약물 등의 판매·대여금지 등

청소년 유해매체물로서 대통령령으로 정하는 매체물을 판매·대여·배포하거나 시청·관람·이용하도록 제공하려는 자는 그 상대방의 나이 및 본인 여부를 확인하여야 하고, 청소년에게 판매·대여·배포하거나 시청·관람·이용하도록 제공하여서는 아니 된다(청소년보호법 제16조 제1항).

그리고 청소년유해표시를 하여야 할 매체물은 청소년유해표시가 되지 아니한 상태로 판매나 대여를 위하여 전시하거나 진열하여서는 아니 된다(제2항).

한편, 누구든지 청소년을 대상으로 청소년 유해약물 등을 판매·대여·배포(자동기계장치·무인판매장치·통신장치를 통하여 판매·대여·배포하는 경우 포함)하거나 무상으로 제공하여서는 아니 된다. 다만, 교육·실험 또는 치료를 위한 경우로서 대통령령으로 정하는 경우는 예외로 하고 있다(청소년보호법 제28조 제1항).

33) 연합뉴스(2021. 06. 06.).

3) 청소년 유해업소 등의 규제

(1) 청소년 고용금지 및 출입제한 등

청소년 유해업소의 업주는 청소년을 고용하여서는 아니 된다. 청소년 유해업소의 업주가 종업원을 고용하려면 미리 나이를 확인하여야 한다(청소년보호법 제29조 제1항).[34] 청소년 출입·고용금지업소의 업주와 종사자는 출입자의 나이를 확인하여 청소년이 그 업소에 출입하지 못하게 하여야 한다(제2항).[35]

한편, 청소년 고용금지업소인 숙박업을 운영하는 업주는 종사자를 배치하거나 대통령령으로 정하는 설비 등을 갖추어 출입자의 나이를 확인하고 제30조 제8호(청소년을 남녀 혼숙하게 하는 등 풍기를 문란하게 하는 영업행위를 하거나 이를 목적으로 장소를 제공하는 행위)의 우려가 있는 경우에는 청소년의 출입을 제한하여야 한다(제29조 제3항).

유흥주점 업주의 청소년 연령확인 의무

청소년보호법의 입법목적 등에 비추어 볼 때, 유흥주점과 같은 청소년 유해업소의 업주에게는 청소년 보호를 위하여 청소년을 당해 업소에 고용하여서는 아니 될 매우 엄중한 책임이 부여되어 있다.
따라서 유흥주점의 업주가 당해 유흥업소에 종업원을 고용할 때에는 주민등록증이나 이에 유사한 정도로 연령에 관한 공적 증명력이 있는 증거에 의하여 대상자의 연령을 확인하여야 한다.
그리고 만일 대상자가 제시한 주민등록증상의 사진과 실물이 다르다는 의심이 들면 청소년이 자신의 신분과 연령을 감추고 유흥업소 취업을 감행하는 사례가 적지 않은 유흥업계의 취약한 고용실태 등에 비추어 볼 때, 업주로서는 주민등록증상의 사진과 실물을 자세히 대조하거나 주민등록증상의 주소 또는 주민등록번호를 외워보도록 하는 등 추가적인 연령확인 조치를 취하여야 할 의무가 있다.[36]

그리고 청소년 유해업소의 업주와 종사자는 위와 같은 나이 확인을 위하여 필요한 경우 주민등록증이나 그 밖에 나이를 확인할 수 있는 증표의 제시를 요구할 수 있으며, 증표 제시를 요구받고도 정당한 사유 없이 증표를 제시하지 아니하는 사람에게는 그 업소

34) 청소년을 청소년 유해업소에 고용한 자는 3년 이하의 징역 또는 3천만원 이하의 벌금에 처한다(청소년보호법 제58조 제4호).

35) 청소년을 출입·고용업소에 출입시킨자는 2년 이하의 징역 또는 2천만원 이하의 벌금에 처한다(청소년보호법 제59조 제8호).

36) 대법 2013.9.27., 2013도8385.

의 출입을 제한할 수 있다(청소년보호법 제29조 제4항). 이러한 증표에는 주민등록증, 운전면허증, 여권, 외국인등록증, 장애인등록증 등이 있다.

다만, 청소년이 친권자(親權者) 등을 동반할 때에는 대통령령으로 정하는 바에 따라 출입하게 할 수 있다. 예컨대, 노래연습장 등이 이에 해당된다. 그러나 「식품위생법」에 따른 식품접객업 중 대통령령으로 정하는 업소(단란주점, 유흥주점)의 경우에는 출입할 수 없다(제29조 제5항).

끝으로, 청소년유해업소의 업주와 종사자는 그 업소에 대통령령으로 정하는 바에 따라 청소년의 출입과 고용을 제한하는 내용을 표시하여야 한다(제29조 제6항).

(4) 청소년 유해행위의 금지

청소년보호법에 근거하여 누구든지 청소년에게 다음의 어느 하나에 해당하는 행위를 하여서는 아니 된다(제30조).

㉠ 영리를 목적으로 청소년으로 하여금 신체적인 접촉 또는 은밀한 부분의 노출 등 성적 접대행위를 하게 하거나 이러한 행위를 알선·매개하는 행위

㉡ 영리를 목적으로 청소년으로 하여금 손님과 함께 술을 마시거나 노래 또는 춤 등으로 손님의 유흥을 돋우는 접객행위를 하게 하거나 이러한 행위를 알선·매개하는 행위

㉢ 영리나 흥행을 목적으로 청소년에게 음란한 행위를 하게 하는 행위

㉣ 영리나 흥행을 목적으로 청소년의 장애나 기형 등의 모습을 일반인들에게 관람시키는 행위

㉤ 청소년에게 구걸을 시키거나 청소년을 이용하여 구걸하는 행위

㉥ 청소년을 학대하는 행위

㉦ 영리를 목적으로 청소년으로 하여금 거리에서 손님을 유인하는 행위를 하게 하는 행위

㉧ 청소년을 남녀 혼숙하게 하는 등 풍기를 문란하게 하는 영업행위를 하거나 이를 목적으로 장소를 제공하는 행위

㉨ 주로 차 종류를 조리·판매하는 업소에서 청소년으로 하여금 영업장을 벗어나 차 종류를 배달하는 행위를 하게 하거나 이를 조장하거나 묵인하는 행위

위의 청소년 유해행위의 금지 명령규정에서 ㉠을 위반하면 1년 이상 10년 이하의 징역,

㉡·㉢을 위반하면 10년 이하의 징역, ㉣·㉤·㉥을 위반하면 5년 이하의 징역, ㉦·㉧·㉨를 위반하면 3년 이하의 징역 또는 3천만원 이하의 벌금에 처하도록 하고 있다(청소년보호법 제55조~제58조 참조).

3. 반사회성 있는 청소년의 교정

반사회성(反社會性)있는 청소년은 사회에 적응하지 못하고 범죄를 저질렀거나 그와 같은 위험성이 있는 청소년을 말한다.

이와 관련하여 「소년법」(少年法, 1958년 제정)이 마련되어 있다. 소년법은 '반사회성이 있는 소년의 환경 조정과 품행 교정(矯正)을 위한 보호처분 등의 필요한 조치를 하고, 형사처분에 관한 특별조치를 함으로써 소년이 건전하게 성장하도록 돕는 것을 목적'으로 하고 있다(제1조).

여기에서 소년이란 19세 미만인 자를 말하며, 보호자란 법률상 감호교육(監護敎育)을 할 의무가 있는 자 또는 현재 감호하는 자를 말한다(제2조).

1) 소년 보호사건의 관할과 보호대상

(1) 소년 보호사건의 관할

이러한 소년 보호사건의 관할은 소년의 행위지, 거주지 또는 현재지로 하고 있다. 소년 보호사건은 가정법원소년부 또는 지방법원소년부에 속하며,[37] 소년 보호사건의 심리와 처분결정은 소년부 단속판사가 하도록 하고 있다(소년법 제3조).

(2) 소년 보호사건의 대상

그리고 다음의 어느 하나에 해당하는 소년은 소년부의 보호사건으로 심리하도록 하고 있다(제4조 제1항).

㉠ 죄를 범한 소년(범죄소년: 14세 이상 19세 미만)[38]

㉡ 형벌 법령에 저촉되는 행위를 한 10세 이상 14세 미만인 소년(촉법소년)

㉢ 다음에 해당하는 사유가 있고 그의 성격이나 환경에 비추어 앞으로 형벌 법령에

37) 미국은 1899년 시카고에 세계 최초로 소년법원이 설치되어 운용되고 있지만, 우리나라는 독립된 소년법원을 두고 있지는 않다.

38) 형사미성년자는 14세가 되지 않아 형법상 책임능력이 없는 것으로 간주되는 사람을 말한다. 따라서 형법에서는 '14세가 되지 아니한 자의 행위는 벌하지 아니한다'고 규정하고 있다(제9조).

저촉되는 행위를 할 우려가 있는 10세 이상인 소년(우범소년)

가. 집단적으로 몰려다니며 주위 사람들에게 불안감을 조성하는 성벽(性癖)이 있는 것

나. 정당한 이유 없이 가출하는 것

다. 술을 마시고 소란을 피우거나 유해환경에 접하는 성벽이 있는 것

위의 'ⓛ과 ⓒ'에 해당하는 소년(즉, 촉법소년과 우범소년)이 있을 때에는 경찰서장은 직접 관할 소년부에 송치(送致)하여야 한다(소년법 제4조 제2항). 그리고 위의 'ⓖⓛⓒ'의 어느 하나에 해당하는 소년을 발견한 보호자 또는 학교·사회복리시설·보호관찰소의 장은 이를 관할 소년부에 통고할 수 있다(제3항).

촉법소년 문제

촉법소년은 만 10세 이상~14세 미만으로 형벌을 받을 범법행위를 한 형사미성년자를 말한다. 촉법소년은 범법행위를 저질렀으나 형사책임 능력이 없어 처벌받지 않고, 가정법원 등에서 감호위탁, 사회봉사 등 보호처분(保護處分)을 받게 된다. 최근 청소년들 사이에서 인기를 끄는 웹툰 '참교육'에서도 '어차피 우린 무적의 13세'라는 대사가 나올 정도로 촉법소년에 대한 인식은 청소년들 사이에서 널리 퍼져 있다.

① 촉법소년의 범죄문제

지난 2021년 5월 17일에는 조건만남을 거부하고 경찰에 신고했다는 이유로 여중생을 집단폭행·성폭행한 사건이 발생하였다. 경찰은 또래 여중생들과 가해 남성 등 일당을 조사하고 있다. 그런데, 이 사건 가해자 중 일부가 생일이 지나지 않은 촉법소년이라 형사처벌을 면할 것이라는 사실이 알려지면서 공분을 사기도 하였다. 피해자 가족 측이라고 주장하는 청원인은 청와대 국민청원에 "촉법소년과 미성년자의 처벌 수위가 현재의 우리사회를 지켜줄 수 있는 제대로 된 제도가 맞을까요"라며 호소하였다.

형사처벌을 면한 미성년자가 또다시 범죄를 저지르는 사건도 발생하였다. 강원도 원주에선 지난 2021년 3월 차량을 수십 차례 훔친 10대 청소년들이 경찰에 붙잡혔다. 경찰은 촉법소년제도로 인해 이들 중 일부를 형사처벌하지 못하고 석방하였다. 일주일여 만에 이들 일당은 다시 같은 범행을 저질렀다. 촉법소년이라는 이유로 별다른 처벌을 받지 않은 채 범죄를 이어나갈 수 있었던 셈이다.

이처럼 촉법소년을 방패 삼아범죄를 저지르는 범죄가 양적, 질적으로 심화되고 있다. 국민의힘 권영세 의원이 경찰청으로부터 받은 자료에 따르면 2019년 소년부 송치 촉법소년은 모두 8,615명으로 2015년 6,551명보다 31.5% 늘었다.

② 촉법소년에 대한 법개정 문제

이러한 상황에서 촉법소년에 대한 법개정이 필요하다는 목소리가 있지만, 처벌만이 능사가 아니라는 주장도 제기되면서 팽팽한 줄다리기를 이어가고 있다. 국회에서도 수차례 관련 법 개정안이 발의되었지만, 본회를 통과하지 못하고 폐기되었다. 예컨대, 지난 19대 국회에서는 촉법소년의 나이 상한을 14세에서 12세로 낮추는 법안을 발의했으나 임기 만료로 폐기되었다. 지난 20대 국회에서는 성폭력범죄·특정강력범죄 등 강력범죄를 저지른 소년범에 대해선 처벌을 할 수 있는 개정안이 발의됐으나 합의점을 찾지 못하고 임기만료로 폐기된 바 있다. 한편, 21대 국회에서도 촉법소년의 기준을 만 14세에서 12세로 낮추는 개정안을 발의하였다. 해당 개정안은 소관위에 계류돼 있다. 법 개정까지 여전히 불투명한 상황이다.[39)]

2) 형사처분 등을 위한 관할 검찰청으로의 송치

(1) 형사처분

소년부는 조사 또는 심리한 결과, 금고 이상의 형에 해당하는 범죄 사실이 발견된 경우 그 동기와 죄질이 형사처분(刑事處分)을 할 필요가 있다고 인정하면 결정으로써 사건을 관할 지방법원에 대응한 검찰청 검사에게 송치하도록 하고 있다(소년법 제7조 제1항).[40)]

아래 표에서는 2005년부터 2019년까지의 죄종별 소년범 현황을 보여주고 있다.[41)]

죄종별 소년범 현황

(단위: 명)

구 분	계	살인	강도	강간	방화	절도	폭행 상해	체포 감금	약취 유인
2005	83,477	32	1,032	323	146	27,367	1,712	13	6
2010	94,862	23	1,198	2,029	178	37,069	6,290	33	15
2015	80,321	18	448	1,830	96	26,100	9,177	40	16
2019	66,204	19	361	1,888	99	17,151	10,231	122	20

(2) 보호처분

한편, 검사는 소년에 대한 피의사건을 수사한 결과 보호처분(保護處分)에 해당하는 사

39) 이데일리(2021. 05. 24.).

40) 검사는 송치된 형사사건(刑事事件)에 대하여 소년법상의 특별한 규정이 없으면, 일반형사절차에 따라 수사 및 공소의 제기 등을 하게 된다(소년법 제48조).

41) 경찰청(2020), 앞의 책, p. 90 재구성.

유가 있다고 인정하는 경우에는 사건을 관할 소년부에 송치하도록 하고 있다(소년법 제49조 제1항).

소년부 판사는 심리 결과 보호처분을 할 필요가 있다고 인정하면 결정으로써 다음의 어느 하나에 해당하는 처분을 하여야 한다(소년법 제32조 각호).

보호처분의 결정 및 관련내용

① 보호처분의 결정

㉠ 보호자 또는 보호자를 대신하여 소년을 보호할 수 있는 자에게 감호 위탁
㉡ 수강명령
㉢ 사회봉사명령
㉣ 보호관찰관의 단기(短期) 보호관찰
㉤ 보호관찰관의 장기(長期) 보호관찰
㉥ 「아동복지법」에 따른 아동복지시설이나 그 밖의 소년보호시설에 감호 위탁
㉦ 병원, 요양소 또는 「보호소년 등의 처우에 관한 법률」에 따른 의료재활소년원에 위탁
㉧ 1개월 이내의 소년원 송치
㉨ 단기 소년원 송치
㉩ 장기 소년원 송치

② 처분 전부 또는 일부의 병합

㉠ '㉠·㉡·㉢·㉣' 처분
㉡ '㉠·㉡·㉢·㉤' 처분
㉢ '㉣·㉥' 처분
㉣ '㉤·㉥' 처분
㉤ '㉤·㉧' 처분

③ 그 밖의 사항

㉠ '㉢'의 처분(사회봉사명령)은 14세 이상의 소년에게만 할 수 있음
㉡ '㉡'의 처분(수강명령) 및 '㉩'(장기 소년원 송치)의 처분은 12세 이상의 소년에게만 할 수 있음.
㉢ 소년의 보호처분은 그 소년의 장래 신상에 어떠한 영향도 미치지 아니함

한편, 소년부는 이에 따라 송치된 사건을 조사 또는 심리한 결과 그 동기와 죄질이 금고 이상의 형사처분을 할 필요가 있다고 인정할 때에는 결정(決定)으로서 해당 검찰청 검

사에게 다시 송치할 수 있도록 하고 있다(소년법 제49조 제2항).

그리고 이렇게 송치한 사건에 대해서는 검사는 다시 소년부에 송치할 수 없도록 하고 있다(제49조 제3항).

소년원

① 소년원의 의의

반사회성이 있는 19세 미만의 소년에게 법원 소년부로부터 ㉠ 1개월 이내의 소년원 송치, ㉡ 단기소년원 송치, ㉢ 장기소년원 송치 처분을 받은 소년을 수용하여 교정교육을 실시하는 시설을 말한다.

소년원은 다각적인 교육적 작용으로 비행소년으로 하여금 왜곡된 의식과 행동을 교정하고 변화된 인식 틀과 행동양식을 가지고 사회에 대면할 수 있도록 조력하는 특수교육기관이다. 이러한 점에서 소년원은 확정된 형을 집행하는 기관인 소년교도소와는 그 성격이 다르다고 할 수 있다.

따라서 소년원은 처벌이라는 측면보다는 교육적인 요소를 중시한다. 지난 1997년부터는 소년원의 공식명칭을 중·고등학교 또는 직업전문학교 등으로 변경하여 교육법이 정한 자격을 갖춘 교원을 두고 정규학력이 인정되는 학교로 운영하고 있다. 현재 소년원은 '학교'라는 명칭으로 사용되고 있는데, 예컨대 서울소년원은 고봉중·고등학교, 부산소년원은 오륜정보산업학교 등이 그것이다

② 소년원의 분류

소년원은 「보호소년등의 처우에 관한 법률」 및 「소년법」에 그 설립근거를 가지고 있으며, 이에 따라 소년원의 기능에 따른 분류와 운영을 하고 있다.

㉠ 초·중등교육소년원: 「초·중등교육법」 에 따른 초·중등교육이 필요한 소년을 수용·교육하는 소년원

㉡ 직업능력개발훈련소년원: 「근로자직업능력 개발법」 에 따른 직업능력개발훈련이 필요한 소년을 수용·교육하는 소년원

㉢ 의료·재활소년원: 약물 오·남용, 정신·지적발달 장애, 신체질환 등으로 집중치료나 특수교육이 필요한 소년을 수용·교육하는 소년원

㉣ 인성교육소년원: 정서순화, 품행교정 등 인성교육이 집중적으로 필요한 소년을 수용·교육하는 소년원[42]

---

42) 다음백과(https://100.daum.net/encyclopedia).

제5절 가정폭력에 대한 경찰 대응

1. 가정폭력의 의의

1) 가정폭력의 개념

최근 가정폭력(家庭暴力) 문제가 심각한 사회문제 가운데 하나로 떠오르고 있다. 이러한 가정폭력은 피해자뿐만 아니라 가족 전체에 영향을 미치기 때문에 피해가 심각하며, 가정을 해체시키는 원인이 되기도 한다.

이러한 가정폭력에 대한 형사정책적 대응을 위해서 「가정폭력방지 및 피해자보호 등에 관한 법률」(약칭: 가정폭력방지법, 제정 1998년) 및 「가정폭력범죄의 처벌 등에 관한 특례법」(약칭: 가정폭력처벌법, 제정 1998년)이 규정되었다.

가정폭력방지법 및 가정폭력처벌법에 의하면, 가정폭력은 '가정구성원 사이의 신체적·정신적 또는 재산상 피해를 수반하는 행위'를 말한다(제2조 제1호). 여기에서 가정구성원이란 다음의 어느 하나에 해당하는 사람을 말한다(가정폭력처벌법 제2조 제2호).

㉠ 배우자(사실상 혼인관계에 있는 사람 포함) 또는 배우자였던 사람
㉡ 자기 또는 배우자와 직계존비속관계(사실상의 양친자관계 포함)에 있거나 있었던 사람
㉢ 계부모와 자녀의 관계 또는 적모(嫡母)와 서자(庶子)의 관계에 있거나 있었던 사람
㉣ 동거하는 친족

2) 가정폭력의 특징

그런데 가정폭력은 피해자와 가해자가 함께 생활하고 있다는 측면에서 일반적인 폭력과 다르다. 이러한 가정폭력은 다음과 같은 특징을 갖는다.[43)]

㉠ **은폐성:** 폭력이 외부로 잘 드러나지 않음
㉡ **연속성:** 가벼운 구타로 시작해 연속적으로 심각한 수준까지 발전함
㉢ **상습성:** 폭력이 반복될수록 폭력의 주기가 빨라짐
㉣ **세대 전수성:** 폭력을 경험한 자녀는 이후 특정 상황에서 자신도 폭력을 행사함.

---

43) 다음백과(https://100.daum.net/encyclopedia).

가정폭력 행위에는 신체적 상해나 폭행, 신체적·정서적·성적 학대, 유기, 협박 등이 있다. 상대방의 경제적 자유를 박탈하거나 상대방의 의견을 무시하고 본인의 의견을 강요하는 행위도 가정폭력에 포함된다(가정폭력의 유형에 대한 세부적인 내용은 가정폭력처벌법 제2조 제3호 참조).

2. 가정폭력에 대한 경찰의 대응 방법

이러한 가정폭력 문제는 그동안 인권침해의 사각지대로 방치되어 오다가 그 문제의 심각성으로 인해 국가의 적극적인 개입을 필요로 하고 있다. 특히, 가정폭력사건의 제1단계에서 대응하는 경찰의 적절한 역할수행이 강조되고 있음은 물론이다.

1) 경찰의 현장출동 등

현장 출동시에는 피해사실, 현재상황, 피해자, 가해자의 현재위치 등 필요한 사항을 신고접수자로부터 파악하여 경찰장구를 휴대하고 신속히 출동해야 한다. 이 경우, 돌발적인 위험상태에 처할 수 있으므로 경찰은 자기보호를 위한 대비를 철저히 해야 한다. 즉, 폭력을 행사한 당사자가 경찰출동시 극도의 흥분상태에 놓여 있을 수 있기 때문에 이러한 점 등을 고려해야 한다.

사법경찰관리의 현장출동 등 대응방법

① 사법경찰관리는 가정폭력범죄의 신고가 접수된 때에는 지체 없이 가정폭력의 현장에 출동하여야 한다.
② 출동한 사법경찰관리는 피해자를 보호하기 위하여 신고된 현장 또는 사건 조사를 위한 관련 장소에 출입하여 관계인에 대하여 조사를 하거나 질문을 할 수 있다.
③ 가정폭력행위자는 사법경찰관리의 현장조사를 거부하는 등 그 업무 수행을 방해하는 행위를 하여서는 아니 된다.

> 정당한 사유 없이 가정폭력방지법 제9조의4 제3항을 위반하여 현장조사를 거부·기피하는 등 업무 수행을 방해한 가정폭력행위자에게는 500만원 이하의 과태료를 부과한다(동법 제22조 제1항).

④ 현장출입, 조사 또는 질문을 하는 사법경찰관리는 그 권한을 표시하는 증표를 지니고 이를 관계인에게 내보여야 한다.
⑤ 현장출동 시 수사기관의 장은 긴급전화센터, 상담소 또는 보호시설의 장에게 가정폭력

현장에 동행하여 줄 것을 요청할 수 있고, 요청을 받은 긴급전화센터, 상담소 또는 보호시설의 장은 정당한 사유가 없으면 그 소속 상담원을 가정폭력 현장에 동행하도록 하여야 한다.

⑥ 현장조사 또는 질문을 하는 사법경찰관리는 피해자·신고자·목격자 등이 자유롭게 진술할 수 있도록 가정폭력행위자로부터 분리된 곳에서 조사하는 등 필요한 조치를 하여야 한다(이상 가정폭력방지법 제9조의4).

2) 경찰의 응급조치

한편, 진행 중인 가정폭력범죄(즉, 응급상황)에 대하여 신고를 받고 현장에 출동한 사법경찰관리는 가정폭력처벌법에 따라 일정한 응급조치를 즉시 취해야 한다.

가정폭력범죄에 대한 응급조치

① 폭력행위의 제지, 가정폭력행위자·피해자의 분리 및 범죄수사
② 피해자를 가정폭력 관련 상담소 또는 보호시설로 인도(피해자가 동의한 경우만 해당)
③ 긴급치료가 필요한 피해자를 의료기관으로 인도
④ 폭력행위 재발시 임시조치를 신청할 수 있음을 통보(이상 가정폭력처벌법 제5조 각호).

3) 가정폭력에 대한 검사 및 사법경찰의 임시조치 및 긴급임시조치

그런데, 가정폭력범죄의 신고를 받고 아파트 등 가정집에 경찰이 개입하고자 할 때, 현실적으로 여러 가지 문제에 직면하게 된다. 예컨대, 가정폭력행위자가 아파트 문을 잠그고 경찰의 현장출입·조사를 거부하는 등의 문제가 발생할 수 있다.[44)]

이 경우, 경찰은 과태료(500만원 이하) 부과 등의 금전적 제재가 가해질 수 있다고 고지할 수 있는데, 그 실효성이 과연 어느 정도 이루어질지는 의문이다. 또 극단적으로 흥분한 가정폭력행위자가 아파트 출입문을 열어주지 않은 채, 피해자에게 치명적인 상해를 가할 우려도 적지 않다고 본다.

현장에 출동한 경찰은 원칙적으로 법적인 절차에 의해 대응해야 하지만 매우 긴박한 경우(예컨대, 피해자의 비명이 계속되고, 기물이 파손되는 소리가 크게 들리는 등)에는 현장책임자의 지휘감독 및 냉철한 상황판단에 의해 재량권을 행사하여 강제적으로 물리력 내지 유형력을 행사하여 현장 출입을 할 필요가 있다고 본다.[45)] 이 경우 비례의 원칙

44) 이하 최선우·김경태·박수양(2020), 경찰면접, 서울: 박영사, p. 192 재인용.

이 적용됨은 물론이다.

한편, 가정폭력범죄가 일회성으로 그치지 않고 재발할 우려가 있다고 판단되는 경우에는 그에 따른 일정한 대응조치가 필요하다고 본다. 가정폭력의 특성상 반복되는 경우가 있고, 폭력의 정도가 심화되는 경향이 있기 때문에 현장에 출동한 사법경찰관리는 이러한 부분(예컨대, 가해자가 지나치게 공격적이거나 심신 불안정하고, 또는 지나치게 차분한 경우 등)을 예의 주시하여 신중하게 대응할 필요가 있다고 본다. 부실한 경찰조치로 인해 극단적인 인명피해가 야기될 수도 있기 때문이다.

가정폭력에 대한 임시조치 및 긴급임시조치

① 임시조치의 청구

검사는 가정폭력범죄가 재발될 우려가 있다고 인정하는 경우에는 직권으로 또는 사법경찰관의 신청에 의하여 법원에 다음과 같은 임시조치를 청구할 수 있다.

㉠ 피해자 또는 가정구성원의 주거 또는 점유하는 방실(房室)로부터의 퇴거 등 격리
㉡ 피해자 또는 가정구성원의 주거, 직장 등에서 100미터 이내의 접근 금지
㉢ 피해자 또는 가정구성원에 대한 「전기통신기본법」 제2조 제1호의 전기통신을 이용한 접근 금지(이상 가정폭력처벌법 제8조 제1항)

그리고 검사는 가정폭력행위자가 위와 같은 청구에 의하여 결정된 임시조치(즉, ㉠·㉡·㉢)를 위반하여 가정폭력범죄가 재발(再發)될 우려가 있다고 인정하는 경우에는 직권으로 또는 사법경찰관의 신청에 의하여 법원에 '국가경찰관서의 유치장 또는 구치소에의 유치'의 임시조치를 청구할 수 있다(제8조 제2항).

② 긴급임시조치

사법경찰관은 제5조에 따른 응급조치에도 불구하고 가정폭력범죄가 재발될 우려가 있고, 긴급을 요하여 법원의 임시조치 결정을 받을 수 없을 때에는 직권 또는 피해자나 그 법정대리인의 신청에 의하여 일정한 조치(위의 ㉠·㉡·㉢)를 할 수 있다(제8조의2 제1항). 사법경찰관이 이에 따라 긴급임시조치를 한 때에는 지체 없이 검사에게 임시조치를 신청하고, 신청받은 검사는 법원에 임시조치를 청구하여야 한다(제8조의3 제1항).

한편, 가정폭력사건을 처리하는 과정에서 현장에 출동한 경찰이 주의해야 할 것 가운

45) 유형력 행사 가택진입의 법적 근거로서 「형사소송법」 제216조 영장에 의하지 아니한 강제처분, 「경찰관직무집행법」 제6조 범죄의 예방과 제지, 제7조 위험방지를 위한 출입, 제11조의2 적법한 경찰조치로 인한 손실보상, 「가정폭력방지 및 피해자보호등에 관한 법률」 제9조의4 사법경찰관리의 현장출동 등의 규정을 들 수 있다.

데 하나가 바로 '부적절한 언행'을 삼가야 한다는 점이다. 특히, 남성경찰들의 부지불식간에 여성비하 발언 등을 하게 되어 2차 피해를 가하는 경우가 있기 때문에 조심할 필요가 있다. 이는 비단 여성피해자 뿐만 아니라 모든 사람을 대할 때 적용된다고 본다.

범죄신고 처리시 경찰의 언행상의 유의사항

① 이런 사건은 구속하기도 어렵고, 해봐야 벌금 받고 끝입니다. 이정도의 상처는 별거 아니어서 고소할 수 없습니다(×).

⇨ 범죄의 성립 여부(한계)를 친절하게 설명해주고, 수사결과에 대해서 미리 예단해서 말하지 말 것.

② (피해를 호소하는 피해자에게) 우리가 알아서 할 테니까 좀 가만히 있어요. 말 같지도 않은 소리 하지 말고, 사건처리할 건지만 말하세요(×).

⇨ 피해자가 범죄피해로 경황이 없다는 점을 감안하여 인내심을 가지고 차분하게 피해자를 진정시키면서 피해내용을 청취해야 함.

③ 요즘 같은 세상에 그런 식으로 말하면 맞을 수도 있어요. 조금만 조심하면 될 것을 왜 사람 성질을 건드려요. 아주머니 말하는 것을 보니 남편이랑 많이 싸우겠네요. 그렇게 말을 땍땍거리게 하니까 남편이 화를 내는 겁니다(×).

⇨ 피해원인에 대해서 현장에서 단정적으로 말하지 말 것. 행위에 대한 가치판단이 이루어질 경우, 피해자 입장에서는 자신을 비난하거나 가해자를 옹호·동조하는 것으로 오해할 수 있음.

④ (가정폭력 등에 의한) 접근금지 절차에 대해서 문의하자 "절차도 복잡하고 준비해야 할 서류들이 많습니다. 할 수 있겠습니까?" 피해자가 사건에 대해 물어보고자 하는 것이 많아 보이는데, 종이 한 장(피해자 권리고지서 등)을 주면서 "그거 읽어 보시면 됩니다."(×)

⇨ 피해자들은 피해신고 처리시 전문용어 사용으로 이해하기 어렵거나, 지원 관련 정보의 제공에 경찰이 무성의하다는 불만이 적지 않음. 따라서 관련 내용에 대한 상세한 설명이 필요함.[46]

46) 경찰청 내부자료.; 최선우·김경태·박수양(2020), 앞의 책, 194 재인용.

제6절 민간경비산업의 보호 및 규제

1. 민간경비의 의의

일반적으로 민간 차원에서 이루어지는 안전·보호활동은 크게 두 가지로 나눌 수 있다. 하나는 개인이나 집단이 자경주의(自警主義) 차원에서 자신의 거주지 등을 중심으로 하는 제반 활동을 들 수 있다. 다른 하나는 하나의 '산업'(産業, industry)으로서 기업 차원에서 영리목적을 위해 안전·보호에 관한 서비스와 재화를 하나의 상품으로 판매하는 제반활동을 들 수 있다. 여기에서 말하는 민간경비(民間警備, Private Security)는 후자에 해당된다.

주지하는 바와 같이 이러한 민간경비산업은 지난 19세기 산업혁명 이후 오늘날에 이르기까지 매우 빠른 속도로 성장·발전하여 선진국에서는 경찰과 같은 공경비(公警備, Public Security)의 규모를 넘어서고 있다. 그런데, 민간경비의 성장과 더불어 과다경쟁 및 일정한 자격과 조건을 갖추지 못한 업체가 등장하였고 특히, 이들의 활동과 관련하여 인권침해 문제 등이 크게 제기되어 왔다.

따라서 우리나라에서는 민간경비의 건전한 성장·육성 및 국민의 기본권 보호 등을 위하여 경비업법(警備業法, 1976년 제정)을 마련하게 되었다.[47] 그리고 생활안전경찰에서 경비업에 대한 관리 및 지도업무를 담당하고 있다.

현행 경비업법에서는 민간경비에 대해 다음과 같은 업무의 전부 또는 일부를 도급(都給: 계약)받아 행하는 영업으로 규정하고 있다(경비업법 제2조 제1호).

㉠ **시설경비업무**: 경비를 필요로 하는 시설 및 장소(경비대상시설)에서의 도난·화재 그 밖의 혼잡 등으로 인한 위험발생을 방지하는 업무.

㉡ **호송경비업무** : 운반 중에 있는 현금·유가증권·귀금속·상품 그 밖의 물건에 대하여 도난·화재 등 위험발생을 방지하는 업무.

㉢ **신변보호업무** : 사람의 생명이나 신체에 대한 위해의 발생을 방지하고 그 신변을 보호하는 업무.

㉣ **기계경비업무** : 경비대상시설에 설치한 기기에 의하여 감지·송신된 정보를 그 경비대상시설 외(外)의 장소에 설치한 관제시설의 기기로 수신하여 도난·화재 등 위험

47) 경비업법의 제정 및 개정과정에 대한 자세한 내용은 최선우(2021), 민간경비론, 인천: 진영사, pp. 204-211 참조.

발생을 방지하는 업무.

ⓜ **특수경비업무** : 공항(항공기를 포함한다) 등 대통령령이 정하는 국가중요시설(이하 '국가중요시설'이라 한다)의 경비 및 도난·화재 그 밖의 위험발생을 방지하는 업무

2. 경비업의 허가 등

1) 시·도경찰청장의 허가

경비업을 영위하고자 하는 법인은 도급받아 행하고자 하는 경비업무를 특정하여 그 법인(法人)의 주사무소의 소재지를 관할하는 시·도경찰청장의 허가를 받아야 한다. 도급받아 행하고자 하는 경비업무를 변경하는 경우에도 또한 같다(경비업법 제4조 제1항).

2) 허가의 요건

허가를 받고자 하는 법인은 다음호의 요건을 갖추도록 하고 있다(경비업법 제4조 제2항).

ⓖ 대통령령으로 정하는 1억원 이상의 자본금의 보유

ⓝ 경비인력 요건

가. 시설경비업무: 경비원 20명 이상 및 경비지도사 1명 이상

나. 시설경비업무 외의 경비업무: 대통령령으로 정하는 경비 인력

ⓓ 위의 경비인력을 교육할 수 있는 교육장을 포함하여 대통령령으로 정하는 시설과 장비의 보유

ⓡ 그 밖에 경비업무 수행을 위하여 대통령령으로 정하는 사항

그리고 위에 따라 경비업의 허가를 받은 법인은 영업의 폐업 또는 휴업, 법인의 명칭이나 대표자·임원의 변경, 법인의 주사무소나 출장소의 신설·이전 또는 폐지 등을 할 때에는 시·도경찰청장에게 신고(申告)하도록 하고 있다(제4조 제3항).

3) 허가의 제한

경비업법 개정(2013)으로 경비업에 대한 허가의 제한이 강화되었다. 종래 경비업자들은 법의 약점을 피해 편법으로 경비업을 영위해 온 부분이 적지 않았는데, 이 규정을 통해 어느 정도 규제가 가능하게 된 것이다. 이에 따라 다음과 같은 제한을 두고 있다(경비

업법 제4조의2 각항).

㉠ 누구든지 경비업법 제4조(경비업의 허가) 제1항에 따른 허가를 받은 경비업체와 동일한 명칭으로 경비업 허가를 받을 수 없다.

㉡ 경비업법 제19조 제1항 제2호 및 제7호의 사유로 경비업체의 허가가 취소된 경우,[48] 허가가 취소된 날부터 10년이 지나지 아니한 때에는 누구든지 허가가 취소된 경비업체와 동일한 명칭으로 허가를 받을 수 없다.

㉢ 경비업법 제19조 제1항 제2호 및 제7호의 사유로 허가가 취소된 법인은 법인명 또는 임원의 변경에도 불구하고 허가가 취소된 날부터 5년이 지나지 아니한 때에는 제4조 제1항에 따른 허가를 받을 수 없다.

3) 경비업의 허가취소 및 영업정지

(1) 허가취소

허가관청인 시·도경찰청장은 경비업자가 다음의 어느 하나에 해당하는 때에는 그 허가를 취소하여야 한다(경비업법 제19조 제1항).

㉠ 허위 그 밖의 부정한 방법으로 허가를 받은 때

㉡ 허가받은 경비업무외의 업무에 경비원을 종사하게 한 때

㉢ 경비업 및 경비관련업 외의 영업을 한 때

㉣ 정당한 사유 없이 허가를 받은 날부터 1년 이내에 경비 도급실적이 없거나 계속하여 1년 이상 휴업한 때

㉤ 정당한 사유 없이 최종 도급계약 종료일의 다음 날부터 1년 이내에 경비 도급실적이 없을 때

㉥ 영업정지처분을 받고 계속하여 영업을 한 때

㉦ 소속 경비원으로 하여금 경비업무의 범위를 벗어난 행위를 하게 한 때

㉧ 관할 경찰관서장의 배치폐지 명령에 따르지 아니한 때

(2) 영업정지

허가관청인 시·도경찰청장은 경비업자가 다음의 어느 하나에 해당하는 때에는 대통령

48) 이는 ① 허가받은 경비업무외의 업무에 경비원을 종사하게 한 때(경비업법 제19조 제1항 제2호), ② 소속 경비원으로 하여금 경비업무의 범위를 벗어난 행위를 하게 한 때(제1항 제7호)를 말한다.

령으로 정하는 행정처분의 기준에 따라 그 허가를 취소하거나 6개월 이내의 기간을 정하여 영업의 전부 또는 일부에 대하여 영업정지를 명할 수 있다(경비업법 제19조 제2항).

㉠ 시·도경찰청장의 허가 없이 경비업무를 변경한 때
㉡ 도급을 의뢰받은 경비업무가 위법한 것임에도 이를 거부하지 아니한 때
㉢ 경비지도사를 집단민원현장에 선임·배치하지 아니한 때
㉣ 경비대상시설에 관한 경보 대응체제를 갖추지 아니한 때
㉤ 관련 서류를 작성·비치하지 아니한 때
㉥ 결격사유에 해당하는 경비원을 배치하거나 결격사유에 해당하는 경비지도사를 선임·배치한 때
㉦ 법이 정하는 것을 위반하여 경비지도사를 선임한 때
㉧ 경비원으로 하여금 교육을 받게 하지 아니한 때
㉨ 경비원의 복장 등에 관한 규정을 위반한 때
㉩ 경비원의 장비 등에 관한 규정을 위반한 때
㉪ 경비원의 출동차량 등에 관한 규정을 위반한 때
㉫ 집단민원현장에 일반경비원 명부를 작성·비치하지 아니한 때
㉬ 배치허가를 받지 아니하고 경비원을 배치하거나 경비원 명단 및 배치일시·배치장소 등 배치허가 신청의 내용을 거짓으로 한 때
㉭ 결격사유에 해당하는 일반경비원을 집단민원현장에 배치한 때

이 밖에서 감독상 명령에 따르지 아니한 때, 손해를 배상하지 아니한 때 등이 영업정지사유에 해당된다.

(3) 포괄적 허가취소 및 영업정지 금지

그런데 주의할 것은 허가관청은 허가취소 또는 영업정지처분을 하는 때에는 경비업자가 허가받은 경비업무 가운데 중 허가취소 또는 영업정지사유에 해당되는 경비업무에 한하여 처분을 하여야 한다(경비업법 제19조 제3항). 이는 경비업을 규제하면서도 한편으로는 보호하기 위한 것이라고 볼 수 있다.

그러나 위에서 살펴본 허가취소 사유 가운데 '㉠' 즉, '허가받은 경비업무외의 업무에 경비원을 종사하게 한 때'와 '㉦' 즉, '소속 경비원으로 하여금 경비업무의 범위를 벗어난 행위를 하게 한 때'에 해당하여 허가취소를 하는 때에는 그러하지 아니하다(제19조

제3항 하단). 이 두 가지 경우에는 포괄적 허가취소가 가능하다는 의미이다.

3. 경비업의 감독

경찰청장 또는 시·도경찰청장은 경비업무의 적정한 수행을 위하여 경비업자 및 경비지도사를 지도·감독하며 필요한 명령을 할 수 있다(경비업법 제24조 제1항).

그리고 시·도경찰청장 또는 관할 경찰관서장은 소속 경찰공무원으로 하여금 관할구역 안에 있는 경비업자의 주사무소 및 출장소와 경비원배치장소에 출입하여 근무상황 및 교육훈련상황 등을 감독하며 필요한 명령을 하게 할 수 있다. 이 경우 출입하는 경찰공무원은 그 권한을 표시하는 증표를 관계인에게 내보여야 한다(제24조 제2항).

그리고 시·도경찰청장 또는 관할 경찰관서장은 경비업자 또는 배치된 경비원이 이 법이나 이 법에 따른 명령, 그리고 「폭력행위 등 처벌에 관한 법률」을 위반하는 행위를 하는 경우 그 위반행위의 중지를 명할 수 있다(제24조 제3항).

끝으로 시·도경찰청장 또는 관할 경찰관서장은 경비업무 장소가 '집단민원현장'으로 판단되는 경우에는 그 때부터 48시간 이내에 경비업자에게 경비원 배치 허가를 받을 것을 고지하도록 하고 있다(제24조 제4항).

제7장 수사경찰

제1절 수사경찰의 의의

1. 수사경찰의 개념

수사경찰은 이미 발생한 범죄사건에 대한 자료와 증거수집, 그리고 범인 발견·체포 등 범죄수사와 관련된 제반활동을 수행하는 경찰을 말한다.[1]

우리는 매일 주변 일상생활과 언론 보도들을 통해 많은 크고 작은 수많은 범죄를 직·간접적으로 경험하게 된다. 경찰의 가장 기본적이고 1차적이며 사전(事前)적인 활동이 범죄예방(犯罪豫防, crime prevention)이라면, 2차적이며 사후(事後)적인 활동은 범죄수사(犯罪搜査, crime investigation)라 할 수 있다.

그리고 이들 양자는 밀접한 관련성을 가진다. 즉, 범죄예방이 잘 이루어지면, 범죄발생이 적을 것이며, 결과적으로 범죄수사는 감소할 것이다. 그리고 고전주의적 범죄예방론과 같이 범죄수사가 신속·정확하게 이루어지고(신속성·정확성), 이에 합당한 처벌이 이루어진다면(엄격성), 잠재적 범죄자들의 범죄욕망은 억제되어 예방적 효과를 기대할 수도 있을 것이다.

법적인 의미에서 발생한 범죄에 대한 사후조사 즉, 수사라는 것은 '범죄의 혐의 유무의 확인과 범인의 체포 및 증거수집을 위한 수사기관의 활동'을 말한다. 이러한 활동을 법적으로 규정한 '절차'(process)를 수사라고 하기도 한다. 또 수사를 '과거사건의 재구성'(the reconstruction of past event)이라고 간결하게 개념정의를 내리기도 한다.[2]

---

1) 2019년 현재 경찰공무원 122,913명(100.0%) 가운데, 경찰직제상 수사경찰기능을 담당하는 경찰은 21,109명(약 17.0%)에 이르고 있다. 경찰청(2020), 경찰통계연보, p. Ⅱ.

2) J. W. Osterburg, R. H. Ward(2000), Criminal Investigation: A Method for Reconstructing The Past, OH: Anderson Publishing Co., p. 5.

이러한 점에서 수사라는 것은 '정적'(靜的)인 것이 아니라 '동적'(動的) 활동이라 할 수 있다. 이는 수사를 포함한 형사절차의 본질적 특성이라 할 수 있다.

2. 수사경찰의 특징

범죄수사는 기본적으로 실체적 진실발견(實體的 眞實發見)과 인권보장(人權保障)이라는 양대 이념으로 이루어져 있다. 아마도 다양한 경찰활동 가운데 수사경찰의 수사활동은 인권침해문제와 가장 밀접한 관련성이 있다고 본다. 이는 역사적 경험을 통해서도 명백히 드러나 있음은 주지의 사실이다.

범죄수사과정에서 실체적 진실발견이라는 미명하에 비록 법으로 금지하고 있음에도 불구하고 위법한 강제처분(强制處分, 체포·구속·압수수색 등)을 암암리에 자행해 왔다는 점이다. 이 문제는 특히, 국가권력집단의 이해관계와 결합 된 국가형벌권(國家刑罰權)을 실현하기 위한 도구로써 사용되어 그 폐단이 더욱 심각하였다고 할 수 있다.

따라서 오늘날 '적법절차'를 통한 인권보장 문제는 수사절차를 포함한 형사절차에 있어서 매우 중요시되고 있다. 그래서 헌법에서도 특히, 형사절차에 있어서 많은 인권보호규정을 두고 있는 것이다. 죄형법정주의, 일사부재리원칙과 이중처벌금지의 원칙, 연좌제금지, 영장주의, 무죄추정의 원칙, 체포·구속적부심사 청구권, 변호인 조력 청구권, 고문을 받지 아니할 권리, 진술거부권 등이 바로 그것이다.[3)]

헌법에서 명시하고 있는 형사절차상의 인권보호 규정

- 헌법 제12조 ① 모든 국민은 신체의 자유를 가진다. 누구든지 법률에 의하지 아니하고는 체포·구속·압수·수색 또는 심문을 받지 아니하며, 법률과 적법한 절차에 의하지 아니하고는 처벌·보안처분 또는 강제노역을 받지 아니한다.
  ② 모든 국민은 고문을 받지 아니하며, 형사상 자기에게 불리한 진술을 강요당하지 아니한다.
  ③ 체포·구속·압수 또는 수색을 할 때에는 적법한 절차에 따라 검사의 신청에 의하여 법관이 발부한 영장을 제시하여야 한다. 다만, 현행범인인 경우와 장기 3년 이상의 형에 해당하는 죄를 범하고 도피 또는 증거인멸의 염려가 있을 때에는 사후에 영장을 청구할 수 있다.
  ④ 누구든지 체포 또는 구속을 당한 때에는 즉시 변호인의 조력을 받을 권리를 가진다. 다만, 형사피고인이 스스로 변호인을 구할 수 없을 때에는 법률이 정하는 바에 의하

3) 이에 대한 세부내용은 김철수(2006), 헌법학개론, 서울: 박영사, pp. 529-582 참조.

여 국가가 변호인을 붙인다.

⑤ 누구든지 체포 또는 구속의 이유와 변호인의 조력을 받을 권리가 있음을 고지 받지 아니하고는 체포 또는 구속을 당하지 아니한다. 체포 또는 구속을 당한 자의 가족 등 법률이 정하는 자에게는 그 이유와 일시·장소가 지체 없이 통지되어야 한다.

⑥ 누구든지 체포 또는 구속을 당한 때에는 적부의 심사를 법원에 청구할 권리를 가진다.

⑦ 피고인의 자백이 고문·폭행·협박·구속의 부당한 장기화 또는 기망 기타의 방법에 의하여 자의로 진술된 것이 아니라고 인정될 때 또는 정식재판에 있어서 피고인의 자백이 그에게 불리한 유일한 증거일 때에는 이를 유죄의 증거로 삼거나 이를 이유로 처벌할 수 없다.

- 헌법 제13조 ① 모든 국민은 행위시의 법률에 의하여 범죄를 구성하지 아니하는 행위로 소추되지 아니하며, 동일한 범죄에 대하여 거듭 처벌받지 아니한다. ② 생략.

  ③ 모든 국민은 자기의 행위가 아닌 친족의 행위로 인하여 불이익한 처우를 받지 아니한다.
- 헌법 제16조 모든 국민은 주거의 자유를 침해받지 아니한다. 주거에 대한 압수나 수색을 할 때에는 검사의 신청에 의하여 법관이 발부한 영장을 제시하여야 한다.
- 헌법 제17조 모든 국민은 사생활의 비밀과 자유를 침해받지 아니한다.
- 헌법 제18조 모든 국민은 통신의 비밀을 침해받지 아니한다.
- 헌법 제27조 ① 모든 국민은 헌법과 법률이 정한 법관에 의하여 법률에 의한 재판을 받을 권리를 가진다. ② 생략.

  ③ 모든 국민은 신속한 재판을 받을 권리를 가진다. 형사피고인은 상당한 이유가 없는 한 지체 없이 공개재판을 받을 권리를 가진다.

  ④ 형사피고인은 유죄의 판결이 확정될 때까지는 무죄로 추정된다.

  ⑤ 형사피해자는 법률이 정하는 바에 의하여 당해 사건의 재판절차에서 진술할 수 있다.
- 헌법 제28조 형사피의자 또는 형사피고인으로서 구금되었던 자가 법률이 정하는 불기소처분을 받거나 무죄판결을 받은 때에는 법률이 정하는 바에 의하여 국가에 정당한 보상을 청구할 수 있다.
- 헌법 제30조 타인의 범죄행위로 인하여 생명·신체에 대한 피해를 받은 국민은 법률이 정하는 바에 의하여 국가로부터 구조를 받을 수 있다.

3. 수사경찰의 법적 근거

수사경찰의 법적 근거는 헌법을 근간으로 하고, 일반법으로서 경찰법 제3조(경찰의 임무), 경찰관직무집행법 제2조(직무의 범위)에 개괄적으로 규정되어 있다.

그리고 수사에 대한 구체적인 내용·방법 및 검사와 사법경찰과의 관계 형사소송법에 규정되어 있다. 그리고 이 형사소송법 특히, 제195조(검사와 사법경찰과의 관계 등)에 따라 검사와 사법경찰관의 상호협력과 일반적 수사준칙에 관한 사항을 다루기 위하여 대통령령으로 「검사와 사법경찰관의 상호협력과 일반적 수사준칙에 관한 규정」이 제정(2020년)되었다(이에 대한 내용은 제5장 사법경찰권한에서 설명한 바 있다).

검사와 사법경찰관의 상호협력과 일반적 수사준칙에 관한 규정

① 제정이유

검사의 사법경찰관에 대한 수사지휘를 폐지하고, 검사와 사법경찰관이 수사, 공소제기 및 공소유지에 관하여 서로 협력하도록 하는 내용으로 「형사소송법」이 개정(2020. 2)되었다.

이에 따라 검사와 사법경찰관의 상호협력에 필요한 사항과 수사를 할 때 지켜야 하는 일반적인 수사준칙을 대통령령으로 규정(2020. 10)함으로써 검찰과 경찰로 하여금 국민의 안전과 인권 수호를 위해 서로 협력하게 하고, 수사권이 국민을 위해 민주적이고 효율적으로 행사되도록 하려는 것이다.

② 주요내용

㉠ 인권보호 강화를 위한 수사의 기본원칙(제3조, 제15조 및 제21조부터 제23조까지 등)
㉡ 검사와 사법경찰관의 상호협력 강화(제6조부터 제9조까지)
㉢ 검사와 사법경찰관의 수사 개시에 관한 절차(제16조)
㉣ 전자정보의 압수·수색·검증 절차(제41조 및 제42조)
㉤ 사법경찰관리의 위법·부당한 수사에 대한 검사의 시정조치요구 절차(제45조부터 제47조까지)
㉥ 검사의 보완수사요구 절차(제59조부터 제61조까지)
㉦ 검사의 재수사요청 절차 규정(제62조부터 제65조까지)

한편, 수사경찰의 조직 및 사무분장과 관련하여 경찰청과 그 소속기관 직제(대통령령) 제16조(국가수사본부), 제17조(수사기획조정관), 제18조(과학수사관리관), 제19조(수사국), 제20조(형사국), 제21조(사이버수사국), 제22조(안보수사국) 등에 규정되어 있다. 여기에서 제22조(안보수사국)은 보안경찰의 영역이라고 볼 수 있다.

제2절 수사의 성질과 대상

1. 수사의 성질

범죄수사는 국가가 수행하는 형벌권을 실현하기 위한 형사절차의 일환이라고 할 수 있다. 그러나 위에서 살펴본 바와 같이 그 성격상 자칫하면 일방적으로 진행되기 쉽고, 인권침해의 여지가 높다.

수사는 형사소송의 일환으로 범죄사실을 규명하는 활동이다. 또한 심증(心證: 사실관계 존재여부에 대한 주관적 인식이나 확신)의 형성과 유죄판결을 지향하며, 진실발견을 위한 창조적인 활동으로 하강과 상승의 연속이라고 할 수 있다. 이러한 점에서 수사경찰의 범죄수사는 다음과 같은 특징을 갖는다.[4)]

1) 형사소송절차의 일환

수사는 직접적으로 공소의 제기 및 수행을 위한 준비활동인 동시에, 국가가 수행하는 형벌권 행사를 뒷받침하는 형사절차의 한 부분이다. 수사는 공소제기의 준비는 물론이고 이를 수행하는 과정에서 요구되는 자료를 수집하는 것을 포함한다.

그러므로 기소 전으로 한정되지 않고, 기소 후에도 수사가 가능하다. 특히 경찰의 수사는 수사, 공소제기, 재판, 행형과 교정으로 이루어지는 형사사법체계상 맨 처음에 위치하여 형사사법의 양과 질을 결정하는 내우 중요한 기능을 한다.

2) 범죄사실을 규명하는 활동

수사는 범죄사실의 진상을 파악하여 그에 대한 형벌법규를 적용하는 활동이다. 범죄사실의 진상을 규명한다는 것은 이미 과거의 일이 된 범죄사실을 탐지하여 범인, 범행시각과 장소, 범행의 동기와 결과 등 범죄 전반을 '재구성'(再構成) 한다는 것을 의미한다. 따라서 범죄사실에 형벌법규를 적용한다는 것은 범죄사실이 각종 법규정에 명문화되어 구성요건(構成要件)을 충족하는지의 여부를 명확하게 한다는 것을 말한다.

4) 김충남(2008), 경찰수사론, 서울: 박영사, pp. 4-7.; 강맹진(2014), 범죄수사론, 서울: 대왕사, pp. 25-27 재인용.

3) 심증형성을 지향하는 활동

수사는 사건의 진상을 파악하고 그것을 형사사법절차에 적용시키는 활동이라고 할 수 있다. 그러므로 수사경찰은 자신이 취급하는 사건에 대하여 우선 스스로 범죄사실의 진실에 대한 확신, 즉 자신의 '심증'(心證)을 형성해야 한다.

그러기 위해서는 수사경찰이 확신한 범죄사실을 객관적이고 실증적으로 입증하여 수사의 주재자인 검사의 심증에도 영향을 미쳐 공소의 제기가 이루어지도록 해야 한다. 또한 검사의 심증형성은 물론이고, 법관의 심증형성에도 영향을 미쳐 범죄자가 지은 죄에 상응하는 처벌을 받도록 해야 한다.

4) 유죄판결을 지향하는 활동

수사의 궁극적인 목적은 저지른 죄에 대하여 유죄판결을 받게 하는데 있다. 그러므로 수사경찰은 수사의 단서를 통하여 범죄에 관한 주관적 혐의를 갖게 되면, 그에 따른 범인 및 범죄사실의 발견, 증거의 수집과 보전활동이 이루어져야 한다.

따라서 제보자나 목격자·피의자 신문은 물론이고, 과학수사를 통한 물적 증거를 치밀하게 확보하여 범죄사실에 대한 진위를 분명하게 해야 한다. 이것은 주관적 혐의에서 객관적인 혐의로 발전시킴으로써 공소의 제기 및 유지를 통하여 유죄판결을 받도록 하는 활동이다.

5) 진실발견을 위한 창조적 활동

수사는 실체적 진실을 발견해 가는 창조적 활동이라고 할 수 있다. 사건이 발생하면 일반적으로 수사경찰은 무(無)에서 유(有)를 찾는 자세로 사건에 집중하게 된다.

경미하고 간단한 사건은 해결이 쉽겠지만 복잡하고 중요한 사건은 그 해결에 어려움이 따른다. 예컨대, 지능범의 경우, 수사경찰과 범죄자와의 두뇌싸움이라고 할 수 있으며, 누가 이기느냐에 따라 사건수사의 결과가 달라질 수 있다. 결국, 수사는 진실을 규명하기 위한 수사경찰의 추적과 추리, 증거수집, 끈기와 노력을 통한 창조적 활동인 것이다.

6) 하강과 상승과정의 반복

수사는 현장에서 대응하는 사법경찰부터 공소제기를 담당하는 검사와 재판을 담당하는 판사에 이르기까지 관련자들의 심증형성을 위하여 하강과 상승과정을 반복하고 있다. 하강과정은 수사경찰이 범죄사실의 진상을 파악하고 확인하여 범죄행위에 대한 수사경찰

자신의 심증을 형성해 가는 과정이다.

이에 반해 상승과정은 수사경찰관에게 형성된 범죄에 대한 판단이 형사사법절차의 과정상에 있는 검사 및 법관에게도 수사경찰에게 형성된 심증과 동일한 확신을 가지도록 하기 위한 심증형성과정을 말한다.

2. 수사의 대상

범죄수사를 통하여 무엇을 탐색하고 명확하게 할 것인가 하는 목적사항을 수사의 대상이라고 한다. 즉, 수사를 받게 되는 개인이나 단체를 의미한다. 그런데 실체적인 면에서 보면 두 가지로 구분할 수 있다. 그 하나는 ㉠ 수사의 사실적 내용이고, 다른 하나는 ㉡ 수사의 법률적 내용이다.[5)]

1) 수사의 사실적 내용

이는 과거에 행하여진 범인과 범죄행동의 내용과 같은 사실행위를 확정하는 것을 말한다. 즉, 범인은 누구이고, 범인이 어떤 행위를 했는가를 밝혀내는 것과 같이 사실적 실체를 밝혀내는 과정을 의미한다.

수사의 사실적 내용 파악을 위하여 '과거의 범죄행위를 재현'하는 세 가지 사항이 있다. 이를 수사의 사실적 내용의 요소라고 하며, 수사요소의 충족, 행동의 필연성, 사건의 형태성으로 구분된다.

(1) 수사요소의 충족

범죄자의 범죄행동을 재현하기 위하여 필요한 요소 즉, 범죄사실을 구성하는 요소를 말하는데, 이와 관련하여 4하원칙, 6하원칙, 8하원칙이 사용된다. 일반적으로 수사에는 6하원칙이, 보다 정확한 내용의 파악을 위해서는 8하원칙을 적용할 수 있다.

㉠ **수사의 4하원칙**: 누가, 언제, 어디서, 무엇을(행위·결과)
㉡ **수사의 6하원칙**: 4하원칙 + 왜(동기), 어떻게 해서(수단·방법)
㉢ **수사의 8하원칙**: 6하원칙 + 누구와(공범), 누구에게(객체)

(2) 행동의 필연성

어떤 행동에 대하여는 그에 대한 이유와 원인이 있고, 그렇게 되지 않으면 안 되는 필

5) 강맹진(2014), 앞의 책, pp. 27-30 재인용.

연적인 조건이 있다.

이는 범인이 범죄를 저지르게 된 동기·경과·조건 등을 포착하는 것으로 범인이 왜 그 시간에 그 장소에서 그와 같은 범행을 저질렀느냐에 대한 이유를 명백히 해야 한다.

(3) 사건의 형태성

사건의 형태성은 범죄행동의 필연성에 바탕을 두고 수집된 자료들이 질서정연하게 정리되어 사건의 전모가 생생하게 밝혀지는 전체의 모습을 말한다.

2) 수사의 법률적 내용

이는 법적인 관점에서 범죄가 성립하는가, 어떠한 범죄인가를 판단하는 것을 말한다. 수사의 사실적 내용이 파악된 후 그 행위에 대한 범죄성립 여부, 죄명, 적용법령 등을 살펴보는 것을 의미한다.

(1) 범죄성립의 요건

형벌법령에 존재하는 위법·유책한 행위를 말하는데, 여기에는 ㉠ 구성요건 해당성, ㉡ 위법성, ㉢ 책임성을 들 수 있다.

① 구성요건 해당성

구성요건 해당성(構成要件該當性)은 형벌법규에 추상적으로 규정된 행위유형으로, 저지른 죄와 관련된 법률이 존재하느냐를 의미한다. 법률이 존재하지 않으면 죄명도 없고, 형벌도 없다.

이와 관련하여 예컨대, 살인의 구성요건으로서 형법 제250조(살인)에서 "사람을 살해한 자는 사형, 무기 또는 5년 이상의 징역에 처한다"고 규정하고 있다(제1항).

또 강간의 구성요건으로서 형법 제297조(강간)에서 "폭행 또는 협박으로 사람을 강간한 자는 3년 이상의 유기징역에 처한다"고 규정하고 있다.

죄형법정주의

① 죄형법정주의의 의미

죄형법정주의란 "법률이 없으면, 범죄도 없고 형벌도 없다"라는 근대형법의 기본원리이다. 어떤 행위를 범죄로 처벌하려면 범죄와 형벌이 반드시 법률로 정해져 있어야 한다는 것으로, 국가의 과도한 형벌권의 행사로부터 시민의 자유와 권리를 보호하려는 근대 인권사상의 요청으로 등장한 원리이다.

범죄와 형벌을 법률로 정하도록 하는 이유는, 법률이 국민의 대표라는 민주적 정당성을 가지는 의회에서 제정하는 법규범이기 때문이다. 또한, 의회에서 제정하는 법률은 누구나 쉽게 확인할 수 있는 성문법의 형식으로 이루어져 있어, 일반 국민도 무엇이 범죄이며, 그 범죄에 대해 어떤 형벌이 부과되는지를 정확하게 알 수 있기 때문이다.

② 죄형법정주의의 구체적 원리

㉠ 관습형법 금지의 원칙: 법률로 정하지 않은 범죄와 형벌은 인정하지 않음

㉡ 소급효 금지의 원칙: 행위를 할 때 범죄로 규정하지 않았던 행위를 나중에 범죄로 규정하여 처벌하는 것을 금지함

㉢ 명확성·적정성의 원칙: 무엇이 범죄이고 각각의 범죄에 어떤 형벌이 부과되는지가 명확하고 적정해야 함

㉣ 유추적용 금지의 원칙: 형벌 법규에 처벌 대상으로 명시되어 있지 않다면 아무리 그것과 유사한 성질의 것이더라도 유추하여 적용해서는 안 됨

오늘날의 죄형법정주의는 법률의 내용까지도 정의로워야 한다는 의미에서 '적정한 법률이 없으면, 범죄도 없고 형벌도 없다'라는 원칙으로 이해되고 있다. 결국, 죄형법정주의는 법관의 자의로부터 국민의 자유를 보호할 뿐만 아니라, 입법권의 자의(恣意)로부터도 국민의 자유를 보호하는 근거가 된다.[6]

② 위법성

위법성(違法性)은 사회의 법질서를 위반함으로서 법적으로 내려지는 부정적인 가치판단이다. 즉, 누가 보더라도 법을 위반한 사실이 인정되어야 함을 말한다.[7] 구성요건에 해당하는 행위라도 위법성이 없으면 수사의 대상이 될 수 없다.

구성요건 해당성과 위법성의 구별이 명확하지 않을 수도 있지만, 이의 차이는 다음과 같다.

예컨대, 위법하게 공격하는 사람에 대해 정당하게 방어하는 자는 비록 그가 공격자의 권리를 침해하고, 따라서 형법 제257조 상해(傷害)의 구성요건이나 형법 제250조의 살인(殺人)의 구성요건을 실현하더라도 불법을 행한 것은 아니다. 그것은 형법 제21조의 정당방위(正當防衛)에 해당되기 때문이다.

6) 다음백과(https://100.daum.net/encyclopedia).

7) 배종대(1996), 형법총론, 서울: 홍문사, p. 257.

정당방위 성립 논란

흉기로 위협하는 지인을 맨손으로 제압해 다치게 한 혐의로 재판에 넘겨진 40대 남성에게 1심 법원이 정당방위를 인정하지 않았다. 법원에 따르면 서울서부지법 형사4단독 박보미 판사는 상해 혐의로 기소된 김모(49)씨의 정당방위 주장을 인정하지 않으면서 형은 면제한다고 밝혔다.

김씨는 2020년 4월 6일 오후 10시쯤 인천의 한 공원에서 친구 A(48)씨에게 상해를 입힌 혐의로 기소되었다. 이들은 술을 마시다 다투게 되자 A씨가 먼저 흉기로 김씨를 위협했고, 김씨는 A씨에게 팔을 찔리자 폭행을 가한 것으로 전해졌다. 김씨는 A씨의 손을 쳐서 흉기를 떨어뜨린 뒤, A씨를 넘어뜨려 발로 수차례 걷어찬 것으로 조사되었다. 김씨의 공격으로 A씨는 갈비뼈 골절 등으로 전치 5주의 상해를 입은 것으로 전해졌다.

김씨는 "A씨가 든 흉기에 찔려 전치 6주의 상해를 입었다"며 정당방위를 주장했지만 법원은 이를 인정하지 않았다. 판사는 "이미 A씨가 흉기를 놓친 후에도 폭행을 했고, 그 강도가 과도해 과잉방위에 해당한다"면서 "김씨가 직접 112신고를 하고, 수사기관에서도 비교적 조리있게 진술한 것으로 보아 감정적으로도 동요된 상황에 있었다고 보기 어렵다"고 판단하였다. 다만 "A씨가 김씨에 대한 처벌을 원치 않는 점과 사건 경위 및 전후 정황을 고려해 형을 면제하기로 한다"고 판시하였다.[8)]

또 현행범인을 체포하는 사람은 비록 그가 다른 사람의 자유를 박탈하더라도(형법 제276조의 체포·감금 등) 적법하게 행위 하는 것이다. 왜냐하면 그는 형사소송법 제212조에 의하여 현행범인을 체포할 수 있는 권리를 가지기 때문이다. 형사소송법 제212조(현행범인의 체포)에서는 "현행범인은 누구든지 영장없이 체포할 수 있다"고 규정하고 있다. 이는 형법 제20조의 정당행위(正當行爲)에 해당되는 것이다.

③ 책임성

책임성(責任性)은 행위자에게 가해지는 비난(고의·과실, 책임능력, 위법성 인식, 기대가능성 등)으로 행위 당시에 그 행위에 대하여 책임질 만한 능력이 있었느냐는 것이다.[9)] 책임성을 묻는 표식으로서는 다음과 같은 것이 있다.

㉠ 고의·과실

행위자가 자기행위를 이미 내적으로 인식하고 의욕 했다는 사실(고의), 또는 그가 실현된 결과를 원치는 않았지만 최소한 결과발생을 예견할 수 있었고(예견가능성), 그리고

8) 세계일보(2021. 07. 02.).

9) 배종대(1996), 앞의 책, pp. 365-366.

필요한 주의를 게을리 하였기 때문에(주의의무위반) 결과가 발생했다는 사실(과실)을 말한다.

㉡ 책임능력

행위자가 법규범의 의미를 이해하여 그 규범에 따라 행동할 수 있는 능력을 말한다. 형법상 이러한 책임능력이 없거나 약한 경우는 형사미성년자, 심신장애인, 청각 및 언어장애인이 있다.

형법상 책임능력이 없거나 약한 경우

① 형사미성년자(형법 제9조)

14세되지 아니한 자의 행위는 벌하지 아니한다.

② 심신장애인(형법 제10조)

㉠ 심신장애로 인하여 사물을 변별할 능력이 없거나 의사를 결정할 능력이 없는 자의 행위는 벌하지 아니한다.

㉡ 심신장애로 인하여 전항의 능력이 미약한 자의 행위는 형을 감경할 수 있다.

㉢ 위험의 발생을 예견하고 자의(恣意)로 심신장애를 야기한 자의 행위에는 위의 규정을 적용하지 아니한다.

③ 청각 및 언어 장애인(형법 제11조)

듣거나 말하는 데 모두 장애가 있는 사람의 행위에 대해서는 형을 감경한다.

이 가운데 형사미성년자와 심진장애인 가운데 심신상실자는 어떠한 경우에도 형사책임을 부담하지 않는 형사책임무능력자이다. 이에 반해 심신장애인 가운데 심신미약자, 청각 및 언어 장애인은 책임이 감경된다는 의미에서 한정책임능력자라 할 수 있다.

㉢ 위법성의 인식

행위자는 자기행위가 규범의 금지·명령에 위반한다는 것을 인식할 수 있어야 한다. 어떤 금지된 행위를 한다는 것을 전혀 인식할 수 없었던 행위자에게 그 행위에 대한 책임을 지울 수 없기 때문이다.

㉣ 기대가능성

법이 명령하는 행위가 행위자에게 기대 가능해야 한다. 공포, 흥분, 당황 또는 강박에 의해 어쩔 수 없었던 행위는 그의 책임으로 귀속시킬 수는 없다.

(2) 가벌성 여부

그런데 범죄의 성립요건(구성요건해당성, 위법성, 책임성)에 해당하더라도 처벌을 위해서는 별도의 범죄 처벌조건과 소추조건이 요구되기도 한다.

① 범죄의 처벌조건

범죄의 처벌조건은 '객관적 처벌조건'과 '인적 처벌조각사유'로 구분할 수 있다.[10)]

㉠ 객관적 처벌조건

객관적 처벌조건은 범죄의 요건이 구비되어도, 과형에 있어서 일정한 객관적 사실의 발생에 의존하는 경우 그 사실에 의해 처벌하는 것을 말한다.

예컨대, 수뢰·사전수뢰죄(형법 제129조)의 적용이 이루어지기 위해서는 공무원 또는 중재인이 된 사실이 존재해야 한다.

㉡ 인적 처벌조각사유

인적 처벌조각사유 외교관 등 특별한 신분, 그리고 친족상도(親族相盜, 형법 제344조 등) 등을 들 수 있다. 범죄는 성립되지만 범죄행위 당시에 존재하는 특별한 신분관계로 형벌을 과할 수 없는 것을 말한다.

예컨대, 국회에서 직무상 행한 국회의원 발언과 표결에 관하여 국회 외에서 책임을 지지 않도록 규정한 면책특권과 외교관의 외교특권이 여기에 해당된다.

친족간의 범행과 고소

① 직계혈족, 배우자, 동거친족, 동거가족 또는 그 배우자간의 제323조(권리행사방해)의 죄는 그 형을 면제한다.[11)]
② 제1항 이외의 친족간에 제323조의 죄를 범한 때에는 고소가 있어야 공소를 제기할 수 있다.
③ 전 2항의 신분관계가 없는 공범에 대하여는 전 이항을 적용하지 아니한다(이상 형법 제344조).

---

10) 강맹진(2014), 앞의 책, p. 29-30 재인용.

11) 권리행사방해: 타인의 점유 또는 권리의 목적이 된 자기의 물건 또는 전자기록등 특수매체기록을 취거, 은닉 또는 손괴하여 타인의 권리행사를 방해한 자는 5년 이하의 징역 또는 700만원 이하의 벌금에 처한다(형법 제323조)

② 범죄의 소추조건

범죄의 소추조건은 형사소송법상 일정한 요건이 필요한데, 친고죄와 반의사불벌죄가 이에 해당된다.[12] 친고죄와 반의사불벌죄는 특히, 피해자의 의사(意思表示)가 중요하다. '처벌을 원한다' 또는 '처벌을 원하지 않는다'라고 하는 피해자의 의사표시가 피의자·피고인의 형사처벌을 좌우하기 때문이다. 그리고 이러한 죄는 피해자와의 합의(合意)가 관건이다. 합의 결과에 따라 수사를 종결시키고, 재판을 중지시킬 수도 있기 때문이다.

㉠ 친고죄

친고죄(親告罪)는 피해자나 기타 법률이 정한 자의 고소가 있어야 공소를 제기할 수 있는 범죄를 말한다. 따라서 피해자가 고소를 하지 않으면 검사는 기소할 수 없고, 판사도 유무죄를 판단할 수 없는 죄가 친고죄다.

범죄가 경미하거나 공소제기가 피해자에게 불이익을 초래할 우려가 있는 경우, 피해자의 의사를 무시하면서까지 소추함이 적절하지 못하다고 판단되어 도입되었다. 따라서 친고죄의 경우에는 국가기관이 수사와 공소를 제기하려면 '처벌을 원한다'는 피해자의 의사표시(意思表示)가 반드시 필요하다.

친고죄는 범인을 알게 된 날부터 6개월을 경과하면 고소할 수 없다. 단, 고소할 수 없는 불가항력의 사유가 있는 때에는 그 사유가 없어진 날로부터 기산하도록 하고 있다(형사소송법 제230조). 이러한 고소기간을 제한하는 것은 친고죄의 경우, 고소는 소송조건이므로 공소제기 여부를 오랫동안 사인(私人)의 의사에 맡겨 불확정한 상태에 두는 폐단을 방지하기 위한 것이다.

이러한 친고죄에는 절대적 친고죄와 상대적 친고죄가 있다. 절대적 친고죄에 해당하는 범죄로는 모욕죄(侮辱罪, 형법 제311조), 사자(死者)에 대한 명예훼손죄(형법 제308조), 비밀침해죄(형법 제316조) 등이 있다. 범인과 피해자 사이에 일정한 신분관계가 있어야만 친고죄가 되는 상대적 친고죄로는 권리행사방해죄, 절도죄, 야간주거침입절도죄, 특수절도죄, 횡령죄, 배임죄, 업무상횡령죄, 업무상배임죄, 배임수증죄, 점유이탈물횡령죄, 장물죄 등이 있다.[13]

---

12) 다음백과(http://100.daum.net/encyclopedia).; 신동운(2010), 형법총론, 서울: 법문사, p. 307.

13) ① 성범죄의 경우 과거에는 친고죄에 해당했으나 2013년 「성폭력범죄의 처벌 등에 관한 특례법」과 「형법」 등이 개정되면서 친고죄와 반의사불벌죄 관련 규정이 폐기되어 피해자가 고소하지 않아도 처벌할 수 있다. ② 한편, 간통죄(형법 제241조)는 폐지됨으로써 역시 친고죄에서 제외되었다. 국가가 법률로서 간통을 처벌하는 것은 국민의 기본권을 침해하는 것으로서 위헌이라는 헌재결정(2015.02)에 따른 것이다. 형법이 제정된 지 62년 만의 일이다.

㉡ 반의사불벌죄

반의사불벌죄(反意思不罰罪)는 피해자의 의사에 반(反)해서는 처벌할 수 없는 범죄를 말한다.

반의사불벌죄의 경우, 국가기관이 수사와 공소제기 등을 통하여 일단 형벌권의 실현절차에 나아갈 수 있지만 피해자가 '처벌을 원하지 않는다'는 의사표시가 있으면, 당해 형사절차를 중단하지 않으면 안 된다. 한편, 친고죄의 경우에도 '처벌을 원한다'는 원래의 의사표시가 철회되면 국가기관은 더이상 형벌권의 실현절차에 나아갈 수 없다.

형법상 반의사불벌죄에는 외국 원수에 대한 폭행 등의 죄(형법 제107조), 외국사절에 대한 폭행 등의 죄(제108조), 외국의 국기·국장 모독죄(제109조), 폭행·존속폭행(제260조), 과실치상(제266조), 협박·존속협박(제283조), 명예훼손(제307조), 출판물 등에 의한 명예훼손(제309조) 등이 있다.

제3절 수사경찰의 수사과정과 주요활동

1. 수사경찰의 수사과정

경찰의 범죄수사 과정의 단계는 광의의 개념과 협의의 개념으로 나누어 볼 수 있다. 광의의 개념은 수사의 단서에서 확정판결까지를 수사의 과정으로 본다. 협의의 개념은 수사의 단서에서 공소제기까지를 수사의 과정으로 본다.

생각건대, 범죄수사는 형사절차의 일환이므로 수사의 단서에서부터 수사활동의 전개, 증거에 의한 범죄사실의 진상파악과 범인의 체포, 공소의 제기, 재판에 의한 확정판결까지를 포함한다고 보는 것이 타당하다. 수사기관은 공소제기 후에도 공소유지를 위한 수사를 할 수 있기 때문이다.

이러한 범죄수사는 크게 ㉠ 인지사건(認知事件)과 ㉡ 신고사건(申告事件)으로 나누어 살펴볼 수 있다. 인지사건은 수사의 단서(내사), 수사의 개시, 현장관찰, 수사방침수립, 사람과 물건 등의 조치, 조사, 송치의 단계로 수사가 전개된다.

그러나 신고사건은 내사의 단계 없이 현장관찰과 동시에 수사가 개시된다. 즉, 살인·

강도·절도 등에 대한 신고로 사건현장에 출동한 경찰이 범죄사실을 현장에서 확인하면 바로 수사가 개시된다.[14]

〈경찰의 범죄수사 과정〉

내사 (수사 전단계)	수사의 개시(입건)	수사의 진행	수사의 종결
	• 사건의 접수(입건) • 수사방침의 수립	• 수사기법의 활용 - 임의수사 - 강제수사 • 사건의 송치 • 송치후 수사	• 경찰의 1차 수사종결 • 검사의 수사종결

이러한 경찰의 범죄수사과정에 대한 내용은 「형사소송법」 그리고 「검사와 사법경찰관의 상호협력과 일반적 수사준칙에 관한 규정」(대통령령), 「경찰수사규칙」(행정안전부령), 「경찰청 범죄수사규칙」(경찰청훈령) 등에 세부적으로 규정되어 있다. 다만, 행안부령이나 경찰청훈령 등에 의한 규정이 중복적이기 때문에 향후 이에 대한 조정이 필요하다고 본다.

1) 내사

내사는 수사의 전(前) 단계로서 형사입건(刑事立件)하지 아니하고 조사하는 단계를 말한다. 경찰은 범죄에 관한 신문, 출판물, 방송, 인터넷, 익명의 신고, 풍설(風說) 등에 있어 내사(內査)가 필요한 경우에는 수사부서장의 지휘를 받아 내사하도록 한다.

내사 결과, 범죄혐의가 있고 입건의 필요와 가치가 있을 때에는 수사개시의 단서가 되므로 범죄인지보고서(犯罪認知報告書)의 작성과 함께 사건접수부에 접수하여 입건하고, 혐의가 없거나 입건할 필요가 없을 때에는 내사를 종결하도록 한다.

2) 수사의 개시

수사의 개시는 '입건'(立件)이라고 하고 수사의 단서(端緖)에 의해 수사기관이 사건을 접수하고 수사를 개시하는 것을 의미한다.

경찰관은 수사를 개시할 때에는 범죄의 경중과 정상, 범인의 성격, 사건의 파급성과 모방성, 수사의 완급 등 제반 사정을 고려하여 수사의 시기 또는 방법을 신중하게 결정하여

14) 조철옥((2011), 경찰학각론, 경기: 21세기사, pp. 161-163 재구성.

야 한다(경찰청 범죄수사규칙 제44조).

수사개시의 단서는 내사를 통한 범죄의 인지, 신고에 의한 범죄인지, 변사체 검사, 현행범 체포, 고소·고발, 자수, 타사법경찰 업무처리 관서로부터 이송사건 등이 해당된다. 여기에서 대부분의 형사사건은 범죄인지, 고소·고발로 이루어진다. 이러한 수사개시를 통해 입건된 사건의 용의자(容疑者)는 피의자(被疑者) 신분이 된다.

고소와 고발

① 고소권자와 고소의 제한

범죄로 인한 피해자는 고소(告訴)할 수 있다(형사소송법 제223조). 다만, 자기 또는 배우자의 직계존속을 고소하지 못한다(제224조).

한편, 피해자의 법정대리인은 독립하여 고소할 수 있다(형사소송법 제225조 제1항). 피해자가 사망한 때에는 그 배우자, 직계친족 또는 형제자매는 고소할 수 있다. 단, 피해자의 명시한 의사에 반하지 못한다(제225조 제2항).

② 고발과 고발의 제한

누구든지 범죄가 있다고 사료하는 때에는 고발(告發)할 수 있다(형사소송법 제234조 제1항). 공무원은 그 직무를 행함에 있어서 범죄가 있다고 사료하는 때에는 '고발하여야' 한다(제234조 제2항).

다만 고소와 마찬가지로 자기 또는 배우자의 직계존속을 고발하지 못한다(제235조).

③ 고소·고발의 수리

경찰은 고소·고발의 관할여부를 불문하고 접수하여야 한다. 다만, 제7조(사건의 관할)에[15] 규정된 관할권이 없어 계속 수사가 어려운 경우에는 「경찰수사규칙」 제96조에 따라 책임수사가 가능한 관서로 이송하여야 한다(경찰청 범죄수사규칙 제49조 제1항).

한편, 수사기관은 수사의 실행 전에 현장에서 수집된 여러 가지 자료와 증거를 검토한 후 수사방향을 결정해야 한다(수사방침의 수립). 이때 중요사건은 경찰서장 또는 수사과장이 수사회의를 개최하고 수사요원들의 의견을 종합하여 수사야 한다.

15) 사건의 관할: ① 사건의 수사는 범죄지, 피의자의 주소·거소 또는 현재지를 관할하는 경찰관서가 담당한다. ② 사건관할을 달리하는 수개의 사건이 관련된 때에는 1개의 사건에 관하여 관할이 있는 경찰관서는 다른 사건까지 병합하여 수사를 할 수 있다. ③ 그밖에 관할에 대한 세부 사항은 「사건의 관할 및 관할사건수사에 관한 규칙」에 따른다(경찰청 범죄수사규칙 제7조).

3) 수사의 진행

수사기관은 입건된 사건에 대하여 「형사소송법」, 「검사와 사법경찰관의 상호협력과 일반적 수사준칙에 관한 규정」(대통령령), 「경찰수사규칙」(행정안전부령), 「경찰청 범죄수사규칙」(경찰청훈령) 등 관계법령을 준수하면서 그 범위 내에서 수사를 진행해야 한다.

이러한 범죄수사의 진행은 임의수사(任意搜査)를 원칙으로 하며 예외적으로 영장청구 등에 의한 강제수사(强制搜査) 방식으로 이루어진다. 수사실행의 핵심은 범인의 특정과 체포·구속, 범죄사실의 규명, 증거수집에 있다. 구속사건은 구속한 날로부터 사법경찰과 검사 각각 10일 이내(검사는 10일 연장신청 가능)에 처리해야 한다(형사소송법 제202조, 제203조, 205조).

한편, 사법경찰관리는 고소·고발사건은 수리한 날로부터 3개월 이내에 수사를 완료해야 한다. 사법경찰관리는 이러한 기간 내에 수사를 완료하지 못한 경우에는 그 이유를 소속수사부서장에게 보고하고 수사기간 연장을 승인받아야 한다(경찰수사규칙 제24조 제1항)

4) 수사의 종결

사법경찰관은 사건에 대한 진상이 파악되고 적용법령, 처리의견을 제시할 정도이면 사건을 검사에게 송부해야 한다. 경찰의 위치에서는 사건의 검찰송부를 1차 수사종결로 본다.

범죄수사의 최종 종결권자는 검사라 할 수 있다(다만, 예외적으로 즉결심판사건의 수사종결권자는 경찰서장이다). 검사의 수사종결은 사건에 대한 기소 또는 불기소처분으로 이루어진다.

① 사법경찰관의 사건송치 등

사법경찰관은 고소·고발 사건을 포함하여 범죄를 수사한 때에는 다음의 구분에 따른다(형사소송법 제245조의5).

㉠ 범죄의 혐의가 있다고 인정되는 경우에는 지체 없이 검사에게 사건을 송치하고, 관계 서류와 증거물을 검사에게 송부하여야 한다.

㉡ 그 밖의 경우에는 그 이유를 명시한 서면과 함께 관계 서류와 증거물을 지체 없이 검사에게 송부하여야 한다. 이 경우 검사는 송부받은 날부터 90일 이내에 사법경찰관에게 반환하여야 한다.

② 검사의 재수사요청 등

한편, 검사는 형사소송법 제245조의5 제2호의 경우에 사법경찰관이 사건을 송치하지 아니한 것이 위법 또는 부당한 때에는 그 이유를 문서로 명시하여 사법경찰관에게 재수사를 요청할 수 있다(제245조의8 제1항). 사법경찰관은 제1항의 요청이 있는 때에는 사건을 재수사하여야 한다(제2항).

2. 수사경찰의 수사활동

수사경찰의 활동은 이상과 같은 수사과정에서 이루어지는 제반활동을 말한다.

1) 초동수사

초동수사(初動搜査)는 범죄사건이 발생했을 때 최초로 행하여지는 현장중심의 수사활동이다. 이는 사건발생 초기에 범인을 체포하고 현장관찰(現場觀察) 등을 통한 증거를 확보하기 위하여 긴급(緊急)히 행하는 수사를 말한다.[16)]

현장관찰의 중요성

현장관찰(現場觀察)은 범죄현장에서 범죄와 관련될 수 있는 모든 유형적· 무형적 자료를 발견하여 범죄사실·범인 등에 관하여 추측하고 판단함과 아울러, 관련 자료를 채취·수집하여 증거화 하는 활동을 말한다. 흔히들 말하는 '범죄프로파일링'(crime profiling)은 현장관찰과정에서 이루어진다.[17)]

따라서 현장관찰은 수사의 첫 걸음이라고 볼 수 있으며, 현장관찰이 신속하고 정확하게 행하여지느냐의 여부에 따라서 향후 수사과정에 상당한 영향을 미치게 된다. 즉, 현장관찰 도중 관련 자료와 정보가 누락되거나 잘못된 판단을 하게 되면 수사방침을 그르치게 되고, 결과적으로 사건해결을 어렵게 한다. 이러한 점에서 현장관찰은 범죄수사의 '골든타임'(golden time)인 셈이다.

16) 이러한 점에서 초동수사는 수사긴급배치와 일정부분 관련이 있다. 초동수사 여하에 따라 긴급배치가 이루어지거나 그렇지 않을 수 있다. 이러한 수사상의 긴급배치와 관련하여 「경찰청 수사긴급배치규칙」이 규정되어 있다. 이 규칙에서는 '긴급배치라는 것은 중요사건이 발생하였을 때, 적시성이 있다고 판단되는 경우 신속한 경찰력 배치, 범인의 도주로 차단, 검문검색을 통하여 범인을 체포하고 현장을 보존하는 등의 초동조치로 범죄수사자료를 수집하는 수사활동'을 말한다(경찰청 수사긴급배치규칙 제2조). 긴급배치 발령권자는 관할에 따라 경찰서장, 시·도경찰청장, 국가수사본부장이 해당된다(제4조).

17) 프로파일링은 범행 현장에 있는 흔적과 범행 수법 등을 심리학적으로 분석해 범인 검거의 효율성을 높이거나, 범죄자의 심리나 행동을 분석해 범행동기 및 숨겨진 의미 등을 밝히는 수사기법이다. 이런 프로파일링을 담당하는 범죄심리 분석 수사관을 '프로파일러(profiler)'라고 한다. 프로파일링은 1978년 미국에서 처음 범죄 수사에 도입됐고, 국내에는 2000년에 최초로 도입되었다. 다음백과(https://100.daum.net/encyclopedia).

주의할 것은 범죄현장은 두 번 다시 같은 상태로 관찰할 수 없으므로 첫 단계에서 철저한 현장관찰이 필요하다. 또한 자백의 신빙성에 대한 엄격한 판단과 철저한 증거주의(證據主義)가 요구되므로 현장관찰과정에서 관련증거의 확보는 무엇보다도 중요한 일이다.[18)]

최근 범죄양상은 기동화, 광역화, 지능화되고 있다. 이에 따라 사건발생 이후 짧은 시간에도 범인은 멀리 도주하기 쉽고, 시간이 지남에 따라 증거자료의 가치는 감소되거나 소멸되어 버리게 된다. 따라서 사건발생 초기에 신속히 출동하여 범인을 검거하는 것이야말로 가장 이상적인 수사라고 할 수 있다.

초동수사가 적절하게 이루어짐으로써 명백한 증거를 확보할 수 있어 공판유지에 유리해지며, 수사경제상 이익도 된다. 그리고 범죄자의 신속한 확인은 범죄예방에 있어서도 효과적이라고 할 수 있다. 따라서 대부분의 수사는 초동수사시의 범인검거에 그 성패를 걸게 되고, 만약 초동수사에서 범인검거를 하지 못하면 다음 단계의 본격적인 수사를 위해 노력해야 한다.

연쇄살인범 강호순 사건일지

- **2005.10.30.** 경기 안산시 상록구 본오동 장모집에서 유류로 방화해 전처와 장모 살인(본인 혐의 부인). 전처 명의로 든 4개 보험에서 2007년 4월, 4억 8천만원 수령
- **2006. 9. 7.** 강원 정선군 정선읍 애산1리 애산2교 입구에서 걸어서 출근하던 정선군청 여직원 윤모(당시 23세)씨를 차량으로 납치해 성폭행한 뒤 목 졸라 살해, 영월군 영월읍 일명 '삼옥재' 13번 군도 옆 농상번 질벽 이레에 시신 유기
- **2006.12.14.** 경기 군포시 산본동 노래방에서 배모(당시 45세)씨를 차량으로 납치해 성관계 가진 뒤 넥타이로 목 졸라 살해. 화성시 비봉면 비봉IC 인근 39번 국도변에 암매장
- **2006.12.24.** 경기 수원시 장안구 화서동 노래방에서 박모(당시 36세)씨를 차량으로 납치해 스타킹으로 목 졸라 살해. 안산시 상록구 사사동 야산에 암매장
- **2007. 1. 3.** 경기 화성시 신남동 버스정류장에서 박모(당시 52세)씨를 차량으로 납치해 성폭행 후 스타킹으로 목 졸라 살해. 화성시 비봉면 삼화리 야산에 암매장
- **2007. 1. 6.** 경기 안양시 동안구 관양동 노래방에서 만난 중국동포 김 모(당시 37세)씨를 유인해 여관에서 성관계를 맺은 뒤 차량으로 이동해 넥타이로 목 졸라 살해. 화성시 마도면 고모리 공터 경사면에 암매장. 공터는 복토 후 L골프장으로 조성됨
- **2007. 1. 7.** 경기 수원시 권선구 금곡동 버스정류장에서 여대생 연모(당시 20세)씨를

18) 강맹진(2014), 앞의 책, p. 171.

차량으로 납치해 성폭행한 뒤 타이츠로 목 졸라 살해. 수원시 권선구 구운동 황구천변 에 암매장

- 2007. 5. 8. 경기 안산시 상록구 사사동 야산에 암매장된 세 번째 사건 희생자 박씨 시신 발견
- 2008.11. 9. 경기 수원시 권선구 당수동 버스정류장에서 김 모(당시 48세)씨를 차량으로 납치해 스타킹으로 목 졸라 살해. 안산시 성포동 야산에 암매장
- 2008.12.19. 군포시 대야미동 군포보건소 앞의 버스정류장에서 여대생 A(당시 21세)씨를 차량으로 납치해 스타킹으로 목 졸라 살해. 화성시 매송면 원리 공터에 암매장
- 2009. 1.22. 강호순 여대생 A씨 사건용의차량(에쿠스) CCTV에 찍혀 1차 경찰조사
- 2009. 1.24. 경찰은 증거인멸을 위해 에쿠스와 무쏘승용차를 불태운 강호순을 유력용의자로 지목해 긴급체포
- 2009. 1.25. 강호순 A씨 살해 자백. 화성시 매송면 원리 공터에서 A씨 시신 발굴
- 2009. 1.26. 경찰은 강호순 구속
- 2009. 1.29. 강호순의 수원 당수동 출사 리베로트럭에서 압수한 강호순 점퍼에서 7번째 피살자 김씨 혈흔을 발견해 유전자 검출
- 2009. 1.30. 강호순은 경기서남부 실종부녀자 7명 살해 자백. 골프장에 암매장된 김씨 외에 나머지 시신 4구 발굴
- 2009. 2. 3~11. 경찰은 검찰에 강호순과 7건의 살인사건 차례로 송치
- 2009. 2. 7~8. 골프장에 암매장된 중국동포 김씨 시신 발굴 실패
- 2009. 2. 9. 검찰은 장모집 방화 살인 의혹사건 재수사. 이후 방화 살인 혐의 확인
- 2009. 2.17. 강호순은 검찰 조사에서 정선군청 여직원 윤씨 살해 추가 자백
- 2009. 2.18. 강원 영월 동강변 절벽에서 윤씨 추정의 유골 발견
- 2009. 2.22. 검찰은 강호순의 7명 연쇄살인과 장모집 방화 살인 혐의 등으로 구속기소, 정선군청 여직원 윤씨 살해사건은 경찰의 송치를 받아 병합 예정
- 2009. 4.22. 사형선고. 항소
- 2009. 7.23. 항소심에서 사형선고. 상고 포기. 사형확정[19)]

2) 변사사건 처리

변사(變死)라는 것은 자연사(自然死) 이외의 다음의 어느 하나에 해당하는 사망으로 그 원인이 분명하지 않은 죽음을 말한다(변사사건 처리규칙 제2조 제1호).[20)]

---

19) 중앙일보(2009. 02. 22.).; 아시아경제(2009. 08. 04.).; 강맹진(2014), 앞의 책, p. 87 재인용.

20) 변사사건 처리는 「형사소송법」 제222조의 조치, 「검사와 사법경찰관의 상호협력과 일반적 수사준칙에 관한 규정」 제17조의 조치, 그리고 「경찰수사규칙」 제24조에서 제31조까지의 조치 및 「범죄수사규칙」 제56조부터 제60조까지의 조치를 말한다(변사사건 처리규칙 제2조 제5호).

㉠ 범죄와 관련되었거나 범죄가 의심되는 사망
㉡ 자연재해, 교통사고, 안전사고, 산업재해, 화재, 익사 등 사고성 사망
㉢ 자살했거나 자살했다는 의심이 드는 사망
㉣ 연행, 구금, 심문 등 법집행 과정에서 발생한 사망
㉤ 보건, 복지, 요양 관련 집단 수용 시설에서 발생한 사망
㉥ 마약, 농약, 알코올, 가스, 약물 등에 의한 급성 중독이 의심되는 사망
㉦ 그 밖에 사인이 밝혀지지 않은 사망

따라서 변사사건(變死事件)이란 변사자 또는 변사로 의심되는 시체가 발견된 사건을 말한다(변사사건 처리규칙 제2조 제2호). 그리고 검시(檢屍, autopsy)란 변사사건의 사망 원인과 '범죄 관련성'을 확인하기 위하여 경찰관이 시체와 주변 환경을 조사하는 것을 말한다(제2조 제3호). 참고적으로 아래 표에서는 년도별 변사자 현황을 보여주고 있다.[21)]

변사자 현황

(단위: 명)

구 분	계	자살	타살	과실사	재해사	기타
2011년	32,281	15,681	511	8,821	335	6,933
2015년	24,746	13,436	512	8,737	148	1,913
2019년	24,204	13,367	417	6,856	163	3,401

변사체의 검시는 그 성격이 수사 전의 처분으로서, 그 처분의 대상이 사체이고 또한 긴급을 요하는 처분이므로 법관의 영장 없이 행해진다. 특히 해부가 필요한 경우를 '부검'(剖檢)이라고 한다.[22)]

(1) 경찰관의 보고 및 통보

경찰관은 변사자 또는 변사로 의심되는 시체를 발견하거나 시체가 있다는 신고를 받았을 때에는 즉시 소속 경찰관서장에게 보고하여야 한다(경찰청 범죄수사규칙 제56조).

또 (사법)경찰관은 변사자 또는 변사한 것으로 의심되는 사체가 있으면 변사사건 발생 사실을 검사에게 통보해야 한다(검사와 사법경찰관의 상호협력과 일반적 수사준칙에 관한 규정 제17조 제1항).

21) 경찰청(2020), 앞의 책, p. 218.
22) 위키백과(https://ko.wikipedia.org/wiki).

(2) 검사 및 사법경찰관의 변사자의 검시

변사자 또는 변사의 의심 있는 사체가 있는 때에는 그 소재지를 관할하는 지방검찰청 검사로 하여금 이를 검시(檢屍)하도록 하고 있다(형사소송법 제222조 제1항). 이러한 검시로 범죄의 혐의를 인정하고 긴급을 요할 때에는 영장 없이 검증할 수 있으며, 검사는 사법경찰관에게 이상과 같은 처분을 명할 수 있다(제222조 제2항 및 제3항).

사법경찰관은 이에 따라 검시를 하는 경우에는 의사를 참여시켜야 하며, 그 의사로 하여금 검안서를 작성하게 해야 한다. 이 경우 사법경찰관은 검시 조사관을 참여시킬 수 있다(경찰수사규칙 제27조 제1항). 사법경찰관은 이에 따른 검시 또는 검증 결과, 사망의 원인이 범죄로 인한 것으로 판단하는 경우에는 신속하게 수사를 개시해야 한다(제2항).

한편, 사법경찰관리는 검시에 특별한 지장이 없다고 인정하면 변사자의 가족·친족, 이웃사람·친구, 시·군·구·읍·면·동의 공무원이나 그 밖에 필요하다고 인정하는 사람을 검시에 참여시켜야 한다(경찰수사규칙 제30조).[23)]

3) 탐문수사

탐문수사(探聞搜査, legwork)는 범죄사건과 관련한 수사자료를 얻기 위하여 수사경찰이 범인 이외의 일반인들을 대상으로 면담하거나 대화 등의 방법으로 상대방이 보고 들은 견문(見聞) 또는 직접 체험한 사실을 청취하기 위한 수사활동을 말한다.

일반적으로 범죄는 하나의 사회문제로서 범행의 성격에 따라 사회적인 여러 가지 파문(波紋)을 일으킨다. 그와 같은 파문은 다수인에게 직접 또는 간접적으로 사건에 대한 지식이나 경험을 남겨주게 된다. 따라서 이러한 지식이나 체험한 사실이 정보로서 신속하고 정확하게 그리고 완전하게 수사경찰에게 제공된다면 사건의 해결율은 높아질 것이다. 어떻게 보면 탐문수사는 수사자료의 수집을 위해 실시하는 가장 전형적이고, 가장 중요한 수사활동이라고 할 수 있다.[24)]

이러한 탐문수사가 성과를 거두기 위해서는 적절한 탐문요령(면담, 질문 등)을 터득하고, 그것을 바탕으로 자료화해야 한다. 그리고 주의할 것은 범죄수사를 위하여 도움을 주고 관련정보를 제공한 사람에 대한 보호는 매우 중요하다.[25)] 따라서 정보제공자가 피해를

---

23) ① 사법경찰관은 변사자에 대한 검시 또는 검증이 종료된 때에는 사체를 소지품 등과 함께 신속히 유족 등에게 인도한다. 다만, 사체를 인수할 사람이 없거나 변사자의 신원이 판명되지 않은 경우에는 사체가 현존하는 지역의 특별자치시장·특별자치도지사·시장·군수 또는 자치구의 구청장에게 인도해야 한다(경찰수사규칙 제31조 제1항). 한편, ② 변사체는 후일을 위하여 매장함을 원칙으로 한다(경찰청 범죄수사규칙 제59조 제2항).

24) 경찰대학(2004), 경찰수사론, p. 250.

입지 않도록 정보제공자의 신원·진술내용 등에 대하여 보안조치를 하고 신변보호에 만전을 기해야 하다.

4) 감별수사

감별수사(鑑別搜査) 또는 감수사는 범죄의 진위를 식별·구별하기 위한 것이다. 범인과 피해자, 범인과 범행장소 및 그 주변지역 간에 존재하는 어떤 사정이나 관계 등 연고에 근거를 두고 수사하는 방법을 말하며, 여기에서 범인과 어떠한 관계가 있는 것을 '감'(鑑, discrimination)이라고 한다.

범인과 피해자, 그리고 그 가족 및 피해주택과의 관계는 연고감, 범인과 범행지·주변지역 등과의 관계는 지리감, 범인과 피해자간의 밀접한 관계는 농후감(濃厚鑑), 둘 사이의 관계가 상대적으로 희박한 경우는 박감(薄鑑)이라 한다. 그리고 범인과 직접적인 관련성이 있는 것은 직접감, 직접적인 관계는 없고 들어서 알게 된 것과 같이 간접적인 관계가 있다면 간접감이라고 한다.

5) 수법수사

수법수사(手法搜査)는 범인이 범행과정이나 범행 전후에 습관적으로 나타내는 수단 등 수법에 착안하여 범죄수사에 이용하는 수사기법을 말한다.

사람이 갖고 있는 습관은 쉽게 고쳐지지 않으며, 자신도 모르는 사이에 나타나거나 반복하는 특징이 있다. 범죄행위도 범행시간이나 장소, 그리고 유사 또는 동일한 수단을 반복적으로 사용하는 등 일정한 특징이 나타난다.

---

25) 경찰청이 국회에 제출한 '최근 5년간(2004~2008년) 범죄정보 제공자·신고자에 대한 보복범죄 현황'에 따르면, 신고에 대한 보복범죄건수가 15,486건에 이르는 것으로 밝혀졌다. 보복범죄 건수를 범죄정보 제공유형별로 살펴보면, 신고자와 피신고자의 개인적인 원한에 의해 신고를 했다가 보복을 당하는 경우가 12,520건으로 가장 많았다. 이어 내부고발 등 피신고인과의 직접적인 원한 없이 범죄사실을 인지한 후 신고했다가 보복을 당한 경우가 845건이었다. 또한 직접 신고를 하지 않고도 피신고인에게 불리한 참고인 진술을 해 보복범죄를 당한 것이 88건, 법정에서 불리한 증언을 해 보복을 당한 사례가 32건에 이르렀다. 또 최근 3년간(2006~2008) 발생한 보복범죄를 유형별로 살펴보면, 폭행·상해 2,167건, 재물손괴 237건, 업무방해 161건, 협박 151건, 살인 110건 등의 순이었다. 강맹진(2014), 앞의 책, pp. 195-196 재인용.

범죄수법의 과학적 관리

① 범죄수법 공조자료 관리규칙

이 규칙(경찰청 훈령)은 범죄수법과 피의자의 사진 등 각종 인적, 물적 특징에 관한 자료의 수집, 관리방법과 그 조직적인 운영절차를 규정함으로써 과학적인 범죄수사에 기여함을 목적으로 한다(제1조).

경찰서장(경찰청, 시·도경찰청에서 처리한 사건에 대하여는 '경찰청장, 시·도경찰청장'을 포함)은 일정한 범죄에 해당하는 피의자를 검거하였거나 인도받아 조사하여 구속 송치할 때에는 '수법·수배·피해통보 전산자료 입력코드번호부'에 규정된 내용에 따라 경찰시스템을 활용하여 수법원지를 전산입력하여 경찰청장에게 전산송부하여야 한다. 다만 불구속 피의자도 재범의 우려가 있다고 인정되는 자에 대하여는 전산입력 할 수 있다(제3조 제1항).

② 관련용어

㉠ 수법원지

수법범인의 인적사항, 인상특징, 수법내용, 범죄사실, 직업, 사진, 필적 등을 수록한 기록지 또는 이를 전산입력 한 것을 말한다(제2조 제4호).

㉡ 피해통계표

피해사건이 발생하여 그 범인이 누구인지 판명되지 아니하였을 때에 해당사건의 피해자, 범인의 인상·신체·기타특징, 범행수법, 피해사실, 용의자 인적사항, 피해품, 유류품등 수사자료가 될 수 있는 내용을 수록한 기록지 또는 이를 전산입력 한 것을 말한다(제2조 제5호).

③ 적용범죄

㉠ 강도, ㉡ 절도, ㉢ 사기, ㉣ 위조·변조(통화, 유가증권, 우편, 인지, 문서, 인장), ㉤ 약취·유인, ㉥ 공갈, ㉦ 방화, ㉧ 강간, ㉨ 앞의 강도~강간 중 특별법에 위반하는 죄, ㉩ 장물(제3조 제1항 각호).

④ 수법원지의 관리방법

위의 범죄와 관련하여 피의자가 여죄가 있고 그것이 범죄수법 소분류가 각각 상이한 유형의 수법일 때에는 그 수법마다 수법원지를 작성하여야 한다. 수법원지는 해당 범인을 수사하거나 조사 송치하는 경찰공무원이 직접 작성하고 작성자가 날인하여야 하며 범죄사건부 해당란에 수법원지 작성 여부를 표시하여야 한다. 수사 주무과장은 사건송치기록 검토 후 수법원지 작성누락 여부 및 작성된 수법원지 내용의 오기나 기재누락사항 유무를 검토하여 교정하고 작성 책임자인을 직접 날인하여야 한다(제3조 제2항~제4항).

⑤ **공조체계 구축**

이상과 같이 범죄수법 및 피해통계를 체계적으로 관리하여 경찰관서 상호간에 범인, 여죄, 장물을 발견하고 범인을 검거하기 위하여 필요한 수사자료를 서면, 전신, 영상 또는 전산자료로 행하는 수배, 통보, 조회 등이 이루어지도록 하는 등 공조체계(共助體系)를 구축함(제2조 제6호)으로써 수사목적을 효율적으로 달성하고자 하는데 있다.

연쇄살인범의 특징

① **반복가능성**

연쇄살인범들은 수사기관에 검거되기 전까지 일정기간 동안 반복해서 살인을 저지른다. 미국이 테드번디(T. Bundy, 1973~1978 동안 37명 연쇄살인 추정), 한국의 유영철(2003~2004 동안 20여명 연쇄살인)과 강호순(2005~2009 동안 12명 연쇄살인) 등이 대표적이다.

② **시간적·심리적 단절 내지 공백 존재**

연쇄살인범들은 일정한 시간적·심리적 단절 내지 공백을 갖는다. 즉, 연쇄살인은 심리적 흥분상태가 소멸될 정도의 시간적·심리적 냉각기(冷却期)를 가진다.

③ **범행수법의 발전과 장소 확장**

연쇄살인범들은 범행수법 면에서 일정한 패턴(pattern)을 보여준나(앞의 강호순 사건 참조). 다만, 범행을 반복할 때마다 그 수법을 발전시킬 가능성이 높다. 또한 범행장도의 범위도 점차 확장시키면서 반복적으로 살인을 하는 특징이 있다.

④ **피해자와의 관계**

연쇄살인범들의 살인대상은 주로 나약한 여성들이며, 이는 남성보다 여성이 훨씬 통제하기가 쉽기 때문이다. 그리고 피해자와의 관계는 전혀 알지 못하는 사이가 대부분이다.

⑤ **심리적 특징**

연쇄살인범들은 이른바 '반사회적 성격장애'(psychopath) 등의 기질을 가지고 있다. 그리고 정신분열증이나 여성에 대한 강한 혐오가 연쇄살인의 배경이 되기도 한다. 연쇄살인범 가운데 많은 수가 변태성욕자가 많으며, 따라서 강간, 수간(獸姦: 짐승과의 성행위), 시간(屍姦: 죽은 시신과의 성행위) 등을 자행하는 경향이 있다.[26)]

26) 김형중 외(2020), 범죄학, 서울: 그린, pp. 336-342.

6) 유류품수사

유류품(遺留品, articles left)은 범죄현장과 그 인근에 남아 있는 무기·흉기·옷·휴지·소지품 등 범인의 것 또는 범인의 것이 아니어도 범행에 사용되었을 것으로 추정되는 물건을 말한다.

유류품수사(遺留品搜査)는 이와 같은 유류품을 수집하고 분석하여 사건과 관련성을 추정하고 범인의 윤곽이나 범죄당시의 상황 등을 유추해 내는 수사활동을 말한다.

7) 장물수사

장물(贓物, stolen goods)은 강도, 절도, 사기 등 재산죄에 해당하는 범죄 행위에 의하여 부당하게 취득한 타인 소유의 물품을 말한다.

장물수사(贓物搜査)는 범죄의 피해품을 확정하고 종류·특징을 명백히 함으로써 그 이동경로에 따라서 장물수배, 장물품표 발행, 임검조사, 불심검문 등을 통해 범인을 발견·검거하려는 수사활동을 말한다. 한편, 장물을 취득·알선 등을 한 경우에는 형사처벌의 대상이 된다.[27)]

장물수배라는 것은 수사 중인 사건의 장물에 관하여 다른 경찰관서에 그 발견을 요청하는 수배(手配, search)를 말한다. 경찰관은 장물수배를 할 때에는 발견해야 할 장물의 명칭, 모양, 상표, 품질, 품종 그 밖의 특징 등을 명백히 하여야 하며 사진, 도면, 동일한 견본·조각을 첨부하는 등 필요한 조치를 하도록 하고 있다(경찰청 범죄수사규칙 제108조).

8) 알리바이수사

알리바이(Alibi)는 범죄가 이루어진 시각에 범죄현장에 없었거나 있을 수 없었다는 사실의 증명을 말하는데, 이를 부재증명 또는 현장부재증명(現場不在證明)이라고 한다.

영미법계에서는 현장부재의 입증이 이루어졌을 경우, 피고인이 범죄를 실행하지 않았다는 사실의 증거가 된다. 그러나 우리의 경우에는 알리바이를 주장하는 것은 범죄사실의 부인에 불과하며, 특별한 효과가 인정되지 않는다. 그러나 무죄를 추정하게 하는 유력한 정황증거가 되므로, 수사 및 공판심리를 통해서 신중한 검토를 필요로 한다. 이러한 알리바이에는 4가지가 있다.[28)]

27) 장물을 취득, 양도, 운반 또는 보관한 자는 7년 이하의 징역 또는 1천 500만원 이하의 벌금에 처한다. 이러한 행위를 알선한 자도 위의 형과 같다(형법 제362조).

28) 강맹진(2014), 앞의 책, pp. 206-207 재인용.

㉠ **절대적 알리바이**: 범죄시각에 혐의자가 다른 장소에 있었다는 사실이 객관적인 증거에 의해 명백하게 입증되면 혐의자의 범죄혐의는 부정된다.

㉡ **상대적 알리바이**: 범죄 혐의자가 범죄사건이 발생하기 전에 마지막으로 다른 장소에 나타난 시간에 의하면 현장에 도달할 수 없다는 추론이 나온 경우 및 혐의자가 사건발생 후 최초에 다른 장소에 나타난 시간으로 보아 범행 후 그 장소에 도달할 수 없다는 계산이 나온 경우이다. 이 경우에는 범죄혐의자의 범죄혐의는 논쟁의 여지가 계속 존재한다.

㉢ **위장 알리바이**: 범인이 사전에 계획적으로 자기의 존재를 확실히 인상 깊게 해놓고, 그 사이에 단시간 내에 범행 장소로 이동하여 범죄를 저지르는 경우를 말한다.

㉣ **청탁 알리바이**: 범행 후 범행사실을 숨기기 위해 가족, 동료, 친지 등에게 범죄시간대에 자신이 위치한 장소를 사전에 약소 또는 청탁해 놓은 경우를 말한다.

사실, 수집된 증거가 아무리 많다 하더라도 알리바이가 성립된다면 정황증거는 물론, 직접증거도 무너질 수 있다. 반대로 알리바이수사를 통하여 결정적 반증을 제시할 수도 있으며, 알리바이를 확인하는 과정에서 의문점이 발생할 경우 수사착수 여부를 결정하기도 한다는 점에서 매우 중요하다.[29]

9) 통신수사

(1) 통신·통신수사의 개념

통신(通信)이라는 것은 우편물 및 전기통신을 말한다. 우편물은 우편법에 의한 통상우편물과 소포우편물을 말하고, 전기통신이라 함은 전화·전자우편·회원제정보서비스·모사전송·무선호출 등과 같이 유선·무선·광선 및 기타의 전자적 방식에 의하여 모든 종류의 음향·문언·부호 또는 영상을 송신하거나 수신하는 것을 말한다(통신비밀보호법 제2조 제1호~제3호).

통신수사(通信搜査)는 수사상 목적을 달성하기 위하여 정보통신의 구성요소인 사용자와 장비(단말기, 송수신 장치와 회선 등) 및 통신내용에 대한 각종 정보를 수집하고 활용하는 것을 뜻한다. 보다 넓은 의미로는 수사기관이 정보통신장비와 기술을 수사상 목적으로 활용하는 것을 포함한다.

29) 조철옥(2011), 앞의 책, pp. 180-181.

(2) 통신제한 조치

통신비밀보호법에서는 통신자료제공의 법적 근거와 절차를 체계적으로 규정하여, 긴급감청 요건과 절차를 보다 엄격하게 하고 있다.

따라서 '누구든지 이 법과 형사소송법 또는 군사법원법의 규정에 의하지 아니하고는 우편물의 검열·전기통신의 감청 또는 통신사실 확인 자료의 제공을 하거나 공개되지 아니한 타인간의 대화를 녹음 또는 청취하지 못한다'고 규정하고 있다(제3조 제1항).

벌칙

다음의 어느 하나에 해당하는 자는 1년 이상 10년 이하의 징역과 5년 이하의 자격정지에 처한다(통신비밀보호법 제16조 제1항 각호).

㉠ 통신비밀보호법 제3조(통신 및 대화비밀의 보호)의 규정에 위반하여 우편물의 검열 또는 전기통신의 감청을 하거나 공개되지 아니한 타인간의 대화를 녹음 또는 청취한 자
㉡ 이에 따라 알게 된 통신 또는 대화의 내용을 공개하거나 누설한 자

다만, 다음의 경우에는 해당 법률이 정하는 바에 의하여 일정부분 허용하고 있다(통신비밀보호법 제3조 제1항 각호).

㉠ 「우편법」에 의한 환부우편물 등의 처리: 폭발물 등이 들어있다고 의심되는 소포우편물 등
㉡ 「관세법」에 의한 수출입우편물에 대한 통관검사절차
㉢ 「형사소송법」 등에 의한 구속 또는 복역 중인 사람에 대한 통신의 관리
㉣ 「채무자 회생 및 파산에 관한 법률」에 의한 파산선고를 받은 자에게 보내온 통신을 파산관리인이 수령하는 경우
㉤ 「전파법」에 의한 혼신제거 등 전파질서유지를 위한 전파감시의 경우

(3) 범죄수사를 위한 통신제한조치의 허가요건

우편물의 검열 또는 전기통신의 감청(이하 '통신제한조치'라 함)은 범죄수사 또는 국가안전보장을 위하여 '보충적인 수단'으로 이용되어야 하며, 국민의 통신비밀에 대한 침해가 최소한에 그치도록 노력하여야 한다(통신비밀보호법 제3조 제2항).

따라서 통신제한조치는 형법 및 관련 특별형법상에서 규정하고 있는 일정한 범죄를 '계획 또는 실행하고 있거나 실행하였다고 의심할만한 충분한 이유가 있고 다른 방법으로는 그 범죄의 실행을 저지하거나 범인의 체포 또는 증거의 수집이 어려운 경우'에 한(限)하

여 허가할 수 있다(제5조 제1항).[30]

(4) 범죄수사를 위한 통신제한조치의 허가절차

① 검사의 통신제한조치의 허가 청구

검사는 범죄수사를 위한 통신제한조치의 허가요건이 구비된 경우에는 법원에 대하여 각 피의자별 또는 각 피내사자별로 통신제한조치를 허가하여 줄 것을 청구할 수 있다(통신비밀보호법 제6조 제1항).

그리고 사법경찰관은 허가요건이 구비된 경우에는 검사에 대하여 각 피의자별 또는 각 피내사자별로 통신제한조치에 대한 허가를 신청하고, 검사는 법원에 대하여 그 허가를 청구할 수 있다(제6조 제2항).

이러한 통신제한조치청구는 필요한 통신제한조치의 종류 · 그 목적 · 대상 · 범위 · 기간 · 집행 장소 · 방법 및 당해 통신제한조치가 허가요건을 충족하는 사유 등의 청구이유를 기재한 서면(書面)으로 하여야 하며, 청구이유에 대한 소명자료를 첨부하여야 한다. 이 경우 동일한 범죄사실에 대하여 그 피의자 또는 피내사자에 대하여 통신제한조치의 허가를 청구하였거나 허가받은 사실이 있는 때에는 다시 통신제한조치를 청구하는 취지 및 이유를 기재하도록 하고 있다(제6조 제4항).

② 법원의 통신제한조치의 허가

법원은 청구가 이유 있다고 인정하는 경우에는 각 피의자별 또는 각 피내사자별로 통신제한조치를 허가하고, 이를 증명하는 서류(즉, 허가서)를 청구인에게 발부하도록 하고 있다(통신비밀보호법 제6조 제5항). 허가서에는 통신제한조치의 종류 · 그 목적 · 대상 · 범위 · 기간 및 집행 장소와 방법을 특정(特定)하여 기재하여야 한다(제6항).

③ 통신제한조치의 기간

통신제한조치 기간은 2개월을 초과하지 못하고, 그 기간 중 통신제한조치의 목적이 달성되었을 경우에는 즉시 종료하여야 한다. 다만, 위의 허가요건이 존속하는 경우에는 허가 청구절차에 따라 소명자료를 첨부하여 2개월의 범위 안에서 통신제한조치기간의 연장

---

30) 여기에 해당되는 범죄는 다음과 같다. ① 형법상의 내란죄, 외환죄 등 특정 범죄, ② 군형법상의 반란의 죄 등 특정 범죄, ③ 국가보안법에 규정된 범죄, ④ 군사기밀보호법에 규정된 범죄, ⑤군사기지 및 군사시설 보호법에 규정된 범죄, ⑥ 마약류관리에 관한 법률상의 특정 범죄, ⑦ 폭력행위 등 처벌에 관한 법률상의 특정 범죄, ⑧ 총포 · 도검 · 화약류 등의 안전관리에 관한 법률상의 특정 범죄, ⑨ 특정범죄가중처벌 등에 관한 법률상의 특정범죄, ⑩ 특정경제범죄가중처벌등에관한법률에 규정된 범죄중 특정 범죄, ⑪ '①'과 '②'의 죄에 대한 가중처벌을 규정하는 법률에 위반하는 범죄(세부적인 내용은 통신비밀보호법 제5조 제1항 각호 참조).

을 청구할 수 있다(통신비밀보호법 제6조 제7항).

10) 함정수사

(1) 함정수사의 개념

함정수사(陷穽搜査)는 수사기관 또는 그 하수인이 신분을 숨기고 범죄를 교사한 후, 그 실행을 기다려 범인을 체포하고 증거를 수집하는 수사활동을 말한다.

함정수사는 마약사범이나 밀수사범과 같이 범죄행위가 은밀하여 일상적인 수사활동으로는 범인검거가 곤란한 경우에 사용되는데, 이에 대한 찬·반 논란이 제기되고 있다.

이를 찬성하는 입장은 함정수사의 방법이 임의적이며, 범죄가 발생했을 경우 미치는 사회적 파급이 큰 범죄에 한하여 필요하다는 것이다. 반면, 반대하는 입장은 수사방법상 청렴성을 상실하고, 적법절차의 법리에 위배된다는 것이다. 국민의 공공복리 증진에 최대의 적이 되고 있는 마약·밀수 등 특정범죄에 대하여는 허용해야 한다는 설이 통설이다.[31)]

(2) 수사권한 남용 문제

통상적인 수사는 수사수단이 공개적이고 이해관계자인 고소인이나 피해자 등이 존재한다. 즉, 수사기관이 마음대로 하기 어렵다.

그러나 함정수사는 수사관이 누구를 수사할 것이냐에 따라 재량권을 행사할 여지가 많다. 또한 공소제기의 의도가 분명하지 않은 상태에서 이루어지는 함정수사가 사적인 의도로 이용된다면 적법성과 합리성의 문제에 직면하게 될 것이다.

한편, 함정수사를 통하여 범인을 검거하기 위하여 진행 중인 범죄에 가담했거나 이미 발생한 범죄의 피해자에 해당하는 사람에게 정보수집과 수사에 대한 도움을 이유로 일종의 '유죄협상거래'(plea bargaining)를 하는 경우 형평성과 수사권한 남용의 문제가 발생할 수 있다.[32)]

11) 미행·잠복감시

미행(尾行, follow)이라는 것은 범죄의 증거와 수사자료를 수집하거나 범인의 체포·발견을 위하여 용의자나 범인·우범자를 은밀하게 추적하거나 감시하는 활동을 말한다.

---

31) 김충남(2008), 앞의 책, p. 359.

32) 강맹진(2014), 앞의 책, pp. 221-222.

잠복감시(潛伏監視)는 흔히 잠복이라고 하며, 미행과 동일한 목적으로 일정한 장소 또는 특정지역에 일정한 기간 동안 은신하여 비밀스럽게 감시하는 수사방법이다. 미행과 잠복감시는 범죄수사의 기본으로 범인체포와 확실한 증거수집이 가능하기 때문에 매우 중요하다.

3. 과학수사

과학수사(科學搜査, scientific investigation)는 유죄를 밝혀내기 위한 방법으로 범죄수사에 과학적인 지식과 기술, 감식시설 및 장비 등을 체계적으로 활용하여 실체적인 진실을 규명하는 활동이라고 할 수 있다.

주지하는 바와 같이 현대의 범죄수사는 주관적 판단은 의미가 없으며, 객관적이고 과학적인 근거를 요구하고 있다. 재판과정에서도 증거재판주의에 바탕을 두고 있기 때문에 증거자료의 발견과 수집과정에 과학적 지식·기술이 요구된다.

여기에서 과학의 범위는 과학수사를 뒷받침하는 모든 분야의 학문을 요구하며 이를 '법과학'(forensic science)이라고 한다.[33)]

법과학이라는 것은 이러한 과학적인 관찰과 실험 등을 통하여 수사 또는 재판에 필요한 증거자료를 제공하는 것을 의미한다. 또 법과학은 감정·감식에 관한 과학을 총칭하는 것으로, 구체적으로는 법의학, 법의병리학, 법의혈청학, 법이화학, 법생물학, 문서감정학 등으로 나눌 수 있다.

구체적으로는 과학수사를 통해 예컨대, 시체에 대한 검시를 통해서 사망원인과 시간 등을 구분할 수 있다. 또 혈흔, 타액, 정액, 모발, 대소변을 통해서 범인색출이 가능하며, 재판과정에서 피고인이 저지른 범죄를 과학적으로 입증하여 판결의 근거로 제공하기도 한다. 그리고 유전자(DNA)감식을 통해서 예컨대, 토막난 사체 유기사건에서 사체조직들이 동일인의 조직인지를 식별하는 것도 가능하다.

과학수사의 예: 혈흔검사

범죄현장에서 발견된 혈흔 또는 핏자국(血痕, bloodstain)으로 혈액행, 성별, DNA분석이 가능하다. 혈흔검사 방법은 육안관찰 → 혈흔예비시험 → 혈흔확인시험 → 인혈증명시험 → 혈액형검사의 순서로 진행된다.

---

33) 김충남(2008), 앞의 책, p. 403.; 이에 대한 자세한 내용은 강맹진(2014), 앞의 책, pp. 228-277 참조.

① 혈흔부착유무 확인

범죄현장에서 육안으로 혈흔부착유무 및 부착상태를 관찰한다. 혈흔은 혈색소의 변화에 따라 암적색→적갈색→녹갈색→회색→퇴색으로 변화하므로 범죄현장 주변을 주의 깊게 관찰한다.

② 혈흔예비시험

루미놀(luminol)시험이나 무색마라카이트 그린(leucomalachite)시험은 혈흔의 존재 여부를 파악하기 위한 예비시험이다. 물론, 이 시약들은 혈흔이 아닌 철판, 동판, 과일즙 등과도 반응하기 때문에 곧바로 혈흔이라고 단정하기는 어렵다. 혈흔으로 단정하기 위해서는 여러 가지 검사가 함께 진행되어야 한다.

그리고 육안으로 혈흔이 발견되지 않거나, 희미한 혈흔만이 발견되는 경우 루미놀시험을 실시하도록 한다. 루미놀시약을 만들어 분무기에 넣어 대상에 분무한다. 혈흔의 혈색소는 루미놀시약과 접촉하면 '형광'을 발한다. 이 때 반드시 암실(暗室)에서 실시해야 형광을 잘 볼 수 있다.

③ 혈흔확인시험

혈흔예비시험에서 혈흔양성반응을 나타낸 부위에 헤모크로모겐 결정체시험을 실시하여 혈흔임을 확인하도록 한다. 혈흔이라면 붉은 색깔의 꽃술 모양의 결정체가 현미경에 관찰된다.

④ 인혈증명시험

확인된 혈흔이 사람의 혈액인지를 확인해야 한다. 사람혈액을 토끼에 면역주사해서 만든 항(抗)인간면역혈청을 이용하여 인혈(人血)인지를 확인 할 수 있다.

⑤ 혈액형검사

사람혈액으로 확인되면, 먼저 ABO식 혈액형검사를 실시한다. ABO식 혈액형검사만으로 누구의 혈액인지 구분되지 않을 때에는 MN식, Rh식 검사를 추가로 실시하도록 한다.[34)]

---

34) 전대양(2015), 범죄수사Ⅱ, 도서출판 다해, pp. 142-143.

제4절 수사행정

1. 수사조직과 수사지휘체계

1) 수사조직

(1) 국가수사본부

① 국가수사본부장의 수사에 관한 지휘·감독권

국가경찰과 자치경찰의 조직 및 운영에 관한 법률(약칭: 경찰법)에 의해 경찰청에 국가수사본부를 두도록 하고 있다(제16조 제1항). 국가수사본부장은 「형사소송법」에 따른 경찰의 수사에 관하여 각 시·도경찰청장과 경찰서장 및 수사부서 소속 공무원을지휘·감독(指揮·監督)한다(제2항).

② 국가수사본부장의 지휘·감독권 위임

한편, 국가수사본부장은 다음의 사항을 제외한 일반적인 사건수사에 대한 지휘는 시·도경찰청장에게 위임할 수 있다(경찰청 범죄수사규칙 제17조 각호).

㉠ 수사관할이 수 개의 시·도경찰청에 속하는 사건
㉡ 고위공직자 또는 경찰관이 연루된 비위 사건으로 해당 관서에서 수사하게 되면 수사의 공정성이 의심받을 우려가 있는 경우
㉢ 국가수사본부장이 수사본부 또는 특별수사본부를 설치하여 지정하는 사건
㉣ 그 밖에 사회적 이목이 집중되거나, 파장이 큰 사건으로 국가수사본부장이 특별히 지정하는 사건

(2) 시·도경찰청장

시·도경찰청장은 체계적인 수사 인력·장비·시설·예산 운영 및 지도 등을 통해 합리적이고 공정한 수사를 위하여 그 책임을 다하여야 한다(경찰청 범죄수사규칙 제18조).

(3) 경찰서장

경찰서장은 해당 경찰서 관할 내의 수사에 대하여 지휘·감독하며, 합리적이고 공정한 수사를 위하여 그 책임을 다하여야 한다(경찰청 범죄수사규칙 제19조).

(4) 수사간부

수사를 담당하는 경찰관서의 수사간부는 소속 경찰관서장을 보좌하고 그 명에 의하여 수사의 지휘·감독을 하여야 한다(경찰청 범죄수사규칙 제20조).

(5) 수사경찰관 등

경찰관은 소속 상관의 명을 받아 범죄의 수사에 종사한다(경찰청 범죄수사규칙 제21조 제1항). 경찰관 이외의 수사관계 직원이 경찰관을 도와 직무를 행하는 경우에는 이 규칙이 정하는 바에 따라야 한다(제2항).

2) 수사지휘체계

(1) 사건의 지휘와 수사보고 요구

경찰관서장과 수사간부(이하 '수사지휘권자'라 함)는 소속 경찰관이 담당하는 사건의 수사진행 사항에 대하여 명시적인 이유를 근거로 구체적(具體的)으로 지휘를 하여야 하며, 필요한 경우 수사진행에 관하여 소속 경찰관에게 수사보고를 요구할 수 있다(경찰청 범죄수사규칙 제22조 제1항). 이의 요구를 받은 경찰관은 이에 따라야 한다(제2항).

(2) 수사에 관한 보고

경찰관은 범죄와 관계가 있다고 인정되는 사항과 수사상 참고가 될 만한 사항을 인지한 때에는 신속히 소속 상관에게 보고하여야 한다(경찰청 범죄수사규칙 제23조 제1항).

경찰서장은 관할구역 내에서 법에서 정한 보고 및 수사지휘 대상 중요사건에 규정된 중요사건이 발생 또는 접수되거나 범인을 검거하였을 때에는 관련 보고 절차 및 방법에 따라 시·도경찰청장에게 신속히 보고하여야 한다(제23조 제2항).

(3) 수사지휘과 내용

① 수사지휘

시·도경찰청장은 경찰서에서 수사 중인 사건을 지휘할 필요성이 있다고 인정될 때에는 구체적 수사지휘를 할 수 있다(경찰청 범죄수사규칙 제24조).

② 수사지휘의 내용

수사지휘권자는 다음 각 호의 사항에 대해 구체적으로 지휘하여야 한다(경찰청 범죄수사규칙 제26조 제1항).

㉠ 범죄인지에 관한 사항
㉡ 체포·구속에 관한 사항
㉢ 영장에 의한 압수·수색·검증에 관한 사항
㉣ 법원 허가에 의한 통신수사에 관한 사항
㉤ 「수사준칙」 제51조 제1항 각 호의 결정에 관한 사항
㉥ 사건 이송 등 책임수사관서 변경에 관한 사항
㉦ 수사지휘권자와 경찰관 간 수사에 관하여 이견이 있어 지휘를 요청받은 사항
㉧ 그 밖에 수사에 관하여 지휘가 필요하다고 인정되는 사항

한편, 시·도경찰청장이 경찰서장에 대해 수사지휘하는 경우에는 위에서 정한 사항 외에 다음의 사항에 대해서도 구체적으로 지휘하여야 한다(제26조 제2항).

㉠ 제36조의 수사본부 설치 및 해산
㉡ 제24조(수사지휘) 제1항에 관한 사항
㉢ 수사방침의 수립 또는 변경
㉣ 공보책임자 지정 등 언론대응에 관한 사항

① 수사본부의 설치 및 운영

㉠ 국가수사본부장 또는 시·도경찰청장은 살인 등 중요사건이 발생하여 종합적인 수사가 필요하다고 인정할 때에는 수사본부(搜査本部)를 설치할 수 있다.
㉡ 국가수사본부장은 위 규정에도 불구하고 경찰고위직의 내부비리사건, 사회적 관심이 집중되고 공정성이 특별하게 중시되는 사건 등에 대하여는 그 직무에 관하여 국가수사본부장 등 상급자의 지휘·감독을 받지 않고 독자적 수사가 가능한 '특별수사본부'(特別搜査本部)를 설치·운용할 수 있다.
㉢ 국가수사본부장 또는 시·도경찰청장은 국가기관간 공조수사가 필요한 경우에 관계기관과 '합동수사본부'를 설치·운용할 수 있다.
㉣ 제1항부터 제3항까지에 따른 수사본부의 설치절차와 운영방법은 별도 규칙으로 정한다(이상 경찰청 범죄수사규칙 제36조 제1항~제4항).

② 수사본부 설치대상 중요사건

수사본부 설치대상이 되는 중요사건의 범위는 다음 각호와 같다.
㉠ 살인, 강도, 강간, 약취유인, 방화 사건
㉡ 피해자가 많은 업무상 과실치사상 사건

㉢ 조직폭력, 실종사건 중 중요하다고 인정되는 사건
㉣ 국가중요시설물 파괴 및 인명피해가 발생한 테러사건 또는 그러한 테러가 예상되는 사건
㉤ 기타 사회적 이목을 집중시키거나 중대한 영향을 미칠 우려가 있다고 인정되는 사건(이상 경찰청 수사본부 설치 및 운영 규칙 제2조)

수사본부 설치 예

① 재개발지역 철거 붕괴사고와 수사본부 설치

지난 2021년 6월 9일 오후 광주 동구 학동 재개발지역 철거 공사 중 지상 5층짜리 상가건물이 통째로 무너지면서 건물 앞 정류장에 정차한 시내버스 1대가 잔해 아래에 깔린 사건이 발생하였다. 이 사건으로 함몰된 버스 안에 갇힌 17명 가운데 9명이 숨지고 8명은 중상을 입었다.

이 사건에 대해 경찰청 국가수사본부는 6월 10일 광주 재개발지역 철거 건물 붕괴 사고와 관련해 수사본부를 편성하고 직접 수사를 지휘하기로 하였다. 국가수사본부는 이날 광주경찰청에 꾸려진 기존 합동수사팀을 수사본부로 격상하고 강력범죄수사대와 반부패·경제범죄수사대를 투입하였다. 수사본부는 철거현장에서 안전수칙 등 관련규정을 준수했는지 등을 수사해 업무상 과실 여부를 판단할 예정이다. 국가수사본부는 수사본부 격상 운영에 대해 "다수의 사상자가 발생한 점, 일상생활에서 발생한 사안으로 국민적 관심이 높은 점, 집중 수사를 통해 신속한 사고 원인 규명이 필요한 점을 고려했다"고 설명하였다. 국가수사본부는 또한 피해자와 유가족에게 수사 진행 상황을 수시로 설명하고 치료·심리 안정 지원을 병행하기 위해 '피해자보호전담팀'을 편성하였다.[35)]

② 대규모 불법집회시위에 대한 특별수사본부 설치

서울경찰청은 2021년 7월 3일 전국민주노동조합총연맹(민주노총)의 대규모 기습 집회와 관련해 특별수사본부를 편성하였다. 특별수사본부는 서울청 수사부장을 본부장으로 하고, 총 52명의 수사관으로 구성되었다.

서울경찰청은 이날 "최근 수도권 지역의 감염병 급속 확산에 따른 정부의 집회 자제 요청과 서울시·경찰의 집회금지에도 불구하고 금일 도심권에서 대규모 불법집회와 행진을 강행해 종로2가 도로를 장시간 점거하고 국민 불편을 초래했다"고 지적하였다.

이어 "종로 일대에서 장시간 불법집회와 행진을 강행한 집회 주최자와 주요 참가자들에 대해 집회 및 시위에 관한 법률, 일반교통 방해, 감염병예방법 위반 등의 혐의를 적용해 엄정하게 수사할 것"이라고 밝혔다. 민주노총은 이날 오후 2시부터 3시45분께까지 서울 종로 일대에서 7·3 전국노동자대회를 개최하였다. 노조원들은 '노동법 전면 개정하라',

35) 헤럴드경제(2021.06.10.).

'비정규직 철폐하라', '구조조정 중단하라' 등의 구호를 외치며 행진하였다. 이날 집회에 노조원 8,000여 명이 참가하면서 7개 차선이 통제되는 등 집회 현장 곳곳에서 혼란을 빚었다.[36)]

2. 유치장과 호송

1) 유치장

(1) 유치장의 의미

피의자·피고인·구류인·의뢰입감자의 도주와 증거인멸, 자해와 통모 그리고 도주원조 등을 방지하면서 유치인의 건강을 보호하기 위하여 신체의 자유를 구속하는 것을 '유치'(留置)라 하고, 그러한 장소를 유치장(留置場)이라 한다.[37)]

유치장과 관련하여 「경찰관직무집행법」에서는 '법률에서 정한 절차에 따라 체포·구속된 사람 또는 신체의 자유를 제한하는 판결이나 처분을 받은 사람을 수용하기 위하여 경찰서와 해양경찰서에 유치장을 둔다'고 규정하고 있다(제9조). 그리고 이에 대한 세부적인 내용은 「(경찰청) 피의자 유치 및 호송 규칙」에 규정하고 있다.

한편, 「형의 집행 및 수용자의 처우에 관한 법률」에서는 '경찰관서에 설치된 유치장은 교정시설의 미결수용실(未決收容室)로 보아 이 법을 준용한다'고 규정하고 있다(제87조).

(2) 유치장의 관리책임

유치장에서는 유치인에 대한 인권보장과 질서유지 등이 고려되어야 하고, 특히 사고가 발생하지 않도록 유의해야 한다.

따라서 경찰서장은 피의자의 유치 및 유치장의 관리에 전반적인 지휘·감독을 하여야 하며 그 책임을 져야 한다(피의자 유치 및 호송규칙 제4조 제1항). 그리고 경찰서 주무과장(유치인보호 주무자)은 경찰서장을 보좌하여 유치인 보호 및 유치장 관리를 담당하는 경찰관(유치인보호관)을 지휘·감독하고 피의자의 유치 및 유치장의 관리에 관한 책임을 져야 한다(제2항).

---

36) 헤럴드경제(2021.07.03.).

37) 2019년 현재 유치장은 111개이며, 1,101명의 경찰관(남: 926명, 여: 175명)이 관련업무를 담당하고 있다. 유치인 수용인원은 69,873명(남: 61,993명, 여: 7,880명)에 이르고 있다. 경찰청(2020), 앞의 책, p. 208.

2) 호송

(1) 호송의 의미

호송(護送)은 법령에 의하여 유치되어 있는 자나 구속된 자, 즉 기결수·즉결인·형사피고인·피의자·구류인 등에 대하여 검찰청, 법원, 교도소 또는 경찰관서 등으로 연행하기 위하여 보호하면서 이동하는 것을 말한다.

(2) 호송관리 책임

호송관서의 장(시·도경찰청에 있어서는 형사, 수사과장을 말함)은 피호송자의 호송업무에 관하여 전반적인 관리 및 지휘·감독을 하여야 한다(피의자 유치 및 호송규칙 제47조 제1항). 시·도경찰청의 수사과장 또는 형사과장 및 경찰서의 수사(형사)과장은 피호송자의 호송업무에 관하여 호송주무관으로서 직접 지휘·감독하여야 하며 호송의 안전과 적정 여부를 확인하여야 한다(제2항).

한편, 경찰서장은 호송주무관으로 하여금 호송 출발 직전에 호송경찰관에게 호송임무 수행에 필요한 전반적인 교양을 반드시 실시토록 하여야 한다(제3항).

3. 공조수사와 수배 및 조회제도

1) 공조수사

오늘날 범죄의 광역화·기동화에 따라 범인 검거는 갈수록 어려워지고 있는 실정이다. 따라서 경찰조직 내적으로는 경찰관서와 경찰관 상호 간, 그리고 외적으로는 각 부처와 관련단체 및 국제기구, 개인의 협조 등 연결체계를 구축하여 범인 검거의 효율성을 높이는 방안이 강구되어야 한다. 이러한 점에서 공조수사(共助搜査) 즉, 수사의 협력체계를 구축하는 것은 매우 중요한 의미를 갖는다.

이러한 수사의 협력체계 구축을 위해서 경찰관은 수사에 필요하다고 인정할 때에는 피의자의 체포·출석요구·조사, 장물 등 증거물의 수배, 압수·수색·검증, 참고인의 출석요구·조사 등 그 밖의 필요한 조치에 대한 공조(共助)를 다른 경찰관에게 요청할 수 있도록 하고 있다(경찰청 범죄수사규칙 제87조).

편의점 강도, 경찰의 공조수사로 체포

편의점에서 금품을 빼앗아 달아난 강도가 범행 1시간 만에 30km 밖에서 체포되었다. 2021년 6월 경남 창녕에서 발생한 사건이다. 사건의 신고상황은 다음과 같다.
"50대 남성이 편의점에 들어서더니 물건을 주문하였다. 종업원이 돌아앉아 물건을 찾는 순간 남성은 흉기로 종업원을 위협하고, 현금과 휴대전화를 빼앗아 달아났다."
신고를 받고 출동한 경찰은 범인을 추격하기 위하여 CCTV로 차량 번호를 특정한 다음 인근 도로의 CCTV 영상을 하나하나 확인하였다. 이를 통해 범인의 도주 방향을 확인한 후, 112지령실에서 경남 전체에 수배(手配) 조치를 하였다. 이러한 경찰의 신속한 조치에 범인은 창녕에서 창원까지 30여km나 달아났지만 1시간 만에 결국 체포되었다.
경찰이 범인을 신속하게 체포할 수 있었던 것은 창녕은 물론 인근의 밀양, 창원 등 3개 경찰서가 관할을 구분하지 않고, 공조수사(共助捜査)를 펼쳤기 때문이다. 한편, 범인을 검거할 때에도 단속 경찰의 기지가 중요한 역할을 한 것으로 평가되었다. 경찰은 범인이 교통법규를 위반해서 차를 세운 것처럼 접근한 것이다. 경찰이 긴박하게 검거 작전을 펼치게 되면, 범인이 흥분하여 도주할 우려가 있고, 그러한 과정에서 자칫 큰 사고가 발생할 수도 있기 때문이다. 경찰은 이 남성에게 특수강도 혐의를 적용하고 검찰에 사건을 송치하였다.[38]

2) 수배제도

(1) 수배의 의미

수배(手配, search)는 범죄 용의자·피의자 등을 찾거나 체포하기 위해 수사망을 가동하는 것, 또는 피의자·수사자료 등을 발견하고 확보하기 위하여 다른 경찰관서 등에 필요한 조치를 의뢰하는 것을 말한다. 수배는 공조수사의 대표적인 방법가운데 하나라고 할 수 있다.

(2) 수배의 종류

① 사건수배·긴급사건수배

경찰관은 범죄수사와 관련하여 사건의 용의자와 수사자료 그 밖의 참고사항에 관하여 다른 경찰관 및 경찰관서에 통보를 요구하거나 긴급배치 등 긴급한 조치를 의뢰할 수 있다(경찰청 범죄수사규칙 제88조).

38) YTN(2012. 07. 12).

② 지명수배

지명수배(指名手配)는 말 그대로 용의자로 짐작되는 한 사람을 지명하여 그 사람을 수배하는 것을 말한다.

사법경찰관리는 다음의 어느 하나에 해당하는 사람의 소재를 알 수 없을 때에는 지명수배를 할 수 있도록 하고 있다(경찰수사규칙 제45조 제1항).

㉠ 법정형이 사형, 무기 또는 장기 3년 이상의 징역이나 금고에 해당하는 죄를 범했다고 의심할 만한 상당한 이유가 있어 체포영장 또는 구속영장이 발부된 사람
㉡ 지명통보의 대상인 사람 중 지명수배를 할 필요가 있어 체포영장 또는 구속영장이 발부된 사람

다만, 위와 같은 사정에도 불구하고 긴급체포(緊急逮捕)를 하지 않으면 수사에 현저한 지장을 초래하는 경우에는 영장을 발부받지 않고 지명수배할 수 있다. 이 경우 지명수배 후 신속히 체포영장을 발부받아야 하며, 체포영장을 발부받지 못한 때에는 즉시 지명수배를 해제해야 한다(경찰수사규칙 제45조 제2항).

③ 중요지명피의자 종합 공개수배

시·도경찰청장은 위와 같은 지명수배를 한 후, 6월이 경과하여도 검거하지 못한 사람들 중 다음에 해당하는 중요지명피의자를 매년 5월과 11월 연 2회 선정하여 국가수사본부장에게 중요지명피의자 종합 공개수배 보고서에 따라 보고하여야 한다(경찰청 범죄수사규칙 제101조 제1항 각호).

㉠ 강력범(살인, 강도, 성폭력, 마약, 방화, 폭력, 절도범)
㉡ 다액·다수피해 경제사범, 부정부패 사범
㉢ 그밖에 신속한 검거를 위해 전국적 공개수배가 필요하다고 판단되는 자

국가수사본부장은 공개수배 위원회를 개최하여 제1항의 중요지명피의자 종합 공개수배 대상자를 선정하고, 매년 6월과 12월 중요지명피의자 종합 공개수배 전단을 중요지명피의자 종합 공개수배에 따라 작성하여 게시하는 방법으로 공개수배 하도록 한다(경찰청 범죄수사규칙 제101조 제2항). 그리고 경찰서장은 이러한 중요지명피의자 종합 공개수배 전단을 다음에 따라 게시·관리하여야 한다(제101조 제3항 각호).

㉠ 관할 내 다중의 눈에 잘 띄는 장소, 수배자의 은신 또는 이용·출현 예상 장소 등을 선별하여 게시한다.

㉡ 관할 내 교도소·구치소 등 교정시설, 읍·면사무소·주민센터 등 관공서, 병무관서, 군 부대 등에 게시한다.

㉢ 검거 등 사유로 종합 공개수배를 해제한 경우 즉시 검거표시 한다.

㉣ 신규 종합 공개수배 전단을 게시할 때에는 전회 게시 전단을 회수하여 폐기한다.

㉤ 중요지명피의자 종합 공개수배 전단은 언론매체·정보통신망 등에 게시할 수 있다.[39)]

④ 긴급공개수배

한편, 경찰관서의 장은 법정형이 사형·무기 또는 장기 3년 이상 징역이나 금고에 해당하는 죄를 범하였다고 의심할만한 상당한 이유가 있고, 범죄의 상습성, 사회적 관심, 공익에 대한 위험 등을 고려할 때 신속한 검거가 필요한 자에 대해 긴급 공개수배 할 수 있다(경찰청 범죄수사규칙 제102조 제1항).

긴급 공개수배는 사진·현상·전단 등의 방법으로 할 수 있으며, 언론매체·정보통신망 등을 이용할 수 있다(제102조 제2항). 검거 등 긴급 공개수배의 필요성이 소멸한 때에는 긴급 공개수배 해제의 사유를 고지하고 관련 게시물·방영물을 회수, 삭제하여야 한다(제102조 제3항).

⑤ 장물수배

장물수배란 수사 중인 사건의 장물에 관하여 다른 경찰관서에 그 발견을 요청하는 수배를 말한다(경찰청 범죄수사규칙 제108조 제1항). 경찰관은 장물수배를 할 때에는 발견해야 할 장물의 명칭, 모양, 상표, 품질, 품종 그 밖의 특징 등을 명백히 하여야 하며 사진, 도면, 동일한 견본·조각을 첨부하는 등 필요한 조치를 하여야 한다(제108조 제2항).

경찰서장은 범죄수사상 필요하다고 인정할 때에는 장물과 관련있는 영업주에 대하여 장물수배서를 발급할 수 있으며, 장물수배서는 다음의 3종으로 구분한다(제109조 제1항 각호).

---

39) ① 언론매체·정보통신망 등을 이용한 공개수배는 공개수배 위원회의 심의를 거쳐야 한다. 단, 공개수배 위원회를 개최할 시간적 여유가 없는 긴급한 경우에는 사후 심의할 수 있으며, 이 경우 지체 없이 위원회를 개최하여야 한다(경찰청 범죄수사규칙 제103조 제1항). ② 언론매체·정보통신망 등을 이용한 공개수배는 퍼 나르기, 무단 복제 등 방지를 위한 기술적·제도적 보안 조치된 수단을 이용하여야 하며, 방영물·게시물의 삭제 등 관리감독이 가능한 장치를 마련해야 한다(제103조 제2항). ③ 검거, 공소시효 만료 등 공개수배의 필요성이 소멸한 때에는 공개수배 해제의 사유를 고지하고 관련 게시물·방영물 등을 회수, 삭제하여야 한다(제103조 제3항).

㉠ 특별 중요 장물수배서(수사본부를 설치하고 수사하고 있는 사건에 관하여 발하는 경우의 장물수배서)
㉡ 중요 장물수배서(수사본부를 설치하고 수사하고 있는 사건 이외의 중요한 사건에 관하여 발하는 경우의 장물수배서)
㉢ 보통 장물수배서(그 밖의 사건에 관하여 발하는 경우의 장물수배서)

한편, 특별 중요 장물수배서는 홍색, 중요 장물수배서는 청색, 보통장물수배서는 백색에 의하여 각각 그 구별을 하여야 한다(제109조 제2항).

3) 조회제도

① 조회의 의미

조회(照會, inquire)라는 것은 무엇에 대하여 알려고 확인하는 것 또는 그 절차를 의미한다. 그러므로 수사에 있어서 조회제도는 피의자나 피해자·용의자 등에 대하여 범죄수사상 필요한 각종 자료를 확인하는 행위를 말한다. 각종 자료는 경찰이 평소 수집·분석하여 놓은 것이다. 죄회 수단은 컴퓨터 온라인, 휴대용 단말기, 경찰전화, 지문전송기 등이 있다.

이러한 조회와 관련한 근거 법규정으로 「형의 실효 등에 관한 법률」, 「범죄수사자료조회규칙」(경찰청 예규) 등이 있다. 아래에서는 형의 실효 등에 관한 법률을 중심으로 살펴보기로 한다.

② 범죄경력조회·수사경력조회 등의 제한

「형의 실효 등에 관한 법률」(약칭: 형실효법)은 전과기록(前科記錄) 및 수사경력 자료의 관리와 형의 실효(失效)에 관한 기준을 정함으로써 전과자의 정상적인 사회복귀를 보장함을 목적으로 하고 있다(제1조).

① 범죄경력자료
형의 실효 등에 관한 법률에서 '범죄경력자료'라는 것은 수사자료표 중 다음에 해당하는 사항에 관한 자료를 말한다(제2조 제5호).[40)]

40) 수사자료표란 수사기관이 피의자의 지문을 채취하고 피의자의 인적사항과 죄명 등을 기재한 표(전산입력되어 관리되거나 자기테이프, 마이크로필름, 그 밖에 이와 유사한 매체에 기록·저장된 표를 포함)로서 경찰청에서 관리하는 것을 말한다(형의 실효 등에 관한 법률 제2조 제4호).

㉠ 벌금 이상의 형의 선고, 면제 및 선고유예
㉡ 보호감호, 치료감호, 보호관찰
㉢ 선고유예의 실효
㉣ 집행유예의 취소
㉤ 벌금 이상의 형과 함께 부과된 몰수, 추징(追徵), 사회봉사명령, 수강명령(受講命令) 등의 선고 또는 처분

② **수사경력자료**
'수사경력자료'란 벌금 미만의 형의 선고 및 검사의 불기소처분에 관한 자료 등 범죄경력자료를 제외한 나머지 자료를 말한다(제2조 제6호).

그런데, 수사자료표에 의한 범죄경력조회 및 수사경력조회와 그에 대한 회보는 예컨대, 범죄수사 또는 재판 등 일정한 경우에 '그 전부 또는 일부에 대하여 조회 목적에 필요한 최소한의 범위'에서 할 수 있도록 하고 있다(제6조 제1항).[41] 따라서 수사자료표에 의해 범죄경력·수사경력을 관리하는 사람이나 직무상 수사자료표에 의한 범죄경력조회 또는 수사경력조회를 하는 사람은 그 수사자료표의 내용을 누설하여서는 아니 된다(제6조 제2항).[42]

41) 이에 해당되는 경우는 ① 범죄수사 또는 재판을 위하여 필요한 경우, ② 형의 집행 또는 사회봉사명령, 수강명령의 집행을 위하여 필요한 경우, ③ 보호감호, 치료감호, 보호관찰 등 보호처분 또는 보안관찰업무의 수행을 위하여 필요한 경우, ④ 수사자료표의 내용을 확인하기 위하여 본인이 신청하거나 외국 입국·체류 허가에 필요하여 본인이 신청하는 경우, ⑤ 「국가정보원법」 제3조 제2항에 따른 보안업무에 관한 대통령령에 근거하여 신원조사를 하는 경우, ⑥ 외국인의 귀화·국적회복·체류 허가에 필요한 경우, ⑦ 각군 사관생도의 입학 및 장교의 임용에 필요한 경우, ⑧ 병역의무 부과와 관련하여 현역병 및 사회복무요원의 입영(入營)에 필요한 경우, ⑨ 다른 법령에서 규정하고 있는 공무원 임용, 인가·허가, 서훈(敍勳), 대통령 표창, 국무총리 표창 등의 결격사유, 징계절차가 개시된 공무원의 구체적인 징계 사유(범죄경력조회와 그에 대한 회보에 한정) 또는 공무원연금 지급 제한 사유 등을 확인하기 위하여 필요한 경우, ⑩ 그 밖에 다른 법률에서 범죄경력조회 및 수사경력조회와 그에 대한 회보를 하도록 규정되어 있는 경우(형의 실효 등에 관한 법률 제6조 제1항 각호).

42) 이를 위반하여 수사자료표의 내용을 회보하거나 누설한 사람은 5년 이하의 징역 또는 5천만원 이하의 벌금에 처한다(형의 실효 등에 관한 법률 제10조 제1항).

제8장

교통경찰

제1절 교통치안환경과 교통경찰의 의의

1. 교통치안환경

교통(交通, Traffic)이라는 것은 사람의 왕래나 물건의 운반을 위한 장소적 이동행위를 말하며, 이에는 육상교통, 해상교통, 항공교통의 세 가지로 크게 나눌 수 있다. 한편, 광의의 교통은 그 대상을 사람과 물건뿐만 아니라 정보의 교통도 그 대상으로 한다. 물론, 여기에서 논의하는 교통은 육상교통 가운데 특히, '도로'(道路) 상의 교통을 말한다.

우리나라는 자동차교통 관련 규모가 매우 빠르게 커지고 있다. 자동차는 우리의 일상생활에서 없어서는 안 될 중요한 교통수단으로 자리 잡고 있다는 의미이다.

이와 관련하여 지난 2000년에 운전면허소지자는 약 1,870만명, 자동차(이륜자동차 포함) 등록대수는 약 1,200만대 수준이었다. 2019년에는 운전면허소지자가 약 3,270만명, 자동차 등록대수는 약 2,370만대 수준에 이르고 있다.[1)]

그런데, 자동차교통의 증가로 인해 이와 관련된 각종 교통사고 및 사건 또한 적지 않게 발생하고 있으며, 이로 인해 심각한 사회문제 가운데 하나로 인식되고 있다.

최근 들어 교통여건의 개선 및 선진교통 문화의 정착, 그리고 경찰의 노력 등으로 교통문제는 다소 개선되었지만, 세계 경제협력개발기구(OECD) 회원국 가운데 여전히 낮은 수준이라고 할 수 있다(물론, 이러한 수치는 다른 교통여건을 고려하지 않았다는 점을 고려할 필요가 있다).[2)]

1) 경찰청(2020), 경찰통계연보, pp. 254-255.

2) 이와 관련하여 예컨대, 조사대상이 된 OECD 회원국(33개국) 가운데 인구 10만 명당 (2010년 기준) 교통사고 사망자 수는 아이슬란드가 2.5명으로 가장 적었고, 우리나라는 11.3명으로 자료가 파악된 33개 국가 가운데 가장

〈교통사고 발생 현황〉

(단위: 건, 명)

구 분	1990년	1995년	2000년	2005년	2010년	2015	2019
발생건수	255,303	248,865	290,481	214,171	226,878	232,035	229,600
사 망 자	12,325	10,323	10,236	6,376	5,505	4,621	3,349
부 상 자	324,229	331,747	426,984	342,233	352,458	350,400	341,712

한편, 경찰은 그동안 음주운전으로 인한 교통사고를 예방하기 위하여 관련지도 및 단속 등 많은 활동을 해왔다. 아래와 같이 경찰의 이러한 노력과 시민들의 의식 개선으로 과거에 비하여 음주운전으로 인한 교통사고는 많이 줄었다고 볼 수 있다.[3] 그러나 음주운전 등으로 인한 교통사고의 위험성은 여전히 상존해 있고, 따라서 우리의 삶을 위협하고 있다.

㉠ 2000년: 음주운전 교통사고 28,074건 / 1,217명 사망 / 47,155명 부상
㉡ 2015년: 음주운전 교통사고 24,399건 / 583명 사망 / 42,880명 부상
㉢ 2019년: 음주운전 교통사고 15,708건 / 295명 사망 / 25,961명 부상

그리고 운전면허 취득 년수와 교통사고 발생현황을 비교하는 것도 의미 있는 일이다. 흔히들 운전경력이 많을수록 안전운행을 할 가능성이 높다고 보는 것 같다.

여기에서 운전면허 취득 년수가 10년 이상 된 운전자들의 교통사고가 많다는 점에 주목할 필요가 있다(물론, 면허취득 후 직접적으로 운전을 한 경력을 정확하게 파악해야 할 것이다). 특히, 이러한 문제는 최근들어 더욱 심각한 수준에 이르고 있음을 알 수 있다.[4] 이러한 운전면허 취득 년수별 교통사고 현황을 좀 더 체계적으로 분석하면, 운전면허 재교육 등과 관련된 교통정책을 수립하는데 도움이 된다고 본다.

많았다. OECD 회원국 평균인 7.0명에 비해 약 1.6배가 많은 수치이다. 도로교통공단(2012), OECD 회원국 교통사고 비교, p. 26.; 교통사고 발생현황 통계는 경찰청(2020), 앞의 책, p. 292.

3) 위의 책, p. 289.

4) 위의 책, p. 287.

〈운전면허 취득 년수별 교통사고 현황〉

구 분	총 계	5년 미만	5년~10년	10년 이상	기타
2000년	290,481 (100.0)	120,635 (41.5)	71,736 (24.7)	77,842 (26.8)	20,268 (7.0)
2005년	214,171 (100.0)	50,583 (23.6)	41,590 (19.4)	103,861 (48.5)	18,137 (8.5)
2010년	226,878 (100.0)	41,457 (18.3)	41,032 (18.1)	126,331 (55.7)	18,058 (8.0)
2015년	232,035 (100.0)	37,715 (16.3)	30,537 (13.2)	146,662 (63.2)	17,121 (7.4)
2019년	229,600 (100.0)	25,039 (10.9)	25,200 (10.09)	163,635 (71.2)	15,706 (6.8)

이 밖에도 도로의 구조와 교통사고의 관계를 파악하는 일도 중요하다. 운전자가 아무리 교통법규를 준수하여 운전을 한다할지라도 도로의 상태가 정상적이지 못하면, 예기치 못한 사고로 발전될 가능성이 높기 때문이다.

도로구조와 관련하여 주목할 만한 것은 교통사고 발생의 대부분(약 90%)이 직선형 도로에서 발생한다는 점이다. 직선형 도로는 상대적으로 과속을 할 가능성이 높다는 것도 한 요인이 될 수 있다고 본다. 반면, 커브·곡각에서는 운전자가 좀 더 많은 주의를 기울이는 등의 노력을 하기 때문이라고 볼 수 있다(그리고 곡선형 도로가 운전자의 시야확보에 유리하다고 보기도 한다). 그러나 커브·곡각지역에서 사고가 났을 경우 치사율(致死率)이 약 3배 높은 것으로 나타났다. 이는 커브·곡각지역에서 사고 발생시 대형사고로 이어질 가능성이 높다는 것을 의미한다.[5)]

2. 교통경찰의 의의

1) 교통경찰의 개념

교통경찰(交通警察, Traffic Police)은 '도로교통에서 발생되는 모든 위해를 방지하고 제거함으로써 안전하고 원활한 교통을 확보하기 위하여 수행하는 경찰활동'을 말한다.[6)]

5) 경찰청(2016), 경찰통계연보, p. 278 재구성.

6) 손봉선·최선우·김경태(2008), 경찰교통론, 경기: 21세기사, p. 20.; 2019년 현재 경찰공무원 122,913명(100.0%) 가운데, 경찰직제상 교통경찰기능을 담당하는 경찰은 10,321명(약 8.4%)에 이르고 있다. 경찰청(2020), 앞의 책, p. Ⅱ.

즉, 교통경찰활동이라는 것은 '도로'라는 공간적 배경을 중심으로 이를 이용하고 있는 '차량(운전자)'과 '보행자' 등의 역학관계 속에서 이루어지게 된다.

이처럼 교통경찰은 도로상의 차량과 보행자 등을 교통법규에 따라서 질서 있게 진행하게 하는 정리 및 단속을 통해서 교통체증과 교통사고를 방지함으로써 원활한 소통을 목적으로 한다. 아울러 교통사고 발생시 적절한 대응을 하여 피해를 최소화하고, 철저하고 과학적인 조사를 통해 법적 책임을 규명하는 제반활동을 의미한다고 본다.

교통경찰의 활동은 기본적으로 도로교통법(道路交通法) 등에 그 근거를 두고 있다. 교통경찰의 활동범위는 보행자를 포함한 도로상의 모든 교통수단의 왕래와 교통기구의 설비운용에 이르기까지 광범위하다.

교통경찰의 역할은 최근 들어 보다 중요시되고 있다. 도로상의 교통사고나 혼잡은 국민의 생명, 신체, 재산의 손실은 물론이거니와 국민의 일상생활에 많은 불편과 교통을 초래하기 때문이다. 따라서 교통경찰 부서에서는 교통과 관련된 모든 자료를 수집, 분석하여 교통사고와 교통혼잡의 원인을 규명하고, 교통상의 위험을 조성하는 물리적 상태의 변경과 적절한 교통법규를 제정할 필요가 있다. 이를 통해 운전자와 보행자를 보호하는 동시에 교통법규 위반자에 대해서는 단속·처리할 수 있는 대책을 강구해야 할 것이다.

교통안전관리의 3E 원칙·4E 원칙

교통경찰의 활동만으로 교통사고 등 도로교통상의 위험발생요인(인적 요인, 차량 요인, 도로 요인)이 모두 제거될 수 있는 것은 아니다. 도로상의 교통사고 등을 예방하기 위한 제반조치로서 다음과 같은 것들이 모두 충족되어야 한다.

① 체계적인 교통 공학(Engineering): 도로환경정비, 교통안전시설·표지, 차량설계 등 적용
② 운전자 및 보행자에 대한 교통 교육(Education): 교통현장지도, 홍보, 운전자 소양교육 등 실시
③ 합법적·합리적인 교통 단속(Enforcement): 교통법규를 위반 및 예방을 위해 공개·비공개·일제단속 등 실시(교통단속에는 교통지도 및 규제 등 포함)
④ 교통 환경(Environment): 교통질서의 생활화, 어린이 보호구역과 같은 안전한 환경의 조성, 교통피해자 보상제도 등 실시

'①, ②, ③'과 같은 요소를 교통안전관리의 기본원칙(3E 원칙)이라고 한다. 도로상의 위험발생을 예방하고 차량의 원활한 소통과 안정운행을 도모하기 위해서는 이러한 세 가지 기본원칙이 충실하게 지켜져야 한다. 최근에는 여기에 '④'를 포함하여 네 가지 원칙(4E 원칙)으로 삼고 있다.[7]

2) 교통경찰의 활동체계

따라서 교통경찰은 주어진 목적달성(위해방지 및 제거, 원활한 교통 확보)을 위하여 기본적으로 ㉠ 도로를 안전하게 관리하고, ㉡ 적절한 차마의 통행 유도·규제 및 운전자 의무를 준수하도록 하고, ㉢ 적절한 보행자의 통행과 보호와 관련된 활동을 하고, ㉣ 교통사고 발생시 그에 대한 조사 및 처리와 관련된 제반활동 등을 수행하고 있다. 아울러 ㉤ 운전면허 관리 등의 업무를 수행하고 있다.

교통경찰 이러한 목적과 관련행정업무를 수행하기 위하여 교통계몽, 교통정리 및 순찰, 교통지도·단속, 교통규제, 교통사고 조사, 그리고 교통법규 위반에 대한 제재(범칙금, 과태료, 면허정지·취소 등) 등 관련 권한을 행사하고 있다.

〈교통경찰의 활동체계〉

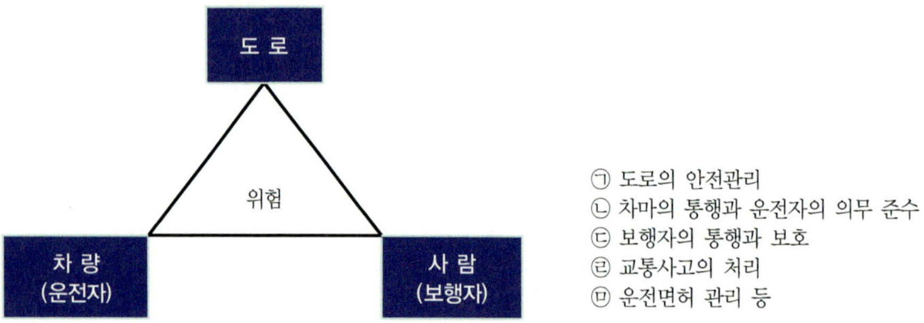

3) 교통경찰의 법적 근거

교통경찰의 법적 근거는 기본적으로 헌법을 근간으로 하고, 일반법으로서 경찰법 제3조(경찰의 임무), 경찰관직무집행법 제2조(직무의 범위)에 개괄적으로 규정되어 있다. 교통경찰의 분장사무와 관련하여 경찰청과 그 소속기관 직제(대통령령) 제12조에 규정되어 있다.

교통경찰관련 개별법으로는 대표적으로 도로교통법, 교통사고처리특례법 등을 들 수 있다.[8] 교통경찰의 전반적인 활동은 기본적으로 도로교통법에 근거를 두고 이루어지고 있고, 업무상과실 또는 중대한 과실로 교통사고를 일으킨 운전자에 대한 형사처벌의 특례를 규정하기 위하여 별도로 교통사고처리특례법을 두고 있다.

---

7) 손봉선·최선우·김경태(2008), 앞의 책, pp. 43-46.

8) 한편 「도로법」(道路法)은 도로망의 정비와 적정한 도로관리를 위하여 도로에 관한 계획을 수립하고 노선을 지정하거나 인정하는 데에 필요한 사항과 도로의 관리·시설기준·보전 및 비용에 관한 사항을 규정하고 있어서 교통경찰의 직접적인 근거법으로 보기는 어렵다고 본다.

제2절 도로의 의의와 안전관리

1. 도로의 의의

일반교통에 사용되는 도로는 인공적이든 자연적이든, 일정한 도로의 형태를 갖추었든 아니든, 공유지와 사유지를 불문하고 보통 출발점과 중간로 및 도착지로 구성되어 사람이나 차량 등의 통행이 가능하도록 만들어진 곳을 말한다. 도로교통법상에서는 '도로'(道路)는 다음에 해당하는 곳을 말한다(도로교통법 제2조 제1호)

㉠ 「도로법」에 의한 도로[9)]

㉡ 「유료도로법」에 의한 유료도로

㉢ 「농어촌도로 정비법」에 의한 농어촌도로[10)]

㉣ 그 밖에 현실적으로 불특정 다수의 사람 또는 차마(車馬)가 통행할 수 있도록 '공개된 장소'로서 안전하고 원활한 교통을 확보할 필요가 있는 장소

이러한 도로교통법상의 도로 개념에서 특히 '㉣'은 상당히 불확정(不確定)한 개념이라고 할 수 있으며, 따라서 사안에 따라 다르게 적용될 수 있다고 본다.

불특정 다수인 또는 차량이 자유로이 통행할 수 있는 모든 장소 즉, 농로, 임도, 광산도로, 사법상의 사도 등이 도로에 해당한다. 또한 불특정 다수인의 무제한 통행을 조건으로 하는 것이 아니라 일정한 제한이 있더라도 불특정 다수인의 출입이 허용되는 장소는 도로에 포함된다. 따라서 광장, 공지, 공원 내 도로, 해변, 하천 부지 등도 현실적으로 대중교통에 공용되고 있으면 도로에 해당한다.[11)]

---

9) 도로법에서 규정하는 도로에는 고속국도(고속국도의 지선 포함), 일반국도(일반국도의 지선 포함), 특별시도(특별시도)·광역시도(광역시도), 지방도, 시도, 군도, 구도가 있다(제10조). 도로법에서 말하는 도로는 차도, 보도(步道), 자전거도로, 측도(側道), 터널, 교량, 육교 등 대통령령으로 정하는 시설로 구성된 것으로서 제10조에 열거된 것을 말하며, 도로의 부속물을 포함한다(제2조 제1호, 제2호).

10) 농어촌도로란 도로법에 규정되지 아니한 도로(읍 또는 면 지역의 도로만 해당)로서 농어촌지역 주민의 교통 편익과 생산·유통활동 등에 공용(共用)되는 공로(公路) 중 제4조(面道, 里道 및 農道) 및 제6조(도로기본계획의 수립)에 따라 고시된 도로를 말한다. 농어촌도로에는 대통령령으로 정하는 것으로서 도로의 효용(效用)을 다하게 하는 시설 또는 인공구조물을 포함한다(농어촌도로 정비법 제2조).

11) 그러나 소유주나 관리자가 일반교통의 통행을 거부하는 장소 즉, 역구내, 교정, 빌딩 전용주차장, 주점의 고객전용 주차장, 여관 앞 공터, 나이트클럽 전용주차장, 자동차 간이정비소 바닥 등은 도로에 해당되지 않는다고 본다. 물론 일반교통의 공용장소로서 인정을 하거나 묵인 하에 현실적으로 교통에 공용되고 있으면 일반교통에 공용되는 장소라고 할 수 있다. 아파트 단지 내의 도로는 경비원이 차단기 등으로 일반인의 출입을 통제하면 도

교통경찰의 관할 문제

① 교통경찰의 관할: 도로

교통경찰의 권한행사 영역 즉, 관할은 도로교통법상의 '도로'(道路)에 근거를 두고 있다고 볼 수 있다. 바꿔 말하면 교통경찰이 도로를 벗어난 장소에 대해서는 관련 권한을 행사를 할 수는 없는 일이다.

도로의 개념과 관련하여 도로교통법(및 舊 도로교통법)에서 말하는 도로는 '현실적으로 불특정의 사람이나 차량의 통행을 위하여 공개된 장소로서 교통질서 유지 등을 목적으로 하는 일반 교통경찰권한(交通警察權限)이 미치는 공공성(公共性)이 있는 곳'을 의미한다. 따라서 특정인들 또는 그들과 관련된 특정한 용건이 있는 자들만이 사용할 수 있고 자주적으로 관리되는 장소는 이에 포함되지 않는다고 할 것이다.[12)]

따라서 종래에는 교통경찰이 아파트 단지 내와 같은 특정 공간(즉, 도로로서의 공개성·공공성을 가지고 있는지에 대한 논란이 있는 곳)에서 음주운전을 한 사람에 대해서 도로교통법 위반혐의로 음주단속을 할 경우, 경찰의 음주단속이 정당한 것인지, 아니면 경찰권 행사의 허용범위를 벗어난 것인지에 대한 문제가 제기되었다.

요약건대, 아파트 단지 내의 길이 도로로서의 특성(공개성·공공성)을 가지고 있으면, 교통경찰의 관할이 되는 것이고,[13)] 도로로서의 특성을 가지고 있지 않다면, 교통경찰의 관할을 벗어난 것이 되는 셈이다. 도로의 인정 여부는 결국, 개별적 사안에 따라 달라질 수밖에 없었던 것이다.

② 교통경찰의 관할의 예외: 운전개념의 확대

이상에서 살펴본 바와 같이 과거에는 '도로'는 교통경찰의 관할기준(일종의 지역관할)이 되었음을 알 수 있다. 이러한 상황에서 위와 같이 도로로 판단하기가 애매한 곳에서의 교통경찰의 단속 등은 그 정당성 여부를 둘러싸고 항상 논란이 되었다. 여기에는 특히, 음주운전 등이 중요 쟁점이 되었음은 물론이다.

이러한 문제를 해결하기 위해서 교통경찰의 관할이 일정부분 확대되었다. 즉, 지난 2010년 7월 23일 도로교통법 개정(시행, 2011.1.24)된 것이다. 이에 따라 '도로'의 범위는 종전대로 하되 '운전'(運轉)의 개념을 확대한 것(일종의 사항관할)이다.

㉠ 도로교통법 개정 전

법 개정전의 '운전'(運轉)이란 '도로에서 차마를 그 본래의 사용방법에 따라 사용하는 것(조종을 포함)을 말한다'고 하였다(제2조 제26호). 운전이라는 것은 '도로'를 전제로 한 것이었다.

로가 아니지만, 불특정인의 출입이 허용되는 아파트 단지 내의 도로는 도로로 본다. 조철옥(2012), 경찰학개론, 서울: 대영문화사, p. 523.

12) 대법 2003.11.28., 2003도4807.; 대법 2004.6.25., 2002도6710 등 참조.

13) 대법 2010.9.9., 2010도6579.

ⓛ 도로교통법 개정

그런데, 법 개정으로 다음과 같은 경우에는 도로 외(外)의 곳에서 한 운전도 포함한다고 규정한 것이다(제2조 제26호).

가. 술에 취한 사람의 운전 금지(제44조)

나. 과로한 때 등의 운전 금지(제45조)

다. 사고발생시의 조치(제54조 제1항)

라. 사고발생시의 조치위반에 대한 처벌(제148조)

마. 벌칙, 음주운전에 대한 처벌(제148조의2)

바. 주·정차된 차만 손괴한 것이 분명한 경우에 피해자에게 인적 사항을 제공하지 아니한 사람에 대한 처벌(제156조 제10호)

따라서 교통경찰은 음주운전과 과로운전 및 사고발생시의 조치 등과 관련해서는 도로의 범위를 벗어난 곳에서도 관련권한을 행사할 수 있게 되었다고 볼 수 있다. 그리고 도로 외의 장소에서 이러한 이유로 발생한 금지 및 조치의무 위반에 대해서 도로교통법에 의해서 처벌(제148조, 제148조의2, 제156조 제10호)에 의해 처벌할 수 있는 근거가 마련되었다고 볼 수 있다.

어쨌든, 이러한 법개정을 통해 그동안 논란이 되었던 교통경찰의 음주운전 단속 등에 대한 정당성 문제는 상당부분 해소되었다고 볼 수 있다. 다만, 교통경찰의 본연의 활동영역은 도로를 중심으로 이루어져야 할 것이며, 따라서 도로 외의 장소에서 무분별한 교통경찰의 음주단속 등은 특별히 예외적인 경우에 제한적으로 이루어져야 한다고 본다.

2. 도로의 안전관리

1) 도로상의 신호기 등 안전시설의 설치

도로의 안전을 위하여 적절한 신호기 등의 설치 및 관리는 매우 중요한 의미를 갖는다.

따라서 이를 위해 특별시장·광역시장·제주특별자치도지사 또는 시장·군수(광역시의 군수는 제외, 이하 '시장 등'이라 함)는 도로에서의 위험을 방지하고 교통의 안전과 원활한 소통을 확보하기 위하여 필요하다고 인정하는 경우에는 교통안전시설(신호기 및 안전표지)을 설치·관리하여야 한다. 다만, 유료도로법 제6조에 따른 유료도로에서는 시장 등의 지시에 따라 그 도로관리자가 교통안전시설을 설치·관리하도록 하고 있다(도로교통법 제3조 제1항).

교통경찰관의 신호 또는 지시의 우선

도로를 통행하는 보행자와 차마 또는 노면전차의 운전자는 교통안전시설이 표시하는 신호 또는 지시를 따라야 한다. 그리고 이러한 교통안전시설의 신호뿐만 아니라 다음의 어느 하나에 해당하는 사람이 하는 신호 또는 지시를 따라야 한다(도로교통법 제5조 제1항 각호).[14)]

① 교통정리를 하는 경찰공무원(의무경찰 포함) 및 제주특별자치도의 자치경찰공무원
② 경찰공무원(자치경찰공무원 포함)을 보조하는 사람으로서 대통령령으로 정하는 사람

그리고 도로를 통행하는 보행자, 차마 또는 노면전차의 운전자는 위에 따른 교통안전시설이 표시하는 신호 또는 지시와 교통정리를 하는 경찰공무원 또는 경찰보조자의 신호 또는 지시가 서로 다른 경우에는 경찰공무원등의 신호 또는 지시에 따라야 한다(제5조 제2항).

2) 무인교통단속용 장비의 설치·관리

시·도경찰청장, 경찰서장 또는 시장 등은 도로교통법을 위반한 사실을 기록·증명하기 위하여 무인(無人)교통단속용 장비를 설치·관리할 수 있다(도로교통법 제4조의2 제1항).

3) 통행의 금지 및 제한

통행금지 및 제한과 관련하여 시·도경찰청장, 경찰서장, 그리고 경찰공무원은 일정한 조치를 취할 수 있다(도로교통법 제6조).

(1) 시·도경찰청장

시·도경찰청장은 도로에서의 위험을 방지하고 교통의 안전과 원활한 소통을 확보하기 위하여 필요하다고 인정할 때에는 구간(區間)을 정하여 보행자, 차마 또는 노면전차의 통행을 금지하거나 제한할 수 있다(제6조 제1항)

이 경우 시·도경찰청장은 보행자, 차마 또는 노면전차의 통행을 금지하거나 제한한 도로의 관리청에 그 사실을 알려야 한다(제6조 제1항).

(2) 경찰서장

경찰서장은 도로에서의 위험을 방지하고 교통의 안전과 원활한 소통을 확보하기 위하

14) 대통령령으로 정하고 있는 경찰공무원을 보조하는 사람의 범위는 ① 모범운전자 ② 군사훈련 및 작전에 동원되는 부대의 이동을 유도하는 군사경찰, ③ 본래의 긴급한 용도로 운행하는 소방차·구급차를 유도하는 소방공무원을 말한다(도로교통법 시행령 제6조).

여 필요하다고 인정할 때에는 우선 보행자, 차마 또는 노면전차의 통행을 금지하거나 제한한 후 그 도로관리자와 협의하여 금지 또는 제한의 대상과 구간 및 기간을 정하여 도로의 통행을 금지하거나 제한할 수 있다(제6조 제2항).[15)]

(3) 경찰공무원

경찰공무원은 도로의 파손, 화재의 발생이나 그 밖의 사정으로 인한 도로에서의 위험을 방지하기 위하여 긴급히 조치할 필요가 있을 때에는 필요한 범위에서 보행자, 차마 또는 노면전차의 통행을 일시 금지하거나 제한할 수 있다(제6조 제4항).

4) 도로에서의 금지행위

(1) 도로에서의 금지행위 등에 대한 경찰서장의 조치

도로의 안전관리를 위하여 도로에서의 일정한 행위는 금지된다. 이와 관련하여 누구든지 함부로 신호기를 조작하거나 교통안전시설을 철거·이전하거나 손괴해서는 안 되며, 교통안전시설이나 그와 비슷한 인공구조물을 도로에 설치해서는 안 된다(도로교통법 제68조 제1항). 그리고 누구든지 교통에 방해가 될 만한 물건을 도로에 함부로 내버려두어서는 안 된다(제68조 제2항).

경찰서장은 이러한 위반행위를 한 사람에 대하여 시정하도록 하거나 그 위반행위로 인하여 생긴 교통장해를 제거할 것은 명령할 수 있다. 그리고 위반행위를 한 사람을 알지 못하여 조치명령을 내릴 수 없을 때에는 스스로 이를 제거하는 등의 조치를 해야 한다(제71조 제1항 및 제2항).

(2) 도로에서의 금지행위 등에 대한 경찰공무원의 조치

그리고 누구든지 다음의 어느 하나에 해당하는 행위를 하여서는 안 된다(제68조 제3항). 경찰공무원은 이러한 행위에 대하여 지도 및 단속 등의 조치를 취할 수 있다.

㉠ 술에 취하여 도로에서 갈팡질팡하는 행위

㉡ 도로에서 교통에 방해되는 방법으로 눕거나 앉거나 서있는 행위[16)]

---

15) 한편, 시·도경찰청장이나 경찰서장은 제1항이나 제2항에 따른 금지 또는 제한을 하려는 경우에는 행정안전부령으로 정하는 바에 따라 그 사실을 공고(公告)하여야 한다(도로교통법 제6조 제3항).

16) 서울 강남대로 왕복 8차선 도로상에서 의자를 펴고 도로 위에 앉아 있는 등의 행동으로 차량정체를 유발한 20대 남성이 2명이 입건되었다. 이들은 지난 2012년 9월 11일 오후 2시경 친구들과 술값을 걸고 누가 더 오래 차량을 막고 서 있는지를 가리기 위해 이 같은 일을 저질렀다. CBS뉴스(2012. 09. 13).

㉢ 교통이 빈번한 도로에서 공놀이 또는 썰매타기 등의 놀이를 하는 행위

㉣ 돌·유리병·쇳조각이나 그 밖에 도로에 있는 사람이나 차마를 손상시킬 우려가 있는 물건을 던지거나 발사하는 행위

㉤ 도로를 통행하고 있는 차마에서 밖으로 물건을 던지는 행위

㉥ 도로를 통행하고 있는 차마에 뛰어오르거나 매달리거나 차마에서 뛰어내리는 행위

㉦ 그 밖에 시·도경찰청장이 교통상의 위험을 방지하기 위하여 필요하다고 인정하여 지정·공고한 행위

제3절 차마의 통행·운전자의 의무

1. 차마와 운전자

1) 차마의 의미

도로교통법상 차마(車馬)란 차(車)와 우마(牛馬)를 의미한다. 여기에서 차는 다음의 어느 하나에 해당하는 것을 말한다(도로교통법 제2조 제17호 가목).

㉠ 자동차[17]

㉡ 건설기계[18]

㉢ 원동기장치 자전거[19]

---

17) ① 자동차란 철길이나 가설된 선을 이용하지 아니하고 원동기를 사용하여 운전되는 차(견인되는 자동차도 자동차의 일부로 본다)로서 「자동차관리법」에 의한 ㉠ 승용자동차(10인 이하), ㉡ 승합자동차(11인 이상), ㉢ 화물자동차, ㉣ 특수자동차(다른 자동차를 견인하거나 구난작업 등을 수행하기에 적합하게 제작된 자동차), ㉤ 이륜자동차(: 총배기량 또는 정격출력의 크기와 관계없이 1인 또는 2인의 사람을 운송하기에 적합하게 제작된 이륜의 자동차 및 그와 유사한 구조로 되어 있는 자동차)를 말한다. 다만, 원동기장치 자전거는 자동차에서 제외한다(도로교통법 제2조 제18호 가목 및 자동차관리법 제3조 제1항). ② 한편, 도로교통법에서 '자동차등'이란 '자동차와 원동기장치 자전거'를 말한다. 그리고 '긴급자동차'란 본래의 긴급한 용도로 사용되고 있는 자동차를 말한다(제2조 제21호 및 제22호).

18) 건설기계는 「건설기계관리법」 따른 건설기계를 말한다(도로교통법 제2조 제18호 나목).

19) ① 원동기장치 자전거란 ㉠ 자동차관리법 제3조에 따른 이륜자동차 가운데 배기량 125cc 이하의 이륜자동차,

㉣ 자전거

㉤ 사람 또는 가축의 힘이나 그 밖의 동력(動力)으로 도로에서 운전되는 것을 의미. 다만, 철길이나 가설(架設)된 선을 이용하여 운전되는 것, 유모차와 행정안전부령으로 정하는 보행보조용 의자차는 제외(제2조 제17호).

한편, 우마(牛馬)는 '교통이나 운수에 사용되는 가축'을 말한다(제2조 제17호 나목). 그런데 오늘날 도로교통상 우마가 특별한 의미가 있는지는 의문이다.

긴급자동차

긴급자동차란 다음의 자동차로서 그 본래의 긴급한 용도로 사용되고 있는 자동차를 말한다(도로교통법 제2조 제22호).

① 소방차

② 구급차

③ 혈액 공급차량

④ 그 밖에 대통령령으로 정하는 자동차[20]

㉡ 배기량 50cc 미만(전기를 동력으로 하는 경우에는 정격출력 0.59킬로와트 미만)의 원동기를 단 차에 해당하는 차를 말한다(제19호). ② 자전거란 자전거이용 활성화에 관한 법률 제2조 제1호에 따른 자전거를 말한다(제20호).

20) ① '그 밖의 대통령령으로 정하는 자동차'란 긴급한 용도로 사용되는 다음의 어느 하나에 해당하는 자동차를 말한다. 다만, ㉥~㉨까지의 자동차는 이를 사용하는 사람 또는 기관 등의 신청에 의하여 시·도경찰청장이 지정하는 경우에 한정한다(도로교통법 시행령 제2조 제1항 각호).

㉠ 경찰용 자동차 중 범죄수사·교통단속 그 밖에 긴급한 경찰업무수행에 사용되는 자동차

㉡ 국군 및 주한국제연합군용 자동차 중 군내부의 질서유지나 부대의 질서 있는 이동을 유도하는데 사용되는 자동차

㉢ 수사기관의 자동차 중 범죄수사를 위하여 사용되는 자동차

㉣ 교정시설 또는 기관(교도소·소년교도소·구치소 또는 보호감호소, 소년원 또는 소년분류심사원, 보호관찰소)의 중 도주자의 체포 또는 피수용자·피관찰자의 호송·경비를 위하여 사용되는 자동차

㉤ 국내외 요인에 대한 경호업무수행에 공무로서 사용되는 자동차

㉥ 전기사업·가스사업 그 밖의 공익사업기관에서 위험방지를 위한 응급작업에 사용되는 자동차

㉦ 민방위업무를 수행하는 기관에서 긴급예방 또는 복구를 위한 출동에 사용되는 자동차

㉧ 도로관리를 위하여 사용되는 자동차 중 도로상의 위험을 방지하기 위한 응급작업 및 운행이 제한되는 자동차를 단속하기 위하여 사용되는 자동차

㉨ 전신·전화의 수리공사 등 응급작업에 사용되는 자동차와 우편물의 운송에 사용되는 자동차 중 긴급배달 우편물의 운송에 사용되는 자동차 및 전파감시업무에 사용되는 자동차

② 이 밖에 ㉠ 경찰용 긴급자동차에 의하여 유도되고 있는 자동차, ㉡ 국군 및 주한국제연합군용의 긴급자동차에 의하여 유도되고 있는 국군 및 주한국제연합군의 자동차, ㉢ 생명이 위급한 환자나 부상자 또는 수혈을 위한 혈액을 운반 중인 자동차는 긴급자동차로 본다(도로교통법 시행령 제2조 제2항).

2) 운전·초보운전자의 의미

운전(運轉)이라는 것은 '도로(道路)에서 차마 또는 노면전차를[21] 그 본래의 사용방법에 따라 사용하는 것'을 말한다. 다만 경우에 따라서는(예, 음주운전, 과로운전, 사고발생시의 조치 및 관련 벌칙 적용 등) 도로 외의 곳의 사용도 운전한 것으로 본다(도로교통법 제2조 26호 단서).

운전의 성립 여부

도로교통법에서 운전이라는 것은 '도로에서 차를 그 본래의 사용 방법에 따라 사용하는 것'을 말한다고 규정하고 있다.
여기에서 말하는 운전의 개념은 그 규정의 내용에 비추어 '목적적 요소'를 포함하는 것이므로, 고의(故意)의 운전행위만을 의미하고 자동차 안에 있는 사람의 의지나 관여 없이 자동차가 움직인 경우(주차 브레이크 또는 사이드브레이크가 풀려서 진행한 경우 등)에는 운전에 해당하지 않는다.
따라서 어떤 사람이 자동차를 움직이게 할 의도 없이 다른 목적(예, 날씨가 추워서 난방조작을 한 경우 등)을 위하여 자동차의 원동기(모터)의 시동을 걸었는데, 실수로 기어 등 자동차의 발진에 필요한 장치를 건드려 원동기의 추진력에 의하여 자동차가 움직이거나 또는 불안전한 주차상태나 도로여건 등으로 인하여 자동차가 움직이게 된 경우는 자동차의 운전에 해당하지 아니한다.[22]

한편, 초보운전자(初步運轉者)는 처음 운전면허를 받은 날(처음 운전면허를 받은 날부터 2년이 지나기 전에 운전면허의 취소처분을 받은 경우에는 그 후 다시 운전면허를 받은 날을 의미)부터 2년이 지나지 아니한 사람을 말한다. 이 경우 원동기장치 자전거 면허만 받은 사람이 원동기장치 자전거면허 외의 운전면허를 받은 경우에는 처음 운전면허를 받은 것으로 본다(제2조 제27호).

---

21) 노면전차란 「도시철도법」에 따른 노면전차로서 도로에서 궤도를 이용하여 운행되는 차를 말한다(도로교통법 제2조 제17의2호).

22) 대법 2004.4.23., 2004도1109.

2. 차마의 통행 방법

1) 자동차의 속도제한

자동차등(자동차와 원동기장치 자전거를 말함; 개인형 이동장치는 제외)과[23] 노면전차의 도로 통행 속도는 행정안전부령으로 정한다(도로교통법 제17조 제1항).

다만, 경찰청장이나 시·도경찰청장은 도로에서 일어나는 위험을 방지하고 교통의 안전과 원활한 소통을 확보하기 위하여 필요하다고 인정하는 경우에는 다음의 구분에 따라 '구역이나 구간을 지정'하여 행정안전부령에서 규정한 속도를 제한할 수 있다(제17조 제2항).

㉠ 경찰청장: 고속도로

㉡ 시·도경찰청장: 고속도로를 제외한 도로

자동차등과 노면전차의 운전자는 이에 따른 최고속도보다 빠르게 운전하거나 최저속도보다 느리게 운전하여서는 아니 된다. 다만, 교통이 밀리거나 그 밖의 부득이한 사유로 최저속도보다 느리게 운전할 수밖에 없는 경우에는 그러하지 아니하다(제17조 제3항).

2) 횡단 등의 금지

차마의 운전자는 보행자나 다른 차마의 정상적인 통행을 방해할 우려가 있는 경우에는 차마를 운전하여 도로를 횡단하거나 유턴 또는 후진하여서는 안 된다(도로교통법 제18조 제1항).

이와 관련하여 시·도경찰청장은 도로에서의 위험을 방지하고 교통의 안전과 원활한 소통을 확보하기 위하여 특히 필요하다고 인정하는 경우에는 도로의 구간을 지정하여 차마의 횡단이나 유턴 또는 후진을 금지할 수 있다(제18조 제2항). 그리고 차마의 운전자는 길가의 건물이나 주차장 등에서 도로에 들어갈 때에는 일단 정지한 후에 안전한지 확인하면서 서행하여야 한다(제18조 제3항).

---

23) 개인형 이동장치란 원동기장치자전거 중 시속 25킬로미터 이상으로 운행할 경우, 전동기가 작동하지 아니하고 차체 중량이 30킬로그램 미만인 것으로서 '행정안전부령으로 정하는 것'을 말한다(도로교통법 제2조 제19의 2).; 한편, 개인형 이동장치의 기준으로서 위에서 말하는 "행정안전부령으로 정하는 것"이란 다음의 어느 하나에 해당하는 것으로서 「전기용품 및 생활용품 안전관리법」 제15조 제1항에 따라 안전확인의 신고가 된 것을 말한다(도로교통법 시행규칙 제2조의2 각호).

㉠ 전동킥보드

㉡ 전동이륜평행차

㉢ 전동기의 동력만으로 움직일 수 있는 자전거

3) 안전거리 확보 등

(1) 안전거리 확보

모든 차의 운전자는 같은 방향으로 가고 있는 앞차의 뒤를 따르는 경우에는 앞차가 갑자기 정지하게 되는 경우 그 앞차와의 충돌을 피할 수 있는 필요한 거리를 확보해야 한다(도로교통법 제19조 제1항).

자동차등의 운전자는 같은 방향으로 가고 있는 자전거등(자전거와 개인형 이동장치를 말함)의 운전자에 주의하여야 하며, 그 옆을 지날 때에는 자전거등과의 충돌을 피할 수 있는 필요한 거리를 확보하여야 한다(제19조 제2항).

(2) 진로변경 금지

그리고 모든 차의 운전자는 차의 진로를 변경하려는 경우에 그 변경하려는 방향으로 오고 있는 다른 차의 정상적인 통행에 장애를 줄 우려가 있을 때에는 진로를 변경해서는 안 된다(제19조 제3항).

(3) 급제동 금지

모든 차의 운전자는 위험방지를 위한 경우와 그 밖의 부득이한 경우가 아니면 운전하는 차를 갑자기 정지시키거나 속도를 줄이는 등의 급제동을 하여서는 아니 된다(제19조 제4항).

4) 진로양보의 의무

모든 차(긴급자동차는 제외)의 운전자는 뒤에서 따라오는 차보다 느린 속도로 가려는 경우에는 '도로의 우측 가장자리'로 피하여 진로를 양보하여야 한다. 다만, 통행 구분이 설치된 도로의 경우에는 그러하지 아니한다(도로교통법 제20조 제1항).

그리고 좁은 도로에서 긴급자동차 외의 자동차가 서로 마주보고 진행할 때에는 다음의 구분에 따른 자동차가 도로의 우측 가장자리로 피하고 진로를 양보하여야 한다(제20조 제2항 각호).

㉠ 비탈진 좁은 도로에서 자동차가 서로 마주보고 진행하는 경우에는 올라가는 자동차
㉡ 비탈진 좁은 도로 외의 좁은 도로에서 사람을 태웠거나 물건을 실은 자동차와 동승자(同乘者)가 없고 물건을 싣지 아니한 자동차가 서로 마주보고 진행하는 경우에는 동승자가 없고 물건을 싣지 아니한 자동차

5) 앞지르기 방법

모든 차의 운전자는 다른 차를 앞지르려면 앞차의 좌측(左側)으로 통행하여야 한다(도로교통법 제21조 제1항).

자전거등(자전거와 개인형 이동장치를 말함)의 운전자는 서행하거나 정지한 다른 차를 앞지르려면 위의 사항에도 불구하고 앞차의 우측으로 통행할 수 있다. 이 경우 자전거등의 운전자는 정지한 차에서 승차하거나 하차하는 사람의 안전에 유의하여 서행하거나 필요한 경우 일시 정지하여야 한다(제21조 제2항).

위와 같은 상황에서 앞지르려고 하는 모든 차의 운전자는 반대방향의 교통과 앞차 앞쪽의 교통에도 주의를 충분히 기울여야 하며, 앞차의 속도·진로와 그 밖의 도로상황에 따라 방향지시기·등화 또는 경음기(警音機)를 사용하는 등 안전한 속도와 방법으로 앞지르기를 하여야 한다(제21조 제3항).

6) 앞지르기 금지의 시기 및 장소

(1) 앞지르기 금지의 시기

모든 차의 운전자는 다음의 어느 하나에 해당하는 경우에는 앞차를 앞지르지 못한다(도로교통법 제22조 제1항 각호).

㉠ 앞차의 좌측에 다른 차가 앞차와 나란히 가고 있는 경우
㉡ 앞차가 다른 차를 앞지르고 있거나 앞지르려고 하는 경우

그리고 모든 차의 운전자는 다음의 어느 하나에 해당하는 다른 차를 앞지르지 못한다(제22조 제2항 각호).[24)]

㉠ 이 법이나 이 법에 따른 명령에 따라 정지하거나 서행하고 있는 차
㉡ 경찰공무원의 지시에 따라 정지하거나 서행하고 있는 차
㉢ 위험을 방지하기 위하여 정지하거나 서행하고 있는 차

(2) 앞지르기 금지의 장소

모든 차의 운전자는 다음의 어느 하나에 해당하는 곳에서는 다른 차를 앞지르지 못한다(도로교통법 제22조 제3항 각호)

24) 끼어들기 금지: 이에 해당하는 모든 차는 아울러 다른 차 앞으로 끼어들지 못한다(도로교통법 제23조).

㉠ 교차로
㉡ 터널 안
㉢ 다리 위
㉣ 도로의 구부러진 곳, 비탈길의 고갯마루 부근 또는 가파른 비탈길의 내리막 등 시·도경찰청장이 도로에서의 위험을 방지하고 교통의 안전과 원활한 소통을 확보하기 위하여 필요하다고 인정하는 곳으로서 안전표지로 지정한 곳

7) 철길건널목의 통과

모든 차 또는 노면전차의 운전자는 철길 건널목을 통과하려는 경우에는 건널목 앞에서 일시 정지하여 안전한지 확인한 후에 통과하여야 한다. 다만, 신호기 등이 표시하는 신호에 따르는 경우에는 정지하지 아니하고 통과할 수 있다(도로교통법 제24조 제1항).

8) 교차로 통행방법

(1) 우회전 방법

모든 차의 운전자는 교차로에서 우회전을 하려는 경우에는 미리 도로의 우측 가장자리를 서행하면서 우회전하여야 한다. 이 경우 우회전하는 차의 운전자는 신호에 따라 정지하거나 진행하는 보행자 또는 자전거등에 주의하여야 한다(도로교통법 제25조 제1항).

(2) 좌회전 방법

모든 차의 운전자는 교차로에서 좌회전을 하려는 경우에는 미리 도로의 중앙선을 따라 서행하면서 교차로의 중심 안쪽을 이용하여 좌회전하여야 한다. 다만, 시·도경찰청장이 교차로의 상황에 따라 특히 필요하다고 인정하여 지정한 곳에서는 교차로의 중심 바깥쪽을 통과할 수 있다(제25조 제2항).

다만, 이러한 사정에도 불구하고 자전거등의 운전자는 교차로에서 좌회전하려는 경우에는 미리 도로의 우측 가장자리로 붙어 서행하면서 교차로의 가장자리 부분을 이용하여 좌회전하여야 한다(제25조 제3항).

한편, 위와 같은 규정에 따라 우회전이나 좌회전을 하기 위하여 손이나 방향지시기 또는 등화로써 신호를 하는 차가 있는 경우에 그 뒤차의 운전자는 신호를 한 앞차의 진행을 방해하여서는 아니 된다(제25조 제4항).

교통정리가 없는 교차로에서의 양보운전

① 교통정리를 하고 있지 아니하는 교차로에 들어가려고 하는 차의 운전자는 이미 교차로에 들어가 있는 다른 차가 있을 때에는 그 차에 진로를 양보해야 한다.
② 그리고 교통정리를 하고 있지 아니하는 교차로에 들어가려고 하는 차의 운전자는 그 차가 통행하고 있는 도로의 폭보다 교차하는 도로의 폭이 넓은 경우에는 서행하여야 하며, 폭이 넓은 도로로부터 교차로에 들어가려고 하는 다른 차가 있을 때에는 그 차에 진로를 양보하여야 한다.
③ 교통정리를 하고 있지 아니하는 교차로에 동시에 들어가려고 하는 차의 운전자는 우측 도로의 차에 진로를 양보하여야 한다.
④ 교통정리를 하고 있지 아니하는 교차로에서 좌회전하려고 하는 차의 운전자는 그 교차로에서 직진하거나 우회전하려는 다른 차가 있을 때에는 그 차에 진로를 양보하여야 한다(이상 도로교통법 제26조 제1항~제4항).

9) 보행자의 보호와 보행자전용도로의 설치

(1) 보행자의 보호

모든 차 또는 노면전차의 운전자는 보행자(자전거등에서 내려서 자전거등을 끌거나 들고 통행하는 자전거등의 운전자를 포함)가 횡단보도를 통행하고 있을 때에는 보행자의 횡단을 방해하거나 위험을 주지 아니하도록 그 횡단보도 앞(정지선이 설치되어 있는 곳에서는 그 정지선을 말함)에서 일시정지하여야 한다(도로교통법 제27조 제1항).

한편, 모든 차 또는 노면전차의 운전자는 보행자가 횡단보도가 설치되어 있지 아니한 도로를 횡단하고 있을 때에는 안전거리를 두고 일시정지하여 보행자가 안전하게 횡단할 수 있도록 하여야 한다(제27조 제5항).

(2) 보행자전용도로의 설치

시·도경찰청장이나 경찰서장은 보행자의 통행을 보호하기 위하여 특히 필요한 경우에는 도로에 보행자전용도로를 설치할 수 있다(도로교통법 제28조 제1항).

차마 또는 노면전차의 운전자는 제1항에 따른 보행자전용도로를 통행하여서는 아니 된다. 다만, 시·도경찰청장이나 경찰서장은 특히 필요하다고 인정하는 경우에는 보행자전용도로에 차마의 통행을 허용할 수 있다(제28조 제2항).

보행자전용도로의 통행이 허용된 차마의 운전자는 보행자를 위험하게 하거나 보행자의 통행을 방해하지 아니하도록 차마를 보행자의 걸음 속도로 운행하거나 일시정지하여야 한다(제28조 제3항).

10) 긴급자동차의 우선통행과 특례

(1) 긴급자동차의 우선통행

긴급자동차(소방차, 구급차, 혈액공급차 등)는 다른 차마의 통행방법에도 불구하고 긴급하고 부득이한 경우에는 도로의 중앙이나 좌측 부분을 통행할 수 있다(도로교통법 제29조 제1항). 그리고 긴급자동차는 법규정에 따라 정지하여야 하는 경우에도 불구하고 긴급하고 부득이한 경우에는 정지하지 아니할 수 있다(제29조 제2항).[25)]

차마와 노면전차의 일시정지 및 진로양보

교차로나 그 부근에서 긴급자동차가 접근하는 경우에는 차마와 노면전차의 운전자는 교차로를 피하여 일시정지하여야 한다.

그리고 모든 차와 노면전차의 운전자는 위와 같은 장소 외의 곳에서 긴급자동차가 접근한 경우에는 긴급자동차가 우선통행할 수 있도록 진로를 양보하여야 한다(이상 도로교통법 제29조 제4항 및 제5항).

(2) 긴급자동차의 특례

긴급자동차에 대하여는 다음의 사항을 적용하지 아니한다.[26)]

㉠ 자동차등의 속도 제한(다만, 긴급자동차에 대하여 속도를 제한한 경우에는 같은 조의 규정을 적용하도록 함)
㉡ 앞지르기의 금지
㉢ 끼어들기의 금지
㉣ 신호위반
㉤ 보도침범
㉥ 중앙선 침범
㉦ 횡단 등의 금지
㉧ 안전거리 확보 등
㉨ 앞지르기 방법 등

25) 긴급자동차 운전자는 해당 자동차를 그 본래의 긴급한 용도로 운행하지 아니하는 경우에는 「자동차관리법」에 따라 설치된 경광등을 켜거나 사이렌을 작동하여서는 아니 된다. 다만, 대통령령으로 정하는 바에 따라 범죄 및 화재 예방 등을 위한 순찰·훈련 등을 실시하는 경우에는 그러하지 아니하다(도로교통법 제29조 제6항).

26) 다만, '㉣'부터 'ⓔ'까지의 사항은 긴급자동차 중 제2조 제22호 가목부터 다목까지의 자동차(즉, 소방차, 구급차, 혈액 공급차량)와 대통령령으로 정하는 경찰용 자동차에 대해서만 적용하지 아니한다(도로교통법 제30조).

㉧ 정차 및 주차의 금지
㉨ 주차금지
㉩ 고장 등의 조치

11) 서행과 일시정지

(1) 서행

모든 차 또는 노면전차의 운전자는 다음의 어느 하나에 해당하는 곳에서는 서행(徐行, go slow)하여야 한다(도로교통법 제31조 제1항 각호).

㉠ 교통정리를 하고 있지 아니하는 교차로
㉡ 도로가 구부러진 부근
㉢ 비탈길의 고갯마루 부근
㉣ 가파른 비탈길의 내리막
㉤ 시·도경찰청장이 도로에서의 위험을 방지하고 교통의 안전과 원활한 소통을 확보하기 위하여 필요하다고 인정하여 안전표지로 지정한 곳

(2) 일시정지

모든 차 또는 노면전차의 운전자는 다음의 어느 하나에 해당하는 곳에서는 일시정지하여야 한다(제31조 제2항 각호).

㉠ 교통정리를 하고 있지 아니하고 좌우를 확인할 수 없거나 교통이 빈번한 교차로
㉡ 시·도경찰청장이 도로에서의 위험을 방지하고 교통의 안전과 원활한 소통을 확보하기 위하여 필요하다고 인정하여 안전표지로 지정한 곳

12) 정차 및 주차의 금지 등

(1) 정차 및 주차의 금지

모든 차의 운전자는 다음의 어느 하나에 해당하는 곳에서는 차를 정차(停車)하거나 주차(駐車)하여서는 아니 된다(도로교통법 제32조 제1항 각호).[27]

27) 다만, 이 법이나 이 법에 따른 명령 또는 경찰공무원의 지시를 따르는 경우와 위험방지를 위하여 일시정지하는 경우에는 그러하지 아니하다(도로교통법 제32조 제1항 하단).

㉠ 교차로·횡단보도·건널목이나 보도와 차도가 구분된 도로의 보도(「주차장법」에 따라 차도와 보도에 걸쳐서 설치된 노상주차장은 제외)

㉡ 교차로의 가장자리나 도로의 모퉁이로부터 5미터 이내인 곳

㉢ 안전지대가 설치된 도로에서는 그 안전지대의 사방으로부터 각각 10미터 이내인 곳

㉣ 버스여객자동차의 정류지(停留地)임을 표시하는 기둥이나 표지판 또는 선이 설치된 곳으로부터 10미터 이내인 곳[28)]

㉤ 건널목의 가장자리 또는 횡단보도로부터 10미터 이내인 곳

㉥ 다음의 곳으로부터 5미터 이내인 곳

가. 「소방기본법」 따른 소방용수시설 또는 비상소화장치가 설치된 곳

나. 「화재예방, 소방시설 설치·유지 및 안전관리에 관한 법률」에 따른 소방시설로서 대통령령으로 정하는 시설이 설치된 곳

㉦ 시·도경찰청장이 도로에서의 위험을 방지하고 교통의 안전과 원활한 소통을 확보하기 위하여 필요하다고 인정하여 지정한 곳

㉧ 시장등이 지정한 어린이 보호구역

주차와 정차

① 주차

주차(駐車, parking)란 운전자가 승객을 기다리거나 화물을 싣거나 차가 고장 나거나 그 밖의 사유로 차를 계속 정지 상태에 두는 것 또는 운전자가 차에서 떠나서 즉시 그 차를 운전할 수 없는 상태에 두는 것을 말한다.

② 정차

정차(停車, a stop)란 운전자가 5분을 초과하지 아니하고 차를 정지시키는 것으로서 주차 외의 정지 상태를 말한다(이상 도로교통법 제2조 제24호 및 제25호).

(2) 주차금지의 장소

모든 차의 운전자는 다음의 어느 하나에 해당하는 곳에 차를 주차해서는 아니 된다(도로교통법 제33조 각호).

---

28) 다만, 버스여객자동차의 운전자가 그 버스여객자동차의 운행시간 중에 운행노선에 따르는 정류장에서 승객을 태우거나 내리기 위하여 차를 정차하거나 주차하는 경우에는 그러하지 아니한다(도로교통법 제32조 제4호 하단).

㉠ 터널 안 및 다리 위

㉡ 다음 각 목의 곳으로부터 5미터 이내인 곳

가. 도로공사를 하고 있는 경우에는 그 공사 구역의 양쪽 가장자리

나. 「다중이용업소의 안전관리에 관한 특별법」에 따른 다중이용업소의 영업장이 속한 건축물로 소방본부장의 요청에 의하여 시·도경찰청장이 지정한 곳

㉢ 시·도경찰청장이 도로에서의 위험을 방지하고 교통의 안전과 원활한 소통을 확보하기 위하여 필요하다고 인정하여 지정한 곳

(3) 주차위반에 대한 경찰 등의 조치

① 경찰공무원 등의 조치

경찰공무원, 시장 등 대통령령으로 정하는 바에 따라 임명하는 공무원은 이러한 정차 및 주차금지 사항을 위반하여 주차하고 있는 차가 교통에 위험을 일으키게 하거나 방해가 될 우려가 있을 때에는 차의 운전자 또는 관리책임자에 대해 주차 방법을 변경하거나 그곳으로부터 이동할 것을 명령(命令)할 수 있다(도로교통법 제35조 제1항).

② 경찰서장 등의 조치

경찰서장이나 시장 등은 위의 경우 차의 운진자나 관리 책임이 있는 사람이 현장에 없을 때에는 도로에서 일어나는 위험을 방지하고 교통의 안전과 원활한 소통을 확보하기 위하여 필요한 범위에서 그 차의 주차방법을 직접 변경하거나 변경에 필요한 조치를 할 수 있으며, 부득이한 경우에는 관할 경찰서나 경찰서장 또는 시장 등이 지정하는 곳으로 이동 즉, 견인(牽引)하게 할 수 있다(도로교통법 제35조 제2항).

그리고 경찰서장이나 시장 등은 이 경우 선량한 관리자로서의 주의의무를 다하여 보관(保管)하여야 하며, 그 사실을 차의 사용자(소유자 또는 소유자로부터 차의 관리에 관한 위탁을 받은 사람)나 운전자에게 신속히 알리는 등 반환에 필요한 조치를 하여야 한다(제35조 제3항).[29)]

29) 한편, 차의 사용자나 운전자의 성명·주소를 알 수 없을 때에는 대통령령으로 정하는 방법에 따라 공고(公告)하여야 하고, 공고를 하였음에도 불구하고 사용자 등이 공고한 날로부터 1개월 이내에 그 반환을 요구하지 않을 때에는 매각(賣却) 또는 폐차(廢車)할 수 있다. 그리고 주차위반 차의 이동·보관·공고·매각 또는 폐차 등에 들어간 비용은 그 차의 사용자가 부담하며, 그 비용의 징수에 관하여는 행정대집행법(行政代執行法)을 적용한다. 남은 금액은 사용자 등에게 지급하고, 지급할 수 없는 경우에는 공탁법(供託法)에 따라 공탁하여야 한다(이상 도로교통법 제35조 제4항~제7항).

13) 차와 노면전차의 등화 및 차의 신호

(1) 차와 노면전차의 등화

모든 차 또는 노면전차의 운전자는 다음의 경우에는 대통령령으로 정하는 바에 따라 전조등(前照燈), 차폭등(車幅燈), 미등(尾燈)과 그 밖의 등화를 켜야 한다(도로교통법 제37조 제1항 각호).

㉠ 밤(해가 진 후부터 해가 뜨기 전까지를 말함)에 도로에서 차 또는 노면전차를 운행하거나 고장이나 그 밖의 부득이한 사유로 도로에서 차 또는 노면전차를 정차 또는 주차하는 경우

㉡ 안개가 끼거나 비 또는 눈이 올 때에 도로에서 차 또는 노면전차를 운행하거나 고장이나 그 밖의 부득이한 사유로 도로에서 차 또는 노면전차를 정차 또는 주차하는 경우

㉢ 터널 안을 운행하거나 고장 또는 그 밖의 부득이한 사유로 터널 안 도로에서 차 또는 노면전차를 정차 또는 주차하는 경우

그리고 모든 차 또는 노면전차의 운전자는 밤에 차가 서로 마주보고 진행하거나 앞차의 바로 뒤를 따라가는 경우에는 등화의 밝기를 줄이거나 잠시 등화를 끄는 등의 필요한 조작을 하여야 한다(제37조 제2항).

(2) 차의 신호

모든 차의 운전자는 좌회전 · 우회전 · 횡단 · 유턴 · 서행 · 정지 또는 후진을 하거나 같은 방향으로 진행하면서 진로를 바꾸려고 하는 경우에는 손이나 방향지시기 또는 등화로써 그 행위가 끝날 때까지 신호를 하여야 한다(도로교통법 제38조 제1항).

14) 승차 또는 적재 방법과 제한

(1) 승차 방법

모든 차의 운전자는 승차 인원, 적재중량 및 적재용량에 관하여 대통령령으로 정하는 운행상의 안전기준을 넘어서 승차시키거나 적재한 상태로 운전하여서는 안 된다. 다만, 출발지를 관할하는 경찰서장의 허가(許可)를 받은 경우에는 그러하지 아니하다(도로교통법 제39조 제1항).

모든 차 또는 노면전차의 운전자는 운전 중 타고 있는 사람 또는 타고 내리는 사람이 떨어지지 아니하도록 하기 위하여 문을 정확히 여닫는 등 필요한 조치를 하여야 한다(제39조 제3항).

그리고 모든 차의 운전자는 영유아나 동물을 안고 운전 장치를 조작하거나 운전석 주위에 물건을 싣는 등 안전에 지장을 줄 우려가 있는 상태로 운전하여서는 아니 된다(제39조 제5항).

(2) 적재 방법

모든 차의 운전자는 운전 중 실은 화물이 떨어지지 아니하도록 덮개를 씌우거나 묶는 등 확실하게 고정될 수 있도록 필요한 조치를 하여야 한다(도로교통법 제39조 제4항).

한편, 시·도경찰청장은 도로에서의 위험을 방지하고 교통의 안전과 원활한 소통을 확보하기 위하여 필요하다고 인정하는 경우에는 차의 운전자에 대하여 승차 인원, 적재중량 또는 적재용량을 제한할 수 있다(제39조 제6항).

15) 정비불량차의 운전금지 및 점검

(1) 정비불량차의 운전금지

모든 차의 사용자, 정비책임자 또는 운전자는 자동차관리법, 건설기계관리법이나 그 법에 따른 명령에 의한 장치가 정비되어 있지 아니한 차를 운전하도록 시키거나 운전하여서는 아니 된다(도로교통법 제40조).

(2) 경찰공무원의 점검

경찰공무원은 정비불량차에 해당한다고 인정하는 차가 운행되고 있는 경우에는 우선 그 차를 정지시킨 후, 운전자에게 그 차의 자동차등록증 또는 자동차 운전면허증을 제시하도록 요구하고 그 차의 장치를 점검할 수 있다(도로교통법 제41조 제1항).

경찰공무원은 이에 따라 점검한 결과 정비불량 사항이 발견된 경우에는 그 정비불량 상태의 정도에 따라 그 차의 운전자로 하여금 응급조치를 하게 한 후에 운전을 하도록 하거나 도로 또는 교통 상황을 고려하여 통행구간, 통행로와 위험방지를 위한 필요한 조건을 정한 후 그에 따라 운전을 계속하게 할 수 있다(제41조 제2항).

(3) 시·도경찰청장의 점검 및 조치

시·도경찰청장은 위의 사항에도 불구하고 정비 상태가 매우 불량하여 위험발생의 우려가 있는 경우에는 그 차의 자동차등록증을 보관하고 운전의 일시정지를 명할 수 있다. 이 경우 필요하면 10일의 범위에서 정비기간을 정하여 그 차의 사용을 정지(停止)시킬 수 있다(도로교통법 제41조 제3항).

3. 운전자의 의무

1) 무면허운전의 금지

누구든지 시·도경찰청장으로부터 운전면허를 받지 아니하거나 운전면허의 효력이 정지된 경우에는 자동차등을 운전해서는 안 된다(도로교통법 제43조).[30)]

2) 술에 취한 상태에서의 운전 금지와 경찰조치

(1) 술에 취한 상태에서의 운전 금지

누구든지 술에 취한 상태에서 자동차등(「건설기계관리법」에 따른 건설기계 외의 건설기계 포함), 노면전차 또는 자전거를 운전하여서는 아니 된다(도로교통법 제44조 제1항).

운전이 금지되는 술에 취한 상태의 기준은 운전자의 혈중알코올농도가 0.03퍼센트 이상인 경우로 한다(제44조 제4항).

음주운전과 긴급피난

① 사건의 개요

자동차를 운전하는 피고인이 음주 상태에서 귀가하기 위해 대리운전기사를 호출하였는데, 대리운전기사가 도로를 출발하여 잠시 운전하는 도중에 목적지까지의 경로에 대하여 피고인과 이견이 생겨 갑자기 차를 정차한 후 그대로 하차·이탈하였다.

이에 피고인은 혈중알코올농도 0.097%의 술에 취한 상태로 위 도로의 약 3m 구간에서 자동차를 운전하여 도로교통법 위반(음주운전)으로 기소되었다.

② 사건의 상황

대리운전기사가 차를 정차한 위치는 양방향 교차 통행을 할 수 없는 좁은 폭의 1차로이자 대로로 이어지는 길목이어서, 정차가 계속될 경우 피고인의 차량 뒤쪽에서 대로로 나아가

30) 무면허운전을 한 사람은 1년 이하의 징역이나 300만원 이하의 벌금에 처한다(도로교통법 제152조 제1항 단서).

려는 차량과 피고인의 차량 앞쪽으로 대로에서 들어오려는 차량 모두 진로가 막히게 되는 상황이었다.
결국 피고인의 차량은 앞뒤 양쪽에서 교통을 방해하는 상황에 놓이게 되었고, 실제로 대리운전기사가 하차·이탈한 직후 피고인의 차량 뒤쪽에서 대로로 나아가려는 승용차의 진로가 막히게 되었다.
이에 피고인은 조수석에서 하차하여 위 승용차 운전자에게 양해를 구하면서 다른 대리운전 호출을 시도한 것으로 보이고, 얼마 후 피고인의 차량 앞쪽으로 대로에서 들어오려는 택시까지 나타나자 비로소 피고인은 진로 공간을 확보해 주기 위하여 운전을 하게 되었다.

③ **사건에 대한 판단**
이상과 같은 여러 사정을 종합하면, 피고인은 교통 방해와 사고 위험을 줄이기 위하여 도로의 우측 가장자리로 약 3m가량 차를 이동시켰을 뿐 더 이상 차를 운전할 의사는 없었던 것으로 보인다.
당시 피고인의 혈중알코올농도, 차량을 이동한 거리, 도로의 형상 및 다른 차량의 통행상황 등에 비추어 피고인의 행위로 인하여 타인의 생명과 안전에 발생하는 위험은 그다지 크지 않은 것으로 평가된다. 그리고 이로 인하여 확보되는 법익이 침해되는 이익보다 우월한 것으로 평가할 수 있다고 본다.
피고인이 위와 같이 운전한 행위는 지기 또는 타인의 법익에 대한 현재의 위난을 피하기 위한 행위로서 상당한 이유가 있다고 보며, 따라서 형법 제22조 제1항의 긴급피난(緊急避難)에 해당하고, 이를 이유로 무죄로 선고한다.[31)]

(2) 경찰공무원의 조치

경찰공무원은 교통의 안전과 위험방지를 위하여 필요하다고 인정하거나 위의 규정을 위반하여 술에 취한 상태에서 자동차등, 노면전차 또는 자전거를 운전하였다고 인정할 만한 상당한 이유가 있는 경우에는 운전자가 술에 취하였는지를 호흡조사로 측정할 수 있다. 이 경우 운전자는 경찰공무원의 측정에 응하여야 한다(제44조 제2항).

경찰의 측정 결과에 불복하는 운전자에 대하여는 그 운전자의 동의를 받아 혈액 채취 등의 방법으로 다시 측정할 수 있다(제44조 제3항).

31) 서울지법 2020.3.23., 2019고정2908.

음주운전에 대한 처벌

① 도로교통법 제44조 제1항 또는 제2항을 2회 이상 위반한 사람(자동차등 또는 노면전차를 운전한 사람으로 한정. 다만, 개인형 이동장치를 운전하는 경우는 제외. 이하 이 조에서 같음)은 2년 이상 5년 이하의 징역이나 1천만원 이상 2천만원 이하의 벌금에 처한다.

② 술에 취한 상태에 있다고 인정할 만한 상당한 이유가 있는 사람으로서 제44조 제2항에 따른 경찰공무원의 측정에 응하지 아니하는 사람(자동차등 또는 노면전차를 운전하는 사람으로 한정)은 1년 이상 5년 이하의 징역이나 500만원 이상 2천만원 이하의 벌금에 처한다.

③ 제44조 제1항을 위반하여 술에 취한 상태에서 자동차등 또는 노면전차를 운전한 사람은 다음의 구분에 따라 처벌한다.

㉠ 혈중알코올농도가 0.2퍼센트 이상인 사람은 2년 이상 5년 이하의 징역이나 1천만원 이상 2천만원 이하의 벌금

㉡ 혈중알코올농도가 0.08퍼센트 이상 0.2퍼센트 미만인 사람은 1년 이상 2년 이하의 징역이나 500만원 이상 1천만원 이하의 벌금

㉢ 혈중알코올농도가 0.03퍼센트 이상 0.08퍼센트 미만인 사람은 1년 이하의 징역이나 500만원 이하의 벌금(이상 도로교통법 제148조의2 제1항~제3항).

3) 과로한 때 등의 운전 금지

자동차등(개인형 이동장치는 제외) 또는 노면전차의 운전자는 제44조에 따른 술에 취한 상태 외에 과로, 질병 또는 약물(마약, 대마 및 향정신성의약품과 그 밖에 행정안전부령으로 정하는 것을 말함)의 영향과 그 밖의 사유로 정상적으로 운전하지 못할 우려가 있는 상태에서 자동차등 또는 노면전차를 운전하여서는 아니 된다(도로교통법 제45조).[32)]

4) 공동 위험행위의 금지

자동차등(개인형 이동장치는 제외)의 운전자는 도로에서 2명 이상이 공동으로 2대 이상의 자동차등을 정당한 사유 없이 앞뒤로 또는 좌우로 줄지어 통행하면서 다른 사람에게 위해(危害)를 끼치거나 교통상의 위험을 발생하게 하여서는 아니 된다(도로교통법 제46조 제1항).

32) 이를 위반하여 약물로 인하여 정상적으로 운전하지 못할 우려가 있는 상태에서 자동차등 또는 노면전차를 운전한 사람은 3년 이하의 징역이나 1천만원 이하의 벌금에 처한다(도로교통법 제148조의2 제4항).

공동 위험행위

2대의 자동차 운전자들이 정당한 사유 없이 고속도로에서 시속 약 90㎞의 속도로 진행하던 차량행렬의 앞으로 끼어들어 시속 약 20㎞ 미만의 저속으로 진행함으로써 뒤따라오는 차량들로 하여금 급격히 속도를 떨어뜨리게 한 행위는 구(舊) 도로교통법 제42조의2에서 금지하는 '공동위험행위'에 해당한다.[33)]

5) 교통단속용 장비의 기능방해 금지

누구든지 교통단속을 회피할 목적으로 교통단속용 장비의 기능을 방해하는 장치를 제작·수입·판매 또는 장착해서는 안 된다(도로교통법 제46조의2).

6) 난폭운전 금지

자동차등(개인형 이동장치는 제외)의 운전자는 다음의 내용 가운데 둘 이상의 행위를 연달아 하거나, 하나의 행위를 지속 또는 반복하여 다른 사람에게 위협 또는 위해를 가하거나 교통상의 위험을 발생하게 하여서는 아니 된다(도로교통법 제46조의3).

㉠ 신호 또는 지시 위반
㉡ 중앙선 침범
㉢ 속도의 위반
㉣ 횡단·유턴·후진 금지 위반
㉤ 안전거리 미확보, 진로변경 금지 위반, 급제동 금지 위반
㉥ 앞지르기 방법 또는 앞지르기의 방해금지 위반
㉦ 정당한 사유 없는 소음 발생
㉧ 고속도로에서의 앞지르기 방법 위반
㉨ 고속도로 등에서의 횡단·유턴·후진 금지 위반

7) 위험방지를 위한 경찰조치

(1) 일시정지 및 운전면허증 제시 요구

경찰공무원은 자동차등 또는 노면전차의 운전자가 ㉠ 무면허운전(제43조), ㉡ 음주운전(제44조), ㉢ 과로한 때 등의 운전금지(제45조)의 규정을 위반하여 자동차등 또는 노

33) 대법 2007.7.12., 2006도5993.

면전차를 운전하고 있다고 인정되는 경우에는 자동차등 또는 노면전차를 일시정지시키고, 그 운전자에게 자동차 운전면허증을 제시할 것을 요구할 수 있다(도로교통법 제47조 제1항).

(2) 운전의 금지 명령 등

그리고 경찰공무원은 음주운전(제44조) 및 과로한 때 등의 운전금지(제45조)를 위반하여 자동차등 또는 노면전차를 운전하는 사람이나 음주운전(제44조)를 위반하여 자전거등을 운전하는 사람에 대하여는 정상적으로 운전할 수 있는 상태가 될 때까지 운전의 금지를 명하고 차를 이동시키는 등 필요한 조치를 할 수 있다.

8) 모든 운전자의 준수사항과 경찰조치

(1) 모든 운전자의 준수사항

모든 차 또는 노면전차의 운전자는 다음의 사항을 지켜야 한다(도로교통법 제49조 각호).

모든운전자의 준수사항

① 물이 고인 곳을 운행할 때에는 고인 물을 튀게 하여 다른 사람에게 피해를 주는 일이 없도록 할 것

② 다음의 어느 하나에 해당하는 경우에는 일시정지할 것

㉠ 어린이가 보호자 없이 도로를 횡단할 때, 어린이가 도로에서 앉아 있거나 서 있을 때 또는 어린이가 도로에서 놀이를 할 때 등 어린이에 대한 교통사고의 위험이 있는 것을 발견한 경우

㉡ 앞을 보지 못하는 사람이 흰색 지팡이를 가지거나 장애인보조견을 동반하는 등의 조치를 하고 도로를 횡단하고 있는 경우

㉢ 지하도나 육교 등 도로 횡단시설을 이용할 수 없는 지체장애인이나 노인 등이 도로를 횡단하고 있는 경우

③ 자동차의 앞면 창유리와 운전석 좌우 옆면 창유리의 가시광선(可視光線)의 투과율이 대통령령으로 정하는 기준보다 낮아 교통안전 등에 지장을 줄 수 있는 차를 운전하지 아니할 것.[34] 다만, 요인(要人) 경호용, 구급용 및 장의용(葬儀用) 자동차는 제외함

④ 교통단속용 장비의 기능을 방해하는 장치를 한 차나 그 밖에 안전운전에 지장을 줄 수

34) 자동차 창유리 가시광선 투과율의 기준: 대통령령으로 정하는 기준은 다음과 같다. ① 앞면 창유리: 70퍼센트 미만, ② 운전석 좌우 옆면 창유리: 40퍼센트 미만(도로교통법 시행령 제28조).

있는 것으로서 행정안전부령으로 정하는 기준에 적합하지 아니한 장치를 한 차를 운전하지 아니할 것. 다만, 「자동차관리법」에 따른 자율주행자동차의 신기술 개발을 위한 장치를 장착하는 경우에는 그러하지 아니함

⑤ 도로에서 자동차등(개인형 이동장치는 제외) 또는 노면전차를 세워둔 채 시비·다툼 등의 행위를 하여 다른 차마의 통행을 방해하지 아니할 것

⑥ 운전자가 차 또는 노면전차를 떠나는 경우에는 교통사고를 방지하고 다른 사람이 함부로 운전하지 못하도록 필요한 조치를 할 것

⑦ 운전자는 안전을 확인하지 아니하고 차 또는 노면전차의 문을 열거나 내려서는 아니되며, 동승자가 교통의 위험을 일으키지 아니하도록 필요한 조치를 할 것

⑧ 운전자는 정당한 사유 없이 다음 각 목의 어느 하나에 해당하는 행위를 하여 다른 사람에게 피해를 주는 소음을 발생시키지 아니할 것

㉠ 자동차등을 급히 출발시키거나 속도를 급격히 높이는 행위

㉡ 자동차등의 원동기 동력을 차의 바퀴에 전달시키지 아니하고 원동기의 회전수를 증가시키는 행위

㉢ 반복적이거나 연속적으로 경음기를 울리는 행위

⑨ 운전자는 승객이 차 안에서 안전운전에 현저히 장해가 될 정도로 춤을 추는 등 소란행위를 하도록 내버려두고 차를 운행하지 아니할 것

⑩ 운전자는 자동차등 또는 노면전차의 운전 중에는 휴대용 전화(자동차용 전화를 포함한다)를 사용하지 아니할 것. 다만, 다음의 어느 하나에 해당하는 경우에는 그러하지 아니함

㉠ 자동차등 또는 노면전차가 정지하고 있는 경우

㉡ 긴급자동차를 운전하는 경우

㉢ 각종 범죄 및 재해 신고 등 긴급한 필요가 있는 경우

㉣ 안전운전에 장애를 주지 아니하는 장치로서 대통령령으로 정하는 장치를 이용하는 경우

⑪ 자동차등 또는 노면전차의 운전 중에는 방송 등 영상물을 수신하거나 재생하는 장치(운전자가 휴대하는 것을 포함하며, 이하 '영상표시장치'라 함)를 통하여 운전자가 운전 중 볼 수 있는 위치에 영상이 표시되지 아니하도록 할 것. 다만, 다음의 어느 하나에 해당하는 경우에는 그러하지 아니함

㉠ 자동차등 또는 노면전차가 정지하고 있는 경우

㉡ 자동차등 또는 노면전차에 장착하거나 거치하여 놓은 영상표시장치에 다음의 영상이 표시되는 경우

가. 지리안내 영상 또는 교통정보안내 영상

나. 국가비상사태·재난상황 등 긴급한 상황을 안내하는 영상

다. 운전을 할 때 자동차등 또는 노면전차의 좌우 또는 전후방을 볼 수 있도록 도움을 주는 영상

⑪의2. 자동차등 또는 노면전차의 운전 중에는 영상표시장치를 조작하지 아니할 것. 다만, 다음의 어느 하나에 해당하는 경우에는 그러하지 아니함
㉠ 자동차등과 노면전차가 정지하고 있는 경우
㉡ 노면전차 운전자가 운전에 필요한 영상표시장치를 조작하는 경우
⑫ 운전자는 자동차의 화물 적재함에 사람을 태우고 운행하지 아니할 것
⑬ 그 밖에 시·도경찰청장이 교통안전과 교통질서 유지에 필요하다고 인정하여 지정·공고한 사항에 따를 것(이상 도로교통법 제49조 제1항)

(2) 경찰공무원의 명령 및 강제

경찰공무원은 위의 모든 운전자 준수사항 가운데 '③'과 '④'를 위반한 자동차를 발견한 경우에는 그 현장에서 운전자에게 위반사항을 제거하게 하거나 필요한 조치를 명할 수 있다. 이 경우 운전자가 그 명령을 따르지 아니할 때에는 경찰공무원이 직접 위반사항을 제거하거나 필요한 조치를 할 수 있다(도로교통법 제49조 제2항).

9) 특정 운전자의 준수사항

특정 운전자의 준수사항

① 자동차(이륜자동차 제외)의 운전자는 자동차를 운전할 때에는 좌석안전띠를 매어야 하며, 모든 좌석의 동승자에게도 좌석안전띠(영유아인 경우에는 유아보호용 장구를 장착한 후의 좌석안전띠를 말함)를 매도록 하여야 함. 다만, 질병 등으로 인하여 좌석안전띠를 매는 것이 곤란하거나 행정안전부령으로 정하는 사유가 있는 경우에는 그러하지 아니함
② 삭제(2018. 3. 27.)
③ 이륜자동차와 원동기장치 자전거(개인형 이동장치 제외)의 운전자는 행정안전부령으로 정하는 인명보호 장구를 착용하고 운행하여야 하며, 동승자에게도 착용하도록 하여야 함
④ 자전거등의 운전자는 자전거도로 및 「도로법」에 따른 도로를 운전할 때에는 행정안전부령으로 정하는 인명보호 장구를 착용하여야 하며, 동승자에게도 이를 착용하도록 하여야 함
⑤ 운송사업용 자동차, 화물자동차 및 노면전차 등으로서 행정안전부령으로 정하는 자동차 또는 노면전차의 운전자는 다음의 어느 하나에 해당하는 행위를 하여서는 아니됨. 다만, '㉢'은 사업용 승합자동차와 노면전차의 운전자에 한정함
㉠ 운행기록계가 설치되어 있지 아니하거나 고장 등으로 사용할 수 없는 운행기록계가

설치된 자동차를 운전하는 행위

ⓛ 운행기록계를 원래의 목적대로 사용하지 아니하고 자동차를 운전하는 행위

ⓒ 승차를 거부하는 행위

⑥ 사업용 승용자동차의 운전자는 합승행위 또는 승차거부를 하거나 신고한 요금을 초과하는 요금을 받아서는 아니 됨

⑦ 자전거등의 운전자는 행정안전부령으로 정하는 크기와 구조를 갖추지 아니하여 교통안전에 위험을 초래할 수 있는 자전거등을 운전하여서는 아니 됨

⑧ 자전거등의 운전자는 약물의 영향과 그 밖의 사유로 정상적으로 운전하지 못할 우려가 있는 상태에서 자전거등을 운전하여서는 아니 됨

⑨ 자전거등의 운전자는 밤에 도로를 통행하는 때에는 전조등과 미등을 켜거나 야광띠 등 발광장치를 착용하여야 함

⑩ 개인형 이동장치의 운전자는 행정안전부령으로 정하는 승차정원을 초과하여 동승자를 태우고 개인형 이동장치를 운전하여서는 아니 됨

10) 어린이통학버스의 특별보호

어린이통학버스가 도로에 정차하여 어린이나 영유아가 타고 내리는 중임을 표시하는 점멸등 등의 장치를 작동 중일 때에는 어린이통학버스가 정차한 차로와 그 차로의 바로 옆 차로로 통행하는 차의 운전자는 어린이통학버스에 이르기 전에 일시정지하여 안전을 확인한 후 서행하여야 한다(도로교통법 제51조 제1항).

위의 경우 중앙선이 설치되지 아니한 도로와 편도 1차로인 도로에서는 반대방향에서 진행하는 차의 운전자도 어린이통학버스에 이르기 전에 일시정지하여 안전을 확인한 후 서행하여야 한다(제51조 제2항). 그리고 모든 차의 운전자는 어린이나 영유아를 태우고 있다는 표시를 한 상태로 도로를 통행하는 어린이통학버스를 앞지르지 못한다(제51조 제3항).

4. 고속도로 및 자동차 전용도로에서의 운전자 의무

고속도로 또는 자동차 전용도로(이하 '고속도로등'이라 함)에 대해서는 아래와 같이 자동차 또는 보행자의 통행방법 등에 관한 별도의 '특례'(特例)를 두고 있다. 다만, 여기에서 규정한 것 외의 사항에 관하여는 이상에서 논의한 일반 도로상의 규정에 따르도록 한다(도로교통법 제57조).

1) 위험방지 등의 조치

경찰공무원(자치경찰공무원 제외)은 도로의 손괴, 교통사고의 발생이나 그 밖의 사정으로 고속도로등에서 교통이 위험 또는 혼잡하거나 그러할 우려가 있을 때에는 교통의 위험 또는 혼잡을 방지하고 교통의 안전 및 원활한 소통을 확보하기 위하여 필요한 범위에서 진행 중인 자동차의 통행을 일시 금지 또는 제한하거나 그 자동차의 운전자에게 필요한 조치를 명할 수 있다(도로교통법 제58조).

2) 교통안전시설의 설치 및 관리

고속도로의 관리자는 고속도로에서 일어나는 위험을 방지하고 교통의 안전과 원활한 소통을 확보하기 위하여 교통안전시설을 설치·관리하여야 한다. 이 경우, 고속도로의 관리자가 교통안전시설을 설치하려면 경찰청장과 협의하여야 한다. 경찰청장은 고속도로의 관리자에게 교통안전시설의 관리에 필요한 사항을 지시할 수 있다(도로교통법 제59조 제1항 및 제2항).

3) 갓길 통행금지 등

자동차의 운전자는 고속도로등에서 자동차의 고장 등 부득이한 사정이 있는 경우를 제외하고는 행정안전부령으로 정하는 차로에 따라 통행하여야 하며, 갓길(「도로법」에 따른 '길어깨'를 말함)로 통행하여서는 아니 된다. 다만, 다음의 어느 하나에 해당하는 경우에는 그러하지 아니하다(도로교통법 제60조 제1항 각호).

㉠ 긴급자동차와 고속도로 등의 보수·유지 등의 작업을 하는 자동차를 운전하는 경우
㉡ 차량정체 시 신호기 또는 경찰공무원등의 신호나 지시에 따라 갓길에서 자동차를 운전하는 경우

자동차의 운전자는 고속도로에서 다른 차를 앞지르려면 방향지시기, 등화 또는 경음기를 사용하여 행정안전부령으로 정하는 차로로 안전하게 통행하여야 한다(제60조 제2항).

4) 횡단 등의 금지

자동차의 운전자는 그 차를 운전하여 고속도로등을 횡단하거나 유턴 또는 후진하여서는 아니 된다. 다만, 긴급자동차 또는 도로의 보수·유지 등의 작업을 하는 자동차 가운데 고속도로 등에서의 위험을 방지·제거하거나 교통사고에 대한 응급조치작업을 위한

자동차로서 그 목적을 위하여 반드시 필요한 경우에는 그러하지 아니하다(도로교통법 제62조).

5) 통행 등의 금지

자동차(이륜자동차는 긴급자동차만 해당) 외의 차마의 운전자 또는 보행자는 고속도로 등을 통행하거나 횡단하여서는 아니 된다(도로교통법 제63조).

6) 고속도로 등에서의 정차 및 주차의 금지

자동차의 운전자는 고속도로등에서 차를 정차하거나 주차시켜서는 아니 된다. 다만, 다음의 어느 하나에 해당하는 경우에는 그러하지 아니하다(도로교통법 제64조 각호).

㉠ 법령의 규정 또는 경찰공무원(자치경찰공무원은 제외)의 지시에 따르거나 위험을 방지하기 위하여 일시 정차 또는 주차시키는 경우

㉡ 정차 또는 주차할 수 있도록 안전표지를 설치한 곳이나 정류장에서 정차 또는 주차시키는 경우

㉢ 고장이나 그 밖의 부득이한 사유로 길가장자리구역(갓길을 포함한다)에 정차 또는 주차시키는 경우

㉣ 통행료를 내기 위하여 통행료를 받는 곳에서 정차하는 경우

㉤ 도로의 관리자가 고속도로등을 보수·유지 또는 순회하기 위하여 정차 또는 주차시키는 경우

㉥ 경찰용 긴급자동차가 고속도로등에서 범죄수사, 교통단속이나 그 밖의 경찰임무를 수행하기 위하여 정차 또는 주차시키는 경우

㉦ 소방차가 고속도로등에서 화재진압 및 인명 구조·구급 등 소방활동, 소방지원활동 및 생활안전활동을 수행하기 위하여 정차 또는 주차시키는 경우

㉧ 경찰용 긴급자동차 및 소방차를 제외한 긴급자동차가 사용 목적을 달성하기 위하여 정차 또는 주차시키는 경우

㉨ 교통이 밀리거나 그 밖의 부득이한 사유로 움직일 수 없을 때에 고속도로등의 차로에 일시 정차 또는 주차시키는 경우

제4절 보행자의 통행·보호

1. 보행자 및 행렬의 통행

1) 보행자의 통행

보행자는 보도(步道)와 차도(車道)가 구분된 도로에서는 언제나 보도로 통행하여야 한다. 다만, 차도를 횡단하는 경우, 도로공사 등으로 보도의 통행이 금지된 경우나 그 밖의 부득이한 경우에는 그러하지 아니 한다(도로교통법 제8조 제1항).

보행자는 보도와 차도가 구분되지 아니한 도로에서는 차마와 마주보는 방향의 길가장자리 또는 길가장자리 구역으로 통행하여야 한다. 다만, 도로의 통행방향이 일방통행인 경우에는 차마를 마주보지 아니하고 통행할 수 있다(제8조 제2항). 보행자는 보도에서는 우측통행(右側通行)을 원칙으로 한다(제3항).

보행자 과실

보행자의 통행방법에 관한 도로교통법 제8조 제1항 및 제2항, 제10조 제2항 또는 제5항의 각 규정의 위반은 법상의 주의의무위반으로서 타인에 대한 의무위반을 내용으로 하는 것이다.
보행자가 이에 위반하여 사고를 발생하게 하였다면 보행자의 그러한 잘못은 불법행위의 성립요건으로서의 과실에 해당하는 것으로 보아야 한다.[35)]

2) 행렬의 통행

학생의 대열과 그 밖에 보행자의 통행에 지장을 줄 우려가 있다고 인정하여 대통령령으로 정하는 사람이나 행렬(行列, 이하 '행렬등'이라 함)은 위의 보행자의 통행방법에도 불구하고 차도로 통행할 수 있다.[36)] 이 경우 행렬등은 차도의 우측(右側)으로 통행하여야 한다(도로교통법 제9조 제1항). 그리고 행렬등은 사회적으로 중요한 행사에 따라 시가를

35) 대법 1993.12.10., 93다36721.

36) 차도를 통행할 수 있는 사람 또는 행렬은 도로교통법 제9조 제1항에 따라 학생의 대열 외에 차도를 통행할 수 있는 사람 또는 행렬은 다음의 어느 하나를 말한다. ① 말·소 등의 큰 동물을 몰고 가는 사람, ② 사다리·목재나 그 밖에 보행자의 통행에 지장을 줄 우려가 있는 물건을 운반 중인 사람, ③ 도로의 청소 또는 보수 등 도로에서 작업 중인 사람, ④ 군부대 그 밖에 이에 준하는 단체의 행렬, ⑤ 기(旗) 또는 현수막 등을 휴대한 행렬, ⑥ 장의(葬儀)행렬(도로교통법 시행령 제7조).

행진하는 경우에는 도로의 중앙을 통행할 수 있다(제9조 제2항).

경찰공무원은 도로에서의 위험을 방지하고 교통의 안전과 원활한 소통을 확보하기 위하여 필요하다고 인정할 때에는 행렬등에 대하여 구간을 정하고 그 구간에서 행렬등이 도로 또는 차도의 우측(자전거도로가 설치되어 있는 차도에서는 자전거도로를 제외한 부분의 우측을 말함)으로 붙어서 통행할 것을 명하는 등 필요한 조치를 할 수 있다(제9조 제3항).

2. 보행자의 보호

1) 도로횡단자의 보호 및 준수사항

(1) 도로횡단자의 보호: 횡단보도의 설치

보행자는 경우에 따라서는 도로를 횡단하기도 하는데, 아무렇게나 횡단할 경우 사고의 우려가 있다.

따라서 시·도경찰청장은 도로를 횡단하는 보행자의 안전을 위하여 행정안전부령으로 정하는 기준에 따라 횡단보도(橫斷步道)를 설치할 수 있다(도로교통법 제10조 제1항).

(2) 도로횡단자의 준수사항

보행자는 횡단보도, 지하도, 육교나 그 밖의 도로 횡단시설이 설치되어 있는 도로에서는 그곳으로 횡단하여야 한다(도로교통법 제10조 제2항).

다만, 지하도나 육교 등의 도로 횡단시설을 이용할 수 없는 지체장애인의 경우에는 다른 교통에 방해가 되지 아니하는 방법으로 도로 횡단시설을 이용하지 아니하고 도로를 횡단할 수 있다(제10조 제2항 하단).

횡단보도의 해당 여부

시·도지사가 설치한 횡단보도에 횡단보행자용 신호기가 설치되어 있는 경우에는, 횡단보도 표지판이 설치되어 있지 않더라도 횡단보행 표시만 설치되어 있으면, 도로교통법시행규칙 제9조 소정의 횡단보도의 설치기준에 적합한 횡단보도가 설치되었다고 보아야 할 것이다.

더 나아가 횡단보행자용 신호기가 고장이 나서 신호등의 등화가 하루쯤 점멸되지 않는 상태에 있더라도, 그 횡단보도는 교통사고처리특례법 제3조 제2항 단서 제6호 소정의 '도로교통법 제48조 제3호의 규정에 의한 횡단보도'라고 인정하여야 할 것이다.[37)]

한편, 보행자는 횡단보도가 설치되어 있지 아니한 도로에서는 가장 짧은 거리로 횡단하여야 한다(제10조 제3항).

그리고 보행자는 차와 노면전차의 바로 앞이나 뒤로 횡단하여서는 안 된다. 다만, 횡단보도를 횡단하거나 신호기 또는 경찰공무원등의 신호나 지시에 따라 도로를 횡단하는 경우에는 그러하지 아니하다(제10조 제4항). 보행자는 안전표지 등에 의하여 횡단이 금지되어 있는 도로의 부분에서는 그 도로를 횡단하여서는 안 된다(제10조 제5항).

2) 어린이 등에 대한 보호

(1) 어린이의 보호

어린이의 보호자는 교통이 빈번한 도로에서 어린이를 놀게 하여서는 아니 되며, 영유아(嬰乳兒: 6세 미만인 사람을 말함)의 보호자는 교통이 빈번한 도로에서 영유아가 혼자 보행하게 하여서는 아니 된다(도로교통법 제11조 제1항).

그리고 어린이의 보호자는 도로에서 어린이가 자전거를 타거나 행정안전부령으로 정하는 위험성이 큰 움직이는 놀이기구를 타는 경우에는 어린이의 안전을 위하여 행정안전부령으로 정하는 인명보호 장구(裝具)를 착용하도록 하여야 한다(제11조 제3항). 또 어린이의 보호자는 도로에서 어린이가 개인형 이동장치를 운전하게 하여서는 아니 된다(제11조 제4항).

(2) 앞을 보지 못하는 사람의 보호

앞을 보지 못하는 사람(이에 준하는 사람 포함)의 보호자는 그 사람이 도로를 보행할 때에는 흰색 지팡이를 갖고 다니도록 하거나 앞을 보지 못하는 사람에게 길을 안내하는 개(장애인 보조견)로서 행정안전부령으로 정하는 개('장애인보조견')를 동반하도록 하는 등 필요한 조치를 하여야 한다(도로교통법 제11조 제2항).

(3) 경찰공무원의 조치

경찰공무원은 신체에 장애가 있는 사람이 도로를 통행하거나 횡단하기 위하여 도움을 요청하거나 도움이 필요하다고 인정하는 경우에는 그 사람이 안전하게 통행하거나 횡단할 수 있도록 필요한 조치를 하여야 한다(도로교통법 제11조 제5항).

한편, 경찰공무원은 다음의 어느 하나에 해당하는 사람을 발견한 경우에는 그들의 안

37) 대법 1990.2.9., 89도1696.

전을 위하여 적절한 조치를 하여야 한다(제11조 제6항 각호).

㉠ 교통이 빈번한 도로에서 놀고 있는 어린이

㉡ 보호자 없이 도로를 보행하는 영유아

㉢ 앞을 보지 못하는 사람으로서 흰색 지팡이를 가지지 아니하거나 장애인보조견을 동반하지 아니하는 등 필요한 조치를 하지 아니하고 다니는 사람

㉣ 횡단보도나 교통이 빈번한 도로에서 보행에 어려움을 겪고 있는 노인(65세 이상인 사람을 말함)

어린이 보호구역의 지정

시장등은 교통사고의 위험으로부터 어린이를 보호하기 위하여 필요하다고 인정하는 경우에는 다음의 어느 하나에 해당하는 시설의 주변도로 가운데 일정 구간을 어린이 보호구역으로 지정하여 자동차등과 노면전차의 통행속도를 '시속 30킬로미터' 이내로 제한할 수 있다.

① 「유아교육법」 에 따른 유치원, 「초·중등교육법」 에 따른 초등학교 또는 특수학교

② 「영유아보육법」 에 따른 어린이집 가운데 행정안전부령으로 정하는 어린이집

③ 「학원의 설립·운영 및 과외교습에 관한 법률」 에 따른 학원 가운데 행정안전부령으로 정하는 학원

④ 「초·중등교육법」 에 따른 외국인학교 또는 대안학교, 「제주특별자치도 설치 및 국제자유도시 조성을 위한 특별법」 에 따른 국제학교 및 「경제자유구역 및 제주국제자유도시의 외국교육기관 설립·운영에 관한 특별법」 에 따른 외국교육기관 중 유치원·초등학교 교과과정이 있는 학교

차마 또는 노면전차의 운전자는 어린이 보호구역에서 제1항에 따른 조치를 준수하고 어린이의 안전에 유의하면서 운행하여야 한다(이상 도로교통법 제12조 제1항, 제3항)

3) 노인 및 장애인 보호구역의 지정 및 관리

시장등은 교통사고의 위험으로부터 노인 또는 장애인을 보호하기 위하여 필요하다고 인정하는 경우에는 일정한 시설의 주변도로 가운데 일정 구간을 '노인 보호구역'으로, 일정한 시설의 주변도로 가운데 일정 구간을 '장애인 보호구역'으로 각각 지정하여 차마와 노면전차의 통행을 제한하거나 금지하는 등 필요한 조치를 할 수 있다(도로교통법 제12조의2 제1항).[38]

---

38) ① 노인보호구역: ㉠ 「노인복지법」에 따른 노인복지시설 중 행정안전부령으로 정하는 시설, ㉡ 「자연공원법」에 따른 자연공원 또는 「도시공원 및 녹지 등에 관한 법률」에 따른 도시공원, ㉢ 「체육시설의 설치·이용에 관

제5절 교통사고의 처리

1. 교통사고발생시의 조치 및 의무

1) 운전자의 조치 및 의무

(1) 사상자의 구호 등의 의무

차 또는 노면전차의 운전 등 교통으로 인하여 사람을 사상하거나 물건을 손괴(이하 '교통사고'라 함)한 경우에는 그 차 또는 노면전차의 운전자나 그 밖의 승무원(이하 '운전자등'이라 함)은 즉시 정차하여 다음의 조치를 하여야 한다(도로교통법 제54조 제1항 각호).[39]

㉠ 사상자를 구호하는 등 필요한 조치

㉡ 피해자에게 인적 사항(성명·전화번호·주소 등을 말함) 제공

사고후 미조치 책임

도로교통법 제54조에서 규정한 교통사고 발생시의 구호조치의무 및 신고의무는 차의 교통으로 인하여 사람을 사상하거나 물건을 손괴한 때에 운전자 등으로 하여금 교통사고로 인한 사상자를 구호하는 등 필요한 조치를 신속히 취하게 하고, 또 속히 경찰관에게 교통사고의 발생을 알려서 피해자의 구호, 교통질서의 회복 등에 관하여 적절한 조치를 취하게 하기 위한 방법으로 부과된 것이다.
이처럼 교통사고의 결과가 피해자의 구호 및 교통질서의 회복을 위한 조치가 필요한 상황인 이상, 그 의무는 교통사고를 발생시킨 당해 차량의 운전자에게 그 사고 발생에 있어서 고의·과실 혹은 유책·위법의 유무에 관계없이 부과된 의무라고 해석함이 타당하고, 당해 사고의 발생에 귀책사유가 없는 경우에도 위 의무가 없다 할 수 없다.[40]
이러한 법리에 따라 원심과 제1심이 적법하게 채택하여 조사한 증거들을 살펴보면, 원심

한 법률」에 따른 생활체육시설, ㉣ 그 밖에 노인이 자주 왕래하는 곳으로서 조례로 정하는 시설. ② 장애인 보호구역: 「장애인복지법」에 따른 장애인복지시설 중 행정안전부령으로 정하는 시설(도로교통법 제12조의2 제1항 각호).

39) 제54조 제1항에 따른 교통사고 발생 시의 조치를 하지 아니한 사람(주·정차된 차만 손괴한 것이 분명한 경우에 제54조 제1항 제2호에 따라 피해자에게 인적 사항을 제공하지 아니한 사람은 제외)은 5년 이하의 징역이나 1천 500만원 이하의 벌금에 처한다(도로교통법 제148조).

40) 대법 2002.5.24., 2000도1731 판결 참조.

이 그 판시와 같은 이유를 들어 이 사건 공소사실 중 도로교통법위반(사고후미조치)의 점을 유죄로 인정한 것은 정당하다. 거기에 논리와 경험의 법칙을 위반하여 자유심증주의의 한계를 벗어나거나 도로교통법위반(사고후미조치)죄에 관한 법리를 오해한 위법이 없다.[41)]

(2) 신고의무

위와 같은 경우, 그 차 또는 노면전차의 운전자등은 경찰공무원이 현장에 있을 때에는 그 경찰공무원에게, 경찰공무원이 현장에 없을 때에는 가장 가까운 국가경찰관서(지구대, 파출소 및 출장소를 포함)에 다음의 사항을 지체 없이 신고하여야 한다. 다만, 차 또는 노면전차만 손괴된 것이 분명하고 도로에서의 위험방지와 원활한 소통을 위하여 필요한 조치를 한 경우에는 그러하지 아니하다(도로교통법 제54조 제2항).

㉠ 사고가 일어난 곳
㉡ 사상자 수 및 부상 정도
㉢ 손괴한 물건 및 손괴 정도
㉣ 그 밖의 조치사항 등

(3) 긴급자동차 등의 적용

긴급자동차, 부상자를 운반 중인 차, 우편물자동차 및 노면전차 등의 운전자는 긴급한 경우에는 동승자(同乘者) 등으로 하여금 사상자 구호 등 필요한 조치 및 신고를 하게 하고 운전을 계속할 수 있다(도로교통법 제54조 제5항).

(4) 사고발생 시 조치에 대한 방해의 금지

교통사고가 일어난 경우에는 누구든지 운전자등의 조치 또는 신고행위를 방해하여서는 아니 된다(도로교통법 제55조).[42)]

2) 경찰공무원의 조치 및 의무

운전자 등의 신고를 받은 국가경찰관서의 경찰공무원은 부상자의 구호와 그 밖의 교통위험 방지를 위하여 필요하다고 인정하면 경찰공무원(자치경찰공무원 제외)이 현장에 도

41) 대법 2015.10.15., 2015도12451.

42) 교통사고 발생 시의 조치 또는 신고 행위를 방해한 사람은 6개월 이하의 징역이나 200만원 이하의 벌금 또는 구류에 처한다(도로교통법 제153조 제5호).

착할 때까지 신고한 운전자 등에게 현장에서 대기할 것을 명(命) 할 수 있다(도로교통법 제54조 제3항).

그리고 경찰공무원은 교통사고를 낸 차의 운전자등에 대하여 그 현장에서 부상자의 구호와 교통안전을 위하여 필요한 지시를 명할 수 있다(제54조 제4항).

한편, 경찰공무원(자치경찰공무원 제외)은 교통사고가 발생한 경우에는 대통령령으로 정하는 바에 따라 필요한 조사를 해야 한다(제54조 제6항).

경찰공무원의 교통사고 조사

경찰공무원(자치경찰공무원은 제외)은 교통사고가 발생한 때에는 법 제54조 제6항에 따라 다음의 사항을 조사하여야 한다. 다만, '①~④'까지의 사항에 대한 조사 결과 사람이 죽거나 다치지 아니한 교통사고로서, 「교통사고처리 특례법」에 따라 공소(公訴)를 제기할 수 없는 경우에는 '⑤~⑦'까지의 사항에 대한 조사를 생략할 수 있다.

① 교통사고 발생일시 및 장소
② 교통사고 피해상황
③ 교통사고 관련자, 차량등록 및 보험가입 여부
④ 운전면허의 유효 여부, 술에 취하거나 약물을 투여한 상태에서의 운전 여부 및 부상자에 대한 구호조치 등 필요한 조치를 하였는지 여부
⑤ 운전자의 과실 유무
⑥ 교통사고 현장상황
⑦ 그 밖에 차, 노면전차 또는 교통안전시설의 결함 등 교통사고 유발요인 및 「교통안전법」에 따라 설치된 운행기록장치 등 증거의 수집 등과 관련하여 필요한 사항(이상 도로교통법 시행령 제32조 각호).

2. 교통사고처리 특례

1) 교통사고처리 특례의 의미

운전자가 '업무상과실' 또는 '중대한 과실'로 교통사고를 일으킨 경우에는 형사처벌 등의 특례를 정하여 교통사고로 인한 피해의 신속한 회복을 촉진하고 국민생활의 편익을 증진시키기 위하여 별도로 「교통사고처리 특례법」(交通事故處理 特例法, 1981년 제정)(약칭: 교통사고처리법)을 규정하고 있다(제1조).[43]

---

43) 이 법에서 의미하는 '차'(車)란 도로교통법 제2조 제17호에 따른 '차'와 건설기계관리법 제2조 제1항 제1호에 따른 건설기계를 말한다. 그리고 '교통사고'란 '차의 교통으로 인하여 사람을 사상(死傷)하거나 물건을 손괴(損壞)하는 것을 말한다(교통사고처리 특례법 제2조 제1호 및 제2호).

2) 처벌의 특례

차의 운전자가 교통사고로 인하여 형법 제268조의 죄(업무상과실·중과실 치사상)를 범한 경우에는 5년 이하의 금고(禁錮) 또는 2천만원 이하의 벌금'에 처하도록 하고 있다(교통사고처리 특례법 제3조 제1항).

(1) 반의사 불벌죄의 일부 적용

차의 교통으로 위와 같은 형법 제268조상의 죄 가운데 업무상과실치상죄(業務上過失致傷罪) 또는 중과실치상죄(重過失致傷罪)와 '도로교통법 제151조의 죄'를[44] 범한 운전자에 대하여는 '피해자의 명시적인 의사에 반하여' 공소(公訴)를 제기할 수 없다(교통사고처리 특례법 제3조 제2항). 즉, 이는 반의사 불벌죄에 해당하는 셈이다.

(2) 반의사 불벌죄의 예외

다만, 다음의 경우에는 '피해자의 의사와 관계없이' 공소를 제기할 수 있다(제3조 제2항 하단 및 각호).

① 차의 운전자가 제1항의 죄 중 업무상과실치상죄 또는 중과실치상죄를 범하고도 피해자를 구호(救護)하는 등 「도로교통법」 제54조 제1항에 따른 조치를 하지 아니하고 도주하거나 피해자를 사고 장소로부터 옮겨 유기(遺棄)하고 도주한 경우

② 같은 죄를 범하고 「도로교통법」 제44조 제2항을 위반하여 음주측정 요구에 따르지 아니한 경우(운전자가 채혈 측정을 요청하거나 동의한 경우는 제외)

③ 다음의 어느 하나에 해당하는 행위로 인하여 같은 죄를 범한 경우

㉠ 「도로교통법」 제5조에 따른 신호기가 표시하는 신호 또는 교통정리를 하는 경찰공무원등의 신호를 위반하거나 통행금지 또는 일시정지를 내용으로 하는 안전표지가 표시하는 지시를 위반하여 운전한 경우

㉡ 「도로교통법」 제13조 제3항을 위반하여 중앙선을 침범하거나 같은 법 제62조를 위반하여 횡단, 유턴 또는 후진한 경우

㉢ 「도로교통법」 제17조 제1항 또는 제2항에 따른 제한속도를 시속 20킬로미터 초과하여 운전한 경우

㉣ 「도로교통법」 제21조 제1항, 제22조, 제23조에 따른 앞지르기의 방법·금지시

44) 차 또는 노면전차의 운전자가 업무상 필요한 주의를 게을리 하거나 중대한 과실로 다른 사람의 건조물이나 그 밖의 재물을 손괴한 경우에는 2년 이하의 금고나 500만원 이하의 벌금에 처한다(도로교통법 제151조).

기·금지장소 또는 끼어들기의 금지를 위반하거나 같은 법 제60조 제2항에 따른 고속도로에서의 앞지르기 방법을 위반하여 운전한 경우

ⓜ 「도로교통법」 제24조에 따른 철길건널목 통과방법을 위반하여 운전한 경우

ⓑ 「도로교통법」 제27조 제1항에 따른 횡단보도에서의 보행자 보호의무를 위반하여 운전한 경우

ⓢ 「도로교통법」 제43조, 「건설기계관리법」 제26조 또는 「도로교통법」 제96조를 위반하여 운전면허 또는 건설기계조종사면허를 받지 아니하거나 국제운전면허증을 소지하지 아니하고 운전한 경우(이 경우 운전면허 또는 건설기계조종사면허의 효력이 정지 중이거나 운전의 금지 중인 때에는 운전면허 또는 건설기계조종사면허를 받지 아니하거나 국제운전면허증을 소지하지 아니한 것으로 봄)

ⓞ 「도로교통법」 제44조 제1항을 위반하여 술에 취한 상태에서 운전을 하거나 같은 법 제45조를 위반하여 약물의 영향으로 정상적으로 운전하지 못할 우려가 있는 상태에서 운전한 경우

ⓙ 「도로교통법」 제13조 제1항을 위반하여 보도(步道)가 설치된 도로의 보도를 침범하거나 같은 법 제13조 제2항에 따른 보도 횡단방법을 위반하여 운전한 경우

ⓒ 「도로교통법」 제39조 제3항에 따른 승객의 추락 방지의무를 위반하여 운전한 경우

ⓚ 「도로교통법」 제12조 제3항에 따른 어린이 보호구역에서 같은 조 제1항에 따른 조치를 준수하고 어린이의 안전에 유의하면서 운전하여야 할 의무를 위반하여 어린이의 신체를 상해(傷害)에 이르게 한 경우

ⓣ 「도로교통법」 제39조 제4항을 위반하여 자동차의 화물이 떨어지지 아니하도록 필요한 조치를 하지 아니하고 운전한 경우

3) 보험 등에 가입된 경우의 특례

(1) 공소제기를 할 수 없는 경우

그런데, 위와 같은 사정에도 불구하고 교통사고를 일으킨 자가 보험 등에 가입된 경우에는 특례를 규정하고 있다.

즉, 교통사고를 일으킨 차(車)가 보험업법, 여객자동차 운수사업법 또는 화물자동차 운

수사업법에 따른 '보험(保險) 또는 공제(控除)'에 가입된 경우에는 교통사고처리특례법 제3조(처벌의 특례) 제2항 본문에 규정된 죄(업무상과실치상, 중과실치상 등)를 범한 차의 운전자에 대하여 공소를 제기할 수 없도록 한 것이다(교통사고처리 특례법 제4조 제1항).[45)]

이와 같이 보험 또는 공제에 가입한 경우에는 경우는 피해자의 명시적 의사(즉, 공소를 제기하고자 하는 의사)에도 불구하고 공소를 제기할 수 없다는 의미이다.

보험가입의 여부

① 원심판결

- 피고인(가해자)이 자전거를 운전하다가 전방주시를 게을리한 업무상과실로 피해자를 들이받아 다발성타박상 등을 입게 한 이 사건(교통사고)과 관련하여, 위 가해차량(자전거)은 무보험 차량이다.
- 그러나 피고인이 별도로 현대해상화재보험 주식회사와 '피고인이 일상생활 중 우연한 사고로 타인의 신체장애 및 재물의 손해에 대해 부담하는 법률상 배상책임액을 1억 원의 한도 내에서 전액 배상'하는 내용의 무배당 뉴현대하이 종합보험에 가입한 사실이 있다.
- 그리고 이 사건(교통사고) 후 피해자가 위 보험에 따라 보험회사로부터 피해액을 배상받은 사실이 있음을 근거로, 이는 교통사고처리 특례법 제4조 제1항 및 제2항에서 규정한 보험 등에 가입한 경우에 해당한다.
- 따라서 피고인에 대하여는 공소를 제기할 수 없다. 이러한 이유로 제1심 판결을 파기한 후, 이 사건의 공소를 기각한다.[46)]

② 대법원 판결

- 그러나 원심의 위와 같은 판단은 앞서 본 법리에 비추어 볼 때 수긍하기 어렵다.
- 원심의 인정 사실에 의하더라도 피고인이 가입한 이 사건 보험은 보상한도금액이 1억 원에 불과하여, 피고인이 가입한 이 사건 보험만으로는 1억 원을 초과하는 손해가 발생한 경우에는 피해자로서는 피고인이 가입한 보험에 의하여 보상을 받을 수

45) 여기에서 '보험 또는 공제'란 교통사고의 경우 ① 보험업법에 따른 보험회사나 ② 여객자동차 운수사업법 또는 ③ 화물자동차 운수사업법에 따른 공제조합 또는 공제사업자가 인가된 보험약관 또는 승인된 공제약관에 따라 피보험자와 피해자 간 또는 공제조합원과 피해자 간의 손해배상에 관한 합의 여부와 상관없이 피보험자나 공제조합원을 갈음하여 피해자의 치료비에 관하여는 통상비용의 전액(全額)을, 그 밖의 손해에 관하여는 보험약관이나 공제약관으로 정한 지급기준금액을 대통령령으로 정하는 바에 따라 우선 지급하되, 종국적으로는 확정판결이나 그 밖에 이에 준하는 집행권원(執行權原)상 피보험자 또는 공제조합원의 교통사고로 인한 손해배상금 전액을 보상하는 보험 또는 공제를 말한다(교통사고처리특례법 제4조 제2항).

46) 서울지법 2011.4.28., 2011노322.

없다. 이러한 형태의 보험은 피보험자의 교통사고로 인한 손해배상금의 전액보상을 요건으로 하는 특례법 제4조 제1항 및 제 2항에서 의미하는 보험 등에 해당한다고 볼 수 없다.

- 그럼에도 원심은 피고인이 별도로 가입하였다고 하는 이 사건 보험이 보장하는 손해배상의 구체적 내역에 관하여 살피지 아니한 채 피고인과 피해자 사이의 합의금 등 손해액을 이 사건 보험에 기하여 지급하였다는 이유만으로 특례법 제4조 제1항 및 제 2항의 적용이 된다고 보고 있다.
- 그러나 이는 특례법 제4조 제1항 및 제 2항의 '보험' 등에 관한 법리를 오해하여 판단을 그르친 것이다.
- 이러한 규정에 비추어 볼 때, 특례법상 형사처벌 등 특례의 적용대상이 되는 '보험 또는 공제에 가입된 경우'란 '교통사고를 일으킨 차'가 위 보험 등에 가입되거나 '그 차의 운전자'가 차의 운행과 관련한 보험 등에 가입한 경우에 그 가입한 보험에 의하여 특례법에서 정하고 있는 교통사고 손해배상금 전액의 신속·확실한 보상의 권리가 피해자에게 주어지는 경우를 가리킨다.
- 그러므로 원심판결을 파기하고, 사건을 다시 심리·판단하게 하기 위하여 원심법원에 환송하기로 하여, 관여 대법관의 일치된 의견으로 주문과 같이 판결한다.[47)]

(2) 공소제기를 할 수 있는 경우

그런데, 일정한 경우에는 운전자가 관련 보험 또는 공제에 가입하였을 지라도 피해자는 공소를 제기할 수 있다.

교통사고처리 특례법 다시 '다만, 위와 같은 사정에도 불구하고 아래의 어느 하나에 해당하는 경우에는 그러하지 아니하다'라고 하는 조항을 두고 있기 때문이다(교통사고처리 특례법 제4조 제1항 하단 및 각호).

㉠ 제3조 제2항 단서에 해당하는 경우

㉡ 피해자가 신체의 상해로 인하여 생명에 대한 위험이 발생하거나 불구(不具)가 되거나 불치(不治) 또는 난치(難治)의 질병이 생긴 경우

㉢ 보험계약 또는 공제계약이 무효로 되거나 해지되거나 계약상의 면책 규정 등으로 인하여 보험회사, 공제조합 또는 공제사업자의 보험금 또는 공제금 지급의무가 없어진 경우

47) 대법 2012.10.25., 2011도6273.

제6절 운전면허행정

1. 운전면허의 의의

자동차등을 운전하려는 사람은 시·도경찰청장으로부터 운전면허(運轉免許)를 받아야 한다(도로교통법 제80조 제1항).

다만, '도로교통법 제2조 제19호 나목의 원동기를 단 차 중'[48] 「교통약자의 이동편의 증진법」 제2조 제1호에 따른 교통약자(交通弱者)가 최고속도 시속 20km 이하로만 운행될 수 있는 차를 운전하는 경우에는 그러하지 아니하다(제80조 제1항 하단).

여기에서 교통약자란 장애인, 고령자, 임산부, 영유아를 동반한 사람, 어린이 등 일상생활에서 이동에 불편을 느끼는 사람을 말한다(교통약자의 이동편의 증진법 제2조 제1호).

1) 운전면허의 종류

시·도경찰청장은 운전을 할 수 있는 차의 종류를 기준으로 다음과 같이 운전면허의 범위를 구분하고 관리하여야 한다. 이 경우 운전면허의 범위에 따라 운전할 수 있는 차의 종류는 행정안전부령으로 정한다(도로교통법 제80조 각호).

〈운전면허의 종류〉

제1종 운전면허	제2종 운전면허	연습운전면허
① 대형면허 ② 보통면허 ③ 소형면허 ④ 특수면허 ㉠ 대형 견인차 면허 ㉡ 소형 견인차 면허 ㉢ 구난차 면허	① 보통면허 ② 소형면허 ③ 원동기장치 자전거면허	① 제1종 보통연습면허 ② 제2종 보통연습면허

한편, 연습운전면허는 그 면허를 받은 날부터 1년 동안 효력을 가진다. 다만, 연습운전면허를 받은 날부터 1년 이전이라도 연습운전면허를 받은 사람이 제1종 보통면허 또는 제2종 보통면허를 받은 경우 연습운전면허는 그 효력을 잃는다(도로교통법 제81조).

48) 그 밖에 배기량 125시시 이하(전기를 동력으로 하는 경우에는 최고정격출력 11킬로와트 이하)의 원동기를 단 차(「자전거 이용 활성화에 관한 법률」 제2조 제1호의2에 따른 전기자전거는 제외)를 말한다.

2) 운전면허의 결격사유

다음에 해당하는 사람은 운전면허를 받을 수 없다(도로교통법 제82조 제1항 각호).[49)]

㉠ 18세 미만(원동기장치자전거의 경우에는 16세 미만)인 사람

㉡ 교통상의 위험과 장해를 일으킬 수 있는 정신질환자 또는 뇌전증 환자로서 대통령령으로 정하는 사람

㉢ 듣지 못하는 사람(제1종 운전면허 중 대형면허·특수면허만 해당), 앞을 보지 못하는 사람(한쪽 눈만 보지 못하는 사람의 경우에는 제1종 운전면허 중 대형면허·특수면허만 해당)이나 그 밖에 대통령령으로 정하는 신체장애인

㉣ 양쪽 팔의 팔꿈치관절 이상을 잃은 사람이나 양쪽 팔을 전혀 쓸 수 없는 사람. 다만, 본인의 신체장애 정도에 적합하게 제작된 자동차를 이용하여 정상적인 운전을 할 수 있는 경우에는 그러하지 아니함

㉤ 교통상의 위험과 장해를 일으킬 수 있는 마약·대마·향정신성의약품 또는 알코올 중독자로서 대통령령으로 정하는 사람

㉥ 제1종 대형면허 또는 제1종 특수면허를 받으려는 경우로서 19세 미만이거나 자동차(이륜자동차는 제외)의 운전경험이 1년 미만인 사람

㉦ 대한민국의 국적을 가지지 아니한 사람 중 「출입국관리법」에 따라 외국인등록을 하지 아니한 사람(외국인등록이 면제된 사람은 제외)이나 「재외동포의 출입국과 법적 지위에 관한 법률」에 따라 국내거소신고를 하지 아니한 사람

2. 운전면허증과 임시운전증명서

1) 운전면허증의 발급

운전면허를 받으려는 사람은 운전면허시험에 합격하여야 한다. 시·도경찰청장은 운전면허시험에 합격한 사람에 대하여 행정안전부령으로 정하는 운전면허증을 발급하여야 한다(도로교통법 제85조 제1항 및 제2항).[50)] 이러한 시·도경찰청장의 운전면허증 발급은

49) 이 밖에도 일정한 사유에 해당하는 사람은 해당 규정된 기간이 지나지 아니하면 운전면허를 받을 수 없다. 다만, 일정한 사유로 인하여 벌금 미만의 형이 확정되거나 선고유예의 판결이 확정된 경우 또는 기소유예나 「소년법」에 따른 보호처분의 결정이 있는 경우에는 해당 규정된 기간 내라도 운전면허를 받을 수 있다(이에 대한 세부적인 내용은 도로교통법 제82조 제2항 각호 참조).

50) 운전면허증의 재발급: 운전면허증을 잃어버렸거나 헐어 못 쓰게 되었을 때에는 행정안전부령으로 정하는 바에 따라 시·도경찰청장에게 신청하여 다시 발급받을 수 있다(도로교통법 제86조).

재량행위가 아니라 기속행위이다.

운전면허의 효력은 본인 또는 대리인이 운전면허증을 발급받은 때부터 발생한다(도로교통법 제85조 제5항).

2) 임시운전증명서의 발급

시·도경찰청장은 다음의 어느 하나의 경우에 해당하는 사람이 임시운전증명서 발급을 신청하면 행정안전부령으로 정하는 바에 따라 임시운전증명서를 발급할 수 있다(도로교통법 제91조 제1항 각호).

㉠ 운전면허증을 받은 사람이 운전면허증을 잃어버렸거나 헐어서 못쓰게 되었을 경우에 따른 재발급 신청을 한 경우

㉡ 정기 적성검사 또는 운전면허증 갱신 발급 신청을 하거나 수시 적성검사를 신청한 경우(다만, 이 경우에는 소지하고 있는 운전면허증에 행정안전부령으로 정하는 사항을 기재하여 발급함으로써 임시운전증명서 발급을 갈음할 수 있음)

㉢ 운전면허의 취소처분 또는 정지처분 대상자가 운전면허증을 제출한 경우

이러한 임시운전증명서는 그 유효기간 중에는 운전면허증과 같은 효력이 있다(제91조 제2항).

3. 국제운전면허증

외국의 권한 있는 기관에서 다음의 어느 하나에 해당하는 협약, 협정 또는 약정에 따른 운전면허증(이하 '국제운전면허증'이라 함)을 발급받은 사람은 '제80조 제1항에도 불구하고,'[51] 국내에 입국한 날부터 1년 동안만 그 국제운전면허증으로 자동차등을 운전할 수 있다. 이 경우 운전할 수 있는 자동차의 종류는 그 국제운전면허증에 기재된 것으로 한정한다(도로교통법 제96조 제1항 각호).

㉠ 1949년 제네바에서 체결된 「도로교통에 관한 협약」

㉡ 1968년 비엔나에서 체결된 「도로교통에 관한 협약」

㉢ 우리나라와 외국 간에 국제운전면허를 상호 인정하는 협약, 협정 또는 약정

51) 자동차등을 운전하려는 사람은 시·도경찰청장으로부터 운전면허를 받아야 한다(도로교통법 제80조 제1항).

그러나 국제운전면허증을 외국에서 발급받은 사람은 여객자동차 운수사업법 또는 화물자동차 운수사업법에 따른 '사업용 자동차'를 운전할 수 없다. 다만, 여객자동차 운수사업법에 따른 대여사업용 자동차를 임차(賃借: 렌트카 등)하여 운전하는 경우에는 그러하지 아니하다(제96조 제2항).

그리고 주의할 것은 도로교통법 제82조 '제2항'에 따른 운전면허 결격사유에 해당하는 사람으로서 그에 따른 기간이 지나지 아니한 사람은 위의 사항에도 불구하고 자동차등을 운전하여서는 아니 된다(제96조 제3항).

제9장

경비경찰

제1절 경비경찰의 의의

1. 경비경찰의 개념

경비경찰(警備警察)은 그 활동영역이 광범위하여 그 개념을 명확히 정립하기가 어려운 것이 사실이다. 생각건대, 자경주의적 차원이든 제도적 차원의 경찰이든 간에 '경비'(警備)기능은 인간의 본능적인 경찰활동이라고 할 수 있다. 국가라는 실체 이전에는 사회구성원의 집단보호 목적이 강하였다고 한다면, 국가체제 성립 이후에는 이에 더하여 체제유지 및 보호의 기능이 비교우위를 차지하게 되었다고 볼 수 있다.

이러한 점에서 경비경찰은 사회적 법익(社會的 法益)과 국가적 법익(國家的 法益)의 보호 목적이 강한 경찰활동이라고 할 수 있다. 그리고 경비경찰활동의 대상은 비단 ㉠ 인위적 위해요소뿐만 아니라 ㉡ 자연적 위해요소 역시 그 대상이 된다고 본다. 따라서 경비경찰은 다중(多衆)이 운집하는 행사나 집회시위 보호와 통제, 테러대응, 요인의 신변보호, 재난(폭발·방화 등)이나 재해(산사태·홍수·지진 등)로부터 시민의 신체와 재산의 보호와 구호, 산악수색, 납치·유괴범이나 흉악범 검거 및 지원 작전 등 다양한 업무를 수행한다고 할 수 있다.[1)]

1) 조철옥(2011), 경찰학 각론, 경기: 21세기사, p. 331.; 2019년 현재 경찰공무원 122,913명(100.0%) 가운데, 경찰 직제상 경비경찰기능을 담당하는 경찰은 13,348명(약 11.0%)에 이르고 있다. 경찰청(2020), 경찰통계연보, p. Ⅱ.

생각해보기: 「2012 서울 핵안보정상회의」와 예상되는 위험요소

① 2012 서울 핵안보정상회의

서울에서 2012년 3월에 「2012 서울 핵안보정상회의」가 개최되었다. 이 행사는 안보분야 최대 규모의 정상회담으로서 미국, 중국 등을 위시한 전 세계 47개국 정상 및 국제기구(UN, EU, IAEA) 수장이 참가하여 테러집단으로부터 핵물질·시설을 방호하기 위한 국제적 협력방안을 논의하였다.

주지하는 바와 같이 지난 2001년에 발생한 9/11테러 이후 핵을 이용한 테러 가능성이 현실적으로 증대되고 있어, 핵물질이 테러집단에 의해 악용되지 못하도록 핵안보(Nuclear Security)강화에 대한 논의의 필요성이 대두되고 있다. 그런데, 개별국가의 핵물질 보호 노력으로는 한계가 있어, 각국 정상 차원에서 핵안보의 중요성에 대해 인식하고 협력을 모색하는 것이 필요한 상황이라고 할 수 있다.

이러한 시대적 배경 하에 미국 오바마 대통령은 2009년 프라하 선언에서 핵테러를 국제안보에 대한 최대 위협으로 규정하면서 핵물질을 안전하게 보호하기 위한 국제적인 노력을 전개할 계획임을 밝히고, 이러한 노력을 포함하여 궁극적인 '핵 없는 세상' 구현을 제안하였다.

이에 2010년 4월 워싱턴에서 제1차 핵안보정상회의가 개최되었고, 2012년 3월에 개최되는 2차 회의는 대한민국이 주최국으로 선정돼 의장국으로서 주요 의제들에 대한 각국의 의견을 조율하고 서울 정상회의 합의문인 '서울 코뮤니케' 문안을 협상하는데 주도적인 역할을 하게 된 것이다. 대한민국이 의장국으로 선출된 것은 세계 선도적 수준의 원자력기술 보유국인 대한민국이 비핵화 의지 등 핵비확산조약(NPT) 규범을 성실히 준수하면서 민수용 원자력 이용을 활발히 추진해 온 평화적 핵이용 모범국이라는 점과 한반도가 핵문제에 있어 중요한 시사점을 지니고 있다는 점을 감안할 때 매우 의미 있는 일로 평가되고 있다.

2012 서울 핵안보정상회의를 서울에서 개최한다는 것은 안보 분야에서도 국제 사회 내 한국이 차지하는 위상이 보다 높아졌다는 것을 의미한다. 아울러 「2010년 서울 G20 정상회」의 개최를 통해 경제 분야에서 국제사회에 큰 역할을 했듯이, 안보·정치분야의 글로벌 거버넌스 정립과정에서 우리나라가 주도적인 역할을 한다는데 큰 의의가 있다.[2)]

② 예상되는 위해요소

2012 서울 핵안보정상회는 특별한 사고 없이 성공리에 마쳤는데, 이의 개최와 관련하여 예상되는 위해요소를 바탕으로 경비(警備)요소를 생각해보자.

㉠ 북한의 직·간접적 도발

㉡ 행사장 내의 테러

㉢ 공항·원자력 발전소 등 국가중요시설에 대한 공격

2) 2012 서울 핵안보정상회의(http://www.seoulnss.go.kr).

㉣ 국내외 요인(VIP)에 대한 테러
㉤ 불특정 일반시민 또는 시설에 대한 테러
㉥ 사이버테러 가능성
㉦ 행사장 주변에서 핵안보정상회의와 직접적으로 관련된 집회시위(찬성·반대)도 발생 가능성
㉧ 정상회의와 직접적인 관련 없는 이슈(예컨대, FTA 반대 및 여러 집단의 의사관철 등)를 가지고 집회시위를 할 가능성 등

더욱이 이러한 국제행사를 개최하게 됨에 따라 전국 치안일선(파출소·지구대 등)에서 근무하는 수많은 경찰력이 행사장에 동원됨으로써, 각 지역의 치안공백상황에 따른 잠재적 범죄의 발생 가능성도 고려해야 할 것이다. 그렇다면, 이상과 같은 상황에서 가장 우선시되는 위해요소는 어떠한 것이며, 어떠한 대응전략을 수립해야 하는 것이 바람직한가.

2. 경비경찰의 특징

이러한 점에서 경비경찰은 활동 및 조직운영상에서 다음과 같은 특징을 가지고 있다.[3)]

1) 복합기능적 활동

경비경찰은 발생 가능한 위험요소와 사전에 예측하여 제거하고, 테러 및 무질서와 같은 위험사태 발생시 피해를 최소화시키는 일련의 모든 활동을 수행하게 된다. 여기에서 위험사대의 발생을 미연에 방지하기 위한 '예방적 기능'에 더 큰 비중을 두고 있음은 물론이다. 위험한 사태가 발생하게 되면 이를 회복하는데 많은 어려움과 사회적 비용이 따르게 되기 때문이다.

이러한 경비경찰활동은 경찰기능 가운데 가장 복합기능적 성격을 가지고 있으며, 따라서 다른 여러 경찰기능과의 유기적인 연계는 매우 중요하다. 즉, 정보경찰의 정보수집활동, 교통경찰의 교통관리, 수사경찰의 범죄대응과 보안경찰의 국가안보관련 지원활동, 외사경찰의 출입국자 관리, 일선 외근경찰의 행사장 동원 등이 아울러 긴밀하게 이루어져야 한다. 그리고 경비경찰은 다른 국가기능과도 긴밀한 협조와 공조가 요구되는 활동이라고 할 수 있다.[4)]

---

3) 경찰대학(2008), 경찰경비총서, pp. 8-10.

4) 지난 2011년 11월에 「2012 서울 핵안보정상회의」를 대비하여 공항 내에서 발생할 수 있는 모든 테러 상황을 가상해 훈련을 실시하였는데, 이 훈련에 군과 경찰, 소방당국 등 22개 기관에서 약 360명의 인원이 참가하였다. 이들 합동 훈련단은 2012년에 열릴 정상회의를 앞두고 실제 재난 상황에 대비하기 위한 훈련을 정기적으로 실시

2) 현상 유지적 활동

경비경찰의 활동은 기본적으로 현재의 질서상태를 보존하는 것에 목적을 둔다고 볼 수 있다. 물론, 이는 단순히 정태적·소극적 질서유지가 아니라 국가의 새로운 변화와 발전을 위한 제반 여건을 마련해준다는 의미를 아울러 가지고 있다. 따라서 경비경찰의 활동은 현상 유지적 성격이 강하며, 직접적으로 사회개혁이나 획기적인 변화를 추구하는 것은 아니라고 본다.

3) 즉응적 활동

경비경찰이 대응하고자 하는 위험사태의 대응은 국가적으로나 사회적으로 중대한 영향을 주기 때문에 항상 긴급을 요하고 신속한 처리가 요구된다. 일반경찰업무 특히, 방범이나 수사업무는 통상 처리기한이 있어서 그 기한만 넘기지 않으면 별로 문제가 되지 않는다고 본다.

그러나 다중범죄, 테러, 경호상의 위해나 경찰작전상황 등이 발생하였을 때에는 기한을 정하여 진압 할 수 없으며 즉시 출동하여 조기에 제압해야 하는 것이다. 자연재해가 발생한 경우에도 신속한 대처가 필요한 것은 마찬가지이며, 따라서 경비경찰의 활동은 특정한 기한이 없는 그러한 사태가 종료될 때 동시에 해당업무도 종료되는 것이 하나의 특징이라고 할 수 있다.

4) 조직적 부대활동

경비경찰은 개인단위로 활동하기보다는 보통 '부대단위'로 집단적·조직적으로 대응을 한다. 여기에서 '부대'(部隊)라는 것은 개인으로 구성된 집단이 지휘관의 지휘를 받는 상하조직으로 구성되는 것을 말한다.

따라서 부대활동이라는 것은 지휘관과 부하, 그리고 장비와 보급체계를 갖춘 조직적인 집단활동을 말하는 것이다. 그러므로 경비경찰은 경비사태에 효과적으로 대비하기 위한 체계적인 부대편성, 관리·운영이 그 기능의 핵심이라고 할 수 있다.

5) 하향적 명령에 따른 활동

다른 경찰활동도 마찬가지이지만 경비경찰은 특히, 하향적인 명령에 의하여 움직이는 활동이다. 경비경찰은 지휘관이 있고, 참모와 중간지휘자, 그리고 지위를 받는 대원들로

할 예정이다. MBN(2011. 11. 11.).

구성되어 있다. 모든 경비활동은 계선조직의 지휘관이 내리는 지시나 명령에 의하여 움직인다. 경비경찰이 하향적 명령(즉, 상명하복)을 중시하는 것은 예컨대, 다수의 군중이 불법폭력시위를 했을 경우, 이에 대한 신속한 명령체계 수립 및 적절한 대응을 하지 못하게 되면 사태의 확산은 물론이며, 경비경찰 구성원들도 많은 인적·물적 피해를 입게 되기 때문이다.

따라서 경비경찰의 활동결과에 대해서는 지휘관이 책임을 지게 된다. 생활안전, 수사 등의 다른 경찰기능과는 달리 상명하복이라는 명령체계에 의한 활동인 만큼(부대원 각 개인이 전혀 책임을 지지 않는 것은 아니지만) 수명사항에 대한 활동의 결과는 지휘관이 책임지는 경우가 많은 것이 특징이다.

6) 사회전반의 안녕목적 활동

경비경찰의 활동은 공공의 안녕과 질서를 해치는 위험이나 경찰명령에 위반하는 사태를 제거하는 것이다. 일반적으로 생활안전이나 수사경찰은 국민 또는 개인의 생명·신체·재산을 침해하는 범죄를 예방하거나 수사하는 임무를 수행하지만, 경비경찰의 대상은 국가와 사회 전체의 질서를 파괴하는 범죄라는 점에서 차이가 있다. 즉, 경비경찰은 직접적으로 공공의 안녕과 질서를 파괴하는 위법행위가 그 대상이라는 점에서 이의 활동에 대해 '국가목적(國家目的)적 치안의 수행'이라고 하기도 한다.

3. 경비경찰의 경비수단 원칙

1) 균형성의 원칙

경비사태에 대해 경비수단으로 경비경찰을 동원할 때에는 이의 운용을 균형 있게 해야 한다는 원칙이다. 따라서 경비사태의 상황과 대상에 따라 주력부대와 예비부대를 유효적절하게 활용하여 한정된 경찰력을 가지고 최대한의 성과를 낼 수 있도록 해야 한다.

2) 위치선정의 원칙

경비사태에 대해 경비경찰을 동원하여 실력을 행사할 경우, 유리한 지점과 위치를 확보해야 한다는 원칙이다. 상대하는 군중보다 유리한 지점과 위치를 선점함으로써 작전수행이나 진압을 용이하게 해준다. 지형을 무시하고 유리한 장소를 선정하지 못했을 경우, 경비사태에 대한 효율적인 대응은 어렵게 된다.

3) 적시성의 원칙

경비사태에 대해 가장 적절한 시기에 경비경찰을 동원하여 실력을 행사해야 한다는 원칙이다. 상대방의 저항이 아직 확산되지 못할 때나, 저항력이 가장 약한 시점을 포착하는 것이 중요하다.

4) 안전성의 원칙

경비사태 발생시 경비경찰 자신들과 군중들을 사고 없이 안전하게 진압해야 한다는 원칙이다. 경우에 따라서는 무리한 진압으로 인해 커다란 사회적 물의를 야기할 우려가 있으므로 안전성 확보에 특히 유의해야 한다.

4. 경비경찰의 법적 근거

경비경찰의 법적 근거는 헌법을 근간으로 하고,[5] 일반법으로서 경찰법 제3조(경찰의 임무), 경찰관직무집행법 제2조(직무의 범위)에 개괄적으로 규정되어 있다. 경비경찰의 분장사무와 관련하여 경찰청과 그 소속기관 직제(대통령령) 제13조에 규정되어 있다.

경비경찰과 관련된 개별법으로서는 경찰직무 응원법, 재난 및 안전관리기본법(약칭: 재난안전법), 집회 및 시위에 관한 법률(약칭: 집시법), 대통령 등의 경호에 관한 법률(약칭: 대통령경호법), 통합방위법, 의무경찰대 설치 및 운영에 관한 법률(약칭: 의무경찰대법), 청원경찰법, 그리고 국민보호와 공공안전을 위한 테러방지법(약칭: 테러방지법) 등이 있다.

5) 헌법 제37조 제2항에서 "국민의 모든 자유와 권리는 국가안전보장·질서유지 또는 공공복리를 위하여 필요한 경우에 한하여 법률로써 제한할 수 있으며, 제한하는 경우에도 자유와 권리의 본질적인 내용을 침해할 수 없다"라고 규정하고 있다. 국가안전보장이나 사회질서를 극도로 위태롭게 함으로써 공공질서의 유지상 불가피한 경우에는 국민의 자유와 권리를 제한할 수 있도록 규정하고 있다는 점에서 경비경찰활동의 근거를 제시한 것이라 할 수 있다. 이와 더불어 국민의 본질적인 기본권을 침해할 수 없도록 명시함으로써 경비경찰의 활동을 제한하는 의미도 가지고 있다고 본다.

제2절 경비경찰의 주요활동

아래에서는 경비경찰의 주요활동과 관련하여 ㉠ 집회시위경비(다중범죄진압), ㉡ 행사안전경비(혼잡경비 등) ㉢ 선거경비, ㉣ 위기관리(비상경계·재난경비), ㉤ 경호경비, ㉥ 대테러경비, ㉦ 청원경찰관리·감독 등을 중심으로 살펴보기로 한다. 물론, 앞에서 언급한 바와 같이 경비경찰의 제반활동은 동시적·복합적으로 이루어지기 때문에 개별적으로 구분하는 것은 한계가 있다고 본다. 다만 논의의 편의상 구분하여 살펴보기로 한다.

1. 집회시위경비

1) 집회시위경비의 의미

대한민국 헌법 제21조는 집회의 자유를 보장하고 있다.[6] 이는 집단적인 표현의 자유를 보장함을 선언한 것이다. 집회의 자유는 개인에게 집회하는 공권(公權)을 보장하는 것이며, 나아가 민주적 기본질서의 한 구성요건이 되는 것이다.[7]

따라서 집회시위경비(集會示威警備)는 적법한 집회시위는 최대한 보장하고, 위법한 시위로부터 국민을 보호함으로써 집회시위의 권리보장과 공공의 안녕질서가 적절히 조화를 이루도록 하는 제반경찰활동이라고 할 수 있다(집회 및 시위에 관한 법률 제1조).[8]

한편, 다중범죄(多衆犯罪)는 이러한 집회시위 과정에서 다중에 의해 공공의 안녕과 질서가 파괴되는 불법사태를 말한다.[9] 그런데, 집회시위는 어떻게 보면, 우리사회가 안고 있는 모든 문제점들을 관련 이해당사자들이 공개적으로 표출하는 전형으로서, 그에 대한

6) 헌법이 보장하는 집회의 자유도 스스로 한계가 있어 무제한의 자유가 아닌 것이므로 집회 및 시위를 보호함과 아울러 공공의 안녕과 질서를 유지함을 목적으로 제정(1962)된 집회 및 시위에 관한 법률을 위헌이라 할 수 없다. 대법 1987.7.21., 87도1081.

7) 김철수(2006), 헌법학개론, 서울: 박영사, p. 752.

8) 집회(集會)란 공동의 임무를 논하거나 어떠한 입장을 알리거나 하는 공동의 목적을 가진 다수인의 모임으로 이해된다. 시위(示威)란 집회의 한 특별한 형태로서 노천에서 이루어지는 이동하는 집회를 의미한다. 「집회 및 시위에 관한 법률」에서는 시위에 대해서 '여러 사람이 공동의 목적을 가지고 도로, 광장, 공원 등 일반인이 자유로이 통행할 수 있는 장소를 행진하거나 위력(威力) 또는 기세(氣勢)를 보여, 불특정한 여러 사람의 의견에 영향을 주거나 제압(制壓)을 가하는 행위를 말한다'고 하고 있다(제2조 제2호).

9) 행사장(스포츠 경기 등)에 참석한 군중들의 돌발적 흥분상황에서 야기되는 불법폭력사태(폭동 등)와 집회시위상에서 발생하는 불법폭력시위를 비교해 보면, 후자는 전자에 비해 특정한 목적의식을 가진 조직화(組織化)된 사람들에 의해서 야기된다는 특징을 갖는다고 볼 수 있다. 이것은 집회시위에 참여하는 사람들이 특정 사안에 대해 어느 정도 공감대를 형성하고 있고, 따라서 공동대응(그것이 불법적일지라도)에 대해서도 어느 정도의 암묵적으로 합의를 할 수 있는 감정 상태를 가지고 있다고 볼 수 있기 때문이다.

경찰대응은 매우 복잡한 것이 사실이다. 따라서 집회시위에는 경비경찰활동 뿐만 아니라 정보, 교통, 보안 등 여러 경찰기능이 복합적으로 운용된다. 여기에서 가장 밀접하게 관련된 것은 경비경찰이라고 할 수 있다.

2) 집회시위의 역사와 불법폭력시위의 원인

(1) 집회시위의 역사

① 해방이후~1980년대

중요한 것은 집회시위 역시 시대를 반영하고 있다는 점이다. 예컨대, 해방 이후 1980년대 중반까지 발생한 집회시위는 주로 정치적·이념적 색채가 강하였다. 이 시기를 특정하여 세부적으로 보면, 1956년부터 1961년까지 시기에는 주로 학생들과 도시 인텔리들이 중심이 되어 이승만 정권의 압제와 부패에 맞섰다. 부정선거규탄, 독재정권타도, 민주회복, 인권보장, 규제법의 제정이나 개정의 반대 등 대부분이 정치와 관련된 문제가 시위의 원인이었다.

1973년부터 1980년까지 시기에는 학생과 지식인은 물론 종교인, 언론인 그리고 대학교수들까지 유신반대를 위해 결집하여 박정희정권에 대항하였다. 그리고 1984년부터 1987년 시기에는 학생, 노동자 그리고 교회가 3대 축을 형성하였고, 여기에 중산층까지 가세하여 시위 중심의 한국 시민사회가 민주적 이행에 결정적인 기여를 한 시기이다. 시민사회 주도의 전국적 민주화 시위운동이 1987년 6월 항쟁이라는 극적인 사건으로 귀결된 것이다.[10)]

② 1990년대 이후

그런데, 1990년대 이후의 한국의 시위문화는 상당한 변화를 경험하였다. 무엇보다도 새로운 시민단체 및 이익단체들이 등장하고 있다는 점이다. 그리고 과거의 정치적 시위는 모든 계층이 참여하는 형태가 아니었으며, 대학생 주도의 집회시위가 주류를 이루었지만 최근에는 어느 누구나 자신의 이익을 관철하기 위하여 필요하다면 자연스럽게 집회시위의 방법을 동원하고 있다는 점이다.

따라서 현재는 특정단체의 특정목적 뿐만 아니라 환경, 노동, 종교, 외교, 통일, 이념, 복지, 시장개방, 부정부패, 정부의 늑장대응, 교통, 인권, 건축, 안온권(安穩權), 교육, 의료, 호주제, 남녀평등, 손해배상, 파병문제, 주한미군, 부동산대책, 소음대책, 범죄예방,

10) 이하 최선우(2010), 경찰과 커뮤니티, 서울: 대왕사, pp. 173-174.

법집행 결과에 대한 항의 심지어 땅꾼들의 요구에 이르기까지 모든 사회적 갈등이 집회시위로 분출되고 있다. 이것이 과거와 현재의 집회시위 간에 가장 큰 변화이자 차이점이라고 할 수 있다.

요약컨대, 과거의 권위주의 체제하의 민주화를 위한 정치적·이념적 집회시위에서 문민정부와 국민의 정부를 거치는 동안 민주화가 정착되어 감에 따라 정치적 문제보다는 집단의 이익을 관철시키기 위한 집회시위가 많아지고 있는 추세이다. 즉 '민원성 집회시위'가 전반적으로 증가하여 최근 가장 빈번한 집회시위의 한 형태로 자리 잡고 있다는 점이다.[11)]

집단행동과 관련된 현상

① **님비현상** : 님비(NIMBY: Not in My Back Yard)현상은 산업폐기물 처리장, 쓰레기 매립장, 원자력 발전소, 교도소 등이 자기 지역에 들어오는 것을 반대하는 현상을 말한다. 이와 같은 시설들의 필요성에 대해서는 인정하면서도 집값 하락이나 공해유발, 위험도 증가 등의 이유를 들어 반대하는 지역이기주의 현상을 말한다.

② **핌피현상** : 핌피(PIMFY: Please in My Front Yard)현상은 증권거래소, 경기장, 관광특구, 대형 쇼핑센터, 생태공원 등 자기지역에 이익이 되는 시설이나 산업을 서로 유치하려고 하는 현상을 말한다. 같은 지역이기주의 현상이지만 님비현상과 정반대의 모습이다.

③ **임비현상** : 임비(YIMBY: Yes in My Back Yard)현상은 쓰레기 매립장, 핵폐기물시설 등의 오염시설이나 혐오시설이 들어서는 지역의 주민들에게 국가에서 정책적으로 다른 혜택을 줌으로써 배려하려는 현상을 말한다. 이는 님비현상을 방지하기 위한 것이다.

④ **바나나현상** : 바나나(BANANA: Build Absolutely Nothing Anywhere Near Anybody)현상은 쓰레기 매립지나 핵폐기물 처리장 등 각종 환경오염시설물 등을 자기가 사는 지역권 내에는 절대 설치하지 못한다는 지역이기주의의 한 현상으로, 님비(NIMBY)와 비슷하게 쓰인다.

⑤ **노비즘현상** : 노비즘(Nobyism)현상은 이웃이나 사회에 피해가 가더라도 자신에게 손해가 되지 않는 일에는 무관심한 현상을 말한다. 대표적인 노비즘현상으로 위에서 언급한 님비, 핌피, 바나나현상 등을 들 수 있다.

⑥ **도넛현상** : 도넛(Doughnut)현상은 대도시의 거주지역 및 업무의 일부가 외곽지역으

11) 물론, 2016년 박근혜 대통령 탄핵 '촛불 집회시위'와 같이 정치적 문제를 가지고 거국적이고, 평화적으로 집회시위를 한 것은 전세계적으로 주목할 만한 사건이다. 이는 민주주의를 수호하고자 하는 국민들의 염원을 담은 시민불복종(civil disobedience)의 한 형태라고 할 수 있다.

로 집중되고 도심에는 공공기관, 상업기관만 남게 되어, 도심이 도넛모양으로 텅 비는 현상을 말한다.

⑦ **스프롤현상** : 스프롤(Sprawl)현상은 도심의 팽창으로 기존의 주거지역이 과밀화 되면서 도시의 주거지역이나 공업지역이 농경지나 산림지를 잠식해서 도시의 외곽으로 무질서하게 주택단지화 되어가는 현상을 말한다.[12)]

(2) 불법폭력시위의 원인

최근 시민들이 자신들의 목적달성을 위해 합법적·평화적인 방법으로 시위뿐만 아니라 불법적인 폭력시위를 행사하는 이유는 무엇인가.[13)]

일반적으로 정부의 정책결정 혹은 사회가 직면한 어떤 원인에 대하여 시민의 불법 폭력시위가 일차적으로 전개되기보다는 일정기간 동안에는 사소한 저항으로 시작된다. 대부분의 문제제기(이의제기, 불복, 항의, 데모 등)는 합법적으로 그리고 평화적인 시위로 시작된다. 그러나 감정이 격화되면 합법적인 장벽들을 넘어서게 되고, 전형적인 불법 폭력시위 상황으로 전개된다. 그리고 그 이전에 심각한 좌절감을 경험(예, 비정규직의 정리해고 등)한 시위자들은 극단적인 상황에서 무차별적으로 행동할 가능성도 없지 않다고 본다. 이러한 상황에서 시위자들은 자신들의 불법행위에 대해 무감각해지거나 기꺼이 처벌받을 각오를 하고 행동하게 된다.

한편, 시위대가 폭력적인 방법을 행사하는 것은 이들이 원하는 요구조건을 정부가 수용시키는데 불법이 준법보다 효과적이기 때문일지도 모른다. 실제로 동아시아연구원(EAI)이 1989년부터 2005년까지의 주요 시위 5,400건을 분석한 결과 불법시위대의 요구를 받아들인 비율이 29.1%, 준법시위대의 요구를 받아들인 비율이 25.1%였다는 점이다. 즉 시위대의 입장에서 요구조건을 수용시키는데 불법이 준법보다 효과적이라는 역설적인 설명이 가능하다.

한국사회에는 법률 위에 헌법이 있고, 헌법 위에 '떼법'이 있다고 하는데, 이는 불법 폭력시위가 여론을 조장하여 정책결정에 반영시키는 가장 효과적인 수단으로 자리 잡은 현사회풍토를 꼬집는 냉소적 표현이다. 불법 폭력시위가 보다 효과적이라는 근거는 다른 나라 역시 마찬가지이다. 예컨대 갬손(Gamson, 1990)은 미국 시위역사에 있어서 폭력을 사용한 집단은 그렇지 않은 집단보다 목적을 달성하는데 보다 성공적이었다고 주장하고 있다.

12) 조철옥(2011), 앞의 책, pp. 356-357.

13) 최선우(2010), 앞의 책, p. 175 재인용.

그런데, 불법 폭력시위 문제는 당사자들(시위대와 경찰 등) 간의 문제일 뿐만 아니라 더 나아가 그에 따른 피해를 일반 시민들 역시 고스란히 안고 있다는 점이다. 서울시민의 경우 주말마다 시청 앞 광장과 주요 간선도로를 갖가지 이념단체와 이익단체의 시위대에게 빼앗긴 지는 벌써 오래된 일이다. 물론 집회시위는 헌법이 보장하는 기본권으로 그 자유는 최대한 보장되어야 한다는 점에는 이견이 없다. 그러나 현행 '집회 및 시위에 관한 법률'은 적법한 집회 및 시위는 최대한 보장한다는 취지와 함께 위법한 시위로부터 국민을 보호한다는 또 하나의 목적을 제1조에서 밝히고 있다. 즉 집회·시위는 단순히 시위대와 진압 경찰력만의 문제가 아니라 일반시민들도 관련된 사회적 문제라는 점에 주목해야 할 것이다.

3) 집회시위에 대한 경비경찰의 접근방법

일반적으로 합법적·평화적 집회시위에 대해서는 유연하게, 불법적·폭력적적인 집회시위에 대해서는 강경하게 대응하는 것이 기본이다. 따라서 합법적·평화적 집회시위는 경찰의 보장·보호·안내를 통해 이루어지지만, 불법적·폭력적 집회시위는 단호히 엄단하여 법질서를 확립하도록 할 필요가 있다.

이래에서는 불법적·폭력적 집회시위에 대한 경비경찰의 대응방법에 대해서 살펴보기로 한다(집회 및 시위에 관한 법률상의 경찰의 역할 및 활동에 대해서는 정보경찰에서 실펴보기로 한다).

(1) 불법시위 등에 대한 경찰정책적 접근

불법시위에 대한 정책적 접근이라는 것은 불법시위의 발생을 전후에서 국가의 치안정책적 차원에서 접근하여, 관련문제를 해소하는 전략적 방법이라고 할 수 있다.[14] 이 부분은 정보경찰활동과도 밀접한 관련이 되는데, 논의의 편의상 여기에서 살펴보기로 한다.

① 선수승화법

선수승화법이란 특정한 불만집단에 대한 정보활동을 강화하여 사전에 불만 및 분쟁요인을 찾아내어 해소시켜주는 사전해결방법을 말한다. 예컨대, 특정지역의 재개발과 관련하여 일부 세입자의 집회시위가 예상되될 경우, 경찰서 정보과에서 관계인 면담을 주선하여 대화에 의한 타협을 보는 경우를 들 수 있다.

---

14) 조철옥(2011), 앞의 책, pp. 363-364 재인용.

② 지연정화법

지연정화법이란 불만집단의 고조된 주장을 시간을 끌어 이성적으로 생각할 기회를 부여하고 정서적으로 감정을 둔화시켜 흥분을 가라앉게 하는 방법으로, 시간을 지연시켜 해결책을 찾는 방법을 말한다.

③ 대체법

대체법(또는 전이법라고 부르기도 하는데, 개념상으로 대체라는 용어가 타당하다고 봄)이란 다중범죄의 발생 징후나 이슈가 있을 때, 집단이나 국민들의 관심을 집중시킬 수 있는 경이적인 사건을 폭로하거나 규모가 큰 행사를 개최하여 원래의 이슈가 상대적으로 약화되도록 하는 방법을 말한다.

④ 경쟁행위법

경쟁행위법이란 불만집단과 반대되는 대중 또는 집단의 의견을 크게 부각시켜, 불만집단의 주장을 희석시키는 방법을 말한다. 예컨대, 지하철노조의 파업에 대해 일반시민의 비난여론을 언론에 보도하도록 하여 파업을 철회하도록 하는 것을 들 수 있다.

① 노동쟁의에 대한 경찰의 중립의무

근로조건 향상을 위한 노동쟁의(勞動爭議)는 공공의 안녕과 질서를 위험하게 하지 않고, 형법상 보호되는 이익을 침해하는 것이 아닌 한 사회적 상당성이 있으며, 또한 헌법(제33조)상 보호된다. 그러나 사회적 상당성을 결한 집회시위의 경우, 공공의 안녕과 질서를 위한 경찰의 개입이 문제가 된다.

원칙적으로 이러한 노동쟁의에 대해서 국가와 경찰은 중립의무가 있다. 그러나 그 중립의무가 공공의 안녕이나 질서를 파괴하는 경우까지는 인정될 수는 없다고 본다. 요약건대, 적법한 노동쟁의에서만 중립의무가 있다고 본다. 따라서 경찰의 개입이 가능한 경우는 다음과 같은 점에서 접근할 수 있다.[15]

㉠ **의무적 개입** : 다중(多衆)이 형법의 적용을 받는 물리력을 행사하거나 가택을 침입하거나, 건물에 대한 위법한 파괴행위가 자행되는 경우에는 경찰은 공공의 안녕과 질서유지를 위해서 개입하여야 함

㉡ **재량적 개입** : 단순한 질서문란 정도의 경우에는 경찰의 개입이 필수적이라고 할 수는 없고 단지 재량에 따른 선택적인 것이 됨. 따라서 경찰은 비례원칙에 따라 개입을 소극적으로 할 수도 있음.

15) 홍정선(2007), 경찰행정법, 서울: 박영사, pp. 647-648.

② **불법 노동쟁의 등의 문제**

㉠ 전보된 노조원의 원직 복귀를 요구하였으나 거절당하고 그 과정에서 노조원이 폭행당하였음을 구실로 노조간부 및 노조원 80여 명과 농성에 돌입한 후 병원 복도를 점거하여 철야농성을 하면서 노래와 구호를 부르고 병원직원들의 업무수행을 방해하고, 출입을 통제하거나 병원장을 방에서 나오지 못하게 한 행위는 다중의 위력을 앞세워 근무 중인 병원직원들의 업무를 적극적으로 방해한 것으로서 노동조합활동의 정당성 범위를 벗어난 것이다.[16]

㉡ 고추값 폭락으로 인한 생존대책을 강구하여 달라는 농민들의 요구가 정당하더라도 이를 관철한다는 명목으로 경운기를 동원, 철도 건널목을 점거하여 열차의 운행을 막고, 철길에서 물러날 것을 요구하는 경찰관들에게 돌을 던져 상해를 입히는 등의 시위행위는 그 수단이나 방법에 있어서 상당성이 있다고 할 수 없으므로 정당행위로는 인정되지 않는다.[17]

(2) 불법시위에 대한 경찰진압의 기본원칙(방법)

한편, 불법시위가 발생했을 때 경비경찰은 다음과 같은 방법에 의해서 불법시위 군중들을 통제 할 수 있을 것이다.[18]

① 봉쇄 및 방어

군중들이 중요시설이나 기관 등 보호대상물의 점거를 기도할 경우에는 사전에 진압부대가 점령하거나 바리케이드 등으로 봉쇄하여 방어조치를 취해야 한다. 이러한 일련의 조치는 단독적으로 이루어지는 것보다 수 개의 조치가 복합적으로 취해짐으로써 군중들의 의도를 사전에 봉쇄하여 시위계획을 충돌 없이 효과적으로 무산시키는 방법이다.

② 차단 및 배제

불법시위는 다중이 모일 수 있는 교통상 편리한 특정 장소에서 시도되는 경우가 많다. 이러한 경우 군중들이 목적지에 집결하기 전에 중간에서 차단하여 집합을 못하게 하는 방법인데, 이를 효과적으로 하기 위해서는 중요 목 지점에 경찰력을 배치하고 검문검색을 실시하여 불법시위가담자를 사전에 색출·검거하거나 귀가조치시킴으로써 그 세력을 분산시키는 방법이다.

16) 대법 1992.4.10., 91도3044.

17) 대법 1989.12.26., 89도1512.

18) 이하 김상호 외 8인(2004), 경찰학개론, 서울: 법문사, pp. 678-679 재인용.

③ 세력분산

일단 시위대가 집단을 형성한 이후 진압부대가 대형으로 공격하거나 가스탄 등을 사용하여 시위집단의 지휘통제력을 차단시키고, 수개의 소집단으로 분할시켜 시위의사를 약화시킴으로써 그 세력을 분산시키는 방법이다.

④ 주동자 격리

불법시위는 특정한 지도자나 주동자의 선동에 의하여 이루어지므로, 그 주모자를 사전에 검거하거나 군중과 격리시킴으로써 군중의 집단적 결속력을 약화시켜 계속된 행동을 하지 못하게 하는 진압방법이다.

(3) 불법시위에 대한 경찰의 해산 명령 및 강제

관할 경찰관서장은 '일정한 위반행위를 한 경우'에[19] 해당하는 집회 또는 시위에 대하여는 '상당한 시간 이내'에 자진(自進) 해산할 것을 요청하고 이에 따르지 아니하면 해산을 명할 수 있다(집회 및 시위에 관한 법률 제20조 제1항).

이러한 집회 또는 시위에 대해 위와 같은 해산 명령을 받았을 때에는 모든 참가자는 '지체 없이' 해산하여야 한다(제20조 제2항). 해산 명령을 이행하지 않았을 경우에는 경찰의 물리적 강제력이 행사될 수 있음은 물론이다.

야간 옥외집회 및 시위 허용 범위

① 옥외집회와 시위의 금지 시간 및 처벌 규정

누구든지 '해가 뜨기 전'이나 '해가 진 후'에는 옥외집회 또는 시위를 하여서는 아니 된다. 다만, 집회의 성격상 부득이하여 주최자가 질서유지인을 두고 미리 신고한 경우에는 관할 경찰관서장은 질서 유지를 위한 조건을 붙여 해가 뜨기 전이나 해가 진 후에도 옥외집회를 허용할 수 있다(집회 및 시위에 관한 법률 제10조).

위의 금지를 위반한 자는 다음의 구분에 따라 처벌한다(집회 및 시위에 관한 법률 제23조).

㉠ 주최자는 1년 이하의 징역 또는 100만원 이하의 벌금

㉡ 질서유지인은 6개월 이하의 징역 또는 50만원 이하의 벌금·구류 또는 과료

19) ① 집회 및 시위에 관한 법률 제5조 제1항, 제10조 본문 또는 제11조를 위반한 집회 또는 시위, ② 제6조 제1항에 따른 신고를 하지 아니하거나 제8조 또는 제12조에 따라 금지된 집회 또는 시위, ③ 제8조 제5항에 따른 제한, 제10조 단서 또는 제12조에 따른 조건을 위반하여 교통소통 등 질서 유지에 직접적인 위험을 명백하게 초래한 집회 또는 시위, ④ 제16조 제3항에 따른 종결 선언을 한 집회 또는 시위, ⑤ 제16조 제4항 각 호의 어느 하나에 해당하는 행위로 질서를 유지할 수 없는 집회 또는 시위(집회 및 시위에 관한 법률 제20조 제1항 각호).

㉢ 그 사실을 알면서 참가한 자는 50만원 이하의 벌금 · 구류 또는 과료

② 야간 옥외집회 및 시위에 대한 위헌법률심판 제청

그동안 집회 및 시위에 관한 법률 제10조상의 야간집회와 야간시위 사건에 대한 재판은 2008년 10월 및 2010년 1월 이에 대한 위헌법률심판(違憲法律審判)이 제청되면서 4~6년 동안 중단되어 왔다. 그리고 이에 대한 헌법재판소 및 대법원의 판결에 의해 검찰은 2014년 7월 396명(야간집회 사범 105명, 야간시위사범 291명)의 공소를 취소하였다.

③ 야간 옥외집회 및 시위의 일반적 금지의 위법성

집회 및 시위에 관한 법률 제10조 본문은 야간옥외집회를 일반적으로 금지하고, 그 단서는 행정권인 관할 경찰서장이 집회의 성격 등을 포함하여 야간옥외집회의 허용 여부를 사전에 심사하여 결정한다는 것이다.

결국, 야간옥외집회에 관한 일반적 금지를 규정한 법 제10조 본문과 관할 경찰서장에 의한 예외적 허용을 규정한 단서는 그 전체로서 야간옥외집회에 대한 허가를 규정한 것이라고 보지 않을 수 없다.

그런데, 이는 헌법 제21조 제2항(집회·결사의 자유)에 정면으로 위반된 것이다. 법 제10조 중 '옥외집회'(屋外集會) 부분은 헌법 제21조 제2항에 의하여 금지되는 허가제를 규정한 것으로서 헌법에 위반되고, 이에 위반한 경우에 적용되는 처벌조항인 법 제23조 제1호 중 '제10조 본문의 옥외집회' 부분도 헌법에 위반 된다.[20]

④ 야간시위의 합법적인 허용 시간: 일몰시간 후부터 같은 날 24시(자정)까지

집회 및 시위에 관한 법률 제10조는 사회의 안녕질서를 유지하고 시민들의 주거 및 사생활의 평온을 보호하기 위한 것으로서 정당한 목적 달성을 위한 적합한 수단이 된다. 그러나 '해가뜨기 전' 그리고 '해가진 후'라는 광범위하고 가변적인 시간대의 옥외집회 또는 시위를 금지하는 것은 목적 달성을 위해 필요한 정도를 넘는 지나친 제한을 가하는 것이어서 최소침해성 및 법익균형성 원칙에 반한다.

오늘날 우리 국민의 일반적인 생활형태 및 보통의 집회의 소요시간이나 행위태양, 대중교통의 운행시간, 도심지의 점포·상가 등의 운영시간 등에 비추어 보면, 적어도 '해가진 후부터 같은 날 24시(자정)'까지의 옥외집회 또는 시위의 경우, 이미 보편화된 야간의 일상적인 생활의 범주에 속하는 것이라 할 수 있다.

따라서 특별히 공공의 질서 또는 법적 평화를 침해할 위험성이 크다고 할 수 없으므로 그와 같은 옥외집회 또는 시위를 원칙적으로 금지하는 것은 과잉금지원칙(過剩禁止原則)에 위반됨이 명백하다.[21]

---

20) 헌재 2009.9.24., 2008헌가25.

21) ① 헌재 2014.4.24., 2011헌가29(한정위헌: 개념이 불확정적이거나 여러 뜻으로 해석될 경우, 해석의 범위를

(4) 경찰의 위법한 조치에 대한 책임

그런데, 경찰의 집회 및 시위 대응 및 이와 관련된 사후조치가 모두 정당성을 갖는 것은 결코 아니다. 경찰은 헌법에서 보장하고 있는 적법한 집회 및 시위를 최대한 보장하고, 위법한 시위로부터 국민을 보호함으로써 집회 및 시위의 권리 보장과 공공의 안녕질서가 적절히 조화를 이루도록 노력해야 한다는 의미이다.

유치장에 수용된 피의자에 대한 알몸신체검사의 위법성

지난 2014년 5월 18일 세월호 사태 관련 '가만히 있으라' 침묵집회 행진에 참석했다가 경찰서로 연행된 여성 참가자들은 유치장 입감 당시 경찰로부터 브래지어를 벗도록 요구받았다. 경찰은 유치장 입감 뒤 신체검사를 진행하면서 와이어가 있는 브래지어의 경우 자해·자살의 위험이 있으므로 속옷을 탈의하라고 한 것이다. 이후 속옷을 탈의한 상태에서 남자 경찰로부터 이틀 동안 조사를 받게 하였다.

경찰의 이러한 조치는 '유치장 수용 과정에서 속옷 탈의 조처는 위법행위'라는 대법원 판결에 어긋난 것이다. 이와 관련하여 2013년 5월 대법원은 2008년 미국산 쇠고기 반대 촛불집회에 참여한 여성들에게 여성경찰이 브래지어 탈의를 요구한 것에 대해, "브래지어 탈의 강요는 인권 존중, 권력 남용 금지 등을 위반한 것이고, 객관적 정당성을 결여한 것"이라며 각각 150만원의 위자료를 지급하라는 판결을 확정했다.[22)]

정한 뒤 이를 확대하는 경우에 '위헌'이라고 판단하는 헌법재판소의 견해 표명을 의미함).; 기타 헌재 2014.3.27., 2010헌가2 등 참조. ② 위 헌법재판소 결정은 그 주문의 표현 형식에도 불구하고 집시법의 위 각 조항의 '시위'에 관한 부분 중 '해가 진 후부터 같은 날 24시까지' 부분이 헌법에 위반된다는 일부 위헌의 취지라고 보아야 하므로, 헌법재판소에서 정한 위헌결정으로서의 효력을 갖는다. 그리고 집회 및 시위에 관한 법률 제23조는 동법 제10조 본문의 야간시위 부분을 공통의 처벌근거로 삼고 있고, 다만 야간시위를 주최한 자(제1호)인지 단순참가자(제3호)인지에 따라 법정형을 달리하고 있다. 따라서 위 헌법재판소 결정은 비록 법 제23조 중 제3호에 규정된 참가자에 대한 것이기는 하지만 법 제10조 본문의 야간시위 중 위 시간대의 부분에 대하여 위헌결정을 한 것이므로, 야간시위 금지 위반으로 기소된 주최자에 대하여도 위 위헌결정의 효력이 미친다. 그렇다면, 위 각 집시법 조항의 '시위'에 관한 부분 중 '해가 진 후부터 같은 날 24시까지' 부분은 소급하여 그 효력을 상실하므로, 위 부분 법조를 적용하여 기소한 이 사건 공소사실은 범죄로 되지 아니한 때에 해당한다고 할 것이다. 대판 2014.7.10., 2001도1602.

22) 대법 2013.5.9., 2013다200438.; 수용자들이 공직선거 및 선거부정방지법상 배포가 금지된 인쇄물을 배포한 혐의로 현행범으로 체포된 여자들로서, 체포될 당시 신체의 은밀한 부위에 흉기 등 반입 또는 소지가 금지되어 있는 물품을 은닉하고 있었을 가능성은 극히 낮았다고 할 것이다. 그 후 변호인 접견시 변호인이나 다른 피의자들로부터 흉기 등을 건네 받을 수도 있었다고 의심할 만한 상황이 발생하였기는 하나, 변호인 접견절차 및 접견실의 구조 등에 비추어, 가사 수용자들이 흉기 등을 건네 받았다고 하더라도 유치장에 다시 수감되기 전에 이를 신체의 은밀한 부위에 은닉할 수 있었을 가능성은 극히 낮다고 볼 수 있다. 따라서 신체검사 당시 다른 방법으로는 은닉한 물품을 찾아내기 어렵다고 볼 만한 합리적인 이유가 있었다고 할 수 없으므로, 수용자들의 옷을 전부 벗긴 상태에서 앉았다 일어서기를 반복하게 한 신체검사는 그 한계를 일탈한 위법한 것이다. 대법 2001.10.26., 2001다51466.

한편, 지난 2020년에 발생한 코로나사태의 심각성에도 불구하고, 이후 진보세력과 보수세력이 방역지침을 위반하고 서울 광화문 등 도심에서 정치적·경제적 목적을 위해 수차례 집회 및 시위를 하였다. 그러나 이들에 대한 경찰의 미숙한 대응(집회시위 허용 가부, 집회시위 허용시 참가자 확인·인원제한·거리두기 등 방역지침 준수 여부)과 정치편향적 태도는 여전히 개선되지 않고 있다. 경찰은 정치적 중립성을 분명히 하고, 법과 절차에 따라 대응을 하지 않으면, 그 피해는 고스란히 국민의 몫이 될 것이다.

2. 행사안전경비

1) 행사안전경비의 의미

행사안전경비라는 것은 기념행사, 경기대회, 제례의식, 기타 각종 행사를 위해 모인 비조직화(非組織化)된 군중에 의하여 발생하는 혼란사태를 사전에 예방하고, 위험한 사태가 발생한 경우에는 신속한 대응조치를 하는 경비경찰활동을 말한다. 행사장의 혼잡한 상황에 대응한다는 점에서 혼잡경비(混雜警備)라는 말을 사용하기도 한다.

사람들이 많이 모인 장소에서는 처음에는 평온하다가 어떠한 계기에 의하여 돌발 상황이 발생하면, 군중들이 흥분하거나 급박한 혼란상태로 돌입하는 경우가 많다. 예컨대, 행사장에서 참석자 또는 관중들이 행사내용에 대하여 지나친 열광으로 과도하게 흥분하거나, 시설물의 붕괴 등으로 인하여 사고가 발생하는 경우를 들 수 있다. 따라서 경비경찰은 이러한 모든 예측 가능한 상황을 사전에 파악하여 안전대책을 수립해야 한다.

최근에는 수익성 행사의 경우 행사주최자가 주도적으로 안전활동을 수립·실행하도록 하고 있으며, 경찰이 주도적으로 안전활동을 실시하는 경우는 대규모 국가적인 행사에 국한되어 가고 있는 것이 특징이다.[23]

23) 수익자부담론(受益者負擔論)은 자본주의사회에서 국가기구의 일부로서 경찰과 같은 공경비가 갖는 근본적 성격과 역할 및 기능에 관한 종래의 인식에 의문을 제기하면서 등장하였다. 자본주의사회에서 경찰 등의 공권력의 행사는 원칙적으로 거시적 측면에서 질서유지 및 체제수호 등과 같은 역할과 기능에 한정하고, 사회구성원 개개인의 사적(私的) 차원이나 여타 집단과 조직 등의 안전(예컨대, 회사 등의 안전과 보호)은 결국 해당 개인이나 조직이 담당해야 한다는 인식에 기초를 두고 있다. 특히, 수익이 창출되는 곳의 안전은 그 수익을 얻는 주체가 이에 대한 책임을 져야 한다는 것이다. Cunningham, William C. & Taylor, Todd H.(1985), Private Security and Police In America, The Hallcrest Report, Portland: Chancellor Press, p. 111.; 최선우(2014), 민간경비론, 인천: 진영사, p. 136 재인용.

2) 군중심리와 이상군중심리

(1) 정상군중심리

넓은 의미에서 군중심리는 개개인이 각 군집상황 속에서 갖게 되는 심리상태를 말한다. 불특정 다수의 대규모 군중이 운집한 상황에서 안전사고가 발생하는 이유는 시설물 자체의 결함에서 비롯되기도 하지만 경우에 따라서는 돌발 상황 등으로 인해 평상시에 가지고 있는 정상적인 심리적 균형상태가 깨지기 때문이라고 할 수 있다.

물론 불특정 다수의 군중이 모였다 할지라도 항상 위험한 상황이 발생하는 것은 아니다. 즉, 정상적인 상황에서는 군중들은 호기심, 동정심, 안전, 수치심, 집단동질성 등과 같은 정상군중심리(normal crowd psychology)를 가지고 주어진 상황을 파악하게 된다. 정상군중심리는 구성원들 상호간의 신임, 충성, 단결 등의 내적 심리기재가 작동하게 된다.[24)]

〈정상군중심리의 특징〉

호기심리	새로운 상황에 직면하였을 때 탐구를 통한 상황인식 및 문제이해를 하게 되는 심리
동정심리	다른 사람의 슬픔, 기쁨 등에 대하여 동질적인 감정을 가지게 되는 심리
안전심리	다른 사람과의 상호작용 속에서 자신의 안전을 추구하는 심리
수치심리	다른 사람의 시선을 의식하고 자신의 명예나 체면을 의식하는 심리
집단심리	사회적 동물인 인간이 타인과 어울려 집단을 구성하려는 심리

(2) 이상군중심리

그러나 대규모 군중이 운집한 상황에서 특별한 외부의 자극(욕망충동, 생명위협 등)이 주어지면 비정상적인 이상군중심리(abnormal crowd psychology)가 작동하기도 하는데, 그 중에는 불만, 항거, 냉소, 파괴 등의 행위와 관련된다.[25)] 예컨대, 격렬한 시위현장, 과열된 축구 경기장, 대형화재가 발생한 호텔 등은 그 좋은 예이다.

따라서 대규모 군중이 운집한 상황하에서는 때로는 의외의 무모하고 잔인한 반사회적인 행동이 일어나는 경향이 있다. 또 상호간에 조금만 질서를 지키면 모두가 안전하게 대피할 수 있음에도 불구하고 밀고 밀리는 혼잡 와중에 대형사고를 당하는 상황이 발생하

24) 경찰대학(1998), 경찰경비론, pp. 10-11.; 최선우(2014), 앞의 책, p. 661 재인용.

25) 경찰대학(1998), 앞의 책, pp. 11-14.; 최선우(2012), 앞의 책, pp. 662-664 재인용.

기도 한다.

이처럼 대규모 군중이 모여있는 장소에서 흥분상황, 돌발상황, 위험상황 등이 발생했을 때, 사람들은 지극히 비합리적·비도덕적인 행동을 하게 된다. 그 결과 적지 않은 인명피해 등의 문제가 발생하게 된다(정상군중심리와 이상군중심리는 앞에서 살펴본 집회시위에서도 적용됨은 물론이다).

① 정서의 충동성

정서적 충동에 의해 신체는 많은 변화를 가져오게 되는데, 호흡곤란·심장박동수의 증가·혈압상승·동공확대·내분비 증가 및 근육긴장 등의 현상이 일어난다. 한 개인이 만약 정서가 지나치게 과민해지면, 감정이 불안해지거나 폭발하기 쉽고, 그 반대의 경우에는 정신위축상태가 나타난다.

따라서 개인이 군중 속에 있을 때, 정서의 상호작용·상호전염의 결과로 그 행위는 종종 극단적으로 가는 경향이 있다. 이로 인해 군중 속에서 개인의 정서는 극히 충동적이고, 이러한 충동은 이상폭력행위를 유발하게 되며, 일상생활 속에서 쌓였던 분노와 불만을 군중행동에 실어서 자신도 모르는 사이에 위법적인 행동으로 나아가게 된다.

② 추리의 단순성

평상시에는 이지적·이성적으로 판단하는 것이 일반적이다. 그러나 수많은 군중이 모인 상황에서는 정서적 충동에 의해 어떠한 결의나 행동을 취하는데 있어서 복잡한 판단을 필요로 하지 않는다. 따라서 그것이 옳고 그른지를 판단하지 못하게 되고, 군중이 찬성하는 방향 또는 군중이 취한 행동에 동조하여 따르게 된다. 추리의 단순성으로 인해 군중은 어떤 합리적 관찰이 결여되고, 따라서 다른 사람의 잘못된 행동을 바로 따라 하는 것이 특징이다.

③ 욕망의 확장성

욕망이라는 것은 어떠한 것을 필요로 하여 획득하기 위하여 가지는 일체의 행동의 원동력이 되는 심리상태라고 정의할 수 있다. 욕망과 감정, 그리고 이지는 매우 밀접한 관련성을 가지고 있다. 욕망이 커지면 긴장된 정서 상태를 불러오고, 격렬한 행동을 표현하게 된다. 개인이 군중 속에 있을 때 심리적으로 서로의 영향을 받기 때문에 욕망은 자연히 무한대로 확장되는 경향을 띤다.

④ 도적적 모순성

도덕은 개인이 사회생활 중에 당연히 준수해야 할 행위규범을 의미한다. 어떤 사회든 그 나름대로 공인된 도덕적 표준행위를 가지고 있다. 그런데 개인이 군중 속에 있을 때 정서적 격동에 의하여 이지적·이성적 판단력이 약해지고 욕망이 확장됨에 따라 도덕에 대한 인식이 평소와는 다르게 나타난다.

물론 완전히 야만인이 되거나 도덕성을 상실하는 것은 아니다. 어떤 때에는 파괴·난동·잔인한 행동 등을 하고, 또 어떤 때에는 충성·의협·단결 등의 행위를 하기도 한다. 이는 바로 개인이 군중 속에 들어가면 도덕관념이 모호해져서 모순된 가치체계를 동시에 갖게 되는 특징을 말해주는 것이다.

3) 사례검토: 상주참사와 경비책임의 문제

(1) 사건의 개요

2005년 10월 3일 오후 7시 MBC 가요콘서트가 열릴 예정이었던 경상북도 상주시민운동장에서 행사진행과정에서 11명이 사망하고 100여명이 부상당하는 대참사가 발생하였다. 당시 원활한 출입통제가 이루어지지 못해 문 앞에 모여 있던 수많은 사람들이 한꺼번에 조그만 출입구로 몰리면서 압사사고에 의해 순식간에 참변이 발생한 것이다.

(2) 사건에 대한 책임 소재 문제

이 사고의 책임 소재를 놓고 상주시와 행사를 주최한 국제문화진흥협회, MBC, 관할경찰 모두 '내 탓이 아니다'며 서로 책임 떠넘기기에 급급한 인상을 주었다.

국제문화진흥협회는 "행사장 안전을 위해 경찰에 병력을 요청했으나 불가능하다는 통보를 받았다"며 경찰에 화살을 돌렸다. 그러나 상주경찰서는 "지난달 26일 관계자 대책회의에서 구두로 병력 요청을 받은 사실이 있으나 협회에서 공문을 보내오지 않았다"며 국제문화진흥협회에 책임을 떠넘겼다(그러나 상주시는 경찰에 공문서상으로 지원요청을 한 것으로 밝혀졌다).

상주시도 국제문화진흥협회에 공연지원금 1억 원을 주기로 하는 등 공연을 사실상 주최했음에도 계약 내용을 근거로 협회에 책임을 미루고 있다. 상주시는 "국제문화진흥협회가 경비와 현장통제 등 모든 행사진행을 맡고 있으며, 이에 대한 서류상의 계약도 있다"고 하였다.

한편, MBC는 "우리가 주최한 행사가 아니며 공연녹화만 진행할 예정이었다"며 "당초 공연이 불가능하다고 통보했으나 시와 협회 관계자들이 MBC를 방문해 재차 공연을 요구한 것으로 도의적인 책임은 있지만 행사진행 및 안전과 관련한 모든 준비는 상주시와 협회가 맡기로 했다"며 사고 책임을 상주시와 협회에 떠넘겼다.

(3) 안전상의 문제점

① 안전계획수립의 미흡

행사를 주최한 국제문화진흥협회는 대규모 공연 개최시 마련해야 하는 재해대책을 소방당국에 제출하지 않아 「공연법」(公演法) 규정을 위반했다는 혐의도 받았다.[26)]

② 안전요원의 부족과 비전문성

2만 명이 넘는 시민들이 참석한 당시 사고 현장에는 콘서트 주최 측인 국제문화진흥협회에서 파견된 아르바이트생 80여 명을 비롯하여 경찰 14명, 경비업체 직원 25명 등 현장관리자가 130여 명에 불과해 현장통제에는 역부족이었다는 지적을 받았다.

③ 안전요원의 대응 미흡

특히 사고발생 장소인 직3문(출입구)에는 5,000명이 넘는 인원이 순식간에 몰려들었는데, 경찰과 행사진행요원이 한명도 없었고 경비업체 직원 8명만 있었던 것으로 파악되었다(더욱이, 급경사 구조로 되어 있는 출입문을 하나만 열어 놓아 사고를 결정적으로 불러왔다는 점이다).

④ 운영상의 미흡

그렇다면, 수많은 사람들이 왜 그렇게 물밀듯이 경쟁하듯 들어갔을까? 그것은 젊은 사람과 나이가 많은 사람들이 좋아하는 인기가수를 초빙하였는데, 이들의 공연을 가까이에서 보기 위해 남녀노소 구분 없이 일찍 들어가서 좋은 자리를 맡기 위한 것이었다. 이날 공연은 모두 돈을 내고 지정석을 받는 것이 아닌 공짜표에 따른 임의 좌석제라는 점이다. 따라서 행사주최측은 이러한 사항들을 고려하지 못하였다고 할 수 있다.

---

26) 재해예방조치: ① 공연장운영자는 화재나 그 밖의 재해를 예방하기 위하여 그 공연장 종업원의 임무·배치 등 재해대처계획을 수립하여 매년 관할 특별자치시장·특별자치도지사·시장·군수·구청장에게 신고하여야 한다. 이 경우 특별자치시장·특별자치도지사·시장·군수·구청장은 신고받은 재해대처계획을 관할 소방서장에게 통보하여야 한다. ② 관할 특별자치시장·특별자치도지사·시장·군수·구청장은 1항에 따라 신고를 받은 재해대처계획을 검토하여 적합하다고 인정하는 경우에는 신고를 수리하여야 한다. 이 경우 신고된 재해대처계획의 내용이 미흡하다고 인정할 때에는 보완을 요구할 수 있다. ③ 제2항 후단에 따라 재해대처계획의 보완을 요구받은 공연장운영자는 정당한 사유가 없으면 그 요구에 따라 보완하여 관할 특별자치시장·특별자치도지사·시장·군수·구청장에게 다시 신고하여야 한다. ④ 공연장 외의 장소에서 대통령령으로 정하는 규모의 관람자가 있을 것으로 예상되는 공연을 하려는 자의 재해예방조치에 관하여는 제1항을 준용한다. ⑤ 제1항 및 제4항에 따른 재해대처계획에는 제11조의2부터 제11조의5까지에 해당하는 안전관리비, 안전관리조직, 안전교육 및 피난안내에 관한 사항이 포함되어야 한다(공연법 제11조 제1항~제5항).

(4) 경찰의 책임과 한계

현행법(경찰법, 경찰관직무집행법 등)상으로 각종 행사를 위해 모인 군중에 의해 발생되는 혼란상태(특히, 범죄와 무질서)의 예방과 경계, 그리고 대응의 임무를 갖는 경찰의 책임은 피하기 어려울 것으로 보인다. 경찰 역시 행사장 위험방지 등과 관련된 지도 및 지휘감독 책임을 가지고 있기 때문이다.

다만, 영국·미국·일본 등의 각국에서와 같이 영리를 목적으로 하는 각종 행사에 대해서는 수익자부담의 원칙에 입각하여 영리를 얻는 행사주체가 자체경비원을 주로 활용하도록 하고 있음을 인식할 필요가 있다. 우리나라는 여전히 공경비인 경찰이 직접 그 임무를 수행하는 경우가 상대적으로 많은 것이 사실이다.

따라서 무엇보다도 많은 군중이 모이는 각종 행사의 안전관리와 관련하여 책임기관을 명확히 규정할 필요가 있으며, 이의 책임을 전적으로 공경비인 경찰 등에 전가시키기보다는 기본적으로 공연행사의 개최로 인해 영리를 직접적으로 얻는 행사주체기관이 행사진행의 안전관리에 요구되는 경비부담을 일부 또는 전부 부담하여 사전·사후의 책임을 지는 것이 바람직할 것으로 보인다.

3. 선거경비

1) 선거경비의 의미

선거경비(選擧警備)는 어떠한 공직(대통령, 국회의원, 자치단체장 등)후보자의 유세 및 투표현장 등에 대한 안전관리와 관련된 제반활동을 의미한다고 볼 수 있다.

주지하는 바와 같이 유세현장에 많은 인파가 몰려 혼란을 초래하고 입후보자와 정당대표에 대한 위해상황도 발생할 우려가 있다. 또한 투표현장에서도 언제든지 예기치 못한 돌발 상황이 발생할 수 있으므로 경비경찰은 이에 대한 대책을 마련해야 한다. 선거경비는 종합적인 경비활동이 요구된다.

따라서 경찰은 선거 공고일부터 선거종료일까지 경계를 강화하고 비상근무체계에 들어가야 한다. 이러한 선거경비는 후보자 신변보호, 투표소경비, 개표소경비 등으로 구분된다.[27)]

---

27) 조철옥(2011), 앞의 책, pp. 344-345.; 경찰대학(2008), 앞의 책, pp. 354-357.

2) 후보자 신변보호

(1) 대통령선거 후보자

대통령선거 후보자는 을(乙)호 경호대상으로 '후보자 등록시부터 당선확정시'까지 실시하도록 한다(대통령으로 당선이 확정된 자는 갑호 경호대상이 된다). 대통령후보자의 경호는 후보자의 요청에 따라 전담 신변경호대를 편성·운영하도록 한다. 신변경호를 원하지 않는 후보자는 지방경찰청에서 경호경험이 있는 자를 선발하여 관내 유세기간 동안 근접경호를 실시하도록 한다.

(2) 국회의원 후보자 및 지방자치단체장 후보자

각 선거구를 관할하는 경찰서에서 후보자가 원할 경우 전담 경호원을 2~3명 정도를 선발하여 배치하도록 한다.

3) 투표소경비

(1) 투표소 등의 출입제한

투표하려는 선거인·투표참관인·투표관리관, 읍·면·동선거관리위원회 및 그 상급선거관리위원회의 위원과 직원 및 투표사무원을 제외하고는 누구든지 투표소에 들어갈 수 없다(공직선거법 제163조 제1항).

사전투표소(기표소가 설치된 장소 포함)의 출입제한에 관하여서도 이의 규정을 준용하도록 한다(제163조 제4항).

(2) 투표소 등의 질서유지

투표관리관 또는 투표사무원은 투표소의 질서가 심히 문란하여 공정한 투표가 실시될 수 없다고 인정하는 때에는 투표소의 질서를 유지하기 위하여 정복을 한 경찰공무원 또는 경찰관서장에게 원조를 요구할 수 있다(공직선거법 제164조 제1항).[28] 이에 따라 원조요구를 받은 경찰공무원 또는 경찰관서장은 즉시 이에 따라야 한다(제164조 제2항).

투표소안에 들어간 경찰공무원 또는 경찰관서장은 투표관리관의 지시를 받아야 하며, 질서가 회복되거나 투표관리관의 요구가 있는 때에는 즉시 투표소안에서 퇴거하여야 한다.

---

28) 투표소 등의 질서유지(제164조 제1항)의 경우를 제외하고는 누구든지 투표소안에서 무기나 흉기 또는 폭발물을 지닐 수 없다. ② 사전투표소(기표소가 설치된 장소 포함)에서의 무기나 흉기 등의 휴대금지에 관하여는 이를 준용하도록 한다(공직선거법 제165조 제1항 및 제2항).

4) 개표소경비

(1) 개표소의 출입제한

구·시·군 선거관리위원회와 그 상급선거관리위원회의 위원·직원, 개표사무원·개표사무협조요원 및 개표참관인을 제외하고는 누구든지 개표소에 들어갈 수 없다. 다만, 관람증을 배부받은 자와 방송·신문·통신의 취재·보도요원이 일반관람인석에 들어가는 경우는 그러하지 아니하다(공직선거법 제183조 제1항).

선거관리위원회의 위원·직원, 개표사무원·개표사무협조요원 및 개표참관인이 개표소에 출입하는 때에는 중앙선거관리위원회규칙이 정하는 바에 따라 표지를 달거나 붙여야 하며, 이를 다른 사람에게 양도·양여할 수 없다(제183조 제2항).

(2) 개표소의 질서유지

구·시·군 선거관리위원회 위원장이나 위원은 개표소의 질서가 심히 문란하여 공정한 개표가 진행될 수 없다고 인정하는 때에는 개표소의 질서유지를 위하여 정복을 한 경찰공무원 또는 경찰관서장에게 원조를 요구할 수 있다(공직선거법 제183조 제3항). 이러한 경우를 제외하고는 누구든지 개표소 안에서 무기나 흉기 또는 폭발물을 지닐 수 없다(제183조 제6항).

한편, 위와 같은 상황에서 원조요구를 받은 경찰공무원 또는 경찰관서장은 즉시 이에 따라야 한다(제183조 제4항).

(3) 개표소의 질서유지 주체: 선거관리위원회 위원장

한편, 구·시·군 선거관리위원회 위원장이나 위원의 요구에 의하여 개표소 안에 들어간 경찰공무원 또는 경찰관서장은 구·시·군 선거관리위원회 위원장의 지시를 받아야 하며, 질서가 회복되거나 위원장의 요구가 있는 때에는 즉시 개표소에서 퇴거하여야 한다(공직선거법 제183조 제5항).

4. 국가위기관리

1) 국가위기관리의 의미

위기(危機)라는 것은 우리사회에서 널리 사용하고 있는데, 이는 '어떤 상황이나 사태가 조금의 여유 없이 위급하게 되거나 예기치 않은 일이 갑자기 발생하여 안정과 균형을 잃고 불안한 상태로 변하는 것'을 의미한다.[29)]

한편 국가위기는 '국가주권 또는 국가를 구성하는 정치·경제·사회·문화체계 등 국가의 핵심요소나 가치에 중대한 위해가 가해질 가능성이 있거나 가해지고 있는 상태'라고 볼 수 있다. 즉, 국가위기라고 하는 것은 위기의 발생범위나 피해정도가 국가전체에 미치거나 대다수 국민들에게 피해를 주어 정부가 직접 나서서 필요한 제반조치를 해야 하는 상황이라고 할 수 있다. 따라서 국가위기관리(國家危機管理)는 국가위기를 사전에 예방하고 위기 발생시에는 효과적인 대응 및 복구를 통하여 그 피해를 최소화하거나 위기 이전의 상태로 복원하고자 하는 제반활동이라고 할 수 있다.[30)]

이러한 국가적 차원의 위기관리 대상은 크게 전통적 안보분야, 재난분야, 국가핵심기반분야로 구분할 수 있다. 이를 경찰차원에서 본다면, ㉠ 경찰작전(비상경계경비), ㉡ 경찰재난경비 등으로 구분된다.

2) 경찰작전: 비상경계경비

(1) 경찰작전의 의미

1948년 해방 이후 오늘에 이르기까지 북한은 끊임없는 전쟁도발과 파괴공작을 자행해 왔으며, 이에 대해 경찰은 적절한 대응을 하지 않으면 안되는 상황이었다. 따라서 경찰작전(警察作戰)이라는 것은 다른 국가방위요소와 함께 이러한 국가안보를 위협하는 비상사태에 대응하는 제반활동과 관련된 것이라고 할 수 있다.

이와 같이 '적(敵)의 침투·도발이나 그 위협에 대응하기 위하여 국가 총력전(總力戰)의 개념을 바탕으로 국가방위요소를 통합·운용하기 위한 통합방위 대책을 수립·시행하기 위하여 필요한 사항을 규정'하고 있는 것이 바로 「통합방위법」(統合防衛法, 1997년 제정)이다.

여기에서 통합방위작전이라는 것은 통합방위사태가 선포된 지역에서 통합방위본부장, 지역군사령관, 함대사령관 또는 시·도경찰청장(이하 '작전지휘관'이라 함)이 국가방위요소를 통합하여 지휘·통제하는 방위작전을 말한다(통합방위법 제2조 제4호). 경찰작전의 법적 근거는 이 밖에도 경찰관직무집행법, 의무경찰대 설치 및 운영에 관한 법률 등을 들 수 있다.

---

29) 일반적으로 위기는 몇 가지 특징을 가지고 있는데 ① 대부분의 위기는 발생하기 전에 어느 정도 사전 경고신호를 발신하거나 징후가 있으며, ② 위기는 특정한 대상에 멈추지 않고 주위로 그 피해가 확산되는 경향이 있고, ③ 위기는 진행방향이 불확실하며 대처하는데 어려움이 따르며, ④ 위기는 준비와 예측, 그리고 대응방법에 따라 긍정적 기회로 변할 수 있는 양면을 소유하고 있다는 점이다. 이러한 위기가 가지고 있는 본질적 특징 때문에 위기는 행위자로 보다 신속하고 정확한 판단과 선택을 강요함으로써 행위자를 더욱 불안하고 힘들게 하는 경향이 있다. 조영갑(2000), 한국위기관리론, 서울: 팔복원, p. 37.; 경찰대학(2008), 앞의 책, p. 368.

30) 위의 책, p. 379.

(2) 경찰작전 과정

① 경계태세 발령: 군부대의 장 및 경찰관서의 장

군부대의 장 및 경찰관서의 장(이하 '발령권자'라 함)은 적의 침투·도발이나 그 위협이 예상될 경우 통합방위작전을 준비하기 위하여 경계태세(警戒態勢)를 발령할 수 있다(통합방위법 제11조 제1항). 여기에서 경찰관서의 장은 '경찰서장급'을 말한다.[31)]

이러한 경계태세가 발령된 때에는 해당 지역의 국가방위요소는 적의 침투·도발이나 그 위협에 대응하기 위하여 필요한 지휘·협조체계를 구축하여야 한다(제11조 제2항).[32)]

경계태세

① 경계태세의 종류

경계태세는 적의 침투·도발 상황을 고려하여 경계태세 3급(진돗개 셋), 경계태세 2급(진돗개 둘), 경계태세 1급(진돗개 하나)으로 구분하여 발령할 수 있다. 경계태세 구분에 대한 세부 내용 및 조치사항 등은 대통령이 정한다(통합방위법시행령 제22조).

② 경계태세 사례

지난 2014년 6월 21일 저녁 8시 경에 강원도 육군 22사단 동부전선의 최전방에서 임모 병장이 동료들에게 수류탄을 던지고 총기를 난사해 5명(하사 1명, 병장 1명, 상병 1명, 일병 2명)이 숨지고 7명이 다치는 사고가 발생했다.

임모 병장은 사고 직후 수류탄 1개와 총기, 실탄 70여발을 갖고 무장한 채 도주해 국방부는 현재 해당 부대 전지역에 경계태세 1급('진돗개 하나')를 발령하였다. 진돗개 하나란 경계태세 최고 단계를 말한다. 진돗개 이름을 따서 만든 대한민국 경보이자 북한의 무장공비나 특수부대원 등이 대한민국에 침투했을 때, 혹은 부대에서 탈영병이 발생했을 때 등의 국지적 위협 상황이 일어났을 시에 발령되는 단계별 경보 조치이다.

진돗개 경보가 발령될 경우엔 군대는 물론 경찰력도 동원된다. 평상시에는 '진돗개 셋'을 유지하다가 위협상황 발생 가능성이 높을 때(북한 무장 간첩의 침공이 예상되거나 군대에서 탈영병이 발생할 경우) '진돗개 둘'이 발령된다. 현재 가장 높은 단계의 경계조치인 진

---

31) ① 대통령령으로 정하는 군부대의 장 및 경찰관서의 장은 서울특별시 외의 지역은 연대장급 이상의 지휘관, 경찰서장급을 말하고, ② 서울특별시 지역은 대통령이 정하는 군부대의 장을 말한다. ② 이들 발령권자는 통신두절(杜絶) 등 불가피한 사유가 없으면 차상급 지휘관에게 보고한 후 경계태세를 발령하거나 해제하여야 한다. 한편, ③ 경계태세 발령권자는 경계태세를 발령하거나 해제하는 즉시 그 사실을 관할지역 내의 모든 국가방위요소에 통보하고, 통합방위본부장에게 보고하거나 통보해야 한다(시행령 제21조 제1항~제3항).

32) 국가방위요소란 통합방위작전의 수행에 필요한 방위전력(防衛戰力) 또는 그 지원 요소를 말한다. 여기에는 국군, 경찰청·해양경찰청 및 그 소속 기관과 제주자치경찰기구, 국가기관 및 지방자치단체, 예비군, 민방위대, 그리고 이 법에 따라 통합방위협의회를 두는 직장을 말한다(통합방위법 제2조 제2호).

돗개 하나는 최고 비상 경계태세이며 군, 경찰, 예비군이 최우선으로 지정된 지역에 출동해 지정된 지역에서 수색 및 전투를 수행하고 있다.[33)]

한편, 발령권자는 경계태세 상황이 종료되거나 상급 지휘관의 지시가 있는 경우 경계태세를 해제하여야 하고, 통합방위법 제12조에 따라 통합방위사태가 선포된 때에는 경계태세는 해제된 것으로 본다(통합방위법 제11조 제3항).

② **통합방위사태의 선포: 대통령 및 시·도지사**

통합방위사태는 적의 침투·도발이나 그 위협에 대응하여 일정한 구분에 따라 선포하는 단계별 사태를 말한다(통합방위법 제2조 제3호). 이는 크게 갑종사태, 을종사태, 병종사태로 구분된다.

통합방위사태

① **갑종사태:** 일정한 조직체계를 갖춘 적의 대규모 병력 침투 또는 대량살상무기 공격 등의 도발로 발생한 비상사태로서 통합방위본부장 또는 지역군사령관의 지휘·통제 하에 통합방위작전을 수행하여야 할 사태
② **을종사태:** 일부 또는 여러 지역에서 적이 침투·도발하여 단기간 내에 치안이 회복되기 어려워 지역군사령관의 지휘·통제 하에 통합방위작전을 수행하여야 할 사태
③ **병종사태:** 적의 침투·도발 위협이 예상되거나 소규모의 적이 침투하였을 때에 시·도경찰청장, 지역군사령관 또는 함대사령관의 지휘·통제 하에 통합방위작전을 수행하여 단기간 내에 치안이 회복될 수 있는 사태(이상 통합방위법 제2조 제6호~8호)

이처럼 통합방위사태는 갑종사태, 을종사태 또는 병종사태로 구분하여 선포하도록 하고 있다(통합방위법 제12조 제1항). 그리고 통합방위사태에 해당하는 상황이 발생하면 다음의 구분에 따라 해당하는 사람은 즉시 국무총리를 거쳐 대통령에게 통합방위사태의 선포를 건의하여야 한다(제12조 제2항 각호). 대통령(大統領)은 이에 따른 건의를 받았을 때에는 중앙협의회와 국무회의의 심의를 거쳐 통합방위사태를 선포할 수 있다(제12조 제3항).

㉠ 국방부장관의 건의: 갑종사태에 해당하는 상황이 발생하였을 때 또는 둘 이상의 특별시·광역시·특별자치시·도·특별자치도(이하 '시·도'라 함)에 걸쳐 을종사태에

33) 경향신문(2014. 06. 22.).

해당하는 상황이 발생하였을 때

㉡ 행정안전부장관 또는 국방부장관의 건의: 둘 이상의 시·도에 걸쳐 병종사태에 해당하는 상황이 발생하였을 때

한편, 시·도경찰청장, 지역군사령관 또는 함대사령관은 을종사태나 병종사태에 해당하는 상황이 발생한 때에는 즉시 시·도지사에게 통합방위사태의 선포를 건의하여야 한다. 시·도지사(市·道知事)는 이에 따른 건의를 받은 때에는 시·도 협의회의 심의를 거쳐 을종사태 또는 병종사태를 선포할 수 있다(제12조 제4항 및 제5항).

시·도지사는 이와 같은 을종사태 또는 병종사태를 선포한 때에는 지체 없이 행정안전부장관 및 국방부장관과 국무총리를 거쳐 대통령에게 그 사실을 보고하여야 한다(제12조 제6항). 그리고 시·도지사가 통합방위사태를 선포한 지역에 대하여 대통령이 통합방위사태를 선포한 때에는 그 때부터 시·도지사가 선포한 통합방위사태는 효력을 상실한다(제12조 제8항).

③ 경찰작전의 실시

이상과 같은 경계태세 및 통합방위사태의 선포 이후, 경찰은 통합방위 작전계획의 수립하고, 작전부대를 편성하여, 단계별로 작전을 실시하게 된다.

㉠ 통합방위작전 구역

통합방위작전의 관할구역은 다음과 같다(통합방위법 제15조 제1항).

가. 지상 관할구역: 특정경비지역, 군관할지역 및 경찰관할지역

나. 해상 관할구역: 특정경비해역 및 일반경비해역

다. 공중 관할구역: 비행금지공역(空域) 및 일반공역

㉡ 통합방위 작전의 실시

병종사태가 선포된 경우에는 시·도경찰청장, 지역군사령관 또는 함대사령관은 통합방위사태가 선포된 때에는 즉시 다음의 구분에 따라 통합방위작전을 신속하게 수행하여야 한다. 다만, 을종사태가 선포된 경우에는 지역군사령관이 통합방위작전을 수행하고, 갑종사태가 선포된 경우에는 통합방위본부장 또는 지역군사령관이 통합방위작전을 수행한다(통합방위법 제15조 제2항).

가. 경찰관할지역: 시·도경찰청장

나. 특정경비지역 및 군관할지역: 지역군사령관

다. 특정경비해역 및 일반경비해역: 함대사령관

라. 비행금지공역 및 일반공역: 공군작전사령관

④ 국가중요시설의 경비·보안 및 방호

한편, 국가중요시설(國家重要施設)의 관리자(소유자 포함)는 경비·보안 및 방호책임을 지며, 통합방위사태에 대비하여 자체방호계획을 수립하도록 하고 있다.[34]

이 경우 국가중요시설의 관리자는 자체방호계획을 수립하기 위하여 필요하면 시·도경찰청장 또는 지역군사령관에게 협조를 요청할 수 있도록 하고 있다(통합방위법 제21조 제1항).

이에 따라 시·도경찰청장 또는 지역군사령관은 통합방위사태에 대비하여 국가중요시설에 대한 방호지원계획을 수립·시행하도록 하고 있다(제21조 제2항). 국가중요시설의 평시 경비·보안활동에 대한 지도·감독은 관계 행정기관의 장과 국가정보원장이 수행하도록 하고 있다(제21조 제3항). 이러한 국가중요시설은 국방부장관(國防部長官)이 관계 행정기관의 장 및 국가정보원장과 협의하여 지정하도록 하고 있다(제21조 제4항).

국가중요시설경비와 관련하여 중요시설의 특징, 지역여건, 가용인력 등을 고려하여 체계적으로 경비운용을 해야 한다. 이를 위해서는 국가중요시설에 출입하는 사람들에 대한 적절한 통제를 통해서 불순분자의 출입을 차단시키고, 시설보안을 유지하도록 해야 한다.[35]

따라서 국가중요시설 내에는 시설장비 및 자재의 보호를 위한 필요한 장소에 일정한 범위를 정하여 보호지역을 설정하여 운영하도록 하고 있다. 보호지역에는 제한지역(制限地域), 제한구역(制限區域), 통제구역(統制區域)으로 구분된다(보안업무규정 제34조 제2항, 보안업무규정 시행규칙 제54조).[36]

34) 국가중요시설이란 공공기관, 공항·항만, 주요 산업시설 등 적에 의하여 점령 또는 파괴되거나 기능이 마비될 경우 국가안보와 국민생활에 심각한 영향을 주게 되는 시설을 말한다(통합방위법 제2조 제13호).

35) 최선우(2014), 앞의 책, pp. 588-593.

36) 이러한 보호지역이 지나치게 확대되었을 경우, 개인의 자유와 권리의 침해를 가져올 수 있다. 따라서 보호지역 가운데 특히, '제한구역 및 통제구역의 설정은 필요한 최소한의 범위로 제한'되도록 하고 있다(보안업무규정 시행규칙 제55조).

〈보호지역〉

제한지역	비밀 또는 국·공유재산의 보호를 위하여 울타리 또는 방호·경비인력에 의하여 승인을 받지 않은 사람의 접근이나 출입에 대한 감시가 필요한 지역
제한구역	비인가자가 비밀, 주요시설 및 Ⅲ급 비밀 소통용 암호자재에 접근하는 것을 방지하기 위하여 안내를 받아 출입하여야 하는 구역
통제구역	보안상 매우 중요한 구역으로서 비인가자의 출입이 금지되는 구역

3) 경찰재난경비

(1) 재난의 의미

재난(災難)이라는 것은 국민의 생명·신체·재산과 국가에 피해를 주거나 줄 수 있는 것을 말한다. 이러한 재난은 크게 자연재해(천재지변, 폭풍우, 지진, 폭우, 폭설, 가뭄 등)와 인적 재난(폭발사고, 건물붕괴, 방사능 유출, 화재, 환경오염사고 등)을 의미하는 것이다.[37]

그런데, 국가적 차원에서 접근하는 재난은 그 규모가 큰 것에 좀 더 의미를 두고 있다고 볼 수 있다. 이는 소규모의 재난에 대해서 국가가 관심을 갖지 않는다는 것이 아니라 대규모 재난이 발생했을 때, 보다 체계적으로 국가가 대응하여 피해를 최소화시키고자 하는 의도에서 비롯된 것이라 할 수 있다.

경찰은 범죄 문제뿐만 아니라 이와 같은 재난으로부터 국민의 생명과 신체, 재산을 보호하고 공공의 안녕질서를 유지하기 위하여 활동을 하고 있음은 주지의 사실이다.

(2) 재난 대응기관

① 재난관리 책임기관

이와 같이 국가적 차원에서 재난문제에 대응하기 위하여 「재난 및 안전관리 기본법(약칭: 재난안전법)」(2004)이 제정되었다.[38] 이 법에 따른 재난관리 책임기관은 다음과 같

37) 「재난 및 안전관리 기본법」상에서는 재난을 크게 자연재난과 사회재난으로 구분하고 있다. ① 자연재난: 태풍, 홍수, 호우(豪雨), 강풍, 풍랑, 해일(海溢), 대설, 낙뢰, 가뭄, 지진, 황사(黃砂), 조류(藻類) 대발생, 조수(潮水), 화산활동, 소행성·유성체 등 자연우주물체의 추락·충돌, 그 밖에 이에 준하는 자연현상으로 인하여 발생하는 재해. ② 사회재난: 화재·붕괴·폭발·교통사고(항공사고 및 해상사고를 포함한다)·화생방사고·환경오염사고 등으로 인하여 발생하는 대통령령으로 정하는 규모 이상의 피해와 에너지·통신·교통·금융·의료·수도 등 국가기반체계의 마비, 「감염병의 예방 및 관리에 관한 법률」에 따른 감염병 또는 「가축전염병예방법」에 따른 가축전염병의 확산 등으로 인한 피해(제3조 제1호).

38) 2003년 2월 대구지하철 1호선에서 우울증을 겪고 있는 남성이 방화를 저질러, 192명이 사망하는 등 340명의 사상자를 난 사건이 발생하였다. 이러한 '대구지하철 참사사건'을 계기로 「재난 및 안전관리 기본법」을 제정하

다(제3조 제5호).

㉠ 중앙행정기관 및 지방자치단체(「제주특별자치도 설치 및 국제자유도시 조성을 위한 특별법」에 따른 행정시 포함)

㉡ 지방행정기관·공공기관·공공단체(공공기관 및 공공단체의 지부 등 지방조직 포함) 및 재난관리의 대상이 되는 중요시설의 관리기관 등으로서 대통령령으로 정하는 기관

한편, 재난관리 주관기관이란 '재난이나 그 밖의 각종 사고에 대하여 그 유형별로 예방·대비·대응 및 복구 등의 업무를 주관하여 수행하도록 대통령령으로 정하는 관계 중앙행정기관'을 말한다(제3조 제5호의2).

② 긴급구조기관

긴급구조(緊急救助)란 재난이 발생할 우려가 현저하거나 재난이 발생하였을 때에 국민의 생명·신체 및 재산을 보호하기 위하여 긴급구조기관과 긴급구조지원기관이 하는 인명구조, 응급처치, 그 밖에 필요한 모든 긴급한 조치를 말한다(재난안전법 제3조 제6호).

여기에서 긴급구조기관이란 소방청·소방본부 및 소방서를 말한다. 다만, 해양에서 발생한 재난의 경우에는 해양경찰청·지방해양경찰청 및 해양경찰서를 말한다(제3조 제7호).[39]

③ 긴급구조 지원기관

한편, 긴급구조 지원기관이란 '긴급구조에 필요한 인력·시설 및 장비, 운영체계 등 긴급구조능력을 보유한 기관이나 단체로서 대통령령으로 정하는 기관과 단체'를 말한다(재난안전법 제6조 제8호). 경찰청은 긴급구조 지원기관 가운데 하나에 해당된다(동법 시행령 제4조 제1호).

고, 소방방재청을 신설하는 등 재난대응체계를 일대 정비하였으며, 긴급구조에 있어서도 소방본부를 중심으로 지휘체계가 일원화 되었다. 경찰은 긴급구조 지원기관으로 재난현장에서의 인명구조, 현장통제, 주변 교통정리 등 긴급구조활동에 관해서는 긴급구조 통제단장(관할 소방서장)의 지휘를 받아야 하나, 긴급구조활동의 내용이 치안활동과 관련되어 있는 경우에는 관할 경찰관서의 장과 미리 협의하도록 하고 있다.

39) 지난 2014년 4월에 전남 진도 앞바다에서 세월호가 침몰하여 어린 학생들을 포함한 300명 이상이 여객선에 갇혀 있었지만 단 한명도 구조하지 못한 사건이 발생한 바 있다. 이 사건에서 재난관리 책임기관 및 주관기관, 그리고 긴급구조기관 등 모든 국가안전시스템이 제기능을 전혀 하지 못하였음은 주지의 사실이다. 법·제도적인 차원에서 형식적으로 관계기관만을 두고 있을 뿐 실질적·전문적으로 국가재난에 대응할 수 있는 책임·통제기관이나 구조기관은 존재하지 않았던 것이다.

경찰은 재난 및 안전관리 기본법상으로는 큰 비중을 차지하고 있지 않지만, 일반법인 경찰관직무집행법 제2조(직무의 범위) 특히, 제5조(위험발생의 방지) 등에 분명히 규정되어 있으며, 따라서 경찰은 이러한 재난경비활동에 적지 않은 역할을 수행하고 있음은 물론이다.

(3) 경찰재난경비 활동

① 인명구조

재난과 관련된 여러 경찰활동 가운데 가장 중점을 두어야 하는 것은 바로 인명구조(人命救助)라 할 수 있다. 인명구조에 있어서 먼저 위험에 빠진 피구조자의 발견이 선행되어야 하기 때문에 신속한 발견에 총력을 기울일 필요가 있다. 112순찰요원·교통순찰요원 등 외근요원, 112타격대,[40] 재난관리부대 등을 신속하게 투입하여 인명구조활동을 펼쳐야 한다.

② 재난현장의 범죄대응 및 질서유지

또한 재난현장에는 인명구조 및 복구 문제뿐만 아니라 치안(범죄 및 무질서)에 관한 문제가 상존하게 된다.

따라서 재난현장에서 시·군·구 긴급구조통제단장이 긴급구조활동을 지휘하도록 하고 있지만, 치안활동과 관련된 사항은 관할 경찰관서의 장과 협의하도록 하고 있다(재난안전법 제52조 제1항). 이에 따라 필요한 경우에 재난 현장에서의 범죄 등과 관련된 예방활동과 수사활동을 하게 된다.

그리고 재난현장에는 여러 가지 위험한 상황이 발생 할 수 있다. 이에 대해 경찰관직무집행법상의 즉시강제(卽時强制)의 하나로서 '경찰관은 인명 또는 신체에 위해를 미치거나 재산에 중대한 손해를 끼칠 우려가 있는 천재, 사변, 교통사고, 위험물의 폭발, 기타 위험한 사태가 있을 때에는 일정한 조치를 할 수 있도록' 하고 있다.[41]

---

40) 경찰은 재난관리임무를 전문적으로 수행하기 위한 조직으로 상시 대기부대인 경찰서 112타격대와 상설중대 중 각 지방경찰청별로 지정된 재난관리부대를 운영하고 있다(112타격대는 통합방위사태에서도 중요한 역할을 수행함은 물론이다). 이들의 임무는 재난발생시 최우선적으로 출동하여 현장관리와 더불어 인명구조, 실종자 수색활동을 실시하는 한편, 경찰통제선(Police Line)을 통한 현장통제, 주민대피 등 현장에서 요구되는 제반 경찰활동을 수행하도록 하고 있다. 경찰대학(2008), 앞의 책, pp. 407-408.

41) 위험발생의 방지: ① 그 장소에 모인 사람, 사물(事物)의 관리자, 그 밖의 관계인에게 필요한 경고를 발하는 것, ② 매우 긴급한 경우에는 위해를 입을 우려가 있는 자를 필요한 한도 내에서 억류하거나 피난시키는 것, ③ 그 장소에 있는 사람, 사물의 관리자, 그 밖의 관계인에게 위해를 방지하기 위하여 필요하다고 인정되는 조치를 하게 하거나 스스로 그 조치를 하는 것(경찰관직무집행법 제5조 제1항 각호).

5. 경호경비

1) 경호경비의 의미

경호경비(警護警備)는 국가원수 등 국내외의 중요 인사의 신변을 각종 위해로부터 방지하기 위한 경찰활동을 말한다.[42] 그런데 민간차원의 경호개념은 '신변보호'(身邊保護)에 초점을 두고 정립되었다면, 국가차원의 경호개념은 신변보호와 더불어 '경비'(警備)의 개념이 포함되어 광의적으로 정립되어 있다고 볼 수 있다.

따라서 「대통령 등의 경호에 관한 법률(약칭: 대통령경호법)」에서는 '경호란 경호 대상자의 생명과 재산을 보호하기 위하여 신체에 가하여지는 위해(危害)를 방지하거나 제거하고, 특정 지역을 경계·순찰 및 방비하는 등의 모든 안전 활동을 말한다'고 규정하고 있다(제2조 제1호).

생각건대, 경호업무는 단순히 신변보호에 국한되어 이루어질 수 없다고 본다. 보호하고자 하는 경호대상의 신변안전을 확보하기 위해서는 직접적인 신변보호활동(즉, 근접경호) 뿐만 아니라 주변 지역(즉, 경호구역)에 대한 적절한 경계경비를 실시하는 것은 무엇보다도 중요한 일이라고 본다. 특히 오늘날과 같이 공격용 무기가 발달한 상황에서는 원거리에 의한 공격이 가능하기 때문에 경계경비는 중요한 의미를 갖는다.

한편, 경호는 경호대상자의 신변보호를 목적 외에도 행사장의 질서유지와 혼잡방지, 경호대상자와 환영자간의 친목도모, 그리고 대외적으로 국위선양의 목적까지 달성할 수 있도록 해야 할 것이다.

2) 경호의 대상과 경호책임기관

경호대상은 국내요인과 외국귀빈의 신분과 지위에 따라서 구분하고 있다. 즉, 국내요인은 갑호·을호·병호, 외국귀빈은 A·B·C·D·E·F등급으로 나뉜다.[43]

---

42) 민간차원에서 이루어지는 경호는 '신변보호'(身邊保護) 즉, 사람의 생명이나 신체에 대한 위해의 발생을 방지하고 그 신변을 보호하는 업무로 정의되고 있다(경비업법 제2조 제1호).

43) 조철옥(2011), 앞의 책, pp. 367-368.

〈경호대상과 경호책임 기관〉

경호대상			책임기관
국내 요인	갑 호	• 대통령과 그 가족 • 대통령 당선인과 그 가족(가족: 대통령 및 대통령당선인의 배우자와 직계존비속으로 한정) • 본인의 의사에 반하지 아니하는 경우에 한정하여 퇴임 후 10년 이내의 전직대통령과 그 배우자[44)] • 대통령권한대행과 그 배우자 • 그 밖에 경호처장이 경호가 필요하다고 인정하는 국내 요인	경호처장
	을 호	• 국회의장, 대법원장, 헌법재판소장, 국무총리 • 전직대통령(원칙적으로 대통령 퇴임 후 10년 이후부터) • 대통령선거 후보자	경찰청장
	병 호	• 갑·을호 이외에 경찰청장이 필요하다고 인정한 사람	
외국 귀빈	ABCD등급	• 대한민국을 방문하는 외국의 국가원수 또는 행정수반(行政首班)과 그 배우자 • 그 밖에 경호처장이 경호가 필요하다고 인정하는 국외 요인	경호처장
	EF등급	• 부총리, 왕족, 외빈, ABCD등급의 배우자 단독 방한, 전직대통령, 전직총리, 국제기구 등 장관급 이상 • 그 밖에 경찰청장이 경호가 필요하다고 인정한 사람	경찰청장

여기에서 국내요인은 갑호 의 경우에는 대통령경호처에서 담당하고, 을호·병호는 경찰 등이 담당하도록 하고 있다. 그리고 국외귀빈은 A·B·C·D등급은 대통령경호처에서 담당하고, E·F등급은 경찰 등이 담당하도록 하고 있다.[45)]

그런데, 주의할 것은 갑호와 A·B·C·D등급과 같이 대통령경호처에서 이를 담당한다 할지라고 경찰이 개입하지 않는 것은 결코 아니라는 점이다. 대통령경호처에서 경호대상자를 경호할 때, 경찰은 대통령 등의 경호에 있어서 중요한 '소속공무원' 또는 '관계기관'으로서, 제2선과 제3선에서 경호임무를 수행한다고 볼 수 있다.[46)]

---

44) ① 다만, 대통령이 임기 만료 전에 퇴임한 경우와 재직 중 사망한 경우의 경호 기간은 그로부터 5년으로 하고, 퇴임 후 사망한 경우의 경호 기간은 퇴임일부터 기산(起算)하여 10년을 넘지 아니하는 범위에서 사망 후 5년으로 한다(대통령 등의 경호에 관한 법률 제4조 제1항 제3호 하단). ② '①'과 같은 사정에도 불구하고 전직 대통령 또는 그 배우자의 요청에 따라 처장이 고령 등의 사유로 필요하다고 인정하는 경우에는 5년의 범위에서 같은 호에 규정된 기간을 넘어 경호할 수 있다(제4조 제3항).

45) 대통령경호처의 경호대상에 대한 세부적인 내용은 대통령 등의 경호에 관한 법률 제4조 및 동법 시행령 제2조 참조.

46) ① 소속공무원이란 대통령경호처 직원과 경호처에 파견된 사람(예, 경찰공무원 등)을 말한다. ② 관계기관이란 경호처가 경호업무를 수행함에 있어 필요한 지원과 협조를 요청하는 국가기관(예, 경찰 등), 지방자치단체 등을 말한다(대통령 등 경호에 관한 법률 제2조 제3호 및 4호).

3) 경호활동의 기본원리와 경호원의 행동원칙

(1) 경호활동의 기본원리

경호의 내용과 경호기법은 각 국가별로 상이하게 때문에 모든 경호활동에 공통된 원칙을 제시하는 것은 쉬운 일이 아니다. 다만, 경호원리와 관련하여 3중경호이론 또는 3선경호원칙이 널리 적용되고 있다. 이는 경호대상자(VIP)와의 지리적·공간적 관점을 중심으로 안전구역(제1선), 경비구역(제2선), 경계구역(제3선)으로 구분된다.

3중경호이론의 특징

① 3중경호이론의 공간적·시간적 이해

3중경호이론은 반드시 지리적·공간적 관점에 국한되어 적용되는 것은 아니라는 점에 주의할 필요가 있다. 즉, 시간적 관점에서도 3중경호이론이 적용되는데, 장기적 관점에서 정보분석과 예측, 중기적 관점에서 위해요인 파악 및 제거, 단기적 관점에서 현장경호로 구성되어 적용되기도 한다는 점이다.

② 3중경호이론의 영국과 미국의 적용 예

㉠ 영국의 적용 예

3중경호이론(근접경호, 중간경호, 외곽경호)은 영국에서 일찍이 성립되어, 런던경찰청 경호국(警護局)이 이를 실제 운용해 왔다. 따라서 예컨대, 영국 국가원수의 근접경호는 수상 집무실 중심으로 신변보호활동이 이루어지며, 중간경호는 정복경찰관의 일상적인 경찰활동, 교통질서정리, 관찰, 통신 등의 활동을 통해 수상의 경호를 간접적으로 담당하게 된다. 외곽경호는 전반적인 치안정보 분석, 공항·항만관리, 위험인물 파악·작성, 사건발생 요소의 사건제거 등을 통한 예방차원의 제반활동을 담당하게 된다.

이러한 점에서 영국에서 정립된 3중경호이론은 상당히 거시적 관점에서 접근한 것이라 할 수 있다.

㉡ 미국의 적용 예

반면, 미국의 백악관 경호실은 영국의 3중경호이론을 토대로 독자적으로 체계화시켰는데, 영국에 비하여 그 지리적·공간적 경계가 훨씬 미시적이다. 미국은 중간(제2선) 및 외곽(제3선) 경호보다는 근접경호에 더 큰 비중을 두고 있다고 할 수 있다.[47)]

---

47) 최평길(1989), "3중 경호·경비이론," 서재근박사 화갑기념논문집, pp. 95-104.; 최선우(2014), 앞의 책, pp. 641-647.

한편, 현행 대통령 등의 경호에 관한 법률상에서는 대통령의 경호구역 중 대통령집무실, 대통령관저 등은 내곽구역과 외곽구역으로 나누고 있다. 그리고 대통령집무실·대통령관저 등을 제외한 각종 행사장·유숙지 등에 대한 경호구역은 행사의 성격, 경호위해요소 등을 고려하여 경호처장이 지정하도록 하고 있다(대통령경호법 시행령 제4조 제1항 및 제2항).

① 안전구역

안전구역(제1선)은 피경호인 즉, 경호대상자가 위치하고 있는 구역을 말한다. 시설물 내부일 경우에는 건물 자체를 의미하며, 외부일 경우에는 본부석 등이 이에 해당한다. 여기에는 승하차지점과 동선이 포함된다. 안전구역은 경호대상자에게 직접적인 위해를 가할 수 있는 지역이기 때문에 이에 대한 근접경호(近接警護)는 매우 중요하다. 따라서 안전구역 출입시 금속탐지기(MD)를 설치·운용하고 비표확인 등 출입자를 감시·관찰해야 한다.

② 경비구역

경비구역(제2선)은 안전구역을 보호하기 위한 제반활동이 이루어지는 구역이라 할 수 있다. 여기에 바리케이트 등의 장애물을 설치하고, 돌발사태 대비 예비대 운영, 소방차·구급차 등을 대기시켜 유사시에 대응할 수 있도록 하고 있다.

③ 경계구역

경계구역(3선)은 안전구역과 경비구역을 보호하며, 동시에 가장 외곽에서 경계경비활동을 수행하는 곳이라 할 수 있다. 경계구역에서는 주변지역의 동향을 파악하고 주변 감제고지(瞰制高地, 주위가 두루 내려다보여 적의 활동을 감시하기에 적합한 높은 장소)를 확보하는 일이 중요하다. 여기에 감시조, 기동순찰조를 운영하고, 거동수상자에 대한 불심검문 및 차단활동 등의 업무를 수행하게 된다.

(2) 경호원의 경호업무 수행상의 행동원칙

경호의 성패는 보호대상자의 안전과 직결된다. 따라서 경호대상자를 안전하게 보호하기 위해서는 경호원은 직무수행상 일정한 기본원칙을 철저하게 준수해야 한다. 물론 경호의 성패요인은 개별적 원칙의 문제라기보다는 총체적으로 관련원칙을 제대로 준수하지 못해서 발생한 것으로 보아야 할 것이다.[48]

48) 김두현(2003), 경호학개론, 서울: 백산출판사, pp. 57-59.

① 자기희생의 원칙

경호에 있어서 자기희생의 원칙이란 어떠한 대가를 치르더라도 경호대상자의 신변의 안전이 보호·유지되어야 한다는 것을 의미한다. 따라서 극단적인 상황에서는 경호원은 경호대상자가 신변의 위험에 처하게 되었을 때 살신성인(殺身成仁)의 정신으로 보호해야 한다.

② 자기담당구역 책임의 원칙

자기담당구역 책임의 원칙이라는 것은 경호원 각자가 자기담당구역 내에서 일어나는 어떠한 사태에 대해서도 자신만이 책임을 지고 완벽하게 해결해야 한다는 것을 의미한다.

따라서 원칙적으로 자기담당구역이 아닌 타 구역 상황은 결코 책임을 질 수도 없고, 비록 인근지역에 특별한 상황이 발생했다고 해서 자기 책임구역을 이탈해서는 안 된다.

③ 하나의 통제된 지점을 통한 접근의 원칙

하나의 통제된 지점을 통한 접근의 원칙이라는 것은 경호대상자와 접근 또는 접촉할 수 있는 통로는 통제된 유일한 통로만이 필요하다는 것을 의미한다.

즉, 여러 개의 통로와 출입문은 오히려 공격자에게 접근할 수 있는 기회를 제공해 주어 취약성을 노출시키는 결과를 가져다주기 때문이다. 또한 하나의 통제된 통로나 출입문을 통한 접근 역시 반드시 경호원에 의하여 확인된 후 허가절차를 밟아 이루어져야 한다.

④ 목표물보존의 원칙

목표물보존의 원칙이라는 것은 경호대상자를 공격자들로부터 격리시키는 것을 의미한다. 따라서 경호대상자가 안전하게 보호되기 위해서는 원칙적으로 경호대상자의 예정된 행사 일시, 장소, 이동경로 등이 알려지지 않는 것이 좋다.

물론 일반대중과의 회합이나 중요한 공개적 행사 등과 같이 행사일시와 장소를 비공개하기가 어려운 경우가 있다. 이처럼 공개적 행사의 경우에는 경호대상자의 잠재적 위험성이 더 크다고 볼 수 있기 때문에 이동경로 등에 있어서 신중을 기하고 행사장소의 안전성 확보가 중요한 요소가 될 것이다.

따라서 습관적으로 동일한 시간과 장소에 대한 이동은 위험하기 때문에 수시로 변경시키는 것이 좋으며, 대중에게 노출된 도보이동은 가급적 제한적으로 이루어지는 것이 바람직하다.

4) 경찰의 경호경비 활동

경찰은 1948년 대한민국 정부수립 이후 대통령 경호 및 관저 경비업무를 담당하는 기구(경위부, 경무대경찰서)를 설치하여 관련업무를 수행하였다. 그러다가 1960년 6월 경무대경찰서가 폐지되어 이후에는 파견형태로 경호업무 등을 수행하였다.

이후 대통령 경호 및 관저경비 업무는 약간의 과도기를 거치다가 1963년 12월 박정희 대통령 취임과 더불어 「대통령경호실법」(大統領警護室法, 현재의 대통령 등의 경호에 관한 법률)이 제정되었고, 이에 근거하여 독립된 경호기관인 대통령경호실(현, 대통령경호처)이 창설되어 몇 차례 변화를 거치면서 오늘에 이르고 있다.

대통령 경호 및 관저경비의 역사

① 경위부

1948년 대한민국 정부 수립 이후 경찰은 내무부 소속 치안국(治安局)으로 조직되었다. 당시에는 내무부 치안국 산하 경위부(警衛部)가 이승만 대통령의 호위를 담당하였다.

② 경무대경찰서 설치

1949년 2월 구(舊)왕궁을 관할하던 창덕궁 경찰서는 폐지되고 경무대(景武臺)경찰서가 신설되어 대통령의 경호 및 관저의 경비를 담당하게 되었다. 동년 12월에 내무부 훈령 제25호로 '경호규정'이 제정되면서, '경호'(警護)라는 용어가 처음으로 사용되었다. 이 때의 경무대 경찰서는 경무계, 사찰계, 경비계로 구성되었다.

③ 경무대 경찰관파견대 설치

1960년 4.19 혁명으로 제1공화국이 끝나고, 동년 6월 개헌을 통해 대통령중심제에서 내각책임제로 정부형태가 변화되었다. 이러한 과정에서 대통령경호를 담당하던 경무대경찰서는 폐지되고, 대신 서울시 경찰국(오늘날의 서울지방경찰청) 경비과에서 '경무대 경찰관파견대'를 설치하여 대통령의 경호 및 대통령 관저의 경비를 담당하였다.

그리고 동년 12월에 윤보선 대통령은 경무대의 명칭을 청와대(青瓦臺)로 개칭함에 따라 경무대 경찰관파견대는 '청와대 경찰관파견대'로 명칭이 변경 되었다.

④ 경찰의 경호업무 중지 및 중앙정보부 경호대 창설

1961년 5.16 군사정변 이후 군사정권이 권력을 장악하게 됨에 따라 이전의 경찰의 청와대 파견 경호업무는 그만두게 되었다. 그 대신 군인을 중심으로 한 '국가재건 최고회의의장(군)경호대'가 임시로 편성(동년 5월)되어 박정희 소장을 경호하였다.

그리고 6월에 창설된 중앙정보부(오늘날의 국가정보원)는 동 경호대를 흡수하여 '중앙정보부 경호대'를 발족시켰다. 당시 중앙정보부 경호대는 국가원수, 내각수반, 기타 중요요인에 대한 신변보호 임무를 수행하였다.[49)]

⑤ 독립된 대통령경호실(처) 창설

1963년 12월 박정희 대통령 취임과 더불어 대통령경호실법(大統領警護室法)을 제정하였고, 이 법에 근거하여 독립된 경호기관인 대통령경호실(大統領警護室)을 창설하였다.

이후 2008년 법 명칭이 「대통령 등의 경호에 관한 법률」로 개칭되었고, 이에 따라 대통령경호실은 몇 차례 직제의 변화를 거듭하면서, 2017년 현재에는 대통령경호처(大統領警護處)로 개편되어 운용되고 있다.

현재 우리나라 경호체계를 살펴보면, 대통령경호처를 정점으로 하여 각급 기관에서 경호업무를 분담하고 있는 상황이다. 이에 따라 경찰에서는 101경비단·202경비단, 군에서는 33헌병대·55경비대 조직 등을 청와대에 파견하여 대통령경호처의 경호업무를 지원하고 있다.

경찰의 경호업무를 좀 더 세부적으로 살펴보면, 경찰청 경비국 경호과를 정점으로 서울지방경찰청에서 운용하고 있는 101경비단·202경비단, 그리고 전직대통령 경호대, 주요인사 경호대 등을 통하여 요인에 대한 경호업무를 실시하고 있다.[50)]

6. 대테러경비

위에서 살펴본 경호경비는 특히, 테러(Terror)와 밀접한 관련이 있다. 따라서 여기에서는 테러 문제를 별도로 다루어 살펴보기로 한다.

1) 테러리즘의 의미

심리학적으로 본다면 테러라는 것은 "특정한 위협이나 공포로 인해 모든 인간들이 심리적으로 느끼는 극단적인 두려움의 근원이 되는 것"이라고 정의 하고 있다.[51)] 이러한 테러는 특히, 개인에 대한 위협보다는 '국가안보'(國家安保) 또는 '공공의 안전'을 위태롭게 할 목적으로 행하는 여러 행위와 관련된다. 테러는 개별행위나 사건을 표현하는 의미하고, 테러리즘은 테러를 통한 목적달성이라는 '노선'(路線)이나 '주의'(主義)을 의미하는 것

49) 김두현(2013), 경호학개론, 서울: 엑스퍼트, pp. 99-101.

50) 경찰대학(2008), 앞의 책, p. 491.

51) 최진태(2006), 테러리즘의 이론과 실제, 서울: 대영문화사, p. 19 재인용.

으로 볼 수 있다.[52)]

주지하는 바와 같이 오늘날 전세계적으로 테러리즘(Terrorism)은 국가질서의 근간을 흔드는 위협요인으로 간주되고 있다. 일반범죄와는 달리 테러리즘은 그 공격수단과 방법, 공격대상, 피해규모가 상상을 초월하며, 이로 인한 현실적 피해뿐만 아니라 불안감과 공포감은 엄청나기 때문이다.

그런데 이러한 테러리즘의 위험성에도 불구하고 이에 대한 개념정의를 내리는 것은 쉬운 일이 아니다. 그것은 테러리즘의 양상이 시대와 장소에 따라 상이하고, 가변적이기 때문이다. 따라서 이에 대한 어떠한 획일적인 개념정의를 내리기보다는 공격수단 및 공격대상의 특성을 가지고 다양한 관점에서 설명하고 있다.

이와 관련하여 최근 '뉴테러리즘'(New Terrorism)이라는 개념이 새롭게 등장하고 있다. 이는 1995년 일본에서 독가스 테러가 발생하명서 새로운 양상의 테러리즘의 등장이 예고되었다. 이러한 양상은 2001년 9월 11일 미국 세계무역센터와 펜타곤에 자행된 항공기 납치 동시다발 테러(일명 '9.11테러')와 연이은 탄저균 테러라는 이전과는 전혀 다른 형태로 나타났다.

이후 2002년 10월과 2005년 10월에 있었던 인도네시아 발리섬 폭탄테러, 2004년 3월 스페인의 열차 폭탄테러, 2005년 7월 런던 지하철 동시다발 폭탄테러, 그리고 2015년 11월에 발생한 프랑스 역사상 최악의 테러에서도 새로운 형태의 테러리즘 특징을 찾아볼 수 있다. 이러한 뉴테러리즘은 다음과 같은 특징을 갖는다.[53)]

㉠ 요구조건도 없고, 정체도 밝히지 않는 '얼굴 없는 테러'로서 어떤 국가나 대상에 대한 극단적인 반감·적대감으로 나타난다.

㉡ 테러가 전쟁의 한 형태로 자행되어 무차별적인 인명살상이 이루어짐으로써 그 피해가 상상을 초월한다.

㉢ 테러조직이 여러 국가와 지역에 걸쳐 연결된 이념 결사체로 형성·발전하고, 조직중심이 다원화되어 이의 무력화가 어렵다.

㉣ 테러수단이 종래의 총기·폭탄, 미사일뿐만 아니라 일상 주변에서 존재하는 특정되지 않는 방법을 사용하여 조기발견 및 제거가 어렵다.

㉤ '빈자(貧者)의 핵무기'라 불리는 생화학무기와 같이 제작이 용이하고, 비용이 적게 들면서도 증거인멸이 쉬운 대량살상 효과가 있는 무기가 사용될 가능성이 많다.

52) 위의 책, p. 24.

53) 경찰대학(2008), 앞의 책, p. 261.

ⓑ 테러 현장의 생생한 화면이 실시간 전 세계에 보도됨으로써 테러범이 노리는 공포가 최고조로 확산되며, 사고의 대형화로 피해국가의 정치적 부담이 증대되고 있다.

한편, 상대방의 컴퓨터나 정보기술을 해킹하거나 악성 프로그램을 의도적으로 깔아 놓는 등 컴퓨터시스템과 정보통신망을 무력화하는 '사이버테러리즘'(Cyber Terrorism) 역시 뉴테러리즘의 한 형태로 볼 수도 있을 것이다.

동일시이론

① 동일시의 개념

동일시(同一視, identification)란 사회심리학에서 개인에 의해 다른 사람의 행위에 영향을 미치는 영향력을 설명하는데 사용되는 용어이다. 이러한 동일시이론은 일단의 개인이 테러리즘을 선택하는 것을 심리적 측면에서 설명하는 것이 가능하다고 보고 있다.[54] 이러한 동일시는 테러범과 인질 사이에도 존재하게 된다. 대표적인 것이 이른바 '소톡홀름 증후군(Stockholm Syndrome)과 리마증후군(Lima Syndrome)'이다.

② 스톡홀름증후군과 리마증후군

㉠ 스독홀름증후군

스톡홀름증후군은 인질이 인질범에게 동화되는 현상 즉, 인질이 인질사건 과정에서 테러범을 이해하는 마음이 생겨 동화되는 것을 말한다. 스웨덴 스톡홀롬에서 은행강도에게 인질로 잡혀 있던 여인이 인질범과 사랑에 빠진 것이다. 이것을 심리학에서는 '오귀인 효과'(誤歸因, misattribution effect)라고 하기도 한다. 어떤 두려운 상황의 생리적 흥분이 사랑의 감정과 비슷하기 때문에 두려움에서 오는 근육의 긴장, 호흡의 가속화 등 생리적 현상이 사랑을 느낄 때의 생리적 현상과 거의 비슷하기 때문에 이를 사랑으로 착각한 것이다.

㉡ 리마증후군

리마증후군은 반대로 인질범이 인질에게 동화되는 현상을 말한다. 페루 일본대사관에 침입하여 인질사건을 벌인 테러범이 시간이 지날수록 인질의 입장을 이해하고 호의를 베풀며 동화된 것에서 유래되었다.

54) 최진태(2006), 앞의 책, pp. 58-59.

2) 대테러정책

최근 국내에서는 국제테러단체 또는 과격사상 추종자들에 의한 테러사건은 없었으나 복잡하고 불안한 국내외의 정세에 따른 이의 잠재적 위험성은 상존하고 있는 것이 사실이다.

따라서 이러한 테러의 잠재적 위험성 등으로 인해 대테러관련 단일 법률의 제정에 대해 그동안 꾸준히 논의되어 왔으나 이에 대한 정치권력의 유지수단으로의 악용 및 인권침해 등의 문제가 제기되어 단일 법률로 제정되지 못하고 있었다. 이러한 상황 속에서 지난 2016년 3월 「국민보호와 공공안전을 위한 테러방지법」(약칭: 테러방지법)이 제정되었는데, 앞으로 개선되어야 할 많은 발전과제가 남아 있다고 본다.

이 테러방지법상의 중심기관은 국가정보원이라 할 수 있다. 그리고 경찰은 이의 중요한 '관계기관'으로써 테러대응과 관련하여 많은 역할을 수행한다고 볼 수 있다.[55] 아래에서는 '테러방지법'의 내용을 중심으로 살펴보기로 한다.

(1) 기본내용

① 목적

테러방지법은 '테러의 예방 및 대응 활동 등에 관하여 필요한 사항과 테러로 인한 피해보전 등을 규정함으로써 테러로부터 국민의 생명과 재산을 보호하고 국가 및 공공의 안전을 확보하는 것을 목적'으로 하고 있다(테러방지법 제1조).

② 테러의 개념 등

여기에서 테러라는 것은 '국가·지방자치단체 또는 외국 정부(외국 지방자치단체와 조약 또는 그 밖의 국제적인 협약에 따라 설립된 국제기구 포함)의 권한행사를 방해하거나 의무 없는 일을 하게 할 목적 또는 공중을 협박할 목적으로 하는 일정한 행위'를 말한다(이에 대한 세부적인 내용은 제2조 제1호 각목 참조).

테러단체란 '국제연합(UN)이 지정한 테러단체'를 말하며(제2조 제2호), 그리고 테러위험인물이란 테러단체의 조직원이거나 테러단체 선전, 테러자금 모금·기부, 그 밖에 테러 예비·음모·선전·선동을 하였거나 하였다고 의심할 상당한 이유가 있는 사람을 말한다(제2조 제3호).[56]

---

55) 관계기관이란 대테러활동을 수행하는 국가기관, 지방자치단체, 그 밖에 대통령령으로 정하는 기관을 말한다(테러방지법 제2조 제7호).

56) 테러자금이란 「공중 등 협박 목적 및 대량살상무기확산을 위한 자금조달행위의 금지에 관한 법률」에 따른 공

한편, 대테러활동이란 이 법에서 규정한 테러 관련 정보의 수집, 테러위험인물의 관리, 테러에 이용될 수 있는 위험물질 등 테러수단의 안전관리, 인원·시설·장비의 보호, 국제행사의 안전확보, 테러위협에의 대응 및 무력진압 등 테러 예방과 대응에 관한 제반 활동을 말한다(제2조 제6호).

③ 국가 및 지방자치단체의 책무

국가 및 지방자치단체는 테러로부터 국민의 생명·신체 및 재산을 보호하기 위하여 테러의 예방과 대응에 필요한 제도와 여건을 조성하고 대책을 수립하여 이를 시행하여야 한다. 국가 및 지방자치단체는 이러한 대책을 강구함에 있어 국민의 기본적 인권이 침해당하지 아니하도록 최선의 노력을 하여야 한다. 그리고 이 법을 집행하는 공무원은 헌법상 기본권을 존중하여 이 법을 집행하여야 하며 헌법과 법률에서 정한 적법절차를 준수할 의무가 있다(제3조 제1항~제3항).

④ 다른 법률과의 관계

이 법은 대테러활동에 관하여 다른 법률에 우선하여 적용한다(테러방지법 제4조). 바꿔 말하면, 테러방지법은 대테러활동에 관한 한 가장 우선적으로 적용되는 특별법(特別法)이라고 할 수 있다.

(2) 테러대책기구

① 국가테러대책위원회

대테러활동에 관한 정책의 중요사항을 심의·의결하기 위하여 국가테러대책위원회(이하 '대책위원회'라 함)를 두도록 하고 있다(테러방지법 제5조 제1항). 대책위원회는 국무총리 및 관계기관의 장 중 대통령령으로 정하는 사람으로 구성하고 위원장은 국무총리(國務總理)로 한다(제5조 제2항).[57] 대책위원회는 다음의 사항을 심의·의결(審議·議決)한다(제5조 제3항 각호).[58]

중 등 협박 목적을 위한 자금을 말한다(테러방지법 제2조 제5호).

57) ① 대통령령으로 정하는 사람이란 기획재정부장관, 외교부장관, 통일부장관, 법무부장관, 국방부장관, 행정안전부장관, 산업통상자원부장관, 환경부장관, 국토교통부장관, 해양수산부장관, 국가정보원장, 국무조정실장, 금융위원회 위원장, 원자력안전위원회 위원장, 대통령경호처장, 관세청장, 경찰청장, 소방청장, 질병관리청장 및 해양경찰청장을 말한다. ② 생략. ③ 대책위원회의 사무를 처리하기 위하여 간사를 두되, 간사는 대테러센터의 장이 된다(테러방지법 시행령 제3조 제1항~제3항).

58) 테러대책 실무위원회의 구성: ① 대책위원회를 효율적으로 운영하고 대책위원회에 상정할 안건에 관한 전문적인 검토 및 사전 조정을 위하여 대책위원회에 테러대책 실무위원회(이하 '실무위원회'라 함)를 두도록 하고 있다. ② 실무위원회에 위원장 1명을 두며, 실무위원회의 위원장은 대테러센터장이 된다. ③ 실무위원회 위원은

㉠ 대테러활동에 관한 국가의 정책 수립 및 평가

㉡ 국가 대테러 기본계획 등 중요 중장기 대책 추진사항

㉢ 관계기관의 대테러활동 역할 분담·조정이 필요한 사항

㉣ 그 밖에 위원장 또는 위원이 대책위원회에서 심의·의결할 필요가 있다고 제의하는 사항

대테러 인권보호관의 배치

관계기관(대테러활동을 수행하는 국가기관, 지방자치단체, 그 밖에 대통령령으로 정하는 기관)의 대테러활동으로 인한 국민의 기본권 침해 방지를 위하여 대책위원회 소속으로 대테러 인권보호관 1명을 두도록 하고 있다(테러방지법 제7조 제1항).

① 인권보호관의 자격 및 임기

대테러 인권보호관은 다음의 어느 하나에 해당하는 대한민국 국민 중에서 위원장이 위촉한다(테러방지법 시행령 제7조 제1항).[59]

㉠ 변호사 자격이 있는 사람으로서 10년 이상의 실무경력이 있는 사람

㉡ 인권 분야에 전문지식이 있고 「고등교육법」 제2조 제1호에 따른 학교에서 부교수 이상으로 10년 이상 재직하고 있거나 재직하였던 사람

㉢ 국가기관 또는 지방자치단체에서 3급 상당 이상의 공무원으로 재직하였던 사람 중 인권 관련 업무 경험이 있는 사람

㉣ 인권분야 비영리 민간단체·법인·국제기구에서 근무하는 등 인권 관련 활동에 10년 이상 종사한 경력이 있는 사람

② 인권보호관의 직무

인권보호관은 다음의 직무를 수행한다(시행령 제8조 제1항).

㉠ 대책위원회에 상정되는 관계기관의 대테러정책·제도 관련 안건의 인권 보호에 관한 자문 및 개선 권고

㉡ 대테러활동에 따른 인권침해 관련 민원의 처리

국가테러대책위원회의 위원이 소속된 관계기관 및 그 소속기관의 고위공무원단에 속하는 일반직공무원(이에 상당하는 특정직·별정직 공무원 포함) 중 관계기관의 장이 지명하는 사람으로 한다. ④ 이상에서 규정한 사항 외에 실무위원회 운영에 관한 사항은 대책위원회의 의결을 거쳐 위원장이 정하도록 한다(이상 테러방지법 시행령 제5조 제1항~제4항).

59) 인권보호관의 임기는 2년으로 하고, 연임(連任)할 수 있다(테러방지법 시행령 제7조 제2항). 그리고 인권보호관은 다음의 경우를 제외하고는 그 의사에 반하여 해촉되지 아니한다. ① 「국가공무원법」 제33조 각 호의 결격사유에 해당하는 경우, ② 직무와 관련한 형사사건으로 기소된 경우, ③ 직무상 알게 된 비밀을 누설한 경우, ④ 그 밖에 장기간의 심신쇠약으로 인권보호관의 직무를 계속 수행할 수 없는 특별한 사유가 발생한 경우(제7조 제3항 각호).

㉢ 그 밖에 관계기관 대상 인권 교육 등 인권 보호를 위한 활동

③ 인권보호관의 의무

인권보호관은 재직 중 및 퇴직 후에 직무상 알게 된 비밀을 엄수하여야 한다(시행령 제10조 제1항). 따라서 인권보호관은 법령에 따른 증인, 참고인, 감정인 또는 사건 당사자로서 직무상의 비밀에 관한 사항을 증언하거나 진술하려는 경우에는 미리 위원장의 승인을 받아야 한다(제2항).

② 대테러센터

대테러활동과 관련하여 다음의 사항을 수행하기 위하여 국무총리 소속으로 관계기관 공무원으로 구성되는 대테러센터를 두도록 한다(테러방지법 제6조 제1항).[60)]

㉠ 국가 대테러활동 관련 임무분담 및 협조사항 실무 조정
㉡ 장단기 국가대테러활동 지침 작성·배포
㉢ 테러경보 발령
㉣ 국가 중요행사 대테러안전대책 수립
㉤ 대책위원회의 회의 및 운영에 필요한 사무의 처리
㉥ 그 밖에 대책위원회에서 심의·의결한 사항

그리고 대테러센터의 조직·정원 및 운영에 관한 사항은 대통령령으로 정하고, 업무의 특성상 소속 직원의 인적사항은 공개하지 아니할 수 있다(제6조 제2항 및 제3항).

③ 전담조직

관계기관(대테러활동을 수행하는 국가기관, 지방자치단체, 그 밖에 대통령령으로 정하는 기관)의 장은 테러 예방 및 대응을 위하여 필요한 전담조직을 둘 수 있도록 하고 있다(테러방지법 제8조 제1항). 이러한 전담조직은 관계기관 합동으로 구성하거나 관계기관의 장이 설치하는 아래와 같은 전문조직(협의체 포함)으로 한다(테러방지법 시행령 제11조 제1항 및 제12조~제21조).

㉠ 지역 테러대책협의회
㉡ 공항·항만 테러대책협의회

60) 이러한 직무를 수행하기 위해 대테러센터장은 관계기관의 장에게 직무 수행에 필요한 협조와 지원을 요청할 수 있다(테러방지법 시행령 제6조 제2항).

㉢ 테러사건 대책본부

㉣ 현장지휘본부

㉤ 화생방테러 대응지원본부

㉥ 테러복구지원본부

㉦ 대테러특공대

㉧ 테러대응구조대

㉨ 테러정보통합센터

㉩ 대테러합동조사팀

① 테러사건 대책본부

외교부장관, 국방부장관, 국토교통부장관, 경찰청장 및 해양경찰청장은 테러가 발생하거나 발생할 우려가 현저한 경우(국외테러의 경우는 대한민국 국민에게 중대한 피해가 발생하거나 발생할 우려가 있어 긴급한 조치가 필요한 경우에 한함)에는 다음의 구분에 따라 테러사건 대책본부를 설치·운영해야 한다(테러방지법 시행령 제14조 제1항 각호).

㉠ 외교부장관: 국외테러사건 대책본부

㉡ 국방부장관: 군사시설테러사건 대책본부

㉢ 국토교통부장관: 항공테러사건 대책본부

㉣ 경찰청장: 국내일반 테러사건 대책본부

㉤ 해양경찰청장: 해양테러사건 대책본부

② 대테러특공대

국방부장관, 경찰청장 및 해양경찰청장은 테러사건에 신속히 대응하기 위하여 대테러특공대를 설치·운영하도록 한다(시행령 제18조 제1항). 국방부장관, 경찰청장 및 해양경찰청장은 대테러특공대를 설치·운영하려는 경우에는 대책위원회의 심의·의결을 거쳐야 한다(제2항). 이러한 대테러특공대는 다음의 임무를 수행한다(제3항 각호).

㉠ 대한민국 또는 국민과 관련된 국내외 테러사건 진압

㉡ 테러사건과 관련된 폭발물의 탐색 및 처리

㉢ 주요 요인 경호 및 국가 중요행사의 안전한 진행 지원

㉣ 그 밖에 테러사건의 예방 및 저지활동

③ 테러정보통합센터

국가정보원장은 테러 관련 정보를 통합관리하기 위하여 관계기관 공무원으로 구성되는 테러정보통합센터를 설치·운영하도록 한다(시행령 제20조 제1항). 테러정보통합센터는 다음의 임무를 수행한다(제2항 각호).

㉠ 국내외 테러 관련 정보의 통합관리·분석 및 관계기관에의 배포
㉡ 24시간 테러 관련 상황 전파체계 유지
㉢ 테러 위험 징후 평가
㉣ 그 밖에 테러 관련 정보의 통합관리에 필요한 사항

(3) 테러대응절차

① 테러경보의 발령

대테러센터장은 테러 위험 징후를 포착한 경우 '테러경보' 발령의 필요성, 발령 단계, 발령 범위 및 기간 등에 관하여 테러대책 실무위원회의 심의를 거쳐 테러경보를 발령하도록 한다(다만, 긴급한 경우 또는 아래의 '주의 이하'의 테러경보 발령 시에는 실무위원회의 심의 절차를 생략할 수 있다(테러방지법 시행령 제22조 제1항).

이러한 테러경보는 테러위협의 정도에 따라 '관심·주의·경계·심각'의 4단계로 구분한다. 그리고 대테러센터장은 테러경보를 발령하였을 때에는 즉시 위원장에게 보고하고, 관계기관에 전파하여야 한다(제22조 제2항 및 제3항).

② 상황 전파 및 초동 조치

경찰청장 등 관계기관의 장은 테러사건이 발생하거나 테러 위협 등 그 징후를 인지한 경우에는 관련 상황 및 조치사항을 관련기관의 장과 대테러센터장에게 '즉시' 통보하여야 한다(시행령 제23조 제1항).

관계기관의 장은 테러사건이 발생한 경우 사건의 확산 방지를 위하여 신속히 다음과 같은 초동 조치를 하여야 한다(제23조 제2항 각호).

㉠ 사건 현장의 통제·보존 및 경비 강화
㉡ 긴급대피 및 구조·구급
㉢ 관계기관에 대한 지원 요청
㉣ 그 밖에 사건 확산 방지를 위하여 필요한 사항

한편, 국내 일반테러사건의 경우에는 대책본부가 설치되기 전까지 테러사건 발생 지역 관할 경찰관서의 장이 위와 같은 초동 조치를 지휘·통제하도록 한다(제23조 제3항).

③ 테러사건 대응

경찰청장 등 테러사건 대책본부의 장은 테러사건에 대한 대응을 위하여 필요한 경우

현장지휘본부를 설치하여 상황 전파 및 대응 체계를 유지하고, 조치사항을 체계적으로 시행하도록 한다(시행령 제24조 제1항).

7. 청원경찰의 관리·감독

1) 청원경찰의 의미

청원경찰(請願警察)은 다음의 어느 하나에 해당하는 기관의 장 또는 시설·사업장 등의 경영자가 경비(經費, 비용)를 부담할 것을 조건으로 경찰의 배치를 신청하는 경우 그 기관·시설 또는 사업장 등의 경비(警備)를 담당하게 하기 위하여 배치하는 경찰을 말한다(청원경찰법 제2조).[61)]

㉠ 국가기관 또는 공공단체와 그 관리하에 있는 중요시설 또는 사업장
㉡ 국내 주재(駐在) 외국기관
㉢ 그 밖에 행정안전부령으로 정하는 중요시설, 사업장 또는 장소

2) 청원경찰의 직무

청원경찰은 청원경찰의 배치 결정을 받은 자 즉, 청원주(請願主)와 배치된 기관·시설 또는 사업장 등의 구역을 관할하는 경찰서장의 감독을 받아 그 경비구역만의 경비를 목적으로 필요한 범위에서 '경찰관직무집행법'에 따른 경찰관의 직무를 수행하도록 하고 있다(청원경찰법 제3조).[62)]

3) 청원경찰의 배치 및 임용 등

(1) 청원경찰의 배치

청원경찰을 배치받으려는 자는 대통령령으로 정하는 바에 따라 관할 시·도경찰청장에게 청원경찰 배치를 신청하여야 한다(제4조 제1항). 시·도경찰청장은 청원경찰 배치 신

---

61) 경비업법상의 민간경비는 범죄예방 등과 관련된 제반업무를 수행한다는 점에서 '방범'(防犯)개념에서 접근하고, 이는 생활안전경찰에서 관리·감독하고 있다. 반면 청원경찰은 한국전쟁 이후 남북 간에 형성된 첨예한 대립상황으로부터 야기될 수 있는 국가중요시설 등의 파괴를 보호하기 위한 제반 업무를 수행한다는 점에서 '방호'(防護) 개념으로 접근하고 있다. 따라서 청원경찰은 경비경찰에서 관리·감독하고 있다. 최선우(2014), 앞의 책, pp. 101-103.

62) 청원경찰의 직무수행상의 주의사항: ① 청원경찰이 법 제3조에 따른 직무를 수행할 때에는 경비 목적을 위하여 필요한 최소한의 범위에서 하여야 한다. ② 청원경찰은 「경찰관 직무집행법」에 따른 직무 외의 수사활동 등 사법경찰관리(司法警察官吏)의 직무를 수행해서는 아니 된다(청원경찰법 시행규칙 제21조).

청을 받으면 '지체 없이' 그 배치 여부를 결정하여 신청인에게 알려야 한다(제4조 제2항).

한편, 시·도경찰청장은 청원경찰 배치가 필요하다고 인정하는 기관의 장 또는 시설·사업장의 경영자에게 청원경찰을 배치할 것을 요청할 수 있다(제4조 제3항).

(2) 청원경찰의 임용 등

청원경찰은 청원주가 임용하되, 임용을 할 때에는 미리 시·도경찰청장의 승인(承認)을 받아야 한다(청원경찰법 제5조 제1항). 승인도 일종의 허가(許可)의 한 형식으로 볼 수 있다.

그리고 국가공무원법 제33조 각호의 어느 하나의 결격사유에 해당하는 사람은 청원경찰로 임용될 수 없다(경찰공무원법상의 결격사유가 아니라는 점에 주의할 필요가 있다).

그리고 청원경찰의 임용자격·임용방법·교육 및 보수에 관하여는 대통령령으로 정하고,[63] 청원경찰의 복무에 관하여는 국가공무원법 제57조(복종의 의무), 제58조(직장이탈 금지) 제1항, 제60조(비밀엄수의 의무), 제66조(집단행위의 금지) 제1항 및 경찰공무원법 제18조(거짓보고 등의 금지)를 준용하도록 하고 있다(제5조 제2항 및 제3항).

4) 청원경찰의 제복착용과 무기휴대

청원경찰은 근무 중 제복을 착용하여야 한다(청원경찰법 제8조 제1항). 시·도경찰청장은 청원경찰이 직무를 수행하기 위하여 필요하다고 인정하면 청원주의 신청을 받아 관할 경찰서장으로 하여금 청원경찰에게 무기를 대여하여 지니게 할 수 있다(제8조 제2항). 청원경찰의 복제(服制)와 무기 휴대에 필요한 사항은 대통령령으로 정한다(제8조 제3항).

---

63) 국가기관 또는 지방자치단체에 근무하는 청원경찰의 보수는 다음의 구분에 따라 같은 재직기간에 해당하는 경찰공무원의 보수를 감안하여 대통령령으로 정한다. ① 재직기간 15년 미만: 순경, ② 재직기간 15년 이상 23년 미만: 경장, ③ 재직기간 23년 이상 30년 미만: 경사, ④ 재직기간 30년 이상: 경위(청원경찰법 제6조 제2항).

제10장 정보경찰

제1절 정보경찰의 의의

1. 정보경찰의 개념

정보경찰(情報警察)이란 공공의 안녕과 질서에 대한 위험 또는 경찰 법규위반 상태를 제거하기 위한 경찰활동을 위하여 그 전제가 되는 치안정보를 수집·분석·작성·배포하는 경찰을 의미한다.[1)]

사실, 경찰조직 활동 그 자체가 정보에 토대를 두고 있는 것이며, 따라서 조직의 최고관리자, 중간관리자, 일선경찰에 이르기 까지 '모든 구성원들의 정보활동체제'(이른바 'TIS: Total Intelligence System')를 구축하고 있어야 한다.[2)] 정보경찰의 개념을 이러한 관점에서 접근했을 경우, 생활안전, 수사, 교통, 경비, 정보, 보안, 외사 등 모든 경찰활동에 포함될 여지가 있다고 본다.

따라서 여기에서 살펴보고자 하는 정보경찰은 '형식적 의미의 정보경찰' 즉, 경찰기능으로서 정보경찰과 관련된 것으로서 경찰청 공공안전정보국을 정점으로 하여 시·도경찰청, 경찰서의 정보과 등에 소속된 경찰의 제반활동이라고 할 수 있다.[3)]

---

1) 정보(情報, Intelligence)란 우리가 어떠한 일련의 행위를 시작하기 전에 알아야할 사전지식을 뜻하며, 그 본질에 있어서는 어떤 목적을 달성하기 위한 정책수립의 기본지식 즉, 문제해결에 필요한 지식을 말한다. 강기욱(1997), 정보아카데미: 정보활동과 비밀활동의 원리, 서울: 한국생산성본부, pp. 33-35.; 경찰대학(2008b), 치안정보론(Ⅱ), p. 3.

2) 윤은기(1998), 정보력과 휴먼웨어: 정보사회의 대응전략, 서울: 아이비에스, p. 47.

3) 2019년 현재 경찰공무원 122,913명(100.0%) 가운데, 경찰직제상 정보경찰기능을 담당하는 인원은 2,991명(약 2.5%)를 차지하고 있다. 경찰청(2020), 경찰통계연보, p. Ⅱ.

2. 정보경찰의 특징

국가정보·보안체계 내에서 정보경찰은 사회안보라는 영역을 담당하는 정보기관이라 할 수 있다. 사회안보란 국내·외적인 위협으로부터 사회적 안정과 총화를 구축하고, 이를 바탕으로 총체적인 국가안보를 강화시키는 것으로 정의될 수 있다.[4)]

이러한 사회안보와 관련하여 대통령직속의 국가정보기관인 국가정보원과 각 부문 기관들의 국가정보활동에 대한 중요한 지침을 규정하고 있는 것이 「정보 및 보안업무 기획·조정규정」(대통령령)이라 할 수 있다.

이 정보 및 보안업무 기획·조정규정에 의하면, 국가정보원장은 정보 및 보안업무를 관장하는 국가 여러 행정 각부(과학기술정보통신부, 외교부, 통일부, 법무부, 국방부, 행정안전부 등)에 대해서 조정하도록 하고 있다(제5조). 여기에서 행정안전부의 정보 및 보안업무의 범위는 다음과 같다(제5조 각호).

㉠ 국내 보안정보(외사정보 포함)의 수집·작성에 관한 사항
㉡ 정보사범 등의 내사·수사 및 시찰에 관한 사항
㉢ 신원조사업무에 관한 사항
㉣ 통신정보 및 통신보안 업무에 관한 사항

이와 같은 행정안전부의 정보 및 보안업무는 대부분이 행정안전부 소속의 경찰청의 업무 특히, 정보·보안·외사기능과 관련된다. 이처럼 국가정보 및 보안체계 내에서 경찰이 담당하는 업무는 정보경찰뿐만 아니라 보안경찰, 외사경찰의 기능을 포괄하고 있다고 볼 수 있다.

따라서 여기에서의 정보경찰에 대한 논의는 이들 보안경찰과 외사경찰을 제외한 영역으로 국한시켜 접근하고자 한다(보안경찰과 외사경찰은 제11장과 제12장에서 각각 다루기로 한다). 물론, 이에 대한 명확한 구분은 쉬운 일이 아니라고 본다.

정보경찰과 보안·외사경찰의 정보활동 차이

① 보안경찰의 정보활동

보안경찰이 담당하는 보안정보(保安情報)는 국가의 안전을 보장하기 위한 방첩(防諜, counter intelligence)활동에 필요한 모든 지식을 의미하며, 이는 방첩공작(방첩보안

4) 문정인 외(2002), 국가정보론, 서울: 박영사, p. 9

사업)첩보와 일반보안첩보를 그 수집대상으로 한다.

㉠ 방첩공작첩보
방첩공작첩보는 국가의 안전보장에 관련된 법률에 정한 처벌조항과 불가분의 관계를 가지는 간첩 기타 정보사범의 검거를 위한 방첩공작에 필요한 모든 지식과 단편적인 견문의 내용들을 포함한다.

㉡ 일반보안첩보
일반보안첩보는 북한의 정치, 경제, 사회, 군사 분야의 모든 정보와 국내의 반국가단체의 대남공작과 관련된 자료들은 물론 대북한정책을 수립하는데 필요한 모든 자료들을 포괄하는 개념이다.

② 외사경찰의 정보활동

외사경찰이 담당하는 외사정보(外事情報)는 국가의 안전과 이익 그리고 공공의 안녕과 질서에 대한 침해를 예방, 단속할 목적으로 외국인·외교사절·외국기관·외국상사단체 및 외국 외국인과 관련된 내국인, 그리고 해외여행자·해외동포 등을 대상으로 행하는 국가의 보안정보활동에 관련된 일체의 지식을 의미한다.

③ 정보경찰의 정보활동

정보경찰의 일반경찰정보는 내국인과 국내의 제반 문제에 관한 정보(즉, 국내정보)가 대부분인데 반해, 외사경찰의 정보는 외국·외국인에 관한 정보(즉, 국외정보)인 경우가 대부분이라는 특성을 가진다는 점에서 구별된다.[5)]

일반적으로 경찰활동은 사전예방과 사후대응·진압이라는 두 가지 임무로 크게 나누어 볼 수 있다. 이러한 기준으로 할 때, 정보경찰은 예방경찰로서의 임무를 주로 하되 진압단계에서의 정보지원이라는 사후적인 의의와 목적도 함께 가진다고 본다.

한편, 정보경찰의 활동의 실제는 정보의 수집이나 작성 및 배포와 같은 비권력적(非權力的) 활동에 그치는 것이 원칙이다. 다만 집회 및 시위 등 집단사태의 관리에 관한 지도 및 조정의 임무를 수행하는 과정에서 일정 부분 개인의 권리와 자유의 침해를 수반하는 권력적 작용들이 포함될 수 있다.[6)]

5) 경찰대학(2004), 경찰보안론, p. 197.; 경찰대학(2004), 경찰외사론, p. 135.; 경찰대학(2008a), 치안정보론(Ⅰ), p. 10.

6) 경찰대학(2008b), 앞의 책, p. 24.

3. 정보경찰의 법적 근거

정보경찰의 법적 근거는 헌법을 근간으로 하고, 일반법으로서 경찰법 제3조(경찰의 임무), 경찰관직무집행법 제2조(직무의 범위)에 개괄적으로 규정되어 있다. 정보경찰의 사무분장과 관련하여 경찰청과 그 소속기관 직제(대통령령) 제14조에 규정되어 있다.

그리고 개별법으로는 국가정보원법, 정보 및 보안업무기획·조정 규정(대통령령), 보안업무규정(대통령령), 채증활동규칙(경찰청예규), 형사소송법(제216조 제3항, 영장의 의하지 아니한 강제처분),[7)] 집회 및 시위에 관한 법률, 국가정보자료 관리규정(대통령령) 등을 들 수 있다.

제2절 정보경찰의 주요활동

아래에서는 정보경찰의 법적 근거를 토대로 정보경찰의 활동을 정보경찰의 기본활동(치안정보의 수집·배포 등), 신원조사, 집회 및 시위에 관한 업무처리, 정보의 기록관리 등을 중심으로 살펴보기로 한다.

1. 정보경찰의 기본활동: 치안정보의 요구·수집·생산·배포

정보경찰은 기본적으로 치안관련 정보를 수집·분석하여 유용한 정보를 생산하는 기능을 수행하고 있다. 여기서 치안정보라는 것은 국가의 안전과 사회공공의 안녕질서유지와 관련된 정치·경제·사회·문화 등 제분야의 모든 정보를 의미하는 것이다.[8)]

그런데, 정보경찰이 생산하는 정보를 정보이용자가 실제적으로 이용하기까지는 여러

7) 검사 또는 사법경찰관은 범행 중 또는 범행직후의 범죄 장소에서 긴급을 요하여 법원판사의 영장을 받을 수 없는 때에는 영장 없이 압수, 수색 또는 검증을 할 수 있다. 이 경우에는 사후에 지체 없이 영장을 받아야 한다고 규정하고 있다. 정보경찰은 사전에 법원의 영장을 청구할 수 없는 긴박한 상황에서 발생하는 범죄에 관련된 자료를 확보하기 위한 채증활동을 수행할 수 있다. 김충남(2008), 경찰학개론, 서울: 박영사, p. 537.

8) 정치정보(政治情報)는 2003년 노무현대통령의 지시에 따라 정보경찰기능에서 제외되었다. 정보경찰기능에서 정치정보를 제외시킨 것은 역사적으로 경찰이 정치적 이해관계에 따라 부침(浮沈)하였고, 경우에 따라서는 정치적 악역(惡役)을 해 왔기 때문에 이를 사전에 차단하여 정치적 중립성을 확보하기 위한 조치라고 할 수 있다. 그러나 직제상으로는 정치정보를 담당하지 않는다고 할지라도 실제 활동에 있어서는 이를 전적으로 배제할 수는 없다고 본다. 정치적인 행사에 대해 정보경찰이 관여하지 않을 수 없고, 따라서 정치적 동향과 치안현황 파악은 중요한 의미를 갖는다고 본다.

가지 단계적인 절차를 거치게 된다. 이처럼 정보경찰이 가공된 정보를 생산하는 과정을 지칭하여 '정보의 순환과정'이라고 한다(정보의 순환과정은 정보경찰뿐만 아니라 모든 기관에서 일반적으로 나타나는 구조화된 과정이라고 할 수 있다).

이러한 정보의 세부적인 순환과정은 논자에 따라 다소 차이가 있지만, 아래에서는 ㉠ 치안정보의 요구단계, ㉡ 치안정보(첩보)의 수집단계, ㉢ 치안정보의 생산단계, ㉣ 치안정보의 배포단계로 구분하여 살펴보기로 한다.[9)]

1) 치안정보의 요구단계

치안정보의 요구단계는 정보사용자가 필요로 하는 정보내용이 무엇인지를 파악하고 각급 사용자가 필요로 하는 시기에 정확한 정보가 제공될 수 있도록 적절한 운용계획을 수립(기획)하여 수집기관에 첩보(諜報)의 수집을 명령(지시)하는 단계로 정의 할 수 있다.[10)]

정보요구단계는 정보순환과정의 출발점인 동시에 이전에 생산 및 배포된 정보에 입각한 추가 정보요구인 경우에는 이전에 이루어진 정보순환과정의 마지막 단계의 연장선이 될 수도 있다. 즉, 수요자에게 배포된 정보가 활용과정에서 관련정보의 추가적 필요성이 제기될 경우에는 다시 새로운 정보수요로 전환되는 것이다.

이러한 정보의 요구방법은 그 형식에 따라 구두와 서면으로 나뉠 수 있다. 그러나 이러한 정보요구의 형식보다 더 중요한 것은 정보요구의 분류를 통하여 수집의 우선순위를 확정하는 것이라 할 수 있다. 이처럼 다양한 정보요구 가운데 어떠한 것을 우선적으로 수집할 것인가를 결정하는 것은 제한적인 인적·물적 자원을 활용하여 최대의 효과를 달성해야 하는 정보경찰로서는 아주 중요한 문제라고 할 것이다.

(1) 국가정보목표 우선순위

치안정책 등에 반영하기 위해 요구되는 정보의 우선순위를 정하는 방법은 국가마다 상이하나 대부분의 경우 국가정보기관이 주관하여 '국가정보목표 우선순위'(PNIO: Priority of National Intelligence Objectives)를 작성하게 된다.[11)]

---

9) 국가정보포럼(2006), 국가정보학, 서울: 박영사, pp. 36-37.; 경찰대학(2008a), 앞의 책, pp. 53-97.

10) 정보를 산출하기 위하여 사용하는 자료를 첩보(諜報, information)라고 하고, 그 자료에 의해 산출된 결과물을 정보(情報, intelligence)라고 한다. 바꿔 말하면, 첩보란 평가·해석되지 않은 정보자료이며, 정보는 첩보의 평가·해석 결과로 얻은 완전한 지식이라고 할 수 있다.

11) 국가정보 및 보안업무에 관한 기획업무는 국정원장이 하도록 되어 있는데, 이의 범위는 다음과 같다(정보 및 보안업무 기획·조정규정 제4조 각호). ㉠ 국가 기본정보정책의 수립, ㉡. 국가 정보의 중·장기 판단, ㉢ 국가 정보목표 우선순위의 작성, ㉣ 국가 보안방책의 수립, ㉤ 정보예산의 편성, ㉥ 정보 및 보안업무의 기본지침 수립.

PNIO란 '국가안전보장이나 정책에 관련되는 국가정보목표의 우선순위'로서 정부에서 기획된 연간 기본정책을 수행함에 있어서 필요로 하는 자료들을 목표로 하여 선정된다. PNIO를 작성하는데 있어서, 우선 정부 각 부처가 각자의 임무수행을 위해서 필요한 정보의 내용의 대강을 정부에 보고하는 작업이 선행된다. 이후 이를 통해 취합된 정부 각 부처의 요구되는 정보의 내용, 정보기관의 정보수집 역량 등을 감안하여 우선순위를 결정하게 된다.[12)]

(2) 첩보기본요소

일단 PNIO가 결정되면 경찰청 소속 정보경찰과 같은 각 부문기관에 대한 세부적인 수집 임무가 부여되며 각 부문 정보기관들은 '첩보기본요소'(EEI: Essential Elements for Information)를 작성하여 수집에 임하게 된다. EEI란 '해당 부서의 정보활동을 위한 일반적인 지침'으로서 계속적·반복적으로 수집되어야 할 사항을 요구하는 방법이다.

따라서 1회의 정보수집으로 정보수요가 충족된다던지 정보수요가 발생한 배경이 일시적이거나 특정지역에 국한되는 사안이어서 정보수집의 필요성이 비항구적, 비일반적인 경우에는 EEI 형식의 정보요구를 필요로 하지 않게 된다.

(3) 특별첩보요구

국가정보기관의 PNIO나 부문 정보기관의 EEI가 미래의 정보수요를 완전히 예측한다는 것은 현실적으로 불가능한 일이다. '특별첩보요구'(SRI: Special Requirements for Information)란 이런 경우에 대비하여 '특정지역의 특별한 돌발사항에 대한 단기적 해결을 위하여 필요한 범위 내에서 임시적이고 단편적인 첩보를 요구하는 방법'으로 활용된다. SRI로 요청된 첩보는 그 단기적 효용으로 인해 다른 첩보들에 비해 가장 우선적으로 수집되어야 할 필요성이 있다.

정보경찰과 같은 첩보 수집기관은 전술한 PNIO나 EEI에 의해 국가 정보목표를 달성하기 위한 일상적인 수집임무를 수행하게 된다. 그러나 이러한 지침 또는 계획은 치안정책결정자가 필요로 하는 정보수요를 매일 매일 예상하여 충족시켜 줄 것으로 기대하는 것은 불가능한 일이다.

따라서 치안정책결정자의 정보요구에 따라 첩보 수집을 하는 방법 가운데 가장 실용적인 것이 SRI라고 할 수 있다. SRI를 하달할 때에는 정보수요가 발생한 배경이 되는 지식, 수집하여야 할 첩보의 내용, 첩보의 수집 가능성 등을 기준으로 한 수집기관별 주요 목

12) 문정인 외(2002), 앞의 책, p. 87.

표, 첩보의 보고 시기 등을 명확히 정해줄 필요가 있다.

(4) 기타정보요구

위에서 살펴본 바와 같이 국가의 정보목표 우선순위는 PNIO에 의해 결정된다. 그러나 각 정부부처가 PNIO 결정에 참여하는 과정에서 미래에 발생할 모든 정보수요를 예측한다는 것을 불가능한 일이다.

이에 따라 PNIO 결정과정에서 미처 고려하지 못한 정보수요가 대두될 경우, '기타정보요구'(OIR: Other Intelligence Requirements)의 필요성이 있게 된다. 급변하는 치안정세 등의 변화에 따라 현재의 PNIO로서는 충족시키지 못하는 정보목표의 필요성이 대두되는 경우 새로운 정보목표가 확립되어야 하는 것이다.

어떻게 보면 OIR은 PNIO에 포함되어 있지 않았거나 포함되어 있더라도 후순위의 요소로 취급되고 있어서 그 우선순위의 상향조정이 필요한 경우의 정보요구 방법이라 할 수 있다. 따라서 OIR은 PNIO에 우선하여 작성되어야 하는 정보목표라는 점에 유의할 필요가 있다.

한편, OIR은 전국가적이고 장기적인 정보목표라는 점에서 일시적이고 국지적인 성격을 나타내는 SRI와 구별된다.

2) 치안정보(첩보)의 수집단계

치안정보(첩보)의 수집단계는 필요한 정보 관련자료(즉, 첩보)를 입수하는 과정으로 치안정책의 결정 및 집행을 지원하는 정보생산을 위한 전단계로서 반드시 필요한 단계라 할 수 있다.

효과적인 정보자료의 수집을 위해서는 다양한 첩보의 출처를 개척·관리하고, 첩보 보고서 양식, 보고서 작성상의 표현 능력 등이 중요하다.[13] 첩보를 수집하는 방법은 사람을 활용하는 방법, 기술적인 수단에 의한 방법, 그리고 공개적인 수집방법 등으로 구분된다.

3) 치안정보의 생산단계

이러한 첩보가 하나의 정보로서 가치를 지니기 위해서는 ㉠ 정확성(accuracy), ㉡ 적시성(timeliness), ㉢ 완전성(completeness) 등을 갖추고 있어야 한다(정보의 3요소). 사실, 수집된 첩보는 수집자의 보고내용이므로 수집자의 주관적 의사가 개입할 가능성이 높다.

---

13) 김충남(2008), 앞의 책, pp. 523-524.

따라서 수집된 첩보는 과학적 원리와 사회통념에 가장 타당한 형태로 선택·가공되는 과정을 거쳐야 한다. 첩보내용은 그 자체만으로는 단편적, 비논리적, 부정확한 지식을 포함하고 있기 때문에 정보요구자의 의도에 맞춰 6하원칙(누가, 언제, 어디서, 무엇을, 어떻게, 왜)에 의한 논리성과 진실성을 구비(즉, 정확성과 완전성)할 수 있도록 해야 한다.

아울러 모든 정보자료는 시간과의 상관관계가 있으므로 수집이나 보고에 있어서 실기(失機)하지 않고 가치와 효용을 극대화할 수 있도록(즉, 적시성) 해야 한다.

4) 치안정보의 배포단계

치안정보의 배포단계는 최종적으로 생산된 정보가 정보의 요구자 또는 사용자에게 전달되는 과정을 말한다. 배포단계는 정보순환과정의 마지막 단계인 동시에 출발점인 요구단계로 환류가 이루어지는 연결단계이기도 하다.

치안정보의 배포 내지 전달은 일정한 형식을 필요로 하지 않으며, 구두, 브리핑, 도표, 사진, 각서, 전화, 서면 등의 다양한 방법으로 이루어진다. 다만, 비밀로 분류된 정보내용에 대해서는 특별한 주의와 관리가 필요하다.

그런데, 치안정보의 배포단계에서 고려해야 할 점은 '어떤 정보를 누구에게 얼마만큼, 어느 시기에 어떻게 전파해야 하느냐'하는 것이다. 정보는 알 필요가 있는 자에게만 알려야 하며, 사용자에게 필요한 시기에 전달되고, 사용자에게 필요한 만큼만 전달되어야 한다. 특히 치안정보가 국가기밀에 속하는 경우에는 보안업무규정 등의 규정을 준수해야 한다.

2. 신원조사

1) 신원조사의 의의

신원조사(身元調査)는 국가안전에 관련된 자 즉, 국가의 안전과 관련된 임무에 종사하거나 이에 관련된 행위를 하는 자 및 그 예정자에 대하여 실시하는 대인정보활동을 말한다.

신원조사는 주로 보안의 대상이 되는 사람의 국가에 대한 충성심, 성실성 및 신뢰성을 조사하여 국가의 안전보장을 확보하려는데 그 목적을 두고 있다.

신원조사와 범죄경력조회

신원조사는 범죄경력조회(犯罪經歷照會)와 구분된다. 범죄경력조회는 경찰(수사기능)에서 개인이 신청시 본인 여부를 확인하여 통보하여 주거나, 법령에서 관계기관의 장이 소속 직원 기타 소관업무에 관련된 자에 대하여 범죄경력을 신청하는 경우, 관련 개인의 범죄경력을 조회하여 통보하여 주는 제도이다.
예컨대, 유치원, 학교, 체육시설, 어린이집, 학원 등에서 성범죄경력조회를 신청하는 경우를 들 수 있다.[14)]

이러한 신원조사는 개인의 프라이버시라는 헌법적 기본권을 국가안전이라는 조사목적 달성을 위해 법률로 유보하고 있는 제도라고 할 수 있다. 따라서 법령이 정하는 조사대상자와 조사범위, 그리고 통보범위를 일탈하여 조사하거나 통보하는 것은 엄격히 금해진다.

또한 조사된 내용은 통보목적에 따라 처리되어야 하고, 통보범위 이외의 자에게 그 내용이 알려지게 해서는 안 된다. 특히, 최근에 해외여행자의 급증으로 신원조사 수요가 증가하는 추세이므로 법정기일을 초과하여 통보하면 개인의 해외여행에 지장을 초래할 수 있다는 점을 유의해야 할 것이다.[15)]

2) 신원조사의 대상과 방법

국가정보원장은 국가보안을 위하여 국가에 대한 충성심·성실성 및 신뢰성을 조사하기 위하여 신원조사를 한다. 한편, 관계기관의 장은 다음에 해당하는 사람에 대하여 국가정보원장에게 신원조회를 요청해야 한다(보안업무규정 제36조 제1항 및 제3항 각호).

㉠ 공무원 임용예정자(국가안전보장에 한정된 국가기밀을 취급하는 직위에 임용될 예정인 사람으로 한정)

㉡ 비밀취급 인가 예정자

㉢ 국가보안시설·보호장비를 관리하는 기관 등의 장(해당 국가보안시설 등의 관리 업무를 수행하는 소속 직원 포함)

㉣ 그 밖에 다른 법령에서 정하는 사람이나 각급기관의 장이 국가안전보장을 위하여 필요하다고 인정하는 사람

---

14) 범죄경력조회와 관련하여 세부적인 내용은 사이버경찰청의 「범죄경력회보서 발급시스템 (http://crims.police.go.kr/)」 참조.

15) 경찰대학(2008b), 앞의 책, p. 63.

(1) 국가정보원장이 실시하는 신원조사

국가정보원장이 실시하는 이러한 신원조사는 모든 공무원을 대상으로 한 것이 아니라 고위공무원 등을 대상으로 한 것이다(보안업무규정 시행규칙 제56조 제1항).[16)]

(2) 국방부장관이 실시하는 신원조사

국방부장관은 군인, 군무원, 「방위사업법」에 따른 방위산업체 및 연구기관의 종사자와 그 밖의 군사보안에 관련된 사람에 대한 신원조사를 실시하고, 신원조사 월별통계를 국가정보원장에게 통보해야 한다(보안업무규정 시행규칙 제56조 제2항).

(3) 경찰청장이 실시하는 신원조사

경찰청장은 국가장보원장와 국방부장관이 실시하는 신원조사의 대상인 사람을 제외한 사람에 대하여 신원조사를 하고, 신원조사 월별통계를 국가정보원장에게 통보해야 한다(보안업무규정 시행규칙 제56조 제3항).

한편, 국가정보원장은 위와 같은 사항(즉, 신원조사 대상 조사기관의 업무 분담)에도 불구하고 필요한 사람에 대한 신원조사를 관계 조사기관에 요청할 수 있다(제56조 제4항).

3) 신원조사 결과의 처리

국가정보원장은 신원조사 결과 국가안전보장에 해를 끼칠 정보가 있음이 확인된 사람에 대해서는 관계기관의 장에게 그 사실을 통보하여야 한다(보안업무규정 제37조 제1항). 이에 따라 통보를 받은 관계기관의 장은 신원조사 결과에 따라 필요한 보안대책을 마련하여야 한다(제37조 제2항).

---

16) 국가정보원장이 실시하는 신원조사 대상을 보다 구체적으로 살펴보면 다음과 같다. ① 중앙행정기관의 3급 이상의 공무원 및 동등한 직급 이상의 공무원 임용예정자, ② 광역시·세종특별자치시의 행정부시장 및 각 도(제주특별자치도 포함)의 행정부지사, ③ 판사 신규 임용예정자, ④ 검사 신규 임용예정자, ⑤ 국·공립대학교 총장 및 학장, ⑥ 공무원 임용예정자인 외국인, ⑦ 그 밖에 제1호부터 제6호까지 외의 사람으로서 각급기관의 장이 국가보안상 필요하다고 인정하여 요청하는 사람(보안업무규정 시행규칙 제56조 제1항 각호).

3. 집회시위 등 집단사태의 관리

1) 집회시위과정에서의 정보경찰의 기본역할

일반적으로 집회 및 시위 등의 집단사태와 가장 밀접하게 관련된 경찰기능으로는 경비경찰을 들 수 있다. 그러나 정보경찰 역시 경비경찰과 유기적인 협력관계를 구축하고 중요한 역할을 수행하고 있다.

정보경찰과 경비경찰간의 유기적인 협력관계를 의료행위에 비유한다면, 전자는 질병에 대한 진료과정, 후자는 직접적인 치료과정에 해당한다고 볼 수 있다.

정보경찰은 모든 집회시위에 대한 사전 첩보를 입수하여 이의 특성(규모·성향 등)을 분석하여 정보를 생산하고, 이렇게 생산된 정보를 바탕으로 경비경찰은 경비계획 및 대응전략을 수립하기 때문이다.[17]

집회시위 관련 정보경찰의 기본역할

① 집회시위 개최 이전단계

정보경찰은 집회시위가 개최되기 이전 단계에서 관내의 집회시위를 포함한 집단사태가 발생할 징후에 대한 예고정보를 수집하여야 한다. 이를 위해서는 치안정책이나 사건·사고 등과 관련하여 집단적인 여론이 형성될 가능성을 지속적으로 파악하고 있어야 한다. 또한, 이렇게 형성된 여론이 집회시위 등의 집단적인 행동으로 조직화 될 가능성이 있는 것으로 판단되면 관련정보를 구체적으로 수집하여 대응방안을 강구하여야 한다.
그리고 집회 및 시위에 관한 법률에 따라 신고의무가 있는 옥외(屋外)집회 등에 관하여 주최 측의 신고가 있는 경우에는 이를 접수하고, 일정한 경우에는 금지·제한하는 등의 행정처분을 할 수 있다. 정보경찰은 이상에서 수집된 예고정보와 신고내용 등을 바탕으로 한 행정지도를 통하여 집회시위 등의 과정에서 불법행위가 개입되지 않도록 할 필요가 있다.

② 집회시위 진행단계

정보경찰은 집회시위가 개최되는 현장에서 집회 및 시위가 신고된 대로 진행되는지 여부에 관한 정보를 수집해야 한다. 이렇게 수집된 정보는 경비경찰이 집회시위 해산과 같은 경찰권 행사를 하는데 있어서 판단의 자료가 될 수 있다. 현재 정보경찰이 담당하고 있는 집회시위 현장에서의 채증업무 가운데, 집회시위 상황 전반에 대한 원거리 채증활동(採證, 증거의 수집)의 경우, 이러한 목적을 위한 정보수집활동의 일종으로 해석할 수 있다. 채증활동은 시·도경찰청과 경찰서에서 전담하며, 경찰서에 편성된 채증반은 경찰서 관할 구역 내에서 집회시위 및 치안의 위해사태에 대한 채증활동을 담당하도록 하고 있다.[18]

17) 경찰대학(2004), 경찰경비론, p. 4.; 경찰대학(2008b), 앞의 책, pp. 65-67.

시·도경찰청은 여러 경찰서 관할 구역에 걸쳐서 개최되는 집회시위 및 치안 위해사태에 대한 채증활동을 실시하거나, 경찰서에서 실시하는 채증활동을 지원하는 등의 임무를 수행하고 있다. 한편, 정보경찰은 집회시위가 진행되는 과정에서 경미한 위반행위나 신고내용에서 벗어나는 경우, 행정지도를 통해 주최자 등에게 그 시정을 요구할 수 있다.

③ 집회시위 종료 이후단계

정보경찰은 집회시위 등의 집단사태가 종료된 이후 그 진행과정에서 수집된 정보를 분석·평가하는 임무를 담당하고 있다. 정보경찰은 이와 같이 집회시위과정에서 수집된 정보를 각 경찰기능에 배포하여 활용하도록 해야 한다.

2) 옥외집회시위의 신고와 경찰의 금지·제한

(1) 옥외집회시위의 신고

옥외집회(屋外集會)라는 것은 천장이 없거나 사방이 폐쇄되지 아니한 장소에서 여는 집회를 말한다(집회 및 시위에 관한 법률 제2조 제1호).

이러한 옥외집회 또는 시위를 주최하려는 자는 그와 관련된 일정한 사항을 모두 적은 신고서(申告書)를 옥외집회나 시위를 시작하기 720시간(30일) 전부터 48시간(2일) 전에 관할 경찰서장에게 제출해야 한다(제6조 제1항).

다만, 옥외집회 또는 시위 장소가 두 곳 이상의 경찰서의 관할에 속하는 경우에는 관할 시·도경찰청장에게 제출하여야 하고, 두 곳 이상의 시·도경찰청 관할에 속하는 경우에는 주최지를 관할하는 시·도경찰청장에게 제출해야 한다(제6조 제1항 하단).

한편, 관할 경찰서장 또는 시·도경찰청장(이하 '관할 경찰관서장'이라 함)은 이에 따른 신고서를 접수하면 신고자에게 접수 일시를 적은 접수증을 '즉시' 내주어야 한다(제6조 제2항).[19]

---

18) 정보경찰은 집회 및 시위가 진행되는 과정에서 발생하는 명백한 위법행위 등에 대한 채증의 임무를 담당하고 있다. 채증요원은 채증기기를 조작할 능력 등의 일정한 요건을 갖추고 있어야 한다. 중점적으로 채증해야 할 사항은 집회시위의 사태 전경, 흉기·화염병·각목·돌, 기타 위험한 물건의 소지 및 사용 장면, 폭행·납치, 기타 기물손괴 등 불법행위 장면, 도로나 건물점거 장면, 불순발언 및 구호의 내용, 기타 자해 행위 등의 특이사항이다. 보고된 채증자료(채증사진첩, 비디오테이프, 녹음테이프 등)는 즉시 영상입력 조치 후 판독자료를 출력하여, 각 경찰서에 하달하여야 하며, 각 경찰서에서는 관련 부서근무자, 현장 진압참여자, 기타 인물을 식별할 수 있는 자 등으로 전담반을 편성, 판독하고 그 결과를 보고해야 한다. 그리고 판독자료는 사법처리 부서에서 활용토록 이첩하고 수사 자료철에 비치·관리해야 한다.

19) 그리고 주최자는 이에 따라 신고한 옥외집회 또는 시위를 하지 아니하게 된 경우에는 신고서에 적힌 집회 일시 24시간 전에 그 철회사유 등을 적은 철회신고서를 관할 경찰관서장에게 제출해야 한다(집회 및 시위에 관한 법률 제6조 제3항).

(2) 경찰의 금지 또는 제한 통고

그런데 주최자가 신고한 집회시위가 모두 허용되는 것은 아니다. 즉, 신고서를 접수한 관할 경찰관서장은 신고된 옥외집회 또는 시위가 아래에 해당할 때에는 신고서를 접수한 때부터 48시간 이내에 집회 또는 시위를 금지(禁止)할 것을 주최자에게 통고(通告)할 수 있다(집회 및 시위에 관한 법률 제8조 제1항 각호).[20]

경찰의 금지 또는 제한 통고
① 집회 및 시위의 금지(제5조 제1항) 사항에 위반된다고 인정할 때
② 시위의 금지시간(제10조 본문)에 위반된다고 인정할 때
③ 시위의 금지장소(제11조)에 위반된다고 인정될 때
④ 옥외집회 및 시위의 신고(제7조 제1항)에 따른 신고서 기재사항을 보완하지 아니한 때
⑤ 교통소통을 위한 제한(제12조)에 따라 금지할 집회 또는 시위라고 인정될 때

① 집회 및 시위의 금지 사항에 위반된다고 인정할 때

누구든지 다음의 어느 하나에 해당하는 집회나 시위를 주최하여서는 아니 된다(집회 및 시위에 관한 법률 제5조 각호).

㉠ 헌법재판소의 결정에 따라 해산된 정당(政黨: 정치에 대한 이념이나 정책이 일치하는 사람들이 정치적 이상을 실현하기 위하여 조직하는 단체)의 목적을 달성하기 위한 집회 또는 시위

㉡ 집단적인 폭행, 협박, 손괴(損壞), 방화 등으로 공공의 안녕 질서에 직접적인 위협을 끼칠 것이 명백한 집회 또는 시위

그리고 누구든지 위와 같이 금지된 집회 또는 시위를 할 것을 선전하거나 선동하여서는 안 된다(제5조 제2항).

② 시위의 금지시간에 위반된다고 인정할 때

누구든지 해가 뜨기 전이나 해가 진 후에는 옥외집회 또는 시위를 해서는 안 된다. 다만, 집회의 성격상 부득이하여 주최자가 질서유지인(秩序維持人)을 두고 미리 신고한 경

20) 그리고 집회시위가 집단적인 폭행, 협박, 손괴, 방화 등으로 공공의 안녕질서에 직접적인 위험을 초래한 경우에는 남은 기간의 해당 집회 또는 시위에 대하여 신고서를 접수한 때부터 48시간이 지난 경우에도 금지 통고를 할 수 있다(집회 및 시위에 관한 법률 제8조 제1항 하단).

우에는 관할 경찰관서장은 질서 유지를 위한 조건을 붙여 해가 뜨기 전이나 해가 진 후에도 옥외집회를 허용할 수 있다(집회 및 시위에 관한 법률 제10조).[21)]

③ 시위의 금지장소에 위반된다고 인정될 때

누구든지 다음의 어느 하나에 해당하는 청사 또는 저택의 경계 지점으로부터 100미터 이내의 장소에서는 옥외집회 또는 시위를 하여서는 아니 된다(집회 및 시위에 관한 법률 제11조 각호).[22)]

㉠ 국회의사당. 다만, 다음의 어느 하나에 해당하는 경우로서 국회의 기능이나 안녕을 침해할 우려가 없다고 인정되는 때에는 그러하지 아니함

가. 국회의 활동을 방해할 우려가 없는 경우

나. 대규모 집회 또는 시위로 확산될 우려가 없는 경우

㉡ 각급 법원, 헌법재판소. 다만, 다음의 어느 하나에 해당하는 경우로서 각급 법원, 헌법재판소의 기능이나 안녕을 침해할 우려가 없다고 인정되는 때에는 그러하지 아니함

가. 법관이나 재판관의 직무상 독립이나 구체적 사건의 재판에 영향을 미칠 우려가 없는 경우

나. 대규모 집회 또는 시위로 확산될 우려가 없는 경우

㉢ 대통령 관저(官邸), 국회의장 공관, 대법원장 공관, 헌법재판소장 공관

㉣ 국무총리 공관. 다만, 다음의 어느 하나에 해당하는 경우로서 국무총리 공관의 기능이나 안녕을 침해할 우려가 없다고 인정되는 때에는 그러하지 아니함

가. 국무총리를 대상으로 하지 아니하는 경우

나. 대규모 집회 또는 시위로 확산될 우려가 없는 경우

㉤ 국내 주재 외국의 외교기관이나 외교사절의 숙소. 다만, 다음의 어느 하나에 해당하는 경우로서 외교기관 또는 외교사절 숙소의 기능이나 안녕을 침해할 우려가 없다고 인정되는 때에는 그러하지 아니함

가. 해당 외교기관 또는 외교사절의 숙소를 대상으로 하지 아니하는 경우

나. 대규모 집회 또는 시위로 확산될 우려가 없는 경우

다. 외교기관의 업무가 없는 휴일에 개최하는 경우

---

21) 주의할 것은 시위의 금지시간과 관련하여 헌법재판소의 한정위헌 판결(2014. 4. 24. 2011헌가29) 및 그에 따른 대법원의 판결(2014.7.10., 2001도1602)에 의해서 '해가 진 후부터 같은 날 24시(자정)'까지 발생한 야간시위는 무죄(無罪)가 되었다. 향후 입법적인 개정이 요구된다.

22) 2020. 6. 9. 법률 제17393호에 의하여 헌법재판소에서 헌법불합치 결정된 '㉠'과 '㉢'을 개정함.

④ 옥외집회 및 시위의 신고에 따른 신고서 기재사항을 보완하지 아니한 때

관할 경찰관서장은 제6조 제1항에 따른 신고서의 기재사항에 미비한 점을 발견하면 접수증을 교부한 때부터 12시간 이내에 주최자에게 24시간을 기한으로 그 기재사항을 보완할 것을 통고할 수 있다(집회 및 시위에 관한 법률 제7조 제1항).

신고서 기재사항

① 목적
② 일시(필요한 시간 포함)
③ 장소
④ 주최자(단체인 경우, 그 대표자 포함), 연락책임자, 질서유지인에 관한 사항(주소, 성명, 직업, 연락처)
⑤ 참가 예정인 단체와 인원
⑥ 시위의 경우 그 방법(진로와 약도 포함)(이상 집회 및 시위에 관한 법률 제6조 제1항 각호).

⑤ 교통소통을 위한 제한에 따라 금지할 집회 또는 시위라고 인정될 때

관할 경찰관서장은 대통령령으로 정하는 주요 도시의 주요 도로에서의 집회 또는 시위에 대하여 교통소통을 위하여 필요하다고 인정하면 이를 금지(禁止)하거나 교통질서 유지를 위한 조건을 붙여 제한(制限)할 수 있다(집회 및 시위에 관한 법률 제12조 제1항).

그러나 집회 또는 시위의 주최자가 질서유지인을 두고 도로를 행진하는 경우에는 위와 같은 금지를 할 수 없다. 다만, 해당 도로와 주변 도로의 교통소통에 장애를 발생시켜 '심각한 교통 불편을 줄 우려가 있으면' 위와 같은 금지를 할 수 있다(제12조 제1항 및 제2항).

교통소통 장애 등 공공의 안녕질서 위협 여부

시위 참가 인원이 40여 명에 불과하고, 그 장소가 하천부지로서 교통소통이나 일반인의 생활에 아무런 지장을 주지 않는 곳이며, 또한 시위 당시의 구호나 노래의 내용 등에는 과격한 면이 보이지 않고 달리 다중의 위력을 통한 폭행이나 협박이 없었다.
이러한 점에 비추어 보면, 이 법 제5조 제1항 제2호 소정의 '공공의 안녕질서에 직접적인 위협을 가할 것이 명백한 시위에 해당하지 않는다.[23]

23) 대법 1991.11.21., 91도2440.

이상과 같은 집회 또는 시위의 금지 또는 제한 통고는 그 이유를 분명하게 밝혀 서면(書面)으로 주최자 또는 연락책임자에게 송달하여야 한다(집회 및 시위에 관한 법률 제8조 제6항).[24)]

서로 상반 또는 방해되는 집회시위

① 진보세력과 보수세력간의 갈등 등

최근 국가정책과 관련하여 진보주의 단체와 보수주의 단체가 동시에 집회시위를 하여 자신들의 의지를 주장하는 경우가 빈번하게 이루어지고 있는데, 이러한 상황에서 평화적인 집회시위가 이루어질 수 있도록 노력해야 할 것이다.

② 경찰의 대응

관할 경찰관서장은 집회 또는 시위의 시간과 장소가 중복되는 2개 이상의 신고가 있는 경우, 그 목적으로 보아 서로 상반되거나 방해가 된다고 인정되면 각 옥외집회 또는 시위간에 시간을 나누거나 장소를 분할하여 개최하도록 권유하는 등 각 옥외집회 또는 시위가 서로 방해되지 아니하고 평화적으로 개최·진행될 수 있도록 노력하여야 한다(집회 및 시위에 관한 법률 제8조 제2항).[25)]

(3) 집회시위의 금지통고에 대한 이의 신청

집회시위의 주최자는 관할 경찰관서장으로부터 위와 같은 금지통고를 받은 날부터 10일 이내에 해당 경찰관서의 바로 위의 상급경찰관서의 장에게 이의를 신청할 수 있다(집회 및 시위에 관한 법률 제9조 제1항).

이에 따른 이의 신청을 받은 경찰관서의 장은 접수 일시를 적은 접수증을 이의 신청인

24) 이 밖에도 다음의 어느 하나에 해당하는 경우로서 그 거주자나 관리자가 시설이나 장소의 보호를 요청하는 경우에는 집회나 시위의 금지 또는 제한을 통고할 수 있다. 이 경우 집회나 시위의 금지 통고에 대하여는 제1항을 준용하도록 한다. ① 제6조 제1항의 신고서에 적힌 장소(이하 '신고장소'라 함)가 다른 사람의 주거지역이나 이와 유사한 장소로서 집회나 시위로 재산 또는 시설에 심각한 피해가 발생하거나 사생활의 평온(平穩)을 뚜렷하게 해칠 우려가 있는 경우, ② 신고장소가 「초·중등교육법」에 따른 학교의 주변 지역으로서 집회 또는 시위로 학습권을 뚜렷이 침해할 우려가 있는 경우, ③ 신고장소가 「군사기지 및 군사시설 보호법」에 따른 군사시설의 주변 지역으로서 집회 또는 시위로 시설이나 군 작전의 수행에 심각한 피해가 발생할 우려가 있는 경우(집회 및 시위에 관한 법률 제8조 제5항 각호).

25) ① 관할 경찰관서장은 이와 같은 권유가 받아들여지지 아니하면 뒤에 접수된 옥외집회 또는 시위에 대하여 제1항에 준하여 그 집회 또는 시위의 금지를 통고할 수 있다(집회 및 시위에 관한 법률 제8조 제3항). 그리고 ② 이에 따라 뒤에 접수된 옥외집회 또는 시위가 금지 통고된 경우, 먼저 신고를 접수하여 옥외집회 또는 시위를 개최할 수 있는 자는 집회 시작 1시간 전에 관할 경찰관서장에게 집회 개최 사실을 통지하여야 한다(제8조 제4항).

에게 즉시 내주고 접수한 때부터 24시간 이내에 재결(裁決, decision)을 하여야 한다. 이 경우 접수한 때부터 24시간 이내에 재결서를 발송하지 아니하면 관할 경찰관서장의 금지 통고는 소급하여 그 효력을 잃는다(제9조 제2항).

그리고 이의 신청인은 금지통고가 위법하거나 부당한 것으로 재결되거나 그 효력을 잃게 된 경우, 처음 신고한 대로 집회 또는 시위를 개최할 수 있다. 다만, 금지통고 등으로 시기를 놓친 경우에는 일시를 새로 정하여 집회 또는 시위를 시작하기 24시간 전에 관할 경찰관서장에게 신고함으로써 집회 또는 시위를 개최할 수 있다(제9조 제3항).

3) 집회시위에 대한 질서유지선의 설정

옥외집회 및 시위의 신고를 받은 관할 경찰관서장은 집회 및 시위의 보호와 공공의 질서유지를 위하여 필요하다고 인정하면 최소한의 범위를 정하여 질서유지선(秩序維持線, Police Line)을 설정할 수 있다(집회 및 시위에 관한 법률 제13조 제1항).

이에 따라 경찰관서장이 질서유지선을 설정할 때에는 주최자 또는 연락책임자에게 이를 알려야 한다(제13조 제2항).

질서유지선(Police Line)이 갖는 상징적 의미와 외국사례

① 질서유지선의 상징적 의미

민주사회에서 경찰은 기본적으로 법집행과 질서유지, 그리고 대민서비스를 제공하는 역할을 수행하고 있다. 집회시위에 대한 경찰의 대응은 질서유지 차원에서 대단히 중요한 의미를 갖는다. 일반적으로 경찰이 대민관계에 개입하는 것은 시민들이 법이라는 사회적 합의를 깨트렸을 때 통제수단으로 작용한다고 인식되지만, 본질적으로는 국가와 시민을 보호하기 위한 것이라고 보아야 한다.[26]

그렇다면, 질서유지선이 갖는 상징적 의미는 무엇인가? 그것은 법에 기초를 둔 '합법적 한계'(合法的 限界)를 의미한다고 본다. 이는 조화되기 어려운 '자유(개인과 집단의 이기주의로서의 의미)와 질서'를 조화롭게 만들어주는 중요한 기준이 되는 것이다. 법치주의 테두리 내에서 경찰은 준법시민들에 대해서는 자유로이 자신들의 권리를 향유하도록 보호하면서도 한편으로는 법규 위반자에 대해서는 강제적·규제적인 물리력을 행사할 수 있는 권한을 부여하고 있는데 그 기준 가운데 하나가 질서유지선이라고 할 수 있다.

물론 경찰이 질서유지선을 통해서 집회시위의 권리를 행사하는 시위군중들을 무조건적으로 통제하는 기능을 수행한다고 하기보다는 이들이 시위군중들의 의사를 자유롭고 평화롭게 개진할 수 있도록 보호해주는 측면도 아울러 갖고 있다고 보아야 한다.

26) 이하 최선우(2010), 경찰과 커뮤니티, 서울: 대왕사, pp. 176-178 재인용.

경찰이 시위군중을 적절하게 보호해주지 않는다면, 경우에 따라서는 다른 이해관계를 갖는 개인 및 집단과 충돌될 가능성은 매우 높기 때문이다. 그리고 경찰은 질서유지선을 통해서 시위군중들로부터 일반시민들이 피해를 당하지 않도록 보해해주는 기능을 한다. 시위군중들의 권리행사과정은 일반시민들의 정상적인 사회활동을 방해하는 수준까지 이르기 때문에 이를 적절하게 차단해주는 역할이 필요한 것이다. 결과적으로 경찰은 질서유지선을 통해서 이들 양자의 적절한 통제 및 보호를 유도하고 궁극적으로 공공의 안녕과 질서를 유지하게 되는 것이다.

그런데, 현실적으로 각 당사자 간에 이해가 상충될 때 모두를 만족시키는 경찰활동을 수행하는 것은 대단히 어려운 일이다. 더욱이 우리나라와 같이 경찰의 권위 또는 민주적 정통성이 확립되지 않은 상황에서는 내적으로 긴장상태에 있는 시위군중 및 이해당사자들을 보호·통제한다는 것은 더욱 어려울 수밖에 없다.

② 질서유지선의 외국사례

각 집단의 이해관계가 상충한 상황에서 질서유지의 책임을 맡는 소수의 경찰이 다수의 시위군중 및 이해관계자 등 보호·통제하기 위해서는 엄격한 법집행력을 갖는 경찰활동이 전제되어야 한다고 본다. 바꿔 말하면, 단 한 건의 불법적인 폭력시위가 발생했다 할지라도 경찰은 이에 대해 강경하게 대응할 필요성이 있다. 다만, 이러한 경찰의 강경대응은 민주주의 원칙(정치적 중립성, 적법절차 등)을 준수했을 때 그 정당성을 갖게 됨은 물론이다.

미국의 경우, 소수의 시위자들이 보도의 가장자리에서, 도로 주변의 잔디밭에서 보행자와 차량의 교통에 불편을 주지 않으면서도 시위를 할 때 순찰하던 경찰이 멀리서 보고 별다른 문제가 없다고 판단하면 신고 및 허가 여부를 따지지 않는다. 그래서 남에게 피해를 주지 않는 평화적인 소규모의 시위는 일상화되어 있을 정도로 많다. 미국의 시위문화를 보면 진정한 집회·시위의 자유와 표현의 자유가 무엇인지를 이해할 수 있다.

그러나 집회 또는 시위가 신고내용과 다르게 폭력적이거나 무질서하게 변할 때에는 경찰은 현장에서 집회 책임자에게 집회 허가의 취소를 통보하고 강제해산시킨다. 이와 같은 집회 또는 시위 중의 폭력, 파괴, 무질서 등의 행위에 대해서는 집회 또는 시위의 본질과는 무관하므로 일반 법규정에 따라 처벌하게 되며, 특히 통제하는 경찰에게 항거할 때에는 일반 범죄자를 처리할 때와 똑같은 기준과 원칙이 적용된다. 한 마디로 법을 위반했을 때 경찰의 대응은 살벌하다.

예컨대, 2000년 4월 국제통화기금(IMF)과 세계은행(IBRD) 회의가 열릴 때 세계 각국의 NGO 회원들이 몰려와서 시위를 하였다. 이때 경찰은 회의장 주변에 광범위하게 설치해 놓은 질서유지선을 침범하거나 교통소통을 이유로 시위대의 행진을 인도로 할 것을 명령하였다. 그러나 시위자들은 이에 불응하자 이들 1,300여 명의 불법 시위자들을 체포하였다. 이때에도 시위대는 질서유지선을 넘기 위해 경찰과 몸싸움을 한 정도가 폭력의 전부였다.

그러나 경찰의 대응은 단호하다 못해 무차별적이었다. 최루탄과 후추스프레이 가스, 물대포는 물론 쇠막대기로 된 경찰봉과 고무총탄을 사용하였다. 일부 언론은 폭력성이 거의 없는 시위대에 대한 경찰의 조치가 너무 가혹하다고 문제 제기를 하였지만 대부분의 언론은 적절한 조치였다고 평가하였다. 질서유지선을 넘어 국제회의장으로 진입을 시도하는 시위대에게 경찰은 해산을 명령하였고, 이러한 경찰의 명령에 불응한 시위대(즉, 불법 시위)에 대한 경찰의 조치는 적법하였다는 것이다.

5) 확성기 등 사용의 제한

집회 또는 시위의 주최자는 확성기, 북, 징, 꽹과리 등의 기계·기구(이하 '확성기 등')를 사용하여 타인에게 심각한 피해를 주는 소음으로서 대통령령으로 정하는 기준을 위반하는 소음을 발생시켜서는 아니 된다(집회 및 시위에 관한 법률 제14조 제1항).

따라서 관할 경찰관서장은 집회 또는 시위의 주최자가 위에 따른 기준을 초과하는 소음을 발생시켜 타인에게 피해를 주는 경우에는 그 기준 이하의 소음 유지 또는 확성기 등의 사용 중지를 명하거나 확성기 등의 일시보관 등 필요한 조치를 할 수 있다(제14조 제2항). 아래에서는 확성기 등의 소음기준을 나타낸 것이다(동법 시행령 제14조 관련 별표).[27)]

확성기 등의 소음기준(단위: dB(A))

소음도 구분		대상 지역	시간대		
			주간 (07:00~해지기 전)	야간 (해진 후~24:00)	심야 (00:00~07:00)
대상 소음도	등가 소음도 (Leq)	주거지역, 학교, 종합병원	65 이하	60 이하	55 이하
		공공도서관	65 이하	60 이하	
		그 밖의 지역	75 이하	65 이하	
	최고 소음도 (Lmax)	주거지역, 학교, 종합병원	85 이하	80 이하	75 이하
		공공도서관	85 이하	80 이하	
		그 밖의 지역	95 이하		

1. 등가소음도는 10분간(소음 발생 시간이 10분 이내인 경우에는 그 발생 시간 동안을 말함) 측정한다.
2. 최고소음도는 확성기등의 대상소음에 대해 매 측정 시 발생된 소음도 중 가장 높은 소음도를 측정하며, 동일한 집회·시위에서 측정된 최고소음도가 1시간 내에 3회 이상 위 표의 최고소음도 기준을 초과한 경우 소음기준을 위반한 것으로 본다.

27) 소음 단위인 데시벨(dB)을 기준으로 한다면, 50dB: 조용한 사무실, 60dB: 보통의 대화 또는 백화점 내부, 70dB: 거리 또는 시끄러운 사무실(라디오 청취 방해), 80dB: 철로 또는 지하철 소음(청력장애 시작), 90dB: 소음이 심한 공장 내부, 100dB: 경적 소리 도는 착암기 소음 등으로 구분하고 있다.

6) 경찰관의 출입

경찰관은 집회 또는 시위의 주최자에게 알리고 그 집회 또는 시위의 장소에 정복(正服)을 입고 출입할 수 있다. 다만, 옥내집회 장소에 출입하는 것은 직무 집행을 위하여 긴급한 경우에만 할 수 있다(집호 및 시위에 관한 법률 제19조 제1항).

그리고 집회나 시위의 주최자, 질서유지인 또는 장소관리자는 질서를 유지하기 위한 경찰관의 직무집행에 협조하여야 한다(제19조 제2항).

집회 및 시위에 관한 법률 적용의 일부 배제

학문, 예술, 체육, 종교, 의식, 친목, 오락, 관혼상제(冠婚喪祭) 및 국경행사(國慶行事)에 관한 집회에는 제6조~제12조까지의 규정을 적용하지 아니한다(집회 및 시위에 관한 법률 제15조).

즉, ㉠ 옥외집회 및 시위의 신고 등(제6조), ㉡ 신고서의 보완 등(제7조), ㉢ 집회 및 시위의 금지 또는 제한 통고(제8조), ㉣ 집회 및 시위의 금지 통고에 대한 이의신청 등(제9조), ㉤ 옥외집회와 시위의 금지시간(제10조), ㉥ 옥외집회와 시위의 금지장소(제11조), ㉦ 교통소통을 위한 제한(제12조)이 바로 그것이다.

위와 같은 행사는 그 성격상 경찰에서 일일이 관리하는 것이 불필요하며, 실제 그러한 행사들을 관리한다는 것도 어려운 일이라고 본다. 물론, 이 밖의 일반적인 준수사항은 이 법에 따라 적용된다.

집회 및 시위에 관한 법률 제15조 적용의 배제 여부

① 집회 및 시위의 신고 및 적용배제 취지

집회 및 시위에 관한 법률(이하 '집시법'이라 함)이 옥외집회에 관하여 신고제도와 아울러 일정한 경우 그 적용을 배제하는 규정을 둔 취지는 다음과 같다.

즉, 신고에 의하여 옥외집회의 성격과 규모 등을 미리 파악함으로써 적법한 옥외집회를 보호함과 동시에 행정관청에 옥외집회에 관한 구체적인 정보를 제공함으로써 타인의 기본권 침해를 예방하고 공공의 안녕질서를 유지하기 위한 조치를 사전에 마련하기 위한 것이다.

한편, 학문, 예술, 체육, 종교, 의식, 친목, 오락, 관혼상제 및 국경행사에 관한 집회의 경우에는 타인의 기본권이나 공공의 안녕질서를 침해할 위험성이 매우 적어 사전 조치의 필요성이 없다고 보기 때문이다. 그러므로 집회의 성격 내지 취지가 집시법 제15조에 규정된 집회에 해당하는 경우에는 사전신고를 하지 않았다고 하더라도 미신고 옥외집회로 처벌할 수는 없다.

어떤 집회가 집시법 제15조에 규정된 집회에 해당하는지는 집회의 주된 목적, 일시, 장소,

방법, 참여인원, 참여자의 행위 태양, 진행 내용 및 소요시간 등 제반 사정을 종합적으로 고려하여 실질적으로 판단하여야 한다.

② 적용 사례

피고인은 특정 인터넷카페 회원 10여 명과 함께 불특정 다수의 시민들이 지나는 명동 한복판에서 퍼포먼스(performance) 형태의 플래시 몹(flash mob) 방식으로 노조설립신고를 노동부가 반려한 데 대한 규탄 모임을 진행하였다.

이에 대해 집시법상의 미신고 옥외집회를 개최하였다는 내용으로 기소된 사안에서, 위 모임의 주된 목적, 일시, 장소, 방법, 참여인원, 참여자의 행위 태양, 진행 내용 및 소요시간 등 제반 사정에 비추어 볼 필요가 있다.

이러한 제반 사정에 비추어 볼 때, 이번 행사는 집시법 제15조에 의하여 신고의무의 적용이 배제되는 오락 또는 예술 등에 관한 집회라고 볼 수 없고, 그 실질에 있어서 정부의 청년실업 문제 정책을 규탄하는 등 주장하고자 하는 정치·사회적 구호를 대외적으로 널리 알리려는 의도하에 개최된 집시법 제2조 제1호의 옥외집회에 해당한다고 볼 수 있다.

따라서 집시법 제6조 제1항에서 정한 사전신고의 대상이 되며,[28] 같은 취지에서 피고인에게 유죄를 인정한 원심판단은 정당하다.[29]

4. 치안정보의 기록관리

국가정보자료라는 것은 '국가정보정책의 수립에 기여할 수 있는 국내외 정치·경제·사회·문화·군사·과학·지지·통신 등 각 분야별 기본정보와 각 분야에 영향을 미칠 수 있는 인적·물적 정보 등의 내용이 수록된 자료'를 의미한다(국가정보자료 관리규정 제2조 제1호).

국가정보와 부문정보의 관계에 비추어 정보경찰의 치안정보에 대한 기록관리도 각 분야별 기본정보와 인적·물적 정보 등의 내용이 수록된 자료를 그 대상으로 한다고 볼 수 있다. 치안정보의 기록은 정보경찰의 정보활동의 결과로 얻은 제반 자료를 경찰목적에 맞게 사용할 수 있도록 문서화(文書化)한 것을 말한다.[30]

이러한 기록관리는 첫째, 기록을 필요한 시기에 적절하게 사용할 수 있도록 체계적으로 관리하기 위한 것이다. 이를 위해서 「국가정보 관리규정」(대통령령)에서는 국가정보

28) 옥외집회 및 시위의 신고(집회 및 시위에 관한 법률 제6조) 의무를 위반한 자는 2년 이하의 징역 또는 200만원 이하의 벌금에 처한다(집회 및 시위에 관한 법률 제22조 제2항).

29) 대법 2013. 3. 28., 2011도2393.

30) 경찰대학(2008b), 앞의 책, p. 64.

자료의 관리에 대해서 규정하고 있다.

둘째, 기록이 변개, 도난, 내용 누설, 파괴 등의 위해로부터 보호 될 수 있도록 안전한 보관, 즉 기록의 보안(保安)이 유지되어야 한다. 국가정보의 기록의 취급과 관련된 비밀의 보호를 위한 조치에 관해서는 「보안업무규정」(대통령령)에서 상세하게 규정하고 있다.

제11장 보안경찰

제1절 보안경찰의 의의

1. 보안경찰의 개념

경찰기능과 관련하여 보안경찰(保安警察)이라는 것은 국가안전보장을 위태롭게 하는 간첩활동 및 안보위해사범에 대한 예방·검거활동, 경제안보 차원에서 산업기밀·전략물자 유출사범의 수사, 북한과 연계된 마약·위조지폐·총기밀매 사범의 단속 등을 하는 제반 경찰활동을 말한다. 그리고 보안경찰은 이와 더불어 북한이탈주민의 안전한 정착을 위하여 신변보호 업무를 수행하고 있다.[1)]

경찰기능으로서의 보안경찰과 경찰개념상의 보안경찰 구분

① 경찰기능의로서의 보안경찰

경찰직제상 경찰기능은 크게 생활안전, 수사(과학수사·수사·형사·사이버수사 등), 교통, 경비, 정보(공공안녕정보), 보안(안보수사), 외사 등으로 구분된다. 이 장에 접근하고자 하는 보안경찰은 이러한 경찰기능 가운데 보안(안보수사)을 중심으로 살펴보고자 한다. 이는 아래에서 설명하는 경찰개념에서 논의되어 온 '보안경찰'을 의미하는 것은 아니기 때문에 주의할 필요가 있다.

② 경찰개념상의 보안경찰

경찰개념에서 말하는 보안경찰(일반경찰)은 협의의 행정경찰(특별경찰)에 대비되는 개념이라 할 수 있다.

경찰개념상의 보안경찰(일반경찰)은 '일반적인 공공의 안녕과 질서의 유지' 그 자체가 독

1) 2019년 현재 경찰공무원 122,913명(100.0%) 가운데, 경찰직제상 보안경찰기능을 담당하는 경찰은 2,205명(약 1.8%)에 이르고 있다. 경찰청(2020), 경찰통계연보, p. Ⅱ.

립적으로 이루어지는 경찰작용으로서, 그것은 형식적 또는 제도적 의미의 경찰에 의해서 이루어지는 경찰을 말한다. 이렇게 본다면, 현행 경찰법상의 경찰조직(경찰청 등)에 의해 이루어지는 제반활동을 수행하는 경찰을 통상적으로 보안경찰이라고 한다는 점을 알 수 있다.

한편, 국가의 각 행정관청은 그 행정업무가 가지고 있는 특별한 행정목적을 달성하기 위하여 경찰작용(즉, 물리적 강제력)을 하기도 하는데(예: 산림경찰, 어업경찰, 보건경찰, 위생경찰, 경제경찰 등), 이러한 작용을 '협의의 행정경찰' 또는 '특별사법경찰'이라고 부른다. 협의의 행정경찰은 각 주무부처 장관 등의 소관 하에 이루어진다.

요약건대, 경찰개념상에서 우리가 말하는 일반경찰(general police)은 보안경찰을 의미하며, 따라서 보안경찰은 일반경찰, 협의의 행정경찰은 특별경찰로 부르기도 한다.[2] 그러나 이러한 보안경찰과 협의의 행정경찰이라는 용어는 행정법 분야에서 대륙법계 영향을 받아 학문적으로 정립한 것으로서, 현시점에서 사용할 실익은 전혀 없다고 본다.

한편, 보안경찰의 활동 영역으로서 새롭게 등장한 보안사이버 수사요원은 사이버상에서 이루어지는 간첩통신 및 국가보안법위반 등 국가안보 위해행위에 대한 첩보를 수집·분석·전파하고 그와 관련한 내사 및 수사활동을 수행하는 경찰을 말한다.[3]

2. 보안경찰의 특징

보안경찰은 경찰기능 중에서 우선적으로 내란죄, 외환죄, 이적죄 등 국가적 법익(國家的 法益)을 침해하는 세력으로부터 국가를 보호하는 기능이라고 할 수 있다. 국가적 법익에 대한 죄는 그 보호대상이 국가로 되어 있다. 즉, 보호법익이 국가로서 관련 범죄가 발생하였을 경우 국가가 피해자의 지위에 서게 된다.

---

2) 홍정선(2007), 경찰행정법, 서울: 박영사, p. 31.

3) 북한은 2000년 이후 변화된 남북한의 경제적·군사적 차이를 극복하기 위해 핵과 미사일, 사이버전에 대비할 수 있는 전문가를 양성해왔다. 특히, 사이버전쟁에서 우위를 차지하기 위해 사이버 전문요원을 양성하기 위해 1986년 미림대학(현 자동화대학)이 설립하였다. 이들 북한의 사이버 공작은 크게 세 가지로 나눌 수 있다. 먼저, 2011년 현재 인민군 총참모부 산하에 배치된 전자전 요원(1,200명)들은 남한의 GPS나 군사통신 시스템을 교란하는 다양한 군사적 대응을 강화하고 있다. 두 번째, 정찰총국 6국에 고도로 훈련된 수백 명의 해커부대를 별도로 배치해 사이버테러를 주도하고 있다. 이들은 2009년 미국과 한국의 주요 사이버시설에 대해 디도스(DDoS: 분산서비스거부) 공격 등을 자행한 것으로 알려졌다. 세 번째, 대남 선전 공작을 전문으로 하는 활동으로, 노동당 통일전선부 산하에 인터넷을 통한 체제선전과 대남 선전 활동을 벌이는 사이버 전문가들이 배치되어 있는 것으로 알려졌다(북한체제를 찬양하는 친북사이트는 해마다 꾸준히 증가하여 2004년 44개에서 2009년 92개로 증가하였다). 이에 대한 내용은 최선우·류채형(2012), "북한의 사이버테러리즘에 관한 연구," 한국공안행정학회보 제46호 pp. 212-239 참조.

정치형법

국가를 보호하는 법률을 '정치형법'(政治刑法)이라고 한다. 정치형법이라는 말은 헌법이 보장하는 정치질서 즉, 민주적 기본질서에 반하는 행위를 처벌한다는 의미를 가진다. 1948년에 제정되어 오늘에 이르고 있는 「국가보안법」은 대표적인 정치형법의 하나라고 볼 수 있다.

그런데, 정치형법의 내용은 국가개념에 좌우된다. 각 국가의 정치질서는 곧 그들이 바탕으로 하는 국가개념으로부터 나오기 때문이다. 그러므로 이 세상의 모든 국가는 정치형법을 가지고 있지만 그 내용은 상이할 수밖에 없다.

나아가서 국가적 법익을 보호하는 정치형법의 보호방식은 추상적 위험범(抽象的 危險犯)으로 되어 있는 것이 특징이다. 추상적 위험범은 법익침해에 대한 '일반적 위험'만으로 범죄가 성립한다. 따라서 현실적인 법익침해 또는 그 위험과 상관없이 범죄가 인정되기 때문에 피의자·피고인의 인권보장과 관련하여 법치국가(法治國家)의 문제점이 발생할 수 있다.[4]

국가보호를 위해서 경찰은 대간첩 작전임무 등을 비롯하여 간첩 및 폭력세력 등 반국가사범을 색출·검거하기 위한 정보수집과 수사, 이들로부터 국가기밀·시설·요인보호 뿐만 아니라, 대국민 안보의식 고취를 위한 홍보·계도 등 다양한 임무를 수행하고 있다. 보안경찰은 사물관할 면에서 다른 일반 경찰활동과는 달리, 직접 국가의 안전보장에 관련되는 범죄유형을 대상으로 하기 때문에 고도의 보안을 요구하는 비공개 활동을 그 특징으로 하고 있다.

국가안전보장이라는 업무를 수행함에 있어서는 경찰기관 이외에도 국가정보원, 군, 일반행정부처 등 여러 국가기관의 협력을 통해서 이루어진다. 여러 국가기관들 중에서 누가 주도적 역할을 담당하고 어떠한 업무를 수행하는지에 대해서는 각국마다 다르게 나타난다. 이는 안전보장의 위해 형태와 역사적 경험이 다르기 때문이라 할 것이다.

경찰내부에 있어서도 국가의 안전보장과 관련된 경찰업무는 보안경찰에 국한되지 않고, 외사경찰과 정보경찰이 함께 담당하고 있다. 한국의 보안경찰은 예방경찰로서의 기능과 진압경찰기능을 같은 부서에서 담당하고 있다.

즉, 보안경찰은 일반의 공공유지를 임무로 하는 행정경찰로서의 기능과 국가사회의 안녕과 질서유지를 목적으로 하는 사법경찰로서의 기능을 갖고 범죄의 수사, 범인의 체포, 구속영장의 집행, 기타 법원·법관 또는 검사의 명령에 의하여 행하는 활동을 하고 있다.

4) 이에 대한 자세한 논의는 배종대(2010), 형법각론, 서울: 홍문사, pp. 777-783 참조.

3. 보안경찰의 법적 근거

보안경찰의 법적 근거는 헌법을 근간으로 하고, 일반법으로서 경찰법 제3조(경찰의 임무), 경찰관직무집행법 제2조(직무의 범위)에 개괄적으로 규정되어 있다. 보안경찰의 사무분장과 관련하여 경찰청과 그 소속기관 직제(대통령령) 제22조(안보수사국)에 규정되어 있다.

그리고 개별법으로서는 형법, 국가보안법, 보안관찰법, 북한이탈주민의 보호 및 정착지원에 관한 법률(약칭: 북한이탈주민법), 남북교류협력에 관한 법률(남북교류협력법), 그리고 정보 및 보안업무기획·조정규정(대통령령) 등을 들 수 있다.

제2절 보안경찰의 주요활동

아래에서는 보안경찰의 활동을 방첩활동, 보안수사, 보안관찰, 북한이탈주민관리 등을 중심으로 살펴보기로 한다.

1. 방첩활동

방첩(防諜, counter intelligence)이란 적의 첩보활동을 방지하고 자국의 정보가 적에게 새어나가지 못하게 하는 일을 말한다. 따라서 방첩은 기밀유지, 보안유지라고도 한다. 그러나 방첩활동은 기밀유지보다는 좀 더 광범위하다.

즉, 적국 또는 가상적국의 자국에 대한 간첩활동이나 정보활동을 무력화시키고 암살·테러 행위로부터 인명을 보호하며, 태업·파괴활동으로부터 시설이나 물자를 방호하고, 자국의 정보가 적국이나 가상적국 또는 제3국에 유출되는 것을 방지하기 위하여 수행되는 모든 보안통제 방책에 관계되는 활동을 의미한다.[5]

이러한 방첩활동은 소극적 보안활동과 적극적 보안활동 모두 포함하는 종합적 활동이라 할 수 있다. 소극적 보안활동은 보안업무규정에 따른 첩보·인원·시설·물자 등을 보호하기 위한 활동을 말하고, 적극적 보안활동은 적의 간첩이나 국내 불순세력 등을 색출·검거하는 활동을 말한다.

---

5) 경찰대학(1991), 경찰대공론, pp. 26-27.; 조철옥(2012), 경찰학개론, 서울: 대영문화사, p. 695 재인용.

또한 방첩활동은 적의 정보활동에 대하여 자기편을 보호하는 활동으로서 간첩·태업·전복행위 등을 미연에 방지하고 적발하기 위한 조직된 활동이라 할 수 있다.

2. 보안수사

1) 보안수사의 의의

보안수사라는 것은 국가안전보장과 관련된 반국가사범인 정보사범(情報事犯)을 인지·색출·검거·신문하는 일련의 활동을 말한다. 여기에서 정보사범은 국가안전보장을 위협하거나 국가안전보장에 관한 기밀이나 정보를 유출하는 것과 관련된 범죄를 범한 자를 말한다.[6]

이러한 정보사범은 보호법익이 국가의 존립과 안전이므로 행위가 있음으로써 즉시 범죄가 성립하고, 범죄행위로 인한 결과발생을 요하지 않는 '추상적 위험범'(抽象的 危險犯)에 해당한다고 볼 수 있다.

「정보 및 보안업무기획·조정규정」(대통령령)에서 말하는 정보사범은 다음에 해당하는 죄를 범한 자와 그 혐의를 받는 자를 말한다(제2조 제5호).

㉠ 형법상의 내란의 죄(제87조~제91조)와 외환의 죄(제92조~제104조)

㉡ 군형법상의 반란의 죄(제5조~제10조)와 이적(利敵)의 죄(제11조~제17조) 그리고 군사기밀 누설죄(제80조), 암호부정사용죄(제81조)

㉢ 군사기밀보호법에 규정된 죄

㉣ 국가보안법에 규정된 죄

참고적으로 지난 2013년 이후 경찰의 국가보안법 위반사범은 다음과 같다.[7]

국가보안법 위반사범 검거 현황

(단위: 명)

구 분	2013년	2014년	2015년	2016년	2017년	2018년	2019년
검거인원	121	66	62	60	45	15	12

6) 여기에서 말하는 정보사범(情報事犯)은 보안사범(保安事犯)을 의미하는 것이며, 따라서 용어상으로 오히려 '보안사범'이 보다 타당하다고 본다.

7) 경찰청(2020), 경찰백서, p. 307.

대공·보안수사

① 경찰청과 국가정보원의 합동수사

경찰청과 국가정보원이 2021년 상반기에 5건의 국가보안법 위반사건을 합동수사하였다. 지난해 연말 국장급 안보수사협의체를 구성한 두 기관은 올해 상반기 5건을 합동 수사하여, 1건을 검찰에 구속 송치하고, 4건은 수사 중인 것으로 파악되었다. 5건 가운데 검찰에 송치한 사건을 포함한 2건은 국가정보원에서 수사를 시작해 경찰에 협조를 요청하였고, 3건은 경찰이 수사에 착수한 뒤 국가정보원에 합동 수사를 제안한 것으로 알려졌다. 검찰에 구속 송치된 사건은 '4·27시대연구원' 연구위원인 이모씨(57)의 국가보안법 위반 혐의 사건이다. 그는 2017년 4월 일본계 페루 국적으로 위장해 국내에 잠입한 북한 공작원과 만나 진보진영 동향 등을 보고하고, 암호화한 지령문과 보고문 송·수신 방법을 교육받은 것으로 조사되었다. 그는 2018~2019년 북한 대남공작기구가 해외 웹하드에 올려놓은 지령문을 내려받은 뒤, 보고문 14개를 5회에 걸쳐 발송한 것으로 파악되었다. 그는 또 주체사상, 세습·독재, 선군정치, 핵무기 보유 등을 옹호하거나 찬양하는 책자 2권을 출판한 혐의도 받고 있다.

② 대공수사권 경찰에 이관 예정

경찰청과 국가정보원의 합동수사는 대공수사권 이관을 앞둔 협업 강화 차원에서 이루어졌다. 「국가정보원법」 개정안이 작년 12월 국회 본회의를 통과하면서 경찰은 3년 유예기간을 거쳐 2024년 1월 국가정보원의 대공수사권을 넘겨받을 예정이다.
경찰청은 합동수사와 별개로 국가정보원이 올해 상반기 수집한 국가보안법 위반 혐의와 관련한 첩보 4건을 받았다. 경찰청은 국가보안법 사건 피내사자의 해외 활동 등에 대한 정보 14건을 제공해달라고 국정원에 요청하였다.
한편, 경찰청은 대공수사권 이관을 앞두고 등 2023년까지 3년간 국제안보(10명), 방첩·대테러(10명), 경제안보(10명) 등 분야별 안보수사 전문가 30명을 채용할 계획이다.[8)]

2) 보안수사의 대상

아래에서는 보안수사 또는 대공수사의 대상인 정보사범과 관련하여 국가보안법(國家保安法)을 중심으로 살펴보기로 한다.

주지하는 바와 같이 국가보안법은 '국가의 안전을 위태롭게 하는 반국가활동을 규제함으로써 국가의 안전과 국민의 생존 및 자유를 확보함'을 목적(제1조)으로 한 대표적인 법

8) 연합뉴스(2021. 07. 11.).; 다만 형사소송법 개정에 따른 검·경 수사권 조정에 이어 대공수사권까지 국가수사본부가 갖게 되면서 권한은 비대해지는 반면에 전문성이 부족하다는 지적도 나오고 있다. 아시아 경제(2021. 07. 11.).

으로서 형법·형사소송법의 특별법(特別法)이라고 할 수 있다.

국가보안법의 역사

1948년 12월에 제정된 국가보안법을 포함하여 우리나라 현행법률 가운데 대부분은 구법(舊法)으로 의용(依用)되던 일본법을 그대로 모방·개작하여 만들었다. 이러한 이유로 규범의 내용·편제는 일본의 그것과 거의 동일하다.
따라서 형법과 형사소송법은 물론이고, 현실적으로 가장 무서운 형벌에 속하는 국가보안법은 일제 강점기의 치안유지법(治安維持法, 1925)에 그 뿌리를 두고 있다. 그리고 후술하겠지만 보안관찰법 역시 조선사상범 보호관찰령(朝鮮思想犯 保護觀察令, 1936)에서 유래한 것이다.[9]

그러나 이 법으로 인해서 인권침해의 우려가 있기 때문에, 이 법을 해석·적용함에 있어서는 필요한 최소한도에 그쳐야 하며, 이를 확대해석하거나 헌법상 보장된 국민의 기본적 인권을 부당하게 제한하는 일이 있어서는 안 된다는 것을 분명히 하고 있다(국가보안법 제2조).

(1) 보안수사의 대상범죄

국가보안법에서 규정하고 있는 보안수사의 대상이 되는 범죄는 다음과 같다(국가보안법 제3조~제12조).

㉠ 반국가단체 구성 등 관련범죄[10]
㉡ 목적수행죄
㉢ 자진지원·금품수수죄
㉣ 잠입·탈출죄
㉤ 찬양·고무 등의 죄
㉥ 회합·통신 등의 죄
㉦ 편의제공의 죄
㉧ 불고지죄

---

9) 배종대(1996), 형법총론, 서울: 홍문사, pp. 54-55.

10) 반국가단체(反國家團體)라는 것은 정부를 참칭(僭稱: 합법적 절차에 의하지 않고 임의로 정부를 조직하여 진정한 정부인 것처럼 사칭하는 것)하거나 국가를 변란 할 것을 목적으로 하는 국내외의 결사 또는 집단으로서 지휘통솔체제(指揮統率體系)를 갖춘 단체를 말한다(국가보안법 제2조).

㉧ 특수직무유기죄[11)]

㉨ 무고·날조죄 등

국가보안법의 특징

① 범죄성립 범위의 확대

㉠ 미수 및 예비·음모죄의 확대적용

형법에서 미수범과 예비·음모한 자에 대한 처벌과 관련하여 미수범(未遂犯)의 경우에는 '개개의 형벌법규에 이를 처벌하기로 하는 규정이 있을 때 처벌하고'(제29조), 예비·음모(豫備陰謀)에 대해서는 '범죄의 음모 또는 예비행위가 실행의 착수에 이르지 아니한 때에는 법률에 특별한 규정이 없는 한 벌하지 아니 한다'고 규정하고 있다(28조).

요약건대, 예비·음모도 미수범과 마찬가지로 법률에 특별한 규정이 있을 때 처벌된다(특히, 예비와 음모는 실행의 착수 이전 단계에서 일어나는 것이므로 원칙적으로 형사처벌의 대상이 되지 않는다고 본다). 처벌규정은 입법자가 특별한 위험성이 있다고 판단한 경우라고 할 수 있다.

그런데, 국가보안법은 이러한 처벌규정을 가장 빈번하게 적용하고 있다고 볼 수 있다. 즉, 국가보안법은 일부의 죄(예컨대, 미수범의 경우 불고지죄, 특수직무유기죄, 무고 등의 죄)를 제외하고는 대부분의 반국가적 범죄에 대하여 미수범과 예비·음모한 자에 대해서 포괄적으로 처벌규정을 두고 있다.

미수와 예비·음모

범죄의 미수는 '범죄의 실행에 착수하여 행위를 종료하지 못하였거나 결과가 발생하지 아니한 때'를 말한다. 예비(豫備)라는 것은 실행의 착수에 이르지 않은 범죄의 준비행위를 말한다. 실행착수가 없다는 점에서 미수(未遂)와 구분된다. 형법상 예비가 되기 위해서는 단순한 내적 범죄결심만으로는 부족하다. 외부에 표출되지 않은 범죄의사는 어떤 경우에도 형벌의 처벌대상이 되지 않는다. 따라서 실행에 착수하지 않았지만 내적 범죄결심을 외부로 표출하는 행위, 즉 외부적 준비행위(예: 범행대상의 물색, 범행장소의 사전 답사, 범행도구·자금의 준비 등)가 있어야 한다. 예비는 내적 범죄결심을 초과한 단계부터 실행 착수 이전단계까지를 말한다. 한편, 음모(陰謀)는 2인 이상이 범행의 결의를 상호 합의하는 것으로, 이는 '범행을 하기

11) ① 특수직무유기죄는 범죄수사 또는 정보의 직무에 종사하는 공무원(예컨대, 보안경찰)이 이 법의 죄를 범한 자라는 정을 알면서 그 직무를 유기한 때에는 10년 이하의 징역에 처하도록 하고 있다. 다만, 본범과 친족관계가 있는 때에는 그 형을 감경 또는 면제 할 수 있다(국가보안법 제11조). ② 형법상에서는 공무원이 정당한 이유 없이 그 직무수행을 거부하거나 그 직무를 유기한 때에는 1년 이하의 징역이나 금고 또는 3년 이하의 자격정지에 처하도록 하고 있다(형법 제122조).

로 한다'는 의사표시의 합치라고 할 수 있다. 예비와 비교해 볼 때 음모의 경우에는 객관적으로 별다른 준비행위가 없고 단순히 의사의 합치만 있을 뿐이다.[12)]

㉡ 특수한 범죄의 성립 인정

국가보안법은 특수한 범죄의 성립을 인정하고 있다고 볼 수 있다. 즉, 편의를 제공한 자도 종범(從犯)으로서가 아니라 별개의 독립된 편의제공죄로 처벌하고 있고(제9조), 반국가적 행위의 다양화 및 조직화·집단화에 대처하기 위하여 선동·선전행위를 별도의 범죄로 규정하여 처벌하고 있다(제4조 제1항 제6호).

그리고 일정한 범죄 즉, 반국가단체의 구성 등의 죄, 목적수행죄, 자진지원죄(금품수수죄는 제외)와 관련하여 그 죄를 범한 자라는 점을 알면서 수사기관 또는 정보기관에 고지하지 아니한 자에 대한 처벌규정을 두고 있다(제10조).

② 중형주의

㉠ 재범자의 특수가중

국가보안법, 군형법, 형법에서 규정한 반국가적 범죄를 범하여 금고(禁錮) 이상의 형의 선고를 받고 그 형의 집행을 종료하지 아니한 자 또는 그 집행을 종료하거나 집행을 받지 아니하기로 확정된 후 5년이 경과하지 아니한 자가, 국가보안법상의 일정한 죄를 다시 범한 때에는 그 죄에 대한 법정형의 최고를 사형(死刑)으로 한다고 규정하고 있다(제13조).

단순위헌

국가보안법(1980. 12. 31. 법률 제3318호로 전문개정된 것) 제13조 중 '이 법, 군형법 제13조, 제15조 또는 형법 제2편 제1장 내란의 죄, 제2장 외환의 죄를 범하여 금고 이상의 형의 선고를 받고 그 형의 집행을 종료하지 아니한 자 또는 그 집행을 종료하거나 집행을 받지 아니하기로 확정된 후 5년이 경과하지 아니한 자가…제7조(찬양·고무 등) 제5항, 제1항의 죄를 범한 때에는 그 죄에 대한 법정형의 최고를 사형으로 한다'부분은 헌법에 위반된다.[13)]

㉡ 자격정지형의 병과

국가보안법은 동법의 죄에 관하여 유기징역형을 선고할 때에는 그 형의 장기 이하의 자격정지를 병과할 수 있도록 규정하고 있다(제14조).

---

12) 배종대(1996), 앞의 책, pp. 473-474.; 신동운(2010), 형법총론, 서울: 법문사, pp. 451-456.

13) 헌재 2002.11.28., 2002헌가5.

㉢ 몰수·추징 및 압수물의 처분

국가보안법은 죄를 범하고 그 범죄의 대가로 보수를 받은 때에는 이를 몰수하도록 하고, 이를 몰수할 수 없을 때에는 그 가액을 추징하도록 하고 있다. 그리고 검사는 이 법의 죄를 범한 자에 대하여 불기소처분(不起訴處分)할 때에도 압수물의 폐기 또는 국고귀속을 명할 수 있도록 하고 있다(제15조).

③ 형의 감면

한편, 국가보안법은 형의 감면사유를 일반형법보다 확대하여 범인의 자수를 이끌어 내거나 고발을 촉진하여 범인을 조속히 색출·검거할 수 있도록 유도하는 등 수사의 효율성을 높이기 위한 규정을 두고 있다. 이러한 형의 감면사유로 이 법을 범한 후 자수한 때, 이 법의 죄를 범한 자가 이 법의 죄를 범한 타인을 고발하거나 타인이 이 법의 죄를 범하는 것을 방해한 때로 규정하고 있다(제16조).

(2) 형사소송법상의 특례

국가보안법에서 규정하고 있는 보안수사 대상범죄에 대해서는 특별형사소송규정을 두고 있는데, 이는 형사소송법상의 특례라고 할 수 있다.

① 참고인의 구인·유치

검사 또는 사법경찰관(司法警察官)으로부터 이 법에 정한 죄의 참고인으로 출석을 요구받은 자가 정당한 이유 없이 2회 이상 출석요구에 불응한 때에는 관할법원판사의 구속영장을 발부받아 구인(拘引)할 수 있도록 하고 있다(국가보안법 제18조 제1항). 그리고 구속영장에 의하여 참고인을 구인하는 경우에 필요한 때에는 근접한 경찰서 기타 적당한 장소에 임시로 유치(留置)할 수 있다(제18조 제2항).

참고인조사는 형법상 임의수사 영역이라고 할 수 있다. 따라서 국가보안법상의 이와 같은 참고인 구인·유치제도는 형사소송에 있어서 예외, 즉 특례라고 할 수 있다.[14]

---

14) 형사소송법에 의해 검사 또는 사법경찰관은 수사에 필요한 때에는 피의자가 아닌 자 즉, 제3자의 출석을 요구하여 진술을 들을 수 있도록 하고 있다(제221조 제1항). 이것을 참고인조사(參考人調査)라고 한다. 참고인은 피의자 이외의 제3자라는 점에서 넓은 의미의 증인(證人)에 해당된다(다만 참고인은 수사기관에 일정한 체험사실을 진술하고, 증인은 법원 또는 법관에 대해 진술한다는 점에서 양자는 구별된다). 그런데, 참고인은 증인과 달리 강제로 소환당하거나 신문당하지 않는다. 과태료(제151조)도 부과되지 않고 구인(拘引, 제152조)의 제재도 받지 않는다. 바꿔 말하면, 수사상의 참고인조사은 어디까지나 임의수사(任意搜査)에 속하기 때문이다. 다만, 범죄수사에서 없어서는 안 될 사실을 알고 있는 자가 출석 또는 진술을 거부하면, 검사는 제1회 공판기일 전에 한하여 판사에게 그에 대한 증인신문을 청구할 수 있다(제221조의2 제1항).

② 구속기간의 연장

지방법원판사는 국가보안법 제3조~제10조의 죄(반국가단체의 구성 등의 죄~불고지죄)로서 사법경찰관이 검사에게 신청하여 검사의 청구가 있는 경우에 수사를 계속함에 상당한 이유가 있다고 인정한 때에는 형사소송법상의 구속기간의 연장을 1차에 한하여 허가할 수 있다(국가보안법 제19조 제1항).

그리고 지방법원판사는 제1항의 죄로서 검사의 청구에 의하여 수사를 계속함에 상당한 이유가 있다고 인정한 때에는 구속기간의 연장을 2차에 한하여 허가할 수 있다(제2항). 이들 1차 및 2차 구속기간의 연장은 각 10일 이내로 하고 있다(제3항).

따라서 국가보안법 위반사건은 구속기간은 형사소송법상의 구속기간(최대 30일)보다 20일이 더 연장 가능하므로 경찰단계와 검찰단계를 합하면, 최대기간은 50일이 된다고 볼 수 있다.

과도한 구속기간 연장에 대한 위헌판결

헌법이 정하는 무죄추정의 원칙에서 볼 때, 불구속수사가 원칙이고 구속수사는 예외적인 경우에만 허용되는 것으로 보아야 하며, 구속수사의 경우도 구속기간을 제한하는 것은 신체의 자유와 신속한 재판을 받을 권리를 보장하기 위한 불가결한 조건이다.
그런데, 국가보안법상의 구속기간 연장규정을 구성요건이 비교적 단순한 제7조 찬양·고무와 제10조 불고지의 죄에도 적용함으로써 피의자에 대한 구속기간을 통상의 경우보다 20일 더 연장해서 최장 50일까지 구속할 수 있도록 한 것은 헌법 제37조 제2항이 정하는 기본권 제한입법의 한계를 넘어서서 피의자의 신체의 자유, 무죄추정의 자유, 신속한 재판을 받을 권리를 침해한 것이다.[15]

③ 공소보류

국가보안법은 이른바 '기소편의주의'(起訴便宜主義)에 입각한 기소유예(起訴猶豫)제도와 동일한 성격을 갖는 것으로서, 이 법을 위반한 모든 자에 대하여 형법 제51조(양형의 조건)를 참작하여 공소제기를 보류할 수 있도록 하고 있다(제20조 제1항).[16]

이러한 공소보류(公訴保留)는 기소유예의 특별형식에 속한다고 할 수 있다. 이에 따라 공소보류를 받은 자가 공소의 제기 없이 2년을 경과한 때에는 검사는 소추할 수 없다(제

15) 단순위헌, 헌재 1992.4.14., 90헌마82.

16) 양형의 조건: 형을 정함에 있어서는 ① 범인의 연령, 성행, 지능과 환경, ② 피해자에 대한 관계, ③ 범행의 동기, 수단과 결과, ④ 범행후의 정황 등을 참작하여야 한다(형법 제51조).

20조 제2항).

한편, 검사의 공소보류를 받은 자가 법무부장관이 정한 감시·보도에 관한 규칙에 위반한 때에는 공소보류를 취소할 수 있다(제20조 제3항). 이에 따라 공소보류가 취소된 경우에는 형사소송법의 재구속의 제한 규정에도 불구하고 동일한 범죄사실로 재구속 할 수 있다(제20조 제4항).[17]

3. 보안관찰

1) 보안관찰의 의의

이상에서 살펴본 바와 같이 형법 및 국가보안법과 같은 특별형법에서 정보사범에 대한 처벌규정을 두고 해당 위법행위를 했을 경우, 그에 상응하는 처벌을 하고 있음을 알 수 있다.

그런데, 이와 같은 법에 의한 처벌을 받았음에도 불구하고, 추가적으로 보안관찰법(保安觀察法)에 의한 '보안처분'(保安處分)을 인정함으로써 형사제재의 이원주의(二元主義)를 취하고 있다는 점이다.

보안관찰과 보호관찰

① 보안관찰과 보호관찰의 차이

여기에서 살펴보고자 하는 보안관찰(保安觀察)의 대상은 반국가사범에 대한 보안처분이라면, 보호관찰(保護觀察)은 개인적인 심신상의 문제 등을 안고 있는 범죄자를 대상으로 하는 보안처분이라는 점에 차이가 있다.

② 치료감호 종료 후의 보호관찰

보호관찰과 관련하여 「치료감호 등에 관한 법률」(약칭: 치료감호법)을 들 수 있다. 이 법은 심신장애 상태, 마약류·알코올이나 그 밖의 약물중독 상태, 정신성적(精神性的) 장애가 있는 상태 등에서 범죄행위를 한 자로서 재범(再犯)의 위험성이 있고 특수한 교육·개선 및 치료가 필요하다고 인정되는 자에 대하여 적절한 보호와 치료를 함으로써 재범을 방지하고 사회복귀를 촉진하는 것을 목적으로 하고 있다(제1조). 이 법에서 치료감호대상자란 다음의 어느 하나에 해당하는 자로서 치료감호시설에서 치료를 받을 필요가 있고 재

---

17) 검사 또는 사법경찰관에 의하여 구속되었다가 석방된 자는 다른 중요한 증거를 발견한 경우를 제외하고는 동일한 범죄사실에 관하여 재차 구속하지 못한다. 이 경우에는 1개의 목적을 위하여 동시 또는 수단결과의 관계에서 행하여진 행위는 동일한 범죄사실로 간주한다(형사소송법 제208조).

범의 위험성이 있는 자를 말한다(제2조 제1항 각호).

㉠ 「형법」 제10조 제1항에 따라 벌하지 아니하거나 같은 조 제2항에 따라 형을 감경할 수 있는 심신장애인으로서 금고 이상의 형에 해당하는 죄를 지은 자

㉡ 마약·향정신성의약품·대마, 그 밖에 남용되거나 해독(害毒)을 끼칠 우려가 있는 물질이나 알코올을 식음(食飮)·섭취·흡입·흡연 또는 주입받는 습벽이 있거나 그에 중독된 자로서 금고 이상의 형에 해당하는 죄를 지은 자

㉢ 소아성기호증(小兒性嗜好症), 성적가학증(性的加虐症) 등 성적 성벽(性癖)이 있는 정신성적 장애인으로서 금고 이상의 형에 해당하는 성폭력범죄를 지은 자

이들 대상이 된 자(즉, ㉠·㉡·㉢)들에 대해서는 치료감호시설에 수용하여 일정기간(2년~15년) 치료를 위한 조치를 취하도록 하고 있다(제16조 제2항). 그리고 피치료감호자에 대한 치료감호가 가종료(假終了) 되었을 때 등의 경우에는 3년 동안의 보호관찰(保護觀察)을 실시하도록 하고 있다(제32조 제2항).

그렇다면, 왜 이러한 보안처분이 필요한가? 형벌이라는 것은 범죄자가 과거에 저지른 범죄행위에 대한 책임(責任)을 전제로 한 것이며, 따라서 아무리 형법적으로 중요한 목적이라 할지라도 이 '책임정도'를 초과하여 처벌할 수는 없는 것이다. 바꿔 말하면 이러한 형벌의 전제조건은 범죄자의 장래에 속한 인격발전까지 양형(量刑)과정에서 고려할 수 없게 한다.

따라서 예컨대, 형법 제250조 살인죄의 형을 양정(量定)할 때, 범죄자가 장래에 그의 성격적 결함 때문에 특별히 교화개선 할 필요가 있다든가 또는 특별히 재범위험성이 높다든가 하는 요소가 고려될 수 없다. 뿐만 아니라 형법은 책임 무능력자에 대해서는 형벌을 부과할 수 없다. 따라서 그가 아무리 사회적으로 범죄행위 위험성이 높더라도 사회가 필요로 하는 보안(保安, 즉 재범방지), 개선(改善), 그리고 치료(治療)의 목적은 과거의 책임을 기초로 하는 형벌로는 달성할 수 없는 일이다.

여기에서 형법의 적극적 법익보호 목적은 책임상한선 안의 과거지향적 형벌만으로는 불충분하고, 미래의 범죄행위에 대한 형법의 예방적 필요성, 즉 범죄예방(犯罪豫防)에 의한 법익보호(法益保護)의 보충이 필요 하다는 것이다. 왜냐하면 장래의 높은 위험성이 곧 과거의 높은 책임과 일치하는 것은 아니기 때문이다. 따라서 책임과 무관하게, 오로지 행위자의 장래위험성을 기준으로 형벌의 부족한 법익보호 부분을 보충하는 것이 바로 보안처분(保安處分)제도이다.[18)]

18) 그러나 이러한 보안처분의 필요성 외에도 이의 정당성이 요구된다. 즉, 보안처분은 법치주의 원리에 의해 정형

요약건대, 형벌은 '과거'에 일어난 책임을 전제로 하여 일정한 목적을 추구하고, 보안처분은 '장래'의 행위자로부터 나오는 범죄의 '위험성'(危險性)을 겨냥하는 일종의 역할분담을 한다. 그러므로 보안처분은 오직 행위자를 지향하는 특별예방적 목적처분(特別豫防的 目的處分)이라는 점에 대해 의문의 여지가 없다.

2) 보안관찰의 내용

보안관찰법(保安觀察法)은 이상과 같은 취지를 반영하여 '특정범죄를 범한 자에 대하여 재범의 위험성을 예방하고 건전한 사회복귀를 촉진하기 위하여 보안관찰처분을 함으로써 국가의 안전과 사회의 안녕을 유지함을 목적으로 한다'고 규정하고 있다(제1조).

(1) 보안관찰 해당범죄

보안관찰법에서 규정하는 특정범죄, 즉 보안관찰에 해당되는 범죄는 다음에 해당하는 죄를 말한다(보안관찰법 제2조 각호).

㉠ 형법상의 내란의 죄와 외환의 죄 가운데 일정한 죄
㉡ 군형법상의 반란의 죄와 이적의 죄 가운데 일정한 죄
㉢ 국가보안법상의 일정한 죄

(2) 보안관찰처분 대상과 요건 등

① 보안관찰처분 대상자

보안관찰처분 대상자라 함은 보안관찰 해당범죄 또는 이와 경합된 범죄로 금고 이상의 형의 선고를 받고, 그 형기 합계가 3년 이상인 자로서 형의 전부 또는 일부의 집행을 받은 사실이 있는 자를 말한다(보안관찰법 제3조).

② 보안관찰처분 요건

물론, 이들 모두가 보안관찰처분 대상이 되는 것은 아니다. 즉, 보안관찰처분 대상자 가운데 보안관찰 해당범죄를 다시 범할 위험성이 있다고 인정할 충분한 이유가 있어 재범의 방지를 위한 관찰이 필요한 자에 대하여는 보안관찰처분을 하는 것이다(보안관찰법 제4조 제1항).

화되어야 하고(이의 입법, 해석·적용과정은 비례원칙에 구속되어야 함), 국가제재의 최후의 후단으로서 이를 적용해야 할 만큼 긴급한 필요가 있어야 하고, 이러한 수단적용이 헌법적 가치질서와 일치하는 방향으로 실현되어야 한다. 배종대(1996), 앞의 책, pp. 27-29.

(3) 보안관찰처분 과정과 기간

① 보안관찰처분 과정

보안관찰처분은 검사의 청구(보안관찰법 제7조)로 보안관찰심의위원회의 의결을 거쳐(제12조), 법무부장관이 결정하도록 하고 있다(제14조 제1항). 이때 법무부장관은 위원회의 의결과 다른 결정을 할 수 없다. 다만, 보안관찰처분 대상자에 대하여 위원회의 의결보다 유리한 결정을 하는 때에는 그러하지 아니한다(제14조 제2항).

즉, 법무부장관은 보안관찰처분 대상자 가운데 ㉠ 준법정신이 확립되어 있는 자, ㉡ 일정한 주거와 생업이 있는 자, ㉢ 대통령령이 정하는 신원보증이 있는 자에 대하여는 면제결정을 할 수 있도록 하고 있다(보안관찰법 제11조 제1항 각호).

② 보안관찰처분 기간

그리고 이러한 보안관찰처분의 기간은 2년으로 하는데, 법무부장관은 검사의 청구가 있는 때에는 보안관찰처분심의위원회의 의결을 거쳐 그 기간을 갱신(更新)할 수 있도록 하고 있다(보안관찰법 제5조 제1항 및 제2항).

(4) 보안관찰처분의 집행

이와 같은 보안관찰처분을 받은 자는 이 법이 정하는 바에 따라 소정의 사항을 주거지 관할 경찰서장에게 신고하고, 재범방지에 필요한 범위 안에서 그 지시에 따라 보안관찰을 받아야 한다(보안관찰법 제4조 제2항). 이러한 보안관찰처분의 집행은 검사가 지휘하도록 하고 있다(제17조 제1항).

구체적으로 이러한 보안관찰의 집행은 검사 및 사법경찰관리에 의해 지도(제19조), 보호(제20조), 경고(제22조), 그리고 응급구호(제21조) 등의 방법으로 이루어진다.

4. 북한이탈주민의 관리 및 남북교류에 따른 보안활동

1) 북한이탈주민의 관리

북한이탈주민의 국내입국은 1993년까지 연평균 10여명 내외였으나, 이후 입국자가 급증하여 2019년 말 현재 누적인원 33,523명에 이르고 있다. 그리고 이 가운데 여성입국자가 약 2만 4천여명(72.1%)를 차지하고 있다.[19]

---

19) 경찰청(2020), 앞의 책, p. 310.; 정부에서는 군사분계선 이북지역에서 벗어나 대한민국의 보호를 받으려는 군사분계선 이북지역의 주민(즉, 북한이탈주민)이 정치·경제·사회·문화 등 모든 생활 영역에서 신속히 적응·정

이처럼 북한이탈주민의 입국이 증가하는 것은 북한의 경제사정 악화에 따른 남한사회에 대한 동경, 제3국에 불법체류하면서 느끼는 신변불안 등에서 비롯된 것으로 보인다.

북한이탈주민에 대해서 보안경찰은 이들의 신변보호와 정착지원을 위해 통일부·지방자치단체 등 관계기관과 유기적인 협조체제를 구축하고 있다.[20] 아울러 이들 북한이탈주민이 정착과정에서 겪는 여러 가지 어려움들에 대해 민간차원에서의 실질적인 도움을 주기 위해 경찰서별로 '보안협력위원회'를 운영하고 있다.

한편, 보안경찰은 북한이탈주민의 의료지원을 위하여 전국의 많은 병원과 '건강지킴이 협약'(2010년 현재 2,713개)을 체결하여 도움을 주고 있다.[21] 그러나 경찰서 단위의 보안경찰은 단순히 이들에 대한 보호·지원뿐만 아니라 이들의 동향을 감시·통제하여 보안경찰의 본연의 임무를 수행하는 기능이 보다 중요하다고 본다.

2) 남북교류에 따른 보안활동

그동안 남한과 북한 간의 상호 이해관계를 바탕으로 협력증진 등을 통한 동반성장을 위해서 교류가 이루어져 왔다. 이에 따라 그동안 개성공단을 중심으로 남북 간 경제교류가 꾸준히 이어졌지만, 북한의 통행제한 조치 및 '금강산 관광객 피살' 등의 사건에 따라 중단되었다.

이러한 이년에는 남북 간의 정치적 갈등이 내재해 있다고 볼 수 있는데, 이로 인해 공식적인 방북인원도 크게 감소하였고, 이산가족 상봉 등은 인도적 차원에서 이루어지기도 하였다.

남북교류협력에 관한 법률

① 남북교류협력법 제정 배경

우리 정부는 군사분계선 이남지역과 그 이북지역 간의 상호 교류와 협력을 촉진하기 위하여 필요한 사항을 규정함으로써 한반도의 평화와 통일에 이바지하기 위하여 「남북교류협력에 관한 법률」(약칭: 남북교류협력법)」이 1990년 제정하였다.

착하는 데 필요한 보호 및 지원을 하기 위하여 「북한이탈주민의 보호 및 정착지원에 관한 법률」(1997)을 제정하였다.

20) 경찰청은 북한이탈주민 보호를 강화하기 위해 신변보호 경찰관을 857명(여성 162명)에서 최근 901명(185명)으로 늘렸다. 특히, 탈북 여성을 체계적으로 보호하기 위해 여성 신변보호 경찰관 비율을 높였다. 연합뉴스(2021. 07. 11.).

21) 경찰청(2011), 경찰백서, p. 319.

② **남북교류협력법의 특징**

이 법에 따라 '남한과 북한의 왕래 · 접촉 · 교역 · 협력사업 및 통신 역무(役務)의 제공 등 남한과 북한 간의 상호 교류와 협력을 목적으로 하는 행위'에 관하여는 '이 법률의 목적 범위'에서 다른 법률에 우선하여 이 법을 적용하도록 하고 있다(제3조).

따라서 남북교류협력에 관한 법률은 특별법으로서, 이 법에 따른 교류가 정당하고 적법하게 이루어지는 범위 내에서는 예컨대, 국가보안법이 적용되지 않는다는 의미이다.

보안경찰은 이러한 남북 간의 교류가 이루어지는 공식적 통과 접점인 남북출입사무소(CIQ: 경의선·동해선)를 통과 인원에 대한 보안검색 강화, 남북교류행사 관련 주요 인사에 대한 근접보안·경호활동을 수행하고 있다. 지난 2013년 이후 남북출입사무소 출입인원은 다음과 같다.[22)]

남북출입사무소 출입인원

(단위: 명)

구 분	2013년	2014년	2015년	2016년	2017년	2018년	2019년
경의선	76,826	114,847	129,803	14,806	-	7,082	4,622
동해선	452	1,378	1,791	-	-	2,185	281

이를 통해 안보위해요소의 반입·출입을 통제하고, 미신고 접촉행위, 침투공작 기도 등을 차단·저지하는 활동 등을 수행하고 있다. 남북출입사무소는 북한을 방문하는 인원에 대한 통행관리와 반출입 물자의 통관 지원 등의 업무를 처리하고 있는데, 주무 부처인 통일부를 비롯해 법무부, 관세청, 경찰청 등 관계기관이 합동 근무 중이다.

22) 경찰청(2020), 앞의 책, p. 309.; 한편, 남북관계가 우호적이었던 과거에는 남북출입사무소(CIQ)를 통해 출입한 인원(대부분이 개성공단 기업 관계자)은 2012년 현재 100만 명에 이르렀다. 그리고 현재 중단된 금강산관광의 관문인 동해선 남북출입사무소를 통한 출경자 수는 이미 100만 명을 넘어 156만 명 수준에 이르렀다. 연합뉴스(2012. 06. 26.).

제12장 외사경찰

제1절 외사경찰의 의의

1. 외사경찰의 개념

외사경찰(外事警察)은 대한민국의 안전과 사회 공공의 안녕 및 질서보호를 목적으로 외국인, 외국사절, 외국기관, 외국상사단체, 외국인이나 외국과 관련된 내국인, 그리고 해외여행자 및 해외동포 등을 대상으로 외사정보를 수집하고 이와 관련된 범죄를 예방·수사하는 경찰활동을 말한다. 아울러 국제경찰공조(인터폴, 범죄인인도, 국제형사사법공조), 주한미군 지위협정(SOFA)에 따른 미군범죄 대응 등을 주된 임무로 하는 경찰활동을 말한다.[1)]

주지하는 바와 같이 교통 및 정보통신의 발달 그리고 세계화·국제화 논리 속에서 각 국가 간의 인적·물적 교류는 크게 확대되고 있는 것이 현실이다. 그러나 한편으로는 외국인 범죄, 산업정보의 유출, 밀수사범 등 외사 치안수요 또한 증가하고 있어 대책마련이 절실하다.

최근 재외국민 해외여행자가 증가하면서 해외에서의 테러·재해발생 등으로 인한 자국민의 피해가 급증하고 있고, 범죄의 물리적·공간적 제약의 붕괴, 범죄수법의 공유 등으로 인한 범죄의 탈국경화(脫國境化) 현상이 두드러지면서 예전과는 달리 그 피해규모와 파급효과가 크므로 이에 대한 국제사회의 공동협력 및 대응이 요구된다.[2)]

---

1) 김충남(2008), 경찰학개론, 서울: 박영사, p. 559.; 조철옥(2012), 경찰학개론, 서울: 대영문화사, p. 668.; 2019년 현재 경찰공무원 122,913명(100.0%) 가운데, 경찰직제상 외사경찰기능을 담당하는 경찰은 1,575명(약 1.3%)에 이르고 있다. 경찰청(2020), 경찰통계연보, p. Ⅱ.

2) 출입국자 수는 큰 폭으로 매년 증가하고 있다. 2010년에 전체 출입국자는 약 4,300만명(입국: 약 2,150만명, 출국: 약 2,150만명)수준이었는데, 2015년에는 약 6,600만명(입국: 약 3,300만명, 출국: 약 3,300만명) 수준에 이르고 있다. 그리고 2019년에는 약 9,350만명(입국: 약 4,670만명, 출국: 4,680만명)에 이르고 있다. 참고적으로

2. 외사경찰의 특징

외사경찰은 외사사건과 관련된 정보 및 수사활동 등을 수행한다. 경찰기능과 관련하여 볼 때, 생활안전, 수사, 교통, 경비, 보안 등은 말 그대로 기능별로 분류 되어있으나 외사는 대상인물, 지역을 중심으로 분류되어 다른 기능과 중복되는 특징을 가지고 있다. 따라서 외사경찰은 정보경찰, 수사경찰, 보안경찰과 유사하나 활동대상이 외국인 또는 외국기관, 그리고 외국과 연계된 내국인 등이라는 점에서 차이가 있다고 본다.

외사경찰은 국내에 체류하고 있는 외국인, 해외교포 및 외국인과 관련된 범죄의 수사나 정보를 대상으로 하기 때문에 다른 나라와 외교적 마찰을 야기할 우려가 있고, 국제법과 외교관계규정 등 외사관련 법규 및 국제정치·경제·치안정세에 관한 식견이나 전문지식이 있어야 한다. 그리고 외국어 구사능력이 부족하면 업무수행 능력이 극히 어렵고 문제발생 소지가 많다고 본다.[3)]

3. 외사경찰의 법적 근거

외사경찰의 법적 근거는 일반법으로서 경찰법 제3조(경찰의 임무), 경찰관직무집행법 제2조(직무의 범위)에 개괄적으로 규정되어 있고, 분장사무와 관련하여 경찰청과 그 소속기관 직제(대통령령) 제15조에 규정되어 있다.

그리고 외사경찰과 관련된 개별법으로서는 출입국관리법, 범죄인인도법, 국제형사사법공조법, 여권법, 국가보안법, 국내재산 도피방지법, 밀항단속법, 외국환거래법, 외국인토지법, 외국인 투자촉진법, 대외무역법 등을 들 수 있다. 조약으로는 주한미군 지위협정(한미 SOFA), 범죄인인도조약, 형사사법공조조약, 외교관계에 관한 비엔나협약, 영사관계에 관한 비엔나협약 등을 들 수 있다.[4)]

불법체류 외국인은 2015년에는 214,168명이었는데, 2019년에는 390,281명으로 그 수가 크게 증가하였다. 경찰청(2020), 경찰백서, pp. 180-183.

3) 김충남(2008), 앞의 책, pp. 559-560.

4) ① 「외교관계에 관한 비엔나 협약」(Vienna Convention on Diplomatic Relations)은 1961년 4월 오스트리아 비엔나에서 채택되어 1964년 6월 발효된 조약으로 외교 사절단의 파견에 관한 사항과 그 특권 및 면제 사항 등을 규정하고 있다. ② 「영사관계에 관한 비엔나 협약」(Vienna Convention on Consular Relations)은 1963년 4월 오스트리아 비엔나에서 채택되어 1977년 4월 발효된 조약으로 영사관 파견에 관한 사항과 그 특권 및 면제 사항을 규정하고 있다.

제2절 외사경찰의 주요활동

아래에서는 ㉠ 외사정보의 수집, ㉡ 외사범죄의 예방, ㉢ 외사범죄의 수사, ㉣ 국제경찰공조 등을 중심으로 살펴보기로 한다.

1. 외사정보의 수집

1) 외사정보의 의의

일반적으로 외사정보 수집활동은 외국인(대한민국 국적을 갖지 않은 모든 사람, 무국적자(無國籍者)도 이에 포함), 해외동포, 주한 외국기관, 외국인과 관계있는 내국인, 국내외 출입국자 등을 대상으로 정치·경제·사회·문화 등 일반첩보는 물론이고 외국인에 의한 반국가활동, 출입국관련 범죄, 국제성 범죄 등에 관련된 첩보·정보를 수집·작성 및 배포하는 활동을 말한다.

복수국적자의 법적 지위 및 국적선택 의무

① 복수국적자의 법적 지위

㉠ 출생이나 그 밖에 이 법에 따라 대한민국 국적과 외국 국적을 함께 가지게 된 사람으로서 대통령령으로 정하는 사람(즉, 복수국적자)은 대한민국의 법령 적용에서 '대한민국 국민으로만 처우'한다(국적법 제11조의2 제1항).

㉡ 복수국적자가 관계 법령에 따라 외국 국적을 보유한 상태에서 직무를 수행할 수 없는 분야에 종사하려는 경우에는 외국 국적을 포기하여야 한다(제11조의2 제2항)

② 복수국적자의 국적선택 의무

㉠ 만 20세가 되기 전에 복수국적자가 된 자는 만 22세가 되기 전까지, 만 20세가 된 후에 복수국적자가 된 자는 그때부터 2년 내에 하나의 국적을 선택하여야 한다. 다만, 법무부장관에게 대한민국에서 외국 국적을 행사하지 아니하겠다는 뜻을 서약한 복수국적자는 제외한다(국적법 제12조 제1항).

㉡ 위와 같은 사항에도 불구하고 「병역법」 제8조에 따라 병역준비역에 편입된 자는 편입된 때부터 3개월 이내에 하나의 국적을 선택하거나 아래 '㉢'의 어느 하나에 해당하는 때부터 2년 이내에 하나의 국적을 선택하여야 한다. 다만, 대한민국 국적을 선택하려는 경우에는 '㉢'의 어느 하나에 해당하기 전에도 할 수 있다(제12조 제2항).[5]

㉢ 직계존속(直系尊屬)이 외국에서 영주(永住)할 목적 없이 체류한 상태에서 출생한

자는 병역의무의 이행과 관련하여 다음의 어느 하나에 해당하는 경우에만 국적이 탈신고를 할 수 있다(제12조 제3항 각호).

가. 현역·상근예비역·보충역 또는 대체역으로 복무를 마치거나 마친 것으로 보게 되는 경우

나. 전시근로역에 편입된 경우

다. 병역면제처분을 받은 경우(이상 국적법 제12조 제1항~제3항)

여권과 사증

외국인이 입국할 때에는 유효한 여권(旅券)과 법무부장관이 발급한 사증(査證)을 가지고 있어야 한다(출입국관리법 제7조 제1항). 법무부장관은 사증발급에 관한 권한을 대통령령으로 정하는 바에 따라 재외공관의 장에게 위임할 수 있다(제8조 제2항).

① 여권

'여권'(旅券, passport)이란 대한민국정부 · 외국정부 또는 권한 있는 국제기구에서 발급한 여권 또는 난민여행증명서나 그 밖에 여권을 갈음하는 증명서로서 대한민국정부가 유효하다고 인정하는 것을 말한다(출입국관리법 제2조 제4호).

즉, 정부에서 '이 사람은 해외라 나가서 여행 등을 다녀도 아무런 문제가 없는 사람이다'라고 보증을 서주는 문서라 할 수 있다. 그러나 우리나라 여권이 있다고 해서 다른 나라로의 입국이 보장되는 것은 아니다. 여권은 우리나라에서 인증한 증명일 뿐이다.

② 사증

그래서 필요한 것이 사증이다. '사증'(査證, visa)은 외국인에 대한 '입국을 허가하는 증명서'라고 할 수 있다. 따라서 해외여행은 여권과 사증이 있어야 가능하다. 물론, 사증 없이 즉, 무(無)비자로 해외에 갈 수도 있다. 일정한 조건을 갖춘 경우(대한민국과 사증면제협정을 체결한 국가의 국민으로서 그 협정에 따라 면제대상이 되는 사람 등)에 예외적으로 사증 없이 입국이 가능하다.

2) 외사정보의 수집 방법

외사정보의 수집은 일반정보 활동과 같은 방법으로 실시하나 외국인과의 접촉, 대화 및 출입 등에서 많은 제약을 받기 때문에 평소에 수집 용의대상이나 지역 등을 파악하고 개척하여 첩보원을 확보해 두는 등 세심한 배려가 있어야 한다.[6]

5) 헌법불합치: 국적법(2016. 5. 29. 법률 제14183호로 개정된 것) 제12조 제2항 본문은 헌법에 합치되지 아니한다. 위 법률조항은 2022. 9. 30.을 시한으로 개정될 때까지 계속 적용된다. 헌재 2020.9.24., 2016헌마889.

6) 김충남(2008), 앞의 책 pp. 560-561.

그리고 외국공관지역이나 외국기관 및 기타 외교특권 향유지역은 불가침 지역이며, 공관장의 동의 없이는 출입할 수 없다는 외교관계에 관한 비엔나협약을 숙지하고 있어야 한다(이에 대해서는 뒤에서 살펴보기로 한다).

따라서 이러한 지역에는 연락관(liaison officer)으로 지정받아 공식적으로 공관을 출입할 수 있는 외사경찰 이외에는 출입을 삼가야 한다.

기타 중요 대상, 즉 외국인 상사단체 등에 대하여는 경찰기관장이 발행한 업무지시서를 휴대하고 근무시간 내에 출입함을 원칙으로 한다. 특히, 첩보원에 대하여는 신속·정확하게 신분을 파악하여 신분에 맞는 처우와 외교특권, 상호주의(相互主義: 국제법상의 상호호혜주의로서 상대국의 대우에 맞게 대응하도록 함)를 존중하여야 하며, 국제관계 등을 고려하여 편의제공과 신변보호 등에도 유의해야 한다.

그리고 국가보안법 등 위반으로 혐의를 받은 외국인, 기타 반국가적인 행위를 할 우려가 있는 외국인 등에 대한 정기적인 관찰, 외국인·외국기관·외국상사단체, 신원이 특이한 출입국자 등에 대한 동향파악과 밀항사범 및 외사관찰 대상자 등은 주의 깊게 관찰하여 기록을 유지하고 필요시에는 비밀공작활동으로 전환하여야 한다.

대한민국 국적취득 방법

① 출생에 의한 국적취득

다음의 어느 하나에 해당하는 자는 출생과 동시에 대한민국 국적(國籍)을 취득한다(국적법 제2조 제1항 각호).

㉠ 출생 당시에 부(父) 또는 모(母)가 대한민국의 국민인 자

㉡ 출생하기 전에 부가 사망한 경우에는 그 사망 당시에 부가 대한민국의 국민이었던 자

㉢ 부모가 모두 분명하지 아니한 경우나 국적이 없는 경우에는 대한민국에서 출생한 자

한편, 대한민국에서 발견된 기아(棄兒)는 대한민국에서 출생한 것으로 추정(推定)한다(제2조 제2항).

② 인지에 의한 국적취득

대한민국의 국민이 아닌 자 즉, 외국인으로서 대한민국의 국민인 부 또는 모에 의하여 인지(認知)된 자가 다음의 요건을 모두 갖추면 법무부장관에 신고함으로써 대한민국 국적을 취득할 수 있다(국적법 제3조 제1항 각호).

㉠ 대한민국 민법상의 미성년일 것

㉡ 출생 당시 부 또는 모가 대한민국이 국민이었을 것

③ **귀화에 의한 국적취득**

대한민국 국적을 취득한 사실이 없는 외국인은 법무부장관의 귀화허가(歸化許可)를 받아 대한민국 국적을 취득할 수 있다(국적법 제4조 제1항). 귀화방법 아래와 같은 일반귀화, 간이귀화, 특별귀화가 있다(이에 대한 세부적인 내용은 국적법 제5조~제7조 참조).

㉠ 일반귀화

㉡ 간이귀화

㉢ 특별귀화

④ **수반에 의한 국적취득**

외국인의 자(子)로서 대한민국 민법상의 미성년자인 자는 부 또는 모가 귀화허가를 신청할 때 함께 국적취득을 신청할 수 있다(국적법 제8조 제1항).

⑤ **국적회복에 의한 국적취득**

(대한민국 국민이었던 외국인은 법무부장관의 국적회복허가를 받아 대한민국 국적을 취득할 수 있음) 있다(국적법 제9조 제1항). 그러나 ② 법무부장관은 국적회복허가 신청을 받으면 심사한 후 다음의 어느 하나에 해당하는 사람에게는 국적회복을 허가하지 아니한다(제9조 제2항 각호).

㉠ 국가나 사회에 위해(危害)를 끼친 사실이 있는 사람

㉡ 품행이 단정하지 못한 사람

㉢ 병역을 기피할 목적으로 대한민국 국적을 상실하였거나 이탈하였던 사람

㉣ 국가안전보장·질서유지 또는 공공복리를 위하여 법무부장관이 국적회복을 허가하는 것이 적당하지 아니하다고 인정하는 사람

2. 외사범죄의 예방

외사경찰은 외사범죄 관련 다양한 범죄에 대한 예방활동을 담당하고 있다. 여기에서 말하는 외사범죄는 다음과 같은 것을 들 수 있다.[7]

㉠ 외국인 또는 외국기관·단체가 대한민국 내에서 저지르는 범죄(예: 외국인 폭력사범, 불법체류 외국인 범죄, SOFA사범 등)

㉡ 내국인 또는 해외교포가 외국에서 저지르는 범죄[8]

---

7) 경찰대학(2002), 경찰학개론, p. 389.

8) 예컨대, 2004년 「성매매특별법」 시행 이후, 이에 대한 단속강화로 성매매 여성들이 미국·일본·호주 등 해외 성매매업소에 취업하는 수가 증가하고 있어, 외사경찰은 이와 관련하여 여권·비자 불법알선 브로커 등에 대한 단속을 강화하고 있다. 아울러 해외 경찰주재관을 통해 성매매 첩보를 입수하는 한편, 인터넷을 통한 해외 성매매 알선행위를 단속·수사하고 있다. 해외성매매 집중 단속과 관련하여 예컨대, 서울경찰청 외사경찰은 2019년 4월

㉢ 내국인이 외국인 또는 외국기관·단체 등과 연계하여 저지른 범죄(예: 산업기술유출 사범 등)

㉣ 외국인이 외국에서 대한민국 또는 대한민국 국민을 대상으로 저지른 범죄

㉤ 내국인이 국내에서 외국인 또는 외국기관을 대상으로 저지른 범죄

㉥ 간첩·불순분자 등의 제3국을 통한 우회침투의 방지·색출, 무장·과격분자 또는 국제범죄단체 등에 의한 테러와 납치 등 국제성 범죄에 대한 대응

한편, 외사경찰은 외교사절도 그 대상으로 하고 있는 바, 외교사절은 일반체류 외국인과는 달리 특별한 지위를 누리고 있으므로 업무 취급상 특별한 주의를 요한다.

외사범죄에 대한 외사경찰의 예방 활동 역시 다른 범죄예방과 마찬가지로 복잡하고 다양한 형태로 이루어지고 있다. 그리고 외사범죄는 외국인과 직·접적으로 연결되어 있기 때문에 이러한 특성을 반영하여 경찰활동을 수행하는 것이 바람직하다고 본다. 예컨대, 국내에 거주하는 외국인이 범죄피해를 당하지 않도록 적절한 범죄예방 및 대응 교육을 실시하는 것이 요구된다. 이를 위해서는 무엇보다도 이들과의 의사소통(意思疏通)은 중요한 요소가 된다. 따라서 외사경찰의 전문성 확보는 무엇보다도 중요한 일이다.

그리고 이를 위한 일환으로 경찰조직은 귀화경찰관(歸化警察官)을 선발하여 외국인 근로자, 유학생, 다문화가정을 상대로 범죄신고 요령 등 범죄예방 순회교육을 실시하고 있다.

이를 통해 외국인의 인권의식을 함양하고 피해신고를 활성화함으로써 외국인 범죄가 발생할 수 있는 환경을 사전에 차단하고자 하고 있다. 아울러 외국인 범죄발생이 용이한 환경에 대한 집중관리·점검을 통해서 외국인 범죄의 토착화(土着化)를 방지하고 있다.

국내체류 외국인과 귀화경찰관

① 국내체류 외국인

국내체류 외국인은 2015년 1,899,519명에서 2019년 현재 2,524,656명으로 5년 동안 약 62만 5천명이 증가하는 등, 그동안 꾸준히 증가하고 있음을 알 수 있다. 그리고 그 구성도 과거 방문취업자 등 근로목적의 체류에서 국제결혼이주자, 유학생, 투자자 등으로 다양해지고 있다.

일본 도쿄에서 성매매업소를 운영하며, 한국인 여성 등을 고용하여 성을 매수하고자 하는 남자가 지정하는 숙박업소까지 태워주는 방법으로 일본인과의 성매매를 알선한 피의자 일당을 검거하기도 하였다. 경찰청(2020), 앞의 책, p. 185.

국적별로는 중국(약 110만명, 43.6%)이 가장 많았고, 베트남(약 22만 5천명, 8.9%), 태국(약 21만명, 8.3%), 미국(약 15만 7천명, 6.2%), 일본(약 8만 6천명, 3.4%), 우즈베키스탄(약 7만 5천명, 3.0%), 필리핀(약 6만 2천명, 2.5%) 등의 순으로 나타나고 있다.[9)]

② 귀화경찰관

2006년 중국 출신 이려 경사(대구 북부경찰서 외사계)를 시작으로, 2007년 신춘화 경사(서울 구로서 외사계), 그리고 2008년에 필리핀 출신 아나벨 경사(안산 단원경찰서 원곡 다문화파출소)가 귀화경찰관으로 임용되었다.

2015년 현재 총 18명(중국 출신 13명, 베트남 2명, 필리핀 1명, 캄보디아 1명 등)의 귀화경찰관이 외국어 전문요원으로 치안일선에 경찰업무를 수행하고 있다. 이 가운데 16명이 여성경찰관이다.[10)]

이러한 귀화경찰관의 수는 한국에 체류하는 외국인의 규모 및 다문화(多文化) 가정의 증가 추세에 비추어 볼 때, 미미한 수준이며 따라서 향후 보다 많은 채용이 요구된다.

그리고 국가 간 교류 증대에 따른 해외 범죄조직의 국내조직과의 연계 등 위법행위를 차단하고자 노력하고 있다. 이를 위해 외사경찰은 유흥업소 관리, 도박장 운영, 마약밀매, 성매매, 환치기, 여권밀매 등 조직적 범죄행위 가능성을 파악하는 한편, 동아시아권 출신 외국인들 가운데 폭력사범이 많기 때문에 이들 국가와 연계하여 정보를 공유하고 이에 대한 공동대책을 마련하고 있다.

한편, 외사경찰은 국제테러의 위협에 대응하여 대테러활동을 강화하고 있다. 이를 위해 미국 FBI, 주한미군, 국가정보원, 인터폴 등 국내외 정보·수사기관과 공조체제를 구축하여 활발한 첩보활동을 수행하고 있다.

한편, 중국·일본·러시아 등과도 양자간 또는 다자간 대테러 협의회를 통해 실질적인 교류폭을 확대하고 있다. 또한 안보위해 우려자에 대한 입국 차단 및 항공테러 예방을 위한 보안검색 등 국제공항·항만의 외사보안 활동을 강화하고 있다.

9) 경찰청(2020), 앞의 책, pp. 180-181.

10) 연합뉴스(2015. 09. 24.).

출입국 심사와 외국인 입국 금지

① 출입국 심사

형사정책적 차원에서 내국인 및 외국인에 대한 적절한 출국과 입국의 심사는 매우 중요하다고 본다. 이러한 출입국심사 업무는 외국의 경우에는 경찰에서 담당하는 경우가 많으나, 우리나라는 법무부 소속 출입국관리공무원이 담당하고 있다(출입국관리법 제3조, 제11조).

② 외국인 입국금지

법무부장관은 다음의 어느 하나에 해당하는 외국인에 대하여는 입국을 금지할 수 있다(출입국관리법 제11조 제1항 각호).

㉠ 감염병환자, 마약류중독자, 그 밖에 공중위생상 위해를 끼칠 염려가 있다고 인정되는 사람

㉡ 총포·도검·화약류 등의 안전관리에 관한 법률에서 정하는 총포·도검·화약류 등을 위법하게 가지고 입국하려는 사람

㉢ 대한민국의 이익이나 공공의 안전을 해치는 행동을 할 염려가 있다고 인정할 만한 상당한 이유가 있는 사람

㉣ 경제질서 또는 사회질서를 해치거나 선량한 풍속을 해치는 행동을 할 염려가 있다고 인정할 만한 상당한 이유가 있는 사람

㉤ 사리 분별력이 없고 국내에서 체류활동을 보조할 사람이 없는 정신장애인, 국내체류비용을 부담할 능력이 없는 사람, 그 밖에 구호(救護)가 필요한 사람

㉥ 강제퇴거명령을 받고 출국한 후 5년이 지나지 아니한 사람

㉦ 1910년 8월 29일부터 1945년 8월 15일까지 사이에 다음의 어느 하나에 해당하는 정부의 지시를 받거나 그 정부와 연계하여 인종, 민족, 종교, 국적, 정치적 견해 등을 이유로 사람을 학살·학대하는 일에 관여한 사람

가. 일본 정부

나. 일본 정부와 동맹 관계에 있던 정부

다. 일본 정부의 우월한 힘이 미치던 정부

㉧ '㉠'부터 '㉦'까지의 규정에 준하는 사람으로서 법무부장관이 그 입국이 적당하지 아니하다고 인정하는 사람

한편, 법무부장관은 입국하려는 외국인의 본국(本國)이 제1항 각 호 외의 사유로 국민의 입국을 거부할 때에는 그와 동일한 사유로 그 외국인의 입국을 거부할 수 있다(제11조 제2항).

3. 외사범죄의 수사

외국인 관련범죄 또는 우리나라 국민의 국외범, 대사관·공사관에 관한 범죄 그 외 외국에 관한 범죄(이하 '외국인 등 관련범죄'라 함)의 수사에 관하여 ㉠ 조약, 협정 그 밖의 특별한 규정이 있을 때에는 그에 따르고, ㉡ 특별한 규정이 없을 때에는 본 절의 규정에 의하는 외에 일반적인 수사절차를 따른다(경찰청 범죄수사규칙 제206조).[11]

참고적으로 국내에서 발생한 2019년 현재 외국인 범죄 죄종별 검거현황을 살펴보면 다음과 같다. 지난 2018년에는 외국인 범죄 검거인원이 34,832명인 것을 감안 한다면, 외국인 범죄가 빠르게 증가(12.7%)가 하고 있음을 알 수 있다.[12]

외국인 범죄 죄종별 검거현황

(단위: 명)

구분	계	살인	강도	성범죄	절도	폭력	지능범	교통	기타
피의자수	39,249	83	85	768	3,395	9,141	5,686	7,904	12,187

1) 일반 외국인 범죄 수사

일반 외국인에 의한 범죄는 개별법(예: 출입국관리법, 여권법 등)과 형사소송법, 「경찰수사규칙」(행정안전부령), 그리고 「경찰청 범죄수사규칙」(경찰청훈령) 제5절 '외국인 등 관련범죄에 관한 특칙'의 일반적인 수사절차에 따라 수사하게 된다.

이러한 일반 외국인 범죄수사에 있어서는 언어, 풍속과 습관의 차이를 고려해야 하며, 외국인을 체포·구속하였을 때에는 지체 없이 그 자에 대한 변호인선임권, 진술거부권 등 일반적인 사항을 고지해야 한다.

그리고 경찰관은 외국인 등 관련 범죄 중 중요한 범죄에 관하여는 미리 국가수사본부장에게 보고하여 그 지시를 받아 수사에 착수하여야 한다. 다만, 급속을 요하는 경우에는 필요한 처분을 한 후 신속히 국가수사본부장의 지시를 받아야 한다(경찰청 범죄수사규칙

11) 외국인 등 관련범죄를 그 성격에 따라 일반외사사범과 국제성범죄로 구분할 수 있다. ① 일반외사사범은 범죄의 인적·물적·장소적 구성이 성질상 국제성 범죄에 속하지 않는 범죄로서 출입국관리법, 여권법, 외국인토지법, 밀항단속법 등 위반사범과 같이 외국과 관련된 것이기는 하나 조직성 및 이동성이 적은 일반사범을 말한다. ② 국제성범죄는 국제협약 등에서 규정하고 있는 범죄와 인적·장소적으로 2개국 이상에 걸쳐 행하여지는 범죄를 말한다. 여기에는 국제간첩사건과 같은 반국가적 범죄, 국제테러분자, 마약 등의 밀수, 인신매매 등 인간의 존엄성과 건강을 해치는 범죄, 그리고 국제통화위조 등의 범죄를 들 수 있다. 김충남(2008), 앞의 책, pp. 561-563.

12) 경찰청(2020), 앞의 책, p. 183.

第208조).

그러나 경찰은 외국인 등 관련범죄의 수사를 함에 있어서는 국제법과 국제조약에 위배되는 일이 없도록 유의해야 한다(경찰청 범죄수사규칙 제232조). 따라서 외국인 등의 관련범죄 수사에 있어서 「영사관계에 관한 비엔나 협약」에서 규정하고 내용을 준수해야 한다.

영사관계에 관한 비엔나 협약: 파견국 국민과의 통신 및 접촉(제36조)

① 파견국의 국민에 관련되는 영사기능의 수행을 용이하게 할 목적으로 다음의 규정이 적용된다.

㉠ 영사관원은 파견국의 국민과 자유로이 통신할 수 있으며 또한 접촉할 수 있다. 파견국의 국민은 파견국 영사관원과의 통신 및 접촉에 관하여 동일한 자유를 가진다.

㉡ 파견국의 영사관할구역내에서 파견국의 국민이, 체포되는 경우, 또는 재판에 회부되기 전에 구금 또는 유치되는 경우, 또는 기타의 방법으로 구속되는 경우에, 그 국민이 파견국의 영사기관에 통보할 것을 요청하면, 접수국의 권한 있는 당국은 지체 없이 통보하여야 한다. 체포, 구금, 유치 또는 구속되어있는 자가 영사기관에 보내는 어떠한 통신도 동 당국에 의하여 지체 없이 전달되어야 한다. 동 당국은 관계자에게 본 세항에 따를 그의 권리를 지체 없이 통보하여야 한다.

㉢ 영사관원은 구금, 유치 또는 구속되어 있는 파견국의 국민을 방문하며 또한 동 국민과 면담하고 교신하며 또한 그의 법적대리를 주선하는 권리를 가진다. 영사관원은 판결에 따라 그 관할구역 내에 구금, 유치 또는 구속되어 있는 파견국의 국민을 방문하는 권리를 또한 가진다. 다만, 구금, 유치 또는 구속되어 있는 국민을 대신하여 영사관원이 조치를 취하는 것을 동 국민이 명시적으로 반대하는 경우에, 동 영사관원은 그러한 조치를 삼가 하여야 한다.

② 위에서 언급된 권리는 접수국의 법령에 의거하여 행사되어야 한다. 다만, 동 법령은 본조에 따라 부여된 권리가 의도하는 목적을 충분히 실현할 수 있어야 한다는 조건에 따라야 한다.

한편, 경찰관은 대한민국의 영해에 있는 외국 선박내에서 발생한 범죄로서 다음의 어느 하나에 해당하는 경우에는 수사를 하여야 한다(경찰청 범죄수사규칙 제214조 각호).

㉠ 대한민국 육상이나 항내의 안전을 해할 때

㉡ 승무원 이외의 사람이나 대한민국의 국민에 관계가 있을 때

㉢ 중대한 범죄가 행하여졌을 때

그리고 경찰관(즉, 사법경찰관리)는 외국인을 조사하는 경우에는 조사를 받는 외국인이 이해할 수 있는 언어로 통역해 주어야 한다(경찰수사규칙 제91조 제1항). 경찰관(사법경찰관리)는 외국인을 체포·구속하는 경우 국내 법령을 위반하지 않는 범위에서 영사관원과 자유롭게 접견·교통할 수 있고, 체포·구속된 사실을 영사기관에 통보해 줄 것을 요청할 수 있다는 사실을 알려야 한다(제91조 제2항).

2) 외교사절 등의 범죄수사

위에서 언급한 바와 같이 외국인 등 관련범죄의 수사에 있어서 조약, 협정 그 밖의 특별한 규정이 있을 때에는 그에 따르도록 하고 있다(범죄수사규칙 제231조 단서).

즉, 외교사절(外交使節)은 「외교관계에 관한 비엔나 협약」에 의해 일정한 외교특권(外交特權)을 가지고 있기 때문에 이들에 대한 범죄수사에서 이를 준수하고, 대외보안에도 유의해야 한다.[13)]

외교관계에 관한 비엔나 협약

① 공관과 주거의 불가침(제22조·제30조)

㉠ 공관지역은 불가침이다. 접수국의 관헌(경찰공무원 등)은 공관장의 동의 없이는 공관지역에 들어가지 못한다.

㉡ 접수국은 어떠한 침입이나 손해에 대하여도 공관지역을 보호하며, 공관의 안녕을 교란시키거나 품위의 손상을 방지하기 위하여 모든 적절한 조치를 취할 특별한 의무를 가진다.

㉢ 공관지역과 동 지역 내에 있는 비품류 및 기타 재산과 공관의 수송수단은 수색, 징발, 차압 또는 강제집행으로부터 면제된다.

㉣ 외교관의 개인주거는 공관지역과 동일한 불가침과 보호를 향유한다.

㉤ 외교관의 서류, 통신문 그리고 특별한 경우를 제외한 그의 재산도 동일하게 불가침권을 향유한다.

13) 외교사절(外交使節)로서 대사와 공사가 있다. ① 대사(大使, Ambassador)는 외교사절의 최고 계급이며, 외국에 상주하는 외교사절단의 최고 장으로써 국가를 대표하는 외교교섭과 함께 자국민에 대한 보호와 감독의 임무를 수행한다. ② 공사(公使, Minister) 역시 국가를 대표하여 파견되는 외교사절을 의미하며, 대사 다음으로 제2 계급의 외교사절로서 정식명칭은 특명전권공사이다. 대사와 공사의 자리 순서 배치나 공식 행사와 관련된 경우를 제외 한다면 큰 차이가 없다. 국제법상의 외교특권 및 면제에 대해서도 동일하며, 공사의 임무는 접수국과의 교섭과 파견국의 이익 옹호, 접수국의 정보를 파견국으로 송부, 양국 간의 우호 증진 등의 일을 하고 있다. 한편, ③ 영사(領事, Consul) 외국에 있으면서 외교부장관과 특명전권대사 또는 공사의 지시를 받아 자국의 무역통상 이익을 도모하며, 주재국(駐在國)에 있는 자국민 보호를 하는 것이 주요 임무이다. 영사는 총영사, 영사, 부영사, 영사대리 등으로 분류가 된다. 외교사절은 본국을 대표하는 기관이므로 광범위한 특권과 면제가 인정되지만, 영사는 본국을 대표하는 것이 아니기 때문에 특권과 면제가 다소 제한적이다.

② **신체의 불가침(제29조)**

외교관의 신체는 불가침이다. 외교관은 어떠한 형태의 체포 또는 구금도 당하지 아니한다. 접수국은 상당한 경의로서 외교관을 대우하여야 하며 또한 그의 신체, 자유 또는 품위에 대한 여하한 침해에 대하여도 이를 방지하기 위하여 모든 적절한 조치를 취하여야 한다(다만, 사절이 국내질서를 교란하거나 불법행위를 감행하는 경우에는 자위적 조치를 위하여 일시적으로 구속할 수 있을 것이다).

③ **재판관할권으로부터의 면제(제31조)**

㉠ 외교관은 접수국의 형사재판관할권으로부터의 면제를 향유한다. 외교관은 또한, 일정한 경우를 제외하고는 접수국의 민사 및 행정재판 관할권으로부터의 면제를 향유한다.

㉡ 외교관은 증인으로서 증언을 행할 의무를 지지 아니한다. ㉢(생략).

㉣ 접수국의 재판관할권으로부터 외교관을 면제하는 것은 파견국의 재판관할권으로부터 외교관을 면제하는 것은 아니다.[14)]

(1) 대사·공사 등에 관한 특칙

경찰관은 외국인 등 관련범죄를 수사함에 있어서는 다음 각 호의 어느 하나에 해당하는 사람의 외교 특권을 침해하는 일이 없도록 주의하여야 한다(경찰청 범죄수사규칙 제209조 제1항 각호).

㉠ 외교관 또는 외교관의 가족

㉡ 그 밖의 외교의 특권을 가진 사람

경찰관은 위에 규정된 사람의 사용인을 체포하거나 조사할 필요가 있다고 인정될 때에는 현행범인의 체포 그 밖의 긴급 부득이한 경우를 제외하고는 미리 국가수사본부장에게 보고하여 그 지시를 받아야 한다(제209조 제2항). 그리고 경찰관은 피의자가 외교 특권을 가진 사람인지 여부가 의심스러운 경우에는 신속히 국가수사본부장에게 보고하여 그 지시를 받아야 한다(제209조 제3항).

한편, 경찰관은 대·공사관과 대·공사나 대·공사관원의 사택 별장 혹은 그 숙박하는 장소에 관하여는 해당 대·공사나 대·공사관원의 '청구'(請求)가 있을 경우 이외에는 출

14) ① 파견국은 외교관 및 기타 면제를 향유하는 자에 대한 재판관할권의 면제를 포기할 수 있다. ② 포기는 언제나 명시적이어야 한다. ③ 외교관 및 재판관할권의 면제를 향유하는 자가 소송을 제기한 경우에는 본소에 직접 관련된 반소에 관하여 재판관할권의 면제를 원용할 수 없다(외교관계에 관한 비엔나 협약 제32조).

입해서는 아니 된다. 다만, 중대한 범죄를 범한 자를 추적 중 그 사람이 위 장소에 들어간 경우에 지체할 수 없을 때에는 대·공사, 대·공사관원 또는 이를 대리할 권한을 가진 사람의 '사전 동의'(事前同意)를 얻어 수색하여야 한다(경찰청 범죄수사규칙 제210조 제1항).

경찰관이 위에 따라 수색을 행할 때에는 지체 없이 국가수사본부장에게 보고하여 그 지시를 받아야 한다(제210조 제2항).

(2) 외국군함의 승무원에 대한 특칙

경찰관은 외국군함에 속하는 군인이나 군속이 그 군함을 떠나 대한민국의 영해 또는 영토 내에서 죄를 범한 경우에는 신속히 국가수사본부장에게 보고하여 그 지시를 받아야 한다(경찰청 범죄수사규칙 제212조).

다만, 현행범 그 밖의 급속을 요하는 때에는 체포 그 밖의 수사상 필요한 조치를 한 후 신속히 국가수사본부장에게 보고하여 그 지시를 받아야 한다(제212조 하단).

한편, 경찰관은 외국군함에 관하여는 해당 군함의 함장의 '청구'가 있는 경우 외에는 이에 출입해서는 아니 된다(경찰청 범죄수사규칙 제211조 제1항).

그리고 경찰관은 중대한 범죄를 범한 사람이 도주하여 대한민국의 영해에 있는 외국군함으로 들어갔을 때에는 신속히 국가수사본부장에게 보고하여 그 지시를 받아야 한다. 다만, 급속을 요할 때에는 해당 군함의 함장에게 범죄자의 임의의 인도를 요구할 수 있다(제211조 제2항).

(3) 영사 등에 관한 특칙

경찰관은 임명국의 국적을 가진 대한민국 주재의 총영사, 영사 또는 부영사에 대한 사건에 관하여 구속 또는 조사할 필요가 있다고 인정될 때에는 미리 국가수사본부장에게 보고하여 그 지시를 받아야 한다(경찰청 범죄수사규칙 제213조 제1항).

경찰관은 총영사, 영사 또는 부영사의 사무소는 해당 영사의 청구나 동의가 있는 경우 외에는 이에 출입해서는 아니 된다(제213조 제2항).

한편, 경찰관은 총영사, 영사 또는 부영사의 사택이나 명예영사의 사무소 혹은 사택에서 수사할 필요가 있다고 인정될 때에는 미리 국가수사본부장에게 보고하여 그 지시를 받아야 한다(제213조 제3항).

3) 주한미군 등의 범죄수사

(1) 주한미군 지위협정에 의한 주한미군의 법적 지위

주한미군(駐韓美軍)은 법적 지위는 미군의 법적 지위를 규정한 협정(SOFA: Status Of Forces Agreement)에 의하고 있다. 이 협정에 따라 한국에 주둔하고 있는 미군의 범죄사건에 대해서는 그 처리과정에서 경찰 등 한국 형사사법기관의 개입 여지가 매우 제한된다. SOFA는 미국에서는 행정협정이지만 우리나라에서는 국회비준을 거친 정식 조약(條約)에 해당한다.[15)]

(2) 주한미군 지위협정의 인적 범위

① 미국군대의 구성원

대한민국 영역 안에 있는 미국군대의 구성원으로서 현역 군인을 말한다. 대한민국 영역 안에서 복무하고 있는 것이 아닌, 공적인 목적 또는 사적인 목적으로 우리나라에 방문한 미군은 제외된다. 그리고 준외교특권을 향유하는 미국 대사관 소속의 군인과 군사고문단 협정에 그 신분이 인정된 자는 제외된다(협정 제1조).

② 군속

군속(軍屬)이란 미국의 국적을 가진 민간인으로서, 대한민국에 주둔하고 있는 미군에 고용되어 있거나 동반하고 있는 자를 말한다.

다만, 통상적으로 대한민국에 거주하고 있는 자는 제외된다. 그리고 한미 양국의 국적을 모두 가진 이중 국적자 및 특정기술자로서 미국에 의하여 고용될 목적만으로 대한민국에 들어온 자는 본 협정의 적용대상이 된다.

---

15) 이하 조철옥(2011), 경찰학각론, 경기: 21세기사, pp. 435-442 재구성.; SOFA는 대한민국과 미합중국의 상호 이익을 위하여 전문 및 31개조로 구성된 협정서가 1966년에 체결(1967년 발효)되었다. 현재 미국은 한국을 비롯해 일본, 호주, 그리스 등 40여 개 국가와 SOFA를 맺고 있다. 한국과 맺은 SOFA는 2차례 개정이 이루어졌다. 즉, ① 한국 당국이 능동적으로 재판권 행사의사를 표명하지 않는 한 미군 당국이 재판권을 행사한다는 '교환각서' 및 한국당국의 재판권 행사를 살인·강간 등 중대한 범죄자에만 국한시켰던 '합의 양해사항'을 폐기하였다(제1차 개정, 1991.1.4.). ② 중요범죄에 대한 미군 피의자(被疑者) 신병인도 시기가 재판 후에서 기소 후로 앞당겨졌으며, 환경조항·노무조항·민사소송절차 등이 신설되었다(제2차 개정, 2001.1.18.). ③ 그러나 범죄를 저지른 미군의 신병 인도 시점이 여전히 한국에 불리한 데다 범죄 개념과 관련해 작전 중 일어난 일은 제외하도록 되어 있어 신병 인도를 거부할 수 있는 조항은 그대로 남았다. 2002년 미군이 훈련 중 탱크로 여중생 두 명을 사망하게 한 사건이 발생하자 미군 측은 작전 중에 일어난 사고라고 하면서 가해 미군에게 무죄를 선고하였다. 이 사건은 한국민들의 감정을 자극해 최대 규모의 SOFA 개정 시위로 이어져 대통령 선거와 한미 외교에 주요 쟁점으로 부각되었다. 2012년 이명박 정부와 미국 당국은 이 협정에 대한 개정에 합의하였으나 아직 개정이 이루어지지 못하고 오늘에 이르고 있다.

③ 가족

원칙적으로 가족이란 미군과 군속의 배우자 및 21세 미만의 자녀를 말한다. 다만, 부모 및 21세 이상의 자녀 또는 기타 친척으로서 그 생계비의 반액 이상을 미군의 구성원 또는 군속에 의존하는 자는 가족의 범위에 포함된다.

④ 초청계약자

미군 및 미군으로부터 군수지원을 받는 주한 외국군대 등과의 계약이행만을 위하여 대한민국에 체류하고 미국정부가 지정한 자와 그 가족을 말한다.

(3) 형사재판권과 재판전 형사절차

① 형사재판권

주둔군(즉, 주한 미군)에 대한 접수국(즉, 대한민국)의 형사재판권에 관한 국제관례는 접수국의 관할에 속하는 것이 원칙이다. 다만 주둔의 이유 등을 고려하여 접수국과 파견국간의 협정에 따라 관할권이 나누어지는 것이 일반적인 현상이다. 이러한 재판 분장의 원칙에 의해 대한민국과 미군당국이 모두 재판권 행사의 주체가 되고 있다.

따라서 양자 간에 전속적·배타적 재판권을 인정하고 있다. 즉, SOFA의 적용대상이 되는 자(미군, 군속, 가족, 초청계약자 등)들이 범죄를 저질렀을 경우, 사안에 따라서 형사재판권이 인정된다. 이와 관련하여 주한미군 지위협정 제22조에 의해 다음과 같이 규정하고 있다.

㉠ 미국의 전속 재판권

주한 미군의 구성원이나 군속이나 그 사람들의 가족이 대한민국 내에서 죄를 범한 때 그것이 미국 법령에 의하여서는 처벌할 수 있으나 대한민국 법령에 의해서는 처벌할 수 없는 범죄(미국의 안전에 관한 범죄 포함)일 때에는, 미국이 전속(傳屬)된 재판권을 행사할 권리가 있다.

㉡ 대한민국의 전속 재판권

또한 대한민국 법령에 의해서는 처벌할 수 있으나 미국 법령에 의해서는 처벌할 수 없는 범죄(대한민국의 안전에 관한 범죄 포함)일 때에는, 대한민국이 전속된 재판권을 행사할 권리가 있다.

㉢ 재판권 경합의 경우

한편, 재판권을 행사할 권리가 경합하는 경우에는 미국의 재산이나 안전을 대상으로 한 범죄와 미군나 군속이나 그 가족의 신체나 재산을 대상으로 한 범죄, 공무집행 중 작위나 부작위에 의한 범죄는 미국이 제1차 재판권이 있다.

기타 범죄는 대한민국이 제1차 재판권이 있으나 합의 의정서에서는 대한민국은 미군 당국이 요청할 때, 재판권 행사가 중요하다고 결정하는 때를 제외하고는, 이 제1차 권리를 포기한다고 규정하고 있다.

② 재판전 형사절차

㉠ 미군 당국이 체포한 경우

피의자 구금 및 인도와 관련하여 미군 당국이 체포한 경우에는 원칙적으로 대한민국의 요청이 있으면, 미군 당국은 이를 '호의적으로 고려해야 한다'고 규정하고 있다. 따라서 대한민국 당국이 구금을 요청할 때까지 미군당국이 계속 구금 할 수 있다.

다만, 12개 중요범죄(살인, 강간, 방화, 흉기휴대 강도, 마약류범죄, 갈취목적 유괴, 폭행치사, 상해치사, 음주운전치사, 교통사고치사 후 도주 등)인 경우에는 경찰의 조사가 끝나고 검찰에 사건 송치 후, 검찰이 구속의 상당한 이유와 필요가 있고 재판확정 전에 신병을 인도받는 것이 상당하다고 판단되는 경우에는 검찰총장의 승인을 받아 구속영장을 청구하여 미군 당국으로부터 신병을 인도받을 수 있다. 이 경우 24시간 이내에 기소해야 한다(협정 제22조 제5항).

㉡ 대한민국 당국이 체포한 경우

한편, 대한민국 당국이 체포한 경우에는 원칙적으로 미군 당국의 요청이 있으면,[16] '인도해야 한다'고 규정하고 있으므로 미군 당국에 인도해야 한다. 대한민국은 재판절차가 종료된 후에 미군 당국에 인도요청을 하여 신병을 인도 받는다.

다만, 12개 중요범죄를 저지른 피의자를 대한민국 경찰이 현행범으로 체포한 경우, 구속의 이유와 필요가 있을 시(증거인멸, 도주 우려, 피해자나 증인의 피해

16) 범죄를 저지른 SOFA 대상자의 체포와 인도에 있어 상호협력의 취지가 명시되어 있고, 관련 범죄자를 체포한 경우 상호 통고 및 통지의무를 명시하고 있다. 이에 따라 대한민국의 경우에는 즉결심판사안을 제외한 모든 사건을 가장 인접한 주한미군 헌병대에 통고해야 하고, 미국의 경우에는 한국이 1차적 재판권을 가질 경우에만 한국 측에 통고하도록 하고 있다.

가능성 등)에는 신병을 미군 당국에 인도하지 않고 계속 구금하여 수사가 가능하다(협정 제22조 제5항).

미군 장갑차에 의한 중학생 압사 사건

2002년 6월 13일 미군 장갑차에 의한 중학생 압사 사건이 발생하였다. 당시 조양중학교 2학년이던 신○○, 심○○이 경기도 양주시 광적면 효촌리 소재 국가지원지방도 제56호선에서 갓길을 걷다가 주한 미군 미 보병 2사단 대대 전투력 훈련을 위해 이동 중이던 부교 운반용 장갑차에 깔려 현장에서 숨진 사건이다. 사고가 난 도로의 폭은 3.3m 정도인데 반해 사고차량의 폭은 3.65m 이어서 사고차량이 중앙선을 침범하지 않으려면 갓길을 걷고 있던 학생을 치지 않을 수 없다. 사고가 난 도로는 인도(人道)가 따로 없는 편도 1차선의 좁은 도로로, 주민들은 평소 갓길을 인도삼아 통행해 왔다. 13일 사고가 난 이후 유족들은 "당시 사고 차량의 너비가 도로 폭보다 넓은 데다 마주오던 차량과 무리하게 교행을 시도했다는 점에서 이번 사고는 이미 예견된 살인행위였다"고 주장했다.

이 사건에 대해 미군 당국은 7월 3일 운전병과 관제병을 과실치사죄(過失致死罪)로 미 군사법원에 기소하는 한편, 라포트 주한 미군 사령관의 사과를 전했다. 그와 별도로 대한민국 검찰도 관련 미군에 대해 자체 조사를 벌이기로 했다. 이는 유족들이 6월 28일 차량 운전병과 관제병, 미2사단장 등 미군 책임자 6명을 업무상 과실치사 혐의로 의정부지청에 고소하고, 미국 측의 재판권 포기를 요청한 것에 따른 것이다.

그러나 미군 측은 신변 위협을 이유로 검찰의 소환조사에 응하지 않았다. 법무부는 7월 10일, 사상 처음으로 미국 측에 재판권 포기 요청서를 보냈다. 그러나 8월 7일 미군 당국은 "동 사고가 공무 중에 일어난 사고이기에 재판권이 미국에 있으며, 이제껏 미국이 1차적 재판권을 포기한 전례가 없다"라는 이유를 들어 재판권 포기를 거부했다.

이후 11월 18일부터 11월 23일까지 동두천 미 군사법정에서 열린 군사재판에서 배심원단은 기소된 미군 2명 모두에게 공무를 행하던 중 발생한 과실사고임을 근거로 무죄(not guilty)판결을 내렸다. 이후 미군은 무죄판결이 있은 지 5일 만인 11월 27일 사죄 성명을 발표하였다. 이러한 사건이 발생 한지 10년이 지난 2012년 5월, 한미는 주한미군 지위협정(SOFA)에 대한 개정에 합의하고, 범죄 피의자인 미군 관계자의 신병을 기소 전에 한국 당국에 인도할 수 있도록 하기로 하였으나 아직까지 개정은 이루어지지 못하고 있다.

4. 국제경찰공조

국제경찰공조는 인터폴을 통한 공조, 외교경로(즉, 범죄인 인도조약과 범죄인 인도법, 형사사법 공조조약과 국제형사사법 공조법), 그리고 해외주재관을 통한 공조 등을 들 수 있다.

1) 인터폴

(1) 인터폴의 의의

인터폴은 국제범죄의 예방과 진압을 위하여 인터폴 헌장과 각 회원국의 국내법이 허용하는 범위 내에서 국제범죄에 관한 정보를 교환하고 범죄자 체포 및 인도에 대하여 상호협력하는 정부간 국제기구인 '국제형사경찰기구'(ICPO-INTERPOL: International Criminal Police Organization)를 말한다.

주의할 것은 인터폴은 일반인들이 생각하는 것처럼 자체 내에 수사관을 두고 초국가적 범죄에 대한 수사권(搜査權)을 행사하는 '국제경찰'을 의미하는 것은 아니다.[17]

주지하는 바와 같이 현대사회의 교통, 통신, 전산시스템의 발달은 범죄자들로 하여금 국경을 초월한 범죄활동을 가능하게 하였고, 이러한 범죄의 '무국경화'(無國境化)현상은 국제교류의 지속적인 증가로 더욱 뚜렷해지고 있다. 이로 인해 발생하는 범죄를 이른바 '국제범죄'라고 부르고 있다.

그런데, 이러한 국제범죄를 수사하여 그 범인들을 추적, 체포한다는 것은 결코 쉬운 일이 아니다. 왜냐하면 이를 위해서는 각 국가나마다 상이한 형사사법절차, 수사체제, 문화와 관습, 언어 등의 문제를 극복하고 관련 국가의 경찰 및 형사사법기관이 다방면에 걸쳐서 서로 협력하지 않으면 안 되기 때문이다.

(2) 인터폴의 지위

① 국제기구로서의 지위

인터폴은 창설 초기 각국 경찰기관의 정례적 협의체에 불과한 비정부간 기구에 불과하였다. 그러나 국제범죄에 대한 활동과 역할이 그 중요성을 더해감에 따라 인터폴은 국제

17) 1914년 모나코 왕자 알버트 1세는 세계 여러 나라의 법학자, 경찰관 등을 초청하여 '국제형사경찰회의'(International Criminal Police Congress)를 개최하였는데, 이것이 국제경찰협력의 시초라 할 수 있다. 이후 변화과정을 겪다가 1956년 비엔나(Vienna)에서 현재의 국제형사경찰기구 즉, 인터폴로 불리게 되었다. 2018년 현재 전 세계 194개국이 회원국으로 가입하고 있으며, 우리나라는 1964년 인터폴에 가입하였다. 경찰청(2002), 인터폴(Interpol), pp. 3-8.; 다음백과(https://100.daum.net/encyclopedia).

경찰협력의 주체인 정부간 기구로서의 지위를 인정받게 되었다.

즉, 1971년 5월 UN의 경제사회이사회는 결의안에서 인터폴을 정부간 국제기구로 공식 인정 한 후 인터폴과 '상호협력을 위한 특별약정'을 체결하였다. 1996년 10월에 UN은 인터폴에 옵서버(observer: 회의 등에 정식참가자로 인정되지는 않으나, 특별히 참석이 허용된 사람) 자격으로 UN총회의 회기와 업무에 참여할 수 있는 권한을 부여하였다. 또한 UN의 교육·과학·문화기구(UNESCO, 유네스코)도 인터폴과 체결한 양해각서를 통하여 인터폴을 정부간 기구로 인정하였다. 그리고 인터폴 본부가 소재한 프랑스 및 지역사무분국이 소재한 태국 등 5개 국가는 인터폴 직원 및 시설물에 대하여 일정한 면책특권을 부여하고 있다는 점 역시 인터폴이 정부간 국제기구라는 사실을 뒷받침하고 있다.[18]

② 법적 지위: 권한

인터폴은 인터폴 헌장(憲章, Constitution), 일반규정 및 각 회원국의 국내법에 의거하여 국제경찰협력을 위해 활동하는 정부간 기구이나, 그 성립 및 활동이 국제조약(國際條約), 협약(協約) 또는 이와 유사한 기속력 있는 법적 근거에 의한 것은 아니다. 그리고 그 헌장 역시 외교적 서명이나 각 회원국 정부의 비준을 요청하는 것이 아니다.[19]

이러한 인터폴의 특성으로 인해 인터폴은 기구 자체가 체포, 압수, 수색 등 범죄수사권을 행사할 수는 없으며, 단지 그러한 권한은 인터폴 사무총국이나 타 국가중앙사무국으로부터 공조수사를 의뢰받은 회원국이 자국 법령이 인정하는 한도 내에서 행사할 수 있을 뿐이다.

다만 인터폴은 정부간 국제기구로서 국제법상 그 자신의 고유한 권한과 특권을 보유하고 있다고 할 수 있다. 즉, 1990년 12월 UN총회에서 채택한 「범죄인 인도에 관한 유엔모델 조약」은 효과적인 범죄통제를 위해 긴급한 경우 범죄인 인도청구서를 송부하기 전에 범죄인에 대한 긴급인도구속을 인터폴의 통신수단에 요청할 수 있다고 함으로써 범죄인 인도에 관한 인터폴의 법적인 지위를 인정하였고, 범죄인 인도에 대한 대표적인 다자간 조약인 「범죄인 인도 유럽협약」도 인터폴을 통하여 긴급인도구속을 '청구'(請求)할 수 있도록 규정하고 있다.

또한 1998년 7월 로마에서 채택된 국제형사재판소(ICC: International Criminal Court) 규정에도 당사국에 대한 협력요청을 인터폴을 통하여 전달할 수 있다고 명시되어 있는 등 여러 국제조약에서 인터폴의 법적 주체성을 인정하고 있다.

18) 경찰청(2002), 앞의 책, pp. 13-14.

19) 위의 책, pp. 14-15.

우리나라도 국내법인 「범죄인 인도법」이 제정(1988년)되어 범죄인 인도에 관한 범위와 절차를 규정하고 있는데, 이를 근거로 하여 외국과 개별적인 범죄인 인도조약을 체결해 오고 있다. 이 중 캐나다, 아르헨티나, 파라과이, 스페인, 뉴질랜드 등의 국가와 맺은 범죄인 인도조약은 인터폴을 통한 범죄인 긴급인도구속청구 절차를 명시하고 있다.

그러나 범죄인 인도법에는 우리나라가 체결한 일부 범죄인 인도조약에 명시되어 있는 긴급인도구속 청구시 인터폴을 활용한 규정이 전혀 언급되어 있지 않아 향후 법개정을 통하여 그에 대한 관련규정의 신설이 요망된다.

후술하겠지만, 우리나라의 범죄인 인도법상 범죄인의 인도심사 및 그 청구와 관련된 사건은 서울고등법원과 서울고등검찰청의 전속관할(專屬管轄)로 되어 있다(범죄인 인도법 제3조 단서). 이러한 문제는 범죄수사권한이 검찰에게 귀속되어 있기 때문에 비롯된 문제라고 보며, 따라서 향후 수사권한의 재조정 또는 합리화가 이루어져야 한다고 본다.

한편, 우리나라는 범죄인 인도법과는 별도로 「국제형사사법 공조법」(1991)이 제정되어 있어, 이 법에 따라 형사사건의 수사 또는 재판과 관련하여 외국정부로부터 요청을 받거나 우리나라에서 외국에 요청하는 형사사법 공조의 범위와 절차 등을 규정함으로써 범죄의 예방 및 진압을 위한 국제적인 협력증진을 도모하고 있다(이에 대해서는 후술하기로 한다).

(3) 인터폴의 조직과 행정

인터폴은 비상설기관인 총회 및 집행위원회와 상설기관인 사무총국 및 각 회원국이 자체적으로 구성하는 국가중앙사무국(NCB: National Central Bureau)으로 구성된다.[20] 이 가운데 사무총국과 국가중앙사무국을 중심으로 살펴보기로 한다.

① 사무총국

사무총국은 인터폴의 상설 행정기관임과 동시에 기술기관으로서, 국제범죄 예방과 진압을 위하여 각 회원국 및 국제기관과 긴밀한 협조관계를 유지하면서 각종 국제범죄에 관한 정보를 교환하는 인터폴의 추진체라고 할 수 있다.

사무총국은 사무총장의 지휘하에 각국에서 파견된 현직 경찰관과 현지에서 채용된 기술 및 행정요원들에 의해 운영되고 있다. 우리나라도 1990년 1월부터 경찰관을 파견(2019년 현재 3명: 총경 1명, 경감 2명)하여 관련 업무를 수행하도록 하고 있다.

---

20) 위의 책, pp. 16-30.; 인터폴홈페이지(https://www.interpol.int).

② 국가중앙사무국

국가중앙사무국은 인터폴 회원국 산하 기구로 설치되어 있는 상설기구라 할 있다. 국가중앙사무국은 회원국 경찰기관을 대표하여 사무총국 또는 회원국 간의 국제수사공조에 대해 상호협력 하는 창구역할을 수행한다.

따라서 인터폴 사무총국이나 외국경찰 기관과의 범죄정보 교환이나 수사협조 등 국제적 경찰협력은 각 회원국의 국가중앙사무국을 경유해야 하며, 그렇지 않을 경우에는 정확하고 신뢰성 있는 협력을 보장받을 수 없게 된다. 우리나라는 1965년 5월(내무부예규 제43호)에 경찰청에 「인터폴 대한민국 국가중앙사무국」을 설치·운영해오고 있으며, 경찰청 외사관리관이 국가중앙사무국장을 맡고 있다.

(4) 인터폴 활동

인터폴 사무총국은 각 회원국으로부터 접수되는 각종 국제범죄정보를 기록·축적·분석·정리하여, 회원국의 요청 및 필요에 따라 시의적절하게 제공하고 있다. 이를 위해 국제범죄정보를 다각적(범죄자 신원, 범죄간 연계성, 범죄추세 등)으로 분석하고, 최신 법과학지원시스템(지문 자동감식시스템, 유전자지문(DNA), 재난희생자 신원확인 등)을 활용하고 있다.

인터폴 전용통신망을 통한 국제공조수사

경찰청 「인터폴 대한민국 국가중앙사무국」(KNCB: Korean National Central Bureau)은 전 세계 경찰기관과 광범위하고 실질적인 공조수사체제를 통하여 국외도피사범 송환, 테러정보 수집 등을 비롯한 각종 국제성 범죄에 대응해 오고 있다.

즉, 인터폴 사무총국 및 194개 회원국간 연결된 전용통신망을 통해 인터폴수배 정보, 도난분실여권 정보 등 다양한 DB에 접속하여 이를 공조수사에 활용하고 있다. 특히, 국외도피사범 추적, 사실확인, 기타 자료제공 및 범죄자 첩보 교환 등 연 6,000건 이상의 국제공조 수사업무를 처리하고 있다. 그 결과, 2019년 한국인 도피사범 133명을 포함하여 아시아 전역에서 241명을 검거하였다.[21)]

그리고 사무총국은 각국 국가중앙사무국이 송부한 자료에 근거하여 국제수배서를 발행하고 있다. 사무총국에서 발행된 국제수배서는 전 회원국에 배포되어 피수배자의 검거, 동향감시 및 주의촉구 등의 수단으로 활용된다.

21) 경찰청(2020), 범죄백서, pp. 276-277.

국제수배서 종류

① 적색수배서(Red Notice): 수배서 가운데 가장 중요한 수배서로 오른쪽 위 모서리에 적색의 마크가 표시되어 있어 적색수배서라 한다. 적색수배서는 일반 형법을 위반하여 체포영장이나 구속영장이 발부되고, 범죄인 인도(Extradition)를 목적으로 하는 경우에 한하여 발행된다. 따라서 수배서 신청국가와 범죄인 인도조약이 체결된 국가의 경찰이 피수배자를 발견시 적색수배서를 근거로 피수배자를 긴급인도구속(Provisional Arrest) 할 수 있으며,[22] 그 후에는 범죄인 인도조약에 의한 구금의 청구, 정식 인도유구 등의 절차가 진행되게 된다.

② 청색수배서(Blue Notice): 청색수배서는 피수배자의 신원 및 전과확인, 일반 형법 위반자로서 범죄인 인도청구 가능성이 있는 범죄자의 소재확인 요청을 위해 발행된다.

③ 녹색수배서(Green Notice): 녹색수배서는 여러 국가에서 상습적으로 범행을 하였거나 또는 그럴 가능성이 있는 국제범죄자의 동향을 파악하게 하여 사전에 그 범행을 방지하게 할 목적으로 발행된다. 다만, 전과의 정도, 죄종, 국제범죄조직의 구성원 여부 등을 고려하여 중요한 국제범죄자에 한해 발행한다.

④ 황색수배서(Yellow Notice): 황색수배서는 가출인의 소재확인 또는 심신상실자의 신원확인 목적으로 발행되는 수배서이다.

⑤ 흑색수배서(Black Notice): 흑색수배서는 사망자의 신원을 확인할 수 없거나 사망자가 가명을 사용하였을 경우, 정확한 신원확인을 목적으로 발생하는 수배서이다. 여기에는 사체의 사진과 지문, 치아상대, 문신, 용모의 특성, 의복 및 소지품의 상표 등 사망자 신원파악에 도움이 될 수 있는 자료에 관한 내용이 수록되어 있다.

⑥ 장물수배서(Stolen Property Notice): 장물수배서는 도난 또는 불법적으로 취득한 것으로 보이는 물건(도난차량 등), 문화재(미술품, 고대유물 등)에 대해 발행되는 수배서이다.

⑦ 범죄수법수배서(Modus Notice): 세계 각국에서 범죄인들이 범행시 사용한 특이 범죄수법 등을 사무총국에서 분석·관리하고 그 수법을 각 회원국에 배포하여 각국 수사기관으로 하여금 범죄예방 및 수사의 기초자료, 그리고 교육 자료로 활용하게 할 목적으로 발행하는 수배서이다. 사무총국에서는 이를 국제수배서의 일종으로 분류하고 있으나 사실상 수배서라기보다는 단순 범죄정보자료라고 할 수 있다. 수배서 가운데에 엷은 자주색 4각 마크가 표시되어 있다.

22) 적색수배서에 의한 긴급인도구속은 이미 유럽 여러 나라를 비롯한 많은 나라에서 실행되고 있고, 1957년의 범죄인 인도 유럽조약 제16조 제3항, 1962년 범죄인 인도 및 형사사법 공조조약(베네룩스조약) 제15조 제3항 등은 긴급인도구속의 청구를 인터폴을 통해 할 수 있다는 점을 명시하고 있다. 우리나라도 범죄인 인도조약에 의한 범죄인 송환에 현실적인 어려움이 많은 점을 감안할 때, 인터폴을 통해 범죄인 인도 전단계인 긴급인도구속을 요청할 경우 피의자의 소재파악과 구금이 가능하도록 관련 법규정(즉, 범죄인 인도법)을 개정해야 할 것이며, 각 국가와 체결하는 범죄인 인도조약에도 동 내용을 포함시켜야 할 것이다. 경찰청(2002), 앞의 책, p. 56.

한편, 인터폴은 국제범죄자(마약사범, 조직범죄, 국제테러리즘, 재정·경제사범, 인신매매 및 아동성학대범, 도피사범 등) 수사를 입체적으로 지원하는 역할을 한다. 예컨대 한국경찰이 필리핀 국적의 피의자에 대하여 필리핀 경찰 및 사무총국에 신원조회를 의뢰할 경우, 사무총국에서 보관 중인 자체 데이터를 검색하여 해당 범죄자가 소속국인 필리핀 이외의 제3국 등지에서 범죄를 범한 경력이 있는지 여부와 수배여부에 대하여 한국에 회신하도록 하고 있다. 이러한 제3국에서의 범죄정보는 해당 범죄자 소속국 경찰에서는 파악되지 않는 경우가 있어 국제적인 상습범죄자의 수사 등에 크게 기여하고 있다.

2) 범죄인 인도

(1) 범죄인 인도의 의의

범죄인 인도(犯罪人 引渡, extradition)는 한 나라의 형법 기타 법을 위반한 범죄자가 다른 나라에 있는 경우, 범죄인의 현재지 국가가 범죄지 국가의 요청에 따라 그 범죄인을 인도하는 것을 말한다.

이러한 범죄인 인도는 원칙적으로 국가 간의 「범죄인 인도조약」(다자간의 조약 포함)에 의하여 행하여지며, 국내적으로는 인도의무 이행 등 구체적인 절차 등을 규정하기 위하여 「범죄인 인도법」(1988)이 제정되었다.

범죄인 인도법은 범죄인 인도에 관하여 그 범위와 절차 등을 정함으로써 범죄 진압 과정에서의 국제적인 협력을 증진하기 위한 것이다(제1조).[23] 이러한 범죄인 인도법에 규정된 범죄인의 인도심사 및 그 청구와 관련된 사건은 서울고등법원과 서울고등검찰청의 전속관할(專屬管轄)로 하고 있다(제3조).

한편, 범죄인 인도에 관하여 인도조약에 이 법과 다른 규정이 있는 경우에는 그 규정에 따른다(제3조의2). 따라서 범죄인 인도조약의 규정은 범죄인 인도법에 우선한다고 볼 수 있다.

범죄인 인도와 형사사법 공조

대구 소재 초등학교 원어민교사로 근무하던 미국인 A씨는 지난 2010년 여름에 교실에서 4회에 걸쳐 초등학교 남학생 4명을 성추행한 뒤 미국으로 도주했다. 그러나 A씨는 지난

23) 상호주의(相互主義, the principle of reciprocity) 원칙에 따라 범죄인 인도조약이 체결되어 있지 아니한 경우에도 범죄인의 인도를 청구하는 국가가 같은 종류 또는 유사한 인도범죄에 대한 대한민국의 범죄인 인도청구에 응한다는 보증을 하는 경우에는 이 법을 적용하도록 하고 있다(범죄인 인도법 제4조).

2012년 2월 미국에서 체포된 뒤 3월에 국내로 송환돼, 현재 구속기소 상태에서 1심 재판을 받고 있다. A씨가 국내로 송환될 수 있었던 것은 바로 한·미간에 맺어진 「범죄인 인도조약」을 근거로 우리 정부가 2011년 11월 A씨에 대한 범죄인 인도를 미국에 청구했기 때문이다. 검찰이 범죄인 인도 청구를 결정하면 법무부가 외교부를 통해 청구서를 주한 미국대사관에 제출하고, 대사관 측은 미국 국무부로 청구서를 전달함으로써 인도 절차가 진행된다.

우리나라가 범죄인 인도조약을 체결해 발효된 국가는 2012년 현재 미국, 중국, 일본, 러시아 등 73개국(양자조약 및 다자조약)에 이르고 있다. 다자조약인 「유럽평의회 범죄인 인도협약」은 2011년 12월에 국내에서도 발효(發效, 양국 국회의 비준동의 절차가 완료되어 이행중인 상태)되었다. 법무부에 따르면, 범죄인을 해외에서 송환받은 건수는 지난 2007년 이후 2012년 6월까지 89명에 이르며, 우리가 범죄인을 인도한 건수는 24명에 달했다. 특히, 지난해에는 범죄인 인도제도 시행 이후 최다 인원인 26명을 송환받았다. 정부는 해외 도피처로 주로 활용되는 동남아 지역 국가와의 공조를 더욱 강화하는 등 해외도피 범죄인의 국내 송환에 박차를 가하고 있다. 법무부는 외교부, 재외공관과 공조해 여권 무효화 조치, 강제추방 등 국가별 실정을 고려한 맞춤형 송환 방안도 시행하고 있다.

한편, 마약이나 테러 등 날로 진화하는 국제범죄를 제대로 수사하기 위해서는 「형사사법 공조조약」도 매우 중요하다. 우리나라는 2012년 현재 미국과 중국, 일본, 러시아, 프랑스 등 70개국(양자조약 및 다자조약)과 형사사법 공조조약을 체결해 발효가 된 상태다. 다자조약인 「유럽평의회 형사사법 공조조약」은 2011년 12월 국내에서도 발효되었다.

형사사법 공조조약을 체결한 국가 간에는 수사·재판 기록 사본은 물론 전과 및 출입국 내역, 재산범죄에 이용된 계좌 거래내역, 현지 참고인에 대한 진술 청취 조서 등 광범위한 자료를 주고받을 수 있다. 법무부 관계자는 "신병 인도를 제외한, 범죄와 관련된 거의 모든 자료를 주고받는 셈"이라고 밝혔다. 특히, 미국, 일본, 홍콩, 캐나다 등 4개국과는 외교행랑을 통하지 않고 양국 법무부간 특급우편으로 이들 자료를 주고받는다. 외교행랑의 경우 보름 이상이 걸리는데 반해, 특급우편은 사흘 정도면 자료를 주고받을 수 있기 때문이다.

지난 2007년 이후 2012년 6월 현재까지 형사사법 공조건수는 총 612건에 이른다. 이 가운데 우리 측 요청으로 공조를 받은 건수는 347건, 우리가 공조해준 건수는 265건에 이른다. 범죄자들이 죄를 짓고 해외로 도피해도 세계 각국과 촘촘하게 구축해 놓은 범죄인 인도조약과 형사사법 공조조약으로 숨을 곳이 사라지고 있는 것이다.[24)]

24) 또한 해외에서 수감 중인 자국 수형자의 남은 형기를 자국 교도소에서 복역하도록 하기 위해 마련된 「수형자 이송조약」의 경우 미국과 중국, 일본, 러시아 등 67개국(양자조약은 중국, 베트남, 인도, 몽골 등 4개국, 다자조약 63개국)과 체결해 발효가 이루어졌다. 다자조약인 「유럽평의회 수형자 이송협약」은 국내에서는 지난 2005년 11월 발표되었다. 쿠웨이트와는 지난 2011년 3월, 태국과는 지난해 2월 서명이 이뤄졌으나 아직 발효는 안 된 상태다. 국제 수형자 이송 실적은 지난 2007년 이후 올해 6월 말까지 국내로 39명을 이송해왔고, 8명(미국 3명, 일본, 영국, 독일, 네덜란드, 몽골에 각 1명)을 해외로 이송했다. 이렇게 이송된 수형자는 남은 형기를 자국 교도소에서 복역하게 된다. 수형자 이송조약의 대상자는 '자유형(징역형, 금고형) 집행자'로 돼 있어

(2) 외국으로의 범죄인 인도

대한민국 영역에 있는 범죄인은 범죄인 인도법에서 정하는 바에 따라 청구국의 인도청구에 의하여 소추(訴追), 재판 또는 형의 집행을 위하여 청구국에 인도할 수 있다(범죄인 인도법 제5조).

인도대상 범죄는 모든 범죄가 가능한 것이 아니라, 대한민국과 청구국의 법률에 따라 인도범죄가 사형, 무기징역, 무기금고, 장기(長期) 1년 이상의 징역 또는 금고에 해당하는 경우에만 범죄인을 인도할 수 있다(제6조). 따라서 아래와 같이 일정한 경우에는 범죄인을 인도해서는 안되며, 또 인도하지 아니할 수 있다.

① 절대적 인도 거절사유

다음의 어느 하나에 해당하는 경우에는 범죄인을 인도하여서는 아니 된다(범죄인 인도법 제7조 각호).

㉠ 대한민국 또는 청구국의 법률에 따라 인도범죄에 관한 공소시효 또는 형의 시효가 완성된 경우

㉡ 인도범죄에 관하여 대한민국 법원에서 재판이 계속(係屬) 중이거나 재판이 확정된 경우

㉢ 범죄인이 인도범죄를 범하였다고 의심할 만한 상당한 이유가 없는 경우. 다만, 인도범죄에 관하여 청구국에서 유죄의 재판이 있는 경우는 제외함

㉣ 범죄인이 인종, 종교, 국적, 성별, 정치적 신념 또는 특정 사회단체에 속한 것 등을 이유로 처벌되거나 그 밖의 불리한 처분을 받을 염려가 있다고 인정되는 경우

② 정치적 성격을 지닌 범죄 등의 인도 거절

인도범죄가 정치적 성격을 지닌 범죄이거나 그와 관련된 범죄인 경우에는 범죄인을 인도하여서는 아니 된다. 다만, 인도범죄가 다음의 어느 하나에 해당하는 경우에는 그러하지 아니하다(범죄인 인도법 제8조 제1항 각호).

사형이 확정된 자를 제외한 무기수도 이송이 가능하다. 이렇게 이송된 수형자는 경우에 따라서는 사면은 물론 감형도 받을 수 있다. 외국에서 수감생활을 하고 있는 한국인 범죄자는 2012년 초를 기준으로 51개국에 총 1,606명에 이른다. 국가별로는 일본이 547명으로 가장 많고, 이어 중국 531명, 미국 253명, 필리핀 36명, 태국 35명, 인도네시아 22명 등이다. 범죄 유형별로는 마약이 278명으로 가장 많고, 이어 살인 214명, 사기 등 142명, 절도 140명, 불법체류 120명, 강도 108명 등의 순이다. 국내에 수감 중인 외국인 범죄자는 6월 말 현재 총 48개국에 총 1,220명이 있으며, 중국이 가장 많다. 노컷뉴스(2012. 07. 14).

㉠ 국가원수(國家元首)·정부수반(政府首班) 또는 그 가족의 생명·신체를 침해하거나 위협하는 범죄
㉡ 다자간 조약에 따라 대한민국이 범죄인에 대하여 재판권을 행사하거나 범죄인을 인도할 의무를 부담하고 있는 범죄
㉢ 여러 사람의 생명·신체를 침해·위협하거나 이에 대한 위험을 발생시키는 범죄

한편, 인도청구가 범죄인이 범한 정치적 성격을 지닌 다른 범죄에 대하여 재판을 하거나 그러한 범죄에 대하여 이미 확정된 형을 집행할 목적으로 행하여진 것이라고 인정되는 경우에는 범죄인을 인도하여서는 아니 된다(제8조 제2항).

③ 임의적 인도거절

다음의 어느 하나에 해당하는 경우에는 범죄인을 인도하지 아니할 수 있다(범죄인 인도법 제9조 각호).

㉠ 범죄인이 대한민국 국민인 경우
㉡ 인도범죄의 전부 또는 일부가 대한민국 영역에서 범한 것인 경우
㉢ 범죄인의 인도범죄 외의 범죄에 관하여 대한민국 법원에 재판이 계속 중인 경우 또는 범죄인이 형을 선고받고 그 집행이 끝나지 아니하거나 면제되지 아니한 경우
㉣ 범죄인이 인도범죄에 관하여 제3국(청구국이 아닌 외국을 말함)에서 재판을 받고 처벌되었거나 처벌받지 아니하기로 확정된 경우
㉤ 인도범죄의 성격과 범죄인이 처한 환경 등에 비추어 범죄인을 인도하는 것이 비인도적(非人道的)이라고 인정되는 경우

④ 외국으로의 범죄인 인도 절차

이러한 외국으로부터 범죄인 인도청구는 외교부장관을 거치도록 하고 있다. 따라서 범죄인 인도청구를 받은 외교부장관은 청구국으로부터 범죄인의 인도청구를 받았을 때에는 인도청구서와 관련 자료를 법무부장관에게 송부하여야 한다(범죄인 인도법 제11조).

법무부장관은 외교부장관으로부터 위와 같은 인도청구서 등을 받았을 때에는 이를 서울고등검찰청 검사장(檢事長)에게 송부하고, 그 소속 검사로 하여금 서울고등법원에 범죄인의 인도허가 여부에 관한 심사를 청구하도록 명하여야 한다(제12조 제1항). 그리고 법원은 인도심사의 청구를 받았을 때에는 지체 없이 인도심사를 시작하여야 한다(제14조 제1항).

(3) 외국에 대한 범죄인 인도 청구

① 법무부장관의 청구

법무부장관은 대한민국 법률을 위반한 범죄인이 외국에 있는 경우 그 외국에 대하여 범죄인 인도 또는 긴급인도구속을 청구할 수 있다(범죄인 인도법 제42조 제1항).

법무부장관은 외국에 대한 범죄인 인도청구 또는 긴급인도구속청구 등과 관련하여 필요하다고 판단할 때에는 적절하다고 인정되는 검사장·지청장 또는 고위공직자 범죄수사처장 등에게 필요한 조치를 명하거나 요구할 수 있다(제42조 제2항).

② 검사 또는 고위공직자 범죄수사처장의 건의·청구

한편, 검사 또는 고위공직자 범죄수사처장은 외국에 대한 범죄인 인도청구 또는 긴급인도구속청구가 타당하다고 판단할 때에는 법무부장관에게 외국에 대한 범죄인 인도청구 또는 긴급인도구속청구를 건의 또는 요청할 수 있다(제43조의3 제1항).

③ 외국에 대한 동의 요청

법무부장관은 외국으로부터 인도받은 범죄인을 인도가 허용된 범죄 외의 범죄로도 처벌할 필요가 있다고 판단하는 경우에는 그 외국에 대하여 처벌에 대한 동의를 요청할 수 있다(범죄인 인도법 제42조의4 제1항)).

그리고 검사 또는 고위공직자범죄수사처장은 위에 따른 동의 요청이 필요하다고 판단하는 경우에는 법무부장관에게 동의 요청을 건의 또는 요청할 수 있다(제42조의4 제2항).

④ 인도청구서 등의 송부 및 외교부장관의 조치

법무부장관은 제42조 및 제42조의4에 따라 범죄인 인도청구, 긴급인도구속청구, 동의 요청 등을 결정한 경우에는 인도청구서 등과 관계 자료를 외교부장관에게 송부하여야 한다(범죄인 인도법 제43조).

외교부장관은 법무부장관으로부터 인도청구서 등을 송부받았을 때에는 이를 해당 국가에 송부하여야 한다(제44조).

3) 국제형사사법 공조

(1) 국제형사사법 공조의 의의

국제형사공조는 범죄인 인도와 마찬가지로 범죄의 국제화 현상에 효율적으로 대처하기 위하여 각 국가 간의 '형사사법 공조조약'이 체결되고 있으며, 이를 위해 우리나라는 「국제형사사법 공조법」(1991)을 제정하였다.

국제형사사법 공조법은 형사사건의 수사 또는 재판과 관련하여 외국의 요청에 따라 실시하는 공조(共助) 및 외국에 대하여 요청하는 공조의 범위와 절차 등을 정함으로써 범죄를 진압하고 예방하는 데에 국제적인 협력을 증진하기 위한 것이다(제1조).

그리고 범죄인 인도와 마찬가지로 형사사법 공조와 관련하여 공조조약이 이 법에 우선하여 적용된다(국제형사사법 공조법 제3조). 그리고 이 법 역시 상호주의(相互主義)원칙에 따르도록 하고 있다. 즉, 공조조약이 체결되어 있지 아니한 경우에도 동일하거나 유사한 사항에 관하여 대한민국의 공조요청에 따른다는 요청국의 보증이 있는 경우에는 이 법을 적용하도록 한 것이다(제4조).

(2) 국제형사사법 공조의 범위와 제한

① 국제형사사법 공조의 범위

형사사법공조의 범위는 다음과 같이 규정하고 있다(국제형사사법 공조법 제5조 각호).

㉠ 사람 또는 물건의 소재에 대한 수사
㉡ 서류·기록의 제공
㉢ 서류 등의 송달
㉣ 증거 수집, 압수·수색 또는 검증
㉤ 증거물 등 물건의 인도(引渡)
㉥ 진술 청취, 그 밖에 요청국에서 증언하게 하거나 수사에 협조하게 하는 조치

② 국제형사사법 공조의 제한

그러나 다음의 어느 하나에 해당하는 경우에는 공조를 하지 아니할 수 있다(국제형사사법 공조법 제6조 각호).

㉠ 대한민국의 주권, 국가안전보장, 안녕질서 또는 미풍양속을 해칠 우려가 있는 경우
㉡ 인종, 국적, 성별, 종교, 사회적 신분 또는 특정 사회단체에 속한다는 사실이나 정치적 견해를 달리한다는 이유로 처벌되거나 형사상 불리한 처분을 받을 우려가 있다고 인정되는 경우
㉢ 공조범죄가 정치적 성격을 지닌 범죄이거나, 공조요청이 정치적 성격을 지닌 다른 범죄에 대한 수사 또는 재판을 할 목적으로 한 것이라고 인정되는 경우

㉣ 공조범죄가 대한민국의 법률에 의해서는 범죄를 구성하지 아니하거나 공소를 제기할 수 없는 범죄인 경우

㉤ 이 법에 요청국이 보증하도록 규정되어 있음에도 불구하고 요청국의 보증이 없는 경우[25)]

(3) 국제형사사법 공조 과정

① 외국의 요청에 따른 수사 및 형사재판의 공조

㉠ 외국의 요청에 따른 수사 공조

공조요청 접수 및 요청국에 대한 공조 자료의 송부는 외교부장관이 하도록 하고 있다. 다만, 긴급한 조치가 필요한 경우나 특별한 사정이 있는 경우에는 법무부장관이 외교부장관의 동의를 받아 이를 할 수 있다(국제형사사법 공조법 제11조).

외교부장관은 요청국으로부터 형사사건의 수사에 관한 공조요청을 받았을 때에는 공조요청서에 관계 자료 및 의견을 첨부하여 법무부장관에게 송부하여야 한다(제14조).

공조요청서를 받은 법무부장관은 공조요청에 응하는 것이 타당하다고 인정하는 경우에는 '제2항의 경우'를[26)] 제외하고는 다음의 어느 하나의 조치를 해야 한다(제15조 제1항).

가. 공조를 위하여 적절하다고 인정되는 지방검찰청 검사장 또는 고위공직자 범죄수사처장에게 관계 자료를 송부하고 공조에 필요한 조치를 하도록 명하거나 요구하는 것

나. 교정시설에서 형을 받고 있는 경우에는 수형자가 수용되어 있는 교정시설의 장에게 수형자의 이송에 필요한 조치를 명하는 것

㉡ 외국의 요청에 따른 형사재판의 공조

한편, 법무부장관은 법원에서 하여야 할 형사재판에 관한 공조요청서를 받았을

25) 대한민국에서 수사가 진행 중이거나 재판에 계속(係屬)된 범죄에 대하여 외국의 공조요청이 있는 경우에는 그 수사 또는 재판 절차가 끝날 때까지 공조를 연기할 수 있다(국제형사사법 공조법 제7조).

26) 법무부장관은 공조요청이 법원이나 검사 또는 고위공직자범죄수사처장이 보관하는 소송서류의 제공에 관한 것일 경우에는 그 서류를 보관하고 있는 법원이나 검사 또는 고위공직자범죄수사처장에게 공조요청서를 송부하여야 한다(국가형사사법 공조법 제15조 제2항).

때에는 이를 법원행정처장에게 송부하여야 한다. 다만, 이 법 또는 공조조약에 따라 공조할 수 없거나 공조하지 아니하는 것이 타당하다고 인정하는 경우에는 그러하지 아니하다(국제형사사법 공조법 제23조 제1항).

법원행정처장은 법무부장관으로부터 공조요청서를 받았을 때에는 이를 관할 지방법원장에게 송부하여야 한다(제24조).

② 외국에 대한 수사 및 형사재판의 공조 요청

㉠ 외국에 대한 수사 공조 요청

검사 또는 고위공직자범죄수사처장은 외국에 수사에 관한 공조요청을 하려면 법무부장관에게 공조요청서를 송부하여야 하고, 사법경찰관은 검사에게 신청하여 법무부장관에게 공조요청서를 송부하여야 한다(국제형사사법 공조법 제29조).

이에 따른 공조요청서를 받은 법무부장관은 외국에 공조요청 하는 것이 타당하다고 인정하는 경우에는 그 공조요청서를 외교부장관에게 송부해야 한다. 다만, 긴급한 조치가 필요한 경우나 특별한 사정이 있는 경우에는 외교부장관의 동의를 받아 공조요청서를 직접 외국에 송부할 수 있다(제30조).

외교부장관은 법무부장관으로부터 이에 따른 공조요청시를 받았을 때에는 이를 외국에 송부하여야 한다. 다만, 외교 관계상 공조요청 하는 것이 타당하지 아니하다고 인정하는 경우에는 이에 관하여 법무부장관과 협의하도록 하고 있다(제31조).

㉡ 외국에 대한 형사재판 공조 요청

한편, 법원이 형사재판에 관하여 외국에 공조요청을 하는 경우에는 법원행정처장에게 공조요청서를 송부하여야 한다. 이 경우 법원은 그 사실을 검사에게 통지하여야 한다. 법원행정처장은 이에 따른 공조요청서를 받았을 때에는 법무부장관에게 이를 송부하도록 하고 있다(제33조).

공조요청서를 받은 법무부장관은 외국에 공조요청을 하는 것이 타당하지 아니하다고 인정하는 경우에는 법원행정처장과 협의하여야 한다(제34조).

4) 경찰주재관의 공조 및 재외국민 보호활동

경찰은 해외에서 테러 및 사건·사고로 인해 재외국민과 해외여행 중인 자국민이 피해를 입었을 경우 신속하고 체계적인 보호를 하기 위해 여러 가지 활동을 하고 있다. 이와 관련하여 대표적으로 경찰주재관을 들 수 있다.

경찰은 2019년 현재 35개국 52개 공관(중국: 9, 미국: 5, 일본: 3, 필리핀: 2, 베트남: 2, 러시아: 2, 기타 1개)에 64명의 경찰주재관(경무관 4명, 총경 16명, 경정 15명, 경감 29명)을 파견하고 있다.[27)]

과거에 비해 경찰주재관이 파견된 국가 및 공관수가 증가했다고는 하나, 우리 국민의 해외 진출현황 등을 고려해 볼 때, 여전히 미비한 수준이라고 할 수 있다.

이들 경찰주재관은 주재국 경찰기관과의 협력체제를 견고히 함으로써 범죄피해시 현지 경찰에 협조를 요청하고, 현지 경찰과의 공조수사를 통하여 우리 국민과 관련된 사건·사고를 신속하고 효과적으로 대응하고자 노력하고 있다. 또 국외도피사범의 검거·송환활동을 위해 국제공조수사를 강화하고 마약·테러 등 국제범죄와 관련된 해외 치안정보를 수집하고 있다.

27) 경찰청(2020), 경찰통계연보, p. 324.

제13장 결 론

이상에서 경찰현장운용의 기초가 되는 경찰권한(警察權限)을 체계화시켜 그 내용을 살펴보았고, 이를 토대로 개별 경찰기능 즉, 생활안전·수사·교통·경비·정보·보안·외사경찰이라는 이름으로 유형화하여 접근하였다.

물론, 이러한 접근방법은 논의의 편의를 위한 것이며, 실제에 있어서는 매우 복합적으로 상호작용하기 때문에 이를 명확히 구분한다는 것 자체가 쉬운 일이 아니라고 본다. 이는 '아전인수'(我田引水)식의 접근이라 할 수 있다.

생각건대, 경찰이 일선에서 직무를 수행하는 제반과정 즉, 현장운용의 핵심은 '경찰과 시민의 관계'를 어떻게 하면 긍정적으로 정립할 수 있을 것인가에 달려 있다고 본다. 경찰은 군대와는 달리 시민들을 대상으로 제반활동을 하는 것이며, 그 속에서 준법시민(準法市民)과 불법시민(不法市民)을 구분하여 적절한 법집행을 하는 것이라 할 수 있다.

그리고 이러한 준법시민과 불법시민은 본래부터 명확히 구분되는 것이 아니라 준법시민이 곧 불법시민이 될 수 있고, 불법시민 또한 얼마든지 준법시민이 될 수 있는 것이다.

이러한 점에서 경찰의 현장운용은 대단이 어렵게 될 수밖에 없다고 본다. '피아'(彼我)의 구분이 없는 상황에서 경찰은 어떻게 하면 자유민주질서의 가치를 수호하면서 자신들의 정체성을 확립해 나갈 수 있을 것인가 하는 본실적인 문제에 직면하게 되는 것이다.

그러나 자유민주국가에서 경찰과 시민의 관계개선은 결코 쉬운 일이 아니다. 자유민주주의는 '개인의 자유와 권리보장'을 바탕으로 한 것인데, 이는 근본적으로 '존재론'(存在論)에 기초를 두고 있다고 할 수 있다. 존재론적 구성원리는 개별적 존재를 세계의 기본 단위로 인식하고 그 개별적 존재에 실체성(實體性)을 부여하는 것이다. 그리고 개인이든 집단이든 국가든 간에 개별적 존재는 부단히 자기를 강화해 가는 운동원리를 갖는다. 그것은 '자기증식'(自己增殖)을 운동원리로 하는 자본운동의 표현이라 할 수도 있다. 서구의 근대사회는 자본주의 사회이고 자본의 운동원리가 관철되는 체계이다. 따라서 근대사회의 '사회론'(社會論)이란 이러한 존재론적 세계 인식을 전제한 다음 개별 존재들 간의 충돌을 최소화하는 질서를 만들어 내는 것이라 할 수 있다.[1)]

1) 신영복(2006), 강의: 나의 동양고전 독법, 경기: 돌베개, pp. 30-31.; 최선우(2009), "연기론의 관점에서 접근한 경찰과 시민의 관계," 한국교수불자연합회학회지 제15권 제1호, p. 277.

따라서 종래 서구에서 논의 되어온 경찰과 시민의 관계는 바로 이러한 존재론적 시각에서 출발한 것이라는 점이다. 1960년대 이후 미국에서 논의 되어온 '경찰과 커뮤니티 관계개선'(PCR: Police Community Relations)과 1980년대 이후 논의되어온 '커뮤니티 경찰활동'(CP: Community Policing)은 그러한 결과물이라고 할 수 있다.

즉, 경찰과 시민이라는 개별적 존재의 세계를 전제로 하고 양자의 충돌을 최소화하면서 조화를 모색하는 추구해온 것이라 할 수 있다. 사실, 민주주의라는 것이 '개인의 자유와 권리의 보호'를 본질로 하고, 거기에 사회적·국가적 권리라 할 수 있는 공공의 안녕과 질서유지를 도모하고 있는데, 양자는 빈번하게 가치 갈등의 여지가 있을 수밖에 없다.

양자의 존재성을 인정한 것이라면, 양자 간에는 차이가 존재하기 마련이고, 그런 점에서 차이를 보려는 시각은 결국 한쪽을 부당하게 왜곡할 수밖에 없기 때문이다. 물론 본질적인 부분에서 차이를 보이고 있는 경우도 없지 않겠지만, 그러한 경우보다는 그 형식이나 표현에 있어서의 차이, 즉 지엽적인 부분이 비교되는 경우가 많다. 차이에 주목하는 것은 부분을 확대하는 것에 불과하다. 그러나 엄밀한 의미에서 대등한 비교는 존재하지 않는다. 비교나 차이는 본질적으로 비대칭적일 수밖에 없는 것이다.

이러한 관점에서 본다면, '현대경찰의 아버지'라 불리는 로버트 필(Robert Peel)경이 1829년 제시한 영국경찰의 기본 원리 즉, "경찰은 시민(커뮤니티)과 별개가 아닌 하나의 존재로서 시민의 경찰활동에 대한 참여 없이는 완전한 경찰활동이 불가능하며, 경찰은 국가권력의 대변자가 아닌 참된 민주주의를 유지하는 수단이다. 이러한 의미는 곧 경찰이 시민의 일부로서 시민의 모든 어려움을 해결해주는 민주주의의 수호자로서 그 중요성을 갖는다"[2] 라는 것은 다분히 '정치적 명분'을 가지고 있는 것이다.

따라서 경찰과 시민과의 관계를 상호불신과 대립관계에서 출발한 전통적 경찰활동(TP: Traditional Policing)의 관점이든, 이들 상호간의 관계개선을 토대로 출발한 PCR과 CP의 관점이든 간에 여전히 각자가 독립된 개체로 존재하는 형태로 남을 수밖에 없는 것이다. 따라서 양자 간의 차이의 존재와 그로 인한 갈등의 여지는 상존할 수밖에 없다. 이로 인해서 선진국이라 할 수 있는 미국과 영국은 막대한 국가적 비용을 들여가면서도, 여전히 범죄와 무질서 문제로 고민을 하고 있는 것이 현실이다.

따라서 오늘날 우리사회가 직면한 범죄와 무질서 문제(더 나아가 세계적·국가적 갈등 문제)를 해결하기 위해서는 본질적인 개별 주체의 성찰(省察) 또는 인식전환(認識轉換)이 요구된다. 사실, 미국에서 경찰과 커뮤니티의 관계개선(PCR) 논의가 시작되고 그것을 토

2) Robert Reiner(1996), Policing, Vol. Ⅰ, England: Dartmouth Publishing Company, p. 10.

대로 커뮤니티 경찰활동(CP)이 전개되었는데, 여기에서 논의되어온 시민은 사회구조적으로 이른바 '중산층'(middle class)을 대상으로 한 것이 아니라 하위계층(low class) 또는 소수집단(minority group)을 대상으로 하여 이들이 안고 있는 잠재적 문제(사회적 차별, 범죄화 및 피해자화 가능성 등)를 근본적으로 해결하기 위하여 논의된 것이다. 물론, 이는 경찰본연의 근본적인 인식전환이라기보다는 전통적 경찰활동(TP)의 전략적인 접근방법의 변화라고 할 수 있는데, 이러한 발상의 전환을 보다 본질적인 시각 즉, 관계론적 사고에서 출발한다면, 그 성과는 더욱 높을 것이라고 본다.

관계론적 구성원리는 개별적 존재가 존재의 궁극적 형식이 아니라는 세계관을 가지고 있다. 세계의 모든 존재는 일정한 관계망(關係網)으로서 존재한다는 것이다. 이 경우 (존재라는 개념을 사용하는 것은 적절하지 않지만) 배타적 독립성이나 개별적 정체성에 주목하는 것이 아니라 최대한의 관계성을 존재의 본질로 규정하는 것이 관계론적 구성원리라 할 수 있다. '인(人)'은 '간'(間)이다. 인간(人間)에 있어서 '인'(人)이 중요한 것이 아니라 '간'(間)이 중요한 것이다. 그래서 인간인 것이며, '인'은 '간'으로만 규정될 뿐이다. 관계가 없는 인은 존재할 수가 없다. 서구의 근대 자유민주주의 사상은 예외 없이 모두 '간'이 단절된 '인', 즉 절대적 자아인 '개인'(個人)에서부터 출발하고 있기 때문에 문제가 있는 것이다.[3)]

상응(相應, correspondence)의 원리라는 것이 있다. 이는 시간·공간·존재라는 각기 다른 3차원이 서로 연결되어 있다는 원리로 설명되는데, 그 좋은 예가 카오스이론(Chaos Theory)이다. 오늘날 자연과학 그리고 사회과학 영역에서도 이에 대한 논의를 활발하게 전개시키고 있나. 나비의 날개짓으로 인한 파장이 폭풍우로 변할 수 있다는 것을 예측하는 것은 거의 불가능하기 때문에 이것은 이른바 '혼돈'으로 인식된다.

그러나 중요한 것은 그러한 혼돈현상의 이면에도 어떠한 '질서'(cosmos)가 작동하고 있다는 것이다. 언뜻 보기에는 혼돈 같지만 깊이 들어가 보면 상응관계에 있다는 사실을 파악해야 하는 것이다. 상응의 원리에 의하면 만물은 거미줄과 같은 미세한 끈으로 연결되어 있어서 한쪽을 잡아 흔들면 다른 한쪽이 흔들린다고 설명하기도 한다. 따라서 상응의 원리에서 중요한 것은 징조를 파악하는 것이다. 어떤 일이 앞으로 어떻게 전개될 것인가에 대한 단서가 징조라고 한다면, 징조를 파악함으로써 결과에 대한 사전 예측이 가능할 것이다.

경찰의 입장에서 볼 때에도 연일 발생하고 있는 강력사건의 원인과 해결의 실마리가

3) 김용옥(1999), 의산문답: 기옹은 이렇게 말했다, 서울: 통나무, p. 123.

의외의 사소함에서 발견되기 때문이다. 물론, 이것은 사소한 사태가 아닐 수도 있다. 다만, 사소한 것이든 중대한 것이든 중요한 것은 모두 일련의 관계망(마치 거미줄과 같이 한 쪽 끝에서 미세한 떨림이 있으면 다른 전체에 전달되듯)에서 이루어지고 있다는 점이다.

위에서는 존재론과 관계론의 문제를 경찰과 시민 상호간에서 찾고 있는데, 이는 경찰과 시민의 관계뿐만 아니라 경찰조직 내의 구성원 상호간에도 찾을 수 있고, 시민과 시민 상호간에도 찾을 수 있다고 본다. 요약건대, 관계론적 사고를 바탕으로 국가와 국가, 국가와 시민, 경찰과 경찰, 경찰과 시민 간의 상호작용이 이루어진다면, 우리가 직면하고 있는 많은 범죄 및 무질서와 같은 많은 사회문제를 해결할 수 있을 것으로 기대된다. 관계론적 사고와 실천이야 말로 경찰학의 학문적 정체성을 확립하는데 매우 중요한 것이라는 점은 이론(異論)의 여지가 없다고 본다.

경찰학 각론

INDEX

(ㄴ)

(ㄷ)

(ㅈ)

(ㅊ)

저 / 자 / 소 / 개

최선우(崔善羽)

- 동국대학교 경찰행정학과 졸업
- 동국대학교 경찰행정학과 대학원 졸업(법학박사, 경찰학전공)
- 치안연구소 연구원(외래)
- 행정고시, 7급·9급 행정직 시험출제위원
- 경찰공무원 간부후보생·순경 시험출제위원
- 경비지도사·청원경찰 시험출제·선정위원
- 동국대, 경찰대, 관동대, 광운대, 대불대, 순천향대, 원광대, 인천대 등 외래교수
- 현재 광주대학교 경찰·법·행정학부 교수

[주요저서 및 논문]

저서

경호학(2021, 개정판)
환경설계와 범죄예방: 지속가능한 도시발전과 CPTED(2020)
경찰면접(2020, 공저)
민간경비론(2019, 제5판)
커뮤니티 경찰활동: 경찰과 커뮤니티(2017)
경찰학(2017, 제3판)
경찰과 커뮤니티(2010, 개정판)
경찰교통론(2008, 공저)
치안서비스 공동생산론(2002)
지역사회 경찰활동: 각국의 이슈 및 현황(2001, 역서)

논문

인간의 본성에 대한 연구(2019)
경찰공무원의 독직폭행에 관한 연구(2017)
방어공간의 영역성 연구(2017)
권력모델에 의한 형사사법 연구(2017)
영국경찰의 정당성 확보와 저하에 관한 역사적 연구(2016)
수사구조의 근대성과 미군정기의 수사구조 형성과정 연구(2015)
영국 근대경찰의 형성에 관한 연구(2015)
개화기 근대 해양경찰의 등장과 역사적 함의(2015)
국가중요시설의 위험요소 평가 및 대응전략(2015)
영국 민간경비산업의 제도적 정비와 민간조사에 관한 연구(2014)
경찰학의 정체성과 학문분류체계에 관한 연구(2014)
민간경비의 자율적 운영에 관한 연구(2013)
경찰정신에 관한 연구: 차일혁을 중심으로(2012, 공동)
북한의 사이버테러리즘에 관한 연구(2012, 공동)
공동주거 단지의 범죄발생 특성에 관한 연구(2012)
경찰조직의 진단과 건강성 연구(2011)
국가질서와 시민불복종 연구: 소로우의 사상을 중심으로(2011, 공동)
다문화사회의 범죄문제와 경찰의 대응(2011)
성범죄에 대한 진화심리학적 접근(2010)
미군정기 수도경찰청장 장택상 연구(2010, 공동)
민간경비원의 권한에 대한 연구(2009) 외 다수

도서출판
그린

경찰학 각론 – 경찰권한과 경찰현장 운용

Green Pub.

1판1쇄 인쇄 ▶	2021년 8월 25일
1판1쇄 발행 ▶	2021년 8월 30일
저 자 ▶	최선우
발행처 ▶	도서출판 그린
발행인 ▶	윤 덕 우
출판등록 ▶	제8-161호(1995. 5. 3.)
주소 ▶	경기 파주시 가람로116번길 107 운정한강듀클래스 411호 (우) 10896
전화 ▶	02) 333-2574, 2575
Fax ▶	02) 333-2561
E-mail ▶	greenpress@greenpress.co.kr
Homepage ▶	http://www.greenpress.co.kr

정가 : 24,000원

ISBN 978-89-5727-333-3

"이 연구는 2021년도 광주대학교 대학 연구비의 지원을 받아 수행되었음"